Ertragsorientiertes Eigenhandelskalkül im Prozeß
bankenaufsichtsrechtlicher Anforderungen
kleiner und mittelgroßer Institute

// Europäische Hochschulschriften
Publications Universitaires Européennes
European University Studies

Reihe V
Volks- und Betriebswirtschaft

Série V Series V
Sciences économiques, gestion d'entreprise
Economics and Management

Bd./Vol. 2585

PETER LANG
Frankfurt am Main · Berlin · Bern · Bruxelles · New York · Wien

Ingo Wiedemeier

Ertragsorientiertes Eigenhandelskalkül im Prozeß bankenaufsichtsrechtlicher Anforderungen kleiner und mittelgroßer Institute

PETER LANG
Europäischer Verlag der Wissenschaften

Die Deutsche Bibliothek - CIP-Einheitsaufnahme

Wiedemeier, Ingo:

Ertragsorientiertes Eigenhandelskalkül im Prozeß bankenaufsichtsrechtlicher Anforderungen kleiner und mittelgroßer Institute / Ingo Wiedemeier. - Frankfurt am Main ; Berlin ; Bern ; Bruxelles ; New York ; Wien : Lang, 2000
(Europäische Hochschulschriften : Reihe 5, Volks- und Betriebswirtschaft ; Bd. 2585)
Zugl.: Paderborn, Univ., Diss., 1999
ISBN 3-631-36080-0

D 466
ISSN 0531-7339
ISBN 3-631-36080-0

Geleitwort

Seit der 6.KWG-Novelle unterscheidet das Bundesaufsichtsamt für Kreditwesen zwischen Nichthandelsbuchinstituten mit geringen Eigenhandelsbeständen, die die Eigenkapitalanforderungen der Positionen des Handelsbuches nach den Bestimmungen des Anlagebuches erfüllen können, und Handelsbuchinstituten mit umfangreichem Eigenhandel, die eine zusätzliche Eigenmittelunterlegung für das den Finanzinstrumenten des Handelsbuches inhärente Marktpreisrisiko vornehmen sowie weitere Anforderungen bei der Einhaltung der Großkredit-bestimmungen beachten müssen. Aus der damit verbundenen Möglichkeit, die Bagatellregelung gemäß § 2 Abs. 11 KWG in Anspruch zu nehmen, resultiert insbesondere für kleine und mittelgroße Kreditinstitute das Entscheidungs-problem, ob der Eigenhandel mit dem Ziel eingeschränkt werden soll, banken-aufsichtsrechtlich als Nichthandelsbuchinstitut behandelt zu werden. Allerdings ist eine Selbstbeschränkung des Eigenhandels mit einem Verzicht auf Gewinnchancen aus diesen Geschäften verbunden. Die Entscheidung kleiner und mittelgroßer Institute für eine Positionierung als Handelsbuch oder Nichthandelsbuchinstitut erscheint umso bedeutsamer, als das Bundesaufsichts-amt für das Kreditwesen generell eine dauerhafte Zuordnung der Kreditinstitute zu einer Institutsform vorsieht.

Genau bei der skizzierten Problemstellung setzt die vorliegende Arbeit von Herrn Wiedemeier an, indem er untersucht, inwieweit in bestehende ertragsorientierte Konzepte der Institute die Anforderungen der Bankenaufsicht integriert werden können, um damit der Dynamik des finanzwirtschaftlichen Sektors für eine ökonomisch fundierte Entscheidungsfindung zwischen dem Status Handelsbuch oder Nichthandelsbuch Rechnung zu tragen. Diese Problematik ist nicht nur für zahlreiche bundesdeutsche Kreditinstitute von höchster praktischer Relevanz, sondern es handelt sich hier auch um eine aus wissenschaftlich, theoretischer Sicht interessante und komplexe Fragestellung, die Herr Wiedemeier in dem vorliegenden Buch fachlich und didaktisch kompetent bearbeitet hat.

Paderborn, den 18. November 1999 — Prof. Dr. Bettina Schiller

Vorwort

Die rasche Entwicklung der Bankenaufsicht hat in der bankenaufsichtsrechtlichen Klassifizierung der Institute in die Handelsbuch- und in die Nichthandelsbuchinstitute ihren vorläufigen Höhepunkt gefunden. Insbesondere kleine und mittelgroße Institute sind von dieser Regelung besonders getroffen, da diese den Handelsbuchstatus nur mit bemerkenswerten Investitionen in die Qualität der Mitarbeiter und in die dazu notwendige technische Unterstützung realisieren können. Nicht zuletzt stellt die Bereitstellung der Daten im Zusammenghang mit der Anwendung der mitunter recht komplex anmutenden Berechnungsmethoden für Marktpreisrisiken im allgemeinen sowie für Handelsbuch- und Optionspreisrisiken im speziellen die Institute vor große Herausforderungen. Vor diesem Hintergrund haben eine Vielzahl der Banken und Sparkassen ihr Handelsbuch zunächst derart reduziert, um eine Überschreitung der Bagatellgrenzen auszuschließen und als Nichthandelsbuchinstitutes geführt werden.

Die vorliegende Arbeit *Ertragsorientiertes Eigenhandelskalkül im Prozeß bankenaufsichtsrechtlicher Anforderungen kleiner und mittelgroßer Institute* betrachtet zum einen die bankenaufsichtsrechtlichen Vorschriften und zeigt zum anderen die Implikationen auf, die bei einer Entscheidungsfindung hinsichtlich der geeigneten Institutswahl zu berücksichtigen sind. Dabei wird deutlich zum Ausdruck gebracht, daß die Alternative des Nichthandelsbuchsinstitutes lediglich eine temporäre Typisierung darstellt, um die bestehende Anwendungserleichterung in Anspruch nehmen zu können.

Die akzelerierende Evaluation der Bankenaufsicht fordert von den Instituten einen stetigen Prozeß der Anpassung und des Fortschritts. Den damit einhergehenden Nutzen zeigt die Arbeit durch die Verbindung von aufsichtsrechtlicher Risikomessung durch den Einsatz von Value at Risk-Modellen und der internen Risikosteuerung, welche die Qualität des Risikocontrollings deutlich erhöht.

Für die konstruktiven Diskussionen mit den Kollegen der Sparkasse, in dem ich bis zum Frühjahr diesen Jahres beschäftigt war, bedanke ich mich an dieser Stelle sehr. Mein Dank gilt Frau Prof. Dr. Bettina Schiller für die Betreuung und die hilfreiche Kritik. Gleichzeitig bedanke ich mich bei Herrn Prof. Dr. Dieter Krimphove für die Übernahme des Zweitgutachtens. Herr Prof. Dr. Bernd Rahmann und Herr Prof. Dr. Thomas Werner haben die Promotionskommission kompletiert; wofür ich mich herzlich bedanke.

Allen Freunden und Bekannten danke ich für die zahlreichen Anregungen und Hilfestellungen. Mein besonderer Dank gilt in diesem Zusammenhang Herrn Dipl.-Betriebswirt (FH) Olaf Saage und Herrn Dipl.-Kfm. Stephan Riechmann. Herrn cand. Dipl. Kfm. Uwe Roth und Herrn cand. Dipl. Kfm. Oliver Löseke danke ich für die Übernahme der Korrekturlesung. Bei meinen Eltern bedanke ich mich für die Unterstützung, die ich auf dem Weg zur Promotion erfahren habe.

Hanau, im Dezember 1999 Ingo Wiedemeier

Inhaltsverzeichnis

Anhang

Abbildungsverzeichnis

Tabellenverzeichnis

Formelverzeichnis

Abkürzungsverzeichnis

Abl. EG	=	Amtsblatt der Europäischen Gemeinschaften
Abb.	=	Abbildung
Abs.	=	Absatz
AGB	=	Allgemeine Geschäftsbedingungen
Art.	=	Artikel
Aufl.	=	Auflage
BAKred	=	Bundesaufsichtsamt für das Kreditwesen
BAnz.	=	Bundesanzeiger
B. Bl.	=	Betriebswirtschaftliche Blätter
BCCIRL	=	BCCI-Folgerichtlinie
Bd.	=	Band
Begr.	=	Begründer
BKRL	=	Bankrechtsrechtskoordinierungsrichtlinie
BZ	=	Börsenzeitung
CAD	=	Kapitaladäquanzrichtlinie
DBW	=	Die Betriebswirtschaft
Diss.	=	Dissertation
DM	=	Deutsche Mark
ECU	=	European Currency Unit
EG	=	Europäische Gemeinschaft
EGHGB	=	Einführungsgesetz zum Handelsgesetzbuch
EMRL	=	Eigenmittelrichtlinie
EStG	=	Einkommensteuergesetz
EU	=	Europäische Union
EWG	=	Europäische Wirtschaftsgemeinschaft
FF	=	Französische Francs

gem.	=	gemäß
GroMiKV	=	Großkredit- und Millionenkreditverordnung
GS	=	Grundsatz
GuV	=	Gewinn und Verlust
HGB	=	Handelsgesetzbuch
Hrsg.	=	Herausgeber
HypBG	=	Hypothekenbankgesetz
Jg.	=	Jahrgang
KAG	=	Kapitalanlagegesellschaft
Kan-$	=	Kanadische Dollar
KonsRL	=	Konsolidierungsrichtlinie
KredBestV	=	Kreditbestimmungsverordnung
KuK	=	Kredit und Kapital
KWG	=	Gesetz über das Kreditwesen (Kreditwesengesetz)
LIBOR	=	London Interbank Offered Rate
MaH	=	Verlautbarungen über Mindestanforderungen an das Betreiben von Handelsgeschäften der Kreditinstitute
Mio.	=	Million
Mrd.	=	Milliarde
NIF	=	Note Issuance Facility
No.	=	Numero (= Number)
Nr.	=	Nummer
NSSpkG	=	Sparkassengesetz für Niedersachsen
NWSpkG	=	Sparkassengesetz für Nordrhein-Westfalen
ÖBA	=	Österreichisches Bank-Archiv
OECD	=	Organization for Economic Cooperation and
Development		
OGAW	=	Organismen für gemeinsame Anlagen in Wertpapieren
OTC	=	Over the Counter
o. V.	=	ohne Verfasser

Pfandbriefgesetz	=	Gesetz über die Pfandbriefe und verwandten Schuldverschreibungen öffentlich-rechtlicher Kreditinstitute
PPR	=	Passive Posten der Rechnungsabgrenzung
RechKredV	=	Verordnung über die Rechnungslegung der Kreditinstitute
rd.	=	rund
ROE	=	Return on Equity
ROI	=	Return on Investment
RUF	=	Revolving Underwriting Facilities
S.	=	Seite
SchBG	=	Schiffsbankgesetz
SolvRL	=	Solvabilitätskoeffizientenrichtlinie
Stg.	=	Pfund-Sterling
SZR	=	Sonderziehungsrechte
Tab.	=	Tabelle
TDM	=	Tausend Deutsche Mark
Tz.	=	Textziffer
URL	=	Unified Resource Locator
Vgl.	=	Vergleiche
Vol.	=	Volume (Band)
WDRL	=	Wertpapierdienstleistungsrichtlinie
WiSt	=	Wirtschaftswissenschaftliches Studium
WISU	=	Das Wirtschaftsstudium
WpHG	=	Wertpapierhandelsgesetz
ZBB	=	Zeitschrift für Bankrecht und Bankwirtschaft
ZfB	=	Zeitschrift für Betriebswirtschaft
ZfgK	=	Zeitschrift für das gesamte Kreditwesen
ZIR	=	Zeitschrift Interne Revision

„Erkenntnis kann nicht mit nichts beginnen – mit der tabulla rasa –, aber sie kann auch nicht von der Beobachtung ausgehen. Der Fortschritt unseres Wissens besteht in der Modifikation, in der Korrektur von früherem Wissen. Gewiß ist es manchmal möglich, durch eine Beobachtung oder durch eine Zufallsentdeckung einen Schritt vorwärts zu tun; aber im allgemeinen hängt die Tragweite einer Beobachtung oder einer Entdeckung davon ab, ob wir durch sie in den Stand gesetzt werden, bestehende Theorien zu modifizieren.“[1]

Karl R. Popper

1 Einführung

Die rechtliche Grundlage für die Bankenaufsicht in der Bundesrepublik Deutschland bildet das Gesetz über das Kreditwesen.[2] Seit dessen Einführung am 10. Juli 1961 erfolgten zahlreiche, grundlegende und umfangreiche Gesetzesänderungen, welche durch eine neue KWG-Novelle Eingang in die bestehende Rechtsordnung gefunden haben.[3] Mit der aktuellen Fassung, der 6. Novelle des Kreditwesengesetzes, wird gleichsam die Dynamik des finanzwirtschaftlichen Sektors offenkundig. Die Zielsetzung der Rechtsvorschrift liegt nach wie vor in der Sicherung der Solidität des Finanzsystems sowie im Schutz des Spa-

---

1 Popper, K. R., Auf der Suche nach einer besseren Welt – Vorträge und Aufsätze aus dreißig Jahren, 8. Aufl., München, 1995, S. 62.

2 Im folgenden werden die Bezeichnungen „Gesetz über das Kreditwesen“, „Kreditwesengesetz“ und „KWG“ synonym verwendet.

3 Zur historischen Entwicklung der deutschen Bankenaufsicht im allgemeinen siehe Scheidl, K., Eigenkapitalorientierte Solvenznormen, in: Schierenbeck, H./Moser, H. (Hrsg.), Handbuch Bankcontrolling, Wiesbaden, 1994, S. 798-803, sowie Alsheimer, C., Die Entwicklung des Kreditwesengesetzes, in: Die Bank, 1/1997, S. 27 ff. Zur Entwicklung des Kreditwesengesetzes im speziellen siehe Burghof, H.-P./Rudolph, B., Bankenaufsicht: Theorie und Praxis der Regulierung, Wiesbaden, 1996, S. 110 f., sowie Schiller, B./Wiedemeier, I., Chronologie der Bankenaufsicht, in: ZfgK, 13/1998, S. 757-758.

rers vor einem möglichen Verlust seiner Einlagen.[4] „Die Bankenaufsicht stellt prinzipiell nicht auf die Überwachung einzelner Geschäfte ab, sondern hat die Einhaltung der gesetzlichen und gesetzesähnlichen Normen zum Gegenstand, an welche die Führung des Bankbetriebes gebunden ist.“ [5]

Nach den Vorschriften des Kreditwesengesetzes obliegt die Bankenaufsicht gemäß § 6 Abs. 1 KWG dem Bundesaufsichtsamt für das Kreditwesen (BAKred). Das Bundesaufsichtsamt ist eine selbständige Bundesbehörde mit dem Sitz in Berlin und unterliegt den Weisungen des Bundesministers der Finanzen.[6] Aufgrund des fehlenden administrativen Unterbaus des Bundesaufsichtsamtes erfolgt eine enge Zusammenarbeit mit der Deutschen Bundesbank, die über ihr Netz an Hauptverwaltungen und Zweigstellen eine ortsnahe, wirksame und rationelle Bankenaufsicht gewährleistet.[7] Während die Bundesbank die materielle Bankenaufsicht ausübt und die anzeigepflichtigen Daten,[8] welche sie zu statistischen Erhebungen von den Kreditinstituten erhält, auch dem BAKred zur Verfügung stellt (§ 7 KWG), nimmt das Aufsichtsamt – als zentrale Aufsichtsbehörde – die hoheitlichen Aufgaben wahr.[9] Das BAKred ist beauftragt, Mißständen entgegenzuwirken, „welche die Sicherheit der den Instituten anvertrauten Vermögenswerte gefährden, die ordnungsgemäße Durchführung der Bankge-

---

[4] Vgl. Beyer, H., u. a., Das Kreditgeschäft, Wiesbaden, 1993, S. 42, sowie Püttner, G., Zur Eigenkapitalausstattung der Sparkassen, in: Hadding, W./Schneider, U. H. (Hrsg.), Untersuchungen über das Spar-, Giro- und Kreditwesen, Band 40, Berlin, 1983, S. 12. Zu den Zielen der Bankenaufsicht siehe auch Welcker, J., Neuordnung der Bankenaufsicht, Frankfurt am Main, 1978, S. 18 ff.

[5] Priewasser, E., Bankbetriebslehre, 3. Aufl., München, 1992, S. 36.

[6] Zur Gliederung der Finanzverwaltung siehe Frey, D., Die Finanzverfassung der Bundesrepublik Deutschland, in: Arnold, V./Geske, O.-E. (Hrsg.), Öffentliche Finanzwirtschaft, München, 1988, S. 45.

[7] Vgl. Münzer, C., Bankenaufsicht im Spannungsfeld von statistischen Kontrollinteressen und innovativer Dynamik der Finanzmärkte, Diss., Freiburg, 1992, S. 70 f., sowie Deutsche Bundesbank, Deutsche Bundesbank - Gesetz über das Kreditwesen, Bankrechtliche Regelungen 2, Frankfurt am Main, 1996, S. 6.

[8] Neben den Groß- und Millionenkreditmeldungen sind entsprechende Daten im Rahmen des § 24 KWG dem BAKred und der Deutschen Bundesbank entweder unverzüglich oder in regelmäßigen Abständen anzuzeigen.

[9] Vgl. Szagunn, V./Wohlschieß, K., Die Bankenaufsicht, in: Kloten, N./von Stein J. H. (Hrsg.), Obst, G./Hintner, O.: Geld-, Bank und Börsenwesen, 39. Aufl., Stuttgart, 1993, S. 261-262. Zu den Befugnissen des Bundesaufsichtsamtes für das Kreditwesen siehe außerdem Beber, H., Wirkungen des bankaufsichtsrechtlichen Instrumentariums auf den Wettbewerb im Kreditgewerbe, Diss., Marburg, 1988, S. 32-33.

schäfte oder Finanzdienstleistungen beeinträchtigen oder erhebliche Nachteile für die Gesamtwirtschaft herbeiführen können".[10]

1.1 Akzeleration der Bankenaufsicht

Um die Normierung bestimmter Offenlegungspflichten der Kreditinstitute einerseits und die Eingriffsmöglichkeiten des überwachenden Aufsichtsamtes andererseits zu verwirklichen,[11] wurden im März 1962 die Grundsätze über das Eigenkapital und die Liquidität[12] im Einvernehmen mit der Bundesbank veröffentlicht.[13] Diese Strukturnormen spezifizieren den § 10 KWG (Grundsatz I) und den § 11 KWG (Grundsatz II und III) und ermöglichen es, die Kreditinstitute bezüglich der Sicherstellung „angemessener Eigenmittel" sowie der „ausreichenden Zahlungsbereitschaft" zu beurteilen. Zugleich begrenzen die Grundsätze die Geschäftstätigkeit und tragen zur Sicherung der bankbetrieblichen Funktionen bei.[14] „Die Kreditinstitute müssen im Interesse der Erfüllung ihrer Verpflichtungen gegenüber ihren Gläubigern, insbesondere zur Sicherheit der ihnen anvertrauten Vermögenswerte ein angemessenes haftendes Eigenkapital haben."[15] Die Überschreitung der Eigenkapitalnorm begründet die Vermutung, daß das Institut nicht das für die Sicherheit der Einlagen erforderliche Kapital besitzt.[16] Da der Eigenkapitalgrundsatz und die Liquiditätsgrundsätze ergänzende Regelungen darstellen, die aus dem KWG deduziert werden, resultiert aus einer Änderung des Kreditwesengesetzes prinzipiell eine notwendige Anpassung der Strukturnormen.[17]

---

[10] § 6 Abs. 2 KWG. Krümmel bezeichnet den „Gläubigerschutz" und die „Sicherung der Zahlungsfähigkeit" als Grundziele des Kreditwesengesetzes. Vgl. Krümmel, H.-J., Bankaufsichtsziele und Eigenkapitalbegriff, Frankfurt am Main, 1983, S. 78 ff.

[11] Vgl. Möschel, W., Das Wirtschaftsrecht der Banken, Frankfurt am Main, 1972, S. 225.

[12] Erste Fassung nach der Bekanntmachung Nr. 1/62 vom 8.3.1962 (BAnz: Nr. 53 vom 16.3.1962).

[13] Zur historischen Entwicklung der Bankenaufsicht vor 1945 siehe Klügel, K., Bankenaufsichtsrecht und Skalenerträge: Vergleich US-amerikanischer commercial banks und deutscher Geschäftsbanken, Diss., Augsburg, 1995, S. 37-39.

[14] Vgl. Erdland, A., Eigenkapital und Einlegerschutz bei Kreditinstituten, in: Voigt, F. (Hrsg.), Untersuchungen über das Spar-, Giro- und Kreditwesen, Abteilung A: Wirtschaftswissenschaft, Bd. 108, Berlin, 1981, S. 111 und 114.

[15] Krümmel, H.-J. (1983), S. 78.

[16] Vgl. Dietrich, G., Die Sicherheit der Einlagen bei deutschen Kreditinstituten, Diss., Marburg, 1968, S. 24.

[17] Bisweilen nimmt das Bundesaufsichtsamt eine Modifikation oder eine Ergänzung des Grundsatzes I durch die sogenannten Bekanntmachungen des Bundesaufsichtsamtes für das Kreditwesen vor.

Nachdem infolge von Devisenspekulationen der Zusammenbruch des Bankhauses I. D. Herstatt nicht mehr zu verhindern war,[18] wurde 1974 zusätzlich der Grundsatz Ia eingeführt, welcher die Begrenzung offener Devisenpositionen auf bestimmte Prozentsätze des haftenden Eigenkapitals festlegte.[19] Als 1971 der Versuch scheiterte, das Kreditwesengesetz zu reformieren, wurde lediglich der Sparerfreibetrag durch die Bekanntmachungen des Bundesaufsichtsamtes angehoben.[20] Erst 1976 erfolgte mit dem 2. Gesetz zur Änderung des Kreditwesengesetzes die erste vollständige Novellierung der Rechtsnorm. Die Neufassung enthielt die Einführung des Vieraugenprinzips, strengere Bestimmungen über die Anforderung von Kreditunterlagen sowie eine Verschärfung der Strukturnormen, um eine Risikoreduzierung bei der Großkreditgewährung zu erzielen.[21]

Neben der Maxime, die Funktionsfähigkeit des Finanzsystems zu erhalten[22] und die Anleger vor dem Verlust ihrer Einlagen zu schützen,[23] gingen mit der 1. Bankrechtskoordinierungsrichtlinie[24] zur Förderung der internationalen Zusammenarbeit der nationalen Bankenaufsichtsbehörden und der 1. Konsolidierungs-

---

[18] Vgl. Bähre, I. L., Probleme der Bankenaufsicht internationaler Finanzmärkte, in: Krümmel, H.-J. (Hrsg.), Beihefte zu Kredit und Kapital, Heft 8, 1985, S. 68, sowie Bähre, I. L./Schneider, M., KWG-Kommentar, 2. Aufl., München, 1976, S. 57.

[19] Vgl. Bieg, H., Bankbilanzen und Bankenaufsicht, in: Wiedemann, H. (Hrsg.), Schriften des Instituts für Arbeits- und Wirtschaftsrecht der Universität zu Köln, Bd. 47, München, 1983, S. 84. Kuntze konstatiert, daß erst ein auslösendes Ereignis, welches in der Regel unerfreulicher Natur ist, die Voraussetzung für eine Reform der KWG-Novelle darstellt. Vgl. Kuntze, W., Zur Entwicklung des Kreditwesengesetzes aus der Sicht der Bankenaufsicht, in: Rudolph, B. (Hrsg.), Bankpolitik nach der KWG-Novelle, Frankfurt am Main, 1986, S. 13 ff.

[20] Das 1. Gesetz zur Änderung des Kreditwesengesetzes im Jahr 1971 hatte den Charakter der Schreiben des BAKreds im Rahmen einer Änderung oder Ergänzung bestehender Vorschriften. In diesem Konnex wurde der Sparerfreibetrag von 1.000,-- DM auf 2.000,-- DM angehoben. Eine neue KWG-Novelle wurde nicht verabschiedet. Siehe Kuntze, W. (1986), S. 11 f.

[21] Vgl. Szagunn, V./Neumann, W./Wohlschieß, K., Gesetz über das Kreditwesen in der Fassung vom 3. Mai 1976, 3. Aufl., Stuttgart, 1976, S. 35.

[22] Vgl. Krumnow, J., et al., Rechnungslegung der Kreditinstitute: Kommentar zum Bankbilanzrichtlinie-Gesetz und zur RechKredV, Stuttgart, 1994, S. 15.

[23] Vgl. Zeitler, I., Internationales Bankgeschäft als Problem der Bankenaufsicht, in: Aschoff, C./Müller-Bader, P. (Hrsg.), Betriebswirtschaftliche Forschungsbeiträge, Bd. 12, München, 1984, S. 190, Bauer, J., Die Anforderungen der Bankenaufsicht an das haftende Eigenkapital der Kreditinstitute, in: Kosiol, E., et al. (Hrsg.), Betriebswirtschaftliche Forschungsergebnisse, Bd. 86, Berlin, 1983, S. 17, sowie Wolf-Wacker, E., Zur Begründung und Ausgestaltung von Bankenaufsicht, Krefeld, 1987, S. 82 f.

[24] EG-Kommission, Richtlinie 77/780/EWG des Rates vom 12. Dezember 1977 zur Koordinierung der Rechts- und Verwaltungsvorschriften über die Aufnahme und Ausübung der Tätigkeit der Kreditinstitute, in: Abl. EG, Nr. L 322, 17. Dezember 1977, S 30-37.

richtlinie[25] erstmalig europäische Aspekte in das deutsche Bankenaufsichtsrecht ein. Beide EU-Richtlinien wurden durch die 3. Novelle von 1984 in das Kreditwesengesetz transformiert. Besonders die Richtlinie zur Koordinierung der Rechts- und Verwaltungsvorschriften über die Aufnahme und Ausübung der Tätigkeit der Kreditinstitute vom 12. Dezember 1977 stellte mit der Einsetzung des beratenden Ausschusses,[26] welcher die Aufhebung der Beschränkungen der Niederlassungsfreiheit und des freien Dienstleistungsverkehrs gewährleistete, die Basis zur Harmonisierung der divergierenden nationalen bankenaufsichtsrechtlichen Regelungen dar. Der Schwerpunkt der Konsolidierungsrichtlinie lag in der Einführung eines bankenaufsichtlichen Verfahrens zur Erfassung von Verbundrisiken, um die Bildung von Kreditpyramiden durch eine mehrfache Ausnutzung des haftenden Eigenkapitals über Tochterinstitute zu vermeiden.[27]

Die von der EU erlassenen Richtlinien geben einen Mindeststandard vor und verfolgen das Ziel, die unterschiedlichen nationalen Gesetzgebungen anzugleichen. Da die Regelungen der EU das angestrebte Ziel nur verbindlich vorgeben, können die jeweiligen nationalen Stellen die Richtlinien durchaus rigider – aber keinesfalls milder – in nationales Recht umsetzen.[28]

Die 4. und die 5. Novelle des Kreditwesengesetzes sind nahezu ausschließlich durch die Umsetzung diverser EU-Richtlinien geprägt.[29] Auf dem Weg zu einer Angleichung der national unterschiedlichen bankenaufsichtsrechtlichen Gesetzgebungen sollen diese Richtlinien zu einer Konvergenz der bestehenden Rechtsnormen mit dem Ziel einer europaweiten Wettbewerbsgleichheit führen.[30]

---

[25] EG-Kommission, Richtlinie 83/850/EWG des Rates vom 13. Juni 1983 über die Beaufsichtigung der Kreditinstitute auf konsolidierter Basis, in: Abl. EG, Nr. L 193, 18. Juli 1983, S 18-20.

[26] Der beratenden Ausschuß besteht aus drei Vertretern eines jeden Mitgliedsstaates. Die Bundesrepublik Deutschland entsendet je ein Vertreter der Bundesbank, des Bundesaufsichtsamtes und des Finanzministeriums. Vgl. Bopp, R., Europäische Aufsicht über Kreditinstitute, in: Hess, S. M. (Hrsg.), Reihe „OIKOS", Bd. 10, Frankfurt am Main, 1982, S. 88-89.

[27] Vgl. Schork, L., Gesetz über das Kreditwesen mit Begründung, Durchführungsvorschriften und Anmerkungen, 19. Aufl., Stuttgart, 1995, S. 14 f.

[28] Vgl. dazu Stober, R., Wirtschaftsverwaltungsrecht, 10. Aufl., Stuttgart, 1996, S. 110.

[29] Eine chronologische Übersicht über die in deutsches Recht umgesetzten Richtlinien der Europäischen Union befindet sich in Glüder, D., Die Sechste KWG-Novelle kommt (I), in: Bank Magazin, 11/1995, S. 58.

[30] Weber/Nägele vertreten in diesem Zusammenhang die Meinung, daß das Kreditwesengesetz durch die europäischen Vorgaben seine Identität und Eigenständigkeit verloren habe. Vgl. Weber, C./Nägele, P., „Babylonische Begriffsverwirrung": 6. KWG-Novelle in Kraft, in: ZfgK, 13/1998, S. 753.

Die 4. KWG-Novelle trat am 1. Januar 1993 in Kraft und führte den „Europäischen Paß" für Kreditinstitute mit dem Sitz in der EU ein.[31] Die Grundlage dazu bildete die 2. Bankrechtskoordinierungsrichtlinie[32], welche die Zuständigkeit für die Erfassung und Überwachung von im europäischen Ausland agierenden Zweigstellen dem Herkunftsland (Herkunftslandkontrolle) übertrug. Zudem wurde auf der Basis der Eigenmittelrichtlinie[33] der Begriff des „haftenden Eigenkapitals" um die stillen und die offenen Reserven gemäß §§ 340f, g HGB sowie um die nachrangigen Darlehensverbindlichkeiten erweitert.[34] Die Aufteilung des haftenden Eigenkapitals in das Kern- und das Ergänzungskapital bewirkte außerdem eine qualitative Differenzierung der Eigenkapitalkomponenten. Weiterhin führte die Umsetzung der Solvabilitätskoeffizientenrichtlinie[35] zu einer Neuregelung des Eigenkapitalgrundsatzes für Kreditinstitute. Dabei erhielt der Begriff des Solvabilitätskoeffizienten, als Begrenzungsnorm für die Einhaltung der Mindesteigenkapitalquote, welche von 5,6% auf 8% heraufgesetzt wurde, eine besondere Bedeutung.[36]

Die 5. Novelle des Kreditwesengesetzes vom 31. Dezember 1995 verwirklichte die 2. Konsolidierungsrichtlinie,[37] welche eine Ausweitung der Richtlinie von

---

[31] Zur Harmonisierung der aufsichtsrechtlichen Vorschriften für Banken und Wertpapierfirmen vgl. Schäfer, S. M., The Regulation of Banks and Securities Firms, in: European Economic Review, 1990, S. 588.

[32] EG-Kommission, 2. Richtlinie 89/646/EWG des Rates vom 15. Dezember 1989 zur Koordinierung der Rechts- und Verwaltungsvorschriften über die Aufnahme und Ausübung der Tätigkeit der Kreditinstitute und zur Änderung der Richtlinie 77/780/EWG, in: Abl. EG, Nr. L 386, 30. Dezember 1989, S 1-13; EG-Kommission, Berichtigung der 2. Richtlinie 89/646/EWG des Rates vom 15. Dezember 1989 zur Koordinierung der Rechts- und Verwaltungsvorschriften über die Aufnahme und Ausübung der Tätigkeit der Kreditinstitute und zur Änderung der Richtlinie 77/780/EWG, in: Abl. EG, Nr. L 158, 23. Juni 1990, S 87.

[33] EG-Kommission, Richtlinie 89/299/EWG des Rates vom 17. April 1989 über die Eigenmittel von Kreditinstituten, in: Abl. EG, Nr. L 124, 5. Mai 1989, S 16-20.

[34] Vgl. Nirk, R. (1992), S. 16. Zur Umsetzung der Eigenmittelrichtlinie siehe auch Betge, P., Bankbetriebslehre, Berlin, 1996, S. 132 ff., Berg, O. E., Eigenmittelbindung in Kreditgenossenschaften, Diss., Münster, 1994, S. 38 ff., sowie Gröschel, U., Von der 4. Zur 7. KWG-Novelle, in: Sparkasse, 5/1993, S. 225 ff.

[35] EG-Kommission, Richtlinie 89/647/EWG des Rates vom 18. Dezember 1989 über einen Solvabilitätskoeffizienten für Kreditinstitute, in: Abl. EG, Nr. L 386, 30. Dezember 1989, S 14-22.

[36] Vgl. Stobbe, S., Die deutsche Kreditwirtschaft im europäischen Bankenrecht, Diss., Hannover, 1992, S. 51.

[37] EG-Kommission, Richtlinie 92/30/EWG des Rates vom 6. April 1992 über die Beaufsichtigung von Kreditinstituten auf konsolidierter Basis, in: Abl. EG, Nr. L 110, 28. April 1992, S 52-58.

1983 darstellt. Mit der Realisierung der Großkreditrichtlinie[38] wurde zudem die Großkreditdefinitionsgrenze neu festgelegt und sowohl die Höhe des einzelnen Großkredites[39] (Großkrediteinzelobergrenze) als auch die Summe der Großkredite eines Kreditinstitutes (Großkreditgesamtobergrenze) in Relation zum haftenden Eigenkapital limitiert. Als gesetzliche Ausführungsvorschrift zur Beaufsichtigung der Groß- und Millionenkredite wurde am 1. Februar 1996 die Kreditbestimmungsverordnung[40] erlassen.

Die Absicht, die Struktur und die Beaufsichtigung von Finanzunternehmen wirkungsvoller zu gestalten, erzwang 1997 eine weitere Novellierung des Kreditwesengesetzes. Vor dem Hintergrund des Zusammenbruchs der Bank of Credit and Commerce International (BCCI) enthält die nun gültige 6. KWG-Novelle – neben einer Reihe weiterer Vorschriften – die Verarbeitung der BCCI-Folgerichtlinie[41], welche das Bundesaufsichtsamt ermächtigt, die Zulassung zum Geschäftsbetrieb zu versagen oder zu entziehen, zum Beispiel wenn die Organisation des Unternehmens oder die Besitzverhältnisse eine wirksame Aufsicht vereiteln (§§ 32 und 33 KWG).[42] Darüber hinaus wurden die Anzeigepflichten (§ 24 KWG) der Institute, etwa in Verbindung mit der Errichtung, Verlegung oder Schließung einer inländischen Zweigstelle, ergänzt.

---

[38] EG-Kommission, Richtlinie 92/121/EWG des Rates vom 21. Dezember 1992 über die Überwachung und Kontrolle der Großkredite von Kreditinstituten, in: Abl. EG, Nr. L 29, 5. Februar 1993, S 1-8.

[39] Die Insolvenz des Bankhauses Schröder, Münchmeyer, Hengst & Co (SMH-Bank) 1983 lag darin begründet, daß die Geschäftstätigkeit zu stark auf einen Kunden konzentriert war. Deshalb wurde die Einzelkredithöchstgrenze von 75% auf 50% des haftenden Eigenkapitals reduziert. Vgl. dazu Spremann, K., Wirtschaft, Investition und Finanzierung, 5. Aufl., München, 1996, S. 71, sowie Kuntze, W. (1986), S. 13-17.

[40] Verordnung über die Bemessung der Kredit- und Anrechnungsbeträge nach den §§ 13 bis 14 des Gesetzes über das Kreditwesen (KredBestV).

[41] EG-Kommission, Richtlinie 95/26/EG des Europäischen Parlaments und des Rates vom 29. Juni 1995 zur Änderung der Richtlinien 77/780 EWG und 92/49/EWG betreffend Kreditinstitute, der Richtlinien 73/239/EWG und 92/49/EWG betreffend Schadenversicherungen, der Richtlinien 79/267/EWG und 92/96/EWG betreffend Lebensversicherungen, der Richtlinie 93/22/EWG betreffend Wertpapierfirmen sowie der Richtlinie 85/611/EWG betreffend bestimmte Organismen für gemeinsame Anlagen in Wertpapieren (OGAW) zwecks verstärkter Beaufsichtigung dieser Finanzunternehmen, in: Abl. EG, Nr. L 168, 18. Juli 1995, S 7-13. Zum Inhalt der BCCI-Richtlinie vgl. o. V., Regierungsentwurf zur Sechsten KWG-Novelle, in: ZBB, 1/1997, S. 82.

[42] Vgl. Deutsche Bundesbank, Die Sechste Novelle des Kreditwesengesetzes, in: Monatsberichte der Deutschen Bundesbank, 50. Jg., Nr. 1, 1998, S. 70, sowie Woeste, C., Rahmenbedingungen für die Bildung von Eigenkapital bei den öffentlich-rechtlichen Sparkassen, in: Bundschuh, K. D./Hadding, W./Schneider, U. H. (Hrsg.), Schriften zum deutschen und ausländischen Geld-, Bank- und Börsenwesen, Bd. 17, Frankfurt am Main, 1989, S. 131.

Da die 2. Bankrechtskoordinierungsrichtlinie aus dem Jahr 1989 die Niederlassungsfreiheit in allen Ländern der EU nur für die Kreditinstitute regelte, wurde mit dem Beschluß der 6. Novelle des Kreditwesengesetzes die Wertpapierdienstleistungsrichtlinie[43] umgesetzt. Diese EU-Norm trägt der kongruenten Wettbewerbsfähigkeit der unterschiedlichen Bankensysteme mit einem nahezu identischen Produktangebot in Europa Rechnung und generiert für Wertpapierhandelsunternehmen[44] und Kreditinstitute ein „Level-Playing-Field", indem beide Institute der bankenaufsichtsrechtlichen Kontrolle unterstellt werden.[45] Zugleich wird die Durchführung der Bankenaufsicht für Wertpapierhäuser und deren in anderen Ländern des Europäischen Wirtschaftsraumes ansässigen Niederlassungen ebenfalls dem Herkunftsland zugewiesen.[46]

Die Erlaubnis zur Ausübung einer grenzüberschreitenden Geschäftstätigkeit für Wertpapierfirmen wurde auf Drängen der Länder, welche über ein ausgeprägtes Universalbanksystem verfügen, mit der Forderung verbunden, eine differenzierte Eigenkapitalanforderung für beide Institutsformen festzulegen. In diesem Kontext wurde der Grundsatz „Same Business – Same Risk – Same Regulation" formuliert,[47] welcher die inhaltliche Trennung der primären Geschäftsausübung der Wertpapierhandelsunternehmen von der vorrangigen Tätigkeit der Universalbanken dokumentiert. Die Umsetzung dieser divergierenden Regelungssystematik für Wertpapierfirmen und Kreditinstitute realisiert die Kapitaladäquanzrichtlinie.[48] Die CAD vereinigt die Vielzahl der in der 4. und 5. KWG-Novelle ausschließlich für die Kreditinstitute verarbeiteten EU-Richtlinien und überträgt diese auf die Wertpapierhäuser.

---

[43] EG-Kommission, Richtlinie 93/22/EWG des Rates vom 10. Mai 1993 über Wertpapierdienstleistungen, in: Abl. EG, Nr. L 141, 11. Juni 1993, S 27-46.

[44] Das in der Wertpapierdienstleistungsrichtlinie beschriebene Wertpapierhandelsunternehmen entspricht im wesentlichen der europarechtlichen Wertpapierfirma. Das im Kreditwesengesetz definierte Pendant wird als Finanzdienstleistungsinstitut bezeichnet. Unter dem Begriff „Wertpapierhaus" werden im weiteren sämtliche der vorgenannten Termini subsumiert.

[45] Zu den unterschiedlichen Kapital- und Regulierungsanforderungen für Banken und Wertpapierfirmen siehe ausführlich Schaefer, S. M., Financial Regulation: The Contribution of the Theory of Finance, in: Fingleton, J./Schoenmaker, D. (Hrsg.), The Internationalisation of Capital Markets and the Regulatory Response, London, 1992, S. 149-151.

[46] Vgl. Deutsche Bundesbank (1998), S. 62.

[47] Vgl. Rudolph, B., Kapitaladäquanzrichtlinie: Zielsetzungen und Konsequenzen der bankaufsichtlichen Regulierung im Wertpapierbereich, in: ZBB, 2/1994, S. 117, sowie Boos, K.-H./Höfer, B., Die Kapitaladäquanzrichtlinie I, in: Die Bank, 5/1995, S. 285.

[48] EG-Kommission, Richtlinie 93/6/EWG des Rates vom 15. März 1993 über die angemessene Kapitalausstattung von Wertpapierfirmen und Kreditinstituten, in: Abl. EG, Nr. L 141, 11. Juni 1993, S 1-26.

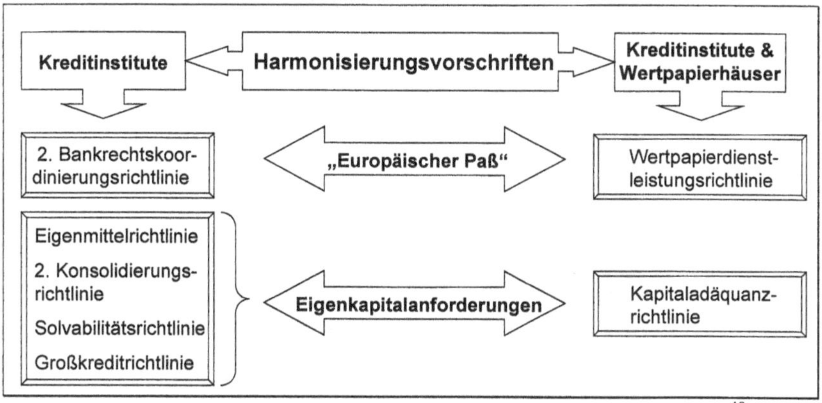

Abb. 1.1: Regelungsbereiche der Harmonisierungsvorschriften[49]

Hinsichtlich der Eigenkapitalanforderung für Risikopositionen schreibt die 6. KWG-Novelle eine generelle Vorgehensweise gemäß der Kapitaladäquanzrichtlinie vor. Mit der Klassifizierung der Wertpapierhäuser und Kreditinstitute in Handelsbuch- und Nichthandelsbuchinstitute wurde allerdings eine unterschiedliche bankenaufsichtsrechtliche Norm geschaffen. Diese orientiert sich an dem im Eigendepot eines Institutes existenten Handelsvolumen. Die Formulierung einer Bagatellregelung gemäß § 2 Abs. 11 KWG ermöglicht den Instituten mit geringen Eigenhandelsbeständen, die Eigenkapitalanforderungen der Positionen des Handelsbuches nach den Bestimmungen des Anlagebuches durchzuführen. Hingegen müssen die Handelsbuchinstitute aufgrund ihres umfangreichen Eigenhandels eine zusätzliche Eigenmittelunterlegung für das den Finanzinstrumenten des Handelsbuches inhärente Marktpreisrisiko vornehmen sowie weitere Anforderungen bei der Einhaltung der Großkreditbestimmungen beachten. Inhaltlich weitet die Kapitaladäquanzrichtlinie die Erfassung der Marktpreisrisikopositionen für Wertpapierhäuser und Kreditinstitute auf Rohwaren- und Währungsbestände aus,[50] während die Solvabilitätskoeffizientenrichtlinie lediglich die Unterlegung mit Eigenkapital für die Kontrahenten- und die Emittentenrisi-

[49] Modifizierte Abbildung in Anlehnung an Rudolph, B. (1994), S. 120.

[50] Vgl. Zuberbühler, D., Eigenmittelvorschriften der Banken, in: Weber, R. H./Hirszowicz, C. (Hrsg.), Derivative Finanzinstrumente und Eigenmittelvorschriften, in: Zobl, D./Giovanoli, M./Hertig, G. (Hrsg.), Schweizer Schriften zum Bankrecht, Bd. 34, Zürich, 1995, S. 123.

ken der Kreditinstitute vorsieht. Demzufolge wurde mit der Quantifizierung dieser Marktpreisrisiken die inhaltliche Korrektur des Grundsatzes I[51] notwendig.

Die Modifikation bestehender Rechtsnormen steht in einer engen Beziehung mit erhöhten organisatorisch-technischen Anforderungen innerhalb der Institute. Um der Anpassung an geänderte Rahmenbedingungen unter zeitlichen Restriktionen Rechnung zu tragen, wurden Übergangsregelungen in das Kreditwesengesetz aufgenommen. So wurde für kleine Institute die Frist für die eventuelle Rückführung von Krediten in Anlehnung an die Reduzierung der Großkreditdefinitionsgrenze von 15% auf 10% sowie der Gesamtbuch-Großkrediteinzelobergrenze von 40% auf 25% um fünf Jahre verlängert.[52] Als materielle Vorschrift zur Regelung des Groß- und Millionenkreditgeschäftes, zur Bemessung der Risikoposten unter Berücksichtigung der vorhanden Sicherheiten sowie zur Abgrenzung von Handelsbuch- und Nichthandelsbuchinstituten wurde am 31. Dezember 1997 außerdem die Groß- und Millionenkreditverordnung (GroMiKV) verabschiedet, welche die bisherige Kreditbestimmungsverordnung ersetzt.[53]

1.2 Problemstellung

Die sechste KWG-Novelle hat mit der Umsetzung der Kapitaladäquanzrichtlinie und der Wertpapierdienstleistungsrichtlinie die Normvorschriften neu definiert und damit für eine bankenaufsichtsrechtliche Gleichbehandlung der Kreditinstitute und der Finanzdienstleistungsinstitute gesorgt. Die Verwirklichung der europäischen Richtlinien in das deutsche Bankenaufsichtsrecht hat ihren Niederschlag auch im Grundsatz I gefunden, so daß die Anforderungen der Aufsichtsbehörden und Notenbanken an eine hinreichende Deckung der Risikopositionen mit den entsprechenden Eigenmittelkomponenten zusätzlichen Aufwand verursachen und die Geschäftsmöglichkeiten aller Institute europaweit im gleichen Maße begrenzen.[54] Eine Ausnahme der Gleichbehandlung sämtlicher Institute

---

51 Bundesaufsichtsamt für das Kreditwesen, Schreiben – I 7 – A 223 – 2/93 – vom 29. Oktober 1997; Bekanntmachung über die Änderung und Ergänzung der Grundsätze über das Eigenkapital und die Liquidität der Kreditinstitute vom 29. Oktober 1997.

52 Als „kleine Institute" im Sinne des § 64d Satz 4 KWG werden die Institute bezeichnet, deren haftendes Eigenkapital sieben Mio. ECU nicht übersteigt.

53 Vgl. Boos, K.-H./Ramloch, D., Die neue Groß- und Millionenkreditverordnung, in: Die Bank, 3/1998, S. 186.

54 Vgl. Gaddum, J. W., Bankenaufsicht im Dienst der Währung, in: Gaddum, J. W./Smeets, H.-D., Währungspolitik und staatliche Regulierung, Walter Eucken-Institut, Vorträge und Aufsätze Nr. 125, Tübingen, 1989, S. 17.

bildet die Bagatellregelung, welche die Nichthandelsbuchinstitute von den Handelsbuchinstituten diskriminiert. Infolgedessen umfaßt der Grundsatz I für Handelsbuchinstitute einerseits und für Nichthandelsbuchinstitute anderseits partiell unterschiedliche Anwendungsbereiche.

Während bis 1990 lediglich die kontrahentenbezogenen Adressenrisiken aus dem originären Kreditgeschäft und erst mit der Bekanntmachung des Bundesaufsichtsamtes vom 15. Mai 1990 das emittentenbezogene Adressenrisiko im Grundsatz I registriert wurde, sieht die aktuelle Fassung neben der Kalkulation des generellen Adressenausfallrisikos[55] die zusätzliche Unterlegung von Fremdwährungs-, von Rohwaren- und von den aus Handelsbuchpositionen resultierenden Zins- und Aktienkursrisiken mit Eigenmitteln vor. Da das Risiko der letztgenannten Positionen vom Markt determiniert wird, werden diese Risikoposten auch als Marktpreisrisikopositionen bezeichnet. Außerdem werden die Optionspreisrisiken einer separaten Bewertung unterzogen und in die Eigenmittelanforderung der Institute integriert.

Der Auslöser für die Aufnahme dieser Risikopositionen in die Eigenmittelanforderung war das mit wachsender Anzahl der Verbriefungen – im Rahmen der Globalization und Securitization – einhergehende Bedürfnis, sich gegen die aus der zunehmenden Volatilität und Dynamik der Finanzmärkte resultierenden Preisänderungsrisiken abzusichern.[56] Während in den Kreditinstituten das traditionelle Ausleih- sowie das Anlagegeschäft den Schwerpunkt der Geschäftstätigkeit bildet und mithin primär das Bonitäts- bzw. das Adressenausfallrisiko vorzufinden ist, steht bei den Wertpapierfirmen aufgrund des eher kurzfristig ausgerichteten Wertpapier- und Handelsgeschäftes das Marktpreisrisiko im Vordergrund.[57] Diese Faktizität rechtfertigt die Entscheidung der Aufsichtsbehörde, die Nichthandelsbuchinstitute mit einem limitierten Eigenhandel von der Anrechnung des Handelsbuchrisikos zu befreien.

Für Institute mit einem institutionalisierten Eigenhandel ist die bankenaufsichtsrechtliche Positionierung als Handelsbuchinstitut obligatorisch. Demgemäß steht für diese Institute die Umsetzung der im Kreditwesengesetz und im Grundsatz I geforderten Anforderungen an erster Stelle. Dabei stellt das Ausmaß des durch

---

[55] Unter dem generellen Adressenausfallrisiko werden die kontrahenten- und die emittentenbezogenen Risikopositionen zusammengefaßt. Siehe Deutsche Bundesbank: Die neuen Grundsätze I und Ia über das Eigenkapital der Kreditinstitute, Sonderdruck der Deutschen Bundesbank Nr. 2a, 2. Aufl., Frankfurt am Main, 1991, S. 2.

[56] Vgl. Schulte-Mattler, H., Entwicklungstendenzen in der europäischen und internationalen Bankenaufsicht, in: ZBB, 4/1994, S. 333.

[57] Vgl. Boos, K.-H./Höfer, B. (1995), S. 285.

die Kapitaladäquanzrichtlinie initiierten Anspruchs an das Reporting von Marktpreisrisiken nicht zuletzt für Großbanken, vornehmlich mit einer Konsolidierungspflicht und einem international ausgerichteten Geschäftsfeld, eine enorme Herausforderung dar.[58]

Sofern die in der Regel aus kleinen und mittelgroßen Instituten bestehenden potentiellen Nichthandelsbuchinstitute ihren gegenwärtigen bankaufsichtsrechtlichen Status quo nicht aufgeben und die Berechnung der Eigenkapitalanforderungen für Handelsbuchpositionen analog den Positionen des Anlagebuches aufrechterhalten wollen, reduzieren diese ihre Eigenhandelsvolumina auf die im § 2 Abs. 11 KWG festgelegten absoluten und relativen Obergrenzen. Mit dieser Maßnahme können die mitunter hohen Ausgaben für die Implementierung eines funktionierenden Risikomanagement-Systems und eines angemessenen Risikocontrollings sowie die unerläßlichen EDV-technischen Investitionen, etwa in ein adäquates Depot-A-Management, weitgehend ausgeschlossen werden.[59] Gleichwohl bedeutet die auferlegte Selbstbeschränkung in der Geschäftstätigkeit, die Ertragspotentiale bei der Ausübung der Eigenhandelsgeschäfte nicht erschließen zu können.

Die Einschränkung des Eigenhandels mit dem ausschließlichen Ziel der bankenaufsichts-rechtlichen Behandlung als Nichthandelsbuchinstitut hat neben dem Verzicht auf einen ertragsorientierten Eigenhandel weitreichende Konsequenzen: Die Vorschriften für Nicht-handelsbuchinstitute gegenüber denen der Handelsbuchinstitute zu präferieren, führt zu erheblichen Einsparungen der Overheadkosten im Bereich des Eigenhandels. Dem steht der Verzicht auf die Chance gegenüber, zusätzliche Erträge aus dem Handel zu erzielen.[60] Da Institute mit dieser Geschäftsbeschränkung auf kurzfristige, crashartige Marktreaktionen im Handelsbuch nicht oder nur bis zur Höhe der Bagatellgrenzen reagieren können, wird der aktive Handlungsrahmen zur Absicherung bestehender Handelsvolumina der Nichthandelsbuchinstitute stark eingeschränkt.

---

[58] Vgl. Hintze, S./Warg, M., Management von Marktrisikopositionen in der Hypothekenbank, in: Die Bank, 9/1998, S. 530.

[59] Zur Einrichtung eines Risikomanagementsystems als Voraussetzung für die Durchführung des Handelsgeschäftes vgl. Artopoeus, W., Innovative Handelsgeschäfte und Bankenaufsicht, in: Sparkasse, 113. Jg., 4/1996, S. 151, Chorafas, D. N., Globales Risikomanagement in Finanzinstitutionen, Wiesbaden, 1992, S. 31 ff., sowie Sättele, H.-P., Innovative Handelsgeschäfte und Anforderungen an die Bankenaufsicht, in: Sparkasse, 4/1996, S. 158.

[60] Vgl. Engelhard, H./Priehs, D., Kunden- und Eigengeschäft getrennt steuern, in: B. Bl., 9/1998, S. 444-445.

Im Hinblick auf einen transparenten europäischen Wettbewerb mit sinkenden Margen stellt sich die Frage, welche Institutsform für kleine und mittelgroße Banken und Sparkassen aus ökonomischer Sicht die „geeignetere" Alternative darstellt. Das Bundesaufsichtsamt für das Kreditwesen sieht die dauerhafte Zuordnung eines Institutes zu einer Institutsform vor und schließt eine alternierende Institutsform für sämtliche Institute generell aus. Vor diesem Hintergrund wird eine Entscheidungsfindung zwischen dem Handelsbuch- und dem Nichthandelsbuchinstitut für Institute ohne einen institutionalisierten, ertragsorientierten Eigenhandel um so wichtiger.

Mit der Anerkennung weiterer Eigenmittelbestandteile, der sogenannten Drittrangmittel, stehen für die Unterlegung von Marktpreisrisikopositionen zusätzliche Deckungsmassen zur Verfügung. Da in praxi die Rohwarenkontrakte und – vor allem mit Blick auf die europäische Währungsunion – die Währungspositionen für kleine und mittelgroße Institute eher von untergeordneter Bedeutung sind, können die anrechenbaren Drittrangmittel weitgehend für die Ausübung des Eigenhandels eingesetzt werden. Bleiben diese Eigenmittelkomponenten unausgenutzt, so muß bisweilen die geschäftspolitische Effektivität eines Institutes in Frage gestellt werden.

Angesichts der bereits getätigten Investitionen im Rahmen der „Mindestanforderungen an das Betreiben von Handelsgeschäften in Kreditinstituten" und der Ausschöpfung der Ertragspotentiale[61] geht die handelsbuchorientierte Ausrichtung mit umfangreichen bankenaufsichtsrechtlichen Anforderungen an die Marktpreisrisikomessung einher. Die vorzuhaltenden Eigenmittelbestandteile zur Deckung der Risikopositionen eines Institutes lassen sich auf Basis der Standardverfahren des Grundsatzes I bestimmen. Doch gibt – in Anlehnung an Rudolph und Johanning[62] – der mangelnde ökonomische Fundus dieser Berechnungsvorschriften Anlaß zur Kritik. Die schematisierten Verfahren des Grundsatzes I reproduzieren das Risiko der gehandelten Positionen nur unzureichend. In erster Linie sind es die marktpreisbezogenen Risikopositionen sowie die darin enthaltenen, immer komplexer werdenden Zinsrisikogeschäfte, die eine korrekte Quantifizierung des Risikos erfordern.

Um der wachsenden Bedeutung der genuinen Verlustrisiken gerecht zu werden, sehen sich die Institute einer ständigen Anpassung der Implementierung ad-

---

61 Vgl. Engelhard, H./Priehs, D. (1998), S. 445.

62 Siehe Rudolph, R. (1994), S. 125-126, sowie Johanning, L., Value-at-risk-Modelle zur Ermittlung der bankaufsichtlichen Eigenkapitalunterlegung beim Marktrisiko im Handelsbereich, in: ZBB, 4/1996, S. 289-291.

äquater Berechnungsvorschriften ausgeliefert. Dementsprechend setzen die Institute neben den bisher geltenden Anrechnungsverfahren zur bankenaufsichtsrechtlichen Risikobestimmung weitere, auf statistischen Erkenntnissen beruhende interne Modelle ein, um das Risikopotential exakter beurteilen zu können. In Anbetracht dessen, daß eine Vielzahl der Institute diese innovativen Bewertungsmethoden anwendet, die denen des bisherigen Eigenkapitalgrundsatzes überlegen zu sein scheinen, hat das Bundesaufsichtsamt für Kreditwesen – den Basler Empfehlungen folgend – die im Grundsatz I beschriebenen Standardverfahren um die institutseigenen Risikomodelle ergänzt.

Außerdem ermöglicht der Einsatz interner Modelle, bestehende Redundanzen einer zweimaligen Risikomessung zu vermeiden. Demnach bietet die Verknüpfung der aufsichtsrechtlichen Anforderungen auf der einen Seite mit den internen Ansprüchen eines modernen Risikomanagements auf der anderen Seite ein beträchtliches Optimierungspotential. Zur Durchführung einer zusammenhängenden Risikomessung unter Einhaltung der aufsichtsrechtlichen Mindestvorgaben sind organisatorische Aufwendungen vorab unabdingbar. Zugleich beinhalten diese Verfahren vielseitige Ansatzpunkte, um eine zielgerichtete Steuerung der Handelsgeschäfte und der Eigenmittelkomponenten aktiv umzusetzen.

Da der Einsatz der internen Modelle die Überprüfung der Prognosegüte (Backtesting) voraussetzt, kann eine sofortige Substitution der Standardverfahren durch ein institutseigenes, internes Modell (Inhouse-Modell) nicht vorgenommen werden. Die Ergebnisse der Risikomessung müssen zuerst auf ihre Reliabilität und auf ihre Validität überprüft werden. Als Bemessungsgrundlage für die Backtesting-Ergebnisse dienen die zurückliegenden 250 Börsentage (≈ 1 Börsenjahr). Die Genehmigung zur Anwendung interner Modelle erteilt das Bundesaufsichtsamt nur, wenn die Risikopositionen sachgerecht ermittelt werden.[63] Um eine finanzielle Gefährdung des Institutes auszuschließen, kann das Bundesaufsichtsamt zusätzliche Anrechnungsfaktoren festlegen, die den effektiven Einsatz institutseigener Lösungen auch bei marginalen Abweichungen der Inhouse-Modelle von den tatsächlich eingetretenen Werten zulassen. Aufgrund der vorlaufenden Pilotphase mit einer Mindestlaufzeit von 250 Tagen müssen die Anwender institutseigener Modelle zunächst eine zweifache Quantifizierung des Marktpreisrisikos sowohl nach dem Standardverfahren als auch mit Hilfe eines Internen Modells vornehmen. Erst die Akzeptanz der Meßergebnisse durch das Bundesaufsichtsamtes ermöglicht den Einsatz des institutseigenen Modells im Echtzeitbetrieb.

[63] Siehe hierzu ausführlich Eller, R./Deutsch, H.-P., Derivate und Interne Modelle, Stuttgart, 1998, S. 238-244.

1.3 Gang der Untersuchung

Der Fokus dieser Analyse stellt nicht darauf ab, die situative Eignung der beiden Institutsformen gegenüberzustellen. Vielmehr soll der Dynamik des finanzwirtschaftlichen Sektors dadurch Rechnung getragen werden, daß der Prozeß der Bankenaufsicht – ausgehend von den bisherigen Verfahren zur Bestimmung der Eigenkapitalanforderungen – in das bestehende ertragsorientierte Konzept eines Institutes integriert wird. In diesem Zusammenhang liefern die weiterentwickelten und von den Aufsichtsbehörden anerkannten Systeme zur Bestimmung der Risikopositionen konstruktive Ansätze für die aktive Unternehmenssteuerung. Ausgehend von den bestehenden Verfahren der Risikoanrechnung für die Adressen- und die Marktpreisrisiken wird zunächst die Höhe der vorzuhaltenden Eigenmittel bestimmt. Daraus läßt sich der Einfluß der anrechenbaren Eigenmittel auf die Implementierung eines institutionalisierten Eigenhandels ableiten sowie die Interdependenz zwischen den Eigengeschäften eines Institutes und den bankenaufsichtsrechtlichen Eigenmittelanforderungen aufzeigen.

Die vorliegende Untersuchung gliedert sich in insgesamt sieben Kapitel. Nach der Skizzierung der Entwicklung des 1961 in Kraft getretenen Kreditwesengesetzes sowie der Offenlegung der Ursachen für die notwendigen Modifikationen bis zur 6. KWG-Novelle wird die aus den aktuellen bankenaufsichtsrechtlichen Vorschriften resultierende strategische Positionierung als Handelsbuch- respektive als Nichthandelsbuchinstitut vorgestellt.

Im Anschluß an die Einführung folgen zunächst grundlegende Erläuterungen spezifischer Begriffe, die zusätzlich in die 6. Novelle des Kreditwesengesetzes aufgenommen bzw. inhaltlich korrigiert wurden. Mit der Formulierung der „angemessenen Eigenmittel“ wird bereits die Veränderung zum bisher gültigen Begriff des „haftenden Eigenkapitals“ herausgestellt. Neben der Eigenmitteldefinition erfolgt die qualitative Zuordnung der jeweiligen Eigenmittelkomponenten zum Kernkapital, zum Ergänzungskapital oder zu den Drittrangmitteln. Die Anrechnung der Eigenmittelbestandteile wird unter Beachtung der quantitativen Restriktionen mit Hilfe einer fiktiven Berechnung veranschaulicht. Die Zuweisung der Risikopositionen zum Handelsbuch bzw. zum Anlagebuch nimmt sowohl auf die aufsichtsrechtlichen Bestimmungen des Kreditwesengesetzes als auch auf den Grundsatz der wirtschaftlichen Betrachtungsweise Bezug. In Anlehnung an die Institutsformen werden die divergierenden Vorschriften bezüglich der Großkreditbestimmungen beleuchtet. Mit der exemplarischen Eigenmittelberechnung für den Fall der Vollkonsolidierung sowie für den Fall der Quotenkonsolidierung wird belegt, daß die Modifikation des Kreditwesengesetzes die mehrfache Belastung des haftenden Eigenkapitals für die konsolidierte Betrachtung ausschließt.

Das dritte Kapitel umfaßt die bankenaufsichtsrechtliche Quantifizierung der Risikopositionen nach den konventionellen Methoden. Mit der Quantifizierung des Adressenrisikos wird die Bonität der Schuldner sowie der Emittenten für sämtliche Anlagebuchpositionen und für die Handelsbuchpositionen der Nichthandelsbuchinstitute bestimmt. Dabei werden die Risikoaktivapositionen in die bilanzwirksamen und in die traditionellen sowie die innovativen bilanzunwirksamen Geschäfte gruppiert. Die einzelnen Risikoaktiva werden zunächst hinsichtlich der Höhe ihrer Anrechnungsbeträge untersucht, um daraufhin den Betrag der effektiven Eigenkapitalunterlegung zu ermitteln.

Die Erfassung der Marktpreisrisikopositionen stellt auf die Quantifizierung des potentiellen Verlustrisikos aufgrund veränderter Marktparameter ab. In Abhängigkeit der möglichen alternativen Anrechnungsverfahren, ist die Bemessung der Währungs- und der Rohwarenrisiken für sämtliche Institute verbindlich. Die Ermittlung der Risikopositionen des Handelsbuches erfolgt nach dem „Building-Block-Approach". Bei dieser Methode werden für die Zins- und Aktienkurspositionen jeweils das allgemeine und das spezifische Kursrisiko bestimmt.[64] Ferner werden die mit den Handelsbuchpositionen verbundenen Adressenausfallrisiken gesondert berücksichtigt.

Die Optionspositionen unterliegen einer separaten Risikoberechnung. Die bedingten Termingeschäfte zählen nicht zu den Marktrisikopositionen im Sinne des Kreditwesengesetzes. Dennoch werden die Kontrakte, die nach drei differenzierten Methoden ermittelt werden können, in die Bestimmungen für Marktpreisrisiken integriert. Während das Deltaäquivalenz-Verfahren für Nichthandelsbuchinstitute die Mindestanforderung darstellt, besitzen die Handelsbuchinstitute ein Wahlrecht zwischen dem Einsatz des Delta-Plus-Ansatzes und der Szenario-Matrix-Methode.

Ausgehend von der bestehenden Eigenkapitalanforderung beschreibt das vierte Kapitel die Analyse der freien Eigenmittel. Dabei wird die Priorität der Eigenkapitalunterlegung für die Anlagebuchpositionen hervorgehoben und die Kalkulation anrechnungsfähiger Drittrangmittel in Abhängigkeit aktueller und zukünftiger Risikoaktiva am Beispiel eines mittelgroßen Institutes dargestellt. Die strategische Überlegung der organisatorischen Eingliederung eines institutionellen Geschäftsfeldes Eigenhandel mit den daraus resultierenden Anforderun-

[64] Vgl. Burghof, H.-P./Rudolph, B. (1996), S. 171.

gen für Handelsbuchinstitute einerseits und den zusätzlichen Ertragspotentialen aus dem Eigengeschäft andererseits wird durch die Höhe der freien Eigenmittel determiniert.

Das fünfte Kapitel erläutert die mit dem Eigenhandel verbundenen Chancen und Risiken sowie die damit verknüpfte Forderung, das Risikopotential einzelner Geschäfte oder ganzer Portfolios exakt zu erfassen. Infolgedessen werden zunächst die Rahmenbedingungen für die Anwendung interner Modelle festgelegt. Daraufhin wird die Ermittlung des potentiellen Verlustbetrages, bezeichnet als Value at Risk, sowohl anhand der parametrischen Varianz-Kovarianz-Methode als auch mit Hilfe der Monte-Carlo-Simulation sowie der historischen Simulation exemplarisch erläutert. Als Risikopositionen für die Berechnung der Eigenmittelunterlegung – unter Beachtung der bankenaufsichtsrechtlichen Voraussetzungen – dienen die Währungs-, die Zins- sowie die Optionspreispositionen. Zur Überprüfung der Prognosequalität der internen Risikomeßverfahren erfolgt eine Gegenüberstellung der unter Einsatz eines Inhouse-Modells prognostizierten Werte mit den tatsächlich eingetretenen Ergebnissen. Dazu findet das vom Bundesaufsichtsamt geforderte Backtesting-Verfahren Anwendung. Außerdem wird mit der Methode von Crnkovic und Drachman ein zusätzlicher Ansatz zur Kontrolle der Prognosegüte aufgeführt.

Das sechste Kapitel bringt die Möglichkeiten der Rendite-Risiko-Steuerung auf der Grundlage der durch die internen Modelle erzeugten Erfolgskennzahlen zum Ausdruck. Die Gegenüberstellung des Budgetmanagementsystems, welches auf Nominalwerten basiert und eine gezielte, aktive Steuerung nur ansatzweise ermöglicht, und des Limitsystems, das auf den Daten der internen Modelle beruht, verdeutlicht den vorteilhaften Einsatz der statistischen Verfahren. Dabei wird die Notwendigkeit eines funktionsfähigen, zeitnahen Risikocontrollings hervorgehoben. Die Höhe des in diesem Zusammenhang bereitgestellten Kapitals spiegelt die Risikofreudigkeit bzw. die Risikoaversion der Geschäftsführung wider.

Die Wichtigkeit der präzisen Ermittlung des Marktpreisrisikos wird bei der Berechnung der Rentabilität einer Transaktion, eines Portfolios oder eines gesamten Profit-Centers evident. Während die traditionelle Messung des Erfolgsbeitrages durch die ROI-Methode das Risikopotential völlig vernachlässigt und weiteren Anlaß zur Kritik gibt, ermöglichen die modernen Kennzahlen der Rendite-Risiko-Betrachtung, welche auf die portfolio- und die kapitalmarktanalytischen Modelle der Finanzierungstheorie zurückgehen, eine repräsentative Bestimmung des Eigenhandelserfolges.

Die Rendite-Risiko-Steuerung zeigt überdies, daß die Berechnung der risikoadjustierten Profitabilitätskennzahlen die elementare Voraussetzung für eine effiziente Allokation der Eigenmittelbestandteile darstellt. Dies wird um so offensichtlicher, wenn nicht nur das angestrebte sondern auch das darüber hinausgehende Rendite-Risiko-Ergebnis in die Bewertung eingeht.

Die effektive Steuerung der Handelsgeschäfte schließt auch das Verhalten der Händler ein, welche durch die erfolgsorientierte Entlohnung eine Maximierung ihres Erfolges aus der Handelstätigkeit anstreben. Dementsprechend muß der händlerindividuelle Aktionsradius durch abgestimmte Steuerungsmaßnahmen dem Gesamtbankziel derart untergeordnet werden, daß die Effektivität des einzelnen Händlers nicht negativ beeinflußt wird.

Abschließend werden im siebten Kapitel die wesentlichen Ergebnisse der organisatorischen Ausrichtung in Verbindung mit dem Prozeß der bankenaufsichtsrechtlichen Bestimmung des Risikopotentials zusammengefaßt und weitere, zu erwartende Entwicklungen in der Bankenaufsicht skizziert.

2 Begriffliche und theoretische Grundlagen

Die Novellierung des Kreditwesengesetzes und die Bindung der Finanzdienstleistungsinstitute an die Bankenaufsicht hat zur Folge, daß die Wertpapierhäuser – analog den Kreditinstituten – künftig ihre Risiken nach den international harmonisierten Vorschriften zu bemessen und mit Eigenmitteln zu unterlegen haben. Die Bestimmung der Eigenmittel gemäß § 10 KWG als Bemessungsgrundlage für die bestehenden Risikopositionen erfolgt sowohl auf der Ebene des Einzelinstitutes als auch auf konsolidierter Basis. Zur Einhaltung dieser bankenaufsichtsrechtlichen Normen werden Relationen zu dem vorhandenen haftenden Eigenkapital respektive zur Gesamtheit der einem Institut anrechenbaren Eigenmittel gebildet. Für die Handelsbuch- als auch für die Nichthandelsbuchinstitute sind in diesem Zusammenhang

- die Definition der Eigenmittelkomponenten,
- die Definition und die Festlegung der Bemessungsgrundlage der anrechnungspflichtigen Geschäfte sowie die damit verbundene Bonitätsgewichtung der Kontraktpartner und letztlich
- die Höhe der Eigenmittel bzw. der Eigenmittelunterlegung der anrechnungspflichtigen Geschäfte

von besonderer Bedeutung.[1] Um die Voraussetzungen zur Einhaltung der bankenaufsichtsrechtlichen Vorschriften erläutern zu können, werden zunächst wichtige Begriffsbestimmungen, welche überwiegend auf den Eingang der Wertpapierdienstleistungs- und der Kapitaladäquanzrichtlinie in das deutsche Bankenaufsichtsrecht zurückzuführen sind, erläutert.

2.1 Begriffsbestimmungen

Mit der Verabschiedung der 6. KWG-Novelle wird die Aufsicht des Bundesaufsichtsamtes für das Kreditwesen neben den Kreditinstituten um 7.500 Finanzdienstleistungsinstitute erweitert.[2] Beide Institutsformen werden unter dem Begriff „Institute“ zusammengefaßt. Obgleich mit der begrifflichen Zusammenlegung der Kredit- und der Finanzdienstleistungsinstitute die einheitliche Anwendung der aufsichtlichen Bestimmungen herausgestellt wird, unterscheiden sich die Institutsformen in der Ausübung ihrer Geschäftstätigkeit erheblich.

---

1 Vgl. Arnold, W., Die Eigenkapitalausstattung europäischer Kreditinstitute und die Auswirkungen auf ihre Wettbewerbsfähigkeit, in: Brunner, L./Vollath, J. (Hrsg.), Handbuch Finanzdienstleistungen, Stuttgart, 1993, S. 13.

2 Vgl. Karg, M./Lindemann, J. H., Der Finanzausschuß berät Entwurf der 6. KWG-Novelle, in: Deutsche Sparkassenzeitung vom 21.03.1997, 60. Jg., Nr. 22, S. 2.

Der bisherige Katalog der erlaubnispflichtigen Bankgeschäfte der Kreditinstitute gemäß § 1 Abs. 1 KWG erfährt mit der Aufnahme der Geldkarten- und der Netzgeldgeschäfte eine Erweiterung. Mit der Legalisierung dieser Geschäftsfelder wird den zukünftigen Zahlungsgepflogenheiten der Gesellschaft Rechnung getragen. Die Erweiterung des kommissionsweisen Handels auf sämtliche Finanzinstrumente, einschließlich der Derivate, hat die Transformation des wertpapierbezogenen Effektengeschäftes in das Finanzkommissionsgeschäft zur Folge.[3] Zusätzlich erfaßt der Katalog der Bankgeschäfte das Emissionsgeschäft, welches die Übernahme und Plazierung von Finanzinstrumenten ermöglicht.[4]

Der EU-Terminus „Kreditinstitut" beschränkt sich gemäß der 1. Bankrechtskoordinierungsrichtlinie auf die Entgegennahme rückzahlbarer Gelder sowie auf die Gewährung von Krediten.[5] Um eine Differenzierung zur deutschen Definition des Kreditinstitutes und dem damit in Verbindung stehenden Geschäftsumfang vornehmen zu können, wurde mit dem „Einlagenkreditinstitut", welches ausschließlich das Einlagen- und das Kreditgeschäft ausübt, eine weitere Institutsbezeichnung in das Kreditwesengesetz aufgenommen.

Der Begriff des Finanzdienstleistungsinstitutes basiert auf den Finanzdienstleistungen (Anlagevermittlung, Abschlußvermittlung, Finanzportfolioverwaltung und Eigenhandel) des Wertpapierhandelsunternehmens, hinter dem sich die europarechtliche Wertpapierfirma verbirgt.[6] Darüber hinaus schließt die Geschäftstätigkeit des Finanzdienstleistungsinstitutes – im Gegensatz zur EU-Richtlinie – die Drittstaateneinlagenvermittlung, das Finanztransfergeschäft und das Sortengeschäft ein. Mit der Berücksichtigung dieser Geschäfte wird ein wirksamerer Beitrag zur Bekämpfung der Geldwäsche und des grauen Kapitalmarktes geleistet.[7]

---

3 Vgl. Trouet, P., Staatliche Aufsicht der Finanzderivate nach der 6. Kreditwesengesetznovelle, in: ZfgK, 13/1998, S. 765.

4 Die Abwicklung der Emissionsgeschäfte bezieht sich insbesondere auf das echte Underwirting, bei dem der Emittent den Emissionsbetrag bei der Übernahme von den Konsortialmitgliedern vergütet bekommt und diese die Effekten auf eigenen Namen und eigene Rechnung plazieren. Vgl. dazu Boos, K.-H., Entwurf einer Sechsten KWG-Novelle, in: Die Bank, 2/1997, S. 120.

5 Vgl. EG-Kommission (1977), Artikel 1.

6 Die EU-rechtliche Wertpapierfirma entspricht weitgehend dem Wertpapierhandelsunternehmen, sofern sich die Bankgeschäfte nicht ausschließlich auf Devisen, Rechnungseinheiten oder Derivate beschränken.

7 Vgl. Boos, K.-H. (1997), S. 120.

Hingegen übt das Wertpapierhandelsunternehmen[8] neben den vier oben genannten Finanzdienstleistungen das Finanzkommissions- und das Emissionsgeschäfts aus. Damit stellt es ein Institut – kein Einlagenkreditinstitut – dar, welches sowohl auf dem Sektor der Kreditinstitute als auch der Finanzdienstleistungsinstitute tätig ist.

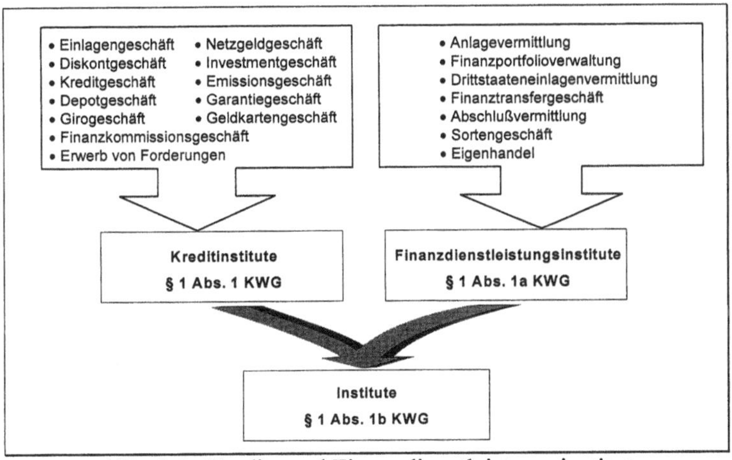

Abb. 2.1: Kredit- und Finanzdienstleistungsinstitute

Diese zum Teil sehr diffuse Verwendung der Institutsbegriffe[9] ist deshalb unerläßlich, da nur für die Einlagenkreditinstitute und die Wertpapierhandelsunternehmen, welche den EU-rechtlichen Definitionen der Kreditinstitute und Wertpapierfirmen entsprechen, die Vorschriften über die Dienstleistungs- und die Niederlassungsfreiheit innerhalb der Europäischen Union gelten.[10]

Hinsichtlich der Erlaubnispflicht für die Bankgeschäfte der Kredit- und der Finanzdienstleistungsinstitute wird nicht mehr ausschließlich auf die Erfordernis eines in kaufmännischer Weise eingerichteten Geschäftsbetriebes abgestellt. Als

---

8 Das KWG differenziert außerdem zwischen dem Wertpapierhandelsunternehmen und der Wertpapierhandelsbank. Beide üben die gleiche Geschäftstätigkeit aus; letztere wird allerdings – im Gegensatz zu den Wertpapierhandelsunternehmen – zu den Kreditinstituten gezählt.

9 Vgl. Weber, C./Nägele, P. (1998), S. 753-756.

10 Vgl. Boos, K.-H. (1997), S. 120.

zweites Merkmal ist außerdem entscheidend, ob die Durchführung dieser Geschäfte gewerbsmäßig betrieben wird.

Die Aufnahme der Wertpapierfirmen in das Kreditwesengesetz hat dazu geführt, daß das bisherige Finanzinstitut in das Finanzunternehmen umbenannt und gleichzeitig die Geschäftstätigkeit der nicht als Institute geltenden Finanzunternehmen neu definiert wurde.

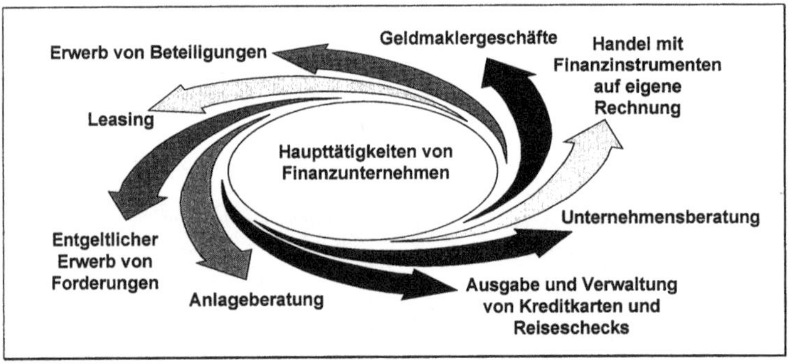

Abb. 2.2: Haupttätigkeiten von Finanzunternehmen

Eine Verbindung zwischen den Instituten und den Finanzunternehmen besteht insofern, daß die Institute bei der Bestimmung der Abzugspositionen zur der Ermittlung des haftenden Eigenkapitals (§ 10 Abs. 6 KWG) sowie bei der Einhaltung der Beteiligungsgrenze (§ 12 Abs. 1 KWG) die für Finanzunternehmen geltenden Bestimmungen zu beachten haben.

2.2 Eigenmittel

Die vorhanden bzw. anrechnungsfähigen Eigenmittelbestandteile der Institute stellen die maßgeblichen Größen dar, welche die Höhe des Geschäftsvolumens entscheidend bestimmen, um den bankenaufsichtsrechtlichen Anforderungen Folge zu leisten. Das haftende Eigenkapital, welches als Bemessungsgrundlage für die Unterlegung der Adressenrisiken des Anlagebuches sowie bei den Vorschriften für die Großkredite eine wesentliche Funktion in der Bankenaufsicht übernimmt, wird nunmehr um eine weitere Komponente, die Drittrangmittel, erweitert. Der Gesamtumfang des genuinen Eigenkapitals und der eigenkapitalähnlichen Positionen wird als Eigenmittel bezeichnet. Die begriffliche Abgrenzung des haftenden Eigenkapitals von den Eigenmitteln stellt nicht nur auf den unterschiedlichen Anrechnungsumfang sondern auch auf die qualitative Unterscheidung der kalkulierbaren Eigenmittelbestandteile ab.[11]

2.2.1 Definition

Die 6. Novelle des Kreditwesengesetzes ergänzt das haftende Eigenkapital um die Gruppe der Drittrangmittel und faßt sämtliche anrechenbaren Positionen zu den Eigenmitteln zusammen. Mit der zusätzlichen Berücksichtigung dieser Kapitalbestandteile bei der Ermittlung der Eigenmittel erfolgt eine quantitative Ausweitung der eigenmittelbildenden Posten, so daß die Institute einen größeren Handlungsspielraum bezüglich der Risikotragfähigkeit erhalten.

	Kernkapital
+	Ergänzungskapital
-	Abzugsposten
=	***Haftendes Eigenkapital***
+	Drittrangmittel
=	***Eigenmittel***

Formel 2.1: Eigenmittel

Vor dem Hintergrund der Integration der Marktpreisrisikopositionen in den Grundsatz I dienen die Drittrangmittel in erster Linie zur Unterlegung der Währungs-, Rohwaren- und Optionspositionen. Für Handelsbuchinstitute können zudem die Drittrangmittel für die Unterlegung der Risiken aus den Handelsbuchpositionen eingesetzt werden. Besondere Aufmerksamkeit finden die Drittrangmittel darüber hinaus bei den Großkreditvorschriften für Handelsbuchinstitute. Demgegenüber bezieht sich der Anforderungsbetrag für die Emittenten- und die Kontrahentenrisiken im Rahmen der Risikoaktivaanrechnung wie bisher auf das haftende Eigenkapital. Die weiteren Vorschriften des Kreditwesengesetzes, welche ebenfalls Bezug auf das haftende Eigenkapital nehmen, etwa die Limitierung des Beteiligungserwerbs (§ 12 KWG), bleiben weitgehend unverändert.[12]

---

[11] Da der Grundsatz I sowohl auf das haftende Eigenkapital als auch auf die Eigenmittel Bezug nimmt, wird dieser im folgenden auch als Eigenmittelgrundsatz bezeichnet.

[12] Vgl. Hossfeld, C., Die neue Definition der Eigenmittel (Teil I), in: Bank Magazin, 4/1997, S. 53.

Die Aufteilung des haftenden Eigenkapitals in Kernkapital und Ergänzungskapital ist auf die Basler Eigenkapitalübereinkunft (Cooke-Papier von 1988) zurückzuführen.[13] Dieses „Kapital-Splitting" wurde in die Richtlinie über die Eigenmittel von Kreditinstituten[14] übernommen und mit der Verabschiedung der 4. KWG-Novelle in das deutsche Bankenaufsichtsrecht umgesetzt.[15]

Das Kernkapital zeichnet sich dadurch aus, daß es dauerhaft zur Verfügung steht.[16] Es setzt sich überwiegend aus der Addition des Vermögens, des Stammkapitals und der Rücklagen, korrigiert um zahlreiche Abzugspositionen, zusammen, deren Werte sich entweder nach Abschluß eines Geschäftsjahres (statischer Status) oder im Laufe einer Rechnungsperiode (dynamischer Status) verändern können.

---

13 Der Basler Ausschuß für Bankenaufsicht wird nach seinem damaligen Vorsitzenden auch Cooke-Komitee genannt und setzt sich aus Vertretern der Notenbanken und Aufsichtsbehörden der Zehnergruppe (Belgien, Deutschland, Frankreich, Großbritannien, Italien, Japan, Kanada, Niederlande, Schweden, USA, Schweiz) und Luxemburg zusammen. Vgl. Eilenberger, G., Bankbetriebswirtschaftslehre, 5. Aufl., München, 1993, S. 635.

14 Vgl. EG-Kommission (1989a).

15 Vgl. Arnold, W./Boos, K.-H., Die neuen Bestimmungen des Kreditwesengesetzes, in: Die Bank, 5/1993, S. 275, Möller, K., Eigenkapitaldeckung bei Sparkassen und Landesbanken, Stuttgart, 1993, S. 19, sowie Rudolph, B., Die Eigenkapitaldefinition in Europa, in: ZfgK, 9/1989, S. 406 f.

16 Vgl. Akmann, M., Die EG-Eigenmittelrichtlinie, in: ZfgK, 4/1990, S. 187.

Nr.		KWG	Eigenmittelbestandteil	Status
1.	+	§ 10 Abs. 2a Satz 1 Nr. 1-6	Eingezahltes Geschäfts-, Grund-, Stamm-, Dotationskapital oder Geschäftsguthaben (je nach der Rechtsform) sowie Vermögenseinlagen der Komplementäre, die nicht auf das Grundkapital geleistet worden sind	dynamisch
2.	+	§ 10 Abs. 2a Satz 1 Nr. 1, Nr. 3-6	Rücklagen, der letzten festgestellten Bilanz (gem. § 10 Abs. 3a Satz 1 KWG)	statisch
3.	+	§ 10 Abs. 2a Satz 1 Nr. 7	Sonderposten für allgemeine Bankrisiken gem. § 340g HGB	bis zur Ermittlung statisch
4.	+	§ 10 Abs. 2a Satz 1 Nr. 8	Vermögenseinlagen stiller Gesellschafter gem. § 10 Abs. 4 KWG	dynamisch
5.	+	§ 10 Abs. 3a Satz 2	Ausgewiesene Rücklagen, die aus Erträgen gebildet worden sind, auf die erst bei Eintritt eines zukünftigen Ereignisses Steuern zu entrichten sind, in Höhe von 45%	statisch
6.	+	§ 10 Abs. 3a Satz 2	Rücklagen, die auf Grund eines bei der Emission von Anteilen erzielten Aufgeldes oder durch den Zufluß anderer externer Mittel gebildet werden	dynamisch
7.	+	§ 10 Abs. 3	Zwischengewinne, wenn sie nicht für voraussichtliche Gewinnausschüttungen oder Steueraufwendungen gebunden sind	bis zur Ermittlung statisch
8.	+	§ 64e Abs. 5	Nachgewiesenes freies Vermögen des Inhabers oder der persönlich haftenden Gesellschafter eines Institutes, das am 1.1. 1998 über eine Erlaubnis nach § 32 KWG verfügt	statisch
9.	-	§ 10 Abs. 2a Satz 1 Nr. 1	Entnahmen des Inhabers oder persönlich haftenden Gesellschafters	statisch
10.	-	§ 10 Abs. 2a Satz 1 Nr. 1	Gewährte Kredite an den Inhaber oder persönlich haftenden Gesellschafter	statisch
11.	-	§ 10 Abs. 2a Satz 1 Nr. 1	Schuldenüberhang beim freien Vermögen des Inhabers	statisch
12.	-	§ 10 Abs. 2a Satz 1 Nr. 2	Vorzugsaktien	dynamisch
13.	-	§ 10 Abs. 2a Satz 1 Nr. 3	Geschäftsguthaben von Genossen, die zum Schluß des Jahres ausscheiden, und ihre Ansprüche auf Auszahlung eines Anteils an der in der Bilanz nach § 73 Abs. 3 des Gesetzes betreffend die Erwerbs- und Wirtschaftsgenossenschaften von eingetragenen Genossenschaften gesondert ausgewiesenen Ergebnisrücklage der Genossenschaft	dynamisch
14.	-	§ 10 Abs. 2a Satz 2 Nr. 1	Bilanzverluste	statisch
15.	-	§ 10 Abs. 3 Satz 2	Verluste aus Zwischenergebnissen	bis zur Ermittlung statisch
16.	-	§ 10 Abs. 2a Satz 2 Nr. 2	Immaterielle Vermögensgegenstände	bis zur Ermittlung statisch
17.	-	§ 10 Abs. 2a Satz 2 Nr. 3	Korrekturposten gem. § 10 Abs. 3b KWG; insbesondere für noch nicht bilanzwirksam gewordene Verluste	statisch
18.	-	§ 10 Abs. 2a Satz 2 Nr. 4	Zu nicht marktmäßigen Bedingungen gewährte oder nicht banküblich gesicherte Kredite an den Kommanditisten, den Gesellschafter einer GmbH, den Aktionär, den Kommanditaktionär oder den Anteilseigner an einem Institut des öffentlichen Rechts, dem mehr als 25% des Kapitals des Institutes gehören oder dem mehr als 25% der Stimmrechte zustehen	statisch
19.	-	§ 10 Abs. 2a Satz 2 Nr. 5	Zu nicht marktmäßigen Bedingungen gewährte oder nicht banküblich gesicherte Kredite an den stillen Gesellschafter im Sinne des § 10 Abs. 4 KWG, deren Vermögenseinlage mehr als 25% des Kernkapitals ohne Berücksichtigung der Vermögenseinlagen stiller Gesellschafter beträgt	statisch
	=		**Kernkapital**	

Abb. 2.3: Kernkapital

Das Ergänzungskapital, welches auch als „weiches Kapital“ bezeichnet wird,[17] weist gegenüber dem Kernkapital aufgrund der nachrangigen Haftung und Rückzahlung eine „mindere Qualität“ auf.[18] Darin begründet sich die in der Eigenmittelrichtlinie kodifizierte Anrechnungshöchstgrenze, welche sich an den Wert des Kernkapitals anlehnt.[19] Demnach darf der Maximalbetrag des Ergänzungskapitals die Höhe des Kernkapitals bei der Bestimmung des haftenden Eigenkapitals nicht überschreiten.[20]

Zudem nimmt die Bankenaufsicht eine weitere Aufteilung der ergänzenden Eigenmittel in das Ergänzungskapital erster und zweiter Klasse vor.[21] Diese Differenzierung begrenzt die anrechenbare Summe aus den langfristigen, nachrangigen Verbindlichkeiten und den Haftsummenzuschlägen – als Komponenten des Ergänzungskapitals zweiter Klasse – auf maximal 50% des Kernkapitals.

---

17 Vgl. Süchting, J., Bankmanagement, 3. Aufl., Stuttgart, 1992, S. 376.
18 Vgl. Schierenbeck, H./Hölscher, R., BankAssurance, 4. Aufl., Stuttgart, 1998, S. 121.
19 Vgl. EG-Kommission (1989a), Art. 6, Abs. 1a.
20 Vgl. § 10 Abs. 2b KWG.
21 Vgl. Schröder, C., Bankbilanzpolitik nach der Neuordnung des Bankaufsichtsrechts, in: Hess, S. M. (Hrsg.), OIKOS-Studien zur Ökonomie, Bd. 34, Wiesbaden, 1994, S. 50-53.

Nr.		KWG	Eigenmittelbestandteil	Status
20..	+	§ 10 Abs. 2b Satz 1 Nr. 1	Vorsorgereserven nach § 340f des HGB	bis zur Ermittlung statisch
21.	+	§ 10 Abs. 2b Satz 1 Nr. 2	Vorzugsaktien	dynamisch
22.	+	§ 10 Abs. 2b Satz 1 Nr. 3	Rücklagen nach § 6b EStG in Höhe von 45%, soweit diese Rücklagen durch die Einstellung von Gewinnen aus der Veräußerung von Grundstücken, grundstücksgleichen Rechten und Gebäuden entstanden sind	bis zur Ermittlung statisch
23.	+	§ 10 Abs. 2b Satz 1 Nr. 4	Genußrechtsverbindlichkeiten im Sinne des § 10 Abs. 5 KWG	dynamisch
24.	+	§ 10 Abs. 2b Satz 1 Nr. 6	45% des Unterschiedsbetrages zwischen dem Buch- und dem Beleihungswert der im Anhang des letzten festgestellten Jahresabschlusses ausgewiesenen nicht realisierten Reserven nach Maßgabe des § 10 Abs. 4a und 4b KWG bei Grundstücken, grundstücksgleichen Rechten und Gebäuden	bis zur Ermittlung statisch
25.	+	§ 10 Abs. 2b Satz 1 Nr. 7	Im Anhang des letzten festgestellten Jahresabschlusses ausgewiesenen nicht realisierten Reserven nach Maßgabe des § 10 Abs. 4a und 4c KWG bei Anlagebuchpositionen in Höhe von 35% des Unterschiedsbetrages zwischen dem Buch- zuzüglich Vorsorgereserven und ♦ dem Kurswert bei Wertpapieren, die an einer Wertpapierbörse zum Handel zugelassen sind, ♦ dem nach § 11 Abs. 2a Satz 2-5 des Bewertungsgesetzes festzustellenden Wert bei nicht notierten Wertpapieren, die Anteile an zum Verbund der Kreditgenossenschaften oder der Sparkassen gehörenden Kapitalgesellschaften mit einer Bilanzsumme von mindestens 20 Mio. DM verbriefen oder ♦ dem veröffentlichten Rücknahmepreis von Anteilen an einem Sondervermögen im Sinne des Gesetzes über Kapitalanlagegesellschaften oder von Anteilen an einem Wertpapier-Sondervermögen, die von einer Investmentgesellschaft mit Sitz in einem anderen Staat des Europäischen Wirtschaftsraums nach den Bestimmungen der Richtlinie 85/611/EWG vom 20. Dezember 1985 zur Koordinierung der Rechts- und Verwaltungsvorschriften betreffend bestimmte Organismen für gemeinsame Anlagen in Wertpapieren – Abl. EG Nr. L 335 S. 3 – (Investmentrichtlinie) ausgegeben werden	bis zur Ermittlung statisch
26.	-	§ 10 Abs. 2b Satz 1	Korrekturposten gemäß Abs. 3b	statisch
	⇒		**Ergänzungskapital 1. Klasse**	
27.	+	§ 10 Abs. 2b Satz 1 Nr. 5	Langfristige nachrangige Verbindlichkeiten im Sinne des § 10 Abs. 5a KWG	dynamisch
28.	+	§ 10 Abs. 2b Satz 1 Nr. 8	Haftsummenzuschlag bei eingetragenen Genossenschaften	dynamisch
	⇒		**Ergänzungskapital 2. Klasse**	
	=		**Ergänzungskapital**	

Abb. 2.4: Ergänzungskapital

Zur Berechnung des haftenden Eigenkapitals werden außerdem die Positionen, wie der Bilanzverlust oder die immateriellen Vermögensgegenstände, von der Summe des Kern- und Ergänzungskapitals in Abzug gebracht. Hierzu zählen auch die Kredite an unmittelbar beteiligte Personen sowie stille Gesellschafter, welche mehr als 25% des Nennkapitals respektive des Kernkapitals des Institutes besitzen. Der Abzug der Positionen gemäß § 10 Abs. 6 KWG erfolgt von der Summe des Kern- und Ergänzungskapitals. Dabei werden beide Kapitalbestandteile jeweils zur Hälfte belastet.[22]

Nr.		KWG	Abzugsposten vom Kern- und Ergänzungskapital	Status
29.	-	§ 10 Abs. 6 Satz 1 Nr. 1	Beteiligungen an Instituten (ausgenommen Kapitalanlagegesellschaften) und Finanzunternehmen in Höhe von 10% des Kapitals dieser Unternehmen	dynamisch
30.	-	§ 10 Abs. 6 Satz 1 Nr. 2	Forderungen aus nachrangigen Verbindlichkeiten im Sinne des § 10 Abs. 5a KWG an Institute (ausgenommen Kapitalanlagegesellschaften) und Finanzunternehmen, an denen das Institut zu mehr als 10% beteiligt ist	dynamisch
31.	-	§ 10 Abs. 6 Satz 1 Nr. 3	Forderungen aus Genußrechten an Unternehmen nach § 10 Abs. 6 Satz 1 Nr. 2	dynamisch
32.	-	§ 10 Abs. 6 Satz 1 Nr. 4	Vermögenseinlagen als stiller Gesellschafter bei Unternehmen nach § 10 Abs. 6 Satz 1 Nr. 2	dynamisch
33.	-	§ 10 Abs. 6 Satz 1 Nr. 5	Der Gesamtbetrag der folgenden Beteiligungen und Forderungen, soweit er 10% des haftenden Eigenkapitals des Institutes vor Abzug des Beträge nach § 10 Abs. 6 Nr. 1-5 übersteigt: ♦ Beteiligungen an Instituten (ausgenommen Kapitalanlagegesell-schaften) und Finanzunternehmen bis zu höchstens 10% des Kapitals dieser Unternehmen ♦ Forderungen aus nachrangigen Verbindlichkeiten an Instituten (ausgenommen Kapitalanlagegesellschaften) und Finanzunternehmen, an denen das Institut nicht oder bis zu höchstens 10% des Kapitals dieser Unternehmen beteiligt ist ♦ Forderungen aus Genußrechten an Instituten (ausgenommen Kapital-anlagegesellschaften) und Finanzunternehmen, an denen das Institut nicht oder bis zu höchstens 10% des Kapitals dieser Unternehmen beteiligt ist ♦ Vermögenseinlagen als stiller Gesellschafter an Instituten (ausge-nommen Kapitalanlagegesellschaften) und Finanzunternehmen, an denen das Institut nicht oder bis zu höchstens 10% des Kapitals dieser Unternehmen beteiligt ist	dynamisch

Abb. 2.5: Abzugspositionen des haftenden Eigenkapitals

Die Drittrangmittel setzen sich gem. § 10 Abs. 2c KWG aus dem Nettogewinn sowie aus den kurzfristigen nachrangigen Verbindlichkeiten zusammen. Um als Eigenkapital der Klasse drei anerkannt zu werden, fordert das Bundesaufsichtsamt von den kurzfristigen nachrangigen Verbindlichkeiten folgende Voraussetzungen:

[22] Vgl. Gaumert, U., Eigenkapital-Management in deutschen Kreditinstituten, Diss., Berlin, 1997, S. 142.

Die kurzfristigen nachrangigen Verbindlichkeiten müssen

- eine Vereinbarung beinhalten, daß die Rückerstattung erst nach Befriedigung aller nicht nachrangigen Gläubiger im Konkurs- oder Liquidationsfall vorgenommen wird,
- eine Ursprungslaufzeit von mindestens zwei Jahren aufweisen,
- keine Aufrechnungsmöglichkeit gegen Forderungen des Institutes zulassen und eine Sicherheitenstellung durch das Institut oder durch Dritte ausschließen sowie
- eine Tilgungs- und Zinszahlungsleistung ausschließen, wenn diese Zahlungen dazu führen, daß die Eigenmittel die gesetzlichen Anforderungen nicht mehr erfüllen bzw. unter das erforderliche Minimum sinken und eine Vereinbarung über die Rückerstattung vorzeitig gezahlter Zins- und Tilgungszahlungen beinhalten.[23]

Die Rückzahlung der kurzfristigen Verbindlichkeiten darf nicht ohne Genehmigung der Aufsichtsbehörde erfolgen, sofern dies ein Absinken der Eigenmittel unter die Eigenmittelanforderung zur Folge hätte (Lock-in-Klausel).[24] Darüber hinaus besteht eine Anzeigepflicht, falls die Rückzahlung zu einer Unterschreitung des 1,2fachen der geforderten Eigenmittelunterlegung führt. Die Substitution der nachrangigen Verbindlichkeiten durch gleichwertige Verpflichtungen ist dagegen jederzeit möglich.

Die Höhe der Drittrangmittel ist auf 250% des freien Kernkapitals begrenzt. Daraus folgt, daß die Unterlegung von Marktpreisrisikopositionen mindestens zu 2/7 (100/350) aus Kernkapital besteht. Dieser Höchstbetrag der Drittrangmittel reduziert sich um das freie Ergänzungskapital, welches nach der Verwendung des haftenden Eigenkapitals für die Unterlegung der Risikoaktiva verbleibt.[25] Für Wertpapierhandelsunternehmen beträgt diese Kappungsgrenze 200% des freien Kernkapitals.

---

23 Vgl. § 10 Abs. 7 Satz 1 KWG.

24 Vgl. Schulte-Mattler, H./Traber, U., Marktrisiko und Eigenkapital, 2. Aufl., Wiesbaden, 1997, S. 107.

25 Sofern die kurzfristigen nachrangigen Verbindlichkeiten nicht ausreichen, um die Grenze von 250% des freien Kernkapitals zu erreichen, können diese durch die im Rahmen des anrechenbaren Ergänzungskapitals nicht anerkannten langfristigen nachrangigen Verbindlichkeiten ergänzt werden.

Nr.		KWG	Eigenmittelbestandteil	Status
34.	+	§ 10 Abs. 2c Satz 1 Nr. 1	Gewinnanteil, der bei einer Glattstellung aller Handelsbuchpositionen entstünde, abzüglich aller vorhersehbaren Aufwendungen und Ausschüttungen sowie der bei einer Liquidation des Unternehmens voraussichtlich entstehende Verlust aus dem Anlagebuch (falls noch nicht in den Korrekturposten gem. § 10 Abs. 3b berücksichtigt)	dynamisch
35.	+	§ 10 Abs. 2c Satz 1 Nr. 2	Kurzfristige nachrangige Verbindlichkeiten im Sinne des § 10 Abs. 7 KWG	dynamisch
	=		**Drittrangmittel**	

Abb. 2.6: Drittrangmittel

Die Disposition der Eigenmittelkomponenten zur Unterlegung der Risikopositionen stellt sich als relativ komplex heraus, da die Höhe des Ergänzungskapitals den Betrag des Kernkapitals nicht überschreiten darf und die Höhe der Drittrangmittel in einer festen Relation zu dem nach der Unterlegung der Adressenrisiken des Anlagebuches verbleibenden „freien“ Kern- und Ergänzungskapital steht. Die Abbildung 2.7 stellt die Vorgehensweise zur Anrechnung der Eigenmittel für die Anlage- und die Marktrisikopositionen exemplarisch dar.

Eigenmittel		***Eigenmittelanforderungen***		
Kernkapital	300 TDM	Anlagebuch		
Ergänzungskapital	300 TDM	5.000 x 8%		400 TDM
Drittrangmittel	180 TDM	(gem. § 2 Abs. 1 GS I)		
		Handelsbuchrisiko	250	
		Währungsgesamtrisiko	80	350 TDM
		Rohwarenrisiko	20	

Eigenmittelunterlegung gem. § 2 Abs. 1 GS I:

Kernkapital	200 TDM	Anlagebuch	400 TDM
Ergänzungskapital*	200 TDM		
	400 TDM		400 TDM

Eigenmittelunterlegung gem. § 2 Abs. 2 GS I:

Freies Kernkapital	100 TDM	Handelsbuchrisiko	250 TDM
Freies Ergänzungskapital**	100 TDM	Währungsgesamtrisiko	80 TDM
Drittrangmittel**	150 TDM	Rohwarenrisiko	20 TDM
	350 TDM		350 TDM

* (max. 100% des Kernkapitals gem. § 10 Abs. 2b Satz 2 KWG)
** (Freies Ergänzungskapital + Drittrangmittel max. 250% des freien Kernkapitals

Abb. 2.7: Anrechnung der Eigenmittelkomponenten zur Risikodeckung

Mit dem bisherigen Nebeneinander der Eigenkapitalgrundsätze I und Ia wurden die Adressenausfallrisiken mit dem Grundsatz I und die Preisrisiken verschiedener Geschäfte, die trotz des geringen oder überhaupt nicht erforderlichen Kapitaleinsatzes („Leverage-Effekt") besonders risikoreich sind, mit dem Grundsatz Ia begrenzt.[26] Die unabhängig voneinander einzuhaltenden Grundsätze, setzten das haftende Eigenkapital einer Doppelbelastung aus.[27] Erst die Umsetzung der Kapitaladäquanzrichtlinie durch die 6. Novelle des Kreditwesengesetzes rückt von dem bisherigen Limitsystem des Grundsatzes Ia ab und schreibt die effektive Eigenmittelunterlegung sowohl für Adressenrisiken als auch für Marktpreisrisiken vor. Infolgedessen wird eine Mehrfachbelegung der Eigenmittel und die Möglichkeit der Risikoakkumulation ausgeschlossen.

Eine weitere Neuerung der aktuellen KWG-Novelle stellt die Dynamisierung der Eigenmittel dar.[28] Die Institute folgen mit der täglichen Fortschreibung des haftenden Eigenkapitals sowie der Drittrangmittel dem Zu- und Abflußprinzip und bestimmen die Eigenmittelkomponenten nicht mehr ausschließlich auf der Grundlage des Jahresabschlusses bzw. des Festsetzungsbescheides, sondern nehmen die Anpassung der aktuellen Werte unterjährig vor.[29] Damit führt die Aufnahme von Genußrechtskapital de facto zu einer unmittelbaren Erhöhung des Ergänzungskapitals, ohne daß es einer notwendigen, förmlichen Anerkennung durch die Bankenaufsicht bedarf.[30] Die ursprüngliche Absicht der Bundesregierung, eine tägliche Berechnung der Eigenmittel vorzunehmen, wurde mit Rücksicht auf den hohen zeitlichen und technischen Aufwand verworfen und statt dessen eine monatliche Meldung in puncto Eigenmittelausstattung der Institute reglementiert.[31]

2.2.2 Eigenmittelanforderung

Die Höhe der ausgelasteten Eigenmittel wird durch eine zweistufige Vorgehensweise ermittelt. Zunächst erfolgt die Berechnung der Relation des haftenden

---

26 Vgl. Deutsche Bundesbank (1991), S. 2.

27 Vgl. Eilenberger, G., Bankbetriebswirtschaftslehre, 7. Aufl., München, 1997, S. 171. Zur Risikoakkumulation aufgrund der Mehrfachnutzung des haftenden Eigenkapitals siehe Bester, D., Aufsichtsrechtliche Kontrolle internationaler Bankkonzerne, Bergisch Gladbach, 1986, S. 67 ff.

28 Vgl. Glüder, D., Die Sechste KWG-Novelle kommt (IV), in: Bank Magazin, 2/1996, S. 61. Siehe Abbildungen 2.3 – 2.6.

29 Vgl. Hossfeld, C. (1997a), S. 53.

30 Vgl. Deutsche Bundesbank (1998), S. 66.

31 Vgl. § 10 Abs. 1 KWG.

Eigenkapitals zu den gewichteten Risikoaktiva. Dieses Verhältnis wird durch den Solvabilitätskoeffizienten zum Ausdruck gebracht, welcher einen Wert in Höhe von 8% täglich zum Geschäftsschluß nicht unterschreiten darf.[32] Der aus dem Verhältnis resultierende Differenzbetrag, vermehrt um die Drittrangmittel, darf täglich zum Geschäftsschluß die Summe der Anrechnungsbeträge für die Marktrisiko- und der Optionspositionen nicht unterschreiten.

$$(1)\quad \frac{\text{haftendes Eigenkapital}}{\sum \text{Risikoaktiva}} \geq 0{,}08$$

$$\Rightarrow \text{haftendes Eigenkapital} - \left(\sum \text{Risikoaktiva} \times 0{,}08\right) \geq 0 \Rightarrow \text{Differenzbetrag}$$

$$(2)\quad \text{Differenzbetrag aus (1)} + \text{Drittrangmittel} \geq \text{Marktpreisrisikopositionen}^{*}$$

* einschließlich Optionspreispositionen

Formel 2.2: Unterlegung von Risikoaktiva- und Marktrisikopositionen

Neben der separaten Bestimmung der Eigenmittelanforderung wurde zusätzlich die Berechnung einer Gesamtkennziffer in den Eigenmittelgrundsatz aufgenommen.[33] Diese Kennzahl setzt die Summe der gesamten, anrechenbaren Eigenmittelbestandteile ins Verhältnis zur Gesamtheit der Risikopositionen. Um die Anrechnung der Marktrisiko- und Optionspositionen mit den gewichteten Risikoaktiva vergleichen zu können, werden die marktpreisbezogenen Risiken mit dem Faktor 12,5 multipliziert. Nachrichtlich erfolgt außerdem die Angabe der angerechneten ungenutzten Drittrangmittel, die ins Verhältnis zum gewichteten Gesamtrisiko gesetzt werden. Auf diese Weise wird die mögliche Inanspruchnahme der zur Verfügung stehenden Drittrangmittel für zusätzliche Marktpreis- und Optionspreiskontrakte dokumentiert.

---

[32] Vgl. EG-Kommission (1989c), Art. 3, Abs.1, sowie § 2 Abs. 1 GS I.

[33] Die exemplarische Vorgehensweise zur Berechnung der Gesamtkennziffer findet sich bei Hölscher, R., Eigenmittelunterlegung von Marktpreisrisiken im Grundsatz I, in: ZfgK, 13/1998, S. 751-752.

$$\text{Gesamtkennziffer} = \frac{(\text{haftendes Eigenkapital} + \text{anrechenbare Drittrangmittel}) \times 100}{\sum \text{Risikoaktiva} + (12{,}5 \times \text{Marktpreisrisikopositionen*})}$$

$$\text{Ungenutzte Drittrangmittel} = \frac{\text{ungenutzte Drittrangmittel} \times 100}{\sum \text{Risikoaktiva} + (12{,}5 \times \text{Marktpreisrisikopositionen*})}$$

* einschließlich Optionspreispositionen

Formel 2.3: Gesamtkennziffer/angerechnete ungenutzte Drittrangmittel

Das Verfahren zur Bestimmung der Eigenkapital- bzw. der Eigenmittelanforderung (Formel 2.2) sowie der Gesamtkennziffer und der angerechneten ungenutzten Drittrangmittel (Formel 2.3) ist sowohl für Handelsbuch- als auch für Nichthandelsbuchinstitute identisch. Eine Differenzierung hinsichtlich der Höhe der Eigenmittelunterlegung besteht allerdings bei der Berechnung der Marktrisikopositionen, da diese bei den Nichthandelsbuchinstituten nur die Währungsgesamt-, die Rohwaren- und die Optionspositionen beinhalten, während die Marktrisikopositionen für Handelsbuchinstitute zusätzlich die gesamten Handelsbuchrisikopositionen einschließen.

2.3 Handelsbuch-/Nichthandelsbuchinstitut

Die Klassifizierung der Institute in die Handelsbuch- und in die Nichthandelsbuchinstitute besitzt größte Relevanz, da der jeweilige bankenaufsichtsrechtliche Status zu einer entsprechend differenzierten Risikoanrechnung und mithin Eigenmittelanforderung führt. Die Bedeutsamkeit der Entscheidungsfindung wird um so offensichtlicher, wenn das Bundesaufsichtsamt für das Kreditwesen zukünftig nur den Wechsel vom Nichthandelsbuch zum Handelsbuch vorsieht.[34]

---

[34] Die abschließende Entscheidung des Bundesaufsichtsamtes, einen Wechsel vom Handelsbuchinstitut zum Nichthandelsbuchinstitut zuzulassen, ist bis dato auslegungsfähig. Eine Genehmigung des Institutsformwechsels wird allerdings in Aussicht gestellt, sofern die strategische Ausrichtung des Institutes dauerhaft und zielgerichtet angelegt ist. Zur weiteren Entwicklung siehe URL http://www.bakred.de.

2.3.1 Differenzierung

Die Aufnahme der Bagatellregelung gemäß § 2 Abs. 11 KWG in das Kreditwesengesetz eröffnet den Instituten die Möglichkeit, unter Einhaltung der relativen und der absoluten Höchstgrenzen, die Vorschriften des Grundsatzes I für die Handelsbuchinstitute nicht anzuwenden und entsprechend die Position eines Nichthandelsbuchinstitutes einzunehmen.

Bagatellgrenzen			
Anteil des Handelsbuches (in Prozent der Gesamtsumme der bilanz- und außerbilanzmäßigen Geschäfte)			
in der Regel > als 5% ⇓ **Handelsbuch-institut**	einmal > als 6% ⇓ **Handelsbuch-institut**	in der Regel < als 5% ⇓ **Nichthandels-buchinstitut**	zu keiner Zeit > als 6% ⇓ **Nichthandels-buchinstitut**
Absolutgrenze (Gesamtsumme der einzelnen Positionen des Handelsbuches)			
in der Regel > als 15 Mio. ECU ⇓ **Handelsbuch-institut**	einmal > als 20 Mio. ECU ⇓ **Handelsbuch-institut**	in der Regel < als 15 Mio. ECU ⇓ **Nichthandels-buchinstitut**	zu keiner Zeit > als 20 Mio. ECU ⇓ **Nichthandels-buchinstitut**

Abb. 2.8: Bagatellregelung für Institute

Während die Relativgrenze von 5% der Gesamtsumme der bilanziellen und außerbilanziellen Geschäfte und die Absolutgrenze von 15 Mio. ECU in der Regel eingehalten werden müssen, um den Status eines Nichthandelsbuchinstitutes nicht zu verlieren, darf die Relativgrenze von 6% bzw. die Absolutgrenze von 20 Mio. ECU keinesfalls überschritten werden. Auch ein nur kurzfristig über den letztgenannten Bagatellgrenzen registrierter Handelsbestand löst bereits die Bestimmungen für die Handelsbuchinstitute aus. Eine Aufrechnungsmöglichkeit gegenläufig ausgerichteter Geschäfte besteht nicht. Die einzelnen Positionen des Handelsbuches werden vorzeichenunabhängig addiert und hinsichtlich der Bagatellgrenzen überprüft.

Eine Anzeigepflicht an das Bundesaufsichtsamt sowie an die Bundesbank besteht, wenn ein Institut von der Anwendung der Bagatellregelung Gebrauch macht, die Grenzen der Bagatellregelungen überschreitet oder die Vorschriften des Handelsbuches anwendet, obwohl die Voraussetzungen des § 2 Abs. 11 Satz 1 vorliegen. Um die Einhaltung der Bagatellgrenzen nachzuweisen, sind Nichthandelsbuch- als auch Handelsbuchinstitute zur Führung eines Handelsbuches und eines Anlagebuches verpflichtet.[35] Die Zuordnung der Risikopositionen der bilanziellen und außerbilanziellen Geschäfte zum Handelsbuch respektive zum Anlagebuch regelt der § 1 Abs. 12 KWG. Demgemäß wird eine einheitliche Vorgehensweise zur Bestimmung einzelner Handelsbuchvolumina gewährleistet.

Die Anrechnung der Handelsbuchrisikopositionen schließt die Finanzinstrumente, die Bestände und Geschäfte zur Absicherung von Marktrisiken des Handelsbuches,[36] die Aufgabegeschäfte[37] sowie die Forderungen in Form von Gebühren, Provisionen, Zinsen, Dividenden und Einschüssen, welche aus den Positionen des Handelsbuches resultieren, ein. Weiterhin sind dem Handelsbuch Pensions-, Darlehens- sowie vergleichbare Geschäfte auf Positionen des Handelsbuches zuzurechnen.

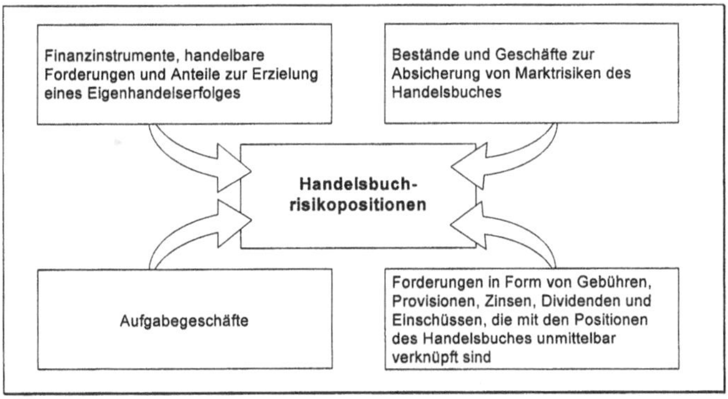

Abb. 2.9: Handelsbuchrisikopositionen

[35] Vgl. Karg, M./Lindemann, J. H., Regierungsentwurf der 6. KWG-Novelle, in: Sparkasse, 114. Jg., 3/1997, S. 127.

[36] Sofern das Marktpreisrisiko offener Positionen des Handelsbuches durch den Abschluß neuer Geschäfte reduziert werden soll, führt das nicht zu einer Verringerung des Positionsanrechnung bei der Bestimmung der Bagatellgrenzen. Vielmehr kann im Rahmen einer Absicherung aufgrund der vorzeichenunabhängigen Addition der Positionen die Bagatellgrenze rasch überschritten werden. Siehe hierzu Karg, M., Bedeutsame Abgrenzung des Handelsbuches, in: B. Bl., 46. Jg., 8/1997, S. 393.

[37] Als Aufgabegeschäfte werden Maklergeschäfte bezeichnet, bei denen nach § 95 Abs. 1 HGB der Makler sich die Nennung der anderen Partei vorbehält. Vgl. hierzu Karg, M. (1997), S. 394.

Unter dem Begriff des Finanzinstrumentes werden Wertpapiere, etwa Schuldverschreibungen oder Aktien, Geldmarktpapiere, Devisen oder Rechnungseinheiten und Derivate subsumiert. Zur Ermittlung der Bagatellgrenze werden Derivate mit dem Nominalwert oder dem Marktpreis der ihnen zugrunde liegenden Instrumente bewertet. Die übrigen Finanzinstrumente gehen mit ihrem Nennwert oder ihrem notierten Marktpreis in die Berechnung ein. Davon ausgenommen werden Devisen, Rechnungseinheiten und Derivate, deren Wert von Waren oder von Edelmetallen abhängt. Diese Positionen werden bei der Ermittlung des Fremdwährungs- und des Rohwarenrisikos berücksichtigt und beziehen sich auf das Gesamtbuch eines Institutes.[38]

Neben der instrumentellen Ebene, welche die gehandelten Geschäfte den entsprechenden Büchern aufgrund der Kontraktspezifikation zuordnet, stellt die Zielsetzungsebene das zweite Kriterium zur Klassifizierung der im Eigendepot geführten Positionen dar. Das Kreditwesengesetz beschreibt den Handel mit Finanzinstrumenten und den Kauf und Verkauf von handelbaren Forderungen und Anteilen in Anlehnung an die Kapitaladäquanzrichtlinie[39] als Geschäfte, welche zum Zweck des Wiederverkaufs im Eigenbestand gehalten oder übernommen werden, um bestehende oder erwartete Unterschiede zwischen den Kauf- und Verkaufspreisen oder den Preis- und Zinsschwankungen kurzfristig zu nutzen. Damit zeigt sich, daß die Erzielung eines Eigenhandelserfolges[40] gemäß § 340c Abs. 1 HGB als Zuordnungskriterium zum Handelsbuch angesehen werden kann.[41]

Die Geschäfte eines Institutes, die nicht dem Handelsbuch zuzurechnen sind, bilden das Anlagebuch.[42] Die im Anlagebuch kontrahierten Geschäfte sind weitgehend nicht geeignet, einen kurzfristigen Handelserfolg zu erzielen. Auch die

---

[38] Hingegen findet eine im Handelsbuch notierte Fremdwährungsanleihe sowohl bei der Berechnung des Zinsrisikos als auch bei der Bestimmung des Währungsgesamtrisikos Berücksichtigung. Dabei wird das Devisenkursrisiko durch die Ermittlung des Währungsgesamtrisikos für Handelsbuch- und für Nichthandelsbuchinstitute nach demselben Verfahren berücksichtigt.

[39] EG-Kommission (1993b), Art. 2, Nr. 6.

[40] Eigengeschäfte stellen eine eigene Erfolgsquelle dar, wenn diese in eigenem Namen und auf eigene Rechnung ausschließlich aus Gründen der Gewinnerzielung für eigene Zwecke abgeschlossen werden. Vgl. Witt, M., Der Eigenhandel von Universalbanken, Diss., Passau, 1994, S. 12 f.

[41] Wertpapiere des Anlagevermögens hingegen sind dazu bestimmt, dem Geschäftsbetrieb dauernd zu dienen. Vgl. hierzu ausführlich Ensthaler, J., Gemeinschaftskommentar zum Handelsgesetzbuch, 5. Aufl., Neuwied, 1997, S. 1107.

[42] Vgl. § 1 Abs. 12 Satz 4 KWG.

Wertpapiere der Liquiditätsreserve zählen nicht zum Handelsbuch, so daß in diesem Zusammenhang aus der Maßgeblichkeit der Handelsbilanz die bankenaufsichtsrechtliche Zuordnung gefolgert werden kann.[43]

Führt eine Bank den einfachen Kommissionshandel oder den Kommissionshandel mit Selbsteintritt aus, so geht – trotz der Abwicklung des Geschäftes über den Eigenbestand – die Initiative vom Kunden aus. Ein Eigenhandelserfolg steht in diesem Fall nicht im Vordergrund. Handelt ein Institut im Auftrag eines Kunden auf eigenen Namen und auf eigene Rechnung, so tritt das Institut zivilrechtlich als Käufer und Verkäufer auf. Diese Geschäfte werden jedoch mit der Intention einer Finanzdienstleistung abgewickelt, so daß unter dem Gesichtspunkt der wirtschaftlichen Betrachtungsweise diese Kontrakte gleichermaßen nicht dem Handelsbuch zuzuordnen sind.[44]

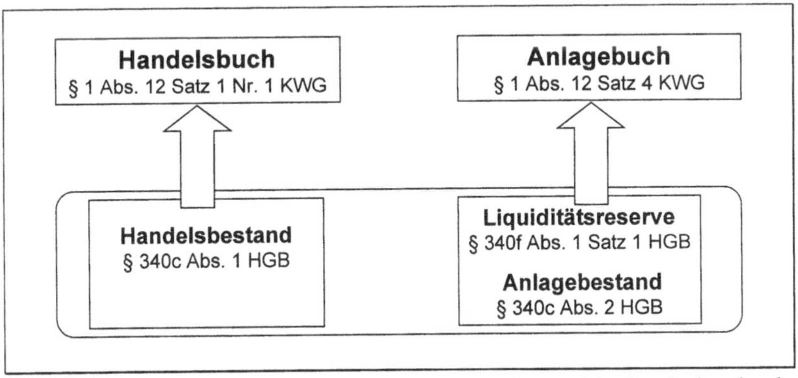

Abb. 2.10: Kontraktklassifizierung in das Handels- und in das Anlagebuch

Die Erzielung des Eigenhandelserfolges als subjektives Abgrenzungskriterium sowie der maßgebliche Ausweis des Nettoertrags/-aufwands aus dem Handelsgeschäft bildet die zentrale Entscheidungsgrundlage für die Kontraktzuordnung zum Handelsbuch- oder zum Anlagebuch. Die Festlegung des Handelsbuches erfolgt nach institutsinternen, nachprüfbaren Kriterien, über welche das Bundesaufsichtsamt und die Deutsche Bundesbank unterrichtet werden.[45] Die jeweilige

[43] Vgl. Karg, M./Lindemann, J. H. (1997a), S. 127.
[44] Vgl. hierzu Karg, M. (1997), S. 394.
[45] Vgl. Schulte-Mattler, H., Zwei verschiedene Aufsichtssysteme für das Handelsgeschäft, in: Bank Magazin, 3/1998, S. 28.

Zuweisung des Geschäftsgegenstandes erfolgt zum Zeitpunkt des Erwerbs. Ferner besteht die Möglichkeit, Positionen aus dem Handelsbuch in das Anlagebuch umzuwidmen. Dies gilt auch für die umgekehrte Richtung. Beide Vorgänge sind jedoch in den Unterlagen des Institutes nachvollziehbar zu dokumentieren und zu begründen.[46]

2.3.2 Großkreditvorschriften

Elementare Auswirkungen hat die Entscheidung hinsichtlich der bankaufsichtsrechtlichen Behandlung als Handelsbuch- respektive als Nichthandelsbuchinstitut auf die Anrechnungssystematik bei der Erfassung der Marktrisikopositionen sowie auf die Einhaltung der Großkreditvorschriften. Vor dem Hintergrund, daß viele der Bankinsolvenzen auf den Ausfall eines oder mehrerer Großkredite zurückzuführen sind (Klumpenrisiko), wurde das Ausmaß der Risikozerfällung, die Größe der im Bestand enthaltenen Einzelengagements,[47] durch die Großkreditvorschriften innerhalb der 6. KWG-Novelle für Handelsbuchinstitute stärker reglementiert. Für Handelsbuchinstitute sehen die aufsichtsrechtlichen Vorschriften eine gesonderte kreditnehmerbezogene Betrachtung nach dem Anlagebuch, dem Handelsbuch und dem Gesamtbuch vor. Die Differenzierung nach der unterschiedlichen Bestandsführung der Geschäfte läßt sich für Handelsbuchinstitute auf die Umsetzung eines höheren Volumens an Eigenhandelskontrakten und dem damit verbundenen höheren Marktpreisrisiko zurückführen,[48] welches mit einem zusätzlichen kreditnehmerbezogenen Risiko einhergehen kann.[49] Hingegen zielen die Großkreditbestimmungen für Nichthandelsbuchinstitute nach wie vor auf die Summe der Kredite an einen Kreditnehmer – bezogen auf das Gesamtbuch – ab.

Eine Überschreitung der Großkreditobergrenzen ist mit einer effektiven Eigenkapital- respektive Eigenmittelunterlegung in Höhe des Überschreitungsbetrages verbunden. Die in diesem Zusammenhang verbrauchten Eigenkapital- bzw. Eigenmittelbestandteile stehen für die Unterlegung von Adressenrisiko- und

---

[46] Vgl. § 1 Abs. 12 Satz 6 KWG.

[47] Vgl. Professoren-Arbeitsgruppe, Bankaufsichtsrechtliche Begrenzung des Risikopotentials von Kreditinstituten, in: DBW, 3/1987, S. 293.

[48] Vgl. Feuerstein, W., Risikomessung, Risikobegrenzung und Risikodeckung bei Kreditinstituten, Bad Homburg v. d. H., 1984, S. 23, sowie Welcker, J. (1978), S. 52-54.

[49] Der Aufbau einer kreditnehmerbezogenen Risikoposition kann auf einer bonitätsinduzierten Abwertung beruhen, welche bei einem oder bei mehreren spekulativen Händlern im Institut zum Kauf eines oder mehrerer Finanzinstrumente dieses Emittenten führt. Damit steigt gleichzeitig die Risikokonzentration des Institutes erheblich an.

Marktpreisrisikopositionen nicht mehr zur Verfügung. Mit anderen Worten mindert eine Überschreitung der Großkreditgrenzen die verfügbaren Eigenmittel und damit die potentielle Geschäftstätigkeit eines Institutes.

Die Anrechnung der Anlagebuchgeschäfte erfolgt in Höhe der Buchwerte; die Handelsbuchgeschäfte gehen mit ihren Marktwerten in die Berechnung ein. Auf diese Weise wird dem Risikogehalt bestehender Handelskontrakte aufgrund einer möglichen Veränderung wertbeeinflussender Faktoren adäquat Rechnung getragen.

Nichthandelsbuchinstitute definieren Großkredite als die Gesamtheit der Kredite an einen Kreditnehmer, die einen Wert von 10% im Verhältnis zum haftenden Eigenkapital erreichen oder überschreiten.[50] Das haftende Eigenkapital dient ebenso als Maßstab für die Bestimmung der Großkrediteinzel- sowie der Großkreditgesamtobergrenze. Die Großkrediteinzelobergrenze beträgt 25% des haftenden Eigenkapitals.[51] Falls der Wert der Kredite an einen Kreditnehmer diese Einzelobergrenze überschreitet, löst dies die Unterlegung des Überschreitungsbetrages mit haftenden Eigenkapital aus.[52] Die Großkreditgesamtobergrenze erfaßt die Summe sämtlicher Großkredite eines Institutes. Dieser Wert darf das Achtfache des haftenden Eigenkapitals nicht überschreiten. Unabhängig von der Zustimmung des Bundesaufsichtsamtes ist die Höhe der darüber hinausgehenden Kredite des Gesamtengagements ebenfalls effektiv mit haftenden Eigenkapital zu unterlegen. Übersteigt sowohl der einzelne Großkredit als auch die Gesamtheit der Großkredite die jeweilige Obergrenze, so ist lediglich für den höheren der beiden Werte eine Eigenkapitalunterlegung erforderlich. Wenn die Überschreitung der Großkrediteinzelobergrenze auf den Eintritt eines unvorhersehbaren Ereignisses zurückzuführen ist, etwa auf die Fusion zweier Kreditnehmer, so kann das Bundesaufsichtsamt von der Unterlegungspflicht absehen.[53]

---

[50] Die Übergangsregelung sieht bis zum 31.12.1998 einen Wert in Höhe von 15% vor. Zu der Höhe der Großkreditobergrenzen siehe auch Riebell, C./Barthelmes, L., Kreditanzeigen nach dem KWG, 4. Aufl., Stuttgart, 1997, S. 22 ff.

[51] Die Übergangsregelung sieht bis zum 31.12.1998 eine Einzelkreditobergrenze in Höhe von 40% vor. Für verbundene Unternehmen im Sinne des § 13 Abs. 3 Satz 3 KWG gilt eine Obergrenze in Höhe von 20%.

[52] Für ein Nichthandelsbuchinstitut, welches Kredite an ein verbundenes Unternehmen gemäß § 13 Abs. 3 S. 3 gewährt, liegt die Großkrediteinzelobergrenze bei 20% des haftenden Eigenkapitals. Die Übergangsregelung sieht bis zum 31.12.1998 einen Wert in Höhe von 30% vor.

[53] Vgl. Schulte-Mattler, H. (1998), S. 30.

Die Großkreditbestimmungen der Nichthandelsbuchinstitute fokussieren auf das gesamte Institut und legen stets das haftende Eigenkapital als Bemessungsgrundlage zugrunde. Für Handelsbuchinstitute gelten nominell die gleichen Kreditdefinitions- und Kreditobergrenzen; jedoch wird das haftende Eigenkapital bisweilen durch die gesamten Eigenmittel ersetzt.

	Handelsbuchinstitut	**Nichthandelsbuchinstitut**
Anlagebuch-großkredit-definitionsgrenze	kreditnehmerbezogene Anlagebuch-Gesamtposition ≥ 10% der Eigenmittel	---
Anlagebuch-Großkrediteinzel-obergrenze	kreditnehmerbezogene Anlagebuch-Gesamtposition ≤ 25%/20% des haftenden Eigenkapitals	---
Anlagebuch-Großkreditgesamt-obergrenze	Gesamtheit der Anlagebuch-Großkredite ≤ 800% des haftenden Eigenkapitals	---
Gesamtbuch-großkredit-definitionsgrenze	kreditnehmerbezogene Gesamtposition ≥ 10% der Eigenmittel	Kredite an einen Kreditnehmer ≥ 10% des haftenden Eigenkapitals
Gesamtbuch-Großkrediteinzel-obergrenze	kreditnehmerbezogene Gesamtposition ≤ 25%/20% der Eigenmittel	Kredite an einen Kreditnehmer ≤ 25% des haftenden Eigenkapitals
Gesamtbuch-Großkreditgesamtobergrenze	Gesamtheit der Gesamtbuch-Großkredite ≤ 800% der Eigenmittel	Summe der Großkredite ≤ 800% des haftenden Eigenkapitals
Handelsbuch-obergrenze	Kreditnehmerbezogene Handelsbuch-Gesamtposition ≤ 500% der freien Eigenmittel	---
Gesamt-Überschreitungs-position	Beträge, welche die Gesamtbuch-Großkrediteinzelobergrenze länger als 10 Tage überschreiten ≤ 600% der freien Eigenmittel	---

Abb. 2.11: Großkreditgrenzen

Die Einbeziehung der Drittrangmittel in die Bemessungsgrundlage hat die Ausweitung der Großkreditgesamtobergrenze und mithin einen erhöhten Spielraum der kreditnehmerbezogenen Gesamtbuchpositionen für die Handelsbuchinstitute zur Folge.[54] Sofern eine der Großkreditobergrenzen – sei es im Anlagebuch oder im Gesamtbuch – nicht eingehalten wird, muß das Handelsbuchinstitut haften-

[54] Vgl. Karg, M./Lindemann, J. H. (1997), S. 130.

des Eigenkapital oder Eigenmittel in Höhe des Überschreitungsbetrages unterlegen. Wird sowohl die Großkrediteinzel- als auch die Großkreditgesamtobergrenze überschritten, so ist ebenfalls nur der höhere Überschreitungsbetrag entsprechend zu unterlegen.

Da die Überschreitung der Gesamtbuch-Großkrediteinzelobergrenze in einem engen Zusammenhang mit der Überschreitung der Handelsbuch-Gesamtposition steht,[55] schreibt der § 13a Abs. 5 KWG zusätzlich die Einhaltung bestimmter Obergrenzen für die kreditnehmerbezogenen Handelsbuchpositionen vor. Die Gesamtheit der an einen Kreditnehmer vergebenen Kredite, welche dem Handelsbuch zugeordnet werden, darf das Fünffache der freien Eigenmittel nicht übersteigen. Weiterhin darf die Summe sämtlicher Überschreitungsbeträge der Gesamtbuch-Großkrediteinzelobergrenze[56] das Sechsfache der freien Eigenmittel nicht länger als zehn Tage überschreiten. Dabei bestimmen sich die unterlegungsfreien Eigenmittel aus den anrechenbaren Kapitalkomponenten abzüglich der für das Anlagebuch eingesetzten Risikopositionen.

Die Bestimmung des Unterlegungsbetrages für die Überschreitung der kreditnehmerbezogenen Gesamtbuch-Großkrediteinzelobergrenze setzt als erstes die betragsmäßige Differenzierung der kreditnehmerbezogenen Kontrakte des Anlagebuches und des Handelsbuches voraus. Auf den Absolutwert der Großkrediteinzelobergrenze wird zunächst die kreditnehmerbezogene Anlagebuch-Gesamtposition angerechnet, so daß faktisch die kreditnehmerbezogenen Handelsbuchgeschäfte als Ursache für die Überschreitung interpretiert werden. Zur Bestimmung der hieraus resultierenden Höhe der Eigenmittelanforderung wird zunächst der Überschreitungsbetrag eines jeden Handelskontraktes mit den jeweiligen Anrechnungsfaktoren der Tabelle 2.1 multipliziert.

---

[55] Vgl. Schulte-Mattler, H., Großkredite können nicht beliebig vergeben werden, in: Bank Magazin, 4/1998, S. 26.

[56] Die Summe sämtlicher Überschreitungsbeträge der Gesamtbuch-Großkrediteinzelobergrenze entspricht der Gesamtheit aller kreditnehmerbezogenen Gesamtpositionen abzüglich der jeweiligen Beträge, die unter der Gesamtbuch-Großkrediteinzelobergrenze liegen.

Kategorie	Laufzeit	Anrechnungsfaktor
Schuldtitel mit täglicher, amtlicher Kursfestsetzung an einer Wertpapierbörse	0 - 6 Monate	**0,25%**
	6 - 14 Monate	**1,0%**
	> 24 Monate	**1,6%**
Aktien mit hoher Anlagequalität, die in einen gängigen Index einbezogen sind		**2,0%**
Sonstige Schuldtitel		**8,0%**
Sonstige Aktien		**4,0%**
Sonstige Handelsbuchteilpositionen		**8,0%**

Tabelle 2.1: Anrechnungsfaktoren bei Überschreitung der Großkreditgrenze

Der effektiv zu unterlegende Eigenmittelbetrag hängt zum einen von der Höhe des Überschreitungsbetrages und zum anderen von der Dauer der Überschreitung ab. Eine Überschreitung der Gesamtbuch-Großkrediteinzelobergrenze bis zu zehn Tagen ist stets mit einer Verdoppelung des gewichteten Überschreitungsbetrages verbunden. Sofern die Überschreitung mehr als zehn Tage dauert, wird die mit dem Anrechnungsfaktor zu berücksichtigende Bemessungsgrundlage mit unterschiedlich hohen Gewichtungsfaktoren verknüpft. In Abhängigkeit der Relation der kreditnehmerbezogenen Gesamtposition zu den bestehenden Eigenmitteln finden die Gewichtungsfaktoren der Tabelle 2.2 Anwendung. Die maximale Anrechnung beträgt das Neunfache des Produktes aus der Bemessungsgrundlage und dem Anrechnungsfaktor.[57]

Dauer der Überschreitung	Überschreitungbetrag in Prozent der Eigenmittel	Gewichtungsfaktor
bis zu 10 Tage		**2**
über 10 Tage	bis 40	**2**
	40 bis 60	**3**
	60 bis 80	**4**
	80 bis 100	**5**
	100 bis 250	**6**
	über 250	**9**

Tabelle 2.2: Gewichtungsfaktoren bei Überschreitung der Großkreditgrenze

57 Zur exemplarischen Eigenmittelanforderung aufgrund der Überschreitung der kreditnehmerbezogenen Gesamtbuch-Großkrediteinzelobergrenze siehe Schulte-Mattler, H. (1998b), S. 26-27.

Eine Überprüfung der Großkreditobergrenzen für Institutsgruppen ist dann vorzunehmen, falls eine kreditnehmerbezogene Gesamtposition 5% des haftenden Eigenkapitals des gruppenangehöriges Unternehmens überschreitet. In diesem Fall sind die Eigenmittel der Unternehmensgruppe zusammenzufassen und die Großkreditvorschriften für Institutsgruppen und Finanzholding-Gruppen analog den Bestimmungen für Handels- bzw. Nichthandelsbuchinstitute anzuwenden.

Eine gemeinsame Erleichterung sieht die Gesetzesgrundlage bei der Anzeige der Großkredite vor, indem die separate, unverzügliche Anzeige eines Großkredites in die Großkreditsammelanzeige integriert wird. Außerdem gilt für Handelsbuch- wie für Nichthandelsbuchinstitute gemäß §§ 13 Abs. 2 Satz 4 KWG und 13a Abs. 2 KWG, daß die Anzeige über einen noch vorzunehmenden einstimmigen Großkreditbeschluß aller Geschäftsleiter entfällt, wenn dieser innerhalb eines Monats nach der Kreditgewährung nachgeholt wird. Eine neue Beschlußfassung ist ebenfalls entbehrlich, falls Unter- und Überschreitungen der Großkreditdefinitionsgrenze auf exogene Faktoren, etwa auf Devisenkurs- oder andere Marktpreisschwankungen, zurückzuführen sind.

2.4 Konsolidierte Aufsicht

Zu den Instituten und Finanzunternehmen treten im Rahmen der konsolidierten Betrachtung die Finanzholding-Gesellschaften, die gemischten Unternehmen sowie die Unternehmen mit bankbezogenen Hilfsdiensten hinzu. Eine Finanzholding-Gesellschaft stellt ein Finanzunternehmen dar, bei der mindestens eine der Tochterunternehmen ein Einlagenkreditinstitut oder ein Wertpapierhandelsunternehmen ist und sich die Mehrzahl der Tochterunternehmen aus Instituten oder Finanzunternehmen zusammensetzt. Die gemischten Unternehmen bestehen weder aus Finanzholding-Gesellschaften noch aus Instituten; als Tochterunternehmen besitzen diese jedoch mindestens ein Einlagenkreditinstitut bzw. ein Wertpapierhandelsunternehmen. Ebenso stellen die Unternehmen mit bankbezogenen Hilfsdiensten keine Institute oder Finanzunternehmen dar. Sie führen die Tätigkeiten aus, die im Verhältnis zur Haupttätigkeit eines oder mehrerer Institute als Hilfstätigkeiten angesehen werden, etwa die Verwaltung von Immobilien oder das Betreiben von Rechenzentren.[58]

[58] Zur Definition dieser Begriffsbestimmungen siehe Dürselen, K. E., Die Konsolidierung von Kreditinstituts- und Finanzholding-Gruppen im Rahmen des § 10a KWG, in: ZBB, 4/1997, S. 345-364.

Der Konsolidierungskreis unterscheidet die Institutsgruppe und die Finanzholding-Gruppe. Die Institutsgruppe[59] besteht aus einem übergeordneten Institut mit dem Sitz im Inland und nachgeordneten Unternehmen, die selbst Institute, Finanzunternehmen oder Finanzunternehmen oder Unternehmen mit bankbezogenen Hilfsdiensten sind und als Tochterunternehmen angesehen werden.[60] Eine Finanzholding-Gruppe besteht, wenn einer Finanzholding-Gesellschaft mit dem Sitz im Inland mindestens ein Einlagenkreditinstitut oder ein Wertpapierhandelsunternehmen mit dem Sitz im Inland nachgeordnet ist.

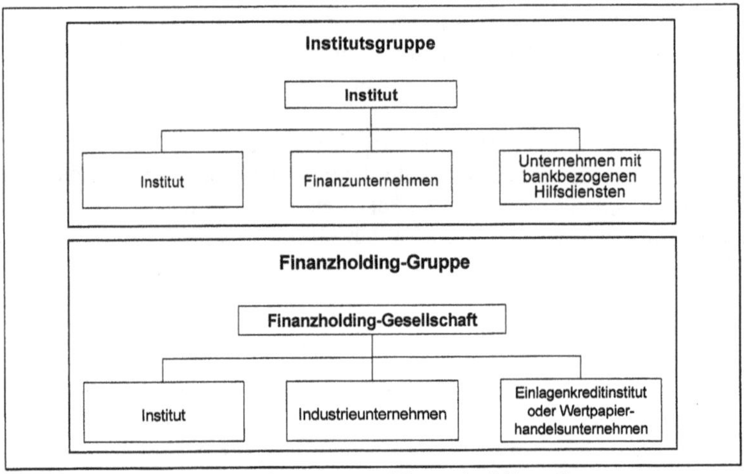

Abb. 2.12: Institutsgruppe/Finanzholding-Gruppe

Eine Pflichtkonsolidierung besteht bei nachgeordneten Unternehmen mit einer qualifizierten Minderheitsbeteiligung von mindestens 20 %, die von gruppenangehörigen Unternehmen mittelbar oder unmittelbar gehalten werden.[61] Die Berechnung der Eigenmittel erfolgt in diesem Zusammenhang gemäß der Vollkonsolidierung respektive gemäß der Quotenkonsolidierung für nachgeordnete Unternehmen, die keine Tochterunternehmen sind.

---

59 Eine ausführliche terminologische Abgrenzungen findet sich bei Dürselen, K. E. (1997), S. 345-364.

60 Als Tochterunternehmen werden nachgeordnete Unternehmen bezeichnet, bei denen eine Mehrheitsbeteiligung (Beteiligung > 50%) vorliegt und im Rahmen der Eigenmittelberechnung eine Konsolidierungspflicht besteht. Vgl. in diesem Zusammenhang Boos, K.-H./Klein, U., Die neuen Bestimmungen des KWG, in: Die Bank, 9/1994, S. 532.

61 Vgl. Glüder, D., Die Sechste KWG-Novelle kommt (III), in: Bank Magazin, 1/1996, S. 27.

	Eigenmittel des übergeordneten Kreditinstitutes gem. § 10 KWG
+	Eigenmittel der anderen gruppenangehörigen Unternehmen
-	Die bei dem übergeordneten Unternehmen und den anderen Unternehmen der Gruppe ausgewiesenen, auf die gruppenangehörigen Unternehmen entfallenden Buchwerte der Kapitalanteile
-	Die bei den übergeordneten Unternehmen und den anderen Unternehmen der Gruppe ausgewiesenen, auf die gruppenangehörigen Unternehmen entfallenden Buchwerte der Vermögenseinlagen als stiller Gesellschafter nach § 10 Abs. 4 Satz 1 KWG
-	Die bei den übergeordneten Unternehmen und den anderen Unternehmen der Gruppe ausgewiesenen, auf die gruppenangehörigen Unternehmen entfallenden Buchwerte der Genußrechte nach § 10 Abs. 5 Satz 1 KWG
-	Die bei den übergeordneten Unternehmen und den anderen Unternehmen der Gruppe ausgewiesenen, auf die gruppenangehörigen Unternehmen entfallenden Buchwerte der nachrangigen Verbindlichkeiten nach § 10 Abs. 5a Satz 1 und Abs. 7 Satz 1 KWG
-	Die bei den übergeordneten Unternehmen oder einem anderen Unternehmen der Gruppe berücksichtigten nicht realisierten Reserven nach § 10 Abs. 2b Satz 1 Nr. 6 und 7 KWG, soweit sie auf gruppenangehörige Unternehmen entfallen.
=	**Konsolidierte Eigenmittel**

Abb. 2.13: Konsolidierte Eigenmittel

Die Pflicht zur Durchführung der Vollkonsolidierung als Regelverfahren besteht bei jeder Mehrheitsbeteiligung. Dies hat zur Folge, daß auch bei einer Kapitalbeteiligung von unter 100% einerseits die gesamten Eigenmittel, zu denen auch die sogenannten Kapitalanteile im Fremdbesitz hinzuzurechnen sind,[62] und andererseits die gesamten gewichteten Risikoaktiva der gruppenangehörigen Unternehmen zusammengefaßt werden.[63] Die Quotenkonsolidierung hingegen übernimmt mit Ausnahme des gegen die Beteiligung aufgerechneten Eigenkapitals alle Aktiva und Passiva der Untergesellschaften nur in Höhe der Beteili-

[62] Vgl. Schulte-Mattler, H., Konsolidierung von Marktpreisrisiken, in: Die Bank, 3/1996, S. 146.

[63] Vgl. Boos, K.-H./Klein, U., Die neuen Konsolidierungsbestimmungen, in: Die Bank, 12/1995, S. 732. Sofern Elemente des § 10 Abs. 6 Satz 1 KWG in der konsolidierten Risikobegrenzungsnorm pflichtweise oder freiwillig Berücksichtigung finden, brauchen diese Bestandteile nicht von der Summe des Kern- und des Ergänzungskapitals abgezogen zu werden. Vgl. Hossfeld, C., Die neue Definition der Eigenmittel (Teil II), in: Bank Magazin, 5/1997, S. 63.

gungsquote.[64] Bei der Ermittlung der konsolidierten Risikoaktiva werden die Buchwerte gruppeninterner Forderungen von der Summe der Risikoaktiva subtrahiert.[65] Die Gegenüberstellung der beiden Konsolidierungsverfahren in der Abbildung 2.14 bringt die unterschiedliche Wirkung der Beteiligungshöhe auf die Anrechnung der Eigenmittel und damit auf das Potential für zusätzliche Handelsbuchgeschäfte zum Ausdruck.[66]

Da neben den Adressenausfallrisiken auch die Marktrisikopositionen im Rahmen der Konsolidierung erfaßt werden, setzt das Kreditwesengesetz – insbesondere in der Abwicklung der Handelsgeschäfte – eine zeitnahe Übermittlung der Positionsänderungen an das Mutterunternehmen durch die nachgeordneten Unternehmen voraus.[67] Die Beachtung der bankenaufsichtsrechtlichen Geschäftsbegrenzungsnorm für eine Gruppe hat zur Folge, daß das Kapital, welches ein Mutterinstitut einem nachgeordneten Institut zur Verfügung stellt, nicht mehr im eigenen Geschäft eingesetzt werden kann. Die zentrale Verteilung der Eigenmittel auf die angehörigen Institute verhindert den Aufbau von Kreditpyramiden und trägt zur Risikobegrenzung auf Konzernebene bei.[68]

---

64 Vgl. Schierenbeck, H./Hölscher, R. (1992), S. 136, sowie Schmid-Burgk, K., Bankenaufsicht und Auslandstöchter, Diss., Freiburg, 1989, S. 158 ff.

65 Vgl. Glüder, D. (1996a), S. 27.

66 Ein Vergleich der beiden Konsolidierungsverfahren findet sich auch bei Schierenbeck, H., Kreditpyramiden und Bankenbeteiligungen, in: WiSt, 1/1984, S. 13 ff.

67 Vgl. Karg, M./Lindemann, J. H. (1997a), S. 130.

68 Vgl. Deutsche Bundesbank, Die fünfte Novelle des Kreditwesengesetzes, in: Monatsberichte der Deutschen Bundesbank, 46. Jg., 11/1994, S. 60. Zur Bildung von Kreditpyramiden aufgrund der Begrenzungsregeln im Kreditgeschäft siehe von Brandenstein-Zeppelin, C., Bankaufsichtliche Konsolidierung in der EG, in: Wissenschaftliche Schriften: Reihe 2, Betriebswirtschaftliche Beiträge, Bd. 121, Idstein, 1989, S. 56 f.

Beispiel einer Vollkonsolidierung

Aktiva / *Passiva*

Übergeordnetes Kreditinstitut (KI)

Aktiva		Passiva	
Beteiligung an U 75%	300	Eingezahltes Kapital	500
		Vorsorgereserven	600
		Kurzfristige nachrangige Verbindlichkeiten	400
Sonstige Aktiva	2.300	Sonstige Passiva	1.100
Σ	2.600	Σ	2.600

Nachgeordnetes Finanzunternehmen (FU)

Aktiva		Passiva	
Sonstige Aktiva	4.000	Eingezahltes Kapital	400
		Vorsorgereserven	700
		Kurzfristige nachrangige Verbindlichkeiten	500
		Sonstige Passiva	2.400
Σ	4.000	Σ	4.000

Berechnung der Eigenmittel

	Eingezahltes Kapital KI	500
+	Eingezahltes Kapital FU	400
-	Beteiligungsbuchwert KI an FU	300
=	**I. Kernkapital Gruppe**	**600**
	Vorsorgereserven KI	600
+	Vorsorgereserven FU	700
=	Ergänzungskapital (brutto)	1.300
-	Kürzung gem. § 10 Abs. 2b Satz 2 KWG	700
=	**II. Ergänzungskapital (netto)**	**600**
	Kurzfr. nachrang. Verbindl. KI	400
+	Kurzfr. nachrang. Verbindl. FU	500
=	Drittrangmittel (brutto)	900
-	Kürzung gem. § 10 Abs. 2c Satz 2 KWG (Anlagebuch = 800)	600
=	**III. Drittrangmittel (netto)**	**300**

Haftendes Eigenkapital (I.+ II.)	**1.200**
Eigenmittel (I. + II. + III.)	**1.500**

Beispiel einer Quotenkonsolidierung

Aktiva / *Passiva*

Übergeordnetes Kreditinstitut (KI)

Aktiva		Passiva	
Beteiligung an FU 40%	160	Eingezahltes Kapital	500
		Vorsorgereserven	600
		Kurzfristige nachrangige Verbindlichkeiten	400
Sonstige Aktiva	2.300	Sonstige Passiva	960
Σ	2.460	Σ	2.460

Nachgeordnetes Finanzunternehmen (FU)

Aktiva		Passiva	
Sonstige Aktiva	4.000	Eingezahltes Kapital	400
		Vorsorgereserven	700
		Kurzfristige nachrangige Verbindlichkeiten	500
		Sonstige Passiva	2.400
Σ	4.000	Σ	4.000

Berechnung der Eigenmittel

	Eingezahltes Kapital KI	500
+	anteilig eingezahltes Kapital FU	160
-	Beteiligungsbuchwert KI an FU	160
=	**I. Kernkapital Gruppe**	**500**
	Vorsorgereserven KI	600
+	anteilige Vorsorgereserven FU	280
=	II. Ergänzungskapital (brutto)	880
-	Kürzung gem. § 10 Abs. 2b Satz 2 KWG	380
=	**II. Ergänzungskapital (netto)**	**500**
	Kurzfr. nachrang. Verbindl. KI	400
	Kurzfr. nachrang. quotale Verbindl. FU	200
=	Drittrangmittel (brutto)	600
-	Kürzung gem. § 10 Abs. 2c Satz 2 KWG (Anlagebuch = 800)	450
=	**III. Drittrangmittel (netto)**	**150**

Haftendes Eigenkapital (I.+ II.)	**1.000**
Eigenmittel (I. + II. + III.)	**1.150**

Abb. 2.14: Eigenmittelanrechnung nach der Voll- und der Quotenkonsolidierung

3 Bankenaufsichtsrechtliche Quantifizierung der Risikopositionen

3.1 Bankbetriebliche Risikokategorien

Die zunehmende Komplexität und Dynamik des finanzwirtschaftlichen Sektors, zurückzuführen auf die Internationalisierungstendenzen und die Deregulierungsbestrebungen, den wachsenden Konkurrenzdruck, den zahlreichen Produktinnovationen sowie auf die größere Volatilität der Märkte, stehen in einem engen Zusammenhang mit einer deutlich gestiegenen Unsicherheit bei der Evaluation zukünftiger Entwicklungen.[1] Die Entscheidungstheorie als Teildisziplin der Betriebswirtschaftslehre bezeichnet den Zustand unvollständiger Information als Ungewißheit. Falls der Eintritt zukünftiger Ereignisse aufgrund historischer Beobachtungen mit einer bestimmten Wahrscheinlichkeit vorherbestimmt werden kann, wird diese Ungewißheit gemeinhin als Risiko definiert.[2] Lassen sich für die möglichen zukünftigen Umweltzustände gar keine Wahrscheinlichkeiten angegeben, überwiegt hingegen die vollständige Unsicherheit.[3]

Ein Kredit- oder Finanzdienstleistungsinstitut sieht sich einer Vielzahl verschiedener Risiken ausgesetzt. Von den ursachenbezogenen Risiken lassen sich zunächst die strategischen und die operativen Risiken unterscheiden.[4] Die erstgenannte Risikokategorie bezieht sich auf die Gesamtheit der Geschäftstätigkeiten und ist eher langfristig ausgerichtet. Hierzu zählen zum Beispiel die Wahl der Organisationsform, die Festlegung des Wirkungskreises in bestimmten Geschäftsfeldern zur Sicherung und Stärkung der Wettbewerbsfähigkeit sowie die Integration weiterer Unternehmen in die Gruppe in Form von Beteiligungen. Die operativen Risiken lassen sich zum einen in die Risiken des technisch-organisatorischen Bereichs, etwa die personellen oder die betrieblichen Risiken,[5]

[1] Vgl. Köllhofer, D., Die neue Bankpublizität, Konsequenzen für das Risikomanagement, in: Rolfes, B./Schierenbeck, H./Schüller, S. (Hrsg.), Risikomanagement in Kreditinstituten, Schriftenreihe des Zentrums für Ertragsorientiertes Bankmanagement, Bd. 5, Frankfurt am Main, S. 54-55.

[2] Zur Beschreibung des Risikos aufgrund unsicherer, zukünftiger Ereignisse siehe Philipp, F., Risiko und Risikopolitik, in: Seischab, H. (Begr.), Betriebswirtschaftliche Studienbücher, Reihe I: Grundlagen, S. 9-13.

[3] Vgl. Biermann, B., Modernes Risikomanagement in Banken, in: Eller, R. (Hrsg.), Handbuch des Risikomanagements, Stuttgart, 1998, S. 5.

[4] Eine genaue Systematisierung der Risiken in Kreditinstituten findet sich in Schulte, M., Bank-Controlling II: Risikopolitik in Kreditinstituten, 2. Aufl., Frankfurt am Main, 1997, S. 18-26.

[5] Zu den Risiken im technisch-organisatorischen Bereich vgl. ausführlich Priewasser, E., Die Priewasser-Prognose, Bankstrategien und Bankmanagement 2009, Frankfurt am Main, 1994, S. 130-140.

und zum anderen in die Risiken des liquiditätsmäßig-finanziellen Bereichs klassifizieren.[6] Da primär den Risiken der finanziellen Sphäre die eigentlichen Verlustpotentiale aus der bankbetrieblichen Kerngeschäftstätigkeit beizumessen sind, beschränkt die Bankenaufsicht die Erfassung der Risikopositionen ausschließlich auf die Aktivitäten, welche sich durch den Abschluß originärer Bankgeschäfte begründen.

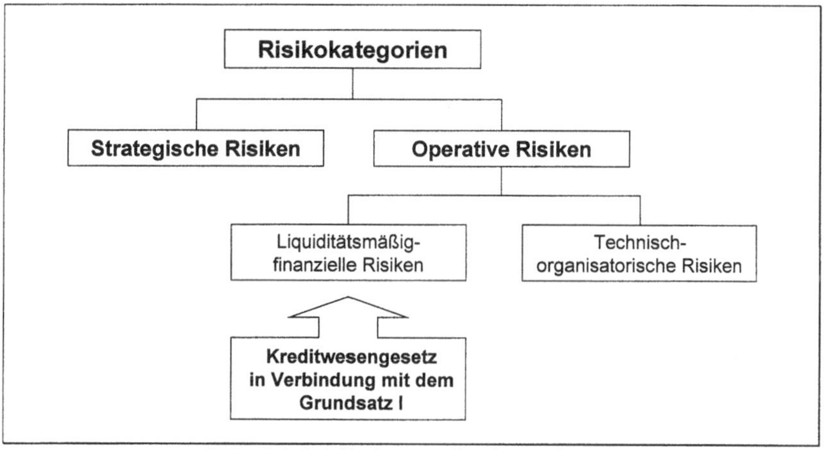

Abb. 3.1: Risikokategorien in Instituten

Der Eigenmittelgrundsatz verfolgt das Ziel, den geschäftspolitischen Handlungsspielraum und damit das Risiko der Institute durch die Bindung an die vorhandenen Eigenmittel zu begrenzen. Um der unterschiedlichen Wahrscheinlichkeit eines potentiellen Ausfalls der Anlagebuchpositionen und einer möglichen negativen Wertänderung der Marktpreispositionen Rechnung zu tragen, werden diese grundverschiedenen Risikokategorien mit differenzierten Modellen und Anrechnungsfaktoren berücksichtigt. Folglich bestimmt der Grundsatz I auf der Basis der anzuwendenden Vorschriften a priori die Höhe möglicher Verluste einzelner Risikopositionen bzw. eines Risikoportfolios. Vor diesem Hintergrund kann aus aufsichtsrechtlicher Sicht zu Recht von einem bestehenden Risiko gesprochen werden.

6 Vgl. Keine, F.-M., Die Risikopositionen eines Kreditinstituts: Konzeption einer umfassenden bankaufsichtsrechtlichen Verhaltensnorm, Diss., Bochum, 1985, S. 57-71.

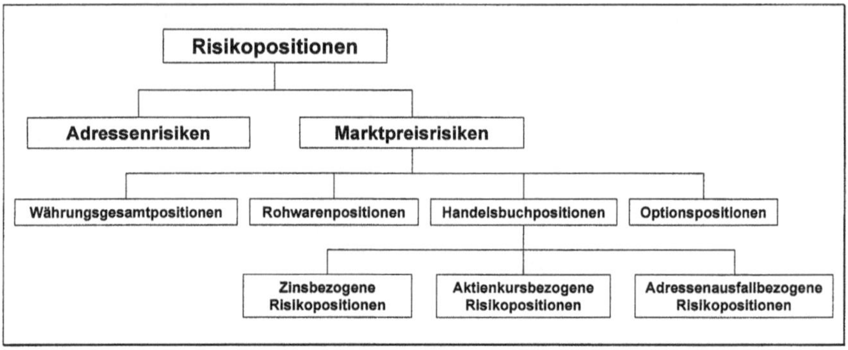

Abb. 3.2: Risikopositionen im Grundsatz I

Zur Vermeidung einer Doppelbelastung der Eigenmittel wurde der ehemalige Grundsatz Ia in den Eigenmittelgrundsatz integriert. Neben der Aufnahme der Währungsgesamtrisiken finden die Rohwarenrisiken sowie die Handelsbuchrisiken Eingang in die Normierung des Marktpreisrisikos eines Institutes. Ebenso werden die Optionspositionen nach den Vorschriften für Marktrisikopositionen berechnet.[7] Die Handelsbuchrisiken beinhalten die zins-, die aktienbezogenen Risiken und die damit verbundenen Ausfallrisiken der Eigengeschäfte. Während die Eigenkapitalunterlegung der adressenbezogenen Risikopositionen des Anlagebuches für sämtliche Institute einheitlich erfolgt, werden die Nichthandelsbuchinstitute von der Eigenmittelunterlegung für das Handelsbuchrisiko ausgenommen. Vielmehr bemessen diese die Handelsbuchpositionen analog den Beständen des Anlagebuches. Entgegen der Abbildung 3.2 können einzelne Geschäfte auch mehr als eine Risikokategorie beinhalten. Etwa birgt ein auf Fremdwährung denominierter Zinskontrakt neben dem Fremdwährungsrisiko sowohl das Zinsänderungs- als auch das Adressen- bzw. das Bonitätsrisiko. Aufgrund des mehrfachen Risikogehaltes erweisen sich diese Geschäfte als besonders virulent.

[7] In die Definition der Marktrisikopositionen gemäß § 2 Abs. 2 Satz 2 bezieht der Grundsatz I die Optionskontrakte nicht ein. Da die bedingten Termingeschäfte ausschließlich im Bereich der Marktpreispositionen Berücksichtigung finden und analog den Vorschriften für Marktpreisrisiken mit Eigenmitteln zu unterlegen sind, rechtfertigt dies die Zuordnung der Optionspreispositionen zu den Marktpreisrisiken gemäß der Abb. 3.2. Die Begriffe Marktpreisrisiko und Marktrisiko werden im weiteren synonym verwendet.

3.2 Adressenrisiken

Die Grundlagen, auf denen die Aufsicht über die Handelsbuch- bzw. Nichthandelsbuchinstitute beruht, bleiben mit der Einführung der 6. KWG-Novelle prinzipiell gleich; doch lassen sich zahlreiche Differenzierungen, welche auf die Umsetzung der Kapitaladäquanzrichtlinie zurückzuführen sind, im Bereich der Marktpreispositionen anführen. Dagegen basiert die Erfassung der Adressenrisiken der Risikoaktiva des Anlagebuches nach wie vor auf den Vorschriften der Solvabilitätskoeffizientenrichtlinie und erfolgt für die verschiedenen Geschäfte nach einer standardisierten Vorgehensweise, die sowohl die Emittentenrisiken als auch die Kontrahentenrisiken einschließt. Im Mittelpunkt des Adressenrisikos steht die Bonität des Kontraktpartners und die Bewertung der Gefahr des teilweisen oder vollständigen Verlustes von Forderungen.[8]

3.2.1 Bestimmung der Risikoaktiva

Zur Bestimmung der Risikoaktiva werden die originären Bilanzpositionen, die traditionellen und die innovativen außerbilanziellen Positionen unterschieden. Da das Ausfallrisiko dieser Positionen nicht grundsätzlich den Werten ihrer Nominalbeträge entspricht, werden die Positionen durch die Multiplikation mit spezifischen Äquivalenzziffern in Kreditäquivalenzbeträge (Kreditäquivalent) transformiert. Diese Umwandlung bewirkt die Vergleichbarkeit der verschiedenartigen Kontrakte. Insbesondere den außerbilanziellen Geschäften wird auf diese Weise ein Risiko beigemessen, welches denen der Bilanzpositionen entspricht.[9]

---

8 Vgl. Schierenbeck, H., Ein Ansatz zur integrativen Quantifizierung bankbetrieblicher Ausfall- und Zinsänderungsrisiken, in: Gerke, W. (Hrsg.), Bankrisiken und Bankrecht, Wiesbaden, 1988, S. 43, Mülhaupt, L., Einführung in die Betriebswirtschaftslehre der Banken, Wiesbaden, 1977, S. 134 f. Zum Ausfallrisiko im Kreditgeschäft siehe Brakensiek, T., Die Kalkulation und Steuerung von Ausfallrisiken im Kreditgeschäft der Banken, in: Schierenbeck, H. (Hrsg.), Schriftenreihe des Instituts für Kreditwesen der Westfälischen Wilhelms-Universität Münster, Bd. 44, Frankfurt am Main, 1991, S. 67. Bisweilen werden die Adressenrisiken auch als Bonitätsrisiken bezeichnet.

9 Vgl. Schulte-Mattler, H./Traber, U. (1997), S. 38. Die gesamten Risikopositionen der WestLB beliefen sich im Juni 1998 auf ca. 1,9 Billionen DM. Die Normierung sämtlicher Risikoaktiva auf die Kreditäquivalenzbeträge reduzierte dieses Volumen auf ca. 43 Mrd. DM. Daraus resultierte letztlich eine Eigenmittelanrechnung in Höhe von ca. 10 Mrd. DM. Vgl. Roggemann, G., Vortrag zum Thema „Geschäftspolitische Einsatzmöglichkeiten von derivativen Finanzinstrumenten"; gehalten auf der 7. Sommerschule der Deutschen Sparkassenakademie in der Rheinischen Friedrich-Wilhelms-Universität am 06. Juli 1998 in Bonn.

Während die Bilanzaktiva des Grundsatzes I zunächst ausschließlich die Kreditrisiken des Ausleihgeschäftes, etwa Gelddarlehen, Bürgschaften und Garantien, einschlossen,[10] wurde bereits mit der Änderung[11] des Eigenkapitalgrundsatzes vom 15. Mai 1990 das Kreditrisiko um das Emittentenrisiko, welches auf die Bonität des Herausgebers von Wertpapieren abstellt, erweitert.[12] Gleichzeitig wurde der wachsenden Bedeutung des Handels mit derivativen Instrumenten Rechnung getragen und sowohl die Swap- als auch die Options- und die Futuregeschäfte in die Strukturnorm aufgenommen. Die Risikoaktiva des aktuellen Eigenmittelgrundsatzes umfassen

- die Bilanzaktiva,
- die traditionellen außerbilanziellen Geschäfte,
- die Swapgeschäfte,
- die Termingeschäfte und die Optionsrechte.

Die Bilanzaktiva entstammen den Posten des Jahresabschlusses. Demgegenüber werden die traditionellen außerbilanziellen Kontrakte sowie die Geschäfte mit derivativen Instrumenten lediglich nachrichtlich, unterhalb des Bilanzstrichs, aufgeführt. Die Divergenz des Vertrags- und des Erfüllungszeitpunktes ist für Derivate charakteristisch. Bei Swapgeschäften werden die Zahlungsmodalitäten bereits zum Zeitpunkt des Abschlusses fixiert, der eigentliche Cash-flow allerdings erst zu den vereinbarten Zahlungsterminen vorgenommen. Die Swapgeschäfte sind nicht auf die Finanzswaps, etwa Zins- und Währungsswaps, begrenzt; die Legalisierung der Rohwarengeschäfte für Institute ermöglicht es nunmehr, auch auf Rohwaren basierende Swaps einzugehen. Sämtliche Terminkontrakte repräsentieren ex definitione stets derivative Geschäfte. Termingeschäfte beinhalten ebenso eine hinausgeschobene Erfüllung und lassen sich in Verbindung mit der Lieferung bzw. Abnahme zumeist vertretbarer Gegenstände individuell vereinbaren. Optionsrechte verkörpern einen Teil eines bedingten Optionsgeschäftes. Der Vertragspartner, der ein Optionsrecht besitzt, stellt den Käufer der Option dar, welcher über die Ausübung oder über den Verfall der Option entscheiden kann.[13] Der Optionsinhaber besitzt das Recht, einen vereinbarten Gegenstand zu liefern (Put-Option) oder abzunehmen (Call-Option).

Die jeweiligen Kontrakte besitzen für die Anrechnung der Risikoaktiva nur Gültigkeit, wenn die Positionen bei der Ermittlung der Anrechnungsbeträge für

---

[10] Vgl. Scharpf, P./Luz, G., Risikomanagement, Bilanzierung und Aufsicht von Finanzderivaten, Stuttgart, 1996, S. 539.

[11] Siehe Bundesaufsichtsamt für das Kreditwesen, Bekanntmachung über die Änderung und Ergänzung der Grundsätze über das Eigenkapital und die Liquidität der Kreditinstitute vom 15. Mai 1990.

[12] Vgl. Deutsche Bundesbank (1991), S. 2.

[13] Vgl. Steiner, M./Bruns, C., Wertpapiermanagement, 5. Aufl., Stuttgart, 1996, S. 243.

die Handelsbuchrisiken keine Berücksichtigung finden. Solange das Volumen des Handelsbuches die Bagatellgrenzen nicht überschreitet und das Institut nach den Bestimmungen für Nichthandelsbuchinstitute agiert, finden für diese Positionen generell die Vorschriften des Anlagebuches Anwendung.

3.2.1.1 Bemessungsgrundlage

Die Bemessungsgrundlage für die Anrechnung der Bilanzaktiva und der traditionellen außerbilanziellen Geschäfte stellt der jeweilige Buchwert einer Position dar. Mit dem Buchwertansatz werden durchgeführte Wertberichtigungen in die Ermittlung der Bilanzaktiva eingeschlossen. Zu dem Buchwert werden die Vorsorgereserven nach § 340f HGB addiert,[14] da diese Bestandteil des Ergänzungskapitals sind und damit zum Anrechnungsbetrag des haftenden Eigenkapitals beitragen. Die passiven Posten der Rechnungsabgrenzung (PPR) aus Gebührenabgrenzung sowie das Damnum bei der Kreditvergabe ermäßigen die Risikoaktiva. Gleichermaßen werden die Positionen abgezogen, welche wegen der Erfüllung oder der Veräußerung von Leasingverträgen gebildet wurden. Diese können jeweils bis zur Höhe des Buchwerts des ihnen zugehörigen Leasinggutes risikomindernd angesetzt werden.

Für Swapgeschäfte gilt der effektive Kapitalbetrag als Bemessungsgrundlage für die Risikoaktiva. Falls dieser nicht ermittelt werden kann, findet der aktuelle Marktwert des Geschäftsgegenstandes Berücksichtigung.[15] Die Termingeschäfte und Optionsrechte werden mit dem Betrag angesetzt, welcher sich aus dem zum aktuellen Marktkurs umgerechneten Anspruch des Institutes auf Lieferung oder Abnahme des Geschäftsgegenstandes ergibt.

---

[14] Zu den Vorsorgereserven siehe Möller, K. (1993), S. 36.

[15] Mit dieser Definition wird den Swaps mit exotischer Ausstattung Rechnung getragen. Exemplarisch lassen sich der „Multiplier-Swap", dessen Austauschzahlungen sich auf ein Vielfaches des Kapitalbetrages belaufen, oder der „Roller-Coaster-Swap", welcher wechselnde Kapitalbeträge und damit unterschiedlich hohe Austauschzahlungen aufweist, anführen. Vgl. Bundesaufsichtsamt für das Kreditwesen, Schreiben – I 7 – A 223 – 2/93 – Erläuterungen zur Bekanntmachung über die Änderung und Ergänzung der Grundsätze über das Eigenkapital und die Liquidität der Kreditinstitute vom 29. Oktober 1997, S. 33 f.

Risikoaktiva	Bilanzaktiva	Traditionelle außerbilanzielle Geschäfte	Innovative außerbilanzielle Geschäfte sowie den für sie übernommenen Gewährleistungen	
			Swapgeschäfte	Termingeschäfte und Optionsrechte
Bemessungsgrundlage	Buchwert + Vorsorgeaufwendungen - PPR aus Gebührenabgrenzung - PPR aus Darlehensdamnum - Posten aus Leasingverträgen		Effektiver Kapitalbetrag oder der aktuelle Marktwert des Geschäftsgegenstandes	Zum aktuellen Marktkurs umgerechneter Anspruch des Institutes auf Lieferung oder Abnahme des Geschäftsgegenstandes

Abb. 3.3: Bemessungsgrundlage zur Anrechnung der Risikoaktiva

Die Höhe der Bemessungsgrundlage eines Geschäftes entspricht nicht zwangsläufig der Höhe der Risikoanrechnung. Vielmehr hängt die Höhe der Anrechnung einer Risikoposition von der regionalen Herkunft, von der Art des Geschäftes und von der Institution des Schuldners ab.[16] Diese drei Kriterien tragen entscheidend dazu bei, daß die einzelnen Risikoaktiva im Rahmen des sogenannten Risikoklassenkonzeptes mit bestimmten Anrechnungssätzen verknüpft, das Risiko eines möglichen Forderungsausfalls quantifiziert sowie mit haftenden Eigenkapital unterlegt werden kann.

3.2.1.2 Präferenzzonenregelung

In Anlehnung an die Solvabilitätskoeffizientenrichtlinie nimmt das deutsche Aufsichtsrecht eine qualitative Unterscheidung der Länder außerhalb des Geltungsbereichs des Kreditwesengesetzes vor.[17] Dabei werden die Länder der „Zone A“ und die Länder der „Zone B“ unterschieden. Da auf diese Unterscheidung bei der Adressengewichtung der Risikopositionen sowie bei der verminderten Anrechnung aufgrund vorhandener Sicherheiten Bezug genommen wird, findet das länderbezogene Bonitätsrisiko implizit Eingang in die Bestimmung der Anrechnungssätze.

Die „Zone A“, welche als Präferenzzone bezeichnet wird, schließt
- die Staaten des Europäischen Wirtschaftsraumes,
- die Vollmitgliedstaaten der Organisation für wirtschaftliche Zusammenarbeit und Entwicklung (OECD), welche in den zurückliegenden fünf Jahren keine Umschuldung ihrer Auslandsschulden vorgenommen haben, und

[16] Vgl. Horsch, A./Paul, S., Risikoklassen in der Finanzaufsicht, in: ZfgK, 7/1998, S. 328.
[17] Vgl. EG-Kommission (1989c), Art. 2 Abs. 1 und 2.

- die Länder, welche mit dem Internationalen Währungsfonds besondere Kreditabkommen im Rahmen der Allgemeinen Kreditvereinbarungen getroffen haben, ein.

Die Länder, die nicht zu der Zone A zählen, werden aufgrund der Auffangregelung des § 1 Abs. 5b Satz 2 KWG der Zone B zugeordnet. Zur Zeit gehören 29 Länder – zuzüglich der in der Abbildung 3.4 aufgeführten Staaten mit besonderem Status zur OECD – der Zone A an.

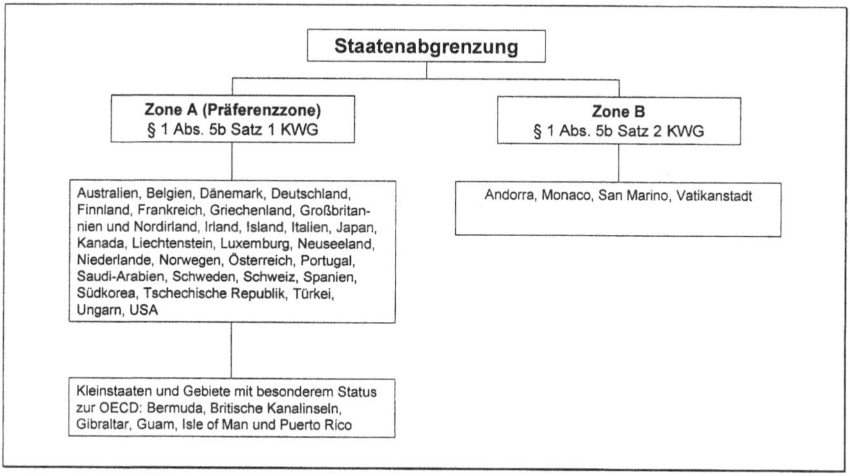

Abb. 3.4: Staatenabgrenzung nach Zone A und Zone B

Die Länder der Zone A sind von einem Ausschluß für fünf Jahre bedroht, falls sie ihre Auslandsschulden umschulden oder vor vergleichbaren Zahlungsschwierigkeiten stehen.[18] Kreditinstitute der Zone A sind sämtliche in den Mitgliedsstaaten der Europäischen Wirtschaftsgemeinschaft (EWG) zugelassenen Banken einschließlich ihrer Zweigstellen in Drittländern sowie alle privaten und öffentlichen Einlagenkreditinstitute und deren Zweigstellen, die in anderen Ländern der Zone A zugelassen sind.[19]

---

[18] Vgl. Bundesaufsichtsamt für das Kreditwesen (1997b), S. 51.
[19] Vgl. EG-Kommission (1989c), Art. 2 Abs. 1.

3.2.1.3 Stellung von Sicherheiten

Die Stellung von Sicherheiten führt zu einer Reduzierung der anrechnungspflichtigen Risikoaktiva, falls die hinterlegten Wertpapiere, Schuldverschreibungen oder Einlagenzertifikate, welche in Höhe ihres Kurswertes quantifiziert werden, bestimmte Ausstattungsmerkmale aufweisen. Eine anrechnungsbefreiende Sicherheitenstellung setzt die Erfüllung folgender Bedingungen voraus:[20]

1. Der Sicherungsgegenstand muß dem kreditgewährenden Institut auf der Grundlage einer Verpfändungserklärung übergeben worden sein.[21]
2. Es muß eine Laufzeitkongruenz zwischen dem zu sichernden Kredit und der Verpfändungserklärung bestehen.
3. Die als Sicherheit verpfändeten Wertpapiere können auch bei einem anderen als dem kreditgebenden Institut hinterlegt sein. Die anrechnungsfreie Hinterlegung bei einem an einem ausländischen Platz ansässigen Institut setzt voraus, daß die an dem Platz geltenden rechtlichen Regelungen denen im Geltungsbereich des KWG entsprechen und der Sicherungsnehmer vergleichbare Zugriffsmöglichkeiten besitzt.[22]

Die Nullanrechnung einer Risikoaktiva erfordert die vollständige Deckung durch einen Sicherungsgegenstand. Folglich begrenzt eine Teilsicherung die Anrechnungsfreiheit der Risikoaktiva nur in Höhe der gestellten Sicherheiten.

Die Risikoaktiva, welche vollständig durch Wertpapiere einer Zentralbank oder Zentralnotenbank der Zone A oder durch Wertpapiere der Europäischen Gemeinschaften sowie eines Landes, einer Gemeinde oder eines Gemeindeverbandes im Geltungsbereich des Kreditwesengesetzes gesichert werden, unterliegen stets der Nullanrechnung. Die Wertpapiere einer Regionalregierung oder örtlichen Gebietskörperschaft in einem anderen Mitgliedstaat der EG oder Vertragsstaat über den Europäischen Wirtschaftsraum erfüllen die Voraussetzungen der Nullgewichtung, wenn diese Regionalregierungen und örtlichen Gebietskörperschaften eine eigene Finanzhoheit besitzen und damit ihren Zentralregierungen gleichgestellt werden. Ferner erfordert die komplette Anrechnungsbefreiung der Risikoaktiva, daß der jeweilige Mitgliedsstaat diese Gleichstellung der Europäi-

[20] Bundesaufsichtsamt für das Kreditwesen (1997b), S. 53 f.

[21] Die in den Allgemeinen Geschäftsbedingungen (siehe Nr. 14 AGB-Banken; Nr. 21 AGB-Sparkassen) kodifizierten Pfand- und Sicherungsrechte der Banken sind dem individuellvertraglich vereinbarten Pfandrecht nicht gleichgestellt, da weder die Sicherheit spezifiziert noch die Laufzeit der Verpfändung geregelt ist. Siehe hierzu Kümpel, S., Bank- und Kapitalmarktrecht, Köln, 1995, S. 525 ff., sowie Steppeler, W., Die neuen AGB der Sparkassen, Stuttgart, 1993, S. 205 ff.

[22] Vgl. Bundesaufsichtsamt für das Kreditwesen, Schreiben – I 7 – A 211 – 30/93 – vom 23. Oktober 1995.

schen Kommission mitgeteilt und die Kommission dies bekanntgegeben hat.[23] Als vollständig anrechenbare Sicherungssurrogate gelten außerdem die von dem kreditgewährenden Institut und bei diesem hinterlegten Einlagenzertifikate oder ähnliche Papiere sowie Bareinlagen.

Die Anrechnung hinterlegter Wertpapiere, Bareinlagen, Einlagenzertifikate und ähnliche Wertpapiere der Europäischen Investitionsbank, der multilateralen Entwicklungsbank sowie der ausländischen Regionalregierungen bzw. örtlichen Gebietskörperschaften der Zone A sehen eine Gewichtung der Risikoaktiva in Höhe von 20% vor.

Sofern die Vermögensgegenstände eines Institutes für die Besicherung von Verbindlichkeiten gegenüber Dritten dienen, ist die Höhe des Haftungsumfangs im Unterposten „Haftung aus der Bestellung von Sicherheiten für fremde Verbindlichkeiten" des Postens „Eventualverbindlichkeiten" unter der Bilanz auszuweisen.[24] Die Bemessungsgrundlage für die Belastung eigener Vermögensgegenstände bestimmt sich nach ihren Buchwerten und wird in voller Höhe „unter dem Bilanzstrich" angesetzt.

3.2.1.4 Adressenklassifizierung

Neben dem Kriterium der Präferenzzonenregelung sowie der Kreditsicherstellung besteht mit der Adressengewichtung[25] des Kontraktpartners ein weiterer Differenzierungsansatz zur Bestimmung der Risikoaktivaanrechnung. Sobald die Bonitätsrisiken als solche erkannt werden, ist ein Institut gezwungen, entsprechende Wertberichtigungen zu bilden, welche sich negativ auf die Rentabilität des Institutes auswirken.[26] Um die zahlreichen Marktakteure aus aufsichtsrechtlicher Perspektive einheitlich zu beurteilen und den verschiedenen Adressen ein, nach einem standardisierten Verfahren, festgelegtes Bonitätsrisiko zuzuweisen,[27] werden im Grundsatz I präskriptiv Adressenanrechnungsfaktoren vorgegeben. Die Zuordnung des Kontraktpartners im Rahmen bilanzwirksamer Geschäfte zu einem der Adressengewichte bringt die Risikoeinschätzung des

---

[23] Vgl. EG-Kommission (1989c), Art 7 Abs. 1 und 2.

[24] Vgl. Scharpf, P., Der neue Solvabilitätskoeffizient der Kreditinstitute, in: Schitag, Ernst & Young (Hrsg.), Düsseldorf, 1993, S. 62 f.

[25] Die Begriffe Adressengewichtung und Bonitätsgewichtung werden im folgenden synonym verwendet.

[26] Vgl. Baxmann, U. G., Zur Liquiditäts- und Rentabilitätswirksamkeit von Kreditrisiken, in: WiSt, 4/1989, S. 201.

[27] Zu den Ursachen und Merkmalen von Bonitätsrisiken siehe u. a. Schulte, R., Kursänderungsrisiken festverzinslicher Wertpapiere, Diss., Hagen, 1995, S. 90-91.

Schuldners zum Ausdruck.[28] Dabei wird ein hohes Adressenrisiko mit einer hohen Adressengewichtung versehen et vice versa. Die Risikoanrechnung der Bilanzaktiva erfolgt durch die adressenmäßige Klassifizierung der Risikopositionen in eine der sechs unterschiedlichen Bonitätsrisikoklassen. Für traditionelle bilanzunwirksame Geschäfte bestehen drei, für innovative bilanzunwirksame Geschäfte bestehen vier unterschiedliche Bonitätsrisikoklassen.

	Bilanzaktiva	Traditionelle bilanzunwirksame Geschäfte	Innovative bilanzunwirksame Geschäfte
0 Prozent	X	X	X
10 Prozent	X		
20 Prozent	X	X	X
50 Prozent	X		X
70 Prozent	X		
100 Prozent	X	X	X

Tab. 3.1: Adressengewichtung für bilanzielle und außerbilanzielle Geschäfte

3.2.1.4.1 Nullprozentige Adressengewichtung

Die vollständige Befreiung von der Anrechnung aktivischer Risikopositionen, deren Erfüllung entweder geschuldet oder ausdrücklich gewährleistet wird, setzt den Erfüllungsanspruch gegenüber einer inländischen Gebietskörperschaft, etwa dem Bund,[29] der Kreditanstalt für Wiederaufbau, dem Land, einer Gemeinde oder einem Gemeindeverband, einer ausländischen Zentralregierung, einer Zentralnotenbank der Zone A oder den Europäischen Gemeinschaften voraus. Der Grundsatz I macht damit von dem Wahlrecht des Artikel 7 der SolvRL Gebrauch. Darin wird die bonitätsmäßige Gleichstellung der eigenen Regionalregierungen und Gebietskörperschaften mit der Zentralregierung ermöglicht, falls die Länder und Kommunen eine eigene Finanzhoheit aufweisen sowie spezifische institutionelle Vorkehrungen zur Verringerung des Risikos der Zahlungsunfähigkeit getroffen haben. Forderungen am Sondervermögen des Bundes sowie gegenüber rechtlich unselbständigen Regie- und Eigenbetrieben im Besitz der

[28] Die Solvabilitätskoeffizientenrichtlinie nimmt eine Differenzierung des Adressenrisikos unter Anwendung vier unterschiedlich gewichteter Bonitätsrisikoklassen vor.

[29] Die bereits durchgeführte Privatisierung der Deutschen Bundespost Postbank hat dazu geführt, daß die Postbank aus dem Katalog der Institutionen gestrichen wurde, die nicht als Kreditinstitute im Sinne des Kreditwesengesetzes gelten. Vgl. Dürselen, K. E., Wesentliche Änderungen des Kreditwesengesetzes im Rahmen der Vierten KWG-Novelle, in: ZBB, 4/1993, S. 275.

öffentlichen Hand werden ebenfalls mit einer Nullgewichtung versehen. Die Anrechnungsbefreiung gegenüber einer Zentralregierung oder einer Zentralnotenbank der Zone B erfolgt nur dann, wenn eine Lokalfinanzierung vorliegt; mit anderen Worten, wenn die Risikoaktiva auf die Währung des Schuldnerlandes lauten und auch in dieser finanziert wurden. Die Nullanrechnung für Regionalregierungen oder örtliche Gebietskörperschaften in einem anderen Mitgliedstaat der Europäischen Gemeinschaften oder Vertragsstaat über den Europäischen Wirtschaftsraum ist mit der Prämisse verbunden, daß die Risikoaktiva in dem jeweiligen Staat ebenfalls nicht zur Anrechnung gelangen, der Staat die Europäische Kommission über die Gleichstellung von Regionalregierungen und örtlichen Gebietskörperschaften mit der Zentralregierung unterrichtet und die Kommission dies bekannt gegeben hat.[30] Für die Länder, die das Wahlrecht nicht ausüben, gilt der Anrechnungssatz in Höhe von 20%.

Garantien und Gewährleistungen führen nur dann zu einer Nullanrechnung, wenn diese unmittelbar und ausdrücklich auf einzelne Risikoaktiva bezogen sind. Demzufolge wirkt die Anstaltslast für eine öffentlich-rechtliche Einrichtung sowie die Gewährträgerhaftung[31] nicht anrechnungsbefreiend.[32]

Die außerbilanziellen innovativen Geschäfte, bei denen der Eindeckungsaufwand auf eine Änderung der Wechselkurse zurückzuführen ist und deren Ursprungslaufzeit weniger als 15 Kalendertage beträgt, finden bei der Bonitätsgewichtung keine Berücksichtigung, sofern diese Geschäfte nicht in das Liquiditätsnetting einbezogen sind.[33]

Die Nullanrechnung gilt ebenso für Swap-, Termingeschäfte und Optionsrechte, die dem Margin-System unterliegen und deren Erfüllung von dem Institut gewährleistet oder von einer Wertpapier- oder Terminbörse geschuldet oder gewährleistet wird.[34] Die Ermittlung der Wertänderung einer Terminposition an jedem Handelstag ermöglicht die stetige Verrechnung eines Gewinns bzw. eines Verlustes auf dem Marginkonto des Kontraktinhabers und minimiert auf diese Art das Ausfallrisiko. Das Marginkonto muß stets einen Mindesteinschuß auf-

---

[30] Der Gewichtungssatz von Null Prozent gilt für die EU-Mitgliedsländer Belgien, Dänemark, Finnland, Luxemburg, Niederlande, Österreich, Schweden und Spanien. Siehe hierzu Bundesaufsichtsamt für das Kreditwesen, Schreiben – I 7 – H 111 – 3/93 – vom 10. April 1995.

[31] Zur Bedeutung von Gewährträgerhaftung und Anstaltslast siehe Dietrich, G. (1968), S. 60-61.

[32] Vgl. Boos, K.-H./Schulte-Mattler, H., Der neue Grundsatz I: Kreditrisiken, in: Die Bank, 8/1997, S. 475.

[33] Zum Liquidationsnetting siehe Abschnitt 3.2.4.1.3.2.

[34] Vgl. § 13 Abs. 1 Nr. 4 GS I.

weisen. Wird dieser unterschritten und erfolgt der geforderte Nachschuß nicht, so kann die Börse die Position glattstellen.[35]

3.2.1.4.2 10prozentige Adressengewichtung

Die Voraussetzung für eine Adressenanrechnung in Höhe von 10% erfüllen Schuldverschreibungen in Form von Pfandbriefen, Hypothekenpfandbriefen und Schiffspfandbriefen, welche vor dem 1. Januar 1998 emittiert worden sind. Die niedrige Anrechnung der Pfandbriefe ist auf die Sicherung der Papiere im Rahmen einer Beleihung von Grundvermögen oder durch die Eintragung einer Schiffshypothek gerechtfertigt.[36]

3.2.1.4.3 20prozentige Adressengewichtung

Ausländische Regionalregierungen und örtliche Gebietskörperschaften der Zone A, welche hinsichtlich der Finanzhoheit nicht mit der Zentralregierung gleichgestellt werden und somit auch das Wahlrecht des Art. 7 Abs. 1 SolvRL nicht in Anspruch nehmen können, unterliegen einer Adressengewichtung in Höhe von 20%. Diese Bonitätsgewichtung für Forderungen ausländischer Einrichtungen oder Unternehmen gilt nur dann, wenn diese keinen Erwerbszweck verfolgen und das Bonitätsrisiko im jeweiligen Sitzstaat maximal 20% beträgt. Eine niedrigere Anrechnung im Heimatland führt im Anwendungsgebiet des Kreditwesen-gesetzes stets zu einer Bonitätsgewichtung in Höhe von 20%. Werden die Adressen im jeweiligen Heimatland nicht anrechnungsmindernd berücksichtigt, so erfolgt in jedem Fall die Vollanrechnung. Für Einrichtungen des öffentlichen Sektors ohne Erwerbszweck in einem anderen Land der Zone A sowie für Forderungen gegenüber inländischen staatlichen Verwaltungseinrichtungen ohne erwerbswirtschaftlichen Charakter, etwa Verkehrs-, Versorgungsbetriebe oder Krankenhäuser, gilt ebenso diese Privilegierung. Öffentliche Sparkassen oder Versicherungsanstalten zählen – obwohl sie im Rahmen ihres öffentlichen Auftrags bei der Ausübung ihrer Geschäfte beschränkt sind[37] – aufgrund ihrer Gewinnerzielungsabsicht nicht zu den juristischen Personen im Sinne des Grundsatzes I. Forderungen und Gewährleistungen gegenüber Einrichtungen des öffentlichen Rechts, etwa Sparkassen und Landesbanken, werden wie die Leistungsansprüche gegenüber der europäischen Investitionsbank, der multilatera-

[35] Vgl. Gräfer, H./Beike, R./Scheld, G. A., Finanzierung, 3. Aufl., Hamburg, 1997, S. 326.
[36] Vgl. Adrian, R./Heidorn, T., Der Bankbetrieb, 14. Aufl., Wiesbaden, 1996, S. 237.
[37] Zu der Geschäftstätigkeit von Sparkassen siehe Ketzel, E., Das Kreditwesengesetz in der Bundesrepublik Deutschland, Köln, 1982, S. 106 ff.

len Entwicklungsbank[38] sowie gegenüber Institute,[39] auf welche der Grundsatz I Anwendung findet und welche die Risikoaktiva nicht dem haftenden Eigenkapital zurechnen, mit einer Adressengewichtung in Höhe von 20% kalkuliert. Damit findet der verminderte Gewichtungssatz auch Anwendung bei Wertpapierhäusern, welche ihren Sitz im Inland oder in einem anderen Land der Zone A haben. Die verminderte Anrechnung geschuldeter oder vorbehaltlos gewährleisteter aktivischer Risikopositionen von Kreditinstituten der Zone B gilt ausschließlich für Geschäfte mit einer Ursprungslaufzeit von längstens einem Jahr.

Während für Clearingstellen und Börsen die aus der Basler Eigenkapital-Übereinkunft übernommenen Anrechnungssätze in Höhe von 100% gelten,[40] stellen die zwei wichtigsten internationalen Wertpapier-Clearingstellen, CEDEL[41] und EUROCLEAR[42], Ausnahmen dar. Diese Clearingstellen werden aufgrund bestehender Garantieleistungen explizit mit 20% gewichtet.

Kirchen unterliegen einer Bonitätsgewichtung in Höhe von 20%, sofern sie in der Rechtsform der Körperschaft des öffentlichen Rechts geführt werden.

Zu den im Einzug befindlichen Werten zählen Schecks, fällige Schuldverschreibungen, Zins- und Gewinnanteilscheine, Inkassowechsel und sonstige Inkassopapiere. Zur Anerkennung einer risikomindernden Anrechnung in Höhe von 20% müssen die Inkassopapiere innerhalb von 30 Tagen ab Einreichung zur Vorlage bestimmt und dem Einreicher bereits gut geschrieben sein. Wurden die

---

[38] Die multilateralen Entwicklungsbanken werden in Art. 2 Abs. 1 siebter Anstrich SolvRL in Verbindung mit der Richtlinie 94/7/EWG definiert. EG-Kommission, Richtlinie 94/7/EWG der Kommission vom 15. März 1994 zur Anpassung der Richtlinie über einen Solvabilitätskoeffizienten für Kreditinstitute betreffend die technische Definition der „multilateralen Entwicklungsbanken", in: Abl. EG, Nr. L 89, 6. April 1994, S 17.

[39] Die Guthaben bei der Deutschen Bundespost Postbank wurden bis zu 31.12.1995 mit 0% angerechnet, da diese bis dahin wie ein Sondervermögen geführt wurden. Seit dem 1.1.1996 gelten für die Postbank die Regelungen des Kreditwesengesetzes, so daß seither eine 20prozentige Adressengewichtung erfolgt. Vgl. Scharpf, P. (1993), S. 28, sowie Deutsche Bundesbank, Die vierte Novelle des Kreditwesengesetzes – ein weiterer Schritt zum europäischen Bankenmarkt, in: Monatsberichte der Deutschen Bundesbank, 45. Jg., 1/1993, S. 42.

[40] Basler Ausschuß für Bankenaufsicht, International Covergence of Capital Measurement and Capital Standards, Juli 1988.

[41] CEDEL (Centrale de Livraison de Valeurs mobilieres SA) mit dem Sitz in Luxemburg dient der grenzüberschreitenden Wertpapierabwicklung und -verwahrung. Vgl. Edelmann, E., Wertpapierleihe am deutschen Kapitalmarkt, in: Eller, R. (Hrsg.), Modernes Bondmanagement, Wiesbaden, 1993, S. 135.

[42] EUROCLEAR ist ein von der Morgan Guaranty Trust Company 1968 gegründetes Clearing-System für internationale Wertpapiertransaktionen mit dem Sitz in Brüssel. Vgl. Edelmann, E. (1993), S. 134-135.

entsprechenden Einzugspapiere nicht bevorschußt, so gehen diese in Höhe ihres gesamten Anrechnungsbetrages in die Ermittlung der Eigenkapitalanforderung ein.

3.2.1.4.4 50prozentige Adressengewichtung

Die außerbilanziellen, innovativen Geschäfte sind grundsätzlich mit dem Bonitätsgewichtungssatz in Höhe von 50% zu gewichten, wenn nicht ausdrücklich die Voraussetzungen für die Anwendung eines niedrigeren Anrechnungssatzes gegeben sind.[43]

Realkredite, welche die Anforderungen des § 12 Abs. 1 und 2 HypBG erfüllen und drei Fünftel des Wertes des Grundstückes nicht übersteigen sowie für eigene oder fremdgenutzte Wohnzwecke bestimmt sind, werden nach wie vor mit 50% ihres Anrechnungsbetrages berücksichtigt. Für die grundpfandrechtliche Besicherung von Realkrediten mit gewerblich genutzten Grundstücken ist eine gleichermaßen reduzierte Anrechnung bis zum 01. Januar 2001 festgelegt. Eine fünfzigprozentige Grundsatzanrechnung besteht auch für Wertpapiere, welche durch einen Pool grundpfandrechtlich gesicherter Darlehen bezüglich ihres Kapitals und ihres Zinsertrags in vollem Umfang und unmittelbar gedeckt sind.[44] Dabei müssen die Sicherheiten zugunsten der Erwerber gehalten werden.

Aktive Posten der Rechnungsabgrenzung unterliegen dem Anrechnungssatz in Höhe von 50%, wenn der Vertragspartner, auf den sich die Rechnungsabgrenzung bezieht, nicht mehr bestimmt werden kann. Läßt sich hingegen die Gegenpartei feststellen, so gilt gegebenenfalls das geringere Adressengewicht.

3.2.1.4.5 70prozentige Adressengewichtung

Für Bauspardarlehen aus Zuteilungen und für Darlehen zur Vor- und Zwischenfinanzierung von Leistungen der Bausparkasse auf Bausparverträge ihrer Bausparer besteht ein Anrechnungsfaktor in Höhe von 70%. Da die SolvRL nur die Adressengewichtung in Höhe von 50% für grundpfandrechtlich gesicherte Wohnungsbaudarlehen und in Höhe von 100% für unbesicherte Bilanzaktiva kennt, wird der Mischsatz von 70% nur dann anerkannt, wenn mindestens drei

---

[43] Vgl. § 13 Abs. 4 Nr. 1 GS I.

[44] Diese Anrechnung gilt nur für Wertpapiere, die eine sogenannte „pass-through-Struktur" aufweisen, bei der die Zahlungsströme direkt von den Grundpfandrechtschuldnern an die Erwerber der Wertpapiere durchgereicht werden.

Fünftel des Darlehensbestandes bei einer Beleihungsgrenze von 80% des Beleihungswertes gemäß § 7 Abs. 1 Satz 3 Bausparkassengesetz grundpfandrechtlich gesichert sind.[45] Vor- und Zwischenfinanzierungskredite werden abzüglich der angesammelten Bausparguthaben angerechnet.

3.2.1.4.6 100prozentige Adressengewichtung

Die Regelung der vollständigen Gewichtung ist nicht als Auffangvorschrift sondern als generelle Regelung der Risikoaktivaanrechnung anzusehen. Demnach sind lediglich für die vorgenannten Ausnahmen geringere Anrechnungssätze vorgesehen. Sämtliche weitere Risikoaktiva werden allgemein mit 100% gewichtet.

Eine Wahlmöglichkeit besitzen die Institute bei der Anrechnung von Investmentanteilen. Zum einen ist der bilanzielle Ausweis unter der Bilanzposition „Aktien und andere nicht festverzinsliche Wertpapiere" mit einer einhundertprozentigen Adressengewichtung möglich;[46] zum anderen liegt es im Ermessen der Institute einen geringeren Anrechnungsssatz als 100% bei der Berechnung des Grundsatzes I anzuwenden, indem das Institut den durchschnittlichen Gewichtungssatz, welcher sich aus der tatsächlichen Fondzusammensetzung (Durchsichtprinzip) ergibt, zum Ansatz bringt. Die Anwendung des Durchsichtprinzips setzt voraus, daß die Kapitalanlagegesellschaft, welche die Fonds verwaltet, den Instituten die Gewichtungsfaktoren des Eigenmittelgrundsatzes für die Investmentfonds viermal pro Kalenderjahr zur Verfügung stellt[47] und daß das Institut die Dokumentation der Fondszusammensetzung vornimmt.[48]

3.2.2 Bilanzwirksame Geschäfte

Die bilanzwirksamen Risiken umfassen zum einen das Bonitätsrisiko, welches die Gefahr eines teilweisen oder vollständigen Ausfalls aufgrund der Insolvenz

---

[45] Der Mischsatz resultiert ausgehend von den Adressengewichtungen der SolvRL aus der Multiplikation des Anteils grundpfandrechtlich gesicherter Darlehen (60%) eines Portfolios mit dem 50prozentigen Anrechnungssatz zuzüglich des vollständig angerechneten Anteils ungesicherter Darlehen (40%) eines Portfolios [(0,6 x 0,5 + 0,4 x 1,0) = 0,7].

[46] Vgl. Dürselen, K. E., Novellierung der Bankaufsichtsnorm Grundsatz I zur Erfassung und Begrenzung von Ausfallrisiken eines Kreditinstituts, in: ZBB, 1/1994, S. 112.

[47] Vgl. Bundesaufsichtsamt für das Kreditwesen, Schreiben – I 7 – A 211 – 5/93 – vom 8. Februar 1994.

[48] Vgl. Bundesaufsichtsamt für das Kreditwesen, Schreiben – I 7 – A 211 – 12/93 – vom 30. Juni 1993.

des Schuldners wiedergibt[49] und zum anderen das personenunabhängige Ausfallrisiko, das die potentiellen Wertveränderungen von Vermögensgegenständen, etwa Immobilien, Wertpapieren oder sonstige Güter des Anlagevermögens erfaßt.[50] Die anrechnungspflichtigen Bilanzaktiva,[51] die einem potentiellen Wertverlust ausgesetzt und mit Eigenkapital zu unterlegen sind, werden explizit im Grundsatz I genannt.[52] Sofern eine Bilanzposition nicht im Grundsatz I berücksichtigt wird, unterliegt diese Position entweder keinem Adressenausfall- respektive keinem Wertänderungsrisiko oder geht bei der Berechnung der Eigenmittel als Abzugsposten ein.[53]

3.2.2.1 Kreditäquivalenzbetrag

Ausgehend von der Bemessungsgrundlage der Bilanzaktiva findet ein Umrechnungsfaktor Anwendung, welcher der Unsicherheit, ob ein Institut bei einem Ausfall des Grundgeschäftes tatsächlich einen Verlust in Höhe der Bemessungsgrundlage erleiden wird, Rechnung trägt. Der Umrechnungsfaktor für bilanzwirksame Geschäfte beträgt stets 100%, da das Verlustrisiko tatsächlich in Höhe des in der Bilanz ausgewiesenen Wertes besteht. Aus der multiplikativen Verknüpfung der Bemessungsgrundlage mit dem Umrechnungsfaktor resultiert der Kreditäquivalenzbetrag, welcher die Höhe des potentiellen Verlustes darstellt.[54] Die Umrechnung der Bemessungsgrundlage in den Kreditäquivalenzbetrag gewährleistet eine Vergleichbarkeit sämtlicher Risikoaktiva.[55]

---

49 Vgl. Lagger, A., Risikomanagement bei Banken, in: Swiss Banking School (Hrsg.), Publikationen der Swiss Banking School, Nr.112, Bern, 1995, S. 21.

50 Vgl. Schulte-Mattler, H./Traber, U. (1997), S 28.

51 Eine ausführliche Darstellung der Bilanzierungs- und Bewertungsvorschriften der Bilanzpositionen findet sich in: Scharpf, P./Sohler, A., Jahresabschluß nach dem Bankbilanzrichtlinie-Gesetz, in: Schitag, Ernst & Young (Hrsg.), Düsseldorf, 1992, S. 124-193.

52 Siehe § 7 GS I.

53 Vgl. Scharpf, P. (1993) S. 23.

54 Der Begriff „Kreditäquivalenzbetrag“ ist weder in der Gesetzesfassung noch in den dazugehörenden Erläuterungen vorzufinden. In der einschlägigen Literatur hat sich diese Bezeichnung zur Bestimmung des Anrechnungsbetrages der Risikoaktivapositionen jedoch durchgesetzt.

55 Vgl. Büsselmann, E., Bankenaufsicht und marktbezogenes Eigenkapital, Diss., Frankfurt am Main, 1993, S. 67, sowie Burghof, H.-P./Rudolph, B. (1996), S. 146.

Bemessungsgrundlage	x	Umrechnungsfaktor	=	Kreditäquivalenzbetrag
100	x	100%	=	100

Formel 3.1: Kreditäquivalenzbetrag für bilanzwirksame Geschäfte

3.2.2.2 Eigenmittelanforderung

Die Ermittlung der Eigenkapitalanforderung für die jeweilige bilanzierte Risikoposition läßt sich mit Hilfe der Formel 3.2 berechnen. Ausgehend vom Kreditäquivalenzbetrag findet mit der Multiplikation der Adressengewichtung zuerst die Risikoeinschätzung des Schuldners Berücksichtigung. Dieses Zwischenergebnis, der anrechnungspflichtige Betrag, ist daraufhin mit dem Solvabilitätskoeffizienten in Höhe von 8% mit haftenden Eigenkapital zu unterlegen.

Kreditäquivalenzbetrag	x	Adressengewichtung	=	Anrechnungspflichtiger Betrag	x	Solvabilitätskoeffizient	=	Eigenkapitalanforderung
100	x	**20%**	=	**20**	x	**8%**	=	**1,60**

Formel 3.2: Eigenkapitalanforderung für bilanzwirksame Geschäfte

Es zeigt sich, daß eine aktivische Bilanzposition in Höhe von 100,-- DM und einer spezifischen Bonität des Kontrahenten (Adressengewichtung) in Höhe von 20% aufgrund der Division mit dem Faktor 12,5 zu einer effektiven Eigenkapitalanforderung in Höhe von 1,60 DM führt. Dies entspricht 1,6% des in der Bilanz ausgewiesenen Betrages. In diesem Zusammenhang wird der Einfluß der Adressengewichtung besonders deutlich. Infolgedessen besitzen Institute die Möglichkeit, das haftende Eigenkapital von der Anrechnung des Grundsatzes I weitgehend zu entlasten, wenn ausschließlich gering- oder nullgewichtete Risikoaktivaadressen, wie zum Beispiel öffentliche Anleihen, erworben und im Depot A gehalten werden.

3.2.3 Traditionelle bilanzunwirksame Geschäfte

Die traditionellen bilanzunwirksamen Geschäfte zeichnen sich durch einen Schwebezustand aus, bei dem keine der Vertragsparteien mit der geschuldeten oder der geforderten Erfüllung begonnen hat. Die Berücksichtigung dieser beiderseits noch nicht erfüllten, synallagmatischen Verträge in der Handelsbilanz findet ausschließlich „unter dem Bilanzstrich" statt.[56] Die grundsätzliche Beachtung dieser „schwebenden Geschäfte" außerhalb der Bilanz ist zum einen auf das Realisationsprinzip zurückzuführen, welches einen Gewinnausweis erst vorsieht, wenn dieser durch den Umsatzprozeß realisiert wurde.[57] Zum anderen fordert das Imparitätsprinzip – im Hinblick auf den Gläubigerschutz – die bilanzielle Erfassung, sofern das schwebende Geschäft einen Verlust erwarten läßt.[58]

Die außerbilanziellen Geschäfte erfassen nicht die Kreditausfallrisiken sondern die Kreditrisiken aus den möglichen Rückgriffsforderungen.[59] Diese beinhalten sowohl Bürgschaften, Garantien und Gewährleistungen als auch Kreditzusagen, Terminkäufe von Risikoaktiva und Plazierungen von Termineinlagen. Das Kreditrisiko der drei erstgenannten Rückgriffsforderungen besteht darin, bei Ausfall des Garantiebegünstigten in Anspruch genommen zu werden. Bei den letztgenannten Transaktionen wird hingegen fest von einer Auszahlung ausgegangen, die jedoch erst in der Zukunft stattfindet. Die aufgeführten Geschäfte beinhalten ausnahmslos einen potentiellen Zahlungsabfluß, so daß das Kreditrisiko aus Rückgriffsforderungen bereits mit der Verpflichtung des Institutes eingegangen wird.

3.2.3.1 Kreditäquivalenzbetrag

Das Verlustrisiko der Außerbilanzgeschäfte ist mit dem der bilanzwirksamen Risikoaktiva nicht uneingeschränkt vergleichbar, da das Kreditrisiko einer „Un-

---

[56] Vgl. Kloten, N./Bofinger, P., Bilanzunwirksame Finanzierungsinstrumente und ihre Folgen für die Geldpolitik, in: Christians, F. W. (Hrsg.), Finanzierungshandbuch, 2. Aufl., Wiesbaden, 1988, S. 113, sowie Friederich, H., Grundsätze ordnungsmäßiger Bilanzierung für schwebende Geschäfte, in: Schriften der Schmalenbach-Gesellschaft, Bd. 4, Düsseldorf, 1975, S. 23.

[57] Vgl. Bieg, H. (1983), S. 321.

[58] Vgl. Friederich, H., Grundsätze ordnungsmäßiger Bilanzierung für schwebende Geschäfte, in: Beiträge zu den Grundsätzen ordnungsmäßiger Bilanzierung – Schriften der Schmalenbach-Gesellschaft, Bd. 4, 2. Aufl., 1976, S. 53, Grützemacher, T., Bewertung und bilanzielle Erfassung der Preisrisiken ausgewählter Finanzinnivationen, Diss., München, 1989, S. 195, sowie Bieg, H. (1983), S. 322 f.

[59] Vgl. Boos, K.-H./Schulte-Mattler, H., Neuregelungen des Eigenkapitalgrundsatzes I, in: Die Bank, 6/1993, S. 361.

ter-dem-Strich-Position“ nicht grundsätzlich dem Nominalbetrag des Geschäftes entspricht. Die Vergleichbarkeit der „Off-Balance-Sheet-Geschäfte“ mit den Geschäften der Bilanzaktiva wird durch die Ermittlung des Kreditäquivalenzbetrages hergestellt, welcher die risikobeeinflussenden Faktoren der individuellen Geschäfte berücksichtigt.[60] Als Bemessungsgrundlage dient der jeweilige Buchwert der Geschäfte.[61] Dieser wird mit dem geschäftsspezifischen Umrechnungsfaktor, welcher aus der Zuordnung des originären Geschäftes zu einer Risikoklasse resultiert, multipliziert.

Die Existenz vier unterschiedlicher Risikoklassen bzw. -umrechnungsfaktoren ist auf den differenzierten Grad des Kreditrisikos[62] einzelner traditioneller außerbilanzieller Risikopositionen zurückzuführen. Die Höhe der jeweiligen Anrechnungssätze wird auch als Positionsrisiko bezeichnet.

- niedriges Risiko ⇨ nullprozentige Anrechnung
- mittleres Risiko ⇨ 20prozentige Anrechnung
- niedriges bis mittleres Risiko ⇨ 50prozentige Anrechnung
- hohes Risiko ⇨ 100prozentige Anrechnung

Das Produkt aus dem Buchwert der traditionellen außerbilanziellen Risikoaktiva und dem Umrechnungsfaktor stellt den Kreditäquivalenzbetrag dar, welcher für die weitere Bestimmung des effektiv zu unterlegenden haftenden Eigenkapitals verantwortlich ist.[63]

Buchwert	x	Umrechnungsfaktor	=	Kreditäquivalenzbetrag
100	x	0/20/50/100%	=	0/20/50/100

Formel 3.3: Kreditäquivalenzbetrag für traditionelle bilanzunwirksame Geschäfte

60 Vgl. Deutsche Bundesbank, Die neuen Grundsätze I und Ia über das Eigenkapital der Kreditinstitute, in: Monatsberichte der Deutschen Bundesbank, 42. Jg., 8/1990, S. 40.

61 Siehe Abschnitt 3.1.1.

62 Vgl. Aeberli, W., Risikopolitische Analyse der Ausserbilanzgeschäfte unter besonderer Berücksichtigung der Eigenmittelunterlegung, Diss., Zürich, 1989, S. 39 ff.

63 Vgl. Arnold, W./Schulte-Mattler, H., Die Eigenkapitalgrundsätze I und Ia: Bankaufsichtliche Normen für Kredit- und Marktrisiken (I), in: WISU, 10/1992, S. 768.

3.2.3.1.1 Niedriges Risiko - Nullprozentige Gewichtung

Von einem Institut gegebene Kreditzusagen,[64] deren Ursprungslaufzeiten[65] weniger als ein Jahr betragen bzw. die auf ein Jahr befristet sind, bleiben bei der Eigenkapitalanforderung unberücksichtigt. Dies ist letztlich auf den kurzen Zeithorizont zurückzuführen, in der das Institut in Anspruch genommen werden kann. Für unbefristete Kreditzusagen gilt eine Nullanrechnung nur dann, wenn diese vorbehaltlos und fristlos gekündigt werden können. Dazu gehören in der kreditwirtschaftlichen Praxis in erster Linie die „bis auf weiteres" eingeräumten Kreditzusagen, zu denen auch die unbefristet gewährten Dispositionskredite zählen. In diesem Konnex sind die Institute gehalten, fristlose Kündigungen zugesagter Kredite mit dem Grundsatz von Treu und Glauben (§ 242 BGB) zu vereinbaren[66] und die jeweilige Situation des Kreditnehmers zu berücksichtigen.[67] Die Nullanrechnung der genannten Kreditzusagen setzt allerdings voraus, daß die Bonität des Kunden mindestens einmal im Jahr förmlich überprüft wird.[68]

3.2.3.1.2 Niedriges bis mittleres Risiko - 20prozentige Gewichtung

Die Eröffnung und die Bestätigung von Dokumentenakkreditiven, welche durch Warenpapiere gesichert werden,[69] unterliegen einer 20prozentigen Risikogewichtung. Das mit dem Dokumentenakkreditiv verbundene abstrakte Schuldversprechen des Institutes führt zur Übernahme eines durch den Vertragspartner bedingten Ausfallrisikos. Die Einstufung der Risikoposition in die Gruppe der niedrig bis mittleren Risiken liegt in dem feststehenden Zeitraum sowie in der fixierten Höhe der Eventualverbindlichkeit begründet. Außerdem steht das Handelsgut als Sicherheit zur Verfügung.

---

64 Die Kreditbereitstellung kann dem Kunden sowohl mitgeteilt werden (externer Kreditrahmen); sie kann jedoch auch ohne die Kenntnis des Kunden eingeräumt werden (interner Kreditrahmen).

65 Von entscheidender Bedeutung für die Risikoanrechnung ist die Laufzeit der Kreditzusage und nicht die Kreditlaufzeit.

66 Siehe Nr. 19 AGB-Banken.

67 Vgl. Boos, K.-H./Schulte-Mattler, H. (1997), S. 475.

68 Vgl. Deutsche Bundesbank, Erläuterungen zu den Meldungen der Kreditinstitute zum Grundsatz I, Schreiben B 10-1/B 10-2 vom April 1996, S. 23.

69 Zur Charakteristika von Dokumentenakkreditiven siehe Preuß, M./Theyssen, G., Internationaler Zahlungsverkehr, in: Kloten,N./von Stein, J. H. (Hrsg.), Obst, G./Hintner, O.: Geld-, Bank- und Börsenwesen, 39. Aufl., Stuttgart, 1993, S. 666 ff., sowie Döll, H., Dokumenten-Akkreditive: Richtlinien revidiert, in: Die Bank, 9/1984, S. 431 ff.

3.2.3.1.3 Mittleres Risiko - 50prozentige Gewichtung

Eine Kürzung der Berechnungsgrundlage um 50% findet für die noch nicht in Anspruch genommenen Kreditzusagen statt, die über ein Jahr hinaus befristet sind und die nicht fristlos und vorbehaltlos von dem Institut gekündigt werden können. Die hälftige Anrechnung besteht nur für förmlich abgegebene Kreditzusagen. Die nicht in Anspruch genommenen internen Kreditlinien, die dem Kunden nicht explizit mitgeteilt werden, bleiben bei der Ermittlung der Risikoaktiva unberücksichtigt.

Bei eröffneten und bestätigten Akkreditiven[70] geht sowohl die Akkreditivbank (Bank des Importeurs) als auch die Korrespondenzbank (Bank des Exporteurs) eine Verpflichtung gegenüber dem Exporteur ein. Die Akkreditivbank, als eröffnende Bank, haftet dem Begünstigten ebenso für die Zahlung wie die Korrespondenzbank, falls diese das Akkreditiv nicht nur avisiert sondern auch bestätigt.[71] Der Bilanzausweis der Akkreditiveröffnung und der Akkreditivbestätigung erfolgt in der Bilanz unter dem Bilanzstrich im Unterposten „Verbindlichkeiten aus Bürgschaften und Gewährleistungsverträgen“ des Postens „Eventualverbindlichkeiten“.[72]

Zu der Risikoanrechnung in Höhe von 50% zählen ebenso die Erfüllungs- und Bietungs-garantien ohne Kreditsubstitutcharakter, etwa die Fertigstellungs- oder die Anzahlungsgarantien,[73] sowie Gewährleistungen in Form der Zoll-, der Steuerstundungsbürgschaft oder des zugunsten Dritter ausgestellten Standby Letter of Credits.[74] Die Höhe der Anrechnung läßt sich daraus folgern, daß das Risiko der übernommenen Garantien und Gewährleistungen nicht dem der genuinen Risikoaktivapositionen entspricht respektive den Charakter eines originären Kredites aufweist

---

70 In diesem Zusammenhang wird in erster Linie auf das Barakkreditiv abgestellt, welches eine Auszahlung eines vereinbarten Geldbetrages (ohne Vorlage von Dokumenten) an den Akkreditivbegünstigten lediglich durch die Prüfung der Legitimation und der Unterschrift gewährleistet.

71 Vgl. Stocker, K., Internationales Finanzrisikomangement, Wiesbaden, 1997, S.128 f.

72 Vgl. Scharpf, P. (1993), S. 70 ff.

73 Zu den spezifischen Formen der Garantien siehe Horn, N., Bürgschaften und Garantien, 7. Aufl., Köln, 1997, S. 98, sowie Adrian, R./Heidorn, T. (1996), S. 578 f.

74 Vgl. Deutsche Bundesbank (1996a), S. 22. Der Standby letter of credit stellt eine garantieähnliche Form der Zahlungssicherung dar, welche dem Begünstigen das Recht gibt, von der verpflichteten Bank Zahlung zu verlangen, falls ein Dritter seine vertraglichen Pflichten ihm gegenüber nicht erfüllt. Vgl. Horn, N. (1997), S. 37.

Die „Note Issuance Facilities" (NIFs) und die „Revolving Underwritung Facilities" (RUFs) beinhalten die Verpflichtung nicht plazierte Notes zu übernehmen (Back-up-Facility) oder einen Kredit in entsprechender Höhe zu gewähren (Stand-by-Credit).[75] Das Risiko einer als Underwriter tätigen Bank besteht in der Übernahme emittierter Papiere bzw. in der Kreditgewährung, wenn andere Investoren ihr Vertrauen in den Titel verloren haben.[76] Die Verpflichtungen aus den Underwritten-Facilities, welche als eine spezifische Form der Gewährleistung anzusehen sind, werden zur Bestimmung des Kreditäquivalenzbetrages mit 50% angerechnet.

3.2.3.1.4 Hohes Risiko - 100prozentige Gewichtung

Während die vollständige Anrechnung im Rahmen der Adressengewichtung den Regelfall abbildet und mit den risikoreduzierenden Anrechnungsklassen die Ausnahmen aufgezeigt werden, stellt die einhundertprozentige Risikogewichtung zur Bestimmung des Kredit-äquivalenzbetrages im Rahmen der traditionellen außerbilanziellen Geschäfte eine der vier Risikoklassen dar.

Die Anrechnung der „Off-Balance-Sheet-Geschäfte" erfolgt in der Höhe des jeweiligen Kontraktes, falls das Institut demselben Risiko ausgesetzt ist, als hätte es das Aktivum, auf das sich die Gewährleistung bezieht, im eigenen Bestand. Da das Institut als Garant die Befriedigung des Gläubigers bei einem Ausfall des Hauptschuldners übernimmt, trägt es das Risiko, aus dem Vertrag in Höhe des Ausfalls in Anspruch genommen zu werden.[77]

Zu den Geschäften,[78] die dem direkten Abschluß eines Kreditgeschäftes vergleichbar sind, zählen

- den Kreditnehmern abgerechnete eigene Ziehungen im Umlauf,
- Indossamentenverbindlichkeiten aus weitergegebenen Wechseln,
- Bürgschaften und Garantien für Bilanzaktiva,
- Bestellung von Sicherheiten für fremde Verbindlichkeiten,
- unbedingte Verpflichtungen der Bausparkassen zur Ablösung fremder Vorfinanzierungs- und Zwischenkredite an Bausparer sowie
- Verkäufe von Bilanzaktiva mit Rückgriffsverpflichtungen.[79]

---

[75] Vgl. Büschgen, H. E., Bankbetriebslehre, 1. Aufl., Berlin, 1990, S. 128.

[76] Vgl. Schierenbeck, H./Hölscher, R. (1992), S. 445.

[77] Vgl. Boos, K.-H./Schulte-Mattler, H. (1993), S. 361.

[78] Eine ausführliche Definition der aufgeführten Geschäfte findet sich bei Schierenbeck, H./Hölscher, R. (1998), S. 139-141.

[79] Der Verkaufvertrag enthält eine Vereinbarung, in welcher der Verkäufer die Erfüllung des zugrundeliegenden Geschäftes gewährleistet.

Eine weitere Kategorie der ausfallrisikobehafteten Geschäfte entspricht bei Inanspruchnahme des Institutes dem direkten Kauf der Wertpapiere auf Termin. Hierzu gehören

- Terminkäufe auf Bilanzaktiva, bei denen eine unbedingte Abnahmeverpflichtung des Geschäftsgegenstandes besteht,[80]
- Plazierung von Termineinlagen auf Termin sowie
- beim Pensionsgeber vom Bestand abgesetzte Bilanzaktiva, die dieser mit der Vereinbarung auf einen anderen übertragen hat, daß er sie auf Verlangen zurücknehmen muß.[81]

Mit der Anrechnung unbezahlter Anteile von teileingezahlten Aktien und Wertpapieren wurde dem Grundsatz I ein weiteres außerbilanzielles Geschäft hinzugefügt, welches in Höhe der ausstehenden Zahlung berücksichtigt wird. Die Nachzahlungsverpflichtung ist ab dem Zeitpunkt unter dem Bilanzstrich auszuweisen, wenn der zu leistende Betrag teilweise oder vollständig vom Emittenten eingefordert wird.[82]

3.2.3.2 Eigenmittelanforderung

Zur Ermittlung des anrechnungspflichtigen Betrages für traditionelle bilanzunwirksame Geschäfte wird zunächst das Positionsrisiko eines Geschäftes, welches die Wahrscheinlichkeit erfaßt, daß der Kontrahent die vertragliche Zahlungsverpflichtung nicht erfüllt, mit dem Buchwert multipliziert. Das Produkt stellt den Kreditäquivalenzbetrag dar. Aus der multiplikativen Verknüpfung des Kreditäquivalenzbetrages mit dem jeweiligen Adressenrisiko resultiert der anrechnungspflichtige Betrag. Dieser bildet die Bemessungsgrundlage für die Höhe der Eigenkapitalanforderung.

Ausgehend vom Buchwert wird die direkte Multiplikation der beiden Gewichtungsfaktoren als sogenannter „durchgerechneter" Anrechnungssatz bezeichnet. Dabei wird evident, daß die Gewichtung des Positionsrisikos die Höhe des mit Eigenkapital zu unterlegenden Betrages erheblich beeinflußt.

---

[80] Termingeschäfte, die durch die Zahlung eines Differenzausgleichs erfüllt werden sowie Devisentermingeschäfte zählen nicht zu dieser Position.

[81] Hierzu gehören alle unechten Pensionsgeschäfte, bei denen der Pensionsgeber nur den Verkaufspreis des Pensionsgegenstandes während der Pensionszeit bilanziert. Der höchste der vereinbarten Rückkaufswerte muß unter dem Bilanzstrich ausgewiesen werden. Vgl. hierzu Betge, P. (1996), S. 321.

[82] Bundesaufsichtsamt für das Kreditwesen (1997b), S. 36.

Kreditäquivalenz-betrag	×	Adressen-gewichtung	=	Anrechnungs-pflichtiger Betrag	×	Solvabilitäts-koeffizient	=	Eigenkapital-anforderung
50	×	**20%**	=	**10**	×	**8%**	=	**0,80**

Formel 3.4: Eigenkapitalanforderung für traditionelle bilanzunwirksame Geschäfte

Die multiplikative Verknüpfung des Buchwertes in Höhe von 100,-- DM mit der mittleren Risikoklasse von 50% führt zu einem Kreditäquivalenzbetrag in Höhe von 50,-- DM. Der in Abhängigkeit des Vertragspartner klassifizierte Gewichtungsfaktor beläuft sich auf 20%, so daß ein anrechnungspflichtiger Betrag in Höhe von 10,-- DM errechnet wird. Die Eigenkapitalanforderung beträgt unter Beachtung des Solvabilitätskoeffizienten schließlich 0,80 DM. Dieser Wert entspricht 0,8% der ursprünglichen Bemessungsgrundlage.

3.2.4 Innovative bilanzunwirksame Geschäften

Der Handel mit derivativen Instrumenten hat in den neunziger Jahren – insbesondere auf dem außerbörslich gehandelten OTC-Markt – stark zugenommen.[83] Die dynamischen, von den Marktteilnehmern vielfach zunächst als neuartig wahrgenommenen, jedoch längst akzeptierten Finanzinnovationen[84] zeichnen sich durch ihre niedrigen Transaktionskosten, ihre hohe Marktliquidität und ihren vielseitigen Einsatz aus.[85]

Der Grundsatz I zählt die Swap-, die Termingeschäfte und die Optionsrechte mit ihren diversen Ausstattungsmerkmalen zu den innovativen bilanzunwirksamen Geschäften. Der Tausch der Zinszahlungsverpflichtungen bei Zinsswaps sowie

---

[83] Zum exorbitanten Anstieg des Handels mit außerbörslich gehandelten Finanzinstrumenten siehe ausführlich Beike, R./Köhler, A., Risk-Management mit Finanzderivaten, in: Eilenberger, G. (Hrsg.), Lehr- und Handbücher zu Geld, Börse, Bank und Versicherung, München, 1997, S. 13 ff., Lange, G./Quast, W.; Quantitative Entwicklung des Derivategeschäfts, in: Wissenschaftsförderung der Sparkassenorganisation e. V. (Hrsg.), Derivative Finanzinstrumente: Nutzen und Risiken, Wissenschaft für die Praxis: Abt. 3, Analysen, Bd. 9, Stuttgart, 1995, S. 28 ff., sowie Bank für Internationalen Zahlungsausgleich (BIZ), 67. Jahresbericht, Basel, 1997, S. 146-154.

[84] Vgl. Siegwart, H./Mahari, J., Strategisches Management von Finanzinnovationen, Stuttgart, 1996, S. 205.

[85] Vgl. Leithner, S., Valuation and risk management of interest rate derivative securities, Diss., St. Gallen, 1992, S. 208.

der zusätzliche Tausch der Kapitalbeträge bei Währungsswaps charakterisiert die Swapgeschäfte.[86] Die traditionellen Termingeschäfte verstehen sich als Vereinbarungen über den Erwerb vertretbarer Gegenstände mit schwankenden Marktpreisen, welche zu einem bei Geschäftsabschluß festgesetzten Preis erst später zu erfüllen sind.[87] Demgegenüber beinhalten Optionsrechte das Recht – aber nicht die Pflicht –, innerhalb (amerikanische Option) oder am Ende der festgelegten Laufzeit (europäische Option) ein bestimmtes Underlying (Basiswert) zu einem im voraus fixierten Preis kaufen respektive verkaufen zu können oder das Optionsrecht verfallen zu lassen.[88] Die Optionsrechte schließen insofern ein Ausfallrisiko ein, da die Ausübung durch die Bank gewöhnlich mit einer ungünstigeren Marktentwicklung für den Stillhalter verbunden ist.[89]

Das zu erfassende Kreditrisiko der derivativen Geschäfte besteht in dem möglichen Ausfall des Geschäftspartners und dem daraus resultierenden Eindekkungsaufwand bei Abschluß eines Ersatzgeschäftes (replacementscosts). Ein Eindeckungsverlust entsteht, falls sich die Konditionen zur Schließung der offenen Positionen gegenüber dem Ursprungsgeschäft verschlechtert haben.[90] Damit sind neben der Bonität des Kontrahenten auch die aktuellen Marktpreise und deren Volatilität von entscheidender Bedeutung. Dabei stellt die zeitnahe Wertermittlung der gehandelten Positionen eine wesentliche Prämisse dar, um das aus dem Geschäft mit dem Kontraktpartner inhärente Risiko adäquat abzubilden,[91] da die Veränderung der Marktverhältnisse, konkret etwa die Veränderung der Zinssätze, der Wechsel- oder der Aktienkurse, die Höhe des Wiedereindekkungsaufwandes determinieren.[92]

---

86 Vgl. Wöhe, G./Bilstein, J., Grundzüge der Unternehmensfinanzierung, 6. Aufl., München, 1991, S. 244 ff., Knippschild, M., Controlling von Zins- und Währungsswaps in Kreditinstituten, in: Schierenbeck, H. (Hrsg.), Schriftenreihe des Instituts für Kreditwesen der Westfälischen Wilhelms-Universität Münster, Bd. 41, Frankfurt am Main, 1991, S. 22-23, sowie Andres, M., Zins- und Währungsswaps als innovative Finanzinstrumente, Diss., Wien, 1989, S. 8-11.

87 Vgl. Nirk, R., Das Kreditwesengesetz, in: Büschgen, H. E./Kopper, H. (Hrsg.), Taschenbücher für Geld – Bank – Börse, Bd. 6, 9. Aufl., Frankfurt am Main, 1992, S. 66.

88 Vgl. Uhlir, H./Steiner, P., Wertpapieranalyse, 3. Aufl., Heidelberg, 1994, S. 213.

89 Vgl. Schulte-Mattler, H./Traber, U. (1997), S. 44.

90 Vgl. Deutsche Bundesbank (1990), S. 40.

91 Vgl. Fabritius, H. G., Ordnungspolitischer Handlungsbedarf bei Derivaten, in: Rudolph, B. (Hrsg.), Derivative Instrumente, Stuttgart, 1995, S. 280.

92 Köllhofer, D./Sprißler, W., Informationswesen und Kontrolle im Bankbetrieb, in: Kloten, N./von Stein, J. H. (Hrsg.), Obst, G./Hintner, O.: Geld-, Bank- und Börsenwesen, 39. Aufl., Stuttgart, S. 826. Zum Risikoprofil der Wiedereindeckungskosten am Beispiel eines Zinsswaps siehe Bürger, P., Risikocontrolling – Optimaler Einsatz von Handelslimiten im derivativen OTC-Geschäft, in: Rudolph, B. (Hrsg.), Derivative Finanzinstrumente, Stuttgart, 1995, S. 255-256.

3.2.4.1 Kreditäquivalenzbetrag und Eigenkapitalanforderung

Die Bestimmung des Kreditäquivalenzbetrages der innovativen außerbilanziellen Geschäfte gestaltet sich aufgrund der Bezugnahme auf die aktuellen Marktwerte als komplexer Vorgang. Während das Bonitätsrisiko des Schuldners ausschließlich durch die Adressengewichtung Berücksichtigung findet, tritt an dieser Stelle zur Bestimmung des Kreditäquivalenzbetrages das Preisrisiko hinzu. Analog den vorgenannten Risikoaktiva findet auch bei den innovativen Kontrakten ein Umrechnungsfaktor Anwendung, welcher zum einen aus der Restlaufzeit und zum anderen aus dem spezifischen Erfolgsrisiko,[93] welches dem Geschäft zugrunde liegt, hervorgeht. Die Höhe des Umrechnungsfaktors variiert in Abhängigkeit der Restlaufzeit und der jeweiligen Risikokategorie. Auf diese Weise wird der unterschiedlichen Schwankungsintensität der verschiedenen Geschäfte Ausdruck verliehen. Etwa hat eine längere Restlaufzeit höhere potentielle Marktwertänderungen und mithin ein höheres Risiko zur Folge, so daß die Wahrscheinlichkeit einer größeren Abweichung mit der Dauer der Restlaufzeit positiv korreliert. Dementsprechend erfordern längerfristige Geschäfte höhere Umrechnungsfaktoren et vice versa.[94]

Hinsichtlich der Laufzeit unterscheidet der Eigenmittelgrundsatz
- die Laufzeit des Underlyings bei Termingeschäften und Optionsrechten,
- die bis zum nächstfolgenden Zinsanpassungstermin verbleibende Zeitspanne bei Termingeschäften auf variabel verzinsliche Wertpapiere und bei währungsgleichen Zinsswaps ohne Festzinsanteil sowie
- die Laufzeit des Geschäftes bei den übrigen Swap-, Termingeschäften und Optionsrechten.

Die Erfolgsrisiken lassen sich in
- zinsbezogene,
- währungskurs- und goldpreisbezogene,
- aktienkursbezogene,
- edelmetallpreisbezogene sowie
- rohwarenpreisbezogene und sonstige Kontrakte

differenzieren.

[93] Zu den verschiedenen Kategorien der Erfolgsrisiken vgl. Kopp, U., Quantitatives Risikomanagement in Banken, Diss., St. Gallen, 1992, S. 10-18, sowie Schierenbeck, H., Ertragsorientiertes Bankmanagement, Bd. 2: Risiko-Controlling und Bilanzstruktur-Management, 5. Aufl., Wiesbaden, 1997, S. 4-6.

[94] Vgl. Schulte-Mattler, H./Traber, U. (1997), S. 46.

Zur Ermittlung des Umrechnungsfaktors stehen zwei unterschiedliche Bewertungsmethoden zur Verfügung. Während die Nichthandelsbuchinstitute zwischen der Anwendung der Marktbewertungs- und der Laufzeitmethode in Teilbereichen der Geschäftstätigkeit wählen können, ist die Anwendung der Marktbewertungsmethode für Handelsbuchinstitute zwingend vorgeschrieben.[95] Die Nichthandelsbuchinstitute dürfen für die Anrechnung der Zins- und Fremdwährungskontrakte sowie der Kontrakte auf Gold einheitlich die Marktbewertungs- oder die Laufzeitmethode anwenden. Eine Rückkehr von der Marktbewertungs- zur Laufzeitmethode ist allerdings nicht zulässig.[96] Für die Aktien-, Edelmetall- und Rohwarenkontrakte verlangt der Grundsatz I von beiden Institutsformen die Anwendung der Marktbewertungsmethode. Eine Ausnahme bildet die Bewertung der außerbilanziellen Geschäfte für gemischtwirtschaftliche Kreditgenossenschaften. Diese Institute können die Quantifizierung der außerbilanziellen Geschäfte aufgrund des zu vernachlässigenden Umfangs ihrer Positionen ebenso nach der Laufzeitmethode vornehmen.

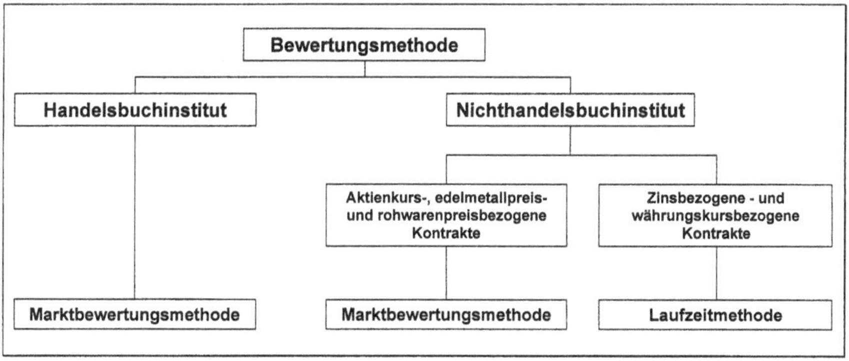

Abb. 3.5: Bewertungsmethoden nach der Institutsform

Im folgenden wird die differenzierte Vorgehensweise der Laufzeit- und der Marktbewertungsmethode zur Bestimmung des Kreditäquivalenzbetrages sowie die daraus resultierenden Eigenkapitalanforderungen auf der Grundlage fünf unterschiedlicher Fremdwährungstermingeschäfte vorgestellt. Unter der Prämisse, daß die Kontrakte mit einem inländischen Institut abgeschlossen wurden,

[95] Siehe Bundesaufsichtsamt für das Kreditwesen, Schreiben – I 7 – A 211 – 10/94 – vom 27. Oktober 1994. Um den Handelsbuchinstituten, welche noch die Laufzeitmethode anwenden, die Umstellung auf die Marktbewertungsmethode zu erleichtern, wurde eine Übergangsfrist bis zum 30. Dezember 1998 eingeräumt.

[96] Vgl. Scharpf, P./Luz, G. (1996), S. 525.

beträgt die Adressengewichtung für das einzelne Geschäft jeweils 20%. Die Ausstattungsmerkmale der fünf Kontrakte sind der Tabelle 3.2 entnehmen.

Nr.	Position	Nominalwert (in Fremdwährung)	Abschluß-datum	Termin-kurs (Vertrags-abschluß)	Kassakurs 30.09.1997 (Meldestichtag)	Terminkurs 30.09.1997 (Meldestichtag)	Erfüllungs-datum	Ursprungs-laufzeit (in Jahren)	Rest-laufzeit (in Jahren)
1	Kauf	100.000 US-$	01.07.1995	1,70	1,65	1,80	31.12.1997	2,500	0,25
2	Kauf	70.000 US-$	01.03.1994	1,70	1,65	1,80	01.03.1998	4,000	0,42
3	Kauf	60.000 £-Stg	28.10.1996	3,00	2,90	3,10	31.12.1997	1,170	0,25
4	Kauf	10.000 Kan-$	01.11.1996	1,25	1,30	1,20	01.03.1998	1,330	0,42
5	Verkauf	80.000 US-$	15.02.1996	2,00	1,65	1,80	31.12.1997	1,875	0,25

Tab. 3.2: Fremdwährungstermingeschäfte

Die Angabe des Nominalwertes der Kontrakte erfolgt zunächst in der jeweiligen Währung des Termingeschäftes. Da die Laufzeitmethode auf die ursprüngliche Laufzeit und die Marktbewertungsmethode auf die Restlaufzeit abstellt, müssen beide Laufzeiten eines Geschäftes erfaßt werden. Weisen bei Abschluß der Terminkontrakte die zugrunde liegenden Geschäfte selbst eine bestimmte Laufzeit auf, etwa OTC-Termingeschäfte auf festverzinsliche Wertpapiere, so wird die Laufzeit des Grundgeschäftes als relevante Bezugsgröße herangezogen.[97]

3.2.4.1.1 Laufzeitmethode

Die Laufzeitmethode (Original Exposure Method) schätzt die Höhe des mit einem potentiellen Adressenausfall verbundenen finanziellen Risikos für jede Geschäftsart auf der Grundlage des ursprünglichen Engagements (Original Exposure).[98] Da das Verfahren auf die Berücksichtigung aktueller Werte verzichtet, wird die Laufzeitmethode auch als pauschale Risikobetrachtung bezeichnet.[99] Vielmehr fließt ausschließlich der Kassakurs am Meldestichtag in die Berechnung ein, so daß von der hypothetischen Bedingung einer konstanten Datenkonstellation ausgegangen wird.

Besondere Aufmerksamkeit bei der Anwendung der Laufzeitmethode bedarf der differenzierten Laufzeitbetrachtung der Geschäfte. Während sich die reinen Zinsgeschäfte auf die Restlaufzeit der Kontrakte beziehen, stellen die währungs-

---

97 Vgl. Schierenbeck, H. (1997), S. 312.

98 Vgl. Schulte-Mattler, H./Traber, U. (1997), S. 46.

99 Vgl. Krumnow, J., Controlling im Off-Balance-Sheet-Geschäft, in: Krümmel, H./Rudolph, B. (Hrsg.), Finanzintermediation und Risikomanagement, Frankfurt am Main, 1989, S. 148.

kurs- und die goldpreisbezogenen Kontrakte auf die ursprüngliche Laufzeit der Verträge ab. Zinsbezogene Geschäfte, die eine Laufzeit von über zwei Jahren aufweisen, werden für jedes weitere vollendete oder nicht vollendete Jahr mit jeweils einem zusätzlichen Prozentpunkt angerechnet. Für währungskurs- und goldpreisbezogene Kontrakte werden jeweils drei Prozentpunkte hinzugefügt.

Laufzeit	**Ausschließlich zinsbezogene Kontrakte (Restlaufzeit)**	**Währungskurs- und goldpreisbezogene Kontrakte (Ursprungslaufzeit)**
Bis 1 Jahr	0,5%	2,0%
Über 1 Jahr bis 2 Jahre	1,0%	5,0%
jedes weitere Jahr	1,0%	3,0%

Tab 3.3: Anrechnungssätze der Laufzeitmethode

Ein Blick in die Tabelle 3.3 läßt erkennen, daß bei der Ermittlung des Umrechnungsfaktors die Laufzeitmethode für die währungs- und die goldpreisbezogenen Kontrakte im Vergleich zu den reinen Zinsgeschäften durchgehend eine höhere Anrechnung vorsieht. Angesichts eines geringeren Risikofaktors für zinsbezogene Kontrakte läßt sich konstatieren, daß das Währungsrisiko einer weitaus stärken Schwankung ausgesetzt ist als das Zinsrisiko.

Ausgehend vom Kreditäquivalenzbetrag, welcher sich aus dem Produkt der auf Deutsche Mark lautenden Bemessungsgrundlage und dem entsprechenden Umrechnungsfaktor errechnet, erfolgt die Bestimmung der Eigenkapitalanforderung. Zunächst führt die multiplikative Verknüpfung des Adressenrisikos des Kontraktpartners mit dem Kreditäquivalenzbetrag zum anrechnungspflichtigen Betrag. Dieser stellt schließlich die Basis zur Bestimmung der Eigenkapitalunterlegung dar. Die Division des anrechnungspflichtigen Betrages mit dem Faktor 12,5 entspricht einem Solvabilitätskoeffizient in Höhe von 8% und ergibt schließlich den vorzuhaltenden Kapitalbetrag für die außerbilanziellen innovativen Geschäfte eines Institutes.[100]

[100] Zur Berechnung des Eigenkapitalunterlegungsbetrages im Rahmen der Laufzeitmethode bei einem Terminverkauf von Wertpapieren siehe Anhang 1.

Nr.	Position	Nominalwert (in Fremdwährung)	Kassakurs (Meldestichtag)	Bemessungsgrundlage (in TDM) (Nominalwert x Kassakurs)	Ursprungs-laufzeit (in Jahren)	Umrech-nungsfaktor (U.-faktor)	**Kreditäquivalent** (in TDM) (Bemessungsgrundl. x U.-faktor)
1	Kauf	100.000 US-$	1,65	100.000 x 1,65 = 165,0	2,500	8,0%	165,0 x 0,08 = **13,200**
2	Kauf	70.000 US-$	1,65	70.000 x 1,65 = 115,5	4,000	11,0%	115,5 x 0,11 = **12,705**
3	Kauf	60.000 £-Stg	2,90	60.000 x 2,90 = 174,0	1,170	5,0%	174,0 x 0,05 = **8,700**
4	Kauf	10.000 Kan-$	1,30	10.000 x 1,30 = 13,0	1,330	5,0%	13,0 x 0,05 = **0,650**
5	Verkauf	80.000 US-$	1,65	80.000 x 1,65 = 132,0	1,875	5,0%	132,0 x 0,05 = **6,600**
Σ				**599,5**			**41,855**

Nr.	Position	Kreditäquivalent (in DM)	Adressen-gewichtung	Anrechnungspflichtiger Betrag (Kreditäquivalent (DM) x Adressengewichtung)	Solvabilitäts-koeffizient	**Eigenkapital- unterle-gung (in DM)**
1	Kauf	13.200	20%	13.200 x 0,20 = **2.640**	8%	2.640 x 0,08 = **211,20**
2	Kauf	12.705	20%	12.705 x 0,20 = **2.541**	8%	2.541 x 0,08 = **203,28**
3	Kauf	8.700	20%	8.700 x 0,20 = **1.740**	8%	1.740 x 0,08 = **139,20**
4	Kauf	650	20%	650 x 0,20 = **130**	8%	130 x 0,08 = **10,40**
5	Verkauf	6.600	20%	6.600 x 0,20 = **1.320**	8%	1.320 x 0,08 = **105,60**
Σ		41.855		**8.371**		**669,68**

Tab. 3.4: Eigenkapitalanforderung nach der Laufzeitmethode

Die fünf Devisentermingeschäfte mit einer Bemessungsgrundlage am Meldestichtag in Höhe von 599.500,-- DM erfordern eine Eigenkapitalunterlegung in Höhe von 669,68 DM. Dies entspricht 0,11% [669,68/599.500,--] des auf heimische Währung lautenden Nominalbetrages. Da die Ermittlung der Bemessungsgrundlage ausschließlich auf den Preisen des Meldestichtages beruht, beinhalten die Positionen nach Ablauf des Bewertungsdatums ein zusätzliches Verlustrisiko. Rekurrierend auf den ausgewiesenen Kreditäquivalenzbetrag würde bei einem gestiegenen Devisenkurs nach Ablauf des Meldestichtags eine Kaufposition durch den Ausfall des Kontraktpartners einen höheren als den ausgewiesenen Verlust beinhalten. Der Kreditäquivalenzbetrag wäre aufgrund der unzureichenden Aktualität der Daten in diesem Fall unterbewertet.

3.2.4.1.2 Marktbewertungsmethode

Die Unzulänglichkeit der Laufzeitmethode vermag die Marktbewertungsmethode (Current Exposure Method) durch die Erfassung der aktuellen Ersatzbeschaffungskosten zur Wiederherstellung der gleichen Risikoposition weitgehend beseitigen.[101] Die Anwendung der Marktbewertungsmethode ist für Handelsbuchinstitute in jedem Fall verbindlich, während Nichthandelsbuchinstitute das Verfahren lediglich für aktien-, edelmetall- und rohwarenbezogene Kontrakte anwenden müssen. Die Berechnung der Eigenkapitalanforderung eines außerbilan-

[101] Vgl. Christians, C.-J., Finanzinnovationen und bankaufsichtsrechtliche Information, Diss., Saarbrücken, 1991, S. 290.

ziellen innovativen Geschäftes bestimmt sich aus der Höhe des bereits eingetretenen Risikos (Current Exposure), welches durch den Wert der Wiederbeschaffungskosten determiniert wird, und einem Zuschlag (Add-on), welcher das zukünftige Risiko (Potential Future Exposure) einer ungünstigen Marktentwicklung während der Restlaufzeit zum Ausdruck bringt.[102]

Zur genauen Bestimmung der Ersatzkosten wird die laufende Marktbewertung der Kontrakte vorausgesetzt. Die aktuellen Wiederbeschaffungskosten errechnen sich aus der Differenz der Kontraktwerte zu Marktkonditionen und der Kontraktwerte zu Vertragskonditionen. Diese Differenz nimmt bei einem Terminkauf einen positiven Wert an, sofern die Marktkonditionen für das Institut zum Bewertungsstichtag die vertraglichen Konditionen übersteigen und der Erwerb zu Marktpreisen somit ungünstiger ist als zu den vereinbarten Bedingungen (Kontrakte mit „positivem Wert"). Hat sich der Marktkurs im Vergleich zum vertraglich vereinbarten Kurs günstiger entwickelt, liegen keine Wiederbeschaffungskosten vor. Der Kontrakt weist einen „negativen Wert" auf. In diesem Fall bleibt jedoch ein möglicher Eindeckungsverlust in der Zukunft nicht ausgeschlossen.[103] Die Möglichkeit einer Saldierung des potentiellen Eindeckungsaufwandes bei Kontrakten, die aufgrund einer nachteiligen Marktentwicklung einen positiven Wert besitzen, mit Kontrakten, die einen negativen Wert annehmen, besteht nicht.[104]

Die Berechnung des Kreditäquivalenzbetrages findet ausschließlich bei der Quantifizierung des allgemeinen Zuschlagswertes Berücksichtigung.[105] Die Höhe des dazu benötigten Umrechnungsfaktors hängt – analog der Laufzeitmethode – von der Risikoart und von der Restlaufzeit des Kontraktes ab. Falls der Eindeckungsaufwand für die Risikoaktiva auf mehrere Risikokategorien zurückzuführen ist, findet der höchste Anrechnungsfaktor der betroffenen Risikoarten Anwendung. Für sonstige Swaps, Termingeschäfte, erworbene Optionen und ähnliche Derivate, die nicht explizit aufgeführt sind, gelten ebenso die höchsten Zuschlagssätze.

---

[102] Vgl. Peters, J., Swap-Finanzierung, in: Hagenmüller, K. F./Engels, W./Kolbeck, R. (Hrsg.), Schriftenreihe für Kreditwirtschaft und Finanzierung, Bd. 7, Wiesbaden, 1990, S. 176. Der Zuschlag entfällt bei währungsgleichen Zinsswaps (z.B. Basis Swaps: 6-Monats-DM-Libor gegen 12-Monats-DM-Libor) ohne Festzinsanteil gemäß § 10 Satz 1 GS I.

[103] Vgl. Dürselen, K. E. (1994), S. 106.

[104] Vgl. Schulte-Mattler, H., Eigenkapitalgrundsatz I: Bankaufsichtliche Norm für Kreditrisiken (II), in: WISU, 8-9/1994, S. 706.

[105] Vgl. Scharpf, P./Luz, G. (1996), S. 528.

Restlaufzeit	Zinsbezogene Kontrakte	Währungskurs- und goldpreisbezogene Kontrakte	Aktienkursbezogene Kontrakte	Edelmetallpreisbezogene Kontrakte (ohne Gold)	Rohwarenpreisbezogene und sonstige Kontrakte
Bis 1 Jahr	0,0%	1,0%	6,0%	7,0%	10,0%
Über 1 Jahr bis 5 Jahre	0,5%	5,0%	8,0%	7,0%	12,0%
Über 5 Jahre	1,5%	7,5%	10,0%	8,0%	15,0%

Tab. 3.5: Anrechnungssätze der Marktbewertungsmethode

Die Tabelle 3.5 gibt die Höhe der Anrechnungsfaktoren für die unterschiedlichen Risikopotentiale an, die in den einzelnen Kontraktspezifikationen enthalten sind. Während die zinsbezogenen Kontrakte die geringsten Gewichtungssätze aufweisen, unterliegen die rohwarenpreisbezogenen und die sonstigen Kontrakte mit maximal 15% der höchsten Anrechnung. Darüber hinaus bemißt auch die Marktbewertungsmethode die Schwankungsintensität der zinsbezogenen Instrumente am geringsten.

Zur Bestimmung der Eigenmittelunterlegung wird zunächst der Bewertungsgewinn im Rahmen der Wiederbeschaffungskosten ermittelt. Dieser führt unter Berücksichtigung der Adressengewichtung zum anrechnungspflichtigen Betrag, welcher mit dem Solvabilitätskoeffizienten in Höhe von 8% multipliziert wird.

Nr.	Position	Nominalwert (in Fremdwährung)	Terminkurs (bei Vertragsabschluß)	Kontraktwert zu Vertragskonditionen (Nominalwert x Terminkurs)	Terminkurs 30.09.1997 (Meldestichtag)	Kontraktwert zu Marktkonditionen (Nominalwert x Terminkurs)
1	Kauf	100.000 US-$	1,70	100.000 x 1,70 = **170.000**	1,80	100.000 x 1,80 = **180.000**
2	Kauf	70.000 US-$	1,70	70.000 x 1,65 = **115.500**	1,80	70.000 x 1,80 = **126.000**
3	Kauf	60.000 £-Stg	3,00	60.000 x 2,90 = **174.000**	3,10	60.000 x 3,10 = **186.000**
4	Kauf	10.000 Kan-$	1,25	10.000 x 1,30 = **13.000**	1,20	10.000 x 1,20 = **12.000**
5	Verkauf	80.000 US-$	2,00	80.000 x 2,00 = **160.000**	1,80	80.000 x 1,80 = **144.000**

Nr.	Bewertungsgewinn (negativer Wert) /-verlust (positiver Wert) (Kontraktwert zu Marktkonditionen – Kontraktwert zu Vertragskonditionen)	Adressengewichtung	Anrechnungspflichtiger Betrag (Bewertungsverlust x Adressengewichtung)
1	180.000 - 170.000 = **10.000**	20%	10.000 x 0,2 = **2.000**
2	126.000 - 115.500 = **10.500**	20%	10.500 x 0,2 = **2.100**
3	186.000 - 174.000 = **12.000**	20%	12.000 x 0,2 = **2.400**
4	12.000 - 13.000 = **- 1.000**	20%	---
5	144.000 - 160.000 = - **(-16.000) ⇒ 16.000**	20%	16.000 x 0,2 = **3.200**
Σ	**47.500**		**9.700**

Nr.	Anrechnungspflichtiger Betrag	Solvabilitätskoeffizient	**Wiederbeschaffungskosten** (Anrechnungsbetrag x Solvabilitätskoeffizient)
1	2.000	8%	2.000 x 0,08 = **160**
2	2.100	8%	2.100 x 0,08 = **168**
3	2.400	8%	2.400 x 0,08 = **192**
4	---	8%	---
5	3.200	8%	3.200 x 0,08 = **256**
Σ	9.700		**776**

Betragsangaben in DM

Tab. 3.6: Wiederbeschaffungskosten nach der Marktbewertungsmethode

Die Wiederherstellung der Kontraktpositionen bei einem Bewertungsverlust würde bei einem hypothetischen Ausfall des Kontraktpartners zu einer Mehrbelastung in Höhe der positiven Differenz des Terminkurses am Meldestichtag und des Terminkurses am Vertragsabschlußdatum führen. Die Tabelle 3.6 verdeutlicht, daß drei Positionen zum aktuellen Marktpreis teurer als vertraglich vereinbart erworben werden müßten und die Position fünf nur günstiger als vertraglich festgelegt zu veräußern wäre. Die Höhe des Bewertungsverlustes für diese vier Positionen beträgt 48.500,-- DM. Damit belaufen sich die im Grundsatz I anzurechnenden Wiederbeschaffungskosten unter Beachtung des Solvabilitätskoeffizienten auf 776,-- DM.

Die zweite Komponente der Marktwertmethode, der Add-on-Faktor, wird für jedes Geschäfts separat berechnet. Da jeder Kontrakt eine Restlaufzeit von unter einem Jahr aufweist, wird stets mit einem einprozentigen Umrechnungsfaktor operiert. Folglich werden Kreditäquivalenzbeträge generiert, die schließlich durch die multiplikative Verknüpfung mit der Adressengewichtung sowie dem Solvabilitätskoeffizienten zum Zuschlagswert führen.

Nr.	Position	Nominalwert (in Fremdwährung)	Kassakurs 30.09.1997 Meldestichtag	Bemessungsgrundlage (Nominalwert x Kassakurs)	Restlaufzeit (in Jahren)	Umrechnungsfaktor	**Kreditäquivalent** (Bemessungsgrundlage x Umrechnungsfaktor)
1	Kauf	100.000 US-$	1,65	100.000 x 1,65 = 165.000	0,25	1%	165.000 x 0,01 = **1.650**
2	Kauf	70.000 US-$	1,65	70.000 x 1,65 = 115.500	0,42	1%	155.500 x 0,01 = **1.155**
3	Kauf	60.000 £-Stg	2,90	60.000 x 2,90 = 174.000	0,25	1%	174.000 x 0,01 = **1.740**
4	Kauf	10.000 Kan-$	1,30	10.000 x 1,30 = 13.000	0,42	1%	13.000 x 0,01 = **130**
5	Verkauf	80.000 US-$	1,65	80.000 x 1,65 = 132.000	0,25	1%	132.000 x 0,01 = **1.320**
Σ				**599.500**			**5.995**

Kreditäquivalent	Adessengwichtung	Anrechnungspflichtiger Betrag	Solvabilitätskoefizient	**Zuschlag/Add-on**
1.650	20%	330 x 0,2 = **330**	8%	66 x 0,08 = **26,40**
1.155	20%	1.155 x 0,2 = **231**	8%	231 x 0,08 = **18,48**
1.740	20%	1.740 x 0,2 = **348**	8%	348 x 0,08 = **27,84**
130	20%	130 x 0,2 = **26**	8%	26 x 0,08 = **2,08**
1.320	20%	1.320 x 0,2 = **264**	8%	264 x 0,08 = **21,12**
5.995		**935**		**95,92**

Betragsangaben in DM

Tab. 3.7: Zuschlagssätze nach der Marktbewertungsmethode

Aus der Addition der Wiederbeschaffungskosten sowie der Zuschlagswerte wird der Unterlegungsbetrag für das jeweilige Termingeschäfte berechnet. Die Aggregation aller Geschäfte bestimmt die Eigenkapitalanforderung für die Gesamtzahl der Devisenterminkontrakte.

Nr.	Wiederbeschaffungskosten	+	Zuschlag/Add-on	=	**Eigenkapitalanforderung**
1	160	+	26,40	=	**186,40**
2	168	+	18,48	=	**186,48**
3	192	+	27,84	=	**219,84**
4	---		2,08	=	**2,08**
5	256	+	21,12	=	**277,12**
Σ	776	+	95,92	=	**871,92**

Betragsangaben in DM

Tab. 3.8: Eigenkapitalanforderung nach der Marktbewertungsmethode

Die Währungstermingeschäfte sind insgesamt mit einem Eigenkapitalbetrag in Höhe von 871,92 DM zu unterlegen. Ein Blick auf die Höhe der Eigenkapitalunterlegung unter Anwendung der Laufzeitmethode mit einem Wert von 669,68 DM verrät, daß die Marktbewertungsmethode einen um 202,24 DM höheren Unterlegungsbetrag aufweist.[106]

[106] Zur Berechnung des Eigenkapitalunterlegungsbetrages im Rahmen der Marktbewertungsmethode bei einem Terminverkauf von Wertpapieren siehe Anhang 1.

Der Vergleich der Laufzeit- und der Marktbewertungsmethode zeigt, daß die Ermittlung der Eigenkapitalunterlegung nach der Marktbewertungsmethode aufgrund der risikoadäquateren Bewertung weitaus komplexer ist. Die Marktbewertungsmethode bestimmt das Erfüllungsrisiko unter der Prämisse, der Kontrahent falle zum Meldestichtag aus, in sachgerechter Weise, da die Ansprüche und Verpflichtungen aus den bilanzunwirksamen Transaktionen mit den aktuellen Marktpreisen bewertet werden. Mit dem Zuschlagssatz findet darüber hinaus ein möglicherweise zu einem späteren Zeitpunkt eintretender Verlustbetrag Berücksichtigung. Damit ist die Marktbewertungsmethode den Verfahren, die lediglich von globalen Risikogewichtungssätzen ausgehen, überlegen.[107] Um der Marktentwicklung einzelner Instrumente Rechnung zu tragen, sollte folglich die Anwendung der Marktwertmethode angestrebt werden.[108]

3.2.4.1.3 Netting

Ein Instrument zur Reduktion bestehender Ausfallrisiken aus gehandelten Derivaten stellen die Nettingvereinbarungen dar. Konkret wird Netting als die Aufrechnung zweier gegenläufiger Zahlungs- und/oder Lieferansprüche aufgrund bestehender, gesetzlicher Vorschriften oder einzelvertraglicher Bestimmungen verstanden.[109] Die Grundlage für die Berechnung eines Nettobetrages durch die Aggregation der gegenseitigen Ansprüche mit einem Vertragskontrahenten bildet die Netting-Richtlinie[110], welche aus den Ergänzungen der Basler Eigenkapitalübereinkunft[111] hervorging. Darin wird zwischen dem Novationsnetting (Netting by Novation) und dem Liquidationsnetting (Close-out Netting) unterschieden.

---

[107] Vgl. Christians, C.-J (1991), S. 293.

[108] Vgl. Meister, E./Oechler, E., Bankenaufsichtliche Limitierung von Risiken aus Derivaten, in: Krumnow, J. (Hrsg.), Risikosteuerung von Derivaten, Wiesbaden, 1996, S. 120.

[109] Vgl. Scharpf, P./Luz, G. (1996), S. 563.

[110] EG-Kommission, Richtlinie des Europäischen Parlaments und des Rates zur Änderung der Richtlinie 89/647/EWG des Rates im Hinblick auf die aufsichtliche Anerkennung von Schuldumwandlungsverträgen und Aufrechnungsvereinbarungen („vertragliches Netting") – 96/10/EG – vom 21. März 1996, in: Abl. EG, Nr. L 85/17 vom 3. April 1996, S 17-21.

[111] Vgl. Basler Ausschuß für Bankenaufsicht, Basler Eigenkapitalvereinbarungen: Behandlung des Kreditrisikos aus bestimmten nicht bilanzwirksamen Positionen, Netting – Änderungen, Zuschlagsfaktoren – Vorschläge, Juli 1994, sowie Basler Ausschuß für Bankenaufsicht, Basler Eigenkapitalvereinbarung: Behandlung des potentiellen Engagements aus nichtbilanzwirksamen Positionen, April 1995.

Das Novationsnetting fand bereits mit der Verordnung über die Bemessung der Kredit- und Anrechnungsbeträge nach den §§ 13 und 14 KWG vom 2. Oktober 1996 (KredBestV) Berücksichtigung. Die Anwendung dieses Netting-Verfahrens setzt voraus, daß eine vertragliche Vereinbarung von Schuldumwandlungen in Form einer schuldersetzenden Neugestaltung für bestehende und neu abgeschlossene derivative Kontrakte zwischen Parteien existiert, die Liefer- und Zahlungsansprüche in derselben Währung und am selben Erfüllungstag zum Gegenstand haben.[112] Der aktuelle Grundsatz I weitet die Anwendung des bisherigen bilateralen Novationsnetting aus und berücksichtigt außerdem die zweiseitigen Aufrechnungsvereinbarungen („Close-Out-Netting"). Diese sehen eine Verrechnung der Marktwerte der gegenseitigen Kontrakte bei Ausfall eines Vertragspartners vor. Die Prämissen für eine ermäßigte Anrechnung von Swap-, Termingeschäften und Optionsrechten mit zweiseitigen Aufrechnungsvereinbarungen bzw. Schuldumwandlungsverträgen sind sowohl bei der Ermittlung der Eigenkapitalanforderungen als auch bei den Bestimmungen der Groß- und Millionenkredite identisch. Allerdings steht es den Instituten frei, die Vereinbarungen nur für einen Regelungsbereich anzuwenden.[113]

Entscheidend für die Ermäßigung des Kreditäquivalenzbetrages im Rahmen der Nettingvereinbarungen ist die risikomindernde Anerkennung der Geschäfte durch das Bundesaufsichtsamt für das Kreditwesen. Erst die Zustimmung der Aufsichtsbehörde führt dazu, daß bei der Abwicklung eines Insolvenzverfahrens, die gegenseitigen Verpflichtungen der Kontrahenten aufgerechnet werden können. Danach verbleibt lediglich ein Anspruch in Höhe des Unterschiedsbetrages der einbezogenen Geschäfte. Eine Möglichkeit zur Selektion der ausschließlich erfüllbaren Geschäfte aus der Konkursmasse („Cherry Picking") durch den Konkursverwalter existiert nicht.[114]

Die Umsetzung der jeweiligen Nettingvereinbarung erfolgt in Abhängigkeit von der Anwendung der Laufzeit- respektive der Marktbewertungsmethode. Gemeinhin lassen sich bei der Höhe der Anrechnungsminderung aufgrund der Methodenwahl unterschiedliche Ergebnisse beobachten. Im folgenden werden die Möglichkeiten der Aufrechnung am Beispiel der fünf Devisentermingeschäfte der Tabelle 3.9 vorgestellt:

---

112 Vgl. Boos, K.-H./Schulte-Mattler, H. (1997), S. 477, sowie Heemann, M./Nägele, P., Die Reduzierung des Ausfallrisikos bei Finanz-Derivaten durch Netting, in: ZfgK, 17/1996, S. 841.

113 Vgl. Höfer, B., Netting- und Ausfallrisiko – Neuregelungen für OTC-Finanzderivate, in: Die Bank, 1/1997, S. 50.

114 Vgl. Boos, K.-H./Schulte-Mattler, H. (1997), S. 477.

Nr.	Position	Nominal-betrag	**Währung**	Termin-kurs	Kassakurs 30.09.1997	Abschluß-datum	**Erfüllungs-datum**	Ursprungs-laufzeit (in Jahren)	Restlauf-zeit (in Jahren)
1	Kauf	100.000	**US-$**	1,70	1,65	01.07.1995	**31.12.1997**	2,500	0,25
2	Kauf	70.000	**US-$**	1,70	1,65	01.03.1994	**01.03.1998**	4,000	0,42
3	Kauf	60.000	**£-Stg**	3,00	2,90	28.10.1996	**31.12.1997**	1,170	0,25
4	Kauf	10.000	**Kan-$**	1,25	1,30	01.11.1996	**01.03.1998**	1,330	0,42
5	Verkauf	80.000	**US-$**	2,00	1,65	15.02.1996	**31.12.1997**	1,875	0,25

Tab. 3.9: Fremdwährungsterminkontrakte

3.2.4.1.3.1 Novationsnetting

Das bilaterale „Netting by Novation" ersetzt laufend die bestehenden Finanzkontrakte innerhalb einer Produktgruppe, welche die Lieferung von Beträgen in derselben Währung und am selben Erfüllungstag beinhalten, zwischen zwei Vertragspartnern durch einen einzigen Nettokontrakt. Die ständige Verrechnung führt zu einer teilweisen oder vollständigen Erfüllung und damit zum Erlöschen der ursprünglichen Kontrakte.[115] Folglich orientiert sich die Ermittlung des Kreditäquivalenzbetrages an dem nach der Schuldumwandlung verbleibenden Schuldverhältnis.

Die Vorgehensweise einer bilateralen Schuldumwandlung der Fremdwährungstermin-geschäfte beginnt mit der Analyse der Voraussetzungen: So müssen die Ansprüche und die Verpflichtungen gegenüber einem Vertragspartner hinsichtlich

- der Währung und
- des Erfüllungsdatums

identisch sein. Falls diese Bedingungen als erfüllt angesehen werden können, erfolgt die Saldierung der bestehenden Kontrakte aus dem Vertragsverhältnis zu einem einzigen Nettokontrakt.

Die Prämissen für eine Saldierung erfüllen die Kontrakte 1 und 5 der Tabelle 3.9, da beide Geschäfte eine Kongruenz bezüglich der Währung sowie des Erfüllungstermins aufweisen. Die ursprünglichen Geschäfte 1 und 5 werden mit Hilfe der Novation durch den Kontrakt 1/5 ersetzt. Danach lassen sich die weiteren Ansprüche und Verpflichtungen der Vertragspartner ausschließlich aus dem Nettokontrakt ableiten. Die Geschäfte 2 bis 4 stimmen lediglich in einer der ge-

[115] Vgl. Schulte-Mattler, H., Ausfallrisiko und bilaterales Netting von OTC-Finanzderivaten, in: Die Bank, 5/1994, S. 305.

forderten Auflagen überein, so daß diese Kontrakte weiterhin separat bewertet werden.

Die Bestimmung des neuen Terminkurses erfolgt anhand der Division des auf Deutsche Mark lautenden Nettokontraktes mit dem auf Fremdwährung denominierten Nominalbetrag.

Nr.	Position	Nominalbetrag	Währung	Terminkurs	**Deutsche Mark**
1	Kauf	100.000	US-$	1,70	170.000,--
5	Verkauf	80.000	US-$	2,00	160.000,--
1/5	Kauf	20.000	US-$		10.000,--

$$\text{Terminkurs} = \frac{10.000}{20.000} = \underline{\underline{0,5}}\ ^{DM}\!/_{US-\$}$$

Abb. 3.6: Terminkursbestimmung

Das Netting by Novation der Geschäfte 1 und 5 führt zu einem Überhang der Kaufposition in Höhe von 20.000,-- US-$. Um diesem Wert die auf Deutsche Mark lautende Differenz gegenseitiger Ansprüche in Höhe von 10.000,-- DM zuordnen zu können, wird der entstandene Nettokontrakt 1/5 in der weiteren Berechnung mit einem Terminkurs in Höhe von 0,50 DM/US-$ gegenüber dem Vertragspartner bewertet.

Nr.	Position	Nominal-betrag	Währung	Termin-kurs	Kassakurs 30.09.1997	Ursprungs-laufzeit	Restlauf-zeit
1/5	**Kauf**	**20.000**	**US-$**	**0,50**	**1,65**	**2,500**	**0,25**
2	Kauf	70.000	US-$	1,70	1,65	4,000	0,42
3	Kauf	60.000	£-Stg	3,00	2,90	1,170	0,25
4	Kauf	10.000	Kan-$	1,25	1,30	1,330	0,42

Tab. 3.10: Novationsnetting der Fremdwährungsterminkontrakte

3.2.4.1.3.1.1 Laufzeitmethode

Die Anwendung der Laufzeitmethode nimmt Bezug auf die originären Umrechnungsfaktoren der Tabelle 3.3. Die Umwandlung des Anspruchs und der Verpflichtung aus Nr. 1 und Nr. 5 zu dem Nettokontrakt Nr. 1/5 vermindert die Bemessungsgrundlage und führt damit insgesamt zu einer Reduzierung der Eigenkapitalanforderung der bestehenden Geschäfte.

Nr.	Position	Nominalbetrag	Kassakurs 30.09.1997 Meldestichtag	Bemessungsgrundlage (Nominalwert x Kassakurs)	Ursprungslaufzeit	Umrechnungsfaktor	**Kreditäquivalent** (Bemessungsgrundlage x U.-faktor)
1/5	Kauf	20.000 US-$	1,65	20.000 x 1,65 = 33.000	2,50	8%	33.000 x 0,08 = **2.640**
2	Kauf	70.000 US-$	1,65	70.000 x 1,65 = 115.500	4,00	11%	115.500 x 0,11 = **12.705**
3	Kauf	60.000 £-Stg	2,90	60.000 x 2,90 = 174.000	1,17	5%	174.000 x 0,05 = **8.700**
4	Kauf	10.000 Kan-$	1,30	10.000 x 1,30 = 13.000	1,33	5%	13.000 x 0,05 = **650**
Σ							**24.695**

Nr.	Position	Kreditäquivalent (in DM)	Adressengewichtung	Anrechnungspflichtiger Betrag (Kreditäquivalent x Adressengewichtung)	Solvabilitätskoeffizient	**Eigenkapitalunterlegung**
1/5	Kauf	2.640	20%	2.640 x 0,20 = **528**	8%	2.640 x 0,08 = **42,24**
2	Kauf	12.705	20%	12.705 x 0,20 = **2.541**	8%	2.541 x 0,08 = **203,28**
3	Kauf	8.700	20%	8.700 x 0,20 = **1.740**	8%	1.740 x 0,08 = **139,20**
4	Kauf	650	20%	650 x 0,20 = **130**	8%	130 x 0,08 = **10,40**
Σ		24.695		**4.939**		**395,12**

Betragsangaben in DM

Tab. 3.11: Eigenkapitalanforderung bei Anwendung des Novationsnettings nach der Laufzeitmethode

Der aus der vertraglichen Vereinbarung ermittelte Nettokontrakt, mit einem Wert in Höhe von 33.000,-- DM am Meldestichtag, wird mit einem Kreditäquivalenzbetrag in Höhe von 2.640,-- DM angerechnet. Nach der Berücksichtigung der Adressengewichtung und des Solvabilitätskoeffizienten beträgt der Unterlegungsbetrag aufgrund der bilateralen Nettingvereinbarung 42,24 DM. Insgesamt besteht eine Eigenkapitalanforderung in Höhe von 395,12 DM. Dieser Wert liegt um 274,56 DM [669,68 DM – 395,12 DM] unter dem Wert der Laufzeitmethode, welche das Netting unberücksichtigt läßt. Allerdings bleibt zu beachten, daß sich die Verwendung der Kassakurse am Meldestichtag im Rahmen der Laufzeitmethode als realitätsfern erweist und zu einer Verzerrung der Bemessungsgrundlage führt, da die Existenz dieser Kurse bis zum Erfüllungstag als unwahrscheinlich angesehen werden muß.

3.2.4.1.3.1.2 Marktbewertungsmethode

Zur marktgerechten Quantifizierung des Verlustpotentials wird auch bei Vorlage von Nettingvereinbarungen die Anwendung der Marktbewertungsmethode als das Verfahren präferiert, welches die bereits eingetretenen Bewertungsverluste bis zum Meldestichtag wesentlich genauer abbildet. Mit der Kalkulation des Zuschlages geht zudem die Gefahr einer weiteren Wertminderung in die Berechnung ein.

Nr.	Position	Nominalwert	Terminkurs bei Vetragsabschluß	Kontraktwert zu Vertragskonditionen (Nominalwert x Terminkurs)	Terminkurs 30.09.1997 (Meldestichtag)	Kontraktwert zu Marktkonditionen (Nominalwert x Terminkurs)
1/5	Kauf	20.000 US-$	0,50	20.000 x 0,50 = **10.000**	1,80	20.000 x 1,80 = **36.000**
2	Kauf	70.000 US-$	1,70	70.000 x 1,65 = **115.500**	1,80	70.000 x 1,80 = **126.000**
3	Kauf	60.000 £-Stg	3,00	60.000 x 2,90 = **174.000**	3,10	60.000 x 3,10 = **186.000**
4	Kauf	10.000 Kan-$	1,25	10.000 x 1,30 = **13.000**	1,20	10.000 x 1,20 = **12.000**

Nr.	Bewertungsgewinn (negativer Wert) /-verlust (positiver Wert) (Kontraktwert zu Marktkonditionen- Kontraktwert zu Vertragskonditionen)	Adressengewichtung	Anrechnungspflichtiger Betrag (Bewertungsverlust x Adressengewichtung)
1/5	36.000 - 10.000 = **26.000**	20%	26.000 x 0,2 = **5.200**
2	126.000 - 115.500 = **10.500**	20%	10.500 x 0,2 = **2.100**
3	186.000 - 174.000 = **12.000**	20%	12.000 x 0,2 = **2.400**
4	12.000 - 13.000 = **- 1.000**	20%	---
Σ	**47.500**		**9.700**

Nr.	Anrechnungspflichtiger Betrag	Solvabilitätskoeffizient	**Wiederbeschaffungskosten** (Anrechnungsbetrag x Solvabilitätskoeffizient)
1/5	5.200	8%	5.200 x 0,08 = **416**
2	2.100	8%	2.100 x 0,08 = **168**
3	2.400	8%	2.400 x 0,08 = **192**
4	---	8%	---
Σ	9.700		**776**

Betragsangaben in DM

Tab. 3.12: Wiederbeschaffungskosten bei Anwendung des Novationsnettings nach der Marktbewertungsmethode

Zunächst werden die Kontrakte auf Basis der Terminkurse zu Vertrags- und zu Marktkonditionen in die heimische Währung umgerechnet. Die daraus abgeleiteten Kosten für den Eintritt in vergleichbare Kontrakte bei Ausfall des Kontrahenten belaufen sich auf insgesamt 48.500,-- DM. Dieser Betrag setzt sich ausschließlich aus den positiven Werten und damit aus den Bewertungsverlusten zusammen. Die Wiederbeschaffungskosten für den Nettokontrakt 1/5 sind trotz des geringen Nominalwertes aufgrund der Differenz des am Meldestichtag gehandelten und des vertraglich berechneten Terminkurses überdurchschnittlich hoch. Der gemäß Abbildung 3.6 ermittelte Terminkurs trägt dafür Rechnung, daß der Bewertungsverlust des Kontraktes 1/5 in Höhe von 26.000,-- DM der Summe der Wiedereindeckungskosten der ursprünglichen Kontrakte Nr. 1 (10.000,-- DM) und Nr. 5 (16.000,-- DM) entspricht. Damit stimmt der Wert der gesamten Wiedereindeckungskosten bei Anwendung des Novationsnettings mit der Summe der Ersatzkosten ohne Nettingvereinbarung überein.

Die Umrechnungsfaktoren zur Bestimmung des Add-on-Faktors orientieren sich an den jeweiligen Restlaufzeiten. Sämtliche im Beispiel aufgeführten Kontrakte, welche durchgehend eine Restlaufzeit von unter einem Jahr besitzen, werden gemäß der Tab. 3.5 mit einem Umrechnungsfaktor für währungskursbezogene Geschäfte in Höhe von 1% ausgestattet.

Nr.	Position	Nominalbetrag	Kassakurs 30.09.1997 Meldestichtag	Bemessungsgrundlage (Nominalwert x Kassakurs)	Restlaufzeit (in Jahren)	Umrechnungsfaktor	**Kreditäquivalent** (Bemessungsgrundlage x Umrechnungsfaktor)
1/5	Kauf	20.000 US-$	1,65	20.000 x 1,65 = 33.000	0,25	1%	33.000 x 0,01 = **330**
2	Kauf	70.000 US-$	1,65	70.000 x 1,65 = 115.500	0,42	1%	155.500 x 0,01 = **1.155**
3	Kauf	60.000 £-Stg	2,90	60.000 x 2,90 = 174.000	0,25	1%	174.000 x 0,01 = **1.740**
4	Kauf	10.000 Kan-$	1,30	10.000 x 1,30 = 13.000	0,42	1%	13.000 x 0,01 = **130**
Σ							**3.355**

Nr.	Kreditäquivalent	Adessengewichtung	Anrechnungspflichtiger Betrag	Solvabilitätskoefizient	**Zuschlag/Add-on**
1/5	330	20%	330 x 0,2 = **66**	8%	66 x 0,08 = **5,28**
2	1.155	20%	1.155 x 0,2 = **231**	8%	231 x 0,08 = **18,48**
3	1.740	20%	1.740 x 0,2 = **348**	8%	348 x 0,08 = **27,84**
4	130	20%	130 x 0,2 = **26**	8%	26 x 0,08 = **2,08**
Σ	**3.355**		**671**		**53,68**

Betragsangaben in DM

Tab. 3.13: Zuschlagssätze bei Anwendung des Novationsnettings nach der Marktbewertungsmethode

Die Berechnung der Eigenkapitalunterlegung nach der Marktbewertungsmethode ermittelt für den Nettokontrakt 1/5 einen Unterlegungsbetrag in Höhe von 421,28 DM [416,-- + 5,28]. Die Addition der Unterlegungsbeträge bei einem nicht durchgeführten Novationsnetting führt hingegen in der Summe zu einem Betrag in Höhe von 463,52 DM [Kontrakt-Nr. 1 (186,40 DM) + Kontrakt-Nr. 5 (277,12 DM)]. Infolge gleicher Wiedereindeckungskosten lassen sich die verringerten Risikokosten in Höhe von 42,24 DM bei Anwendung der Marktbewertungsmethode auf den verringerten Zuschlagswert zurückführen. Dieser Wert entspricht in diesem Fall exakt dem Wert der Eigenkapitalanforderung für den Kontrakt 1/5 nach der Laufzeitmethode.

Nr.	Wiederbeschaffungskosten	+	Zuschlag/Add-on	=	**Eigenkapitalanforderung**
1/5	416	+	5,28	=	**421,28**
2	168	+	18,48	=	**186,48**
3	192	+	27,84	=	**219,84**
4	---		2,08	=	**2,08**
Σ	776	+	53,68	=	**829,68**

Betragsangaben in DM

Tab. 3.14: Eigenkapitalanforderung bei Anwendung des Novationsnettings nach der Marktbewertungsmethode

Aus der verminderten Bemessungsgrundlage des Kontraktes 1/5 resultiert der deutlich verringerte Zuschlagsfaktor. Die Vorgehensweise zur Bestimmung der Eigenkapitalunterlegung für die Terminkontrakte Nr. 2 bis 4 erfolgt gemäß dem Verfahren ohne Aufrechnungstatbestand.

3.2.4.1.3.2 Close-Out-Netting

Das Close-Out-Netting (Liquidationsnetting) bewirkt eine Saldierung der positiven und negativen Marktwerte zu einer einzigen Forderung, indem die bestehenden Finanzgeschäfte durch einen Ausgleichsanspruch in Höhe des Nettomarktwertes aller in die Nettingvereinbarung einbezogenen Termingeschäfte ersetzt werden.[116] Die Durchführung der Aufrechnung gegenseitiger Forderungen zweier Vertragspartner wird aufgrund der Vereinbarung unabhängig von der Fälligkeit und der Währung ermöglicht. Damit erlaubt das Close-out-Netting im Gegensatz zum Novationsnetting eine produktübergreifende Saldierung. Die Verrechnung der unter die Vereinbarung fallenden Finanzkontrakte auf eine einzige Ausgleichsforderung oder -verbindlichkeit mit schuldumwandelnder Wirkung erfolgt bei Eintritt genau festgelegter Ereignisse, etwa bei Ausfall bzw. Insolvenz eines Kontraktpartners oder einer ähnlichen Leistungsstörung.[117] Während eine positive Differenz einen zusätzlichen Aufwand bzw. einen geringeren Ertrag (Ersatzbeschaffungs- oder Opportunitätskosten) eines Ersatzkontraktes infolge des Kontrahentenausfalls zum Ausdruck bringt, quantifiziert eine negative Differenz einen geringeren Aufwand bzw. einen höheren Ertrag durch das Ersatzgeschäft.

Eine Eigenkapitalunterlegung von Devisengeschäften, welche eine Restlaufzeit von weniger als fünfzehn Kalendertagen aufweisen, kann unberücksichtigt bleiben. Der § 12 Abs. 4 GS I ermöglicht es den Instituten, dennoch kurzlaufende Swap-, Termingeschäfte und Optionsrechte in bilaterale Aufrechnungsvereinbarungen einzubeziehen, falls deren Ersatzbeschaffungskosten ausschließlich auf Wechselkursänderungen zurückzuführen sind. Konsequenterweise sind bei der Ausübung des Wahlrechts, sämtliche abgeschlossenen Kontrakte – auch wenn diese zu einer Erhöhung der Eigenkapitalanforderung führen – einzubeziehen.

[116] Vgl. Berner, M., Vertragliches Netting zur Reduzierung von Eigenkapitalkosten, in: Die Bank, 12/1996, S. 753.
[117] Vgl. Heemann, M./Nägele, P. (1997), S. 841.

Eine Sonderregelung bei der Anforderung des Close-out-Nettings besteht für Devisentermingeschäfte und vergleichbare Geschäfte, wenn nur eine Aufrechnungsvereinbarung getroffen worden ist.[118] Sofern deren Bemessungsgrundlage dem effektiven Zahlungsanspruch entspricht und gegenläufige Ansprüche und Verpflichtungen in derselben Währung mit demselben Erfüllungstag (kongruente Kontrakte) vorliegen, führt dies bereits bei Vertragsabschluß zu einer Risikoreduzierung. Eine derartige Konstellation kommt damit einem Schuldumwandlungsvertrag gleich.[119] Die Anwendung der Laufzeit- respektive der Marktbewertungsmethode basiert in diesem Fall auf der ermäßigten Bemessungsgrundlage, die sich aus der Verrechnung der gegenläufigen Ansprüche und Verpflichtungen ergibt. Dies begründet die ausschließliche Erfassung des Saldos der ursprünglichen Kontrakte Nr. 1 und Nr. 5 sowie des gemäß der Abbildung 3.6 bestimmten Terminkurses in Höhe von 0,50 DM/US-$ in den nachfolgenden Berechnungen.

Liegen die Anwendungsvoraussetzungen, zum Beispiel die erteilte Anerkennung des Bundesaufsichtsamtes aufgrund des schriftlichen Antrags des Institutes oder die Konkursfestigkeit der Aufrechnungsvereinbarung nach den entscheidenden Rechtsordnungen für das Liquidationsnetting vor,[120] so kann alternativ die Laufzeit- oder die Marktbewertungsmethode zur Anwendung gelangen.

3.2.4.1.3.2.1 Laufzeitmethode

Die Laufzeitmethode schätzt das potentielle Ausfallrisiko auf der Grundlage der ursprünglich vereinbarten Nominalbeträge der Geschäfte.[121] Es besteht lediglich eine Aggregation der auf dieselbe Währung und denselben Fälligkeitstag laufenden Geschäfte, da die Bemessungsgrundlage auf den am Meldestichtag gültigen Kassakurs zurückgreift. Der Risikominderung im Rahmen zweiseitiger Aufrechnungsvereinbarungen wird in der Weise Rechnung getragen, daß die laufzeitbezogenen Anrechnungssätze zur Ermittlung der Kreditäquivalenzbeträge im Vergleich zu den originären Anrechnungsfaktoren der Tabelle 3.3 einen um jeweils 25% reduzierten Wert aufweisen.

[118] Vgl. § 12 Abs. 3 GS I.
[119] Vgl. Bundesaufsichtsamt für das Kreditwesen (1997b), S. 46.
[120] Vgl. Höfer, B. (1997), S. 52.
[121] Vgl. Boos, K.-H./Schulte-Mattler, H. (1997), S. 477.

Laufzeit	Ausschließlich zinsbezogenene Kontrakte (Restlaufzeit)	Währungskurs- und goldpreisbezogene Kontrakte (Ursprungslaufzeit)
Bis 1 Jahr	0,35%	1,5%
Über 1 Jahr bis 2 Jahre	0,75%	3,75%
Zusätzliche Berücksichtigung eines jeden weiteren Jahres	0,75%	2,25%

Tab. 3.15: Anrechnungssätze bei Anwendung des Close-out-Netting nach der Laufzeitmethode

Das Bundesaufsichtsamt macht in seinen Erläuterungen über die Änderung und Ergänzung der Grundsätze über das Eigenkapital und die Liquidität der Kreditinstitute ausdrücklich darauf aufmerksam, daß die verminderten laufzeitbezogenen Anrechnungssätze nicht herangezogen werden sollen, falls den Ansprüchen der in eine Aufrechnungsvereinbarung einbezogenen Kontrakte keine Verpflichtungen gegenüberstehen. Eine Verbesserung der Risikolage tritt angesichts einer Nettingvereinbarung bei dieser Vertragskonstellation nicht ein.[122] Außerdem fordert das BAKred bei der Bestimmung der Eigenkapitalanforderung nach der Laufzeitmethode für die – aufgrund identischer Währungen und Fälligkeiten – mit dem Saldo eingehenden Beträge, die Berücksichtigung der ursprünglichen Anrechnungssätze gemäß der Tabelle 3.3.[123] Damit entspricht die Höhe der Eigenkapitalunterlegung des Kontraktes 1/5 dem Wert der Eigenkapitalanforderung gemäß dem Novationsnetting.

122 Vgl. Bundesaufsichtsamt für das Kreditwesen (1997b), S. 45-46.

123 Vgl. Abschnitt 3.2.4.1.1.

Nr.	Position	Nominalbetrag	Kassakurs 30.09.1997 Meldestichtag	Bemessungsgrundlage (Nominalwert x Kassakurs)	Ursprungslaufzeit	Umrechnungsfaktor	**Kreditäquivalent** (Bemessungsgrundlage x U.-faktor)
1/5	Kauf	20.000 US-$	1,65	20.000 x 1,65 = 33.000	2,50	8,00%	33.000 x 0,08 = **2.640,00**
2	Kauf	70.000 US-$	1,65	70.000 x 1,65 = 115.500	4,00	8,25%	15.500 x 0,0825 = **9.528,75**
3	Kauf	60.000 £-Stg	2,90	60.000 x 2,90 = 174.000	1,17	3,75%	74.000 x 0,0375 = **6.525,00**
4	Kauf	10.000 Kan-$	1,30	10.000 x 1,30 = 13.000	1,33	3,75%	13.000 x 0,0375 = **487,50**
Σ							**19.181,25**

Nr.	Position	Kreditäquivalent (in DM)	Adressengewichtung	Anrechnungspflichtiger Betrag (Kreditäquivalent x Adressengewichtung)	Solvabilitätskoeffizient	**Eigenkapitalunterlegung**
1/5	Kauf	2.640,00	20%	2.640,00 x 0,20 = **528,00**	8%	528 x 0,08 = **42,24**
2	Kauf	9.528,75	20%	9.528,75 x 0,20 = **1.905,75**	8%	1.905,75 x 0,08 = **152,46**
3	Kauf	6.525,00	20%	6.525,00 x 0,20 = **1.305,00**	8%	1.305,00 x 0,08 = **104,40**
4	Kauf	487,50	20%	487,50 x 0,20 = **97,50**	8%	97,50 x 0,08 = **7,80**
Σ		19.181,25		**3.836,25**		**306,90**

Betragsangaben in DM

Tab. 3.16: Eigenkapitalanforderung bei Anwendung des Close-out-Nettings nach der Laufzeitmethode

Insgesamt führen die verminderten Anrechnungsfaktoren zu einem – gegenüber dem Novationsnetting – geringeren Kreditäquivalenzbetrag. Im Vergleich zur ursprünglichen Einzelbewertung geht mit dem Abschluß der zweiseitigen Aufrechnungsvereinbarung eine Entlastung des Eigenkapitals in Höhe von 362,78 DM [669,68 - 306,90] einher. Das Close-Out-Netting führt zu einer um 54,17% [362,78/669,68] geringeren Eigenkapitalanforderung.

3.2.4.1.3.2.2 Marktbewertungsmethode

Während bei der Anwendung der Marktbewertungsmethode im Rahmen des Novationsnettings die Zuschlagssätze auf Basis der nominellen Bruttomarktwerte berechnet werden, sieht der Grundsatz I bei der Anwendung des Close-out-Nettings eine Reduzierung der Zuschlagssätze mit Hilfe einer „Netto-Brutto-Verhältniszahl" („Net-Gross-Ratio") vor. Mit diesem Add-on-Netting wird eine weitere Ergänzung der Basler Eigenkapitalübereinkunft[124] vom April 1995 unter Bezugnahme der noch zu verabschiedenden zweiten Nettingrichtlinie[125] umgesetzt.[126]

---

[124] Vgl. Basler Ausschuß für Bankenaufsicht, (1995), S. 3-6.

[125] Vgl. EG-Kommission, Vorschlag zur Richtlinie des Europäischen Parlaments und des Rates zur Änderung des Artikels 12 der Richtlinie 77/780/EWG zur Koordinierung der Rechts- und Verwaltungsvorschriften über die Aufnahme und Ausübung der Tätigkeit der Kreditinstitute, der Artikel 2, 6, 7, 8 und der Anhänge II und III zur Richtlinie 89/647/EWG über einen Solvabilitätskoeffizienten für Kreditinstitute und des Artikels 2 und des Anhangs II zur Richtlinie 93/6/EWG über die angemessene Eigenkapitalausstat-

Bei der Vorlage zweiseitiger Aufrechnungsvereinbarungen zwischen einem Institut und dem Vertragspartner resultiert die Höhe des potentiellen Wiedereindeckungsaufwandes aus den positiven und negativen Marktwerten, der in die Aufrechnungsvereinbarung einbezogenen Kontrakte. Hierbei unterliegen sämtliche Geschäfte einer täglichen Bewertung. Der zur Ermittlung der Eigenkapitalunterlegung außerdem zu berücksichtigende Zuschlagswert berechnet sich nach der Formel 3.5. Die Marktbewertungsmethode berücksichtigt ebenfalls die Ansprüche und Verpflichtungen aus bilateralen Devisentermingeschäften, die mit derselben Währung und demselben Wertstellungstag ausgestattet sind. Diese Kontrakte werden entsprechend dem Novationsnetting sowohl bei der Berechnung der Ersatzkosten als auch bei der Bestimmung der Summe der Zuschlagssätze zusammengefaßt (Kontrakt 1/5).

$$\mathbf{Z = 0{,}4 \times S + 0{,}6 \times V \times S}$$

mit:
Z = Zuschlagswert
S = Summe der Zuschläge nach § 10 Satz 3 GS I
$V = \frac{\text{Nettoverhältniszahl}}{\text{Bruttoverhältniszahl}}$

Formel 3.5: Zuschlagssatz bei Anwendung des Close-out-Nettings nach der Marktbewertungsmethode

Zwischen der aktuellen Stärke des Netting-Effekts und der „NBV-Zahl" besteht ein funktionaler Zusammenhang, da die Höhe der Reduktion des Zuschlagssatzes von der Höhe der Relation des Netto-Brutto-Marktwertes abhängt. Die zweite Größe zur Berechnung des Add-ons stellt die Summe der Zuschlagssätze dar. Damit setzt die Anwendung des Add-on-Nettings das Bestehen vorhandener Zuschlagssätze voraus, die sich gemäß der Tabelle 3.13 bestimmen. Das Bundesaufsichtsamt für das Kreditwesen empfiehlt bei der Berechnung des Zuschlages Z eine vierstufige Vorgehensweise:

1. Stufe: Ermittlung des Bewertungsgewinns/-verlusts bis zum Meldestichtag

Das Ergebnis der Addition der ausschließlich positiven Ersatzkosten stellt den Brutto-Marktwert (Bruttoersatzkosten) dar; die Addition der positiven und negativen Ersatzkosten führt zum Netto-Marktwert (Nettoersatzkosten). Dieser

tung von Wertpapierfirmen und Kreditinstituten (96/C208/06) vom 30. April 1996, in: Abl. EG, Nr. C 208, 19. Juli 1996, S. 8-14.

[126] Vgl. Boos, K.-H./Schulte-Mattler, H. (1997), S. 477.

Wert kann aufgrund der Berücksichtigung negativer Vorzeichen maximal die Höhe des Brutto-Marktwertes annehmen. Folglich kann die „NBV-Zahl", als Relation von Netto-Marktwert zu Brutto-Marktwert, den Wert eins niemals überschreiten.

Nr.	Position	Nominalwert	Terminkurs bei Vetragsabschluß	Kontraktwert zu Vertragskonditionen (Nominalwert x Terminkurs)	Terminkurs 30.09.1997 Meldestichtag	Kontraktwert zu Marktkonditionen (Nominalwert x Terminkurs)
1/5	Kauf	20.000 US-$	0,50	20.000 x 0,50 = **10.000**	1,80	20.000 x 1,80 = **36.000**
2	Kauf	70.000 US-$	1,70	70.000 x 1,65 = **115.500**	1,80	70.000 x 1,80 = **126.000**
3	Kauf	60.000 £-Stg	3,00	60.000 x 2,90 = **174.000**	3,10	60.000 x 3,10 = **186.000**
4	Kauf	10.000 Kan-$	1,25	10.000 x 1,30 = **13.000**	1,20	10.000 x 1,20 = **12.000**

Nr.	Bewertungsgewinn (negativer Wert) /-verlust (positiver Wert) (Kontraktwert zu Vertragskonditionen – Kontraktwert zu Marktkonditionen)	**Bruttoersatzkosten** (ausschließlich positive Werte)	**Nettoersatzkosten** (ausschließlich negative Werte)
1/5	36.000 - 10.000 = **26.000**	**26.000**	**26.000**
2	126.000 - 115.500 = **10.500**	**10.500**	**10.500**
3	186.000 - 174.000 = **12.000**	**12.000**	**12.000**
4	12.000 - 13.000 = **-1.000**		**-1.000**
Σ		**48.500**	**47.500**

Betragsangaben in DM

Tab. 3.17: Brutto-/Nettoersatzkosten

Ausgehend von den Bruttoersatzkosten führt der Bewertungsgewinn des Kontraktes Nr. 4 zu einer Reduktion der Nettoersatzkosten, welche sich durch die Aggregation sämtlicher Differenzbeträge unter Beachtung der Vorzeichen bestimmen, um 1.000,-- DM. Danach betragen die Nettoersatzkosten insgesamt 47.500,-- DM.

2. Stufe: Bestimmung der Relation V:
Die „Netto-Brutto-Verhältniszahl" (NBV-Zahl) setzt die Nettoersatzkosten ins Verhältnis zu den Bruttoersatzkosten.

$$V = \frac{47.500}{48.500} = \underline{\underline{0{,}979}}$$

Formel 3.6: Netto-Brutto-Verhältniszahl

Die Gegenüberstellung der Kosten ergibt einen Wert für die Netto-Brutto-Verhältniszahl in Höhe von 0,979.

3. Stufe: Berechnung der Summe der Zuschläge S

Die Summe der Zuschläge errechnet sich analog der Vorgehensweise der originären Marktwertmethode. Die Addition der einzelnen Zuschlagswerte führt zu dem gesamten Zuschlagswert unter der Berücksichtigung aller mit einem Kunden kontrahierten Geschäfte.

Nr.	Position	Nominalbetrag	Kassakurs 30.09.1997 Meldestichtag	Bemessungsgrundlage (Nominalwert x Kassakurs)	Restlaufzeit (in Jahren)	Umrechnungsfaktor	**Kreditäquivalent** (Bemessungsgrundlage x Umrechnungsfaktor)
1/5	Kauf	20.000 US-$	1,65	20.000 x 1,65 = 33.000	0,25	1%	33.000 x 0,01 = **330**
2	Kauf	70.000 US-$	1,65	70.000 x 1,65 = 115.500	0,42	1%	155.500 x 0,01 = **1.155**
3	Kauf	60.000 £-Stg	2,90	60.000 x 2,90 = 174.000	0,25	1%	174.000 x 0,01 = **1.740**
4	Kauf	10.000 Kan-$	1,30	10.000 x 1,30 = 13.000	0,42	1%	13.000 x 0,01 = **130**
Σ							**3.355**

Nr.	Kreditäquivalent	Adessengewichtung	Anrechnungspflichtiger Betrag	Solvabilitätskoefizient	**Zuschlag/Add-on (S)**
1/5	330	20%	330 x 0,2 = **66**	8%	66 x 0,08 = **5,28**
2	1.155	20%	1.155 x 0,2 = **231**	8%	231 x 0,08 = **18,48**
3	1.740	20%	1.740 x 0,2 = **348**	8%	348 x 0,08 = **27,84**
4	130	20%	130 x 0,2 = **26**	8%	26 x 0,08 = **2,08**
Σ	**3.355**		**671**		**53,68**

Betragsangaben in DM

Tab. 3.18: Zuschlagssätze bei Anwendung des Close-out-Nettings nach der Marktbewertungsmethode

Der Wert aller Zuschlagssätze beläuft sich auf 53,68 DM. Dieses Ergebnis stimmt mit den Zuschlagswerten der Marktbewertungsmethode im Rahmen des Novationsnettings überein.

4. Stufe: Berechnung des Zuschlages Z

Bei der Ermittlung des modifizierten Zuschlagswertes für Nettingpositionen werden die in den Stufen 1 bis 3 ermittelten Werte in die Formel 3.7 eingesetzt. Der gewichtete Zuschlag Z weist damit einen Betrag in Höhe von 53,-- DM aus.

$$\mathbf{Z = 0{,}4 \times 53{,}68 + 0{,}6 \times 0{,}979 \times 53{,}68 = \underline{\underline{53{,}\text{--}}}}$$

Formel 3.7: Effektiver Zuschlagssatz bei Anwendung des Close-Out-Nettings nach der Marktbewertungsmethode

Bei der Anwendung der „Netto-Brutto-Verhältniszahl" muß beachtet werden, daß diese Vorgehensweise zur Bestimmung der Zuschlagssätze ausschließlich gegenüber einem Kontraktpartner angewendet werden darf, da die Risikominderung auf die mit dem Vertragspartner abgeschlossenen Aufrechnungsvereinbarung beruht.[127]

Die Ermittlung der Ersatzbeschaffungskosten im Rahmen der Marktbewertungsmethode stellt zur Ermittlung der Bemessungsgrundlage auf die Beträge ab, die sich aus der Aggregation der gegenläufigen Ansprüche und Verpflichtungen ergeben. Die Tabelle 3.19 macht deutlich, daß nicht für jeden Kontrakt die Eigenkapitalanforderung berechnet wird, sondern sich der Unterlegungsbetrag aus der Summe der Geschäfte – einschließlich der Nettingpositionen – bestimmt.

Nr.	Position	Nominalwert	Terminkurs bei Vetragsabschluß	Kontraktwert zu Vertragskonditionen (Nominalwert x Terminkurs)	Terminkurs 30.09.1997 Meldestichtag	Kontraktwert zu Marktkonditionen (Nominalwert x Terminkurs)
1/5	Kauf	20.000 US-$	0,50	20.000 x 0,50 = **10.000**	1,80	20.000 x 1,80 = **36.000**
2	Kauf	70.000 US-$	1,70	70.000 x 1,65 = **115.500**	1,80	70.000 x 1,80 = **126.000**
3	Kauf	60.000 £-Stg	3,00	60.000 x 2,90 = **174.000**	3,10	60.000 x 3,10 = **186.000**
4	Kauf	10.000 Kan-$	1,25	10.000 x 1,30 = **13.000**	1,20	10.000 x 1,20 = **12.000**

Nr.	Bewertungsgewinn (negativer Wert) /-verlust (positiver Wert) (Kontraktwert zu Vertragskonditionen – Kontraktwert zu Marktkonditionen)	Adressengewichtung	Anrechnungspflichtiger Betrag (Bewertungsverlust x Adressengewichtung)
1/5	36.000 - 10.000 = **26.000**		
2	126.000 - 115.500 = **10.500**		
3	186.000 - 174.000 = **12.000**		
4	12.000 - 13.000 = **- 1.000**		
Σ	**Nettoersatzkosten 47.500**	**20%**	**9.500**

Nr.	Anrechnungspflichtiger Betrag	Solvabilitätskoeffizient	**Eigenkapitalanforderung** (Anrechnungsbetrag x Solvabilitätskoeffizient)
Σ	**9.500**	**0,08**	**760**

Betragsangaben in DM

Tab. 3.19: Eigenkapitalanforderung bei Anwendung des Close-out-Nettings nach der Marktbewertungsmethode

[127] Die Ausarbeitungen des Basler Ausschusses für Bankenaufsicht sehen die Bestimmung des Zuschlagsfaktors durch die Aggregation sämtlicher Transaktionen, welche eine Aufrechnungsvereinbarungen beinhalten, über den einzelnen Vertragspartner hinaus vor. Vgl. Basler Ausschuß für Bankenaufsicht (1994b), sowie Basler Ausschuß für Bankenaufsicht (1995). Da dies aus Sicht der deutschen Bankenaufsicht zu einer Verzerrung der Risikoreduzierung führen würde und nicht der Rechtswirkung der durch die Vertragspartner bestimmten Aufrechnungsvereinbarungen entspricht, wurde das „aggregierte Verfahren" im Grundsatz I nicht umgesetzt.

Die Berechnung der Nettoersatzkosten reduziert den anrechnungspflichtigen Betrag, so daß die effektive Eigenkapitalanforderung – gegenüber den vorangestellten Methoden – geringer ausfällt. Die Ersatzkosten belaufen sich bei der Aggregation aller fünf Geschäfte auf 760,-- DM. Unter Berücksichtigung des Zuschlagswertes in Höhe von 53,-- DM errechnet sich ein zu unterlegender Eigenkapitalbetrag in Höhe von 813,-- DM [760,-- + 53,--]. Dieser Betrag liegt aufgrund der Abzugsposition des Kontraktes Nr. 4 unterhalb der Eigenkapitalanforderung, die sich unter Einsatz des Novationsnettings errechnet.

Abschließend läßt sich konstatieren, daß das Netting-Verfahren die effektiven Ansprüche und Verpflichtungen gegenüber einem Vertragspartner sachgerecht wiedergibt. Die Vorteile des Nettings bestehen darin, daß eine Übersichtlichkeit hinsichtlich der gegenseitigen Verpflichtungen erzielt und dadurch eine erhöhte Transparenz des bilateralen Ausfallrisikos geschaffen wird.[128] Zugleich kann die Saldierung bestehender Ansprüche und Verpflichtungen zu einer geringeren Eigenkapitalunterlegung und dementsprechend zu erheblichen Kostenvorteilen führen.

---

[128] Vgl. Zobl. D., Entwicklung im Recht der derivativen Instrumente, in: Weber, R. H./ Hirszowicz, C. (Hrsg.), Derivative Finanzinstrumente und Eigenmittelvorschriften, in: Zobl, D./ Giovanoli, M./Hertig, G. (Hrsg.), Schweizer Schriften zum Bankrecht, Bd. 34, Zürich, S. 28 f.

3.3 Marktpreisrisiken

Während das Adressenrisiko auf die Bonität und damit auf das Ausfallrisiko des Kontraktpartners abstellt, repräsentiert das Marktpreisrisiko die Gefahr eines potentiellen Wertverlustes aufgrund zukünftiger Marktveränderungen.[129] Die im Rahmen der bankenaufsichtsrechtlichen Regelungen des Grundsatzes I zu erfassenden Marktpreisrisiken setzen sich aus den Währungsgesamtpositionen, den Rohwarenpositionen und den Handelsbuchrisikopositionen zusammen. Unberücksichtigt bleiben die Anrechnungsverfahren zur Bestimmung des Handelsbuchrisikos für Nichthandelsbuchinstitute. Die im Handelsbestand befindlichen Kontrakte dieser Institute werden gemäß der Solvabilitätskoeffizientenrichtlinie und damit analog den Positionen des Anlagebuches quantifiziert.

Die Erfassung der Fremdwährungs- und der Rohwarenrisiken erfolgt sowohl für die im Handelsbuch als auch für die im Anlagebuch geführten Kontrakte nach der gleichen Anrechnungsvorschrift. Der bislang gültige Grundsatz Ia, welcher die Fremdwährungs- und Edelmetallrisiken auf 21%, die Zinsrisiken auf 14% und die sonstigen Preisrisiken, etwa aus Termingeschäften, Indexkontrakten und Optionen, auf 7% des haftenden Eigenkapitals limitierte, wurde in den Grundsatz I integriert. Mit der Aufhebung dieser Limitregelung wird für sämtliche Marktrisikopositionen eine effektive Eigenmittelanforderung verlangt und eine Mehrfachbelegung der Eigenmittel vermieden. Um in diesem Zusammenhang einer zu starken Begrenzung der Geschäftstätigkeit auf Basis des haftenden Eigenkapitals Rechnung zu tragen, wurde mit Verabschiedung des neuen Grundsatzes I die Anrechnungsmöglichkeit der Drittrangmittel als zusätzliche Eigenmittelkomponente anerkannt. Diese Drittrangmittel und das im Rahmen der Adressenrisiken nicht benötigte freie haftende Eigenkapital stehen zur Unterlegung der Währungs-, Rohwaren-, Handelsbuch- und Optionspreisrisiken zur Verfügung.

3.3.1 Währungsgesamtposition

Das Fremdwährungsrisiko bezeichnet die Gefahr von Vermögens- oder Erfolgsminderungen aufgrund einer Änderung der Währungsparitäten.[130] Eine geschlossene Devisenposition weist sowohl auf der Aktiv- als auch auf der

---

[129] Vgl. Chorafas, D. N., Financial Models and Simulation, London, 1995, S. 206.

[130] Vgl. Holterhus, G., Früherkennung von Bankrisiken bei der Abschlußprüfung, in: Schierenbeck, H. (Hrsg.), Schriftenreihe des Instituts für Kreditwesen der Westfälischen Wilhelms-Universität Münster, Bd. 30, Frankfurt am Main, 1985, S. 144.

Passivseite der Bilanz einen betragsgleichen Fremdwährungsposten in derselben Währung aus. Im Falle sinkender Wechselkurse werden die aktivischen Kursverluste durch die in heimische Währung verringerten Fremdwährungsschulden kompensiert und ein Vermögensverlust ausgeschlossen. Demnach setzt ein Wechselkursrisiko die Existenz einer offenen aktivischen oder passivischen Position voraus. Während aktivische Fremdwährungsrisiken durch die Gefahr einer Aufwertung der heimischen Währung und/oder einer Abwertung der fremden Währung entstehen, zeichnen sich passivische Fremdwährungsrisiken durch die Möglichkeit einer Abwertung der Inlandswährung und/oder einer Aufwertung der Auslandswährung aus.[131] Damit kann das Währungsrisiko allgemein als die Gefahr verstanden werden, daß wechselkursbedingte Schwankungen um den erwarteten Mittelwert zu einer negativen Veränderung des Austauschverhältnisses bei Übergang von einer auf eine andere Währung führen.[132]

Neben den auf Fremdwährung lautenden bilanziellen und außerbilanziellen Positionen enthält die Währungsgesamtposition auch die Goldpositionen.[133] Entsprechend besteht das Verlustrisiko goldpreisbezogener Positionen, etwa Goldmünzen, -barren, -zertifikate oder Goldsparpläne,[134] in einer aktivischen Wertminderung respektive einer passivischen Wertsteigerung des Goldpreises.

Die Vorgehensweise zur Quantifizierung der Risikopositionen erfordert zunächst die Bestimmung der auf die einzelnen Währungen lautenden Kontrakte. Dazu werden die Währungs- und Goldpositionen auf der Basis der in der Tabelle 3.20 angegebenen Bemessungsgrundlage bestimmt. Die offene Währungsposition errechnet sich aus der Differenz der darin enthaltenen Aktiv-

---

131 Vgl. Kariger, J. C., Die Ausgestaltung der internationalen Kreditaufsicht und Möglichkeiten der Weiterentwicklung, Diss., Mannheim, 1991, S. 98, sowie Feuerstein, W. (1984), S. 27 ff. Zu den Ausprägungsformen des Wechselkursrisikos siehe Moser, R., Währungs- und Wechselkursproblematik in der betrieblichen Finanzpolitik, in: Rühli, E./Thommen, J.-P. (Hrsg.), Unternehmungsführung aus finanz- und bankwirtschaftlicher Sicht, Stuttgart, 1981, S. 121 ff. Eine ausführliche Beschreibung der verschiedenen wechselkursverändernden Faktoren findet sich bei Pohle, K., Management von Währungsrisiken, in: Christians, F. W. (Hrsg.), Finanzierungshandbuch, 2. Aufl., Wiesbaden, 1988, S. 774.

132 Vgl. Büschgen, H. E., Internationales Finanzmanagement, 2. Aufl., Frankfurt am Main, 1993, S. 225.

133 Im Gegensatz zu dem vorherigen Grundsatz I, der die Risiken von Silber- und Platinpositionen analog den Vorschriften für die Fremdwährungsrisiken behandelte, werden diese Metalle im aktuellen Grundsatz I den Rohwarenrisiken zugeordnet.

134 Zu den vielfältigen Anlagemöglichkeiten in Gold siehe Hackhausen, H., Edelmetallanlagen: Gold, Silber, Platin, begründet von Gassen, F., in: Deutscher Sparkassen- und Giroverband e. V. (Hrsg.), Sparkassenheft 92, 2. Aufl., Stuttgart, 1993, S. 20 ff.

und Passivpositionen einer Währung. Als Umrechungskurs der Einzelwährungsposition dient der Devisenkurs des jeweiligen Stichtages.

Für die goldpreisbezogenen Aktiv- und Passivpositionen werden die Notierungen der Frankfurter Goldbörse herangezogen. Die Ermittlung der einzelnen offenen Währungs-positionen sowie der offenen Goldpositionen erfolgt täglich zum Geschäftsschluß. Bestehen Aktiv- oder Passivpositionen in Verrechnungseinheiten, etwa in Sonderziehungsrechten (SZR) oder in der Europäischen Währungseinheit (ECU), so dürfen diese wie eine eigenständige Währung behandelt oder in die ihrer Kursstellung zugrunde liegenden Währungen aufgeschlüsselt werden.

Aktivpositionen	*Bewertung zum*	***Passivpositionen***
Vermögensgegenstände	*Buchwert*	**Verbindlichkeiten**
Liefer- und Zahlungsansprüche aus Kassa- und Termingeschäften sowie Zahlungsansprüche aus Finanz-Swaps	*Nominalbetrag oder Gegenwartswert*	**Liefer- und Zahlungsverpflichtungen aus Kassa- und Termingeschäften sowie Zahlungsverpflichtungen aus Finanz-Swaps**
Eventualansprüche aus Pensionsgeschäften	*Buchwert*	**Eventualverbindlichkeiten aus Pensionsgeschäften**
Liefer- oder Zahlungsansprüche aufgrund der Ausübung eigener oder fremder Optionsrechte	*Nominalbetrag*	**Liefer- oder Zahlungsverpflichtungen** aufgrund der Ausübung eigener oder fremder Optionsrechte
Eigene Optionsrechte	*Marktwert*	**Fremde Optionsrechte**
Unwiderrufliche Garantien und Gewährleistungen, deren sichere Inanspruchnahme zu einer Aktivmehrung führt	*Buchwert*	**Unwiderrufliche Garantien und Gewährleistungen**, deren sichere Inanspruchnahme zu einer Passivmehrung führt

Tab. 3.20: Fremdwährungs- und goldpreisbezogene Aktiv-/Passivpositionen

Die Vermögensgegenstände respektive die Verbindlichkeiten beinhalten die erwarteten Einnahmen bzw. Ausgaben, die nicht zeitanteilig sind, sofern diese als nachweislich gesichert angesehen werden können. Die zeitanteiligen Erträge bzw. Aufwendungen werden mit Hilfe der linearen Interpolation taggenau abgegrenzt. Die Tabelle 3.20 verdeutlicht, daß die Positionen auf unterschiedlichen Bemessungsgrundlagen basieren. Durch die Bewertung der derivativen Positionen zu Marktwerten werden Preisschwankungen zeitnah berücksichtigt. Hingegen werden die Ansprüche und Verpflichtungen aus Optionsrechten zu den Nominalbeträgen bewertet, da eine Ausübung nur zu den vertraglichen Basispreisen vorgenommen werden kann. Ein Wahlrecht besteht für Liefer- und Zahlungsansprüche/-verpflichtungen aus Kassa- und Termingeschäften sowie für Zahlungsansprüche/-verpflichtungen aus Finanz-Swaps. Diese Positionen dürfen nach einheitlicher und dauerhafter Vorgehensweise entweder zu den Gegenstands- oder zu den Nominalwerten angerechnet werden. Die übrigen Positionen finden jeweils in Höhe ihrer Buchwerte Berücksichtigung.

Im folgenden werden die in Deutsche Mark umgerechneten Aktivpositionen durch ein positives und die Passivpositionen durch ein negatives Vorzeichen beschrieben. Die in fremder oder inländischer Währung gebildeten Einzelwertberichtigungen sind von den entsprechenden Aktivpositionen abzuziehen. Der jeweilige aktivische respektive passivische Überhang einer einzelnen Währung bildet die Einzelwährungsposition.

Fremd-währung	Vermögen/ Schulden	Termin-positionen	Garantien/Ge-währleistungen	Aktiv-positionen	Passiv-positionen	Kassa-kurs
US-$	10.000	-6.000	4.500	14.500	6.000	1,7405
£-Stg	- 15.000	-4.000	5.000	5.000	19.000	2,9020
FF	8.000	7.000	2.000	17.000	---	0,2985

Aktivpositionen (in DM)	Passivpositionen (in DM)	**Einzelwährungsposition - aktiv - (in DM)**	**Einzelwährungsposition - passiv - (in DM)**
25.237,25	10.443	**14.794,25**	
14.510	55.138		**40.628, --**
5.074,50	---	**5.074,50**	

Tab. 3.21: Einzelwährungspositionen

Für Investmentanteile ist die Ermittlung der Währungsgesamtposition durch die Anwendung der Transparenzmethode möglich, falls der Rücknahmepreis des Sondervermögens auf Deutsche Mark lautet.[135] Die Zuweisung der jeweiligen Fremdwährungsbestandteile zu den einzelnen Währungspositionen ist durch die Aufteilung des Sondervermögens vorzunehmen, wenn der Fremdwährungsanteil oder auf Gold lautende Bestandteil des Sondervermögens mehr als 20% beträgt.[136] Ferner setzt die Anwendung des „Transparenzprinzips" voraus, daß bei der Bestimmung des Anrechnungsbetrages der Risikoaktiva ebenfalls die „Durchsichtmethode" zum Einsatz gelangt. Sofern von der Aufschlüsselung bei der Risikobewertung der Anlagebuchposition kein Gebrauch gemacht wird,

[135] Vgl. Boos, K.-H./Schulte-Mattler, H., Der neue Grundsatz I: Fremdwährungs- und Rohwarenrisiken, in: Die Bank, 9/1997, S. 557.

[136] Diese Grenze reduziert sich bei Inkrafttreten der 3. Stufe der Europäischen Wirtschafts- und Währungsunion – mit der Einführung des Euro – automatisch auf 10%. Siehe Bundesaufsichtsamt für das Kreditwesen (1997b), S. 76.

entfällt auch die Anwendungsmöglichkeit bei der Ermittlung der Währungsgesamtposition.[137]

Zur Bestimmung der Währungsgesamtposition stehen zwei differenzierte Verfahren zur Verfügung. Der Grundsatz I stellt es den Instituten frei, zwischen der Standardmethode (Short-hand-Methode) oder der Sonderregelung, welche aus der Kapitaladäquanzrichtlinie übernommen wurde,[138] zu wählen. Um den organisatorischen und technischen Implikationen vorzubeugen, die mit der Ermittlung der Währungsgesamtposition in Verbindung stehen, wird von einer generellen Bestimmung des Währungsrisikos abgesehen, falls der Gegenwert der Gold- und Sortenbestände 250.000,-- DM nicht übersteigt.[139]

3.3.1.1 Standardmethode

Die Standardmethode faßt die Beträge mit aktivischer und passivischer Ausrichtung in die jeweilige Brutto-Long-Position und die Brutto-Short-Position für jede Währung getrennt zusammen. Nach der Umrechnung der Fremdwährungsbeträge in die heimische Währung werden die Long- und Short-Positionen der Einzelwährungen (Einzelwährungspositionen) addiert. Die größere der beiden Positionen stellt die Nettowährungsposition dar. Die Berechnung der offenen Goldpreisposition wird durch die Multiplikation des in Kilogramm bemessenen Goldbestandes mit dem an der Frankfurter Börse notierten Goldpreises vorgenommen.

---

[137] Vgl. Bundesaufsichtsamt für das Kreditwesen (1997b), S. 77.
[138] Vgl. EG-Kommission (1993b), Anhang III, Tz. 6.
[139] Vgl. Bundesaufsichtsamt für das Kreditwesen (1997b), S. 29.

Fremdwährung	Vermögen/ Schulden	Terminpositionen	Garantien/Gewährleistungen	**Aktivpositionen**	**Passivpositionen**
US-$	10.000	-6.000	4.500	14.500	6.000
£-Stg	- 15.000	-4.000	5.000	5.000	19.000
FF	8.000	7.000	2.000	17.000	---

Kassakurs	**Aktivpositionen (in DM)**	**Passivpositionen (in DM)**	**Einzelwährungsposition - aktiv - (in DM)**	**Einzelwährungsposition - passiv - (in DM)**
1,7405	**25.237,25**	**10.443**	**14.794,25**	
2,9020	**14.510**	**55.138**		**-40.628, --**
0,2985	**5.074,50**	---	**5.074,50**	
			19.868,75	**-40.628,--**

⇓ **Nettowährungsposition**

Goldposition: 2 Goldbarren (je 1 kg)
Notierung der Frankfurter Goldbörse für 12,5-kg-Barren: 17.270,-- DM/kg

⇒ **Offene Goldpreisposition: 34.540,-- DM**

Tab. 3.22: Nettowährungsposition und offene Goldpreisposition nach der Standardmethode

Im Gegensatz zur Ermittlung der offenen Einzelwährungspositionen ist die Berechnung des Saldos aus der Summe der aktivischen Einzelwährungspositionen und der passivischen Einzelwährungspositionen nicht zulässig, da dies die Prämisse der vollständig positiven Korrelation („Best-Case Szenario") der in die Aufrechnung einbezogenen Währungen unterstellen würde. Die Addition der Summe der aktivischen und der Summe der passivischen Einzelwährungspositionen würde dagegen von der Annahme der vollständig negativen Korrelation („Worst-Case Fall") der vorhandenen Währungen ausgehen. In praxi läßt sich jedoch keine der vorgenannten Konstellationen beobachten, so daß im Grundsatz I das „Middle-Case Verfahren" Anwendung findet. Dieses Konzept stellt ausschließlich auf den größeren Wert der Summe der aktivischen und passivischen Einzelwährungspositionen ab. Die größere der Summen repräsentiert die Nettowährungsposition. Zusammen mit der offenen Goldpreisposition bildet dieser Wert die Währungsgesamtposition, welche als Bemessungsgrundlage für die Eigenmittelanforderung dient.

Nettowährungsposition	40.628,--
+ Offene Goldpreisposition	34.540,--
= Währungsgesamtposition	**75.168,--**

Formel 3.8: Währungsgesamtposition

Im Rahmen der Bagatellregelung definiert die Standardmethode einen Freibetrag, der die Eigenmittelanforderung erst bei Überschreiten eines Grenzwertes auslöst. De facto bleibt ein Institut von der Eigenmittelunterlegung befreit, wenn die Währungsgesamtposition eines Institutes den Betrag von 2% der Eigenmittel nicht überschreitet. Zum anderen darf die größere der getrennt zu ermittelnden Summen aller in heimische Währung umgerechneten Brutto-Long- und Brutto-Short-Positionen, die sich aus der Addition sämtlicher Fremdwährungen bestimmen, den Wert der vorhandenen Eigenmittel nicht übersteigen.

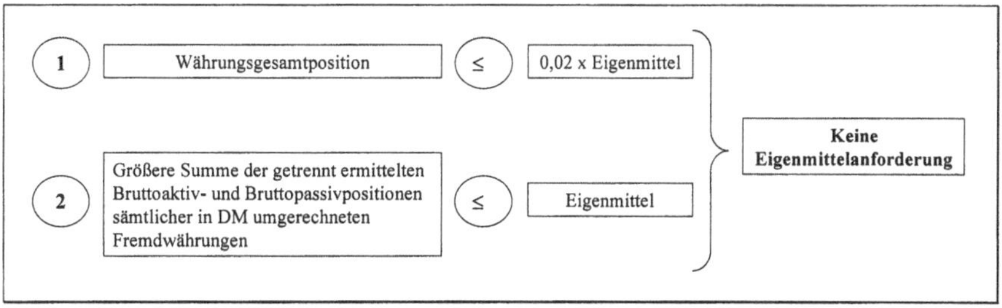

Abb. 3.7: Bagatellregelung für Währungspositionen

Während die Kapitaladäquanzrichtlinie einen „Freibetrag" in Höhe von 2% der Eigenmittel vorsieht,[140] so daß lediglich der darüber hinaus gehende Betrag mit dem Unterlegungsfaktor zu berücksichtigen ist, beinhaltet der Grundsatz I eine Freigrenze. Diese führt hingegen bei Überschreiten des Limits zu einer Eigenmittelanforderung auf der Grundlage des Gesamtbetrages der berechneten Währungsgesamtposition.

[140] Vgl. EG-Kommission (1993b), Anhang III, Nr. 1.

	Aktiv (in DM)	**Passiv (in DM)**	**offene Einzelwährungs-postion (in DM) - aktiv -**	**offene Einzelwährungs-postion (in DM) - passiv -**
US-$	250.000,--	260.000,--		10.000,--
Pfund	140.000,--	135.000,--	5.000,--	
Kan-$	90.000,--	91.500,--		1.500,--
FF	130.000,--	129.000,--	1.000,--	
Σ	610.000,--	**615.500,--**	6.000,--	**11.500,--**
				⇓
			Nettowährungsposition:	11.500,--
			Offene Goldposition:	450,--
			Währungsgesamtposition:	11.950,--

Tab. 3.23: Währungsgesamtposition im Rahmen der Bagatellregelung

Bei vorhandenen Eigenmitteln eines Institutes in Höhe von 600.000,-- DM ist zur Prüfung der ersten Voraussetzung ein Vergleich der Höhe der Eigenmittel mit zwei von Hundert der Währungsgesamtposition vorzunehmen. Da die Währungsgesamtposition den Grenzwert in Höhe von 12.000,-- DM nicht überschreitet [11.950 < (600.000,-- x 0,02)], wird die Bagatellregelung hinsichtlich der zweiten Voraussetzung untersucht. Hier zeigt sich, daß der größere Betrag der Summen aller in Deutsche Mark umgerechneten Aktiv- und Passivpositionen in allen fremden Währungen die Gesamthöhe der Eigenmittel übersteigt (600.000 < 615.500), so daß eine Befreiung von der Eigenmittelunterlegung ausgeschlossen wird. Erst die Erfüllung beider Prämissen hebt die Unterlegungspflicht für Fremdwährungs- und Goldrisiken auf. Folglich ist die Eigenmittelanforderung für die Währungsgesamtposition mit dem Unterlegungsfaktor in Höhe von 8% zu berechnen. Ausgehend von der Währungsgesamtposition in Höhe von 11.950,-- DM nehmen die vorzuhaltenden Eigenmittel einen Wert von 956,-- DM [11.950,-- x 0,08] an.

Die „Short-hand-Methode" erfaßt sämtliche Währungspositionen in Höhe der jeweiligen Bemessungsgrundlage und unterstellt für jede Währung eine gleich hohe Verlustgefahr. Eine unterschiedlich hohe Schwankung der Wechselkurse und eine daraus resultierende ungleichverteilte Verlustwahrscheinlichkeit der differenzierten Währungen wird nicht beachtet.

3.3.1.2 Sonderregelung

Vor dem Hintergrund, daß sich bestimmte Währungen im Austauschverhältnis zur Inlandswährung nahezu gleich verhalten, ermöglicht die Sonderregelung die Berücksichtigung von Verbundwirkungen der eng miteinander verbundenen Währungen. Da sich die gegenläufig ausgerichteten und auf heimische Währung lautenden, betragsgleichen Positionen in eng verbundenen Währungen im Zeitablauf beinahe kompensieren, bleiben diese Geschäfte bei Ermittlung der Einzelwährungsposition unberücksichtigt („Carving out"-Verfahren).[141]

Lediglich der hälftige Betrag dieser ausgeglichenen Währungsposition wird der Nettowährungsposition zugeführt. Der Grundsatz I definiert die eng verbundenen Währungen mit Hilfe eines historischen Simulationsmodells. Danach darf auf Grundlage der täglichen Wechselkurse sowie

- einer Wahrscheinlichkeit von mindestens 99% (Konfidenzintervall) für die letzten 3 Jahre oder
- einer Wahrscheinlichkeit von mindestens 95% (Konfidenzintervall) für die letzten 5 Jahre

der potentielle Verlust aus den ausgeglichenen Einzelwährungspositionen über die nächsten zehn Arbeitstage einen Wert von vier Prozent der betragsmäßig gleichen Währungspositionen nicht überschreiten.

Rekurrierend auf eine Referenzperiode von fünf Jahren und sich überlagernde Halteperioden von zehn Tagen, etwa für die Periode 1 vom 2.1.1995 bis zum 13.1.1995 und für die Periode 2 vom 3.1.1995 bis zum 16.1.1995, finden ca. 250 Halteperioden pro Jahr Eingang in das Simulationsmodell. Entsprechend werden für den Zeitraum von fünf Jahren insgesamt 1.250 Halteperioden betrachtet. Um unterschiedliche Währungen als eng verbunden ansehen und ihre gegenläufigen Positionen aufrechnen zu können, dürfen bei einem vorgeschriebenen Konfidenzintervall von 95% lediglich 62 [1250 – (0,95 x 1250)] Halteperioden einen Verlust ausweisen, der 4% der ausgeglichenen Währungspositionen übersteigt.[142]

Die Tabelle 3.24 weist mit dem US-Dollar (US-$) und dem Kanadischen-Dollar (Kan-$) ein Währungspaar auf, welches aufgrund der oben genannten Bedingungen gegenüber der Deutschen Mark als eng verbunden angesehen werden kann. Da der in heimische Währung umgerechnete Betrag in Kan-$

---

[141] Vgl. Bundesaufsichtsamt für das Kreditwesen (1997b), S. 71.

[142] Zur Simulation des Verlustpotentials über eine bestimmte Referenzperiode siehe Gramlich, D., Neufassung der Bankenaufsicht über Währungsrisiken, in: ZfgK, 18/1995, S. 925.

kleiner ist als der Betrag in US-$, wird der geringere Wert (Abzugsbetrag) dieser Position sowohl von der Brutto-Long- als auch von der Brutto-Short-Position subtrahiert. Der größere Wert der kumulierten Long- bzw. Short-Positionen geht in die Berechnung der Nettowährungsposition, welche um den hälftigen Wert des Abzugsbetrages der hochkorrelierenden Währungen ergänzt wird, ein. Die Bestimmung der Währungsgesamtposition erfolgt zuzüglich des Wertes der offenen Goldposition.

Einzelwährungspositionen Long (in Mio.)				**Einzelwährungspositionen Short** (in Mio.)		
in Fremdwährung	Kassakurs	**in Mio. Deutsche Mark**	eng verbunden	in Fremdwährung	Kassakurs	**in Mio. Deutsche Mark**
100 US-$	1,7405	**174,05**	↔	40 Kan-$	1,3012	**52,048**
50 Pfund	2,9020	**145,10**		15 SFR	1,2262	**18,393**
35 FF	0,2985	**10,448**		24 JPY	1,4115	**33,876**
		329,598				**104,317**
- verbundene Währungen		**52,048**	- verbundene Währungen			**52,048**
Nettowährungsposition		**277,550**	> Nettowährungsposition			**52,269**
+ (0,5 x 52,048)		**26,024**				
+ offene Goldposition		**24,234**				
Währungsgesamtposition		**327,808**				

Tab. 3.24: Währungsgesamtposition nach der Sonderregelung

Die aus der Anwendung der Sonderregelung resultierende Eigenmittelanforderung bei einer Währungsgesamtposition in Höhe von 327,808 Mio. DM führt zu einem Unterlegungsbetrag in Höhe von 26.224.640,-- DM [327.808.000,-- x 0,08]. Die Währungsgesamtposition der Standardmethode nimmt hingegen bei vollständiger Berücksichtigung aller Einzelwährungspositionen gemäß der Vorgehensweise in der Tabelle 3.23 einen Wert von 353,832 Mio. DM [329,598 Mio. + 24,234 Mio.] an. Die Eigenmittelunterlegung der Sonderregelung hat sich damit gegenüber der Standardmethode aufgrund der eng verbundenen Währungspositionen konkret um 2.081.920,-- DM [26,024 Mio. x 0,08] reduziert. Die Anwendung der Sonderregelung ist nur nach einheitlicher und dauerhafter Wahl des Institutes möglich. Die Möglichkeit, Freigrenzen analog der Standardmethode zu nutzen, besteht im Eigenmittelgrundsatz grundsätzlich nicht.

3.3.2 Rohwarenposition

Da die Aufnahme der rohwarenbezogenen Geschäfte im Rahmen der Kapitaladäquanzrichtlinie keine Berücksichtigung gefunden hat, läßt sich die Integration der Rohwarenpositionen in den Grundsatz I allein auf das Basler Marktrisikopapier zurückzuführen.[143] Zugleich wird mit der Erfassung der "Commodities" die Bekanntmachung des Bundesaufsichtsamtes[144] aus dem Jahr 1974 aufgehoben, welche die Ausübung von Warentermingeschäften generell untersagte. Vielmehr finden nun die aktuellen Regelungen für die Rohwarenpositionen auf sämtliche Rohwaren- einschließlich der Edelmetallpositionen Anwendung. Damit werden auch die gemäß dem früheren Grundsatz Ia zu den Fremdwährungsrisiken zählenden Platin- und Silberpositionen eingeschlossen.[145]

Die Rohwarenrisikopositionen erfassen sowohl die bilanziellen als auch die außerbilanziellen Produkte, die einem Verlustrisiko (Commodity risk) bei einer Veränderung der Rohwarenpreise ausgesetzt sind. Zu den Rohwarenbestandteilen zählen die Produkte der Urproduktion, etwa aus der Landwirtschaft und dem Bergbau, die daraus erzeugten Halbfabrikate, wie z. B. Metalle und Öle, sowie die Fertigprodukte, beispielsweise Zucker und Edelmetalle.[146] Das üblicherweise betriebene Warengeschäft von gemischtwirtschaftlichen Kreditgenossenschaften unterliegt nicht den Vorschriften zur Ermittlung und Anrechnung der Rohwarenrisiken. Diese Freistellung begründet sich in dem geringen Risikogehalt der Warengeschäfte dieser Institute. Die Befreiung setzt allerdings voraus, daß die durchgeführten Warengeschäfte weiterhin dem bisherigen Umfang der Produkte entsprechen. Mit anderen Worten muß die Quantifizierung der Rohwarenpositionen vorgenommen werden, sobald das ursprüngliche Geschäftsvolumen erkennbar überschritten wird.

---

[143] Siehe Basler Ausschuß für Bankenaufsicht (1996a), A.4. Zu den Abweichungen der beiden Vorschriften siehe auch Trouet, P., Divergenzen zwischen Basler Eigenkapitalvereinbarung und der EG-Kapitaladäquanzrichtlinie, in: ZfgK, 17/1996, S. 836, sowie Schoppmann, H., Internationale Harmonisierung der Aufsichtsregeln, in: Wissenschaftsförderung der Sparkassenorganisation e. V. (Hrsg.), Derivative Finanzinstrumente: Nutzen und Risiken, Wissenschaft für die Praxis: Abt. 3, Analysen, Bd. 9, Stuttgart, 1995, S. 133 f.

[144] Vgl. Schreiben des BAKred – I 1 – 1269 -1/74 – vom 24. Oktober 1974.

[145] Die goldpreisbezogenen Kontrakte finden im Rahmen der Währungsgesamtpositionen Berücksichtigung. Siehe dazu Abschnitt 3.2.1.

[146] Vgl. Boos, K.-H./Schulte-Mattler, H. (1997b), S. 559.

Falls Institute ausschließlich physische Bestände in Silber und Platin aufweisen, sieht das Bundesaufsichtsamt für das Kreditwesen auch bei der Bestimmung der Rohwarenrisiken eine Entlastung vor. Auf die Quantifizierung des Anrechnungsbetrages können die Institute verzichten, wenn der Gesamtwert dieser Rohwarenbestände einen Betrag von 50.000,-- DM nicht überschreitet.[147] Eine über diesen Betrag hinausgehende Rohwarengesamtposition bezieht die Eigenmittelanforderung auf den gesamten Umfang des Rohwarenbestandes.

Zur Ermittlung der offenen Rohwarengesamtposition wird für jeden Rohstoff zunächst die Summe aus den Aktiv- und Passivpositionen gebildet. Die offene Rohwareneinzelposition errechnet sich aus dem Saldo dieser Positionen, welche auf Basis der jeweiligen Bemessungsgrundlage mindestens einmal täglich bei Geschäftsschluß in Deutsche Mark umgerechnet werden. Sofern Rohwaren auf eine fremde Währung lauten, werden diese zum jeweiligen Devisenkurs des Stichtages in Deutsche Mark umgerechnet. Analog der Ermittlung der Währungspositionen gehen auch bei den Rohwarenpositionen unterschiedliche Bemessungsgrundlagen, welche den potentiellen Ansprüchen respektive den Verpflichtungen gerecht werden, in die Betrachtung ein.

Aktivpositionen	*Bewertung zum*	***Passivpositionen***
Rohwarenbestände	*Buchwert*	---
Lieferansprüche aus Swap-, Kassa- und Termingeschäften	*Nominalbetrag oder Gegenwartswert*	**Lieferverpflichtungen aus Swap-, Kassa- und Termingeschäften**
Lieferansprüche aufgrund der Ausübung eigener oder fremder Optionsrechte	*Nominalbetrag*	**Lieferverpflichtungen** aufgrund der Ausübung eigener oder fremder Optionsrechte
Eventualansprüche auf Rückgabe von in Pension gegebenen Rohwarenbeständen	*Marktwert*	**Eventualverbindlichkeiten** auf Rückgabe von in Pension genommenen Rohwarenbeständen

Tab. 3.25: Rohwarenbezogene Aktiv-/Passivpositionen

Zur Bestimmung der Höhe der Eigenmittelunterlegung stehen für die Handelsbuch- sowie für die Nichthandelsbuchinstitute das Standardverfahren und die Zeitfächermethode zur Verfügung. Während das Standardverfahren die

147 Vgl. Bundesaufsichtsamt für das Kreditwesen (1997b), S. 30.

Quantifizierung der Eigenmittelanforderung auf einfache Weise ermöglicht, erweist sich die Zeitfächermethode als das komplexere Rechenmodell.

3.3.2.1 Standardverfahren

Zur Bemessung der Eigenmittelanforderung nach dem Standardverfahren erfolgt zunächst die Bestimmung der offenen Rohwareneinzelpositionen. Diese errechnen sich aus der Differenz der Aktiv- und der Passivposition einer jeden Rohwarenkategorie. Die Multiplikation der offenen Rohwarenposition (Nettoeinzelposition) mit dem Anrechnungsfaktor von 15% stellt die erste Komponente zur Quantifizierung der vorzuhaltenden Eigenmittel dar. Da mit der offenen Rohwarenposition ausschließlich die Differenz der Bruttopositionen in die Berechnung einfließt, kann der daraus bestimmte Eigenmittelbetrag lediglich als Prophylaxe für eine potentielle nachteilige Veränderung der Rohwaren-Kassapreise (direktionales Risiko) angesehen werden.

Neben dem direktionalen Risiko existieren für die Rohwarenkontrakte jedoch eine Vielzahl weiterer Risiken. Dazu zählt das Zinsänderungsrisiko, welches die Veränderung der Bestandskosten bei Termingeschäften beschreibt, das Terminpreisänderungsrisiko, welches die Veränderung der Terminpreise, die nicht zinsinduziert sind, aufzeigt sowie das Basisrisiko, welches die Änderung der Preisparitäten zwischen ähnlichen Produkten erfaßt.[148] Um diese Risikopositionen zusätzlich zu berücksichtigen, enthält der Grundsatz I eine weitere Rechenoperation. Dazu werden sämtliche Aktiv- und Passivpositionen einzelner Rohwaren (Bruttoeinzelposition) zusammengefaßt und die daraus resultierende Summe mit 3% multipliziert. Die Addition der beiden Produkte führt zu dem gesamten Eigenmittelunterlegungsbetrag für einen spezifischen Rohstoff. Die Summe aller rohwarenspezifischen Anforderungsbeträge stellt den Anforderungsbetrag der Eigenmittel für die gesamten Rohwarenpositionen dar.

[148] Vgl. Basler Ausschuß für Bankenaufsicht, Änderung der Eigenkapitalvereinbarung zur Einbeziehung der Marktrisiken, Januar 1996, Abschnitt A.4, Tz.6, 12 und 13. Zu den spezifischen Rohwarenrisiken vgl. Boos, K.-H./Schulte-Mattler, H. (1997b), S. 562.

Aktiva (in DM)	Passiva (in DM)	Netto-einzel-position (in DM)	Eigenmittel-anforderung in Höhe von 15%	Brutto-einzel-positionen (in DM)	Eigenmittel-anforderung in Höhe von 3%
Kupfer 150.000,--	Kupfer 45.000,--	105.000,--	**15.750,--**	195.000,--	**5.850,--**
Kaffee 80.000,--	Kaffee 90.000,--	10.000,--	**1.500,--**	170.000,--	**5.100,--**
Zucker 65.000,--		65.000,--	**9.750,--**	65.000,--	**1.950,--**
1.500,--	Öl 17.000,--	15.500,--	**2.325,--**	18.500,--	**555,--**
			29.325,--		**13.455,--**

Anforderungsbetrag aus den offenen Einzelwährungspositionen: 29.325,-- DM
Anforderungsbetrag aus der Addition der Aktiv- und Passivpositionen: 13.455,-- DM
Eigenmittelanforderung: 42.780,-- DM

Tab. 3.26: Eigenmittelanforderung nach der Standardmethode

Die Anwendung der Standardmethode – als vereinfachtes Verfahren – führt dazu, daß insgesamt Eigenmittel in Höhe von 42.780,-- DM zur Unterlegung der bestehenden Rohwarenpositionen bereitgestellt werden müssen. Die Möglichkeit zur Aufrechnung spezifischer Kontrakte mit Positionen, die als Substitute angesehen werden und deren Preisentwicklung über ein Jahr nahezu identisch verläuft (Mindestkorrelation von 0,9), wurde – entgegen den Basler Marktrisikoregelungen – im Grundsatz I nicht umgesetzt.[149] Das Bundesaufsichtsamt für das Kreditwesen stellt jedoch eine Entscheidung im Einzelfall in Aussicht.

3.3.2.2 Zeitfächermethode

Als alternative Vorgehensweise zur Standardmethode darf nach einheitlicher und dauerhafter Wahl[150] die Zeitfächermethode eingesetzt werden. Diese Systematik zur Erfassung der Rohwarenrisiken gliedert die Aktiv- und Passivpositionen einzelner Rohwaren nach ihrer Fälligkeit in sieben vorgegebene Laufzeitfächer (Anrechnungsbereiche). Aus den zeitlich kongruenten Anrechnungsbereichen werden zunächst die geschlossenen Positionen bestimmt, welche sich durch die Aufrechnung gattungsgleicher Aktiv- bzw. Passivposition errechnen. Die verbleibende Residualgröße stellt die offene

149 Vgl. Basler Ausschuß für Bankenaufsicht (1996a), Abschnitt A.4, Tz. 5.

150 Die Anwendung des Standardverfahrens und der Zeitfächermethode ist parallel nur für verschiedene Rohwarenarten möglich. Das Risiko einer einzelnen Rohwarenart muß nach einem einheitlichen Verfahren ermittelt werden.

Position eines Laufzeitbandes dar. Diese wird durch das Rollieren (Vortragen) auf das nachfolgende Laufzeitband mit den offenen Positionen des Anrechnungsbereiches verrechnet, so daß nach jeder Kompensation eine neue offene und eine neue geschlossene Positionen erzeugt wird. Um weitere Aufrechnungen im Rahmen der Fortschreibung vorzunehmen, muß das Vorzeichen bei dem Positionsübertrag stets berücksichtigt werden. Das ständige Rollieren führt letztlich dazu, daß eine einzige offene Position verbleibt, welche den größten Risikogehalt bei einer Veränderung des Rohwarenmarktpreises ausweist.

Für die verrechneten Positionen innerhalb eines Anrechnungsbereiches sowie für die Positionen, die über ein Laufzeitband hinaus verrechnet werden (Carry Over), finden differenzierte Gewichtungsfaktoren Anwendung. Die Tabelle 3.28 zeigt exemplarisch den Ablauf der Zeitfächermethode zur Risikobestimmung für eine bestimmte Rohwarenposition.

Laufzeitband Nr.	**Anrechnungs-Bereich (Zeitfächer)**	**Offene Positionen**		**Ausgeglichene Positionen innerhalb des Laufzeitbandes**
		Long	**Short**	
1	≤ 1 Monat	500	-350	350
2	> 1 ≤ 3 Monate		-290	
3	> 3 ≤ 6 Monate	400		
4	> 6 ≤ 12 Monate			
5	> 1 ≤ 2 Jahre	600	-750	600
6	> 2 ≤ 3 Jahre	140	-80	80
7	> 3 Jahre	260	-350	260
Σ		1.900	-1.820	1.290

Laufzeitband Nr.	**Verbleibende offene Positionen**		**Carry Over Betrag**	**Carry Over Ausgleich**	**Offene Restposition**
	Long	**Short**			
1	150		150		
2		-290	-140	150	
3	400		260	140	
4			260		
5		-150	110	150	
6	60		170		
7		-90		90	80
Σ	610	-450	1.090	530	80

Tab. 3.27: Zeitfächermethode

Zunächst werden die geschlossenen Positionen in einem Anrechnungsbereich ermittelt. Der verbleibende Überhang dient ausgehend von dem ersten Laufzeitband den nachfolgenden Anrechnungsbereichen zur weiteren Verrechnung, so daß zuletzt eine offene Position verbleibt. Die Gewichtungsfaktoren für die Spreadrisiken in Höhe von 3% finden sowohl für die ausgeglichenen Positionen in den Laufzeitbändern als auch für die geschlossenen Positionen, die aufgrund des Rollierens der offenen Positionen in das nächste Laufzeitband entstehen ("Carry-Over-Ausgleich") und vorzeichenunabhängig addiert werden, Anwendung. Das Vortragen der verbleibenden offenen Positionen wird mit einem zusätzlichen Gewichtungsfaktor von sechs Promille berücksichtigt. Der verbleibende, offene Posten wird mit fünfzehn von Hundert multipliziert. Dabei bleiben die Vorzeichen unberücksichtigt. Die Addition der einzelnen Produkte führt schließlich zu dem gesamten Eigenmittelunterlegungsbetrag.

Eigemittelanforderung	**Gewichtungsfaktor**	**Position**	**Anforderungsbetrag**
Summe der ausgeglichenen Positionen in den Anrechnungsbereichen	3%	1.290	**38,70**
Summe der ausgeglichenen Positionen zwischen den Anrechnungsbereichen (Carry Over-Ausgleich)	3%	530	**15,90**
Summe der vorgetragenen Positionen (Carry-Over-Betrag)	0,6%	1.090	**6,54**
Offene Restposten	15%	80	**12,00**
			73,14

Tab. 3.28: Eigenmittelanforderung nach der Zeitfächermethode

Die Zeitfächermethode legt für eine Rohwarengattung einen Eigenmittelunterlegungsbetrag in Höhe von 73,14 DM fest. Die Anwendung der Zeitfächermethode führt zu einer erheblichen Minderung des Eigenmittelunterlegungsbetrages, da der Gewichtungsfaktor in Höhe von 3% lediglich auf die geschlossenen Positionen angerechnet wird, während das Standardverfahren diese Gewichtung für die Rohwaren-Bruttopositionen vorsieht, welche sich aus der Summe der Aktiv- und Passivpositionen errechnen.[151] A prima facie steht der vereinfachte Aufwand der Risikoquantifizierung mit Hilfe des Standard-

[151] Die Höhe der offenen Positionen ist gleich hoch, da die Standardmethode die Aggregation der Positionen einer Rohware unabhängig von der Fristigkeit einzelner Geschäfte durchführt und die Zeitfächermethode sämtliche Geschäfte – unter Berücksichtigung der Vorzeichen – durch Rollieren über die Laufzeitbänder hinaus addiert.

verfahrens im Zusammenhang mit einer höheren Eigenmittel-unterlegung. Während die Zeitfächermethode einen Eigenmittelbetrag in Höhe von 73,14 DM erfordert, müssen bei Anwendung des Standardverfahrens Eigenmittel im Wert von 123,60 DM [80 x 0,15 + (1.900 + 1.820) x 0,03] unterlegt werden.

Diese Höhe der Eigenmittelanforderung nach der Zeitfächermethode läßt sich ebenso mit Hilfe der Formel 3.9 berechnen, die ausschließlich auf die offenen Long- und Short-Positionen Bezug nimmt.[152]

$$EK = 0{,}03 \times \mathrm{MIN}\left(\sum_{i=1}^{7}|A_i|; \sum_{i=1}^{7}|P_i|\right) + 0{,}006 \times \left(\sum_{j=1}^{6}\left|\sum_{i=1}^{j}\left(|A_i| - |P_i|\right)\right|\right)$$

$$+ 0{,}15 \times \left(\left|\sum_{i=1}^{7}|A_i| - \sum_{i=1}^{7}|P_i|\right|\right)$$

EK = Eigenmittelanforderung für eine bestimmte Rohware
A_i = Summe der Aktivpositionen im i-ten Laufzeitband
P_i = Summe der Passivpositionen im i-ten Laufzeitband

EK = 0,03 x MIN (1.900; 1.820) + 0,006 x (1.290) + 0,15 x (1.900 – 1.820)

= 0,03 x 1.820 + 0,006 x 1.290 + 0,15 x 80 = 74,34

Formel 3.9: Eigenmittelanforderung je Rohwarenart

Durch die Anwendung dieser Rechenoperation wird die Messung des Risikos aus Rohwarenpositionen stark vereinfacht, da lediglich die Aktiv- und Passivpositionen in die Laufzeitbänder gemäß ihrer Restlaufzeit eingestellt werden müssen. Die Höhe der effektiven Eigenmittelanforderung läßt sich für die aktuellen und potentiellen rohwarenbezogenen Positionen auf diese Weise mühelos vorherbestimmen. Gleichwohl läßt sich für deutsche Institute konstatieren, daß die Rohwarengeschäfte von eher untergeordneter Bedeutung sind.

[152] Vgl. Boos, K.-H./Schulte-Mattler, H. (1997b), S. 561.

3.3.3 Handelsbuchrisikopositionen

Ein Vergleich der Handelserträge deutscher Universalbanken mit US-amerikanischen Instituten und Schweizer Großbanken zeigt, welche Ertragspotentiale der Eigenhandel beinhaltet. Während Bankers Trust 36% und J. P. Morgan 32% der Gesamterträge dem Eigengeschäft zuweisen, beläuft sich der Anteil des Eigenhandelserfolges deutscher Universalbanken auf lediglich rund 7% des Gesamtertrages.[153] Da das Handelsvolumen derivativer Instrumente in den letzten Jahren enorm zugenommen hat und ständig neue, komplexere Finanzinnovationen am Markt angeboten werden,[154] kommt der bankenaufsichtsrechtlichen Quantifizierung der Derivate, der Kassakontrakte oder der Kombination beider Finanzinstrumente eine hohe Bedeutung zu.[155]

Die Ermittlung der Eigenmittelanforderung für die im Handelsbuch geführten Risikopositionen erfolgt im Eigenmittelgrundsatz in enger Anlehnung an die Kapitaladäquanzrichtlinie sowie an das Basler Konsultationspapier.[156] Entsprechend differenziert das Bundesaufsichtsamt in seiner Bekanntmachung vom 29. Oktober 1997 auf der einen Seite das Marktrisiko,[157] welches durch das Eingehen offener – nicht abgesicherter – Handelspositionen besteht und auf der anderen Seite das Adressenausfallrisiko, welches dem Adressenrisiko aus dem Anlagebuch entspricht und sich aus dem jeweiligen Geschäft mit dem Kontrahenten ergibt.

Dem Bausteinprinzip (Building-Block-Approach) folgend, teilt sich das Handelsbuchrisiko in das spezifische Risiko (Specific Risk) und in das allgemeine Risiko („General Market Risk") auf.[158] Das spezifische Risiko ist auf einzelwirtschaftliche Faktoren zurückzuführen, die etwa auf die Bonität eines Marktkontrahenten oder auf die Kursstellung der am Markt gehandelten

---

[153] Vgl. Fischer, T., Risikomanagement im Investment-Banking, in: Die Bank, 11/1994, S. 638.

[154] Vgl. Damm, U., Derivate zwischen Nutzen und Risiko, in: Die Bank, 9/1993, S. 506-510.

[155] Vgl. Fischer, T. (1994), S. 638.

[156] Siehe Basler Ausschuß für Bankenaufsicht (1996a), Teile A1 und A2 sowie EG-Kommission (1993b), Anhang I und II. Eine Gegenüberstellung der Regelungen aus Brüssel und Basel nach den Risikokategorien findet sich bei Schulte-Mattler, H., Bankaufsichtliche Eigenkapitalnormen für Marktrisiken im Vergleich, in: Die Bank, 2/1994, S. 93-98.

[157] Bisweilen wird das Marktrisiko auch als Positionsrisiko bezeichnet.

[158] In der Literatur ist für das „spezifische Risiko" ebenso die Bezeichnung „unsystematisches Risiko" und für das „allgemeine Marktrisiko" der Terminus „systematisches Risiko" anzutreffen.

Wertpapiere Einfluß nehmen,[159] jedoch nicht im Zusammenhang mit der Veränderung des Gesamtmarktes stehen. Die gesamtwirtschaftlichen Einflußgrößen werden unter dem allgemeinen Marktrisiko subsumiert. Als Beispiel läßt sich die Veränderung der Marktzinsen oder der Devisenkurse anführen, welche sowohl positive als auch negative Veränderungen der Finanzinstrumente hervorrufen können.[160] Praktische Relevanz erfährt diese Klassifizierung bei der Risikoquantifizierung der zinssatz- und der aktienkursbezogenen Finanzinstrumente, da eine Veränderung der vorgenannten Faktoren das Risiko der im Handelsbuch notierten Positionen beeinflußt und unter Umständen eine entsprechende Anpassung der Eigenmittelunterlegung erfordert.

Die Abbildung 3.8 verdeutlicht die bankenaufsichtsrechtliche Trennung der Risikokategorien innerhalb des Handelsbuches. Dabei wird in Abhängigkeit des Finanzinstrumentes zwischen dem zins- und dem aktienkursbezogenen Risiko unterschieden. Die Berechnung der Risikopositionen erfolgt unter Berücksichtigung der jeweiligen Nettopositionen. Zur Ermittlung des allgemeinen zinsbezogenen Marktpreisrisikos kann wahlweise die Jahresbandmethode oder die Durationmethode eingesetzt werden. Indexkontrakte können als selbständige Positionen behandelt oder in ihre zugrundeliegenden Nettopositionen aufgeschlüsselt und den jeweiligen Risikokategorien zugewiesen werden. Darüber hinaus wird das Adressenausfallrisiko bestimmter Kontrakte im Rahmen der Eigenmittelanforderung separat betrachtet.

Mit der Berücksichtigung des Adressenausfallrisikos der Handelsbuchpositionen wird nicht nur die nachteilige Veränderung des Marktpreises sondern zusätzlich die Gefahr eines potentiellen Ausfalls des Vertragspartners in die Eigenmittelunterlegung integriert. Neben dem Abwicklungsrisiko, welches eine verzögerte Erfüllung durch den Vertragspartner bei einer für das Institut ungünstigen Entwicklung des Marktwertes des Underlyings zum Ausdruck bringt, wird dem Vorleistungsrisiko, bei dem die Erfüllung durch den Kontrahenten noch aussteht, besondere Aufmerksamkeit beigemessen. Außerdem wird das Erfüllungsrisiko, welches die Marktwertänderung eines noch ausstehenden Zahlungsstromes einschließt, explizit erfaßt und mit einer Eigenmittelanforderung versehen.

---

[159] Das Adressenausfallrisiko zählt nicht zu den spezifischen Risiken, da dieses durch eine gesonderte Eigenmittelunterlegung berücksichtigt wird.

[160] Zur Unterscheidung des systematischen und des unsystematischen Risikos vgl. Beike, R./Schlütz, J., Finanznachrichten lesen-verstehen-nutzen, Stuttgart, 1996, S. 131 f.

Handelsbuchrisiken					
Marktpreisrisiko					Adressenausfallrisiko
Zinssatzbezogene Finanzinstrumente		Aktienkursbezogene Finanzinstrumente			•Abwicklungsrisiko •Vorleistungsrisiko
Allgemeines Kursrisiko	Spezifisches Kursrisiko	Allgemeines Kursrisiko	Spezifisches Kursrisiko	Aktienindex-positionen	•Kontrahentenrisiko •Adressenausfallrisiko

Abb. 3.8: Handelsbuchrisikopositionen

Die Trennung der anrechnungspflichtigen Geschäfte bewirkt, daß Kontrakte, die mehr als eine Risikokategorie beinhalten, möglicherweise mehrfach im Grundsatz I – entsprechend ihrem Risikogehalt – erfaßt werden. Realiter genügt die ausschließliche Registrierung einer im Handelsbuch notierten, auf Fremdwährung denominierten Anleihe eines ausländischen Schuldners innerhalb der Währungsgesamtposition nicht, um das bankenaufsichtsrechtliche Gesamtrisiko dieses Finanzinstrumentes adäquat zu reproduzieren. Vielmehr rechtfertigt das inhärente Zinsänderungsrisiko des Papiers die zusätzliche Berücksichtigung des allgemeinen und des spezifischen zinsbezogenen Kursrisikos.

3.3.3.1 Nettopositionen

Die Bemessungsgrundlage zur Bestimmung der Eigenmittelanforderung für zins- und aktienkursbezogene Risikopositionen stellt die jeweilige Nettoposition dar. Dieser Wert resultiert aus den Unterschiedsbeträgen in gleichen Wertpapieren der Long- und Short-Positionen. Dazu zählen neben den bilanziellen Wertpapierbeständen ebenso die Lieferansprüche und Lieferverpflichtungen aus Kassa-, Termin-, Options- sowie Swapgeschäften, sofern diese sich auf die gleichen zugrundeliegenden Wertpapiere beziehen.[161]

Als „gleich" im Sinne des Eigenmittelgrundsatzes sind die Wertpapiere anzusehen, wenn sie

- von demselben Emittenten ausgegeben wurden,

[161] In Anlehnung an die Kapitaladäquanzrichtlinie eröffnet der Eigenmittelgrundsatz die Möglichkeit, eine Verrechnung gegenläufig ausgerichteter, derivativer Instrumente vorzunehmen. In den Basler Marktrisikoregelungen wird diese Vorgehensweise als „Preprocessing" bezeichnet. Vgl. EG-Kommission (1993b), Anhang I, Tz. 9.

- auf dieselbe Währung lauten und auf demselben nationalen Markt gehandelt werden,
- im Falle der Einbeziehung in die Zinsnettoposition in ihren Rückzahlungsprofilen übereinstimmen,
- im Falle der Einbeziehung in die Aktiennettoposition dem Inhaber hinsichtlich des Stimmrechtes dieselbe Stellung verleihen und
- im Falle der Insolvenz des Emittenten denselben Rang einnehmen.[162]

Die Aufrechnung („Preprocessing") gegenläufiger derivativer Positionen ist an die Voraussetzung geknüpft, daß eine weitgehende Übereinstimmung hinsichtlich

- des Nominalwertes und der Währung,
- der Nominalverzinsung mit demselben variablen Referenzzins, welcher um nicht mehr als 15 Basispunkte differiert, sowie
- der restlichen Zinsbindungsfrist, welche bei einer Restlaufzeit
  - von unter einem Monat laufzeitkongruent sein muß,
  - von einem Monat bis einem Jahr um sieben Kalendertage und
  - von mehr als einem Jahr um maximal 30 Kalendertage abweichen darf.[163]

Die Prüfung bezüglich der Aufrechnungsmöglichkeit gegenläufiger Positionen wird in der Abbildung 3.8 an zwei Beispielen mit jeweils einem Receiver- und einem Payer-Swap veranschaulicht. Der Receiver-Swap zeichnet sich durch die Leistung variabler und den Erhalt fixer Zinszahlungen aus. Hingegen ist für den Payer-Swap der exakt entgegengesetzte Zahlungsstrom charakteristisch. Im ersten Fall lauten die Swaps auf Deutsche Mark; im zweiten Fall wird der US-Dollar als Währungseinheit zugrunde gelegt.

[162] Vgl. § 19 Abs. 3 GS I.

[163] Vgl. § 19 Abs. 4 GS I. Die gegenseitige Aufrechnung derivativer Positionen bei Erfüllung der genannten Voraussetzungen wird auch als „Matched-Pairs-Ansatz" bezeichnet. Vgl. dazu Schulte-Mattler, H./Traber, U. (1997), S. 141, sowie BAKred (1997b), S. 98-99.

DM-Swaps mit fixen Cash-flows:

Ausstattung	Receiver-Swap	Payer-Swap	§ 19 Abs. 4 GS I erfüllt?
Zinszahlung	Fix: 7, 10	Fix: 6,95	**ja**, Abweichung ≤ 15 Basispunkte
Nominalbetrag	10.000.000,--	5.000.000,--	**ja**, Verrechnung in Höhe des geringeren Nominalwertes möglich
Währung	Deutsche Mark	Deutsche Mark	**ja**, gleiche Währung
Restlaufzeit	2 Jahre, 4 Monate	2 Jahre, 2 Monate	**nein**, Restlaufzeit weicht um mehr als 30 Tage
			⇓ **Die Bildung einer Nettoposition ist nicht möglich!**

US-$-Swaps mit variablen Cash-flows:

Ausstattung	Receiver-Swap	Payer-Swap	§ 19 Abs. 4 GS I erfüllt?
Referenzzins	3-Monats-LIBOR (US-$)	3-Monats-LIBOR (US-$)	**ja**, aufgrund derselben Bemessungsgrundlage
Zinszahlung	variabel: Libor + 0,1	variabel: LIBOR - 0,05	**ja**, Abweichung ≤ 15 Basispunkte
Nominalbetrag	10.000.000,--	5.000.000,--	**ja**, Verrechnung in Höhe des geringeren Nominalwertes möglich
Währung	US-$	US-$	**ja**, gleiche Währung
Zinsbindungsfrist	1 Monat, 7 Tage	1 Monat, 4 Tage	**ja**, Zinsanpassungstermine weichen um weniger als 7 Tage ab
			⇓ **Bildung einer Nettoposition in Höhe von 5.000.000,-- US-$!**

Abbildung 3.9: Preprocessing

Die Bildung einer Nettoposition der auf Deutsche Mark lautenden Swaps ist nicht möglich, da die Restlaufzeiten der beiden Instrumente um mehr als 30 Tage abweichen und mithin das Kriterium einer übereinstimmenden Zinsbindungsfrist nicht vorliegt. Hingegen erfüllen die auf US-Dollar denominierten Swaps vollständig die geforderten Kriterien und ermöglichen die Bildung einer Nettoposition in Höhe der Differenz der aufgeführten Nominalwerte.[164]

Verzichtet ein Institut auf die Aufrechnung der derivativen Positionen, so werden die einzelnen Geschäfte im Rahmen der Risikoberechnung separat betrachtet. Die bestehenden Indexgeschäfte werden den Wertpapiergeschäften gleichgestellt. Auf diese Weise werden auch die sogenannten „Equity swaps“,

[164] Zur Anwendung des Preprocessing siehe auch Anhang 2.

deren Bemessungsgrundlage für den Zahlungsstrom sich auf einen nicht exakt zu prognostizierenden Index oder auf eine andere Performance bezieht,[165] im Grundsatz I erfaßt.

Um auch komplexe Wertpapiere, welche aus mindestens zwei Komponenten synthetisch verknüpft sind und gemeinhin als strukturierte Produkte bezeichnet werden, bei der Bestimmung der Nettopositionen zu berücksichtigen, müssen diese Papiere in ihre elementaren Bestandteile („legs") zerlegt werden.[166] Die Zerlegung (Stripping oder Unbundling) dieser Finanzinstrumente führt zu einer eigenständigen Bewertung der Einzelkomponenten und ermöglicht die Einbeziehung dieser Teilelemente in die Ermittlung der Nettopositionen mit anderen bilanziellen und außerbilanziellen Kontrakten im Rahmen des „Preprocessings". Termin- und Optionspositionen sowie auf Wertpapiere basierende Swapgeschäfte werden in ihre Long- und Short-Positionen „gestrippt", so daß eine wertpapierbezogene Komponente und eine als eigenständig zu betrachtende derivative Komponente entsteht. Beide „legs" werden im weiteren bei der Bildung der Nettopositionen voneinander unabhängig betrachtet.

Während für Wertpapiere der aktuelle Marktpreis als maßgebliche Größe für die Bildung der Nettoposition herangezogen wird, finden bei den derivativen Produkten der Gegenwarts- oder der Barwert Eingang in die Berechnung. Von der Berücksichtigung der einzelnen Stückzinsen darf bei der Marktwertermittlung abgesehen werden, da sich die Bestimmung des „Dirty-Price" (Marktwert + Stückzinsen) aus Sicht der Institute als zum Teil außerordentlich schwierig gestaltet.[167] Folglich hebt die Wertermittlung festverzinslicher Wertpapiere lediglich auf den „Clean-Price" (Nettomarktwert) ab.

Die Ermittlung der Nettopositionen für übernommene Garantien und Gewährleistungen basiert auf einer nach Arbeitstagen gestaffelten Gliederung. Danach bezeichnet der Arbeitstag „Null" den Tag, an dem das Institut die uneingeschränkte Verpflichtung eingeht, eine bestimmte Menge von

[165] Der „Equity-Swap" subsumiert Swaps von Einzelaktien gegen Geldmarktsatz, von Einzelaktien gegen andere Einzelaktien, von Indizes gegen Indizes wie auch von Einzelaktien gegen Indizes. Vgl. dazu Willnow, J., Derivative Finanzinstrumente, Wiesbaden, 1996, S. 54 ff., sowie Bruns, C./Meyer-Bullerdiek, F., Professionelles Portfoliomanagement, Stuttgart, 1996, S. 343-345.

[166] Die Zerlegung eines synthetischen Konstruktes mit fest und variabel verzinslichen Komponenten wird als „Two-leg-Approach" bezeichnet. Eine ausführliche Vorgehensweise zur Aufteilung eines komplexen Instrumentes findet sich bei Beike, R./Wiedemeier I., Bonds mit atypischem Kursverhalten, in: Sparkasse, 4/1997, S. 188 ff.

[167] Vgl. Bundesaufsichtsamt für das Kreditwesen (1997b), S. 95.

Wertpapieren zu einem vereinbarten Preis zu übernehmen.[168] Befinden sich die Papiere bereits im Bestand des Institutes, so hat sich die Übernahmeverpflichtung bereits verwirklicht und die Geschäfte gehen vollständig in die Berechnung der Nettoposition ein.

Seit verbindlicher Abgabe der Garantie- oder Gewährleistungserklärung vergangene Arbeitstage	Vomhundertsatz
Null	0
Ein	10
Zwei	25
Drei	25
Vier	50
Fünf	75
Sechs und mehr	100

Tab. 3.29: Anrechnungssätze übernommener Garantien und Gewährleistungen von zins- und aktienkursbezogenen Wertpapieren

Die bilanzielle Bewertung der – auf Grundlage eines Leihgeschäftes – übertragenen Finanzinstrumente erfolgt im Gegensatz zu den Bilanzierungsvorschriften nach den Regelungen echter Pensionsgeschäfte.[169] Danach hat der Pensionsgeber die Pensionsgegenstände auch während der Ausleihphase in seiner Bilanz auszuweisen. In diese Regelung werden neben den ursprünglichen Wertpapierpensionsgeschäfte auch Geldmarktinstrumente und Derivate einbezogen.

Investmentanteile werden explizit bei der Bestimmung der Handelsbuchrisikopositionen ausgeschlossen. Damit unterliegen die Beteiligungen an Investmentfonds ausschließlich der Eigenkapitalanforderung, sofern sie dem Anlagebuch zuzuordnen sind.

[168] Vgl. Boos, K.-H./Schulte-Mattler, H., Der neue Grundsatz I: Aktienkurs- und Zinsänderungsrisiken, in: Die Bank, 10/1997, S. 610 f.

[169] Echte Pensionsgeschäfte zeichnen sich durch die Übertragung von Wertpapieren auf den Pensionsnehmer aus, welcher die Verpflichtung hat, die hingegebenen Stücke zu einem im voraus bestimmten oder vom Pensionsgeber noch zu bestimmenden Zeitpunkt zurückzuübertragen. Vgl. dazu ausführlich Edelmann, E./Eller, R., Wertpapierdarlehen und Wertpapierpensionsgeschäfte: Finanzinnovationen für Wertpapierhandel und Portfoliomanagement, Reihe: Wirtschaft-Finanzen-Innovationen, Bd.9, Bonn, 1996, S. 54 f.

3.3.3.2 Zinsbezogene Risiken

Neben den Ausfall- und Währungskursrisiken zählen die Risiken aus den zinsbezogenen Kontrakten zu den elementaren Erfolgsrisiken der Institute.[170] Die klassische Zinsrisikotheorie unterscheidet das Festzinsrisiko, das variable Zinsänderungsrisiko und das Auf- und Abwertungsrisiko von Zinstiteln.[171] Sofern ein Institut sowohl Long- als auch Short-Positionen mit kongruenten Zinszahlungen und Laufzeiten im Handelsbestand hält, lassen sich diese Wertpapierbestände und gleichsam die damit in Verbindung stehenden Risiken kompensieren. Infolgedessen kann in Höhe dieser geschlossenen Positionen das Risiko einer Zinsänderung vollständig eliminiert werden. Verbleibt dagegen ein Unterschiedsbetrag oder besteht keine Verrechnungsmöglichkeit mit einer gegenläufigen Position, so wird eine offene Position ausgewiesen, welche den vorgenannten Risiken in voller Höhe ausgesetzt ist.

Risiken aus zinsbezogenen Geschäften werden sowohl aus dem Aktiv- als auch aus dem Passivgeschäft verzeichnet. Ein aktivisches Zinsrisiko besteht zum Beispiel dann, wenn den Forderungen aus dem Kreditgeschäft keine Finanzierungsmittel mit übereinstimmender Zinszahlung und Laufzeit gegenüberstehen. Auf der anderen Seite beschreibt das passivische Risiko einen Überhang der Kundeneinlagen, welche nicht zins- und laufzeitkongruent angelegt oder im Ausleihgeschäft verwendet werden können.[172] Allgemein bezeichnet das Risiko offener Positionen einen potentiellen Wertverlust eines Finanzinstrumentes – ausgehend vom Zeitpunkt des Geschäftsabschlusses – aufgrund nachteiliger Kurs- oder Wertänderungen.[173] Bangert beschreibt das Zinsänderungsrisiko von Kreditinstituten als mögliche Abweichung des Erfolges

---

[170] Vgl. Rudolph, B., Zinsänderungsrisiken und die Strategie der durchschnittlichen Selbstliquidationsperiode, in: KuK, 12/1979, S182-183.

[171] Vgl. Rolfes, B., Das Zinsänderungsrisiko bei Banken, in: WISU, 7/1988, S. 403-404, sowie Haas, C., Ertragsorientiertes Asset-Liability Management zur Kontrolle von Zinsänderungsrisiken unter Berücksichtigung neuer Finanzierungsinstrumente, Diss., Trier, 1994, S. 1.

[172] Vgl. Beer, A./Goj, W., Zinsrisikomanagement mit Ablaufbilanz und Barwertmethode, Stuttgart, 1996, S. 13, sowie Büschgen, H. E. (1993), S. 262 ff.

[173] Kugler versteht das Zinsänderungsrisiko als Unsicherheit aus negativ empfundenen Werten, die aus möglichen Fluktuationen relevanter Marktzinssätze resultieren. Vgl. Kugler, A., Konzeptionelle Ansätze zur Analyse und Gestaltung von Zinsänderungsrisiken in Kreditinstituten, in: Europäische Hochschulschriften: Reihe 5, Volks- und Betriebswirtschaft, Bd. 595, Frankfurt am Main, 1985, S. 132 ff. Zum Begriff des Zinsrisikos siehe außerdem Moser, H./Quast, W., Organisation des Risikomanagements in einem Bankkonzern, in: Schierenbeck, H./Moser, H. (Hrsg.), Handbuch Bankcontrolling, Wiesbaden, 1994, S. 680.

von einem geplanten Wert, welcher aufgrund einer Veränderung des Marktzinsniveaus und der Zinsstruktur nicht erzielt werden kann.[174]

Neben den wertbeeinflussenden Faktoren, die auf eine Bewegung des Gesamtmarktes zurückzuführen sind, lassen sich Kurskorrekturen auch auf unternehmens- bzw. kontraktbezogener Ebene beobachten. Dementsprechend unterscheidet der Eigenmittelgrundsatz gemäß dem „Building Block Approach" das allgemeine und das spezifische Kursrisiko von Zinspositionen. Diese differenzierte Bestimmung der Risikoursachen ermöglicht eine separate Berechnung der Eigenmittelunterlegung für die marktbestimmenden sowie der ausschließlich mit dem Kontrahenten verbundenen Risikofaktoren. Die Aggregation des zinsbezogenen Kursrisikos verschiedener Währungen sieht das Bundesaufsichtsamt nicht vor,[175] so daß für jede Rechnungseinheit eine eigene Zinsrisikoposition zu ermitteln ist. Die auf fremde Währungen lautenden Markt- oder Barwerte werden zum Devisenkurs des jeweiligen Stichtages in Deutsche Mark transformiert.[176]

3.3.3.2.1 Allgemeines Kursrisiko

Mit der Quantifizierung der potentiellen Wertänderungen aufgrund makroökonomischer Determinanten werden ausschließlich die gesamtmarktbezogenen Einflüsse berücksichtigt. Die Institute besitzen zur Ermittlung des allgemeinen zinsbezogenen Kursrisikos ein Wahlrecht zwischen der Jahresbandmethode, die auch als Standardverfahren bezeichnet wird, und der – auf der finanzmathematischen Kennzahl „Duration" basierenden – Durationmethode. Analog dem Stromgrößenkonzept enthalten beide Verfahren ein Laufzeitband, in welches die Kontrakte gemäß ihrer Restlaufzeit eingestellt und mit einem zugehörigen Anrechnungsfaktor multipliziert werden.[177]

---

174 Vgl. Bangert, M., Zinsrisiko-Management bei Banken, in: Süchting (Hrsg.), Schriftenreihe des Instituts für Kredit- und Finanzwirtschaft, Bd. 13, Wiesbaden, 1987, S. 7.

175 Eine Aufrechnung zwischen zwei verschiedenen Währungen, wie dies Gröschel/Maes mit den US-Dollar und der DM-Zinspositionen praktizieren, entspricht nicht den aufsichtsrechtlichen Normen der Kapitaladäquanzrichtlinie sowie des Grundsatzes I (§ 20 GS I). Siehe Gröschel, U./Maes, U., Eigenkapitalanforderungen nach der Kapitaladäquanzrichtlinie, Stuttgart, 1994, S. 34 ff.

176 Vgl. § 6 Abs. 2 GS I.

177 Vgl. Groß, H./Knippschild, M., Aufsichtsrechtliche Risikonormen für Preisrisiken, in: Schierenbeck, H./Moser, H. (Hrsg.), Handbuch Bankcontrolling, Wiesbaden, 1994, S. 818. Die Zuordnung der Geschäfte in Abhängigkeit ihrer Fälligkeit im Rahmen des Stromgrößenkonzept unterscheidet sich von der Vorgehensweise des vorher gültigen Grundsatz Ia, da dieser nur konstante Gewichtungssätze vorsah.

3.3.3.2.1.1 Jahresbandmethode

Die Jahresbandmethode differenziert die zinsbezogenen Positionen zunächst nach der Höhe ihrer Nominalverzinsung. Dabei werden die Zinstitel mit einem Kupon von weniger als 3% und Zinsinstrumente mit einer Nominalverzinsung von 3% und mehr unterschieden. Für Wertpapiere mit einer variablen Verzinsung ist der Zeitraum bis zur nächsten Zinsfestschreibung maßgebend. Die Einstellung der nach Zinssätzen differenzierten Risikopositionen in die Laufzeitbänder begründet sich in der unterschiedlich hohen Kurssensitivität der Zinsinstrumente und dem damit verbundenen mehr oder minder hohen Verlustpotential. De facto lassen sich bei nominal gering verzinslichen Anleihen und Nullkuponanleihen (Zero Bonds) stärkere Kurswertänderungen bei einem Anstieg oder einem Rückgang der Marktrendite feststellen als bei höher verzinslichen Wertpapieren.[178]

Jedem Laufzeitband ist ein Anrechnungsfaktor zugeordnet, welcher mit zunehmender Restlaufzeit ansteigt. Mit dieser Vorgehensweise wird dem gleichläufigen Zusammenhang zwischen der Höhe der Restlaufzeit und der Höhe der Kursveränderung Rechnung getragen.[179] In Abhängigkeit der Fristigkeit werden die Laufzeitbänder in drei unterschiedliche Anrechnungsbereiche gegliedert. Diese kurz-, mittel- und langfristigen Abschnitte werden als Laufzeitzonen bezeichnet. Während die Restlaufzeiten der beiden Laufzeitbänder innerhalb der kurzfristigen Laufzeitzone übereinstimmen, werden ab der mittleren Laufzeitzone mit zunehmender Restlaufzeit stärkere Divergenzen evident, die zur Folge haben, daß der maximale Gewichtungsfaktor des Laufzeitbandes mit dem höheren Kupon (Laufzeitband B) eher erreicht wird. Aufgrund der höheren Kurssensitivität der geringer verzinslichen Zinstitel werden diese Papiere bei längeren Restlaufzeiten mit höheren Anrechnungsfaktoren bedacht (Laufzeitband A). Um sämtliche Kontraktlaufzeiten erfassen zu können, weisen beide Laufzeitraster unbefristete Endfälligkeiten auf.

---

[178] Als ein bewährtes Verfahren zur Berechnung von Sensitivitäten hat sich die „Modified Duration" herausgestellt. Diese Vorgehensweise leitet sich aus der Duration ab und beschreibt die Stärke der Kursänderung bei einer Marktzinsänderung um einen Prozentpunkt. Da Papiere mit einem hohen Anleihekupon eine geringere Duration aufweisen folgt hieraus auch eine geringere „Modified Duration". Vgl. in diesem Zusammenhang Steiner, M./Bruns, C. (1996), S. 154 ff., Beike, R./Schlütz, J. (1996), S. 372 ff., sowie Herzog, W., Zinsänderungsrisiken in Kreditinstituten, Wiesbaden, 1990, S. 70 f.

[179] Zum Einfluß der Restlaufzeit auf Zinsinstrumente siehe Eller, R./Spindler, C., Zins- und Währungsrisiken optimal managen, Wiesbaden, 1994, S. 30.

Laufzeitzone	Laufzeitband A Nominalverzinsung < 3%	Laufzeitband B Nominalverzinsung > 3%	Gewichtungssatz in Prozent
Kurzfristige Laufzeitzone	≤ 1 Monat	≤ 1 Monat	0,00
	>1 – ≤ 3 Monate	> 1 – ≤ 3 Monate	0,20
	> 3 – ≤ 6 Monate	> 3 – ≤ 6 Monate	0,40
	> 6 – ≤ 12 Monate	> 6 – ≤ 12 Monate	0,70
Mittelfristige Laufzeitzone	> 1 – ≤ 1,9 Jahre	> 1 – ≤2 Jahre	1,25
	> 1,9 – ≤ 2,8 Jahre	> 2 – ≤ 3 Jahre	1,75
	> 2,8 – ≤ 3,6 Jahre	> 3 – ≤ 4 Jahre	2,25
Langfristige Laufzeitzone	> 3,6 – ≤ 4,3 Jahre	> 4 – ≤ 5 Jahre	2,75
	> 4,3 – ≤ 5,7 Jahre	> 5 – ≤ 7 Jahre	3,25
	> 5,7 – ≤ 7,3 Jahre	> 7 – ≤ 10 Jahre	3,75
	> 7,3 – ≤ 9,3 Jahre	> 10 – ≤ 15 Jahre	4,50
	> 9,3 – ≤ 10,6 Jahre	> 15 – ≤ 20 Jahre	5,25
	> 10,6 – ≤ 12 Jahre	> 20 Jahre	6,00
	> 12,0 – ≤ 20 Jahre		8,00
	> 20 Jahre		12,50

Tab. 3.30: Laufzeitbänder und Gewichtungsfaktoren der Jahresbandmethode

Das Produkt der Multiplikation einer - entsprechend ihrer Restlaufzeit - in die einzelnen Laufzeitbänder eingestellten Nettoposition mit dem Gewichtungsfaktor[180] bildet den Risikogewichtungsbetrag. Hierbei erweist sich die Beibehaltung der Vorzeichen als unerläßlich, da die ermittelten Werte der Long- und der Short-Positionen gleicher Laufzeitbandsegmente zusammengefaßt werden. Die in diesem Zusammenhang vorgenommene Aufrechnung gegenläufiger Positionen wird als vertikales Hedging bezeichnet. Die daraus resultierenden geschlossenen Positionen werden mit einem Gewichtungssatz in Höhe von 10% multipliziert. Die Anwendung des horizontalen Hedgings saldiert die verbleibenden offenen Positionen. Zunächst erfolgt eine Aufrechnung mit den benachbarten Laufzeitbändern. Die danach noch vorhandenen offenen Positionen werden mit den offenen Beträgen anderer Laufzeitzonen verrechnet. Auf diese Weise lassen sich weitere geschlossene Positionen generieren bis letztlich ein einziger offener Betrag verbleibt. Die geschlossenen Positionen und der offene Betrag werden mit den Gewichtungssätzen der Tabelle 3.31 multipliziert.

Der Multiplikator einer geschlossenen Position, welche durch die Aufrechnung innerhalb eines Laufzeitbandes erzeugt wurde, beträgt für die kurzfristige

[180] Die Gewichtungsfaktoren ermitteln sich aus der „Modified Duration". Diese Kennziffer basiert auf einem festverzinsliches Wertpapier mit einem Nominalzinssatz von 8% und einer – gemäß jedem Laufzeitband – mittleren Restlaufzeit. Die Marktrendite entspricht dem Nominalzins. Vgl. dazu Basler Ausschuß für Bankenaufsicht (1994), Anhang 2, sowie Schulte-Mattler, H./Traber, U. (1997), S. 150.

Laufzeitzone 40%. Die geschlossenen Positionen der mittel- und langfristigen Laufzeitzonen werden mit 30% berücksichtigt. Die darüber hinaus bestehenden offenen Zinspositionen werden zuerst mit den benachbarten Laufzeitzonen aufgerechnet. Die dabei entstehenden geschlossenen Positionen gehen mit einem Gewichtungsfaktor in Höhe von 40% in die Eigenmittelberechnung ein. Die Aufrechnung der offenen Positionen zwischen der langfristigen und der kurzfristigen Laufzeitzone sieht eine Gewichtung in Höhe von 150% vor.[181] Die letztlich noch verbleibende offene Position wird in voller Höhe angerechnet. Die Summe der einzelnen gewichteten Anrechnungsbeträge eines Institutes stellt schließlich das allgemeine zinsbezogene Risiko dar, welches mit Eigenmitteln zu unterlegen ist.[182]

<table>
<tr><th rowspan="2">Zone</th><th colspan="4">Gewichtete geschlossene Positionen</th><th rowspan="2">Verbleibende offene Position</th></tr>
<tr><th>innerhalb eines Laufzeitbandes</th><th>innerhalb einer Laufzeitzone</th><th>zwischen benachbarten Laufzeitzonen</th><th>zwischen nicht benachbarten Laufzeitzonen</th></tr>
<tr><td>kurzfristig</td><td>10%</td><td>40%</td><td rowspan="2">40%</td><td rowspan="3">150%</td><td rowspan="3">100%</td></tr>
<tr><td>mittelfristig</td><td>10%</td><td>30%</td></tr>
<tr><td>langfristig</td><td>10%</td><td>30%</td><td>40%</td></tr>
</table>

Tab. 3.31: Gewichtungssätze geschlossener/offener Positionen der Jahresbandmethode

Die unterschiedlich hohen Anrechnungsfaktoren der einzelnen Laufzeitbänder sorgen dafür, daß bei der Verschiebung einer Zinsposition in ein Laufzeitband mit kürzeren Laufzeiten das Gesamtrisiko neu quantifiziert werden muß. Damit erfordert die Jahresbandmethode eine ständige Aktualisierung der Daten.

3.3.3.2.1.2 Durationmethode

Mit der Durationmethode steht ein weiteres Verfahren zur Quantifizierung des allgemeinen Zinsrisikos zur Verfügung, welches alternativ zur Jahresbandmethode eingesetzt werden kann. Die Duration stellt im finanzwirtschaftlichen

181 Während der Basler Ausschuß für Bankenaufsicht eine Anrechnung der nicht benachbarten Laufzeitzonen in Höhe von 100% vorsieht, ist im Grundsatz I ein Gewichtungsfaktor in Höhe von 150% festgelegt: Die deutsche Bankenaufsicht bezieht sich an dieser Stelle auf die Regelungen der Kapitaladäquanzrichtlinie. Vgl. Basler Ausschuß für Bankenaufsicht (1996b), Tabelle 2, sowie EG-Kommission (1993b), Anhang 1, Nr. 23.

182 Ausgehend vom Preprocessing wird die Berechnung des allgemeinen Zinsrisikos unter Anwendung der Jahresbandmethode exemplarisch im Anhang 2 vorgestellt.

Kontext ein Risikomaß dar, welches die von Macaulay im Jahr 1938 gewonnene Erkenntnis zugrunde liegt, daß die Restlaufzeit des Papiers als alleinige Erklärungsvariable nicht ausreicht: „Duration is a reality of which maturity is only one factor.“[183] Vielmehr gehen in die Bestimmung der Duration neben dem Faktor Restlaufzeit auch die bis zur Fälligkeit aufgelaufenen Rückzahlungen in Form des Zinses oder des Kapitals sowie der aktuelle Marktzins ein. Konkret lassen sich mit

- der Restlaufzeit bis zur Fälligkeit des Wertpapiers,
- der Endfälligkeitsrendite bzw. dem internen Zinsfuß,
- dem Nominalzins bzw. dem Kupon sowie
- der Tilgungszahlung

die Einflußfaktoren für den Wert der Duration aufführen.[184] Unter Berücksichtigung dieser Faktoren stellte Macaulay heraus, daß das Zinsänderungsrisiko einer Anlage von der Zeit abhängt, in der das gebundene Kapital im gewichteten Mittel zurückfließt.[185] Vor diesem Hintergrund wird die Sensitivitätskennzahl auch als mittlere Kapitalbindungsdauer oder als durchschnittliche Selbstliquidationsperiode bezeichnet. Entsprechend erfolgt die Messung der Duration in der Dimension „Jahre“.

Die Berechnung der Duration hat den Vorzug, daß jedes Zinsinstrument gemäß einer Nullkuponanleihe standardisiert wird. Folglich eignet sich die Kennzahl zum Vergleich verschiedener Zinstitel.[186] Während die Duration einer Nullkuponanleihe stets der Restlaufzeit der Anlage entspricht, erweist sich die Bestimmung der durchschnittlichen Restbindungsdauer eines Straight Bonds als weitaus schwieriger,[187] da die Zinszahlungen respektive die Kapitalrückflüsse vor Endfälligkeit des Papiers zu einer Verringerung der Duration führen. In Abhängigkeit der Höhe des Kapitaldienstes (Zins- und Tilgungszahlung),[188] der Restlaufzeit des Papiers sowie der aktuellen Kapitalmarktrendite reduziert sich folglich das Zinsänderungsrisiko gegenüber einer Nullkuponanleihe. Die

[183] Macaulay, F. R., The movements of interest rates bond yields and stock proces in the united states since 1856, in: Publications of the national bureau of economic research, number 33, New York, 1938, S. 45.

[184] Vgl. Eller, R./Kempfle, W., Die Finanzkennzahl „Duration“ in der Anlageberatung, in: Die Bank, 12/1989, S. 675.

[185] Vgl. Gramlich, D./Walz, H., Duration und Zinselastizität als Instrument des Zinsrisiko-Managements, in: WiSt, 7/1991, S. 329, sowie Kruschwitz, L./Schöbel, R., Duration – Grundlagen und Anwendungen eines einfachen Risikomaßes zur Beurteilung festverzinslicher Wertpapiere (I), in: WISU, 11/1986, S. 551.

[186] Vgl. Daube, C. H./Take, H., Risikomanagement für Zinstitel, in: Sparkasse, 5/1994, S. 221.

[187] Vgl. Douglas, L. G., Bond risk analysis: a guide to duration and convexity, New York, 1990, S. 4.

[188] Die Zins- und/oder Tilgungszahlung wird in diesem Kontext gemeinhin auch als Cashflow bezeichnet.

Durationswaage in der Abbildung 3.10 belegt graphisch, daß der Wert der Duration aufgrund der regelmäßigen Rückflüsse vor dem Fälligkeitszeitpunkt der Anleihe abnimmt.

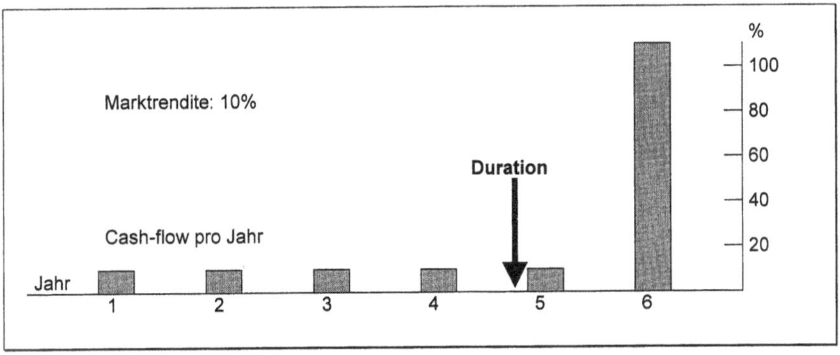

Abb. 3.10: Durationswaage

Die vorgenannte Kapitalmarktrendite wird im Rahmen der Grundsatz I-Anrechnung durch die spezifische Rendite des Papiers (yield to maturity) substituiert.[189] Diese Endfälligkeitsrendite entspricht dem Abzinsungsfaktor, welcher zur Diskontierung aller zukünftig anfallenden Cash-flows Anwendung findet. Die Addition sämtlicher derart verbarwerteten Cash-flows repliziert den zum jeweiligen Stichtag gehandelten Dirty-Price des Papiers.[190] De facto stellt die Endfälligkeitsrendite unter Berücksichtigung des aktuellen Marktwertes des Wertpapiers sowie der Zins- und Tilgungszahlungen den effektiven Jahreszins (internal rate of return) der Anlage dar.[191] Die Berechnung der Endfälligkeitsrendite erfolgt mit Hilfe der internen Zinsfußmethode.[192] Demzufolge unterstellt die Durationmethode bei dieser Vorgehensweise für die gesamte Laufzeit eines einzelnen Zinstitels eine flache Zinsstrukturkurve. Die jeweiligen Abzinsungsbeträge der Zins- und Tilgungszahlungen in Höhe der mit der annualisierten Restlaufzeit potenzierten Endfälligkeitsrendite generieren

---

[189] Die spezifische Rendite eines Zinstitels wird in der Kapitaladäquanzrichtlinie als Endfälligkeitsrendite eines Wertpapiers bezeichnet Vgl. EG-Kommission (1993b), Anhang 1, Tz. 25.

[190] Vgl. Gruber, W., Aufbau und Interpolation von Diskontkurven, in: Eller, R. (Hrsg.), Handbuch des Risikomanagements, Stuttgart, 1998, S. 168.

[191] Zur Berechnung des internen Zinsfußes siehe Bierwag, G. O., Duration analysis, Cambridge-Massachusetts, 1987, S. 12, sowie Perridon, L./Steiner, M., Finanzwirtschaft der Unternehmung, 8. Aufl., München, 1995, S. 375 ff.

[192] Siehe Anhang 2.

einzelne synthetische Zero Bonds.[193] Diese finden als Multiplikatoren für die nominellen Cash-flows zur Barwertberechnung Anwendung. Da die Endfälligkeitsrendite ausschließlich für die Barwertbestimmung sämtlicher aus einem Wertpapier resultierenden Cash-flows zum Einsatz kommt, kann sie für die Bewertung anderer Produkte a priori nicht eingesetzt werden.

Zur Berechnung der Duration wird zuerst der rechnerische Kurswert einer Anleihe bestimmt. Dieser setzt sich aus der Summe der Barwerte der einzelnen Cash-flows zusammen.[194] Aus der Multiplikation der einzelnen abgezinsten Cash-flows mit der jeweiligen Restlaufzeit folgen die zeitlich gewichteten Barwerte.[195] Das Verhältnis dieser zeitlich gewichteten Barwerte zum rechnerischen Kurswert des Wertpapiers führt zu der Duration nach Macaulay.

$$D = \frac{\sum_{t=1}^{n} t\,(CF_t\,(1+i)^{-t})}{\sum_{t=1}^{n} CF_t\,(1+i)^{-t}}$$

D	=	Duration
CF_t	=	Cash-flow in DM zum Zeitpunkt t
t	=	Zeitpunkt
n	=	Restlaufzeit in Jahren
i	=	Interner Zinsfuß/Endfälligkeitsrendite in Prozent p.a.

Formel 3.10: Duration nach Macaulay

Die Duration repräsentiert eine qualitative Kennzahl, welche nur tendenziell das Ausmaß und die Richtung einer möglichen Kursänderung eines Zinsinstrumentes angibt.[196] Dies wird um so deutlicher, wenn die realitätsferne Prämisse der flachen Zinsstrukturkurve bei Kupontitel mit einer Restlaufzeit über mehrere Jahre zur Bestimmung des im Durchschnitt zurückfließenden Kapitals Verwendung findet. Infolgedessen hat sich in praxi die von Hicks 1939 aus der Duration abgeleitete modifizierte (modified) Duration etabliert. Diese errechnet sich, indem der Wert der Duration mit der Endfälligkeitsrendite dividiert wird. Die Diskontierung bewirkt, daß eine Aussage darüber getroffen werden kann, in welchem Umfang sich der Marktwert einer Anleihe – inklusive Stückzinsen –

[193] Zur Bestimmung der Zero Bond-Abzinsungsfaktoren siehe Anhang 2.

[194] Vgl. Konjetzky, H./Kratz, K., Quantitative Zinsstrukturanalyse und Konsequenzen für das Fixed Income Trading, in: Eller, R. (Hrsg.), Handbuch des Risikomanagements, Stuttgart, 1998, S. 213.

[195] Als Bemessungsgrundlage für die Barwertberechnung variabel verzinslicher Titel wird auf den Cash-flow bis zum nächsten Zinsfestsetzungstermin abgestellt.

[196] Vgl. Daube, C. H./Take, H. (1994), S. 221.

bei einer Renditeänderung zum Zeitpunkt der Betrachtung verändert.[197] Die Bestimmung der Sensitivität des rechnerischen Kurses eines Wertpapiers bei einer einprozentigen Renditeänderung erfolgt durch die Multiplikation der Modified Duration mit dem Bartwert des Papiers.[198]

$$\mathbf{D_{mod}} = \frac{1}{(1+i)} \times \frac{\sum_{t=1}^{n} t\,(CF_t\,(1+i)^{-t})}{\sum_{t=1}^{n} CF_t\,(1+i)^{-t}} = \frac{1}{(1+i)} \times D$$

$$\Rightarrow \textbf{Barwertsensitivität} = \frac{\mathbf{1}}{\mathbf{(1+i)}} \times \mathbf{D} \times \mathbf{BW}$$

mit:
- D = Duration
- D_{mod} = Modified Duration
- BW = Barwert
- CF_t = Cash-flow in DM zum Zeitpunkt t
- t = Zeitpunkt
- n = Restlaufzeit in Jahren
- i = Interner Zinsfuß/ Endfälligkeitsrendite in Prozent p.a.

Formel 3.11: Duration nach Hicks

Neben den für die Duration geltenden Kritikpunkten weist jedoch die Modified Duration einen weiteren Fehler in der Abschätzung des Zinsänderungsverhaltens auf. Dieser Mangel läßt sich auf den linearen Zusammenhang zwischen dem internen Zinsfuß und der Zinsstrukturkurve zurückführen. Als Konsequenz hieraus können lediglich die errechneten Kursänderungen bei geringfügigen Renditeänderungen als hinreichend genau akzeptiert werden.[199] Aus dem linearen Zusammenhang zwischen Kurs- und Renditeänderung der Modified Duration folgt letztlich, daß der Schätzwert die tatsächliche Renditeänderung unzureichend abbildet, falls die Renditeänderung – ausgehend von dem aktuellen Renditeniveau – den Bereich von 50 Basispunkten überschreitet.[200] Danach läßt sich bei steigenden Zinsen eine Zunahme des Schätzfehlers beobachten, der aus einer – im Gegensatz zur unterstellten linearen Kursveränderung – unterproportionalen realisierten Kurswertänderung resultiert. Hingegen werden bei sinkenden Zinssätzen tatsächlich größere Kursgewinne erzielt, als dies die modifizierte Durationskennzahl zum Ausdruck bringt. Faktisch wird ein Anstieg der Kurse durch die berechnete Barwertsensitivität

197 Vgl. Kroll, M., Festverzinsliche optimal managen: Rendite, Risiko, Steuern, Wiesbaden, 1993, S. 52, sowie Eller, R., Modified Duration und Convexity – Analyse des Zinsrisikos, in: Die Bank, 6/1991, S. 322 f.

198 Siehe Anhang 2.

199 Vgl. Kroll, M. (1993), S. 53, sowie Eller, R. (1991), S. 323.

200 Vgl. Eller, R./Spindler, C.(1994), S. 44.

des Wertpapiers grundsätzlich unter- und ein Kursverlust stets überschätzt.[201] Vor diesem Hintergrund wird die Hick'sche Duration auch als konservatives Risikomaß bezeichnet.

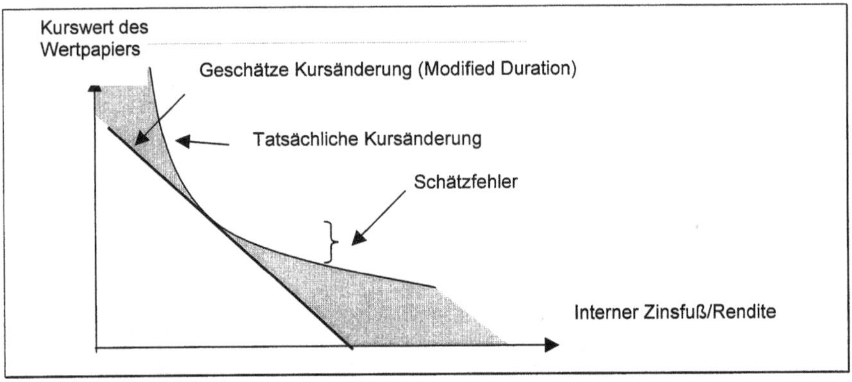

Abb. 3.11: Modified Duration und Marktwert-Rendite-Relation

Die Graphik in der Abbildung 3.11 zeigt den konvexen Verlauf des Marktkurses bei einer Veränderung der Rendite. Die Modified Duration reflektiert hingegen die Auswirkungen der Renditeänderung als eine Gerade. Folgerichtig steigt die Zunahme des Schätzfehlers bei einer Vergrößerung der Renditeänderung überproportional an.[202]

Als abhängiger Faktor für die Stärke des inversen Zusammenhangs zwischen der Veränderung der Rendite und der Veränderung des Anleihekurses läßt sich die Restlaufzeit des Papiers identifizieren. Die rechnerischen Kurse bestimmen sich aus der Summe der mit der Marktrendite abgezinsten Cash-flows eines jeden Jahres, wobei der Cash-flow aus dem Kupon respektive aus dem Kupon zuzüglich des Rückzahlungsbetrages der Anleihe gebildet wird.

---

201 Vgl. Kruschwitz, L./Schöbel, R., Duration – Grundlagen und Anwendungen eines einfachen Risikomaßes zur Beurteilung festverzinslicher Wertpapiere (II), in: WISU, 12/1986, S. 605, sowie Douglas, L. G. (1990), S. 68 f. Ein Anleger sollte das Papier mit der größeren Convexity erwerben, da in der Realität die Kursgewinne größer und die Kursverluste kleiner sind als dies die Berechnung der Modified Duration wiedergibt. Vgl. Eller, R./Spindler, C.(1994), S. 48.

202 Zu den Einschränkungen der Kennzahl „Modified Duration" vgl. Douglas, L. G. (1990), S. 68 f. Die Berechnung des Schätzfehlers läßt sich mit Hilfe der Konvexität vornehmen. Siehe dazu Süchting, J./Paul, S., Bankmanagement, 4. Aufl., Stuttgart, 1998, S. 546-547.

		i = Marktrendite
1. Jahr		$\frac{\text{Kupon}}{(1+i)^1}$
2. Jahr	+	$\frac{\text{Kupon + Rückzahlungskurs}}{(1+i)^2}$
	=	**Rechnerischer Kurs**

Tab. 3.32: Rechnerischer Kurs

Der Vergleich identischer Anleihen, welche sich lediglich hinsichtlich ihrer Restlaufzeit unterscheiden, mit einem jährlichen Kupon in Höhe von jeweils 6% verdeutlicht die differenzierte Ausprägung der Kursänderung bei einer Parallelverschiebung der Marktrendite um jeweils einhundert Basispunkte.

● **Anleihe: 4 Jahre Restlaufzeit**

Marktrendite	**0,03**	**0,04**	**0,05**	**0,06**	**0,07**	**0,08**
1. Jahr	5,8252427	5,7692307	5,7142857	5,6603773	5,6074766	5,5555555
2. Jahr	5,6555754	5,5473372	5,4421768	5,3399786	5,2406323	5,1440329
3. Jahr	5,4908499	5,3339781	5,1830255	5,0377157	4,8977872	4,7629934
4. Jahr	94,179627	90,609244	87,206462	83,961928	80,866892	77,913164
Summe:	**111,15129**	**107,25979**	**103,54595**	**100**	**96,612788**	**93,375746**

■ **Anleihe: 10 Jahre Restlaufzeit**

Marktrendite	**0,03**	**0,04**	**0,05**	**0,06**	**0,07**	**0,08**
1. Jahr	5,8252427	5,7692307	5,7142857	5,6603773	5,6074766	5,5555555
2. Jahr	5,6555754	5,5473372	5,4421768	5,3399786	5,2406323	5,1440329
⋮						
9. Jahr	4,59850039	4,21552041	3,8676535	3,55139078	3,26360246	3,0014938
10. Jahr	78,873955	71,6098019	65,0748049	59,1898464	53,885025	49,0985097
Summe:	**125,590609**	**116,221792**	**107,721735**	**100**	**92,9764185**	**86,5798372**

▲ **Anleihe: 30 Jahre Restlaufzeit**

Marktrendite	**0,03**	**0,04**	**0,05**	**0,06**	**0,07**	**0,08**
1. Jahr	5,8252427	5,7692307	5,7142857	5,6603773	5,6074766	5,5555555
2. Jahr	5,6555754	5,5473372	5,4421768	5,3399786	5,2406323	5,1440329
⋮						
29. Jahr	2,54607817	1,92390849	1,45767793	1,10734043	0,84337689	0,64396511
30. Jahr	43,6705965	32,6817788	24,5260096	18,4556739	13,9249144	10,5339973
Summe:	**158,801324**	**134,584067**	**115,372451**	**100**	**87,5909588**	**77,4844333**

Tab. 3.33: Rechnerische Kurse von Anleihen mit identischer Ausstattung und unterschiedlicher Restlaufzeit

Es wird evident, daß die Kursausschläge des Papiers positiv mit der Restlaufzeit korrelieren. Während ein Anstieg der Marktrendite auf 8% zu einem Kursrückgang der vierjährigen Anleihe auf 93,375% führt, sinkt der Kurs der 30jährigen Anleihe gar auf 77,484%. Außerdem läßt sich beobachten, daß die Kurserhöhung bei einer Senkung der Marktrendite absolut höher ausfällt als der Kursrückgang bei einer Erhöhung der Marktrendite. Dieser Sachverhalt wird in der Abbildung 3.12 bestätigt.

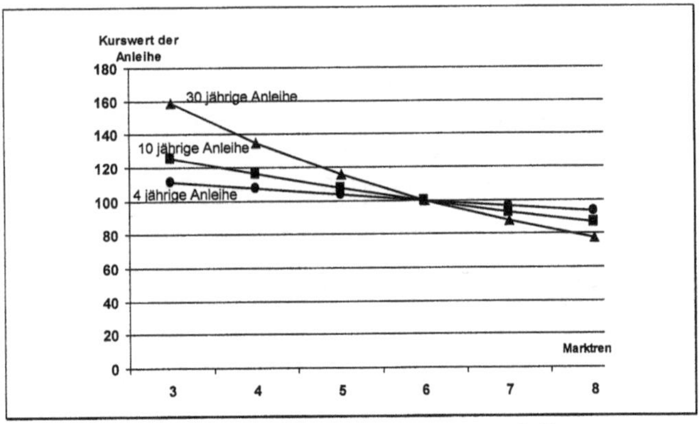

Abb. 3.12: Kurssensitivität von Anleihen

Trotz der aufgezeigten Bewertungsungenauigkeiten dienen die Ergebnisse der Duration im Grundsatz I zur Einordnung der im Portfolio befindlichen Papiere in die entsprechenden Laufbandpositionen. Eine Differenzierung hinsichtlich des Anleihekupons findet in der Durationmethode nicht statt, da in der „Duration" und der „Modified Duration" die Höhe der Verzinsung bereits enthalten ist. Die Zuordnung der Zinspositionen in die einzelnen Laufzeitbänder erfolgt auf der Basis der durchschnittlichen Bindungsdauer des Kapitals (Duration). Jedes Laufzeitband enthält eine anzunehmende Renditeänderung, welche mit zunehmender Restlaufzeit abnimmt.

Die maximalen Werte der Renditeänderungen bestehen im kurzfristigen Laufzeitbereich. Dies läßt sich darauf zurückzuführen, daß die Zinsamplitude im Geldmarkt weitaus stärkere Ausschläge verzeichnet als im langfristigen Laufzeitsegment. Insbesondere bei einer Zinsentwicklung von der „normalen" zur „inversen" Zinsstrukturkurve und umgekehrt zeigt sich die Zinsschere aufgrund der stärkeren Veränderung der Renditen am kurzen Ende weiter geöffnet. Dagegen weichen die Renditen am langen Ende in ihrer Wertentwicklung weniger stark voneinander ab.

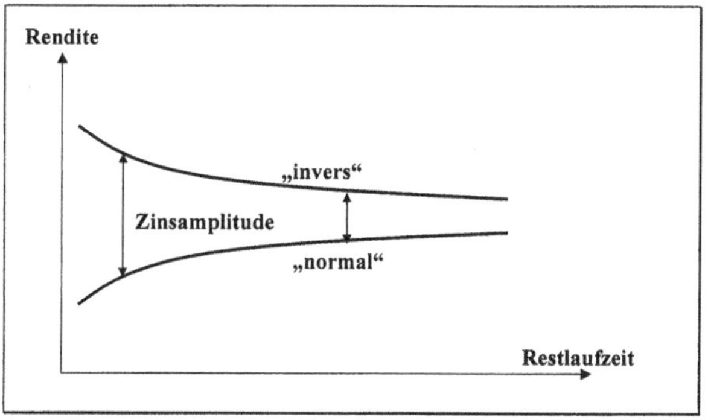

Abb. 3.13: Zinsstrukturkurve

Die Durationmethode trägt diesem Sachverhalt Rechnung und weist den Zinspositionen innerhalb der kurzfristigen Laufzeitzone einen Wert der anzunehmenden Renditänderung in Höhe von 100 Basispunkten zu. Die Renditeänderungen der weiteren Laufzeitzonen nehmen stetig ab. In dem letzten Laufzeitband besitzt die Variation der Rendite mit 60 Basispunkten den minimalsten Wert.

Laufzeitzone	**Laufzeit**	**Anzunehmende Renditeänderung in Prozent**
Kurzfristige Laufzeitzone	≤ 1 Monat	1,00
	>1 – ≤ 3 Monate	1,00
	> 3 – ≤ 6 Monate	1,00
	> 6 – ≤ 12 Monate	1,00
Mittelfristige Laufzeitzone	> 1 – ≤ 1,9 Jahre	0,90
	> 1,9 – ≤ 2,8 Jahre	0,80
	> 2,8 – ≤ 3,6 Jahre	0,75
Langfristige Laufzeitzone	> 3,6 – ≤ 4,3 Jahre	0,75
	> 4,3 – ≤ 5,7 Jahre	0,70
	> 5,7 – ≤ 7,3 Jahre	0,65
	> 7,3 – ≤ 9,3 Jahre	0,60
	> 9,3 – ≤ 10,6 Jahre	0,60
	> 10,6 – ≤ 12 Jahre	0,60
	> 12,0 – ≤ 20 Jahre	0,60
	> 20 Jahre	0,60

Tab. 3.34: Laufzeitbänder und Gewichtungsfaktoren der Durationmethode

Die multiplikative Verknüpfung des Marktwertes des Zinstitels mit der im Laufzeitband unterstellten Renditeänderung sowie der Modified Duration beschreibt die Sensitivität, das mögliche Ausmaß der Marktwertänderung.

$$\text{Marktwertsensitivität} = \frac{(\text{Marktwert} \times \Delta y \times D_{mod})}{100} \qquad \Delta y = \text{Renditeänderung} \qquad D_{mod} = \frac{D}{(1+i)}$$

Formel 3.12: Sensitivität des Marktwertes

Die ermittelte Marktwertänderung bildet gleichsam die Grundlage für die Höhe der Eigenmittelanforderung. So werden – analog der Jahresbandmethode – aus den in Höhe der Marktwertsensitivitäten bestehenden Long- und Short-Positionen im Rahmen des horizontalen und des vertikalen Hedgings geschlossene Positionen generiert. Ein Unterschied bei der Eigenmittelunterlegung besteht lediglich bei der Gewichtung der geschlossenen Positionen innerhalb gleicher Laufbandbereiche. An dieser Stelle sieht die Durationmethode – im Gegensatz zu den Gewichtungsfaktoren der Jahresbandmethode – eine fünfprozentige Anrechnung vor. Die übrigen Gewichtungssätze weisen dagegen die gleichen prozentualen Werte auf.[203]

Zone	Gewichtete geschlossene Positionen				Verbleibende offene Position
	innerhalb eines Laufzeitbandes	innerhalb einer Laufzeitzone	zwischen benachbarten Laufzeitzonen	zwischen nicht benachbarten Laufzeitzonen	
kurzfristig	5%	40%	40%	150%	100%
mittelfristig	5%	30%			
langfristig	5%	30%	40%		

Tab. 3.35: Gewichtungssätze geschlossener/offener Positionen der Durationmethode

[203] Zur Berechnungsmethodik sowie zur Bestimmung der Teilanrechnungsbeträge des allgemeinen zinsbezogenen Kursrisikos unter Anwendung der Durationmethode siehe Anhang 2.

3.3.3.2.2 Spezifisches Kursrisiko

Das spezifische, unsystematische Kursrisiko zeichnet sich durch die Wertänderung der Finanzinstrumente aufgrund unternehmensinterner Ereignisse oder Entscheidungen aus. Demzufolge haben positive Meldungen eine günstige Reaktion auf den Kurs eines zinsbezogenen Finanzinstrumentes, während negative Unternehmensdaten aus Sicht des Gläubigers eher unvorteilhaft auf die am Markt plazierten Papiere oder in Anspruch genommenen Darlehen wirken. Dementsprechend zielt das unternehmensbezogene Risiko auf die Stärke der Wettbewerbsfähigkeit einer Unternehmung ab.[204] Die getrennte Bewertung der wertpapierbezogenen und der derivativen Zinspositionen wird ebenso für die Bestimmung des spezifischen Risikos aufrechterhalten. Da nachteilige Unternehmensnachrichten auf beide Instrumente gleichermaßen zum Tragen kommen, besteht für beide Zinsnettopositionen grundsätzlich eine Eigenmittelunterlegung in Höhe von 8%. Eine Ausnahme bilden Derivate-nettopositionen auf Wertpapiere, deren Wertentwicklung ausschließlich vom Markt determiniert wird. In Anlehnung an die Kapitaladäquanzrichtlinie[205] werden die Nettobeträge der Aktivapositionen in die folgenden drei Kategorien differenziert:

- Aktiva des Zentralstaates
- Qualifizierte Aktiva und
- Sonstige Aktiva

Rekurrierend auf die Adressengewichtung werden die Risikoaktiva von den Emittenten staatlicher Einrichtungen und diesen bonitätsmäßig gleichgestellten Institutionen, unter dem Begriff „Aktiva des Zentralstaates“ subsumiert. Die Nettopositionen, der mit diesen Vertragspartnern abgeschlossenen Geschäfte, werden von der Anrechnung des spezifischen zinsbezogenen Kursrisikos vollständig ausgenommen. Die Lokalfinanzierungen an Zentralstaaten und Zentralnotenbanken der Zone B zählen nicht zu den „Aktiva des Zentralstaates“, da der Nachweis hinsichtlich einer währungsgleichen Refinanzierung eines Wertpapierbestandes nicht immer eindeutig nachgeprüft werden kann. Zudem steht der damit einhergehende Aufwand in Anbetracht einer nur kurzen Haltedauer der Papiere in keiner Relation zu dem kalkulierten Ertrag.

Mit der Gruppe der „qualifizierten Aktiva“ werden die „Wertpapiere mit hoher Anlagequalität“ beschrieben. Diese Finanzinstrumente entsprechen den Wertpapieren, die von Emittenten mit einer Bonitätsgewichtung in Höhe von

---

[204] Vgl. Beike, R./Schlütz, J. (1996), S. 20 und S. 131.

[205] Vgl. EG-Kommission (1993b), Anhang I, Tz. 13 und 14.

20% geschuldet werden.[206] Um Zinstitel als qualifizierte Aktiva zu privilegieren, müssen diese außerdem die Voraussetzung erfüllen, daß die Wertpapiere mit hoher Anlagequalität an mindestens einem geregelten Markt im Sinne des Artikels 1 Nr. 13 WDRL an einer Wertpapier- oder Terminbörse gemäß § 1 Abs. 3e KWG gehandelt werden. Durch die Existenz eines Wertpapier- oder Derivatemarktes, an dem

- ein regelmäßiger Handel stattfindet,
- standardisierte Transaktionsprozesse für fungible Wertpapiere oder Derivate angeboten werden,
- eine durch staatlich anerkannte Stellen vorgenommene Regelung und Überwachung vorgenommen wird und
- das Publikum teilnehmen kann,

wird eine ausreichende Liquidität des Papiers gewährleistet.[207]

Zudem müssen von dem Institut interne allgemeine und nachvollziehbare sowie vom Bundesaufsichtsamt anerkannte Kriterien aufgestellt werden, welche das Ziel erfüllen, die Wertpapiere hinsichtlich ihrer hinreichenden Liquidität zu untersuchen. Außerdem werden die Wertpapiere einem Adressenausfallrisiko zugewiesen, welches dem der Risikoaktivabewertung im Rahmen des Anlagebuches vergleichbar oder niedriger ist. Die Anwendung der Kriterien muß langfristig ausgelegt sein und bei Verlangen des Bundesaufsichtsamtes offengelegt werden.

Die Höhe der Anrechnung des „specific risk" erfolgt in Abhängigkeit der Restlaufzeit. Zur Ermittlung der effektiven Eigenmittelunterlegung werden zunächst die Nettopositionen der qualifizierten Aktiva mit den Gewichtungsfaktoren der Tabelle 3.36 multipliziert. Erst das Produkt wird mit dem Faktor 0,08 verknüpft und mithin die Höhe des Eigenmittelunterlegungsbetrages bestimmt.

---

[206] Siehe Abschnitt 3.2.1.4.3. Eine Ausnahme bilden die Kreditinstitute der Zone B, deren Verbindlichkeiten oder Gewährleistungen eine Ursprungslaufzeit von längstens einem Jahr besitzen und die nicht zu den Eigenmitteln gezählt werden. Vgl. Bundesaufsichtsamt für das Kreditwesen (1997b), S. 61.

[207] Vgl. Bundesaufsichtsamt für das Kreditwesen (1997b), S. 126. Die namentliche Bekanntgabe der in den verschiedenen Ländern der EU anerkannten Börsen hat die EG-Kommission jährlich im Amtsblatt der EU vorzunehmen.

Restlaufzeit	Gewichtungssatz (in %)	Eigenmittelunterlegung (in %)
bis zu sechs Monate	3,125	0,25
über sechs Monate bis zu zwei Jahre	12,500	1,00
mehr als zwei Jahre	20,000	1,60

Tab. 3.36: Gewichtungssätze der Aktiva mit hoher Anlagequalität

Die verbleibenden Zinsnettopositionen, etwa Wertpapiere mit spekulativen Merkmalen, die sich durch die Bewertung im Rahmen des Ratings äußern,[208] werden der Kategorie „Sonstige Aktiva" zugewiesen. Diese Zinspositionen werden vollständig in Höhe ihres Nettobetrages angerechnet. Folglich beträgt die Eigenmittelanforderung für diese Instrumente durchgehend 8% ihrer Bemessungsgrundlage.

3.3.3.3 Aktienkursbezogene Risiken

Analog den zinsbezogenen Geschäften werden auch die Nettopositionen von Anteilscheinen sowie die davon abgeleiteten Instrumente, etwa Aktientermingeschäfte und Aktienoptionen, in ihre allgemeinen sowie in ihre speziellen, unternehmensspezifischen Kursrisiken unterschieden. Die insgesamt bereitzustellenden Eigenmittel für das Positionsrisiko der aktienkursbezogenen Instrumente resultiert aus der Summe der Beträge der beiden separat ermittelten Risikobestandteile.

3.3.3.3.1 Allgemeines Kursrisiko

Die Eigenmittelanrechnung des allgemeinen Kursrisikos, welches sich aus der Korrektur des Gesamtmarktes ableiten läßt, setzt die Berechnung der Aktiennettoposition voraus. Diese bestimmt sich aus dem Saldo der aktienbezogenen Long- und Short-Positionen. Hierbei ist die Aktiennettoposition für jeden nationalen Aktienmarkt getrennt zu ermitteln. Diese Forderung liegt darin begründet, daß das Verlustrisiko der aktienbezogenen Instrumente aufgrund der unterschiedlichen Volatilität einzelner nationaler Aktienmärkte in ihrer

[208] Zum spekulativen Grad einer Anleihe im Rahmen der Bewertung von Rating-Agenturen siehe Steiner, M./Bruns, C. (1996), S. 163. Eine ausführliche Beschreibung der Ratingsymbolik befindet sich in Everling, O., Credit Rating durch internationale Agenturen, Wiesbaden, 1991, S. 35 ff.

jeweiligen Gesamtheit durch den Unterlegungsbetrag der Eigenmittel abgedeckt werden soll.[209] Mit dem Aufrechnungsverbot gegenläufiger Positionen, die an verschiedenen nationalen Aktienmärkten gehandelt werden, finden die zum Teil erratischen Schwankungen einzelner nationaler Aktienmärkte Berücksichtigung. Erfolgt der Aktienhandel eines Emittenten auf mehreren nationalen Märkten, so werden diese Werte dem nationalen Markt des Sitzlandes des Emittenten zugerechnet.[210]

Die Höhe des Unterlegungssatzes beträgt für das allgemeine Kursrisiko generell 8% der Nettoposition. Dieser Anrechnungssatz gilt auch für die Gewichtung von Aktienindexpositionen.

3.3.3.3.2 Spezifisches Kursrisiko

Zur Berechnung des „specific risk" werden die jeweiligen Aktiennettopositionen einzelner Länder vorzeichenunabhängig (Long oder Short) zur Bruttogesamtposition zusammengefaßt und mit einer Eigenmittelunterlegung von 4% versehen. Eine hälftige Anrechnung gilt für Aktienpositionen in hoch liquiden Werten mit hoher Anlagequalität. Um der Anforderung der Liquidität gerecht zu werden, welche gemäß der Kapitaladäquanzrichtlinie nach objektiven Kriterien von den zuständigen Behörden beurteilt wird,[211] muß die Aktie in einem gängigen Aktienindex enthalten sein.[212] Aktien gelten dann als Wertpapiere mit hoher Anlagequalität, wenn sie von einem Schuldner emittiert wurden, dessen börsengehandelten Schuldtitel der Kategorie „Aktiva des Zentralstaates" oder „Qualifizierte Aktiva" zuzuordnen sind. Zusätzlich müssen die Anteilscheine in einem Land mit einem liquiden Aktienmarkt zum Handel an einer Wertpapierbörse gemäß § 1 Abs. 3e KWG zugelassen sein.[213]

Als weitere Prämisse darf eine einzelne Nettoposition nicht mehr als 5% des gesamten Wertes des Aktienportfolios eines Institutes betragen. Eine Überschreitung dieser Relation bis zu 10% des Aktienportfolios ist dann zulässig, falls der Gesamtwert (ohne Aufrechnung) dieser privilegierten Positionen 50% des Gesamtportfoliowertes nicht übersteigt.[214] An dieser Stelle

209 Vgl. Boos, K.-H./Schulte-Mattler, H. (1997c), S. 614.
210 Vgl. Bundesaufsichtsamt für das Kreditwesen (1997b), S. 131.
211 Vgl. EG-Kommission (1993b), Anhang I, Tz. 32 ii.
212 Zu der Aufzählung der gängigen nationalen und internationalen Aktienindizes siehe BAKred (1997b), S. 133.
213 Zu der Aufzählung der Länder mit einem liquiden Aktienmarkt siehe Bundesaufsichtsamt für das Kreditwesen (1997b), S. 133.
214 Vgl. EG-Kommission (1993b), Anhang I, Tz. 33 iii.

kommt der durch die Diversifikation erzielbare Effekt der Risikoreduzierung zum Ausdruck. De facto läßt sich das spezifische Risiko eines Anteilscheines um so mehr eliminieren, je höher die Anzahl der in das Portfolio einbezogenen Einzelwerte und je breiter die Streuung der Emittenten angelegt ist.

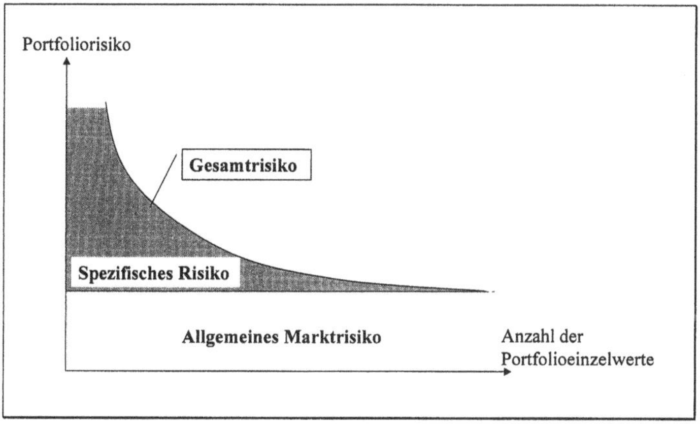

Abb. 3.14: Risikoreduzierung[215]

Vor dem Hintergrund entfällt konsequenterweise die Berücksichtigung von Aktienindexkontrakten bei der Bestimmung des unternehmensspezifischen Aktienkursrisikos vollständig, da diese Geschäfte aufgrund ihrer Ausstattung bereits eine Risikodiversifikation implizieren.

3.3.3.3.3 Aktienindexpositionen

Um die Aktienindexpositionen in die Verrechnung mit den Nettopositionen originärer Aktienpositionen einzubeziehen, sind die Aktienindexkontrakte in die Positionen der dem Index zugrundeliegenden Aktien aufzuschlüsseln. Dieses Wahlrecht ist dauerhaft auszuüben, um die Ausnutzung komparativer Vorteile zu vermeiden. Wird auf eine Aufschlüsselung verzichtet, so ist die Aktienindexposition als Risikoposition sui generis zu behandeln.[216] In diesem Fall besteht keine Möglichkeit der Aufrechnung mit gegenläufigen Positionen anderer Aktienindizes respektive anderer Nettopositionen.

[215] Modifizierte Abbildung in Anlehnung an Sharpe, W. F., Investments, 3. Aufl., New Jersey, 1985, S. 134.

[216] Vgl. Bundesaufsichtsamt für das Kreditwesen (1997b), S. 135.

3.3.3.4 Adressenausfallrisiken

Die Geschäfte des Handelsbuches, die einem potentiellen Adressenausfallrisiko ausgesetzt sind, können aufgrund einer teilweise oder vollständig mangelnden Zahlung durch den Kontraktpartner als Kontrahentenrisikopositionen zusammengefaßt werden. Mit der Erfassung dieser Bonitätsrisiken finden die mit einem möglichen Ausfall des Geschäftspartners verbundenen Transaktionskosten zur Wiederherstellung des Kontraktes Berücksichtigung. Da eine unvorteilhafte Marktentwicklung eines ausgefallenen Geschäftes in diesem Konnex einen zusätzlichen Aufwand hervorruft, werden die mit einem potentiellen Ausfall verbundenen Risiken explizit in die Eigenmittelanforderung des Grundsatzes I einkalkuliert. Im Gegensatz zu den Geschäften des Anlagebuches können die Handelsbuchinstitute für die Eigenmittelunterlegung Drittrangmittel heranziehen. Gleichzeitig ist diese Unterlegung mit einer Limitierung weiterer Handelsbuchgeschäfte verbunden.

Unter dem Abwicklungs- bzw. Lieferrisiko werden die Kontrakte zusammengefaßt, welche aufgrund einer verzögerten Erfüllung durch den Vertragspartner gekennzeichnet sind. Falls eine verspätete Abwicklung des Wertpapierkaufs nicht mehr zu dem ursprünglichen Kurs durchgeführt werden kann, da sich der Marktwert des Papiers infolge sinkender Zinsen erhöht hat, muß zusätzliches Kapital zum Erwerb des Finanzinstrumentes aufgebracht werden.[217] Zur Quantifizierung des Abwicklungsrisikos stehen zwei alternative Verfahren zur Verfügung, deren Einsatz jedoch nur nach einheitlicher und dauerhafter Wahl vorgenommen werden kann. Beiden Methoden gemein ist, daß in Abhängigkeit von der Dauer der Überschreitung des Vertragszeitpunktes bestimmte Gewichtungsfaktoren zum Einsatz kommen. Um eines der Berechnungsmodelle einsetzen zu können, muß eine zeitliche Verzögerung von mindestens fünf Tagen vorliegen.

Das Standardverfahren hebt auf den Unterschiedsbetrag zwischen dem aktuellen Marktwert und dem vereinbarten Abrechnungspreis des Papiers ab, falls diese Differenz aufgrund einer für das Institut nachteiligen Entwicklung des Marktpreises einen positiven Wert annimmt. Dieser Saldo wird mit den Anrechnungssätzen der Spalte A der Tabelle 3.37 multipliziert. Die Berücksichtigung des Unterschiedsbetrages bei einer ungünstigen

[217] Der gegenläufige Zusammenhang von Kurs- und Renditeänderungen führt bei einer gesunkenen Marktrendite gemeinhin zu einem Anstieg des Bondkurses und damit zu einem erhöhten Kaufpreis des Wertpapiers. Zum Kursverhalten von Bonds bei einer Veränderung der Marktrendite siehe Wiedemeier, I., Management von Straight Bonds mit komplexen Floatern, in: Bank Magazin, 2/1998, S. 35-36.

Marktpreisentwicklung knüpft an das Marktbewertungsverfahren an; jedoch wird in diesem Zusammenhang auf die zusätzliche Bestimmung eines Add-on-Faktors verzichtet.

Demgegenüber besteht mit dem vereinfachten Verfahren die Möglichkeit, den zugrundeliegenden Abrechnungspreis mit dem Gewichtungsfaktor der Spalte B der Tabelle 3.37 zu multiplizieren. Beträgt die Überschreitung des Abwicklungszeitpunktes mehr als 46 Tage, so ist zur Ermittlung der Eigenmittelanforderung ausschließlich die positive Differenz zwischen dem vereinbarten Abrechnungspreis und dem aktuellen Marktwert in voller Höhe nach dem Standardverfahren anzurechnen.[218]

Anzahl der Geschäftstage nach dem vereinbarten Abrechnungstermin	***Standardverfahren*** Spalte A (in Prozent)	***Vereinfachtes Verfahren*** Spalte B (in Prozent)
5 – 15	8	0,5
16 – 30	50	4,0
31 – 45	75	9,0
46 und mehr	100	---

Tab. 3.37: Gewichtungssätze des Abwicklungs-/Lieferrisikos

Zu den Ausfallrisikopositionen zählen außerdem Forderungen in Form von Gebühren, Provisionen, Zinsen, Dividenden und Einschüssen, die aus den Positionen des Handelsbuches resultieren und die nicht in den Positionen der Bilanzaktiva enthalten oder gar von den Eigenmitteln in Abzug gebracht werden. Die Anrechnung der Beträge erfolgt in Höhe ihrer Buchwerte. Zur Berechnung der Eigenmittelunterlegung werden diese mit dem Anrechnungsfaktor von 8% multipliziert.

Die weiteren Kontrahentenrisiken des Handelsbuches unterliegen zunächst einer Adressengewichtung in Anlehnung an die Erfassung der Anlagebuchrisiken.[219] Erst mit der gewichteten Bemessungsgrundlage eines jeweiligen Kontraktes wird die Bestimmung der Eigenmittelanforderung für das Adressenausfallrisiko vorgenommen.

[218] Um einer übermäßigen Belastung des Primärgeschäftes vorzubeugen, wird auf die Quantifizierung des Abwicklungsrisikos bei der Erstemission eigener oder fremder Wertpapiere verzichtet, sofern zwischen dem Datum der Verkaufsvereinbarung und dem Zeitpunkt der tatsächlichen Aushändigung der Stücke aus emissionstechnischen Gründen ein Zeitraum von weniger als fünfzehn Geschäftstagen liegt. Vgl. Bundesaufsichtsamt für das Kreditwesen (1997b), S. 137.

[219] Siehe Abschnitt 3.2.1.4.

Das Vorleistungsrisiko definiert die geschuldete Gegenleistung bei der Abwicklung von Wertpapiergeschäften, die nicht Zug um Zug erfüllt werden. Damit besteht das Risiko des vorleistenden Institutes bei einem möglichen Ausfall des Vertragspartners in Höhe des ausstehenden Anspruchs. Um einer zeitaufwendigeren, grenzüberschreitenden Transaktion Rechnung zu tragen, wird das bestehende Vorleistungsrisiko erst erfaßt, falls der Kontrakt nach Ablauf eines Geschäftstages nicht abgewickelt wurde. Die Höhe des Adressenausfallrisikos errechnet sich aus dem Produkt der geschuldeten Gegenleistung und der jeweiligen Adressengewichtung multipliziert mit dem Anrechnungsfaktor in Höhe von 8%.

Die kontrahierten Wertpapierpensions- und Leihgeschäfte, die OTC-Derivate und die Forderungen, die aus den Positionen des Handelsbuches resultieren, sind einem Erfüllungsrisiko ausgesetzt. Während die einzelne Forderung einen einseitigen Anspruch charakterisiert, wird die Höhe des tatsächlichen Anspruchs durch die Schwankung der Marktpreise determiniert.

Mit der Quantifizierung des Kontrahentenausfallrisikos bei der Durchführung von Pensions- und Wertpapierleihgeschäften[220] werden sowohl die Geschäfte auf der Grundlage von Zahlungs- als auch von Tauschtransfers[221] bestimmt. In die Berechnung gehen die echten Pensionsgeschäfte mit einer Verpflichtung zur Rückgabe der Wertpapiere als auch die unechten Pensionsgeschäfte mit einer Berechtigung aber ohne eine Verpflichtung des Pensionsnehmers zur Rückübertragung der Papiere ein.[222] Die Anrechnung in Höhe der positiven Differenz zwischen dem aktuellen Marktwert der gelieferten Papiere und dem erhaltenen Geldbetrag bzw. den gestellten Sicherheiten einschließlich der dem Entleiher zustehenden Stückzinsen setzt voraus, daß beim Pensionsnehmer und Entleiher

- die Risikopositionen täglich zum Marktwert bemessen werden,
- die Sicherheitsleistungen an veränderte Marktgegebenheiten angepaßt werden,[223]

---

[220] Pensionsgeschäfte, denen festverzinsliche Papiere zugrunde liegen, werden auch als Repurchase Agreements oder „Repos" bezeichnet.

[221] Der Geldbetrag als Äquivalent für den Wert eines Papiers kann bei der Übertragung der Wertpapiere auch durch hinterlegte Sicherheiten, welche zum aktuellen Marktwert einschließlich aufgelaufener Zinsen bewertet werden, beim Pensionsgeber bzw. Entleiher substituiert werden.

[222] Zu den echten und unechten Pensionsgeschäften siehe § 340b Abs. 2 und 3 HGB, sowie Edelmann, E./Eller, R. (1996), S. 55.

[223] Mit der Anpassung der Sicherheiten an die veränderten Marktverhältnisse wird eine Erhöhung des Unterschiedsbetrages zwischen dem aktuellen Marktpreis des Papiers und dem gezahlten Geldbetrag bzw. der Sicherheitsleistung ausgeschlossen.

- die Geschäfte bei Insolvenz einer Vertragspartei beendet und glattgestellt werden und
- keine Scheingeschäfte abgeschlossen worden sind.

Bleibt eine der Prämissen unerfüllt, so werden die Pensions- und Wertpapierleihgeschäfte nicht dem Handelsbuch zugeordnet und die Eigenkapitalunterlegung nach den Vorschriften der Anlagebuchpositionen bemessen.

Tritt ein Institut als Pensionsnehmer (Repurchase Agreement) auf, so erhält es Wertpapiere, die entweder physisch übertragen oder verpfändet wurden, gegen Zahlung eines Geldbetrages. Bei Ablauf der Pensionsfrist würde ein gesunkener Marktpreis im Rahmen der Rückübertragung zu einem Verlust in Höhe der positiven Differenz zwischen dem hingegebenen Betrag und dem Marktwert der Papiere führen.[224] Nimmt das Institut die Position des Pensionsgebers ein (Reverse Repurchase Agreement), so erhält das Institut einen Geldbetrag für die Hingabe der Papiere. Das Risiko des Institutes besteht in diesem Fall in einer Preissteigerung der Wertpapiere und wird durch die positive Differenz zwischen dem Marktwert der hingegebenen Papiere und dem erhaltenen Geldbetrag quantifiziert. Die Höhe der Eigenmittelanforderung bestimmt sich aus dem jeweiligen Differenzbetrag, welcher nach der multiplikativen Verknüpfung mit der Adressengewichtung mit dem Anrechnungsfaktor von 8% multipliziert wird.

Ferner wird das Adressenausfallrisiko der in das Handelsbuch einbezogenen derivativen Instrumente erfaßt, die nicht der Regelung des Margin-Systems (tägliche Einschußpflicht) unterworfen sind und deren Erfüllung nicht von einer Börseneinrichtung geschuldet oder gewährleistet wird. Als Konsequenz der unsicheren Erfüllung resultiert die Bemessungsgrundlage aus dem zugrundeliegenden Kapitalbetrag respektive dem effektiv zu erfüllenden Anspruch aus dem Geschäft. Die Berechnung der Eigenmittelanforderung der OTC-Derivate erfolgt mit Hilfe der Marktbewertungsmethode; gegebenenfalls unter Berücksichtigung der zweiseitigen Aufrechnungsvereinbarung unter Beachtung des vorgeschalteten Nettings.[225]

---

224 Vgl. Vgl. Boos, K.-H./Schulte-Mattler, H. (1997a), S. 478.

225 Siehe Abschnitt 3.2.4.1.2 sowie 3.2.4.1.3.1.2.

3.4 Optionspreisrisiken

Neben den originären Marktpreisrisikopositionen berücksichtigt der Grundsatz I in seiner Neufassung die aus den Basisinstrumenten abgeleiteten Kontrakte in Form der Optionen. Die bedingten Termingeschäfte zeichnen sich durch ihr Wahlrecht aus, den Kontrakt – in einem für den Optionsinhaber ungünstigen Fall – nicht erfüllen zu müssen. Aus dem Anspruch, die Option auszuüben, resultiert das, für jedes Optionsgeschäft typische, asymmetrische Gewinn- und Verlustprofil. Der Optionskäufer (Long-Position) begrenzt seinen maximalen Verlust auf die Optionsprämie;[226] er besitzt jedoch bei Call-Optionen eine unbegrenzte Gewinnmöglichkeit. Der Stillhalter oder Optionsverkäufer (Short-Position) kann hingegen bestenfalls die Optionsprämie vereinnahmen; er sieht sich jedoch unter Umständen der Gefahr eines theoretisch unbegrenzten Verlustes ausgesetzt.[227]

Die Bestimmung des Optionspreises läßt sich am Verfalltag rasch vornehmen. Für Kaufoptionen ermittelt sich der Wert der Option aus dem Marktpreis des Basisinstrumentes abzüglich des vereinbarten Basispreises (Strike); für Verkaufsoptionen gilt die entgegengesetzte Beziehung. Die Differenz der Subtraktion stellt den „inneren Wert" der Option dar.[228] Zweifellos kann der innere Wert sowohl positive als auch negative Werte annehmen, doch entspricht der negative innere Wert nicht dem Marktwert der Option; vielmehr ist in dieser Situation die Option wertlos und weist den Wert Null aus.

Die Bewertung der Option vor Erreichen des Laufzeitendes setzt neben der Ermittlung des inneren Wertes die Berechnung der Zeitprämie voraus, die aus der Perspektive des Optionskäufers (Optionsverkäufers) als Entgelt für die Chance (Gefahr) angesehen werden kann, daß sich die Option vorteilhaft (unvorteilhaft) entwickelt und ausgeübt wird.[229] Die Addition des inneren Wertes und des Zeitwertes determiniert die Höhe der Optionsprämie vor Fälligkeit.

---

226 Die Begriffe Optionspreis und Optionsprämie werden synonym verwendet.

227 Zu den vier Grundformen der Optionspositionen sowie deren graphische Darstellung in Form der Hockeystick-Diagramme siehe Steiner, M./Bruns, C. (1996), S. 245, sowie DTB Deutsche Terminbörse, Aktienoptionen, 2. Aufl., Frankfurt am Main, Mai 1993, S 9.

228 Zur Ermittlung des inneren Wertes vgl. Eades, S., Options, Hedging & Arbitrage, London, 1992, S. 114 f.

229 Vgl. Eades, S. (1992), S. 116 ff.

Optionsprämie = Innerer Wert + Zeitwert

Formel 3.13: Optionsprämie

Während der innere Wert in erster Linie vom aktuellen Kurs und der Höhe des Strikes beeinflußt wird, unterliegt die Zeitprämie dem Einfluß der Restlaufzeit sowie der Preisvolatilität des Underlyings.[230] Damit sinken die Gewinnchancen des Optionskäufers mit abnehmender Restlaufzeit ebenso wie mit einer geringeren Volatilität des Marktwertes des zugrundeliegenden Optionsgegenstandes.

In Abhängigkeit des inneren Wertes werden für Optionswerte drei Zustände unterschieden, die im folgenden am Beispiel einer Long-Call-Option (Abb. 3.15) auf den US-Dollar mit einem Strike in Höhe von 1,70 DM/$ erläutert werden: Die Option befindet sich

- *im Geld,* wenn der Strike unter dem aktuellen Kassakurs liegt, so daß die Option einen positiven inneren Wert besitzt und sich die Ausübung als vorteilhaft erweist.
- *am Geld,* wenn der Strike exakt dem Kassakurs entspricht, so daß kein innerer Wert existiert.
- *aus dem Geld,* wenn der Kassakurs den Strike unterschreitet, so daß die Option keinen inneren Wert ausweist und sich der Erwerb des Underlyings über die Option als unvorteilhaft erweist.

Die Abbildung 3.15 zeigt deutlich, daß der Zeitwert bei „am Geld“ notierten Optionen den höchsten Wert aufweist, während dieser bei „weit aus dem Geld“ oder „weit im Geld“ liegenden Optionen kontinuierlich abnimmt. Dies liegt darin begründet, daß die Chance, die Option auszuüben, bei am Geld notierten Werten am größten ist. Die Wahrscheinlichkeit, bei „weit aus dem Geld“ notierten Optionen einen positiven inneren Wert sowie bei „weit im Geld“ liegenden Werten eine weitere Erhöhung des Optionswertes zu erzielen, ist hingegen weitaus geringer. Folglich resultiert eine Wertänderung der Option bei einer „weit im Geld“ oder „weit aus dem Geld“ liegenden Optionsprämie nahezu ausschließlich aus der Veränderung des „inneren Wertes“.

---

[230] Zur Berechnung der Optionsprämie vgl. Beike, R./Köhler, A. (1997), S. 8.

Der Zeitwert ist demgegenüber beinahe wertlos. Außerdem nimmt der Zeitwert mit Ablauf der Restlaufzeit ständig ab und besitzt schließlich am Fälligkeitstag keinen Wert mehr. Die Optionsprämie bestimmt sich dann allein aus dem inneren Wert, der Differenz zwischen dem Marktwert und dem Basispreis des Underlyings.

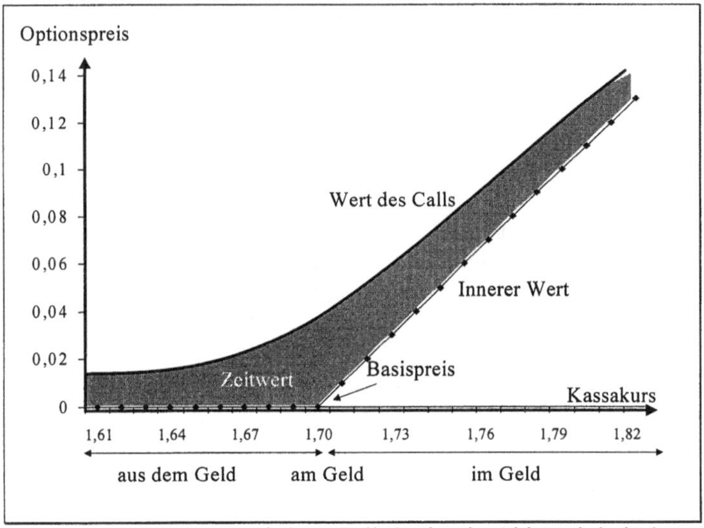

Abb. 3.15: Wertverlauf einer Call-Option in Abhängigkeit des Kassakurses des Underlyings

Die Berücksichtigung der Wirkung des Optionspreises auf die Veränderung des Underlyings bei der Quantifizierung des Marktpreisrisikos erfolgt unter Anwendung der Sensitivitätskennzahlen. Die bankenaufsichtsrechtliche Klassifizierung als Nichthandelsbuchinstitut hat die Risikoermittlung für Optionspositionen mittels des Deltaäquivalenzwertes zur Folge. Mit Blick auf den umfangreicheren Eigenhandel schreibt der Grundsatz I für Handelsbuchinstitute den Delta-Plus-Ansatz vor, welcher neben dem Optionsdelta auch das Gamma und das Vega[231] einbezieht. Die Berechnung der „greek letters" kann alternativ durch den Einsatz der Szenario-Matrix-Methode substituiert werden.

[231] In der weiterführenden Literatur wird bisweilen die Einflußnahme der Volatilität auf den Optionspreis auch als Eta-, Omega-, Zeta- oder Kappa-Risiko bezeichnet.

3.4.1 Deltaäquivalent

Mit der Berücksichtigung des Deltaäquivalentes wird der unterschiedlichen Sensitivität des Optionspreises bei einer Veränderung des Basiswertes Rechnung getragen. Der Deltawert gibt an, um wieviel Geldeinheiten sich der Wert einer Option ceteris paribus ändert, wenn der Kurs des Underlyings um eine Geldeinheit steigt oder fällt.[232] Infolgedessen erweist sich das Options-Delta als unerläßliche Kennzahl zur Absicherung bestehender Positionen im Rahmen der aktiven Risikosteuerung, etwa durch das Hedging.[233] Bei börsengehandelten Optionen läßt sich der Deltawert an der jeweils notierten Börse in Erfahrung bringen. Hingegen muß bei außerbörslich gehandelten Optionen der Wert des Deltas explizit errechnet werden. Sofern das Bundesaufsichtsamt dem Verfahren zur Feststellung der Sensitivität zustimmt, kann die Berechnung vom Institut selbst durchgeführt werden.[234]

Zur Bestimmung des Optionspreises findet gemeinhin das von den Amerikanern Myron Scholes und Fisher Black im Jahre 1973 veröffentlichte Modell Anwendung, welches an die Formel zur Optionspreisermittlung mit Hilfe des Binomialmodells von Cox/Ross/Rubinstein anknüpft.[235] Black und Scholes wiesen nach, daß – unter Einhaltung der nachfolgenden Prämissen[236] – die Bewertung von Optionen vorgenommen werden kann:[237]

---

[232] Vgl. Daube, C. H., Risikomanagement für Aktienoptionen, in: Eller, R. (Hrsg.), Handbuch derivativer Instrumente, Stuttgart, 1996, S. 160, sowie Lingner, U., Optionen: Anlagestrategien für die nationalen und internationalen Options- und Futures-Märkte, 2. Aufl., Wiesbaden, 1991, S. 110. Für die Beschreibung des Optionsdeltas bestehen eine Reihe weiterer Definitionen, etwa Veränderungsrate des Optionswertes, Hedge-Ratio oder die Wahrscheinlichkeit dafür, daß die Option bei Fälligkeit ausgeübt wird. Das Bundesaufsichts-amt für das Kreditwesen definiert das Optionsdelta als Kennzahl, welche den Umfang des einer Options-position zugrundeliegenden, handelbaren Basisinstrumentes quantifiziert, um die Optionsposition zu ersetzen, damit eine Wertänderung in dem ermittelten Underlying die Wertänderung in der Optionsposition bei einer geringfügigen Variation des Preises des Basisinstrumentes approximiert. Vgl. Bundesaufsichtsamt für das Kreditwesen (1997b), S. 110.

[233] Vgl. Heidorn, T./Bruttel, H., Treasury Management, Wiesbaden, 1993, S. 68.

[234] Vgl. Schulte-Mattler, H./Traber, U. (1997), S. 140.

[235] Vgl. Steiner, M./Bruns, C. (1996), S. 272.

[236] Zu den Voraussetzungen des Bewertungsmodells von Black/Scholes vgl. Loistl, O., Computergestütztes Wertpapiermanagement, 4. Aufl., München, 1992, S. 341, sowie Schierenbeck, H./Wiedemann, A., Marktwertrechnungen im Finanzcontrolling, Stuttgart, 1996, S. 360, 363-364.

[237] Zur Bewertung von Optionen unter Anwendung der Black/Scholes-Formel siehe ausführlich Black, F./Scholes, M., The Pricing of Options and Corporate Liabilities, in: Journal of Political Economy, Vol. 81, 1973, S. 637-653, sowie Kesting, H./Schulte-

- Leerverkäufe[238] sind ohne Einschränkung und Stellung von Sicherheiten möglich,
- Transaktionskosten, Steuern, oder ähnliche Kosten existieren nicht,
- es besteht ein einheitlicher Zinssatz, zu dem eine Geldaufnahme oder -anlage möglich ist,
- Dividenden oder sonstige Erträge werden während des Betrachtungszeitpunktes nicht gezahlt,
- es handelt sich ausschließlich um europäische Optionen,[239]
- die Kurse des Underlyings folgen einem stetigen Zufallspfad (geometrischer Wiener Prozeß oder Brown'sche Bewegung), der log-normalverteilte Kurse impliziert.[240]

Die Einflußparameter bei der Berechnung des Optionspreises werden durch den Kassakurs sowie den Basispreis des zugrundeliegenden Finanzinstrumentes, den risikolosen Zinssatz, die Volatilität und die Restlaufzeit determiniert. Die Anwendung der Optionspreisformel nach Black/Scholes setzt zunächst die Ermittlung der Normalverteilungswerte für d_1 und d_2 voraus, welche in die Bestimmungsgleichung, die in der Formel 3.14 am Beispiel einer Call-Option dargestellt ist, eingesetzt werden.

Mattler, H., Herleitung der Black-Scholes-Formel aus dem binomialen Optionspreismodell, in: WiSt, 4/1992, S. 167-171.

238 Als Leerverkäufe werden Verkaufstransaktionen von Finanzinstrumenten, die der Verkäufer gar nicht im Bestand hat, bezeichnet. Leerverkäufe sind für den „pessimistischen" Händler charakteristisch, da dieser in Erwartung sinkender Kurse den Finanztitel günstiger erwerben und einen positiven Ertrag erzielen möchte.

239 Während Optionen „europäischen Typs" ausschließlich am Verfalltag ausgeübt werden können, ermöglichen die Optionen „amerikanischen Typs" die jederzeitige Ausübung im Verlauf der Optionsfrist.

240 Zur Brown'schen Bewegung bzw. zum Wiener Prozeß, welcher die voneinander unabhängigen Veränderungen von Zufallsvariablen beschreibt, siehe ausführlich Loistl, O., Kapitalmarkttheorie, 3. Aufl., München, 1994, S. 147-149, Klump, R., Wiener Prozesse und das Itô-Theorem, in: WiSt, 4/1985, S. 183, sowie Lehrbass, F. B., Eine Einführung in die arbitragefreie Bewertung von Derivaten in stetiger Zeit am Beispiel europäischer Devisenoptionen, in: KuK, 4/1994, S.605-606.

$$d_1 = \frac{\ln \frac{K}{B} + \left(R_f + 0,5 \cdot \sigma^2\right) \cdot t}{\sigma\sqrt{t}}$$

$$d_2 = d_1 - \sigma\sqrt{t}$$

$$\mathbf{C = K \times N(d_1) - B \times e^{-R_f \cdot t} \times N(d_2)}$$

mit:

C	=	Wert des Calls
K	=	aktueller Kurs des Underlyings
B	=	strike price/Basispreis
R_f	=	risikoloser Zins (in % p.a.)
e	=	Euler'sche zahl
$N(d_i)$	=	Flächeninhalt der Dichtefunktion der Standardnormalverteilung
σ	=	implizite Volatilität des Underlyings (p.a.)
t	=	Restlaufzeit der Option in Jahren

Formel 3.14: Black-Scholes-Formel

Die Black-Scholes-Formel ermittelt den Wert der Option aus der Differenz des mit $N(d_i)$ gewichteten aktuellen Marktkurses des Optionsgegenstandes und dem Barwert des Ausübungspreises.[241] Dabei bezeichnet $N(d_1)$ die Menge der zu kaufenden Basiswerte pro Option und gleichsam die Höhe des Deltawertes.[242] $N(d_2)$ gibt die Wahrscheinlichkeit an, daß die Option am Ende der Laufzeit einen positiven inneren Wert besitzt und entsprechend ausgeübt wird.[243]

Mathematisch stellt das Positionsdelta die erste Ableitung der Black-Scholes-Formel zur Bestimmung des Optionspreises nach dem Preis des Underlyings an der Stelle seines aktuellen Marktwertes dar.[244]

Das Delta ist dimensionslos. Es gibt die Richtung und das Ausmaß einer Änderung der Optionsprämie bei einer Veränderung des Underlyings an und entspricht dem reziproken Wert des Hedge-Ratios. Demnach gibt das Delta die Anzahl der benötigten Basiswerte an, um die Preisveränderung der Option exakt zu neutralisieren.[245]

---

[241] Zur Bestimmung der Optionsprämie unter Anwendung des Optionspreismodells und der darin enthaltenen Standardnormalverteilung siehe Bleymüller, J./Gehlert, G./Gülicher, H., Statistik für Wirtschaftswissenschaftler, 8. Aufl., München, 1992, S. 60 ff., sowie Bleymüller, J./Gehlert, G., Statistische Formeln und Tabellen, 2. Aufl., München, 1982, S. 127 ff.

[242] Vgl. Wilkens, M., Wertpapiermanagement, in: Benner, W. (Hrsg.), IFBG-Skripten, 3. Aufl., 1996, S. 332.

[243] Vgl. Copeland, T. E./Weston, J. F., Financial Theory and Corporate Policy, 3. Aufl., Reading - Massachusetts, 1988, S. 276.

[244] Vgl. Schmidt, D./Warg, M., Eigenkapitalunterlegung von Optionen: Praxis und Theorie, in: ZfgK, 17/1996, S. 829.

[245] Vgl. Steiner, M./Bruns, C. (1996), S.275.

$$\text{Delta(C)} = \frac{\partial C}{\partial K} = N(d_1)$$

Formel 3.15: Optionssdelta

Das Positionsdelta einer gekauften (verkauften) Kaufoption besitzt ein positives (negatives) Vorzeichen; das Positionsdelta einer gekauften (verkauften) Verkaufsoption weist ein negatives (positives) Vorzeichen auf.[246] Ein Optionsportfolio mit einem vorwiegend positiven Optionsdelta läßt sich als bullish und ein aufgrund sinkender Kurserwartungen vorherrschendes negatives Optionsdelta als bearish bezeichnen.[247]

Der Wertebereich des Positionsdeltas reicht für Long-Call-Optionen von 0 bis 1 und für Long-Put-Optionen von –1 bis 0. Da die eigene Ableitung des zugrundeliegenden Basiswertes eins ergibt, nimmt der Deltawert des Basisinstrumentes stets den Wert eins an.

Je weiter die Option aus dem Geld notiert, desto mehr tendiert das Optionsdelta gegen den Wert Null, während die tief im Geld liegende Long-Call-Option sich dem Deltawert 1 und die Long-Put-Option sich dem Deltawert -1 nähert. Die Abb. 3.16 gibt den graphischen Verlauf des Optionsdeltas einer Kaufoption wieder.

---

[246] Vgl. Daube, C. H. (1996), S. 161. Cordero bezeichnet die Vorzeichenausprägung (positiv oder negativ) als Qualifikation des Deltas. Vgl. dazu Cordero, R., Risiko-Management mit Optionen, in: Bankwirtschaftliche Forschungen, Bd. 109, Bern, 1989, S. 73. Siehe dazu auch Jarrow, R./Turnball, S., Derivative Securities, Cincinnati-Ohio, 1995, S. 222.

[247] Vgl. Daigler, R. T., Advanced Options Trading, Chicago, 1994, S. 120.

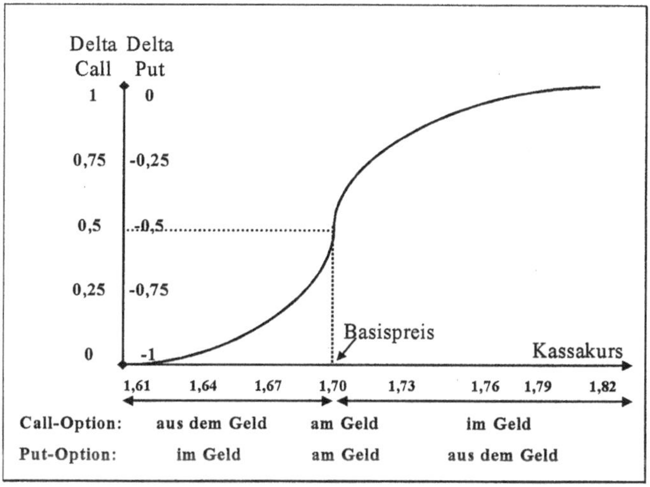

Abb. 3.16: Optionsdelta einer Long-Call/Long-Put-Option in Abhängigkeit des Kassakurses des Underlyings

Bei einem Basiskurs in Höhe von 1,70 DM/$ nimmt das Positionsdelta für die Long-Call- Option ein Wert von 0,5 an. Damit bewirkt ein Kursanstieg des Underlyings von 0,01 DM eine Erhöhung des Optionspreises um theoretisch 0,005 DM [0,5 x 0,01].[248]

Die Ursache für diese divergierende Preisänderung zwischen der Optionsprämie und dem Basisinstrument läßt sich auf die wertbestimmenden Komponenten des Optionspreises zurückführen. Während die Variation des inneren Wertes der Veränderung des Underlyings entspricht, reduziert die Zeitprämie den inneren Wert in Abhängigkeit der Restlaufzeit und des aktuellen Optionswertes. Der Zeitwertverlust beläuft sich somit auf 50% des inneren Wertes, so daß sich der Optionspreis insgesamt um nur 0,005 DM [0,01 (innere Wert) - 0,005 (Zeitwert)] ändert.[249]

---

[248] Vgl. Bookstaber, R., The Valuation and Exposure Management of Bonds with Imbedded Options, in: Fabozzi, F. J./Pollack, I. M. (Hrsg.), The Handbook of Fixed Income Securities, 2. Aufl., Illinois, 1987, S. 868.

[249] Vgl. Beike, R./Schlütz, J. (1996), S. 627.

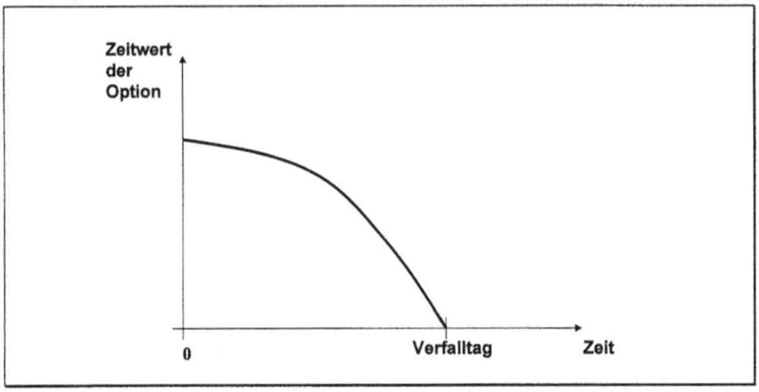

Abb. 3.17: Zeitwert einer Option[250]

Mit der Additivitätseigenschaft liegt ein weiteres wichtiges Charakteristikum des Optionsdeltas vor. Demnach läßt sich aus der anteilig gewichteten Summe der Einzelpositionen das Positions-Delta für das gesamte Portfolio bestimmen.[251] Zählt das Basisinstrument ebenfalls zum Bestandteil des Gesamtportfolios, so wird dieses stets mit einem Deltawert von eins berücksichtigt.

Das Positions-Delta der Gesamtposition sagt aus, um wieviel Geldeinheiten sich der Wert des Gesamtportfolios ceteris paribus ändert, wenn sich der Kurs des Underlyings um eine Geldeinheit ändert.[252] Entsprechend hat ein positives Delta bei einem Anstieg des Underlyings eine Erhöhung des Portfoliowertes zur Folge et vice versa. Ein negatives Delta bewirkt einen Anstieg des Portfoliowertes, falls der Wert des Basisinstrumentes einen Rückgang verzeichnet.[253] Ein Positions-Delta von Null stellt die Situation der Delta-Neutralität dar, so daß sich bei einer infinitesimalen Änderung des Underlyings der Wert des gesamten Optionsportfolios indifferent verhält.[254]

---

[250] Abbildung in Anlehnung an Eller, R./Spindler, C.(1994), S. 243.
[251] Vgl. Daube, C. H. (1996), S. 161, sowie Daigler, R. T. (1994), S. 122.
[252] Vgl. Cordero, R. (1989), S. 78.
[253] Vgl. Daube, C. H. (1996), S. 162.
[254] Zur Delta-Neutralität siehe Steiner, M./Bruns, C. (1996), S.469, sowie Eades, S. (1992), S. 219.

Ein Portfolio besteht aus 10.000 US-$ sowie aus den folgenden Optionswerten, denen ebenfalls der US-Dollar als Basiswert zugrunde liegt. Der Kurs beträgt zur Zeit 1,75 DM/US-$

Optionstyp	Basiswert	Stück	Delta	Vorzeichen	Wert der Einzelposition (Delta x Stück)
Long-Call	1,60	5.000	0,70	+	3.500
Long-Put	1,80	7.500	0,60	-	4.500
Short-Call	1,70	3.000	0,50	-	1.500
Short-Put	1,50	1.500	0,20	+	300
Long-Call	2,00	2.000	0,10	+	200
Basiswert	1,75	10.000	1,00	+	10.000

Positions-Delta des Gesamtportfolio: 3.500 – 4.500 – 1.500 + 300 + 200 + 10.000 = **8.000**

Ein Anstieg des Kurses um 0,01 DM würde zu einem Anstieg des Gesamtportfoliowertes um 80,-- DM führen. Die Ausrichtung der Gesamtposition wird folglich als bullish bezeichnet.

Abb. 3.18: Additivitätseigenschaft des Optionsdeltas

Obgleich die Anwendung der Additivitätseigenschaft bei der Bestimmung der jeweiligen Risikokategorie keine Berücksichtigung findet sondern jede Optionsposition separat in die Risikomessung eingeht, ermöglicht die deltabezogene Fokussierung eine Aussage über die Veränderung der Gesamtheit der zu einem Basisinstrument im Bestand befindlichen Optionskontrakte. Bei einer Variation des Marktkurses des Basisinstrumentes eröffnet das Optionsportfolio Ansatzpunkte für eine aktive Risikosteuerung.

Da sich der maximale Wertverlust des Underlyings aus Sicht des Optionsinhabers auf den Wert des Basispreises begrenzt und sich der damit in Verbindung stehende Optionswertverlust lediglich in Relation zum Deltawert auswirkt, wird das Deltaäquivalent aus der Multiplikation des nominellen Anspruches respektive der Verpflichtung aus der Option mit dem Deltafaktor berechnet.

Deltaäquivalent = Deltafaktor x Nominalbetrag der Option

Formel 3.16: Deltaäquivalent

Für eine US-$ Call-Option mit einem Volumen von 1.000.000,-- US-$, einem Basiswert und einem aktuellen US-$ Kurs in Höhe von 1,70DM/US-$ sowie einem Deltawert von 0,5 beläuft sich der Deltaäquivalenzbetrag auf 850.000,-- DM.

$$0{,}5 \times \frac{1{,}70\text{DM}}{\text{US-\$}} \times 1.000.000{,}\text{-- US-\$} = \underline{\underline{850.000{,}\text{-- DM}}}$$

Formel 3.17: Deltaäquivalenzbetrag

Der auf diese Weise ermittelte Deltaäquivalenzbetrag wird in die Ermittlung der jeweiligen Marktpreisrisikopositionen integriert und führt de facto zu einer Erhöhung der zu unterlegenden Eigenmittelbestandteile. In diesem Fall geht das Optionsgeschäft in die Bestimmung der Währungsgesamtrisikoposition unter der Annahme der tatsächlichen Erfüllung in Höhe des Deltaäquivalentes ein. Die konkrete Eigenmittelanforderung ergibt sich nach der Verrechnung mit den weiteren Währungskursrisiken des Institutes. Diese Vorgehensweise gilt analog für die Rohwarenpositionen.

Die im Optionsportfolio gehaltenen und zum Deltaäquivalent bewerteten Aktienoptionen unterliegen einem Anrechnungsfaktor in Höhe von 16%, welcher aus dem mit 8% anzurechnenden spezifischen Risiko und dem in gleicher Höhe zu berücksichtigenden allgemeinen Risiko resultiert. Die exakte Berechnung der Eigenmittelunterlegung für das allgemeine zinsbezogene Risiko erfolgt – unter Beachtung der Aufrechnungsmöglichkeiten – aus der Multiplikation des Deltaäquivalentes mit den spezifischen Anrechnungsfaktoren des Laufzeitbandes. Im Rahmen des spezifischen zinsbezogenen Risikos führt das Deltaäquivalent zu einer Erhöhung der Eigenmittelanforderung in Abhängigkeit des zugrundeliegenden Geschäftsgegenstandes.

3.4.2 Delta-Plus-Ansatz

Das Positionsdelta stellt keinen konstanten Faktor dar sondern erweist sich im Zeitablauf bei schwankenden Marktvolatilitäten sowie bei Preisveränderungen des Basisinstrumentes als reagibel.[255] Um weitere wertbestimmende Faktoren bei der Bildung des Optionspreises zu berücksichtigen,[256] schreibt der Eigenmittelgrundsatz die zusätzliche Erfassung der Sensitivitätskennzahlen „Gamma“ und „Vega“ sowie deren Zuordnung in die jeweilige Risikokategorie für

[255] Vgl. Cavalla, N. M., GNI Handbook of Traded Options, London, 1989, S. 26.

[256] Eine Übersicht über die preisbestimmenden Faktoren von Calls und Puts findet sich in Uszczapowski, I., Optionen und Futures verstehen, 3. Aufl., München, 1995, S. 138.

Handelsbuchinstitute zwingend vor.[257] Entgegen der Anrechnung des Deltaäquivalentes bezieht der Delta-Plus-Ansatz übereinstimmend mit den Basler Marktrisikoregelungen[258] für Handelsbuchpositionen ausschließlich die Teilanrechnungsbeträge das allgemeine Kursrisiko ein, da das Gammarisiko aus dem Deltawert und das Vegarisiko aus der Veränderung der Volatilität abgeleitet wird und mithin das spezifische Kursrisiko außer Acht gelassen werden kann.

3.4.2.1 Gammafaktorrisiko

Das Optionsgamma mißt die Sensitivität des Deltas bezüglich Preisveränderungen des Basisinstrumentes. Daher wird das Gamma auch als das Delta vom Delta bezeichnet. Die Berechnung des Gammafaktors erfolgt aus der zweiten Ableitung der Optionspreisformel von Black/Scholes nach dem Preis des Underlyings. Die Dimension der Kennzahl lautet 1/DM.

$$\text{Gamma(C)} = \text{Gamma(P)} = \frac{\partial C}{\partial \text{Delta}} = \frac{\partial^2 C}{\partial K^2} = \frac{1}{K \times \sigma \times \sqrt{t}} \times N'(d_1)$$

mit

$$N'(d_1) = \frac{1}{\sqrt{2\pi}} \times e^{(-\frac{d^2}{2})}$$ = Funktionswert der Standardnormalverteilungsdichte an der Stelle d_1

C = Call-Option

P = Put-Option

K = aktueller Kurs des Underlyings

t = Restlaufzeit der Option in Jahren

σ = Volatilität des Underlyings

Formel 3.18: Optionsgamma

Graphisch bildet die Kennzahl die Steigung der Tangente an jedem Punkt der Deltakurve ab.[259] Das Optionsgamma nimmt für „out-of-the-money"-Optionen

[257] Von der Berücksichtigung des restlaufzeitinduzierten (Theta-Risiko) sowie des zinsiduzierten (Rho-Risiko) Optionsrisikos wurde im Grundsatz I abgesehen. Zur Bestimmung dieser Einflußprameter siehe Hauck, W., Optionspreise: Märkte, Preisfaktoren, Kennzahlen, Wiesbaden, 1991, S. 250-253 und 255-257.

[258] Siehe Basler Ausschuß für Bankenaufsicht, (1996a), Abschnitt A5, Tz II.

[259] Vgl. Daube, C. H. (1996), S.166.

(„in-the-money"-Optionen) stetig zu (ab) und besitzt für at-the-money-Optionen den maximalen Wert.

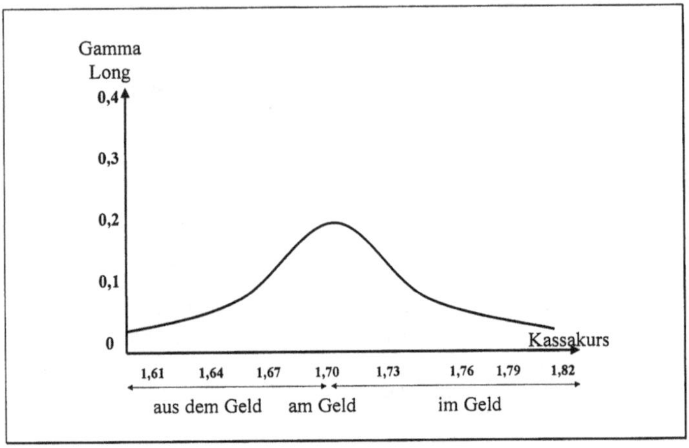

Abb. 3.19: Optionsgamma einer Long-Call-Option in Abhängigkeit des Kassakurses des Underlyings

Die Abbildung 3.19 weist für die Long-Call-Option, welche „weit im Geld" oder „weit aus dem Geld" notiert, approximativ einen Gammawert von Null auf. Der Wert des Gammas nimmt für Kauf- und für Verkaufspositionen Werte größer oder gleich Null an,[260] indessen besitzen Stillhalterpositionen in Optionskontrakten (geschriebene Optionen) ein Gamma mit einem negativen Wert.

Bei einer Änderung des Underlyings um einen Basispunkt interpretiert ein Gammawert in Höhe von 0,1/DM die Veränderung des Optionsdeltas, etwa von 0,5 auf 0,6. Eine Änderung des Dollarkurses von 1,70 DM auf 1,71 DM würde bei einem nun gültigen Delta von 0,6 theoretisch zu einem Zuwachs der Optionsprämie um 0,006 DM [(0,5 + 0,1) x 0,01] führen. Infolgedessen läßt ein Gamma von 0,1/DM direkt auf eine Veränderung der Optionsprämie schließen.
Der Anrechnungsbetrag des Gammafaktorrisikos für eine Einheit des Basisinstrumentes erfolgt in Abhängigkeit des Gewichtungsfaktors der jeweiligen Risikokategorie.

260 Vgl. Müller-Möhl, E., Optionen und Futures, 3. Aufl., Stuttgart, 1995, S. 113.

Das Gammaäquivalent errechnet sich aus der multiplikativen Verknüpfung des hälftig angerechneten Gammafaktors mit dem Quadrat des Produktes aus dem entsprechenden Gewichtungsfaktor und dem Marktwert der Option.

$$\text{Gammaäquivalent} = \frac{\text{Gammafaktor}}{2} \times (\text{Gewichtungsfaktor} \times \text{Marktwert der Option})^2$$

Formel 3.19: Gammaäquivalent

Um die erfahrungsgemäß unterschiedlich hohe Volatilität der Marktpreise für die einzelnen Optionsgegenstände zu berücksichtigen, werden verschiedene Gewichtungsfaktoren zur Ermittlung des Gammafaktorrisikos eingesetzt.[261] Während die aktienbezogenen Optionsgeschäfte sowie die Kontrakte, welche auf Gold oder auf Fremdwährungen beruhen, mit einem Gewichtungsfaktor in Höhe von 8% angesetzt werden, unterliegen die rohwarenbezogenen Geschäfte einem Gewichtungsfaktor in Höhe von 15%.

Sofern das Optionsgeschäft auf die Abnahme oder die Lieferung eines Schuldtitels basiert, finden die Gewichtungssätze für die unterschiedlichen Laufzeitkategorien der Jahresbandmethode oder alternativ die Gewichtungssätze der Durationmethode Anwendung.[262] Zur Berechnung weiterer zinsbezogener Optionsgegenstände gehen ausschließlich die Gewichtungssätze der Durationmethode ein.[263]

Für die US-$-Call-Option aus Abschnitt 3.4.1 mit einem Gesamtvolumen in Höhe von 1.000.000,-- US-Dollar und einem unterstellten Gammafaktor von 0,22/DM sowie einem Gewichtungsfaktor im Rahmen der Währungsanrechnung in Höhe von 8% beläuft sich das Gammafaktorrisiko auf insgesamt 2.034,56 DM.[264]

---

[261] Vgl. Bundesaufsichtsamt für das Kreditwesen (1997), S. 152.
[262] Siehe Abschnitt 3.3.3.2.1.1, Tabelle 3.30.
[263] Siehe Abschnitt 3.3.3.2.1.2, Tabelle 3.34.
[264] Von dem Gammaäquivalenzbetrag kann in diesem Zusammenhang nicht gesprochen werden, da der individuelle Gewichtungsfaktor bereits berücksichtigt wird.

$$\frac{1}{2}\times\frac{0{,}22}{\frac{\text{DM}}{\text{US-\$}}}\times\left(0{,}08\times1{,}70\,\frac{\text{DM}}{\text{US-\$}}\right)^2\times1.000.000{,}\text{-- US-\$} = \underline{\underline{2.034{,}56\,\text{DM}}}$$

Formel 3.20: Gammafaktorrisiko

Der Grundsatz I sieht die Zusammenfassung der ermittelten Gammafaktorrisiken einzelner Risikokategorien vor, um die Wirkung gegenläufiger Positionen risikoadäquat abzubilden.[265] So können aktienbezogene Risiken zusammengefaßt werden, falls diese jeweils auf einem nationalen Markt gehandelt werden. Eine Aufrechnungsmöglichkeit von Fremdwährungen oder Rohwaren besteht nur für jeweils gleiche Währungspaare oder gleiche Rohwarenkategorien. Die Zusammenfassung von Schuldtiteln bzw. anderen zinsbezogenen Instrumenten ist getrennt in Abhängigkeit der Anwendung der Gewichtungsfaktoren aus der Jahresband- respektive der Durationmethode vorzunehmen.

Damit resultieren die verbleibenden Anrechnungsbeträge für das Gammafaktorrisiko sämtlicher Optionsgeschäfte aus dem Absolutwert der saldierten Einzelrisikobeträge. In die Eigenmittelberechnung werden nur die Gammafaktorrisiken der Risikokategorien einbezogen, die ein negatives Vorzeichen aufweisen. Folglich werden nur die Risikokategorien erfaßt, bei denen das Institut die Position des Stillhalters einnimmt.

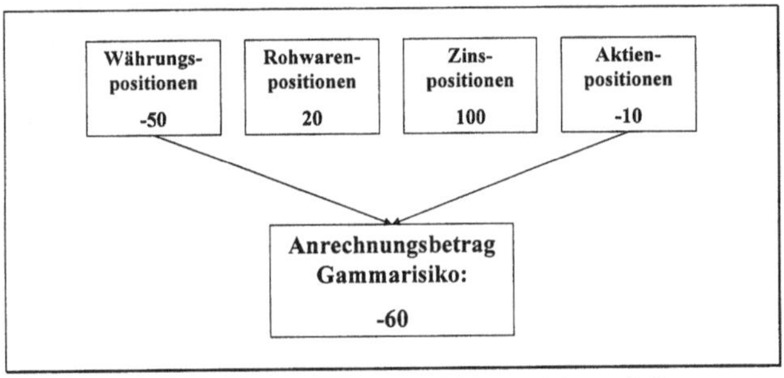

Abb. 3.20: Anrechnung des Gammafaktorrisikos

[265] Vgl. Bundesaufsichtsamt für das Kreditwesen (1997), S. 152.

Eine besondere Bedeutung kommt dem Gammawert bei der Anwendung von Hedgingstrategien zu, da ein Gamma-Hedge, dessen Summe Null ergibt, den Einfluß von Preisschwankungen des Basiswertes auf den Deltawert ausschließt.[266] Werden jedoch starke Kursveränderungen des Underlyings verzeichnet, so bedarf das Konzept der Gammaneutralität einer ständigen, zeitnahen Anpassung der Portfoliosensitivitäten.[267]

3.4.2.2 Vegafaktorrisiko

Als weitere entscheidende Einflußgröße auf den Wert einer Option findet die volatilitätsinduzierte Kennzahl „Vega" Eingang in die Bestimmung des Optionspreisrisikos. Das Optionsvega gibt die absolute Veränderung des Optionspreises aufgrund einer Veränderung des Volatilitätsfaktors um 1% an.[268] Als Maß für die Volatilität wird die Varianz (σ^2) bzw. die Standardabweichung (σ) bestimmt. Der Vegafaktor errechnet sich aus der partiellen Ableitung der Black-Scholes-Optionspreisformel nach der Volatilität. Die Dimension des Vegas lautet (DM x Jahr^{½}); die Dimension der Volatilität beträgt (1/Jahr^{½}).

$$\text{Vega(C)} = \text{Vega (P)} = \frac{\partial C}{\partial \sigma} = K \times \sqrt{t} \times N'(d_1)$$

mit

$$N'(d_1) = \frac{1}{\sqrt{2\pi}} \times e^{(-\frac{d^2}{2})}$$ = Funktionswert der Standardnormalverteilungsdichte an der Stelle d_1

C = Call-Option
P = Put-Option
K = aktueller Kurs des Underlyings
t = Restlaufzeit der Option in Jahren
σ = Volatilität des Underlyings

Formel 3.21: Optionsvega

Das Call-Vega und das Put-Vega verhalten sich identisch, so daß eine steigende Volatilität sowohl mit einer Werterhöhung der Call- als auch der Put-Option verbunden ist.[269] Je höher das Vega, desto höher ist das Risiko einer

[266] Vgl. Lingner, U. (1991), S. 72, sowie Eller, R./Deutsch, H.-P. (1998), S. 105.
[267] Vgl. Steiner, M/Bruns, C. (1996), S. 471.
[268] Vgl. Cordero, R. (1989), S. 94.
[269] Vgl. Steiner, M./Bruns, C. (1996), S. 296.

Veränderung des Optionspreises aufgrund einer Veränderung der Schwankungsbreite des Marktpreises des Basisinstrumentes et vice versa. Optionen, welche am Geld notieren, besitzen das größte Vega. Dieser Wert sinkt stetig mit abnehmender Laufzeit. Dementsprechend läßt sich für Optionen mit langer Laufzeit eine höhere Kursreagibilität bei einer Veränderung der Volatilität beobachten als bei Optionen mit geringerer Laufzeit.[270] Ein Vega von Null hat zur Konsequenz, daß der Preis der Option bei einer Veränderung der Volatilität des zugrundeliegenden Basiswertes nahezu konstant bleibt.[271]

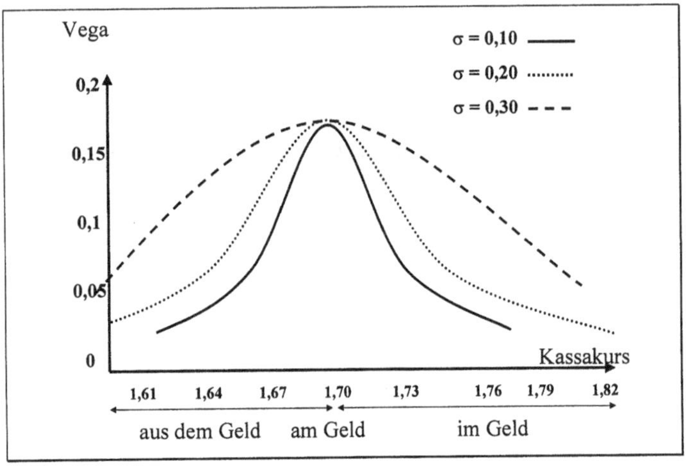

Abb. 3.21: Optionsvega einer Long-Call-Option in Abhängigkeit des Kassakurses des Underlyings

Um gegenläufige Geschäfte risikoadäquat berücksichtigen zu können, wird – analog den Gammawerten – auch den Vegawerten von gekauften Optionen (Long Call und Long Put) ein positives Vorzeichen und den Vegawerten von fremden Optionsrechten (Short Call und Short Put) ein negatives Vorzeichen zugewiesen.[272] Entsprechend profitieren Strategien mit einem negativen Vega (short volatility) von einer stabilen Volatilität.[273]

[270] Vgl. Eller, R., Phasenkonzept als Controlling-Baustein, in: B. Bl., 47. Jg., 1/1998, S. 32.
[271] Vgl. Eades, S. (1992), S. 223.
[272] Vgl. Schulte-Mattler, H., Delta-plus-Ansatz bei Optionen, in: Die Bank, 8/1996, S. 503.
[273] Vgl. Daigler, R. T. (1994), S. 147.

Entgegen der Anrechnung des Delta- und des Gammafaktorrisikos bleibt der jeweilige Gewichtungsfaktor in Abhängigkeit der Risikoart bei der Bestimmung des Vegafaktorrisikos unberücksichtigt. Vielmehr wird eine Volatilität in Höhe von 25% des jeweils aktuellen Wertes für sämtliche Risikokategorien unterstellt. Das Vegafaktorrisiko für eine Einheit des Basisinstrumentes ermittelt sich mit Hilfe der Multiplikation der zu einem Viertel angerechneten Volatilität mit dem Vegafaktor.

$$\text{Vegafaktorrisiko} = \frac{1}{4}\sigma \times \text{Vegafaktor}$$

Formel 3.22: Vegafaktorrisiko pro Risikoeinheit

Die Höhe des Vegafaktorrisikos der Call-Option aus Abschnitt 3.4.1 beläuft sich für den Gesamtkontrakt in Höhe von 1.000.000,-- US-Dollar bei einer Volatilität von 0,1/Jahr$^{1/2}$ und einem Vegafaktor in Höhe von 0,0025 DM x Jahr$^{1/2}$ auf 62,50 DM.

$$\frac{1}{4} \times \frac{0{,}1}{\sqrt{\text{Jahr}}} \times \frac{0{,}0025\,\text{DM}\sqrt{\text{Jahr}}}{\text{US-\$}} \times 1.000.000{,}\text{-- US-\$} = \underline{\underline{62{,}50\,\text{DM}}}$$

Formel 3.23: Vegafaktorrisiko

Die Bestimmung des Vegafaktorrisikos findet durch die Aggregation gegenläufiger Risikobeträge einer Risikokategorie statt. Der gesamte Anrechnungsbetrag resultiert aus der Summe der Absolutbeträge der Vegafaktorrisiken sämtlicher Risikokategorien ohne Berücksichtigung des Vorzeichens.

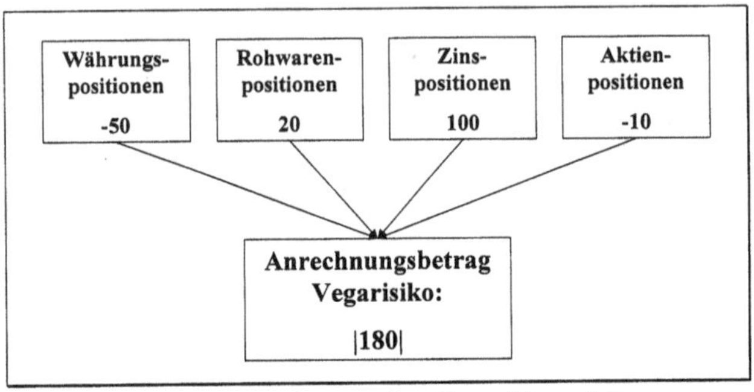

Abb. 3.22: Anrechnung des Vegafaktorrisikos

3.4.2.3 Szenario-Matrix-Methode

Alternativ zum Delta-Plus-Ansatz steht für Handelsbuchinstitute der Einsatz der Szenario-Matrix-Methode zur Verfügung, welche sich von dem erstgenannten Verfahren dadurch unterscheidet, daß das Modell den Einfluß mehrerer Parameter auf die Optionsposition gleichzeitig berücksichtigt.[274] Das Wahlrecht zur Anwendung einer der vorgenannten Modelle ist einheitlich und auf Dauer auszuüben. Zur Erfassung des Optionspreisrisikos wird jede Option in Abhängigkeit der einflußnehmenden Parameter mit Hilfe einer zweidimensionalen Matrix neu bewertet. Die relevanten Optionsgeschäfte können um die nachweislich gesicherten Geschäfte aus der Ermittlung der Anrechnungsbeträge der Marktpreisrisikopositionen ergänzt werden, welche somit bei der Bestimmung der Währungsgesamt-, des Rohwarenrisikos sowie bei der Quantifizierung des allgemeinen Kursrisikos der Handelsbuchrisikoposition außer Acht bleiben. Die Integration dieser Marktrisikopositionen in die Szenario-Matrix wird als „carve-out" bezeichnet und dient dem Zweck, die mit den Optionsgeschäften verbundenen Marktpreisrisiken exakter abzubilden.[275]

Ausgehend von dem Wert der aktuellen Optionsprämie wird die Variation des Marktpreises sowie der Volatilität des Underlyings für eine Option oder für eine Optionsgeschäftsklasse,[276] daß heißt für Optionen, die sich auf dasselbe

---

274 Vgl. Schulte-Mattler, H. (1996b), S. 505.

275 Vgl. Bundesaufsichtsamt für das Kreditwesen (1997), S. 145.

276 Die Zusammenfassung von Schuldtiteln zu Optionsgeschäftsklassen setzt die Bildung mindestens sechs unterschiedlicher Klassen voraus, wobei nicht mehr als drei

Underlying oder auf vergleichbare Optionsgegenstände beziehen, vorgenommen.[277] In Anlehnung an die Basler Eigenkapitalvereinbarungen[278] beträgt die maximale Änderung des Marktpreises des Basisinstrumentes in positive und negative Richtung für aktienbezogene sowie auf Fremdwährung oder Gold lautende Optionsgeschäfte 8% und für rohwarenbezogene Optionskontrakte 15%. Die relative Preisänderung für zinsbezogene Optionsgegenstände wird den zugehörigen Laufzeitbändern der Durationmethode entnommen. In Abhängigkeit der Restlaufzeit wird jedem Zinsinstrument die anzunehmende Renditeänderung zugewiesen. Sofern eine Optionsgeschäftsklasse vorliegt, gilt die höchste Renditeänderung eines Schuldtitels innerhalb der Optionsgeschäftsklasse.

Die Variation des zugrunde liegenden Basiswertes ist für jedes Optionsgeschäft respektive für jede Optionsgeschäftsklasse gegebenenfalls unter Einbeziehung der Sicherungsgegenstände in sechs gleich große Intervalle aufzuteilen. Mit anderen Worten werden ausgehend vom Ursprungswert in die positive und in die negative Richtung jeweils drei Intervallstufen bestimmt. Die zweite Dimension der Matrix bildet die Volatilitätsänderung. Die Veränderung der Volatilität wird in Abhängigkeit des Ausgangswertes um jeweils 25% nach oben und unten simuliert. Damit gehen 21 Werte in das Zahlenschema ein, das sich aus drei Zeilen und sieben Spalten zusammensetzt.

Die Ermittlung der Veränderungswerte des Optionspreises bei den unterstellten Variationen des Marktwertes sowie der Volatilität des Underlyings wird am Beispiel einer US-$-Call-Option dargestellt. Der Optionskontrakt weist die in der Abbildung 3.23 aufgeführten Ausstattungsmerkmale auf und läßt sich mit Hilfe des von Garman/Kohlhagen[279] entwickelten Modells berechnen.

Laufzeitbänder in Anlehnung an die Jahresband- bzw. Durationmethode (Abschnitt 3.3.3.2.1) zu einer Optionsgeschäftsklasse zusammengefaßt werden dürfen.

[277] Vgl. Schulte-Mattler, H., Szenario-Matrix-Verfahren bei Optionen, in: Die Bank, 12/1996, S. 762.

[278] Vgl. Basler Ausschuß für Bankenaufsicht (1996a), Abschnitt A5, Tz. II b.

[279] Vgl. Garman, M. B./Kohlhagen, St. W., Foreign currency option values, in: Journal of International Money and Finance, No. 2, 1983, S. 231-237.

Volumen:	1.000.000,-- US-$
Basispreis:	1,70 US-$
Kassakurs:	1,75 US-$
Inländischer Zinssatz:	5% p.a.
Ausländischer Zinssatz:	3% p.a.
Volatilität des Devisenkassakurses:	10% p.a.
Restlaufzeit:	9 Monate ⇒ 0,75 Jahre

Abb. 3.23: Ausstattungsmerkmale einer US-$-Call-Option

Die Optionspreisformel nach Garman/Kohlhagen greift die Prämissen des Black & Scholes-Modells auf[280] und berücksichtigt außerdem eine Verzinsung der Devisenpositionen. Diese Zahlung geht als stetige Rendite, die sich implizit in den Devisenterminkursen ausdrückt, in die Formel ein.[281]

Zur Anwendung des Garman-Kohlhagen-Modells werden zudem die Prämissen unterstellt, daß
- die Kassakurse sich kontinuierlich verändern und einem Random Walk unterliegen,
- die Volatilität der Kursbewegung im Betrachtungszeitraum unverändert bleibt.[282]

---

280 Zu den Voraussetzungen für die Anwendung des Optionspreismodells nach Black & Scholes siehe auch Gronau, V., Volatilitätsmanagement, in: Eller, R. (Hrsg.), Modernes Bondmanagement, Wiesbaden, 1993, S. 210 f.

281 Vgl. Steiner, M./Bruns, C. (1996), S. 305.

282 Zu den Annahmen des Garman-Kohlhagen-Modells vgl. ausführlich Hartschuh, T., Portfoliorientiertes Management von Preisrisiken in Kreditinstituten, in: Priewasser, E. (Hrsg.), Aus der Forschung für kreditwirtschaftliche Praxis, Frankfurt am Main, 1996, S. 165.

$$C = K \times e^{-R_a \times t} \times N(d_1) - B \times e^{-R_a \times t} \times N(d_1)$$

$$d_1 = \frac{\ln \frac{K}{B} + \left(R_i - R_a + 0{,}5 \times \sigma^2\right) \times t}{\sigma \sqrt{t}}$$

$$d_2 = d_1 - \sigma\sqrt{t}$$

mit:

C	=	Wert des Calls
K	=	aktueller Kurs des Underlyings
B	=	strike price/Basispreis
R_a	=	Ausländischer Zinssatz (in % p.a.)
R_i	=	Inländischer Zinssatz (in % p.a.)
e	=	Euler'sche zahl
$N(d_i)$	=	Flächeninhalt der Dichtefunktion der Standardnormalverteilung
σ	=	implizite Volatilität des Underlyings (p.a.)
t	=	Restlaufzeit der Option in Jahren

Formel 3.24: Garman/Kohlhagen-Formel zur Bestimmung des Devisenoptionspreises

Jedes Feld der zweidimensionalen Matrix wird unter Anwendung des Devisenoptionsmodells nach Garman/Kohlhagen neu bewertet. Die Spalten geben die Veränderung des Marktpreises des Underlyings bis zu den Extremwerten von 8% wieder. Die Zeilen simulieren die Veränderung der Volatilität des Basisinstrumentes.

Preis / **Volatilität**	- 8% = 1,61	- 5,33% = 1,6567	- 2,66% = 1,7033	± 0% = 1,75	+ 2,66% = 1,7967	+ 5,33% = 1,8433	+ 8% = 1,89
+ 25% 12,5 %	**42.060,59**	**61.772,65**	**86.734,65**	**114.707,30**	**148.218,35**	**183.888,16**	**222.913,24**
± 0% 10%	**29.242,35**	**48.100,75**	**72.299,89**	**101.671,74**	**136.158,29**	**175.051,23**	**216.201,77**
- 25% 7,5%	**17.468,46**	**34.060,75**	**64.530,84**	**89.774,02**	**127.243,20**	**152.592,88**	**203.445,88**

Tab. 3.38: Optionswert nach dem Szenario-Matrix-Verfahren

Der Vergleich der einzelnen Optionswerte in der Tabelle 3.38 zeigt, daß ausgehend von einem Marktpreis des Underlyings in Höhe von 1,75 DM/US-$ der Wert der Option maximal wird, wenn sowohl der Marktpreis des Basisinstrumentes als auch die Volatilität des Underlyings den höchstmöglichen Wert des Szenarios annehmen. Durch die Gegenüberstellung des Ausgangswertes der Option und der durch die Variation der Marktrisikoparameter erzeugten potentiellen Optionswerte wird der Nettogewinn bzw. der Nettoverlust des Optionswertes offensichtlich.

Preis Volatilität	- 8% = 1,61	- 5,33% = 1,6567	- 2,66% = 1,7033	± 0% = 1,75	+ 2,66% = 1,7967	+ 5,33% = 1,8433	+ 8% = 1,89
+ 25% 12,5 %	**-59.611,15**	**-39.899,09**	**-14.937,09**	**13.035,55**	**46.546,61**	**82.216,42**	**121.241,49**
± 0% 10%	**-72.429,39**	**-53.570,99**	**-29.371,85**	**0**	**34.486,55**	**73.379,49**	**114.530,03**
- 25% 7,5%	-84.203,28	**-67.610,99**	**-37.140,91**	**-11.897,72**	**25.571,46**	**50.921,14**	**101.774,13**

Tab. 3.39: Optionswertänderung der Optionsposition nach dem Szenario-Matrix-Verfahren

Für die US-$-Call-Option tritt der höchste Verlust ein, wenn beide Marktrisikoparameter bis auf ihre negativen Extremwerte – die Volatilität von 10% auf 7,5% und der US-$ Kurs von 1,75 DM/US-$ auf 1,564 DM/US-$ – verändert werden. Danach verzeichnet die Call-Option ein maximales Verlustpotential in Höhe des Absolutbetrages von 84.203,28 DM. Dieser Wert stellt zugleich den Anrechnungsbetrag für die Eigenmittelanforderung dar.

Die Abbildung 3.22 hebt graphisch hervor, welche Wertänderungen bei der Variation der Einflußfaktoren zu erwarten sind. Dabei wird deutlich, daß im Falle einer positiven Veränderung der Volatilität um 25% für sämtliche US-Dollar Devisenkurse das Gewinnpotential am höchsten bzw. das Verlustrisiko am geringsten ist.

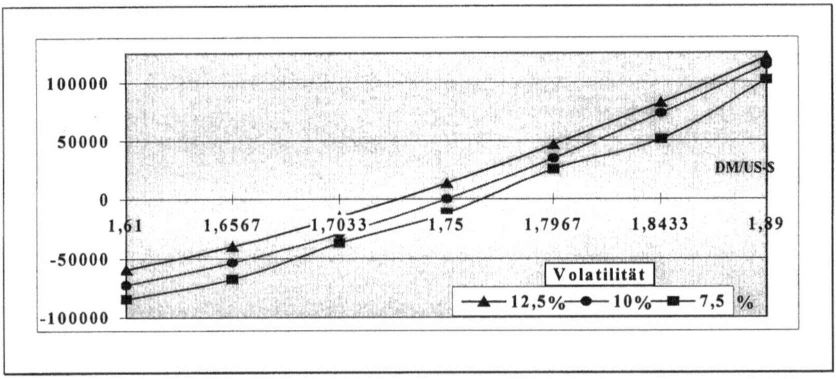

Abb. 3.24: Simulation des Optionspreises bei Veränderung der Marktparameter

Die Berücksichtigung nachweislich gesicherter Marktrisikopositionen in der Szenario-Matrix führt dazu, daß diese Aktiv- oder Passivposten in ihrer jeweiligen Risikokategorie nicht mehr einbezogen werden und die Eigenmittelanforderung ausschließlich aus den Ergebnissen der Szenario-Matrix-Methode resultiert.

Die Integration einer in US-Dollar zahlbaren Verbindlichkeit in das Szenario der Wertveränderung der US-$-Call-Option erfordert die Berechnung der Differenzbeträge, die aufgrund der Variation des US-$ Kurses resultieren. De facto wird das Risiko eines Rückganges des US-Dollarkurses durch die gleichzeitige Chance der Reduzierung der Rückzahlungsverpflichtung gemindert. Es tritt somit eine Kompensation der Positionsveränderung in Höhe des geringeren der beiden Anrechnungsbeträge ein. Die Verlustgefahr begrenzt sich auf den Differenzbetrag der aufgerechneten Positionen.

Als besonders Komplex zeigt sich die Szenario-Matrix-Methode, falls eine Option einer Marktwertveränderung ausgesetzt ist, die auf mehr als zwei Parameter zurückzuführen ist. So unterliegt eine auf Fremdwährung denominierte Aktienoption einem Fremdwährungs-, einem Aktienkurs- sowie einem Volatilitätsrisiko. In diesem Fall ist die Szenario-Matrix um eine dritte Dimension zu erweitern.

3.5 Bankenaufsichtsrechtlicher Risikostatus

Mit der Aggregation der Adressenrisiken des Anlagebuches einerseits und der Marktpreisrisiken der Handelsbuch- sowie der Währungs-, der Rohwaren- und der Optionspreispositionen andererseits werden die Solvabilitätskoeffizientenrichtlinie und die Kapitaladäquanzrichtlinie zusammengeführt. Die Höhe des gesamten Eigenmittelbedarfs eines Institutes bemißt sich in Abhängigkeit der bestehenden Risikoaktiva und der damit einhergehenden Eigenkapitalanforderung sowie der Marktpreisrisikopositionen und des daraus resultierenden Eigenmittelunterlegungsbetrages. Die Verknüpfung der beiden Risikobereiche respektive deren Eigenmittelanforderungen fordert das Bundesaufsichtsamt für das Kreditwesen bei der zum Ende eines jeden Kalendermonats zu berechnenden Gesamtkennziffer sowie bei der Ermittlung der ungenutzten Drittrangmittel.[283]

[283] Siehe dazu Abschnitt 2.2.2.

Die Differenz zwischen der Höhe der anrechenbaren Eigenmittel und der effektiven Eigenmittelunterlegung bildet den aktuellen Risikopuffer und stellt zugleich das Potential für weitere Risikopositionen dar. Mögliche Auswirkungen auf die bestehenden freien Eigenmittelbestandteile durch den Erwerb zusätzlicher Kontrakte oder durch das Auftreten weiterer Risiken sowie die Interdependenzen der Anlagebuch- und der Marktpreispositionen werden in diesem Zusammenhang nicht sofort erkennbar.

Eine Aussage hinsichtlich des tatsächlichen Risikogehaltes einzelner Positionen des Institutes läßt sich auf Basis der im Grundsatz I aufgeführten Standardverfahren nur unzureichend oder gar nicht treffen. Die pauschale Bewertung des Adressenausfallrisikos für bilanzielle und traditionelle außerbilanzielle Risikoaktiva sagt nur wenig über die wirkliche Virulenz der bestehenden Anlagebuchpositionen aus. Zweifellos weisen die standardisierten Schemata auf die besonders zu beachtenden Emittenten- und Kontrahentenrisiken hin, doch kommt wohl allein die Marktbewertungsmethode zur Bestimmung der Eigenmittelunterlegung für die innovativen außerbilanziellen Geschäfte dem Anspruch einer marktgerechten Kalkulation am nächsten.

Die Messung des Marktpreisrisikos unter Anwendung der im Grundsatz I aufgeführten Standardmodelle wird vor allem der Bankenaufsicht gerecht. Die Diskrepanz zwischen den mit Hilfe der standardisierten Methoden ermittelten und dem in praxi zu beobachtenden Risikopotential wird besonders bei der Bestimmung der Währungs- und der Rohwarenpositionen augenfällig, da der Fokus der bankenaufsichtsrechtlichen Betrachtung weniger in der Darstellung realistischer Verlustpotentiale denn in der Begrenzung der Positionen in Abhängigkeit vorhandener Eigenmittel liegt.

Dessenungeachtet liefern die Standardmethoden wertvolle Ansatzpunkte zur Lokalisierung der Risikowerte. Die Ermittlung der Zinsrisiken mit Hilfe der Durationmethode und die Bewertung der Optionspreispositionen unter Anwendung der Sensitivitätskennzahlen bzw. der Szenario-Matrix-Methode stellen gegenüber den Ansätzen der bisher gültigen Grundsätze I und Ia eine enorme Korrektur und damit Verbesserung der Bewertungsvorschriften dar. Zudem enthalten die Modelle die Möglichkeit, weitere Risikoszenarien im Rahmen des internen Risikomanagements zu simulieren. Auf diese Weise wird die Sensibilisierung der beteiligten Mitarbeiter und Verantwortungsträger bezüglich marktinduzierter Veränderungen erhöht und das Problembewußtsein durch den Umgang mit den Bewertungsverfahren gesteigert.

4 Analyse der bankenaufsichtsrechtlichen Tragfähigkeit von Handelsbuchrisiken

Die Bankenaufsicht hat mit der Klassifikation der Wertpapierhäuser und Kreditinstitute in die Handelsbuch- und die Nichthandelsbuchinstitute eine differenzierte Regelungssystematik für die Erfassung und Anrechnung der Risikopositionen geschaffen. Während die Institutsformen zur Bestimmung des Adressenrisikos der Risikoaktiva lediglich hinsichtlich der Marktbewer-tungs- und der Laufzeitmethode divergieren, weist die Ermittlung des Marktpreis-risikos erheblich mehr Unterschiede auf. Die Bemessung der aktien- und zinsbezogenen Handels-buchrisikopositionen nach dem allgemeinen und dem titelbezogenen Kursrisiko sowie die zusätzliche Berücksichtigung des Ausfall-risikos weiterer Kontraktspezifikationen besitzt nur für Handelsbuchinstitute Gültigkeit; für Nichthandelsbuchinstitute findet die Quantifizierung dieser Geschäfte analog der Anrechnung risikoaktivischer Positionen statt. Damit stellen Nichthandelsbuchinstitute ausschließlich auf die Bonität des Schuldners ab und vernachlässigen mögliche marktevozierte Veränderungen vollständig. Weitaus komplexer gestaltet sich auch die Erfassung des Risikos bedingter Termingeschäfte sowie die Einhaltung der Großkreditbestimmungen für Handelsbuchinstitute. Die zusätzliche Berechnung des Gamma- und des Vegarisikos setzt die Ermittlung der impliziten Volatilität und der Sensitivitäts-kennzahlen voraus. Zudem erfordert die separierte Einhaltung der Obergrenze des Anlage-, des Handels- und des Gesamtbuches die Installation organisato-rischer Controlling-Instrumente.

	Handelsbuchinstitute	**Nichthandelsbuchinstitute**
Bonitätsrisiko (Risikoaktiva)	**Marktbewertungsmethode**	**Laufzeitmethode**
Handelsbuchrisiken	**Zinspositionen Aktienpositionen Ausfallrisikopositionen**	**Analog den Adressenrisiken der Risikoaktivapositionen**
Optionsrisiken	**Delta-Plus-Ansatz/ Szenario-Matrix-Methode**	**Deltaäquivalent**
Großkreditbestimmungen	**Anlagebuch Handelsbuch Gesamtbuch**	**Gesamtbuch**

Tab. 4.1: Differenzierte Berechnungsverfahren für Handels- und Nichthandelsbuchinstitute

Infolgedessen wird der Betrag der gesamten Eigenmittelunterlegung für Handelsbuchinstitute unter Anwendung der in Kapitel 3 vorgestellten Verfahren grundsätzlich höher ausfallen. Dies begründet sich auch mit der Ermittlung des Handelsbuchrisikos nach dem „Building-Block-Approach“. Obwohl die Anrechnung des spezifischen zinsbezogenen Kursrisikos für den Bestand von „Aktiva des Zentralstaates“ entfällt, führt der Einsatz der Durationmethode zur Berechnung des allgemeinen Kursrisikos in jedem Fall zu einer Eigenmittelbelastung. Eine Eigenmittelanforderung unterbleibt lediglich bei der Anwendung der Jahresbandmethode für Zinspositionen mit einer Restlaufzeit von höchstens einem Monat.

Die Berücksichtigung der aktienbezogenen Positionen geht mindestens mit einer Eigenmittelanrechnung in Höhe von 10% (8% für das allgemeine Risiko und 2% für das spezifische Risiko) einher. Hingegen bemißt sich für Nichthandelsbuchinstitute die Eigenkapitalanforderung in Anlehnung an die Risikoquantifizierung der Anlagebuchpositionen in Höhe des Mindestsolvabilitätskoeffizienten in Höhe von 8%. Die umfangreiche Erfassung der Optionspositionen mit Hilfe der Sensitivitätskennzahlen Gamma und Vega ist ebenso mit einer erhöhten Eigenmittelauslastung verbunden.

Die Möglichkeit einer verminderten Anrechnung der Eigenmittel besteht für Handelsbuchinstitute durch die Aufrechnung gleicher Wertpapiere oder derivativer Geschäfte innerhalb des Handelsbuches. Mit der Generierung einer Nettoposition wird lediglich die Differenz der gegenläufigen Positionen als Bemessungsgrundlage herangezogen. Kann hingegen die Existenz gegenläufiger Transaktionen im Handelsbuch nicht unterstellt werden, so erfordern die Handelsbuchrisikopositionen für Handelsbuchinstitute gegenüber denen der Nichthandelsbuchinstitute allgemein eine deutlich höhere Eigenmittelunterlegung; vor allem, wenn ein Nichthandelsbuchinstitut die Risikohöhe durch die Adressenanrechnung der Risikoaktiva effizient steuert.

Darüber hinaus erfordern Handelsbuchinstitute aufgrund des komplexeren Bewertungsverfahrens der Handelsbuchrisiken offensichtlich einen erhöhten Personalbedarf, mindestens einen erhöhten Qualifikationsbedarf der Mitarbeiter sowie zusätzliche Anforderungen an die Organisation und an die EDV-Implementierung.[1] Die Aufhebung der Selbstbeschränkung in der Geschäftstätigkeit und die gleichzeitige Integration eines erfolgsorientierten

---

1 Vgl. Glüder, D., Groß-/Millionenkredit: Sind Sie fit für die Umsetzung ab 1. Oktober 1998?, in: Kreditpraxis, 5/1998, S. 14.

Eigenhandels in das bestehende Kerngeschäft der Institute erweist sich somit als kardinale Fragestellung für kleine und mittelgroße Banken und Sparkassen,[2] da der in Aussicht gestellte Ertrag aus dem Eigenhandelsgeschäft zunächst zusätzliche „Upfront-Investitionen" erfordert.

4.1 Ertragsorientierung versus Sicherheitsstreben

Seit der Umsetzung der Solvabilitätskoeffizientenrichtlinie dürfen die gewichteten Risikoaktiva das 12,5-fache des haftenden Eigenkapitals nicht überschreiten. Die Normvorgabe begrenzt das Geschäftsvolumen der Institute,[3] so daß diese das Ziel verfolgen, die vorhandenen Eigenmittel optimal in Anspruch zu nehmen. Von einer effizienten Allokation der Eigenmittel kann allerdings nur dann gesprochen werden, wenn die anrechenbaren Eigenmittel vollständig für die Unterlegung der Risikopositionen eines Institutes Anwendung finden. Für Handelsbuchinstitute bedeutet dies, daß die Relation des haftenden Eigenkapitals zu der Summe der gewichteten Risikoaktiva über 8% betragen muß, damit hinreichend freie Eigenmittelbestandteile für die Unterlegung aktueller und potentieller Marktpreisrisiken verbleiben.

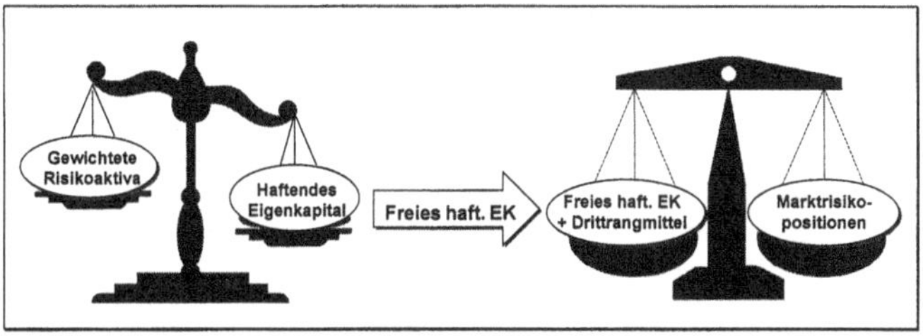

Abb. 4.1: Allokation der Eigenmittel

---

2 1997 betrug die durchschnittliche Bilanzsumme der gesamten Sparkassen 2.748 Mio. DM. Dabei wiesen 152 der 598 Sparkassen eine Bilanzsumme von unter 1 Mrd. DM aus. Vgl. Grommes, H.-J./Schnitzler, R., Rangliste der deutschen Sparkassen 1997, in: B. Bl., 6/1998, S. 298-303. Von den ca. 1300 Kreditgenossenschaften besaßen ca. 300 Institute eine kleinere Bilanzsumme als 100 Mio. DM und nur rund 30 Institute überschritten die Milliardengrenze. Vgl. Hübner, J./Sattig, C., Risikocontrolling und Risikomanagementsystem im Praxiseinsatz der Kreditgenossenschaften, in: ZfgK, 20/1997, S. 989.

3 Hagenmüller und Sonnentag sprechen in diesem Zusammenhang von der Bremsfunktion des Eigenkapitals. Vgl. Hagenmüller, K. F., Der Bankbetrieb, Bd. I, 3. Aufl., Wiesbaden, 1970, S. 200, sowie Sonnentag, H., Eigenkapital und Wachstum der Geschäftsbanken, in: Hagenmüller, K. F./ Engels, W./Kolbeck, R. (Hrsg.), Schriftenreihe für Kreditwirtschaft und Finanzierung, Bd. 3, Wiesbaden, 1982, S. 40-41.

Aus dem Blickwinkel der Ertragsoptimierung orientiert sich die maximale Geschäftsausweitung für Nichthandelsbuchinstitute an der vollständigen Auslastung des haftenden Eigenkapitals und damit an dem Mindestsolvabilitätskoeffizienten in Höhe von 8%. Die Deutsche Bundesbank opponiert diese Betrachtungsweise und beurteilt einen Anstieg der Grundsatz I-Kennziffer als eine Verbesserung der Eigenkapitalausstattung[4] „im Interesse der Erfüllung ihrer Verpflichtungen gegenüber ihren Gläubigern, insbesondere zur Sicherheit der Ihnen anvertrauten Vermögenswerte“[5]. Hammer propagiert gar einen bankinternen Faktor, der über dem im Grundsatz I geforderten Solvabilitätskoeffizienten liegt, um die Höhe der Risikoaktiva stärker zu begrenzen.[6]

Die tatsächliche Höhe des Solvabilitätskoeffizienten der einzelnen Bankensektoren zeigt, daß die Kreditinstitute den ihnen gewährten Spielraum faktisch nicht vollständig ausnutzen sondern einen „Sicherheitsabstand“ zu der vorgeschriebenen Mindesteigenkapitalausstattung von 8% aufweisen. Im Zeitablauf lassen sich innerhalb der verschiedenen Institutsgruppen zum Teil starke Schwankungen hinsichtlich der Höhe des Solvabilitätskoeffizienten beobachten.[7] Während die Sparkassen und Genossenschaftsbanken einen einheitlichen Trend abbilden, differiert die Höhe des Solvabilitätskoeffizienten dieser Institute mit den Werten der Großbanken erheblich.[8]

---

4 Vgl. Deutsche Bundesbank, Geschäftsbericht 1994, S. 137-138.

5 § 10 Abs. 1 Satz 1 GS I.

6 Bis zur Einführung der 4. KWG-Novelle und der bis zu diesem Zeitpunkt geforderten Limitierung der Risikopositionen auf das 18fache des haftenden Eigenkapitals sah die Sparkasse Detmold eine interne Risikobegrenzung in Höhe des 14fachen des haftenden Eigenkapitals vor. Dies entsprach einem Solvabilitätskoeffizienten (haftendes Eigenkapital/Summe der gewichteten Risikoaktiva) von 7,14 % anstatt der bis dahin gültigen Mindestforderung von 5,56%. Vgl. Hammer, U., Ganzheitliches Bankcontrolling, Diss., Paderborn, 1992, S. 265.

7 Der Solvabilitätskoeffizient stellt ausschließlich auf die Unterlegung der gewichteten Risikoaktiva mit haftenden Eigenkapital ab. Die Auslastung der gesamten anrechnungsfähigen Eigenmittel aufgrund bestehender Marktpreisrisiken findet in diesem Zusammenhang keine Berücksichtigung.

8 Bis zur Umsetzung der 4. KWG-Novelle im Januar 1993 und der bis zu diesem Zeitpunkt geforderten Mindesteigenkapitalausstattung von 5,56% divergieren die effektiven Eigenkapitalunterlegungssätze gemäß dem GS I der einzelnen Bankensektoren weit mehr. Während die Sparkassen eine Eigenkapitalausstattung von durchschnittlich ca. 12% auswiesen, belief sich dieser Wert bei den Kreditbanken auf durchschnittlich 7% bis 8%. Eine ausführliche Beschreibung der Eigenkapitalausstattung der Kreditinstitute bis zur Umsetzung der Solvabilitätsrichtlinie im Jahr 1992 findet sich bei Betge (1996), S. 135-136.

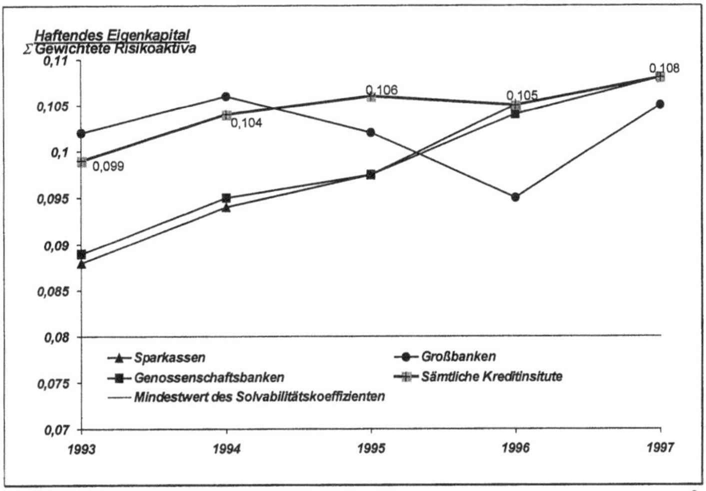

Abb. 4.2: Effektive Solvabilitätskoffizienten nach Bankensektoren[9]

Für die Gesamtheit der Kreditinstitute läßt sich für den Zeitraum von 1993 bis 1997 eine relative Zunahme des haftenden Eigenkapitals gegenüber den gewichteten Risikoaktiva verzeichnen. Während 1993 der effektive Solvabilitätskoeffizient 9,9% betrug, erhöhte sich die Relation des haftenden Eigenkapitals zu den gewichteten Risikoaktiva im Jahr 1997 auf 10,8%.

Die Zunahme des Geschäftsvolumens[10] läßt sich nur unter Einhaltung des Solvabilitätskoeffizienten in Höhe von mindestens 8% realisieren. Sofern die Ausweitung der bilanziellen und außerbilanziellen Kontrakte mit einer durchschnittlichen Ertragssteigerung einhergeht, würde die in den letzten Jahren tatsächlich gesunkene Auslastung des Eigenkapitals konsequenterweise mit einer Verringerung der Eigenkapitalrentabilität[11] in Verbindung stehen. Der Verlauf der in der Abbildung 4.3 dargestellten Eigenkapitalrentabilität bestätigt, daß die Relation des Jahresüberschusses vor Steuern zum bilanziellen Eigenkapital für den Zeitraum von 1993 bis 1997 abgenommen hat.

---

[9] Vgl. Deutsche Bundesbank, Geschäftsberichte 1993, S. 126-127; 1994, S. 137; 1995; S. 143-144; 1996, S. 159; 1997 S. 160.

[10] Zur Bestimmung des Geschäftsvolumens wird das Bilanzvolumen zuzüglich der Beträge der unter dem Bilanzstrich aufgeführten Positionen zusammengefaßt.

[11] Zur Berechnung der Eigenkapitalrentabilität siehe Perridon, L./Steiner, M. (1995), S. 523.

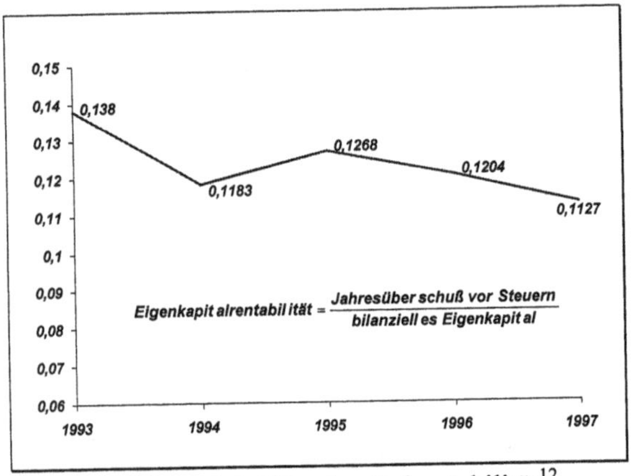

Abbildung 4.3: Eigenkapitalrentabilität[12]

Demzufolge läßt sich ein gegenläufiger Zusammenhang zwischen der Höhe des effektiven Solvabilitätskoeffizienten und der Höhe der Eigenkapitalrentabilität konstatieren. Mit anderen Worten wird die Relation des Jahresüberschusses vor Steuern zu den vorhandenen Eigenmitteln maximal, wenn der Solvabilitätskoeffizient der Mindestanforderung in Höhe von 8% entspricht. Vor diesem Hintergrund besitzt die Assimilierung der operativen Ertragsziele eines Institutes an die bankenaufsichtsrechtlichen Voraussetzungen eine zentrale Bedeutung.

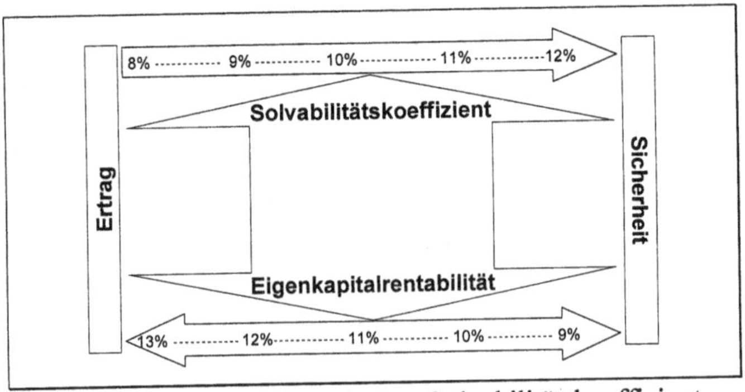

Abb. 4.4: Zielkonflikt zwischen Solvabilitätskoeffizient und Eigenkapitalrentabilität

12 Vgl. Deutsche Bundesbank, Monatsberichte 10/94, S.29; 10/95, S. 32; 8/96, S. 42; 8/97, S. 48; 8/98 S. 44.

4.2 Rahmenbedingungen der strategischen Konzeption

Die Versorgung der Wirtschaftssubjekte mit Fremdkapital stellt eine zentrale Funktion der Kreditinstitute dar. Die Höhe des Finanzierungsbedarfs hängt in erster Linie von der individuellen wirtschaftlichen Situation und von den Zukunftserwartungen der Unternehmen, des Staates und der privaten Haushalte ab.[13] Um den unterschiedlich ausgestalteten Finanzierungswünschen der Marktteilnehmer jederzeit entsprechen zu können, haben die Sparkassenverbände die Sicherstellung der Kreditausstattung des Mittelstandes und der wirtschaftlich schwächeren Bevölkerungskreise in den Landesgesetzen als öffentlichen Auftrag kodifiziert.[14]

In gleichem Maße zählen die Genossenschaftsbanken neben der Mitgliedsförderung die Wahrung der mittelstandsorientierten Interessen zu ihren Aufgaben.[15] Ebenso bezeichnen die privaten Banken die Finanzierung der mittelständischen Wirtschaft als Hauptpfeiler des Firmenkundengeschäftes.[16] Demgegenüber sind die mittelständischen Unternehmen, welche die Möglichkeit der direkten Beschaffung von Fremd- oder Eigenkapital an den organisierten Kapitalmärkten nicht realisieren können, auf die indirekte Finanzierung durch die Kreditinstitute angewiesen.[17]

Folglich müssen die Kreditinstitute bei der Einhaltung der bankenaufsichtsrechtlichen Normen die potentielle Kreditgewährung in die bestehenden Risikopositionen integrieren. In diesem Zusammenhang ist es von

---

[13] Vgl. Falter, M., Die Praxis des Kreditgeschäfts, Stuttgart, 1994, S. 33.

[14] Vgl. zum Beispiel § 3 NWSpkG oder § 4 NSSpkG. Zum öffentlichen Auftrag und zu den Gemeinwohlzielen der Sparkassen siehe Reinelt, I., Der Beitrag der Sparkassen zum kommunalen Gemeinwohl, Diss., Mannheim, 1990, S. 29 ff. Zum aktuellen öffentlichen Auftrag der Sparkassen siehe auch Fischer, R., Der öffentliche Auftrag der Sparkassen heute, in: Gesellschaft zur Förderung der wissenschaftlichen Forschung über das Spar- und Girowesen e. V., Bonn (Hrsg.), Der öffentliche Auftrag der Sparkassen in der historischen Entwicklung, Abteilung 1: Dokumentation, Bd. 1, Stuttgart, 1985, S. 64 ff.

[15] Zur Mittelstandsorientierung der Genossenschaftsbanken vgl. Hahn, O., Die Unternehmensphilosophie einer Genossenschaftsbank, in: Schriften zur Kooperationsforschung: B, Vorträge, Bd. 11, Tübingen, 1980, S. 16-17.

[16] Zur Risikobereitschaft von privaten Banken vgl. Sarrazin, J., „Über Geld spricht man nicht“ – Banken und Öffentlichkeit, in: Süchting, J./Heitmüller, H.-M. (Hrsg.), Handbuch des Bankmarketing, 3. Aufl., 1998, Wiesbaden, S. 423.

[17] Vgl. Schiller, B., Kreditvergabe auf den „neuen“ östlichen Märkten – Ansätze zur Risikobewältigung, in: Gerke, W. (Hrsg.), Planwirtschaft am Ende – Marktwirtschaft in der Krise?, Stuttgart, 1994, S. 321-322.

untergeordneter Bedeutung, ob die Kreditgewährung im Rahmen eines Geldleihgeschäftes[18] oder auf der Basis des Kreditleihgeschäftes[19] durchgeführt wird. Beide Formen des Kreditgeschäftes sorgen für eine zusätzliche Inanspruchnahme des Eigenkapitals. Sowohl die Forderungen aus dem Firmenkundenkreditgeschäft, die Darlehen im Privatkundensegment als auch die originäre Bürgschafts- und Garantieübernahme gehen unter Umständen vollständig in die Anrechnung der Risikoaktiva ein.[20]

Zudem wird ab dem 1. Januar 2001 mit der vollständigen Anrechnung von Realkrediten, welche durch Grundpfandrechte auf gewerblich genutzte Grundstücke gesichert sind,[21] eine zusätzliche Belastung des Eigenkapitals zu verzeichnen sein. Diese Regelung trifft besonders kleinere Institute, wie die regional ausgerichteten Sparkassen und Genossenschaftsbanken, mit einer ohnehin hohen Eigenkapitalauslastung.[22]

Im Hinblick auf die Maximierung der Eigenkapitalrentabilität wird offensichtlich, daß sich die Kalkulation eines Solvabilitätskoeffizienten in Höhe von 8% in praxi nicht realisieren läßt, da die potentielle Kreditgeschäftstätigkeit in die Planung der Eigenmittelanforderung einbezogen werden muß; das Kreditwachstum läßt sich jedoch a priori nicht konkret prognostizieren. Ferner kann der Ausgleich eines möglichen Überhangs der Risikopositionen durch die Aufnahme zusätzlicher Eigenmittelkomponenten ohne zeitliche Restriktion nicht

---

[18] Das Geldleihgeschäft basiert auf einem Darlehensvertrag und stellt dem Kreditnehmer zu vereinbarten Konditionen einen feststehenden Geldbetrag für eine bestimmte Zeit zur Verfügung.

[19] Das Kreditleihgeschäft zeichnet sich durch ein bedingtes Zahlungsversprechen der Bank aus, erst dann eine Zahlung zu leisten, wenn der Kreditnehmer seinen Verpflichtungen nicht mehr nachkommt. Vgl. dazu Büschgen, H. E. (1990), S. 257 ff. und S. 270 ff., sowie Wolter, L., Das Kreditgeschäft der Banken und Sparkassen, Frankfurt am Main, 1979, S. 2 f. Der Kreditnehmer nutzt bei dem Kreditleihgeschäft die Kreditwürdigkeit des Institutes, um an anderer Stelle eine materielle Kreditaufnahme vornehmen zu können. Vgl. dazu Vgl. Guthardt, H., Kreditinstitute als Träger der Unternehmensfinanzierung, in: Christians, F. W. (Hrsg.), Finanzierungshandbuch, 2. Aufl., Wiesbaden, 1988, S. 40.

[20] Eine Ausnahme bilden die Realkredite gemäß § 14 Abs. 2 Nr. 5 KWG, die durch Grundpfandrechte auf gegenwärtig oder zukünftig selbst genutztes oder vermietetes Wohneigentum gesichert sind. Diese Kredite unterliegen einer Anrechnung in Höhe von 50%. Vgl. § 13 Abs. 4 Nr. 2 GS I.

[21] Vgl. § 13 Abs. 4 Nr. 3 GS I.

[22] Zur Eigenkapitalproblematik der Genossenschaftsbanken siehe Grüger, W., EG-Binnenmarkt und Bankrechtsharmonisierung: Herausforderungen für die Genossenschaftsbanken, in: Brunner, W. L./Vollath, J. (Hrsg.), Handbuch Finanzdienstleistungen, Stuttgart, 1993, S. 29-30.

realisiert werden, so daß die Bildung eines „Eigenkapitalpuffers“ als unerläßlich angesehen wird.

Die Auswirkungen einer mangelnden Eigenmittelausstattung eines Institutes äußern sich in letzter Konsequenz in der Ablehnung eines Kreditantrages. Neben der Begrenzung der Geschäftstätigkeit des Institutes könnte die Rationierung des Kreditgeschäftes auch die taktische Finanzplanung[23] der Gewerbe- und Firmenkunden gefährden. Demnach ist ein ausreichender Eigenmittelbestand für sämtliche Institute zur Sicherung der Kreditgewährung im allgemeinen sowie zur Finanzierung des regionalen Mittelstandes und der Infrastruktur[24] im speziellen von besonderem Interesse.

Eine Reduzierung der gewichteten Risikoaktiva durch die Umschichtung von Positionen aus stärker zu weniger stark unterlegungspflichtigen Geschäften läßt sich unter dem Gesichtspunkt der Ertragsorientierung nicht zu jeder Zeit verwirklichen. Zum einen vermag dieses Vorgehen der geplanten Bilanzstrukturpolitik widerstreben; zum anderen könnten die vorhandenen Finanzinstrumente – aufgrund nachteiliger Marktkonstellationen – stille Kursverluste aufgebaut haben, deren Realisation sich auf den Gesamtbankerfolg auswirken würde. Außerdem ruft die Freisetzung weiterer Eigenmittel durch den Verkauf von anrechnungspflichtigen Risikoaktivapositionen in Verbindung mit einer Refinanzierungsmaßnahme eine vielfach unerwünschte Verkürzung der Bilanzsumme hervor.[25] Aus diesen Gründen wird im folgenden eine Umschichtung oder eine Veräußerung von Risikoaktivapositionen vor Fälligkeit ausgeschlossen. Prima facie muß das Verhältnis des haftenden Eigenkapitals zur Summe der gewichteten Risikoaktiva den Mindestwert des Solvabilitätskoeffizienten überschreiten, um der Eigenmittelunterlegung des potentiellen Geschäftsvolumen jederzeit gerecht zu werden.

---

[23] Die taktische Finanzplanung ist kurzfristiger Natur und auf die nächste Geschäftsperiode ausgerichtet. Siehe dazu Perridon, L./Steiner, M. (1995), S. 565 ff.

[24] Vgl. Raab, G., Bonitätsprüfung unter veränderten ökonomischen Vorzeichen, in: Bühler, W./Schmoll, A. (Hrsg.), Kreditmanagement, Wien, 1987, S. 49, sowie Reinelt, I. (1990), S. 29 ff.

[25] Vgl. Mast, H. J., Die Eigenmittelvorschriften des Cook-Komitees und die Finanzmärkte, in: ZfgK, 9/1989, S. 410.

4.3 Eigenmittelverwendung

Die Integration zukünftiger Risikopositionen des Anlagebuches in die bestehenden gewichte-ten anrechnungspflichtigen Risikoaktiva übt erheblichen Einfluß auf die Höhe des freien haftenden Eigenkapitals und damit auf die Höhe der anrechnungsfähigen Drittrangmittel aus. Da die Unterlegung der Handelsbuchrisikopositionen entscheidend von der Höhe des haftenden Eigenkapitals abhängt, welches nach der Unterlegung des Anlagebuchrisikos verbleibt, kann die Implementierung eines aktiven Eigenhandelsgeschäftes – über die Bagatellgrenzen hinaus – nur als ergänzende Geschäftstätigkeit vorgenommen werden.

Zunächst werden die aktuellen und die potentiellen Risikoaktiva eines Planungszeitraumes mit haftenden Eigenkapital bedient. Falls Überschreitungen der Großkreditbestimmungen vorliegen, werden die Überschreitungsbeträge ebenfalls mit haftenden Eigenkapital unterlegt, so daß erst der dann verbleibende Eigenkapitalbetrag zuzüglich der anrechnungsfähigen Drittrangmittel für die Unterlegung der Handelsbuchpositionen eingesetzt werden kann. Die Analyse hinsichtlich einer ausreichenden Eigenmittelausstattung für das Handelsbuch geht somit zunächst von den Eigenmittelanforderungen für die Anlagebuchkontrakte sowie von den Überschreitungspositionen im Rahmen der Großkreditbestimmungen aus.

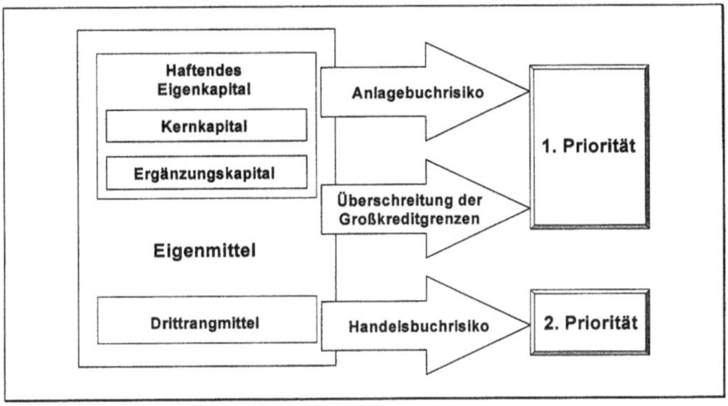

Abb. 4.5: Eigenmittelverwendung

Der Betrag der Eigenkapitalunterlegung für die Überschreitung der Großkrediteinzel- bzw. der Großkreditgesamtobergrenze steht als Bemessungsgrundlage für die Grundsatz I-Anrechnung nicht mehr zur Verfügung.[26] Im folgenden werden diese Überschreitungspositionen nicht weiter berücksichtigt, da diese Beträge – neben der Eigenkapitalunterlegung für das Anlagebuch – zu einer doppelten Bindung des haftenden Eigenmittels führen und deshalb von den Instituten kurzfristig abgebaut respektive gänzlich vermieden werden. Die Überschreitung der Großkreditgrenzen stellt realiter die Ausnahme dar.[27]

4.4 Bestimmung der Risikodeckungsmasse potentieller Handelsbuchgeschäfte

Die Entscheidungsfindung hinsichtlich der bankenaufsichtsrechtlichen Diskriminierung als Handelsbuch- bzw. Nichthandelsbuchinstitut hängt entscheidend von der Höhe des freien haftenden Eigenkapitals ab, welches nach der Unterlegung der aktuellen sowie der potentiellen Risikoaktiva verbleibt. Sofern nach der Deckung der Risikoaktivapositionen keine freien Kapitalbestandteile zur Verfügung stehen, entfällt die Anrechnung zusätzlicher Drittrangmittel und mithin die Möglichkeit, weitere marktpreisbezogene Risikopositionen aufzubauen. Beginnend mit der Ermittlung der vorhandenen Eigenmittelkomponenten wird im folgenden die Vorgehensweise der Untersuchung hinsichtlich der bankenaufsichtsrechtlichen Tragfähigkeit von Handelsbuchpositionen am Beispiel eines mittelgroßen Kreditinstitutes vorgestellt.[28]

Ausgehend von dem haftenden Eigenkapital einer Planungsperiode werden zunächst die anzurechnenden, gewichteten Risikoaktiva bestimmt. Die Bemessung der potentiellen Risikopositionen stellt in diesem Zusammenhang den neuralgischen Punkt der Kalkulation dar. Der Anstieg der Risikoaktiva läßt sich vornehmlich auf das Wachstum des Kreditgeschäftes zurückführen. Da

---

26 Vgl. Riebell, C./Barthelmes, L. (1997), S. 26.

27 Das Verbandsgebiet des Westfälisch Lippischen Sparkassen- und Giroverbandes (WLSGV) mit 92 Sparkassen verzeichnete bislang nur eine Sparkasse mit einer Überschreitung der Großkreditgrenze. Vgl. Nienhaus, T., Vortrag zum Thema „Die 6. KWG-Novelle" in der Sparkassenakademie des Westfälisch-Lippischen Sparkassen- und Giroverbandes am 28. Januar 1998 in Münster. Mit dem Ziel, die Großkrediteinzelobergrenze nicht zu überschreiten, werden zumeist in Zusammenarbeit mit weiteren, oftmals übergeordneten Instituten Kooperationskredite gewährt.

28 Die Datenbasis entstammt einem real existierenden, mittelgroßen Kreditinstitut.

sowohl das traditionelle Ausleihgeschäft als auch die Gewährleistungsverpflichtungen den Wert des Kreditäquivalenzbetrages maximal in Höhe der Nominalsumme ansteigen lassen, resultiert die erhöhte Eigenkapitalanforderung aus dem Ergebnis der Multiplikation des Solvabilitätskoeffizienten mit dem Wachstum des Kreditgeschäftes.

Eine emittentenbezogene Belastung des Grundsatzes I durch die Erhöhung des Anlagebuches läßt sich hingegen vermeiden, wenn ausschließlich Finanzinstrumente mit anrechnungsfreier Adressengewichtung erworben werden.[29] Folglich führt die „gute Bonität" eines Kontrahenten dazu, daß der Handlungsspielraum für die Übernahme von Marktrisikopositionen vollständig bestehen bleibt.

Um eine Aussage über die Höhe der freien Eigenmittel vornehmen zu können, wird zunächst der Verlauf des haftenden Eigenkapitals in einer Zeitreihe abgebildet. Die Aufteilung der Eigenkapitalbestandteile in das Kern- und in das Ergänzungskapital gibt dabei das Ausmaß einer möglichen Ausweitung des Eigenkapitals 2. Klasse an, welches bis zur Höhe des Kernkapitals angerechnet werden kann. Das nach der Unterlegung der gewichteten Risikoaktiva verbleibende Kernkapital stellt die Bemessungsgrenze für die Anrechnung der Drittrangmittel dar.

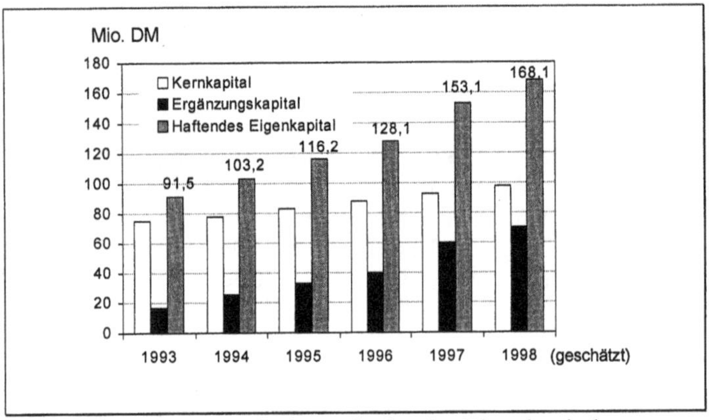

Abb. 4.6: Verfügbares haftendes Eigenkapital

[29] Vgl. Abschnitt 3.1.1.4.1.

Die Höhe des verfügbaren haftenden Eigenkapitals einer Planungsperiode, welche mit dem Geschäftsjahr des Institutes übereinstimmt, ermittelt sich aus dem Wert des Eigenkapitals der Vorperiode zuzüglich des in dem Zeitraum erzielten Bilanzgewinns, der den Rücklagen zugeführt wurde. Die Zunahme des Ergänzungskapitals ist auf die Erhöhung der Vorsorgereserven nach § 340f HGB und der langfristigen Verbindlichkeiten zurückzuführen.[30]

Sowohl das Kern- als auch das Ergänzungskapital haben sich stetig erhöht und belaufen sich für das Jahr 1997 auf 153,1 Mio. DM. Die Höhe des haftenden Eigenkapitals stellt die Bemessungsgrundlage für die zu unterlegenden Risikopositionen des Jahres 1998 dar.[31] Der angestrebte Bilanzgewinn sowie die zusätzliche Reservebildung lassen für 1998 ein haftendes Eigenkapital in Höhe von 168,1 Mio. erwarten. Die dominierenden Unternehmensziele der Kreditinstitute, die langfristige Erzielung eines Mindestgewinns sowie die Kontinuität der Eigenkapital- und der Jahresüberschußentwicklung,[32] können in diesem Zusammenhang als erfüllt angesehen werden.

Die Bestimmung der gewichteten Risikoaktiva setzt neben der Anrechnung der aktuellen Risikoaktivapositionen die Quantifizierung des potentiellen Kreditwachstums voraus. Die Schätzung des voraussichtlichen Kreditvolumens der nächsten Planungsperiode wird im Rahmen der Bilanzplanung erörtert. Dabei gehen volkswirtschaftliche Aspekte, etwa die Entwicklung der Arbeitslosenquote und des Wirtschaftswachstums, die Kaufkraftkennziffer oder das verfügbare Einkommen der regionalen Wirtschaftssubjekte in die Kalkulation ein. Darüber hinaus werden institutsspezifische Sondereinflüsse, z. B. die Investitionsneigung der Firmenkunden oder die Zielvereinbarungen im Hinblick auf das Einlagen- oder das Verbundgeschäft beachtet. Bisweilen geben Bilanz- oder Kundengespräche Aufschluß über zukünftige Finanzierungsprojekte; ebenso lassen sich aus den Ergebnissen von Primärbefragungen zukünftige Neigungen der Kunden ableiten.[33]

---

30 Im Jahr 1997 sind dem Ergänzungskapital langfristige Verbindlichkeiten in Höhe von 10 Mio. DM zugeführt worden.

31 Von einer Dynamisierung der Eigenmittel wird im folgenden abgesehen.

32 Vgl. Hasenkamp, K. P., Zinsrisiken in Bankbilanzen – Probleme der Information, Steuerung und Ergebnisbeeinflussung im Jahresabschluß, in: Becker, W.-D./Falk, R. (Hrsg.), Materialien zum Zinsrisiko, Göttingen, 1982, S. 115.

33 Zur Durchführung von Marktanalysen siehe Seidel, D., Quantitative und qualitative demoskopische Marktanalysen, in: Deutscher Sparkassen- und Giroverband e. V. (Hrsg.), Handbuch der Marktforschung, Stuttgart, 1974, S. 32 ff.

Die Zusammenführung der Einzelergebnisse verschiedener Abteilungen liefert Erkenntnisse über zukünftige Ereignisse und läßt eine Prognose bezüglich der potentiellen Geschäftstätigkeit eines Institutes zu. Zweifellos erheben die geschätzten Daten keinen Anspruch auf eine exakte Vorschau der ökonomischen Entwicklung eines Institutes, so daß der Einsatz von Korrekturfaktoren, etwa aufgrund des Wachstums des Kreditgeschäftes in der Vergangenheit, berechtigt erscheint.

Die Abbildung 4.7 spiegelt zum einen die Höhe der Kreditvergabe in der Vergangenheit wider und prognostiziert zum anderen das Geschäftsvolumen für das nächste Geschäftsjahr. Für das Jahr 1998 wird eine Zunahme des Kreditgeschäftes in Höhe von absolut 150 Mio. DM prognostiziert. Dabei bleibt zu berücksichtigen, daß dieser kumuliert Wert erst zum Ende des Planungszeitraumes erreicht wird.

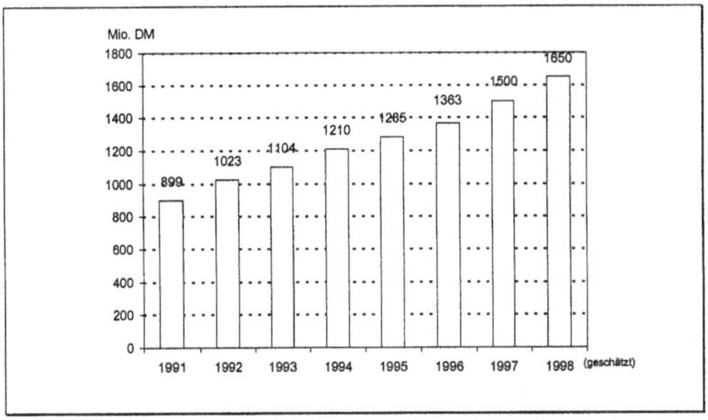

Abb. 4.7: Entwicklung des Kreditgeschäftes

Mit Ausnahme der Jahre 1995 und 1996, mit einem Zuwachs von ca. 6%, weist die Entwicklung des Kreditgeschäftes durchschnittliche Wachstumsraten von ca. 10% auf. Die in der Regel vollständige Anrechnung des zusätzlichen Kreditgeschäftes sorgt dafür, daß das Ausmaß der absoluten Kreditzunahme annähernd dem absoluten Anstieg der gewichteten Risikoaktiva des Kreditinstitutes entspricht. Ein Blick auf die Abbildung 4.8 belegt, daß die Wachstumsraten der gewichteten Risikoaktiva mit der Zunahme des Kreditvolumens hoch korrelieren. Der Anrechnungsbetrag für die gewichteten Risikoaktiva wird für 1998 auf ca. 1.500 Mio. DM geschätzt.

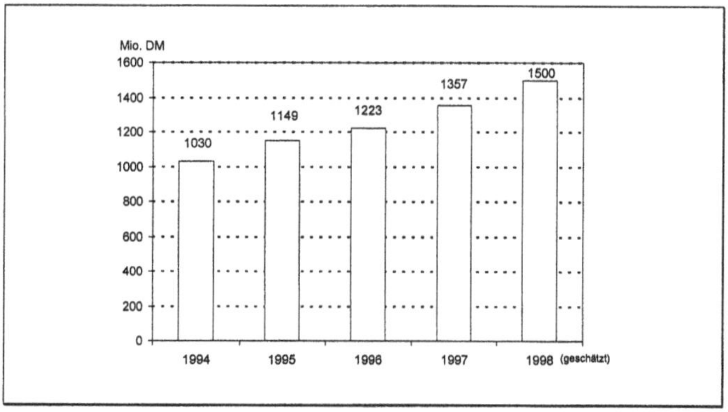

Abb. 4.8: Entwicklung der gewichteten Risikoaktiva

Sofern eine Verringerung der den Grundsatz I belastenden Kreditvergabemöglichkeiten vermieden werden soll, muß das haftende Eigenkapital mindestens in dem Maße wachsen wie das Geschäftsvolumen.[34] Aus dem Zeitreihenvergleich der Summe des verfügbaren Kern- und Ergänzungskapitals[35] der Vorperiode sowie des zur Unterlegung der gewichteten Risikoaktiva verbrauchten haftenden Eigenkapitals der Betrachtungsperiode läßt sich die Entwicklung der freien Eigenkapitalbestandteile abbilden.[36] Dazu werden die gewichteten Risikoaktiva mit dem Anrechnungsfaktor in Höhe von 8% multipliziert und dem haftenden Eigenkapital gegenübergestellt.

---

[34] Vgl. Holdijk, R., Die Eigenkapitalprobleme der deutschen Sparkassen, in: Mülhaupt, L. (Hrsg.), Schriftenreihe des Instituts für Kreditwesen der Westfälischen Wilhelms-Universität Münster, Bd. 22, Wiesbaden, 1979, S.164.

[35] Die langfristigen nachrangigen Verbindlichkeiten zur Bestimmung des Ergänzungskapitals betragen weniger als 50% des Kernkapitals.

[36] Die Gegenüberstellung des haftenden Eigenkapitals und der gewichteten Risikoaktiva legt das freie haftende Eigenkapital zum Jahresende offen, da die prognostizierten, gewichteten Risikoaktiva das auf das gesamte nächste Geschäftsjahr bezogene Kreditwachstum enthalten.

	in Mio. DM	1994	1995	1996	1997	1998
(1)	Gewichtete Risikoaktiva	1.030	1.149	1.223	1.357	1.500
x (2)	Solvabilitätskoeffizient	0,08	0,08	0,08	0,08	0,08
(1)x(2)=(3)	**Eigenkapitalanforderung**	**82,4**	**91,9**	**97,8**	**108,6**	**120**
(4)	Kernkapital	75	78	83	88	93
(5)	Ergänzungskapital	16,5	25,2	33,2	40,1	60,1
(4)+(5)=(6)	**Haftendes Eigenkapital**	**91,5**	**103,2**	**116,2**	**128,1**	**153,1**
(6)–(3)=(7)	**Freies haftendes Eigenkapital**	**9,1**	**11,3**	**18,4**	**19,5**	**33,1**

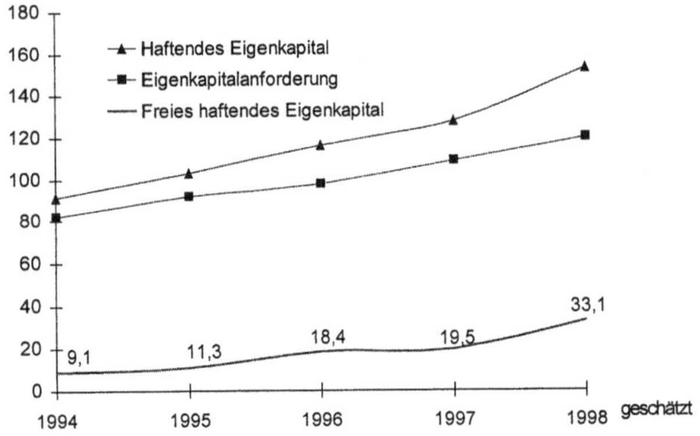

Abb. 4.9: Freies haftendes Eigenkapital

Das relative Wachstum des haftenden Eigenkapitals liegt in jedem Geschäftsjahr über der relativen Zunahme der Risikoaktiva, so daß das nicht in Anspruch genommene freie Eigenkapital ansteigt.[37] Während sich der Spielraum für zusätzliche gewichtete Risikoaktiva 1994 auf 113,46 Mio. DM [9,1/0,08] belief, nimmt das Ausmaß 1998 bereits einen Wert von 413,37 Mio. DM an. Mit anderen Worten verzeichnet der Auslastungsgrad des haftenden Eigenkapitals eine Reduzierung von 90% [82,4 x 100/91,5] im Jahr 1994 auf 78,4% [120 x 100/153,1] im Jahr 1998.

[37] Zur Berechnung der Mindesteigenkapitalquote im Rahmen der bankenaufsichtsrechtlichen Anforderungen vgl. Schierenbeck, H./Rolfes, B., Der strukturelle Gewinnbedarf als Existenzgrundlage von Sparkassen, in B. Bl., 12/1984, S. 483-490.

Die Abbildung 4.9 veranschaulicht den absolut sowie im Verhältnis zu den vorhandenen Risikoaktiva stetigen Anstieg des freien haftenden Eigenkapitals. Demzufolge bleiben nach der Eigenkapitalunterlegung für die gewichteten Risikoaktiva der Planungsperiode 1998 weitere Eigenkapitalbestandteile vorhanden, die für die Übernahme von Marktpreisrisiken eingesetzt werden können. Die Summe des freien Kern- und Ergänzungskapitals beläuft sich auf 33,1 Mio. DM.

Das nach der Risikoaktivaunterlegung verbleibende freie Kernkapital stellt die Bemessungsgrundlage für die Zuführung vorhandener Drittrangmittel zur zusätzlichen Marktpreisrisikodeckung dar. Mit dem Ziel den Anrechnungsbetrag der Drittrangmittel zu maximieren, stellt sich die Frage, welche anteilige Zusammensetzung des Kern- und des Ergänzungskapitals für die Unterlegung der Risikoaktiva zu einer größtmöglichen Anerkennung der Drittrangmittel führt.

Als Bezugsgröße für die Anrechnung der kurzfristigen nachrangigen Verbindlichkeiten respektive der nicht realisierten Nettogewinne, die aus der hypothetischen Glattstellung des Handelsbuches resultieren, dient das freie Kernkapital. Die maximale Höhe der anrechnungsfähigen Drittrangmittel errechnet sich aus der Multiplikation des freien Kernkapitals mit dem Faktor 2,5. Die effektive Anrechnung der Drittrangmittel reduziert diesen Wert um das freie Ergänzungskapital. Dementsprechend sollte ein Institut mit einem ausgeprägten Eigenhandel motiviert sein, die Unterlegung der Risikoaktivapositionen mit Kernkapital weitgehend zu minimieren.

Effektive Drittrangmittel = Freies Kernkapital x 2,5 - freies Ergänzungskapital

Formel 4.1: Effektive Drittrangmittel

Da das Ergänzungskapital als Unterlegungsbetrag für die Risikoaktiva den Wert des Kernkapitals nicht übersteigen darf, stellt offensichtlich die paritätische Aufteilung der beiden Eigenkapitalkomponenten die optimale Anrechnungsalternative für die Risikoaktivaunterlegung dar. Die Tabelle 4.2 bestätigt, daß eine anteilige Unterlegung durch das Kern- und das Ergänzungskapital letztlich nur dann zu einer maximalen Anrechnung der Drittrangmittel führt, wenn beide Eigenkapitalkomponenten zu gleichen Teilen für die Risikoanforderung aus dem Anlagebuch eingesetzt werden. Die zur Unterlegung von Marktpreisrisiken zur

Verfügung stehenden Eigenmittel setzen sich damit aus dem Wert des freien Kernkapitals zuzüglich des freien Ergänzungskapitals sowie des Differenzbetrages aus dem Produkt des 2,5fachen des freien Kernkapitals abzüglich des freien Ergänzungskapitals zusammen.

EK-Anforderung	EK-Aufteilung		Freies KK	Freies ErgK	Maximale DRM (250% des freien KK)	Anrechnung des freien ErgK	Effektive Anrechnung der DRM
	KK-Unterlegung	ErgK-Unterlegung					
120,0	93,0	27,0	0,0	33,1	0,0	0,0	0,0
120,0	90,0	30,0	3,0	30,1	7,5	7,5	0,0
120,0	80,0	40,0	13,0	20,1	32,5	20,1	12,4
120,0	70,0	50,0	23,0	10,1	57,5	10,1	27,4
120,0	**60,0**	**60,0**	**33,0**	**0,1**	**82,5**	**0,1**	**82,4**

KK = Kernkapital
ErgK = Ergänzungskapital
EK = haftendes Eigenkapital
DRM = Drittrangmittel

Kernkapital aus 1997: 93,0
Ergänzungskapital aus 1997: 60,1
Risikoaktiva 1998: 120,0
Die Anrechnung des ErgK über den Wert des KK im Rahmen der EK-Unterlegung für Anlagebuchrisiken ist nicht möglich!

Betragsangaben in Mio. DM

Tab. 4.2: Maximierung der anrechnungsfähigen Drittrangmittel

Die größtmögliche Anrechnung der Drittrangmittel für das Jahr 1998 wird realisiert, wenn die Eigenkapitalanforderung für die gewichteten Risikoaktiva in Höhe von 120 Mio. DM mit jeweils 60 Mio. DM Kern- und Ergänzungskapital erfüllt werden.[38] Das verbleibende freie Kernkapital in Höhe von 33 Mio. DM führt zu einer maximal möglichen Anrechnung der Drittrangmittel in Höhe von 82,5 Mio. DM [33 Mio. DM x 2,5]. Abzüglich des vorhandenen freien Ergänzungskapitals in Höhe von 0,1 Mio. DM lassen sich schließlich 82,4 Mio. DM [82,5 Mio. DM – 0,1 Mio. DM] kurzfristige nachrangige Verbindlichkeiten bzw. nicht realisierte Nettogewinne effektiv zuführen. Damit stehen zur Unterlegung von Marktpreisrisikopositionen insgesamt 115,5 Mio. DM [33 Mio. DM (Kernkapital) + 0,1 Mio. DM (Ergänzungskapital) + 82,4 Mio. DM (Drittrangmittel)] zur Verfügung. Die gesamten anrechnungsfähigen Eigenmittel zur Unterlegung der Kredit- sowie der Marktpreisrisikopositionen belaufen sich danach auf 235,5 Mio. DM [120 Mio. DM (Kern- und Ergänzungskapital für

[38] Die Anrechnung der Drittrangmittel für das Jahr 1998 wird von dem haftenden Eigenkapital des Jahresabschlusses für das Jahr 1997 determiniert.

Kreditrisiken) + 115,5 Mio. DM (Kern- und Ergänzungskapital zuzüglich Drittrangmittel)].

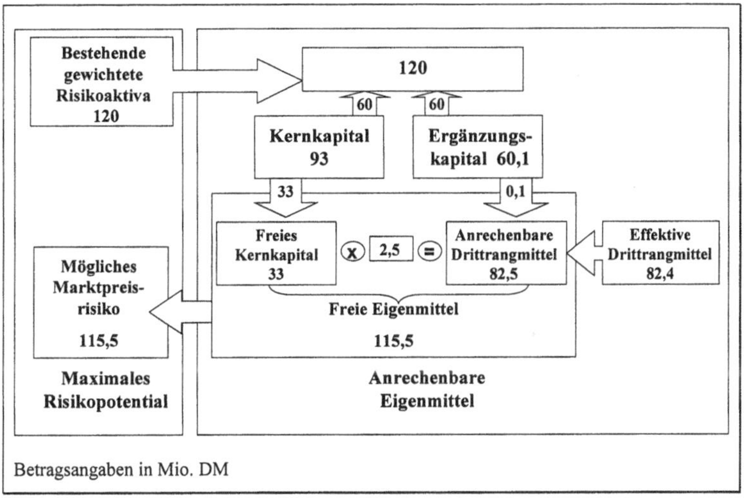

Abb. 4.10: Interdependenz zwischen Eigenmitteln und Risikokategorien

Sofern der realisierte Anstieg des Kreditgeschäftes das prognostizierte Kreditwachstum übersteigt und damit der Wert der tatsächlichen Risikoaktiva über dem Wert der kalkulierten gewichteten Risikoaktiva liegt, wirkt sich dies überproportional auf die Höhe des Eigenmittelbetrages für das vorhandene und das potentielle Marktpreisrisiko aus. Ein Anstieg des Kreditgeschäftes um 200 Mio. DM überragt den prognostizierte Betrag um 50 Mio. DM. Dies geht mit einer zusätzlichen Anforderung des haftenden Eigenkapitals in Höhe von 4 Mio. DM [50 Mio. DM x 0,08] einher. Damit reduziert sich das freie Kernkapital um 3,9 Mio. DM und das Ergänzungskapital um die noch verbleibenden 0,1 Mio. DM. Die Anrechnung der Drittrangmittel vermindert sich konsequenterweise von 82,4 Mio. DM auf 72,75 Mio. DM [29,1 Mio. DM x 2,5], so daß für das Marktpreisrisiko lediglich Eigenmittel in Höhe von 101,85 Mio. DM [29,1 Mio. DM + 72,75 Mio. DM] verbleiben.

Das stärker als erwartet verlaufende Kreditgeschäft reduziert de facto die Deckung von Marktpreisrisikopositionen um 13,65 Mio. DM [115,5 Mio. DM – 101,85 Mio. DM]. Die Ursache für diesen Hebel bildet der Anrechnungsfaktor für die Drittrangmittel. Aus der multiplikativen Verknüpfung des freien

Kernkapitals mit dem Faktor 2,5 resultiert schließlich die überproportionale Reduktion der anrechenbaren Drittrangmittel.

Die Disponibilität der Eigenmittel trägt maßgeblich dazu bei, die Risikotragfähigkeit eines Institutes für zusätzliche Marktpreisrisiken zu gewährleisten. Falls das vorhandene haftende Eigenkapital bereits vollständig durch die Anforderung der Risikoaktiva aufgezehrt wird und mithin der tatsächliche Solvabilitätskoeffizient des Institutes dem Wert der Mindestanforderung von 8% entspricht, besteht für das Institut keine Möglichkeit, zusätzliche Marktpreisrisiken zu tragen. Folglich muß eine beabsichtigte Übernahme von Marktpreisrisiken und die damit verbundene Bereitstellung der Eigenkapitalbestandteile in die Planung des Eigenkapital- und des Risikomanagements einfließen.

Während die Anrechnungsmethoden der Risikoaktiva – mit Ausnahme des Marktbewertungsverfahrens – auch im Zeitablauf durch statische Bewertungsfaktoren geprägt sind, weisen die Bewertungsschemata für die zinsbezogenen Handelsbuchpositionen im Verlauf unterschiedliche Anrechnungsfaktoren aus. Um die Einhaltung der Eigenmittelanforderung für die bestehenden Risikopositionen auch auf Dauer garantieren zu können, läßt sich für jede Adresse ein maximaler Eigenmittelbetrag kalkulieren. Aus der Gegenüberstellung des bestehenden Eigenmittellimits und der effektiv „verbrauchten“ Eigenmittel kann der aktuelle Auslastungsgrad sowie das noch verfügbare Eigenmittelkontingent einer jeden Risikoposition dargestellt werden.[39]

[39] Vgl. Steinberg, R./Tegeder, P., Integriertes Risikomanagement in Sparkassen, in: B. Bl., 11/1996, S. 536.

5 Implikationen des ökonomischen Marktpreisrisikos

Die Entscheidung hinsichtlich der bankenaufsichtsrechtlichen Zuordnung eines Institutes, welches den Eigenhandel innerhalb der Bagatellgrenzen betreibt, in die Gruppe der Handelsbuch- oder Nichthandelsbuchinstitute wird aufgrund der erhöhten organisatorischen Anforderungen sowie den tendenziell höher bemessenen Eigenmittelunterlegungssätzen für die Handelsbuchrisiken vordergründig zugunsten der Nichthandelsbuchinstitute ausfallen.[1] In diesem Zusammenhang erfordert die generelle Einhaltung der Bagatellgrenzen eine permanente Kontrolle des Handelsvolumens, da die Überschreitung der Bagatellgrenzen automatisch den Status des Handelsbuchinstitutes herbeiführt. Daß bereits mit dem Kauf eines Bonds und dem Abschluß eines Sicherungsgeschäftes die Bagatellgrenze in Höhe von 20 Mio. ECU überschritten werden kann, veranschaulicht die Abbildung 5.1.

Transaktion	Volumen	Kurs	Kurswert	Bagatellgrenze*	Freie Limite
Kauf Bund-Anleihe	20 Mio.	102,88%	20,576 Mio.	39,1166 Mio.	18,5406 Mio.
Verkauf Bund-Future	20 Mio.	104,92%	20,984 Mio.	39,1166 Mio.	- 2,4434 Mio.

Angaben in Deutsche Mark

* Unrechnungskurs: 1,-- ECU = 1,95583 DM

Überschreitung

Abb. 5.1: Einhaltung/Überschreitung der Bagatellgrenze

Existiert bereits ein auf Wirtschaftlichkeit ausgerichtetes strategisches Geschäftsfeld „Eigenhandel", so stellt sich die Frage der Institutsform a priori nicht. Der Fokus dieser Handelsbuchinstitute liegt primär in der Umsetzung der bankenaufsichtsrechtlichen Anforderungen sowie in der optimalen Auslastung des haftenden Eigenkapitals, um den Risikopositionen des Handelsbuches die notwendigen freien Eigenmittel zur Verfügung stellen zu können. An dieser Stelle sei darauf hingewiesen, daß die Erfüllung dieser zusätzlichen organisatorischen Maßnahmen insbesondere von kleineren Instituten sowohl in personeller als auch in materieller Hinsicht nur begrenzt gewährleistet werden kann.[2]

---

1 Vgl. Hellmann, N., 12 Gebote zum Zinsrisiko, in: BZ vom 21.01.1997, Nr. 13, S. 1.

2 Vgl. Krumnow, J., Der Übergang zur qualitativen Bankenaufsicht, in: BZ vom 03.08.1995, Nr. 147, S. 7.

Sofern ein Nichthandelsbuchinstitut die freien Eigenmittellinien ungenutzt läßt,[3] verzichtet dieses auf den Abschluß weiterer Geschäfte und auf die Erschließung zusätzlicher Erfolgspotentiale. Ohne die mit den Handelsgeschäften in Verbindung stehenden Risiken unberücksichtigt zu lassen, birgt das „Trading“ als ein Baustein der gesamten Geschäftstätigkeit erhebliche Chancen, die Sicherung der Ertragskraft eines Institutes nachhaltig zu festigen.

5.1 Ziele und Konsequenzen des Eigenhandels

Mit dem Abschluß der Eigenhandelsgeschäfte verfolgt der Händler das ausschließliche Motiv der Gewinnerzielung.[4] Dieser Aspekt grenzt die Eigenhandelskontrakte eindeutig von den im Auftrag des Kunden getätigten Kommissionsgeschäften ab. Die durch die Kunden ausgelösten Handelsaktivitäten dienen ausschließlich zur Befriedigung der Kundenbedürfnisse.[5] Ebenso zählt der Erwerb von Vermögensgegenständen oder Wertpapieren nicht zu den Positionen des Handelsbuches, falls die Geschäfte mit der Absicht getätigt werden, diese Investition langfristig im Eigenbestand zu halten.[6] Dementsprechend werden diese Kontrakte dem Anlagebestand zugerechnet.

Ebenfalls von der Definition des Eigenhandelsgeschäftes ausgenommen sind die Kontrakte, welche bilanzstrukturpolitisch motiviert sind. Diese Geschäfte werden prinzipiell durch die zentrale Aktiv-Passiv-Steuerung (Asset-Liability-Management) hervorgerufen und sind der Ebene der Gesamtbank zuzuordnen.[7] Die Aktivitäten der Aktiv-Passiv-Steuerung dienen primär der Generierung einer gewünschten Bilanzstruktur sowie der langfristigen Stabilisierung des Ertrages.[8] Folglich stehen sich die auf kurzfristige Gewinnerzielung ausgerichtete

---

3 Zur Bestimmung der freien Eigenmittel siehe Abschnitt 4.4.

4 Vgl. Witt, M. (1994), S. 10.

5 Dies gilt sowohl für den einfachen Kommissionshandel als auch für den Kommissionshandel mit Selbsteintritt. Vgl. Karg, M. (1997), S. 394.

6 Vgl. Echterbeck, H., Marktzinsorientierte Ergebnisspaltung des Eigenhandels von Kreditinstituten, in: Schierenbeck, H. (Hrsg.), Schriftenreihe des Instituts für Kreditwesen der Westfälischen Wilhelms-Universität Münster, Bd. 42, Frankfurt am Main, 1991, S. 8.

7 Vgl. Schierenbeck, H., Bilanzstrukturmanagement in Kreditinstituten, in: Schierenbeck, H./Wielens, H. (Hrsg.), Bilanzstrukturmanagement in Kreditinstituten, Schriftenreihe des Instituts für Kreditwesen der Westfälischen Wilhelms-Universität Münster, Bd. 27, Frankfurt am Main, 1984, S. 9.

8 Vgl. Meinz, T., Die Bedeutung rentenmarktbezogener Finanzinnovationen für das Asset-Liability-Management von Kreditinstituten, in: Rudolph, B. (Hrsg.), Kapitalmarktanalyse, Frankfurt am Main, 1987, S. 114.

Handelsstrategie und das zur rentabilitäts- und risikoorientierten Steuerung der bilanziellen und außerbilanziellen Aktivitäten dienende Bilanzstrukturmanagement[9] konträr gegenüber.[10] Gleichwohl ist die Aktiv-Passiv-Steuerung imstande, den Kauf oder Verkauf spezifischer Instrumente durch den Händler – als Exekutivorgan – zu veranlassen, etwa zur Kompensation vorhandener Risiken durch den Abschluß geeigneter Gegengeschäfte.[11]

Das Ziel der Eigenhandelsaktivitäten, die ertragswirksame Ausnutzung von Preisunter-schieden für gleiche oder gleichwertige Handelsobjekte, läßt sich auf differenzierte Weise realisieren.[12] Gelingt es dem Händler zu einem Zeitpunkt, bestehende Marktpreisdifferenzen gewinnbringend zu nutzen, so liegen risikolose Arbitragegeschäfte vor.[13] Diese lassen sich in die Raumarbitrage und in die Zeitarbitrage untergliedern. Während die Raumarbitrage die erfolgsmäßige Ausnutzung vorliegender Bewertungsunterschiede zu einem bestimmten Zeitpunkt an zwei verschiedenen Teilmärkten beschreibt, stellt die Zeitarbitrage die vorteilhafte Ausnutzung bestehender Preisdifferenzen für verschiedene Fälligkeiten eines Handelsobjektes an einem Markt dar.[14]

Treffen Arbitrageure ihre Entscheidung unter Sicherheit,[15] so überwiegen bei den Spekulanten die Erwartungen über eine bestimmte Kurs- oder Marktentwicklung. Das Eingehen einer neuen, offenen Position leiten spekulative Händler allein aus der vermuteten zukünftigen Preisschwankung ab. Sofern die erwarteten Marktverhältnisse nicht eintreten, können die Risiken durch die teilweise oder vollständige Schließung offener Positionen reduziert werden. Dies läßt sich zum einen durch den Verkauf des originären Kontraktes oder zum anderen durch die Einnahme einer Gegenposition, dem Abschluß eines Sicherungs- oder Hedgegeschäftes, realisieren. Jedoch wird mit der Durchführung des Hedgings neben dem bestehenden Risiko auch der ursprünglich durch das Grundgeschäft erwartete Ertrag reduziert.[16]

---

9 Vgl. Gaumert, U. (1997), S. 15.

10 Vgl. Wittmann, F., Aktiv-Passiv-Steuerung bei Sparkassen, in: Eller, R. (Hrsg.), Handbuch des Risikomanagements, Stuttgart, 1998, S. 76.

11 Vgl. Witt, M. (1994), S. 12.

12 Vgl. Hubbes, H., Arbitragestrategien auf internationalen Finanzmärkten, in: Krümmel, H. J./Rudolph, B. (Hrsg.), Finanzintermediation und Risikomanagement, Frankfurt am Main, 1989, S. 109-110.

13 Vgl. Echterbeck, H. (1991), S. 37.

14 Vgl. Akmann, M., Ergebnissteuerung in Kreditinstituten, Diss., Hannover, 1993, S. 160.

15 Vgl. Beike, R./Köhler, A. (1997), S. 12.

16 Vgl. Froot, K. A./Scharfstein, D. S./Stein, J. C., A Framework for Risk Management, in: Journal of Applied Corporate Finance, Vol. 7, Nr. 3, Fall 1994, S. 31.

Ein generelles organisatorisches Mindestmaß für die Durchführung von Eigenhandelsaktivitäten hat das Bundesaufsichtsamt für das Kreditwesen erstmals mit der Verabschiedung der Mindestanforderungen an das Betreiben von Handelsgeschäften[17] (MaH's) für sämtliche Kreditinstitute verbindlich festgelegt. Als Auslöser für die Umsetzung der MaH`s gilt das finanzielle Disaster diverser Banken und Unternehmen, welche durch den Eigenhandel zusätzliche Ertragsquellen zu erschließen versuchten. Letztlich zeigten diese Beispiele die möglichen negativen Konsequenzen einer ausschließlich gewinnorientierten Handelstätigkeit auf. Der Zusammenbruch der Barings-Bank im Frühjahr 1995 sowie die exorbitanten Verluste der DAIWA-Bank in New York im Herbst 1995 oder der Metallgesellschaft AG 1993 lassen sich auf gravierende Fehlspekulationen im Rahmen des Handels mit derivativen Instrumenten zurückführen.[18] Bei der genaueren Analyse der Schadensfälle wurde jedoch rasch deutlich, daß als Ursache für die realisierten Verluste schwerwiegende Mängel in der internen Kontrolle und der Überwachung maßgeblich waren.[19]

Die seinerzeit unzureichende organisatorische Aufgabenverteilung – ausgehend von dem Geschäftsabschluß über die Abwicklung bis zum Controlling – wurde erst durch die MaH's systematisiert und besonders das Bewußtsein über die inhärenten Risikopotentiale der derivativen Instrumente erweitert. Die grundsätzliche Trennung der Funktionen

- Handel
- Abwicklung und Kontrolle
- Rechnungswesen sowie
- Überwachung

bildet in diesem Zusammenhang das Kernstück der Vorschrift.[20]

---

[17] Siehe Bundesaufsichtsamt für das Kreditwesen, Schreiben – I 4 – 42 – 3/86 – vom 23. Oktober 1995; Verlautbarungen über Mindestanforderungen an das Betreiben von Handelsgeschäften der Kreditinstitute.

[18] Vgl. Willner, B., Erfolgssteuerung von Handelsgeschäften, in: Eller, R. (Hrsg.), Handbuch des Risikomanagements, Stuttgart, 1998, S. 28, Biermann, B. (1998), S. 4, sowie Braes, S./Mann, T., Risikomanagement in Banken und Sparkassen, in: Sparkasse, 6/1996, S. 254.

[19] Vgl. Jorion, P., Risk: Measuring the Risk in Value at Risk, in: Financial Analyst Journal, November/Dezember 1996, S. 52, sowie Jakob, K., Bankenaufsichtliche Mindestanforderungen an das Betreiben von Handelsgeschäften der Kreditinstitute, in: Eller, R. (Hrsg.), Handbuch des Risikomanagements, Stuttgart, 1998, S. 148.

[20] Vgl. Jakob, K.-D., Die neuen Mindestanforderungen an das Betreiben von Handelsgeschäften der Kreditinstitute, in: Sparkasse, 10/1995, S. 480.

Zweifellos kann durch die persönliche und organisatorische Separation der Aufgaben bei der Durchführung der Handelsgeschäfte die Vermeidung marktinduzierter Risiken nicht ausgeschlossen werden. Vielmehr bezeichnet Lamche die Existenz des Risikos sogar als Voraussetzung und Rechtfertigung für das unternehmerische Handeln.[21] Um dem potentiellen Verlusteintritt aus dem operativen Geschäft adäquat Rechnung zu tragen, sehen die Mindestanforderungen die Implementierung eines Risikocontrolling-Systems zur Messung und Überwachung der bestehenden Risikopositionen vor. Als eine weitere Voraussetzung für die Durchführung von Handelsaktivitäten fordern die MaH's die Installation eines Risikomanagement-Systems, welches eine aktive Steuerung der bestehenden Kontrakte gewährleistet.[22]

5.2 Kritische Würdigung der bisherigen bankenaufsichtsrechtlichen Risikomessung

Hinsichtlich der Implementierung eines Controlling-/Managements-Systems schreiben die MaH's keine spezielle Anwendung vor, sondern erlauben den Instituten, zwischen den konventionellen, auf Nominalbeträgen basierenden Systemen und den institutsinternen, stochastischen Risikomodellen zu selektieren.[23] Die Auslegung der Methodenwahl gewährt den einzelnen Instituten einerseits genügend Flexibilität bei der Umsetzung der jeweiligen Systeme und erlaubt andererseits eine sinnvolle Weiterentwicklung der auf bestimmten Verteilungsannahmen beruhenden individuellen Anwendungen. Außerdem verwirklicht die weite Fassung der MaH's die vom Basler Ausschuß

---

[21] Vgl. Lamche, W., Anmerkungen zur Umsetzung der Kapitaladäquanzrichtlinie und der Mindestanforderungen an Handelsgeschäfte, in: ZfgK, 17/1996, S. 831.

[22] Vgl. Höfer, B./Jütten, H., Mindestanforderungen an das Betreiben von Handelsgeschäften, in: Die Bank, 12/1995, S. 753-754. Rudolph bezeichnet das Risikocontrolling als Bestandteil des Risikomanagements, welches die Planung, Steuerung und Kontrolle der gesamten Risikopositionen der Bank zum Gegenstand hat und sieht im eigentlichen Begriff des Risikomanagements ein weitgehend unternehmensbezogenes Konzept zur Gestaltung der Risiko-Chancen-Position eines Institutes. Vgl. dazu Rudolph, B., Risikomanagement in Kreditinstituten – Betriebswirtschaftliche Konzepte und Lösungen, in: ZIR, 3/1993, S. 118-119.

[23] Um die internen Risikomodelle der Institute von den im Abschnitt 3 vorgestellten Verfahren der Risikomessung zu unterscheiden, werden letztgenannte im folgenden als Standardverfahren bezeichnet.

für Bankenaufsicht empfohlene Richtlinie für das Risikomanagement im Derivativgeschäft vom Juli 1994 in deutsches Recht.[24]

Um eine gezielte Ergebnissteuerung der Marktpreispositionen vornehmen und die Erfolgs-wirksamkeit der Handelsbuchkontrakte in Abhängigkeit des übernommenen Risikos zu bemessen, setzt die Eigenhandelstätigkeit notwendigerweise die korrekte Quantifizierung der Marktpreisrisiken für einzelne Kontrakte sowie für bestehende Portfolios voraus. Allerdings führen die umfangreichen, standardisierten Bewertungsmethoden des Eigenmittelgrundsatzes zur Bestimmung des Marktpreisrisikos gemeinhin zu recht unbefriedigenden Ergebnissen, da sie die ökonomischen Sachverhalte und Interdependenzen der Finanzinstrumente nur unpräzise einbeziehen. Die Standardverfahren erfassen die Marktpreisrisiken nur approximativ und lassen statistische Zusammenhänge gänzlich unberücksichtigt.[25]

Durch die Addition der Währungs-, Zins-, Aktien- und Optionspositionen unterstellt der Grundsatz I eine perfekt positive Korrelation der Risikokategorien. Aufgrund dieser realitätsfernen Prämisse wird das Gesamtrisiko grundsätzlich zu hoch bewertet.[26] Ferner erweist sich bei einem sehr gut diversifizierten Portfolio die Notwendigkeit einer Eigenmittelunterlegung für das spezifische Kursrisiko als unbegründet.[27] Zwar mag eine durchgängige Überbewertung der potentiellen Risikobeträge aus aufsichtsrechtlicher Sicht sachgerecht erscheinen; das institutsspezifische Interesse, eine möglichst geringe Eigenmittelanforderung zu erzielen, wird jedoch konterkariert.[28] Zudem stützen sich die Sensitivitätanalysen, etwa die Durationmethode oder der Einsatz der „griechischen" Optionskennzahlen, ausschließlich auf die Angabe der Wirkung deterministischer Veränderungen eines Input-Faktors unter der Annahme, daß die übrigen Einflußfaktoren konstant bleiben.[29] Der pragmatischen Prämisse einer gleichzeitigen Änderung mehrerer Faktoren wird lediglich die Szenario-Matrix-Methode zum Teil gerecht.

---

[24] Siehe Basler Ausschuß für Bankenaufsicht, Richtlinien für das Risikomanagement im Derivativgeschäft, Juli 1994.

[25] Vgl. Johanning, L. (1996), S. 291.

[26] Zur additiven Verknüpfung der Risikomeßgrößen vgl. Bösl, K., Integrative Risikobegrenzung: eine Konzeption für Banken und Bankaufsicht, Diss., München, 1993, S. 62-63.

[27] Zur Anerkennung von Diversifikationseffekten vgl. ausführlich Rudolph, B. (1994), S. 25-126.

[28] Vgl. Gaumert, U. (1997), S. 133.

[29] Vgl. Pfennig, M./Schäfer, K., Verfahren zur Quantifizierung von (Preis-)Risiken, in: ZfgK, 20/1997, S. 1009.

Die Unzulänglichkeit der Standardverfahren läßt sich am Beispiel der Jahresbandmethode zur Ermittlung des allgemeinen zinsbezogenen Kursrisikos verdeutlichen. So resultiert die Höhe des Risikos eines verzinslichen Instrumentes aus der Multiplikation des Barwertes mit dem Gewichtungsfaktor des Laufzeitbandes, in welche die Position eingestellt wird. Ebenso finden in Abhängigkeit der Durationmethode feststehende Gewichtungsfaktoren Anwendung, welche die Höhe der Barwertsensitivität bestimmen. Die in beiden Verfahren unterstellte Veränderung der Zinsstrukturkurve stellt jedoch eher die Ausnahme dar.

Überdies können Spreadrisiken nur unzureichend erfaßt werden. Erfahrungsgemäß wirkt sich eine Marktzinsänderung unterschiedlich auf die Finanzinstrumente aus, so daß ein imperfekter Hedge[30] mit einer Zu- bzw. Abnahme des Risikos zweier gegenläufig ausgerichteten Positionen verbunden ist.[31] Aufgrund der mitunter großen Zeitspanne innerhalb eines Laufzeitbandes sowie der wenig detaillierten Aufgliederung der Finanzinstrumente nach der Kuponhöhe werden die unterschiedlichen Reaktionen einzelner Werte nicht ausreichend erfaßt.

Die Ergebnisse der Standardmodelle liefern nur Ansätze, um das ökonomische Marktpreisrisiko zu quantifizieren respektive den aus Marktveränderungen resultierenden positions- und portfoliobezogenen Gewinn und Verlust eines Institutes zu reproduzieren. Überdies fördern die Ergebnisse der Standardverfahren das Verhalten der Entscheidungsträger hinsichtlich einer rentabilitäts- und risikobewußten Geschäftspolitik nur wenig.[32] Außerdem weist das Bundesaufsichtsamt für das Kreditwesen darauf hin, daß nicht nur mehr oder minder wahrscheinliche Ereignisse, sondern auch auf den »schlimmsten Fall«

30 Im Gegensatz zum perfekten Hedge, welcher den Verlust eines abzusichernden Finanzinstrumentes exakt durch einen entsprechenden Gewinn des Hedge-Instrumentes kompensiert, wird bei einem imperfekten Hedge ein Finanzinstrument gewählt, welches hinsichtlich der Ausstattungsmodalitäten, etwa der Restlaufzeit oder des Basispreises, nicht exakt mit dem zugrundeliegenden Finanzgeschäft übereinstimmt. Entsprechend wird bei einer Marktänderung der Verlust im Grundgeschäft durch das Sicherungsgeschäft über- oder unterkompensiert. Vgl. Cordero, R. (1989), S. 103-182 und 247, sowie Grebe, U., Finanzwirtschaftliches Risikomanagement in Nichtbanken, Diss., Gießen, 1993, S. 48-51.

31 Zur Veränderung des Risikos aufgrund eines imperfekten Hedges bei einem Parallel-Zins-Shift respektive einer in Abhängigkeit der Laufzeit unterschiedlich starken Zinssatzänderung siehe Spranger, S./Wahle, H.-G./Wisser, J., Gesamtkonzept für die Steuerung von Handelsaktivitäten, in: ZfgK, 20/1997, S. 998.

32 Vgl. Flesch, J. R./Gerdsmeier, S., Entwicklungslinien im Bank-Controlling, in: Die Bank, 5/1998, S. 297.

bezogene Szenarien in Betracht zu ziehen sind.[33] Vor diesem Hintergrund haben neuerdings die auf historischen Daten basierenden stochastischen Modelle zur Bewertung des Marktpreisrisikos an Bedeutung gewonnen.

5.3 Adaption interner Risikomodelle

Die Forderung der MaH's, die aus dem Handelsgeschäft resultierenden Marktpreisrisiken zu quantifizieren und ökonomisch zu steuern,[34] erfüllen die Mehrzahl der Institute durch die Anwendung der Value at Risk-Modelle,[35] welche sich als Marktstandard etabliert haben und in großer methodischer Vielfalt auftreten.[36] Dieser Faktizität hat das Bundesaufsichtsamt für das Kreditwesen im Grundsatz I vom 29. Oktober 1997 Rechnung getragen und die Anwendung interner Risikomodelle auch für die Eigenmittelunterlegung der Marktpreis-risiken legalisiert.[37] Das BAKred knüpft an die Substitution der Standardverfahren durch die stochastischen Modelle zur Bestimmung des Währungs-, Rohwaren-, Zins-, Aktienkurs- oder Optionspreisrisikos jedoch die Bedingung, daß das Verfahren zur Ermittlung des potentiellen Verlustrisikos mit dem Einsatz der Systemkonfiguration übereinstimmt, welche im Rahmen der institutsinternen Risikosteuerung zu Anwendung kommt.

Mit dem „Partial Use" räumt die Bankenaufsicht den Instituten die Möglichkeit ein, für die verschiedenen Kategorien des Marktpreisrisikos entweder ein internes Modell oder die Standardverfahren zu gebrauchen. Damit können beide Bewertungsmethoden parallel zur Anwendung gelangen. Boos/Schulte-Mattler unterscheiden in diesem Zusammenhang die gleichzeitige Nutzung interner Modelle und Standardverfahren innerhalb einer Institutsgruppe, innerhalb eines

---

[33] Vgl. Braes, S./Mann, T., (1996), S. 253, sowie Becker, G. M., Integriertes Risikocontrolling als Wettbewerbsfaktor, in: Bank Magazin, Nr. 6, 1997, S. 53.

[34] Vgl. Schlenger, C., Value-Added at Risk, in: Die Bank, 12/1997, S. 726.

[35] In der Literatur sind neben dem Begriff des „Value at Risk" (VaR) auch die Termini „Money at Risk" (MaR), „Capital at Risk" (CaR) oder „Daily Earnings at Risk" (DEaR) geläufig. Die Definitionen der Begriffe weichen zum Teil geringfügig voneinander ab. Im folgenden wird ausschließlich auf das VaR-Konzept abgestellt. Die Begriffe internes Modell und VaR-Verfahren werden in diesem Zusammenhang synonym verwendet.

[36] Vgl. Becker, G. M., Value at Risk-Modelle für das Finanzrisiko-Management, in: WiSu, 4/1998, S. 392.

[37] Der Unterlegungsbetrag für das Kreditrisiko berechnet sich weiterhin nach dem bisherigen Verfahren im Grundsatz I und wird isoliert von den Marktpreisrisiken ermittelt.

Institutes sowie innerhalb einer organisatorischen Einheit.[38] Die gesamte Eigenmittelanforderung errechnet sich durch die Addition der nach dem Standardverfahren und dem internen Modell ermittelten Beträge.[39] Die kombinierte Anwendung der institutseigenen Modelle und der Standardverfahren ermöglicht eine sukzessive Adaption des internen Modells für die Messung sämtlicher Marktpreisrisiken bis zur Quantifizierung des potentiellen Verlustbetrages für die Gesamtbank. Da bislang keine empirischen Erkenntnisse über den Einsatz der Inhouse-Modelle zur Risikoberechnung vorliegen, wird vom Bundesaufsichtsamt im Eigenmittelgrundsatz kein allgemein akzeptiertes Verfahren präferiert, sondern der Einsatz der internen Modelle an die Erfüllung allgemeiner Kriterien geknüpft.[40]

Seit dem 1. Oktober 1998 ist die Einhaltung der Vorschriften des aktuellen Grundsatzes I für sämtliche Institute bindend. Von diesem Zeitpunkt können sowohl Handels- als auch Nichthandelsbuchinstitute die Höhe der Eigenmittelunterlegung mit Hilfe institutseigener Modelle quantifizieren. Während in praxi die ökonomische, interne Messung der Risikopositionen – in Anlehnung an die MaH's – aufgrund der vorgenannten Ungenauigkeiten der Standardverfahren durch den Einsatz eines stochastischen Modells erfolgt, berechnet die überwiegende Anzahl der Institute – mit Ausnahme der im Eigenhandel aktiven, großen Banken – die geforderte Eigenmittelunterlegung nach wie vor mit Hilfe der Standardverfahren.[41]

Um die Redundanz aus der Anwendung beider Methoden langfristig zu vermeiden, steht die Durchführung einer Eigenhandelstätigkeit mit der Substitution der bisherigen Standardverfahren durch ein vom BAKred anerkanntes stochastisches Modell in Verbindung.[42] Die Optimierung der Anforderungen des Bundesaufsichtsamtes und der institutseigenen Ansprüche an das Risikocontrolling in einem Modell reduziert den bisherigen, mit der parallelen Anwendung beider Systeme verbunden Aufwand, welcher positiv mit der Anzahl der Händlertransaktionen korreliert. Die synergetische Nutzung des Systems gewährleistet zudem die Ermittlung des operativen Marktrisikos in Echtzeit[43] sowie eine simultane Berücksichtigung mehrerer Risikoarten in einem

---

[38] Vgl. Boos, K.-H./Schulte-Mattler, H., Der neue Grundsatz I: Interne Risikomodelle, in: Die Bank, 11/1997, S. 684.
[39] Vgl. Basler Ausschuß für Bankenaufsicht (1996a), Teil B.7, S. 50.
[40] Siehe Grundsatz I vom 29. Oktober 1997, §§ 32-37.
[41] Vgl. Artopoeus, W., Neue Aufgaben im Wandel des Marktes, in: B. Bl., 11/1995, S. 532.
[42] Vgl. Kupiec, P./O'Brien, J., Internal affairs, in: Risk, Vol. 8, 5/1995, S. 43.
[43] Vgl. Karl, D. B., Integriertes Modell der Risikosteuerung, in: B. Bl., 11/1997, S. 549.

Rechenvorgang.[44] Weiterhin erspart der Einsatz interner Modelle den Aufbau eines gesonderten Rechenwerks zur Erfassung der Marktrisiken mittels der Standardverfahren und erlaubt es, die individuellen Bedürfnisse der Institute besser zu berücksichtigen, da es einen weitaus größeren Handlungsspielraum gewährt als die bisherigen Methoden des Grundsatzes I.[45]

Der Einsatz eines internen Modells, welches sowohl die institutseigenen Kriterien als auch die vom BAKred geforderten Bedingungen erfüllt, erweist sich als praktikable Lösung. Da das Bundesaufsichtsamt für das Kreditwesen die Güte der Prognoseergebnisse für die jeweils zurückliegenden 250 Arbeitstage überprüft (Backtesting), muß diese Vorlaufzeit bei der Implementierung interner Risikomodelle berücksichtigt werden. Erst die Zustimmung der Bankenaufsicht ermöglicht die endgültige Anwendung des internen Modells zur Einhaltung der Eigenmittelnormen.

5.4 Risikoquantifizierung unter Anwendung des Value at Risk-Ansatzes

Die Inhouse-Modelle beseitigen die Divergenz zwischen dem bankenaufsichtsrechtlichen geforderten Vorgehen und dem tatsächlichen am Markt gemessenen Risiko und liefern wichtige Ansätze, um die potentiellen Verlustbeträge aus Marktpreisrisiken durch die Eigenmittelunterlegung zu kompensieren.[46] Die traditionelle Durchführung der Handelsaktivitäten gliedert sich nach den gehandelten Produkten, etwa Aktien oder Renten, den verschiedenen inländischen und ausländischen Märkten, den unterschiedlichen Laufzeiten der Papiere in Geld- und Kapitalmarkttitel oder nach der zeitlichen Erfüllung oder Ausübung der Geschäfte in Kassa- und Terminpositionen.[47] Aufbauend auf den Erkenntnissen der Portfoliotheorie hat sich die Segmentierung zu einer Gesamtbetrachtung ökonomisch zusammenhängender Produkte gewandelt, welche primär die Ergebniseinheiten Aktien, Zinsen und Währungen differenziert.[48] Nicht zuletzt war es Markowitz, der dieser Betrachtungsweise mit seiner bedeutungsvollen Arbeit zum Durchbruch verhalf. Markowitz erbrachte den Beweis, daß durch die Kombination mehrerer nicht perfekt positiv

---

[44] Vgl. Uhlir, H./Außenegg, W., Value-at-Risk (VaR), in: ÖBA, 11/1996, S. 834.

[45] Vgl. Artopoeus, W., Die Natur der Risiken hat sich verändert, in: BZ vom 27.04.1996, Nr. 82, S. 15.

[46] Vgl. Becker, G. (1998a), S. 396.

[47] Vgl. Endres, M., Neue Finanzinstrumente als Organisationsaufgabe, in: von Stein, J. H./Terrahe, J. (Hrsg.), Handbuch Bankorganisation, 2. Aufl., Wiesbaden, 1995, S. 546.

[48] Vgl. Endres, M. (1995), S. 547.

korrelierter Assets (Aktivposten) das Risiko des gesamten Portfolios – im Vergleich zu der Summe der Einzelrisiken der betrachteten Assets – verringert wird.[49] Das Konzept des Value at Risk (VaR) nutzt die Erfahrungen der Portfoliotheorie und quantifiziert unter Berücksichtigung dieses Beweises sowohl das Risiko einzelner Assets als auch die Gesamtheit bestehender Marktrisikopositionen.[50]

Die Definition des Value at Risk orientiert sich an dem betriebswirtschaftlichen Begriff des Risikos, nämlich der ungünstigen Abweichung von einer erwarteten Zielgröße.[51] Da der VaR-Ansatz auf die Volatilität der Positionswerte abstellt, bezeichnet das Value at Risk die negative Differenz aus dem Wert eines Assets oder eines Portfolios zum gegenwärtigen und dem Wert zu einem zukünftigen Zeitpunkt.[52] Die Höhe der zukünftigen Veränderung wird durch zufällige Ereignisse bestimmt und läßt sich nicht sicher durch die Betrachtung historischer Werte prognostizieren. Vor diesem Hintergrund findet ein stochastisches Modell Berücksichtigung, welches die Volatilität der Risikoparameter mit einer bestimmten Wahrscheinlichkeit vorausbestimmt.[53]

> Das **Value at Risk** eines einzelnen Assets oder Portfolios, quantifiziert den *Wertverlust*, welcher mit einer *vorgegebenen Wahrscheinlichkeit* (Konfidenzniveau), innerhalb eines *festgelegten Zeitraumes* (Halteperiode) nicht überschritten wird.

Abb. 5.2: Definition des Value at Risk

Die Definition des Value at Risk zeigt, daß das Konzept nicht den in der Finanzierungs- und Kapitalmarkttheorie verwendeten Risikomodellen, etwa der Berechnung der Varianz in Anlehnung an die moderne Portfoliotheorie,

---

49 Vgl. Markowitz, H. M., Portfolio Selection, 2. Aufl., Cornwall, 1991, S. 113-114.
50 Vgl. Bode, M./Mohr, M., Value-at-Risk – ein riskanter Wert? in: Die Bank, 8/1996, S. 470.
51 Vgl. Büschgen, H. E. (1993), S. 643.
52 Im Grundsatz I entspricht der potentielle Risikobetrag dem Value at Risk.
53 Vgl. Boos, K.-H./Schulte-Mattler, H. (1997d), S. 685.

entspricht.[54] Das Value at Risk gibt keine Auskunft über den maximal möglichen Verlust einer Position oder eines Portfolios; vielmehr läßt die Integration der Probabilitäskomponente in das VaR-Modell eine Aussage über die Höhe des potentiellen Risikobetrages bei einer unterstellten Wahrscheinlichkeit zu. Dabei liegt der Vorteil des Value at Risk-Konzeptes in der raschen Abbildung eines aus mehreren Positionen bestehenden Gesamtrisikos in einer Kennzahl sowie in der leichten Interpretation des Ergebnisses.[55] Hingegen gestaltet sich die Bewertung neuer Risikopositionen als äußerst schwierig, da das Value at Risk-Konzept auf die Existenz historischer Parameter angewiesen ist.

Zur Bestimmung des Value at Risk werden in einem ersten Schritt die historischen relativen Marktwertschwankungen des Risikoparameters ermittelt. Dabei wird die Annahme zugrunde gelegt, daß die zufällige Höhe und Richtung dieser Wertänderungen, die Zufallsvariablen, einem Random-Walk folgen.[56] Da der Random-Walk-Ansatz für die Zufallsvariablen die sogenannte Normalverteilung unterstellt, kann diese auch auf die relativen Marktwertänderungen übertragen werden.[57] Um die ökonomische Bestimmung der Marktwertänderungen mit den mathematischen Anforderungen zu vereinbaren, werden die Kurswertänderungen bei Anwendung der Normalverteilung im weiteren logarithmiert. Die Approximation der empirischen Verteilung an die Normalverteilung führt dazu, daß die beiden zentralen Momente der Verteilung, der Erwartungswert (μ) und die Standardabweichung (σ), direkt hergeleitet werden können.[58]

---

[54] Zu den traditionellen Risikomaßen siehe Saxinger, R., Traditionelle und neuere Risikomaße im Asset-Management, in: Eller, R. (Hrsg.), Handbuch des Risikomanagements, Stuttgart, 1998, S. 336-342

[55] Vgl. Jorion, P., Value at Risk: The New Benchmark for Controlling Market Risk, Chicago, 1997, S. 85.

[56] Zum Random Walk-Modell siehe ausführlich Deutsch, H.-P., Monte-Carlo-Simulationen in der Finanzwelt, in: Eller, R. (Hrsg.), Handbuch des Risikomanagements, Stuttgart, 1998, S. 267-277, sowie Eller, R./Deutsch, H.-P. (1998), S.15-24.

[57] Vgl. Eller, R./Deutsch, H.-P. (1998), S. 18.

[58] Zu den Parametern der Normalverteilung siehe Büning, H./Trenkler, G., Nichtparametrische statistische Methoden, Berlin, 1978, S. 13.

$$\mu = \frac{1}{n}\sum_{i=1}^{n} x_i$$

$$\sigma = \sqrt{\frac{1}{n}\sum_{i=1}^{n} (x_i - \mu)^2}$$

mit
μ = Erwartungswert
σ = Standardabweichung
x_i = i-te Zufallsvariable
n = Anzahl der Zufallsvariablen

Formel 5.1: Erwartungswert und Standardabweichung

Die Kenntnis dieser statistischen Maßzahlen ermöglicht es, die Zufallsvariablen zu standardi-sieren. Mit Hilfe der Formel 5.2 lassen sich die normalverteilten Zufallsvariablen in die Gauß'sche Standardnormalverteilung überführen. Der für die Standardnormalverteilung charakteristische Wert für den Erwartungswert beträgt Null; die Höhe der Standardabweichung nimmt den Wert eins an.

$$X = \frac{x_i - \mu}{\sigma}$$

mit
X = Standardnormalverteilte Zufallsvariable
x_i = i-te Zufallsvariable
μ = Erwartungswert
σ = Standardabweichung

Formel 5.2: Standardnormalverteilte Zufallsvariable

Mit der Wahl einer bestimmten Wahrscheinlichkeit (Konfidenz) wird das Intervall determiniert, das die normalverteilten relativen Preisänderungen einschließt. Die Höhe des Konfidenzintervalls (1-α) bestimmt den Wert, welcher mit einer bestimmten Wahrscheinlichkeit in einem festgelegten Zeithorizont nicht überschritten wird. Indessen wird mit dem α-Wert die Wahrscheinlichkeit quantifiziert, mit der in einem spezifizierten Zeithorizont Überschreitungen des Intervalls in Höhe des Value at Risk oder darüber hinaus zu verzeichnen sind.[59] Dementsprechend läßt ein Konfidenzintervall von 95% den Schluß zu, daß der Wert der Zufallsgröße, welche im Rahmen einer Häufigkeitsverteilung aufgeführt wird, mit einer Wahrscheinlichkeit von 95% innerhalb des Intervalls liegt. Jede zwanzigste Zufallsgröße wird hingegen den Wert des Value at Risk erreichen oder gar über dem potentiellen Risikobetrag liegen.

---

[59] Vgl. Golub, B. W./Tilman, L. M., Measuring Yield Curve Risk Using Principal Components Analysis, Value at Risk, and Key Rate Durations, in: The Journal of Portfolio Management, Summer 1997, S. 74.

Demnach wird mit der Festlegung des Konfidenzniveaus, auch Aussagesicherheit oder Sicherheitsgrad genannt, die Wahrscheinlichkeit für den Eintritt eines bestimmten potentiellen Verlustes bestimmt. Rekurrierend auf die Standardnormalverteilung weist die Wahrscheinlichkeit von 95% (95. Quantil der Standardnormalverteilung) ein Intervall in Höhe des 1,645fachen der Standardabweichung auf.[60] Mit anderen Worten befindet sich eine Zufallsgröße aufgrund der Symmetrieeigenschaft mit einer Wahrscheinlichkeit von 2,5% oberhalb oder unterhalb des definierten Intervalls. Ausgehend vom Mittelwert generiert die Messung des Vielfachen (V) der Standardabweichung die Intervalle des Typs [μ-Vσ; σ+Vμ], hinter denen sich die in der Abbildung 5.3 genannten Wahrscheinlichkeiten verbergen.[61]

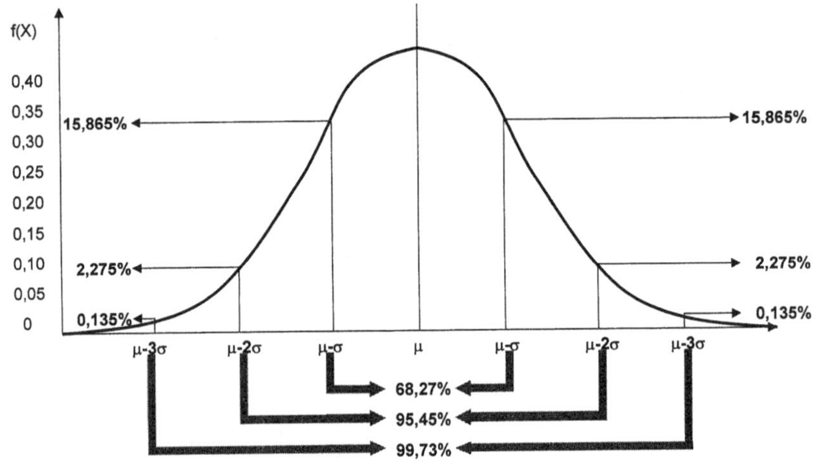

mit

f(X) = Wert der Dichtefunktion der Standardnormalverteilung

μ = Mittelwert der Standardnormalverteilung

σ = Standardabweichung der Standardnormalverteilung

$X = \frac{x-\mu}{\sigma}$ = standardnormalverteile Zufallsvariable

Abb. 5.3: Dichtefunktion der Standardnormalverteilung[62]

60 Zur Bestimmung der Dichtefunktion der Standardnormalverteilung sei vertretend genannt: Bleymüller, J./Gehlert, G./Gülicher, H. (1992), S. 61-62.

61 Vgl. Bamberg, G./Baur, F., Statistik, 8. Aufl., München, 1993, S. 111.

62 Darstellung der Dichtefunktion in Anlehnung an Süchting, J./Paul, S. (1998), S. 479.

Da das Interesse eines Institutes darauf fokussiert, daß eine Zufallsgröße die Verlustgrenze nicht durchbricht, hat sich die downside orientierte Deskription des Risikobegriffs etabliert. Die einseitige Betrachtung stellt ausschließlich auf die negativen Wertänderungen ab und definiert die Wahrscheinlichkeit, mit der ein bestimmter Wertverlust nicht überschritten wird.[63] Dementsprechend läßt sich mit einer Wahrscheinlichkeit von 2,5% die Höhe des Verlusteintritts prognostizieren; anders formuliert tritt dieser mögliche Verlust in 97,5% aller Fälle nicht auf.

Eine permanente Aktualisierung der Parameteränderung ist mit einer entsprechenden Neupositionierung der Häufigkeitsverteilung verbunden. In diesem Zusammenhang besitzen Institute zwei Alternativen um die veränderte Risikosituation zu reproduzieren. Zum einen kann die Höhe des potentiellen Verlustbetrages fixiert werden, um die Veränderung der Eintrittswahrscheinlichkeit zu erfassen. Zum anderen besteht die Möglichkeit, das Konfidenzniveau konstant zu halten, um die Variation der möglichen Verlusthöhe zu bestimmen. Die letztgenannte Vorgehensweise impliziert eine einheitliche Aussagesicherheit und wird sowohl von der Bankenaufsicht gefordert als auch von den Kreditinstituten für das hauseigene Risikocontrolling bevorzugt eingesetzt.

5.4.1 Bankenaufsichtsrechtliche Voraussetzungen

Die Befürwortung der internen Risikomodelle durch das Bundesaufsichtsamt für das Kredit-wesen ermöglicht die Registrierung von Kompensationseffekten zwischen den bestehenden Risikopositionen sowie die Berücksichtigung individueller Besonderheiten einzelner Institute.[64] Trotz der weiten Auslegung des Einsatzes institutseigener Meßverfahren folgt das BAKred weitgehend den Anforderungen des Basler Ausschuß für Bankenaufsicht.[65]

5.4.1.1 Risikoidentifikation

Bei der Berechnung des Value at Risk unter Anwendung eines internen Modells knüpft das Bundesaufsichtsamt die Integration der Marktrisikofaktoren an den Geschäftsumfang und an die Geschäftsstruktur eines Institutes. In diesem

63 Vgl. van Echelpoel, A., Risikocontrolling von Fonds, in: Die Bank, 1/1998, S. 41.

64 Vgl. Becker, G. M., Bankinterne Modelle für den Eigenmittelbedarf, in: Bank Magazin, 5/1998, S. 56.

65 Vgl. Basler Ausschuß für Bankenaufsicht (1996a), B, S. 39-50.

Zusammenhang wird der Vorgehensweise gemäß dem „Partial Use" derart Rechnung getragen, daß die Risikofaktoren weiterhin mit dem Standardverfahren ermittelt werden können, deren Erfassung mit einem internen Modell aus organisatorischen oder technischen Gründen noch nicht vorgenommen werden kann.

Sofern ein institutseigenes Modell zum Einsatz kommt, verlangt der Grundsatz I für bestimmte Risikokategorien besondere Anforderungen. Da die Schwankungsintensität der bedingten Termingeschäfte im Vergleich zum Underlying nichtlinear verläuft, kommt der Erfassung von Optionspreisrisiken innerhalb der Inhouse-Modelle eine besondere Bedeutung zu. Die Dokumentation des Zinsänderungsrisikos stellt auf das Zinsstrukturrisiko und auf das Spreadrisiko ab. Die Bestimmung des Zinsstrukturrisikos verlangt eine strukturelle Aufteilung der bestehenden Geschäfte in mindestens sechs Zinsrisikozonen (time buckets). Zur Quantifizierung des Spreadrisikos sind die unterschiedlich ausgeprägten Wertänderungen, der in ihrer Ausgestaltung geringfügig voneinander abweichenden Long- und der gegenüberstehenden Short-Position, zu berücksichtigen. An die Ermittlung des Aktienkursrisikos wird die Anforderung gestellt, daß das Preisrisiko des Gesamtmarktes in Form eines Indizes als auch die Volatilität einzelner Titel bzw. Baskets abgebildet wird. Die Bemessung des Rohwarenrisikos muß der Entwicklung des Convenience Yield, der Differenz zwischen Kassa- und Terminpreis, Rechnung tragen.[66]

Die explizite Hervorhebung der vorgenannten Risikokategorien normiert das Anforderungsniveau der internen Modelle. Ferner findet mit der Bezugnahme zu den zeitnahen Datenkonstellationen die Auswirkung der Volatilität auf einzelne Positionen bestimmter Risikokategorien Eingang in das interne Modell und mithin in die Bemessung der Eigenmittelanforderung.

5.4.1.2 Risikoquantifizierung

Zahlreiche Modellrechnungen, die in einer Reihe führender Banken in fünf europäischen Ländern mittels eines Musterportfolios durchgeführt wurden, haben gezeigt, daß die Anwendung der Inhouse-Modelle sowie der Standardmethode erheblich divergierende Ergebnisse produzieren.[67] Um

[66] Vgl. Boos, K.-H./Schulte-Mattler, H. (1997d), S. 686.

[67] Vgl. Artopoeus, W., „Soviel unternehmerische Freiheit wie möglich", in: ZfgK, 22/1994, S. 1089.

zumindest einen einheitlichen Standard für die Durchführung institutseigener Rechnungen festzulegen, wurden im Grundsatz I bestimmte qualitative Kriterien formuliert. Erst die Erfüllung dieser Vorgaben ermöglicht den Einsatz der statistischen Verfahren.

Die Berechnung der Höhe der Eigenmittelanforderung setzt zunächst die Bestimmung des potentiellen Verlustbetrages am Tag t-1 sowie des durchschnittlichen Value at Risk der vorangegangenen sechzig Arbeitstage voraus. Aufgrund der Fehlbarkeit statistischer Modelle und der allen Prognosen innewohnenden Unsicherheit kann nicht davon ausgegangen werden, daß das mit einem internen Modell ermittelte Risikopotential mit dem tatsächlich eintretenden Verlust übereinstimmt.[68] Daraus erklärt sich die Integration eines Gewichtungs- oder Scalingfaktors (GF), welcher mindestens einen Wert in Höhe von drei besitzt. Der größere Wert des auf diese Weise ermittelten Value at Risk repräsentiert den zu unterlegenden Anrechnungsbetrag.

$$\text{Eigenmittelanforderung} = \text{Max}\left(\text{VaR}_{t-1};\ \text{GF}_t \times \frac{1}{60}\sum_{i=1}^{60} \text{VaR}_{t-i}\right)$$

Formel 5.3: Eigenmittelanforderung gemäß dem Value at Risk-Ansatz

Erfolgt die Bestimmung des spezifischen Kursrisikos nach der analogen Vorgehensweise, so nimmt der Gewichtungsfaktor den Wert vier an.[69] In Anbetracht des Diversifikationseffekts wird danach dem ursächlichen, unsystematischen Risiko ein höheres substantielles Verlustpotential beigemessen als dem allgemeinen Risiko. In Abhängigkeit der Erfüllung der qualitativen Faktoren können beide Werte durch einen vom BAKred festgelegten Zusatzfaktor ersetzt werden. Auf diese Weise lassen sich Unzulänglichkeiten hinsichtlich der Eignung des internen Modells oder

---

68 Vgl. Artopoeus, W. (1995), S. 532.

69 Für das spezifische Risiko schreibt der Basler Ausschuß für Bankenaufsicht eine Eigenmittelanforderung von mindestens 50% des Unterlegungsbetrages vor, welcher sich nach dem Standardverfahren errechnen würde. Diese Vorgehensweise wurde im Eigenmittelgrundsatz nicht übernommen, da dies eine Berechnung nach beiden Verfahren voraussetzen würde. Vgl. Basler Ausschuß für Bankenaufsicht, Überblick über die Änderung der Eigenkapitalvereinbarung zur Einbeziehung der Marktrisiken, Januar 1996, Abschnitt II d, Nr. 19, sowie Gaumert, U., Die Messung des spezifischen Marktrisikos durch Value-at-Risk-Modelle, in: ZfgK, 20/1997, S. 993.

außergewöhnliche Marktwertschwankungen sowie Divergenzen der historischen und der zukünftigen Volatilität von Marktpositionen ausgleichen.[70]

Darüber hinaus sieht der Grundsatz I die Ermittlung sogenannter Krisen- oder Worst-Case-Szenarien vor, um die exorbitanten Verluste, welche auf außerordentliche Veränderungen der Marktparameter zurückzuführen sind, in dem internen Modell zu erfassen. Der „Worst-Case" stellt die ungünstigste Marktentwicklung innerhalb eines vorgegebenen Konfidenzniveaus dar.[71] Außerdem läßt sich durch die Simulation von „What-if-Szenarien" ein „Stress-Testing" für mögliche Krisensituationen durchführen. Die Generierung sogenannter Stress-Szenarien oder Belastungsfälle bezieht sich auf den Bereich außerhalb des Konfidenzniveaus. Während die Worst-Case-Szenarien lediglich größere Faktorschwankungen als die durchschnittlich beobachteten Marktbewegungen bis zum Value at Risk duplizieren, bildet das Stress-Testing extreme, marktunübliche Situationen ab.[72]

Der Aussagegehalt solcher Extremszenarien konzentriert sich in erster Linie auf die Höhe des potentiellen Verlustbetrags bei Eintritt einer „Crash-Situation", um die Tragfähigkeit dieser Positionen durch eigene Deckungsmittel zu kontrollieren. Beispielsweise besteht bei der Vorgabe von sechs Standardabweichungen und einem einseitigen Konfidenzintervall eine Eintrittswahrscheinlichkeit von eins zu einer Milliarde.[73]

5.4.1.2.1 Beobachtungszeitraum

Zur Bestimmung des Marktpreisrisikos mit Hilfe des Value at Risk-Ansatzes sieht das Bundesaufsichtsamt die Berücksichtigung von ex-post Daten der zurückliegenden 250 Handelstage vor. Institute mit einem ertragsorientierten Handelsgeschäft wählen bei der Bestimmung des Beobachtungszeitraums eher zeitnahe und kürzere Fristen, während langfristig ausgerichtete Marktteil-

---

[70] Zur Erklärung des Multiplikationsfaktors siehe Basler Ausschuß für Bankenaufsicht (1996b), Abschnitt IIa, Nr. 8-9.

[71] Vgl. Goebel, R., Nutzen und Risiken der Derivate aus betriebswirtschaftlicher Sicht, in: Wissenschaftsförderung der Sparkassenorganisation e. V. (Hrsg.), Derivative Finanzinstrumente: Nutzen und Risiken, Wissenschaft für die Praxis: Abt. 3, Analysen; Bd. 9, Stuttgart, 1995, S. 58. Zur Bestimmung geeigneter Worst-Case-Szenarien siehe Ploemacher, H./Hamm, S., Die Ermittlung von Worst-Case-Szenarien im Eigenhandel, in: Sparkasse, 113. Jg., 6/1996, S. 259-262.

[72] Vgl. Pfennig, M./Schäfer, K. (1997), S. 1010.

[73] Vgl. Eller, R./Deutsch, H.-P. (1998), S. 236.

nehmer, bedingt durch einen längeren Planungshorizont in Verbindung mit einer geringeren Anzahl von Transaktionen, eine längere Beobachtungs-spanne präferieren.[74] In Anlehnung an die Basler Eigenkapitalvereinbarung müssen die einzelnen Werte im gewogenen Durchschnitt mindestens sechs Monate zurückliegen.[75] Um diesen durchschnittlichen Beobachtungszeitraum einer einzelnen Risikoposition einzuhalten und dennoch der zeitnahen Wertentwicklung größere Aufmerksamkeit beizumessen, können die aktuellen Daten höher gewichtet werden als die zeitlich weiter zurückliegenden Werte.[76] Die Anwendung eines solchen Gewichtungsschemas hat jedoch zur Folge, daß die geringere Anrechnung der weniger aktuellen Daten nur durch die Ausweitung des gesamten Datenumfangs kompensiert werden kann.

Die korrekte Analyse des Risikopotentials verlangt eine zeitnahe Berücksichtigung der empirischen Daten der Risikofaktoren. Vor diesem Hintergrund fordert das Bundesaufsichtsamt eine dreimonatliche Aktualisierung respektive eine sofortige Anpassung der Daten, um Unregelmäßigkeiten der Marktentwicklung in die Risikomessung aufzunehmen.

5.4.1.2.2 Haltedauer

Für die Anerkennung des Modells legt der Eigenmittelgrundsatz – ausgehend vom Zeitpunkt der Bewertung – eine Haltedauer für die im Bestand befindlichen Papiere von weiteren zehn Arbeitstagen zugrunde. Folglich wird unterstellt, daß die Positionen in den nächsten zehn Arbeitstagen glattgestellt werden. Falls ein Institut die maximale Marktwertänderung auf der Grundlage eines Ein-Tages-Zeitraumes bestimmt, so kann dieser Wert unter Berücksichtigung der Wurzel-Regel in eine Zehn-Tages-Veränderung transformiert werden.[77] Die potentielle Wertänderung eines Assets berechnet sich gemäß der Formel 5.4:

---

[74] Vgl. Preyer, H.-P./Reinhardt, L., Die Identifizierung und das Management von Zinsrisiken im Finanzbereich, in: Rudolph, B. (Hrsg.), Derivate Finanzinstrumente, Stuttgart, 1995, S. 203.

[75] Vgl. Basler Ausschuß für Bankenaufsicht (1996a), Teil B4, d, S. 45.

[76] Zur Bestimmung des gewogenen arithmetischen Mittels siehe Bamberg, G./Baur, F. (1993), S. 17.

[77] Die Möglichkeit die Tageswertveränderung durch die Multiplikation mit der Wurzel der Liquidationsperiode auf beliebige Haltedauern umzurechnen, ist auf die Annahme zurückzuführen, daß die Kursentwicklung als Random Walk aufgefaßt wird. Vgl. Eller, R./Deutsch, H.-P. (1998), S. 16-17.

$$\text{Relative Wertänderung} = \ln\left(\frac{A_t}{A_{t-1}}\right) \times \sqrt{10}$$

mit
A_t = Asset zum Zeitpunkt t
A_{t-1} = Asset zum Zeitpunkt t-1

Formel 5.4: Wurzel-Regel

Am Beispiel des US-Dollar zeigt der Vergleich der realen Zehn-Tages-Veränderungen mit den Ergebnissen der Wurzel-Regel, daß die Renditen zum Teil erheblich voneinander abweichen. Fiebach/Dachtler/v. Bothmer kommen gar zu dem Resultat, daß durch die Anwendung der Wurzel-Regel das Ausmaß von Zehn-Tages-Krisen systematisch überschätzt wird.[78]

Datum	US-$	Ln (Ein-Tages-Änderung)	Ln (Ein-Tages-Änderung) x √10	Ln (Zehn-Tages-Änderung)
01.11.96	1,5187	---	---	---
04.11.96	1,5133	-0,003562009	**-0,011264062**	**-0,010058982**
05.11.96	1,5128	-0,000330458	**-0,001045001**	**-0,004569998**
06.11.96	1,5189	0,004024150	**0,012725481**	**-0,003045352**
07.11.96	1,5078	-0,007334754	**-0,023194528**	**-0,007799114**
08.11.96	1,5108	0,001987677	**0,006285587**	**-0,000464360**
11.11.96	1,5035	-0,004843588	**-0,015316771**	**-0,002452037**
12.11.96	1,4953	-0,005468868	**-0,017294079**	**-0,002597318**
13.11.96	1,5068	0,007661341	**0,024227288**	**0,004470698**
14.11.96	1,5064	-0,000265498	**-0,000839580**	**0,004436653**

Tab. 5.1: Vergleich der Zehn-Tages-Renditen bei Anwendung der Wurzel-Regel

Trotz der Inkonsistenz der Wurzel-Regel akzeptiert das Bundesaufsichtsamt für das Kreditwesen die Fortschreibung durch das vorgenannte Verfahren, da bisher noch keine adäquate Berechnungsalternative hervorgebracht werden konnte.[79] Allein durch den Rückgriff auf die real beobachteten Wertänderungen über zehn Tage läßt sich dieser Mangel beseitigen.

[78] Vgl. Fiebach, G./Dachtler, C./v. Bothmer, H.-C., Basiskonzept zur Durchführung von Krisentests, in: ZfgK, 20/1997, S. 1002.
[79] Vgl. Boos, K.-H./Schulte-Mattler, H. (1997d), S. 687.

5.4.1.2.3 Konfidenzniveau

Die dritte entscheidende Größe für die Bestimmung des Value at Risk gemäß dem Grundsatz I stellt neben der Spezifizierung der Haltedauer sowie des Beobachtungszeitraums das Wahrscheinlichkeitsniveau dar. Das BAKred fordert für das Prognoseintervall ein Konfidenz-niveau in Höhe von 99%. Ein Blick auf die kumulierte Dichtefunktion standardnormalverteilter Zufalls-variablen verrät, daß die Funktion einen monoton steigenden Verlauf aufweist und für die Zufallsvariablen der Wertebereich $X \in \{-\infty; +\infty\}$ gilt. Da nur die negativen Veränderungen von Bedeutung sind, kann die Wahrscheinlichkeit für einen möglichen Verlusteintritt mit einem von einhundert Fällen angegeben werden. Die geforderte Aussagewahrscheinlichkeit von 99% führt somit zu einem Multiplikator für die Varianz einer Marktwertänderung in Höhe von 2,326 Standardabweichungen.

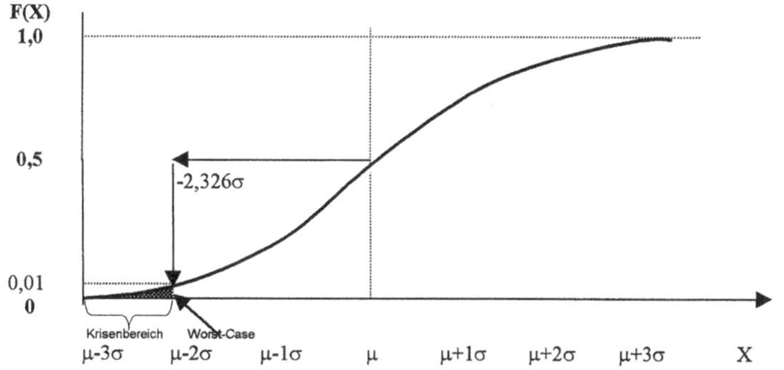

mit

X = Zufallsvariable
F(X) = Wert der Verteilungsfunktion der Standardnormalverteilung
μ = Mittelwert der Standardnormalverteilung
σ = Standardabweichung der Standardnormalverteilung

Abbildung 5.4: Verteilungsfunktion der Standardnormalverteilung[80]

Zur Berechnung des Value at Risk stehen diverse Verfahren zur Verfügung. Im folgenden werden mit der Varianz-Kovarianz-Methode, der Monte-Carlo-

---

[80] Modifizierte Darstellung der Verteilungsfunktion in Anlehnung an Jorion, P. (1997), S. 90.

Simulation und der historischen Simulation die in der Praxis am häufigsten eingesetzten Verfahren vorgestellt. Allen Verfahren gemein ist, daß sie zur Berechnung des Value at Risk auf die historischen Werte der Marktrisikofaktoren zurückgreifen; eine Differenzierung erfolgt lediglich hinsichtlich der Annahmen über die Verteilungseigenschaften der Risikofaktoren.[81] Insbesondere die fehlende Voraussetzung normalverteilter Marktwertänderungen der Finanzprodukte führt dazu, daß die historische Simulationsrechnung zu Anwendung kommt.[82] Bei der Entscheidung für ein VaR-Modell muß allerdings die Erkenntnis empirischer Analysen beachtet werden, welche zu dem Ergebnis gelangen, daß die vorgenannten Modelle bei identischen Portfolios voneinander abweichende Risikobeträge erzeugen und damit zu einer unterschiedlich hohen Eigenmittelunterlegung führen können.[83]

5.4.2 Varianz-Kovarianz-Methode

Die zentrale Voraussetzung für die Anwendung der an das amerikanische Investmenthaus J. P. Morgan[84] angelehnten parametrischen Varianz-Kovarianz-Methode, auch Korrelationsmethode genannt, stellt die Normalverteilung der Marktwertänderungen der im Eigenbestand befindlichen Positionswerte dar. Unter Berücksichtigung des Logarithmus in Verbindung mit der Random-Walk-Hypothese zeigt die Abbildung 5.5, daß sich eine gleich hohe Anzahl identischer Wertänderungen sowohl in positiver als auch in negativer Richtung symmetrisch um den Mittelwert verteilt. Demzufolge kann in der Tat von der Prämisse der statistischen Normalverteilung ausgegangen werden. Die Annahme der Stationarität der Parameter Erwartungswert (μ) und Standardabweichung[85] (σ) führt in Abhängigkeit eines Konfidenzniveaus von 99% dazu, daß das Value at Risk für eine Einheit einer Risikopositionen, für eine einzelne Risikoposition oder für ein Portfolio berechnet werden kann.

---

81 Vgl. Bühler, W./Korn, O./Schmidt, A. (1998), S. 67.

82 Vgl. Uhlir, H./Außenegg, W. (1996), S.834.

83 Vgl. Johanning, L. (1996), S. 296. Zur unterschiedlich hohen Berechnung des Value at Risk in Abhängigkeit der internen Modelle siehe Beder, T. S., VAR: Deductive but Dangerous, in: Financial Analyst Journal, 9-10/1995, S. 12-24.

84 Vgl. J. P. Morgan, RiskMetrics™ - Technical Document, 4. Aufl., New York, 1996.

85 Im Rahmen der Value at Risk-Berechnung wird die Standardabweichung im folgenden auch als Volatilität bezeichnet.

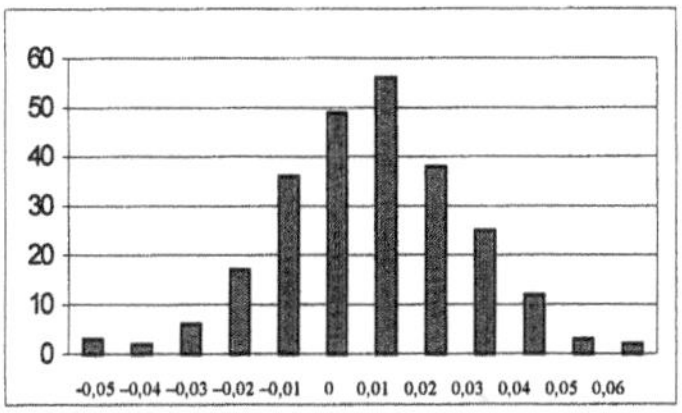

Häufigkeitsverteilung der Wertänderungen des US-Dollar vom 1.11.1996 bis zum 31.10.1997 (250 Tage) bei einer Haltedauer von zehn Tagen (Wurzel-Regel)

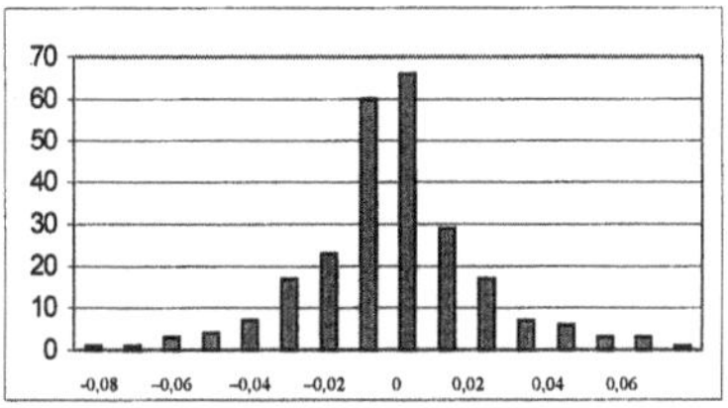

Häufigkeitsverteilung der Wertänderungen des Französischen Franc vom 1.11.1996 bis zum 31.10.1997 (250 Tage) bei einer Haltedauer von zehn Tagen (Wurzel-Regel)

Abb. 5.5: Häufigkeitsverteilung logarithmierter Währungskursänderungen

5.4.2.1 Aktien- und Währungspositionen

Unter Berücksichtigung des vom BAKred geforderten Quantils der Standardnormalverteilung läßt sich das potentielle Verlustrisiko, das in 99% der Fälle nicht überschritten wird, für eine Risikoeinheit vollständig bestimmen.[86] Dazu wird der Wert des 99. Quantils in Höhe von 2,326 mit der Standardabweichung multiplikativ verknüpft und der geschätzte Erwartungs-wert von diesem Produkt subtrahiert.

$$\text{Value at Risk}_{\text{(je Risikoeinheit)}} = 2{,}326\sigma - \mu$$

Formel 5.5: Value at Risk je Risikoeinheit

[86] Die Bestimmung des Value at Risk für Aktien- und Währungsposition erfolgt nach der gleichen Vorgehensweise. Darüber hinaus bestehen für Aktienkursrisiken weitere Möglichkeiten zur Bestimmung des potentiellen Risikobetrages, etwa das Marktmodell von Sharpe, welches den marktabhängigen Beta-Faktor berücksichtigt. Siehe dazu ausführlich o. V., Value at Risk models, in: Bank of England Quarterly Bulletin, May 1995, S. 180, sowie zur Anwendung des Single- bzw. Multi-Marktmodells Jendruschewitz, B., Value at Risk: Ein Ansatz zum Management von Marktrisiken in Banken, in: Heidorn, T./Cremers, H./Moormann, J. (Hrsg.), Diskussionsbeiträge zur Bankbetriebslehre, Bd. 7, Frankfurt am Main, 1997, S. 93-100.

Üblicherweise wird für die tägliche logarithmierte Wertänderung ein Erwartungswert von Null unterstellt, so daß lediglich die Standardabweichung in die Berechnung des Value at Risk eingeht.[87] Darüber hinaus würde ein von Null positiv abweichender Erwartungswert zu einer Verringerung des Value at Risk führen.[88]

Sofern sich die beiden zentralen Momente der Zufallsvariablen auf die Gesamtposition beziehen, wird das Verlustrisiko gemäß der Formel 5.6 ermittelt. In diesem Fall stellt das Value at Risk das Produkt der Multiplikation des Marktwertes der Aktienposition respektive der in inländische Währung umgerechneten Fremdwährungsposition mit dem 2,326fachen der Standardabweichung dar.

$$\text{Value at Risk}_{(\text{je Risikoposition})} = \text{Positionswert} \times (2{,}326\sigma - \mu)$$

Formel 5.6: Value at Risk je Risikoposition

Die exemplarische Berechnung des Value at Risk wird im folgenden mit Hilfe einer Währungsposition in Höhe von einer Mio. US-Dollar erläutert. Da die Methodik der Vorgehensweise im Vordergrund steht, wird lediglich ein Beobachtungszeitraum von zehn Börsentagen herangezogen. Die Haltedauer der Risikoposition beträgt einen Tag, so daß die Wurzel-Regel zur Anwendung gelangt. Aus den Wertänderungen werden zunächst die Parameter Erwartungswert und Standardabweichung auf der Grundlage einer Stichprobe (n-1) ermittelt:

---

87 Vgl. dazu Johanning, L., VaR-Limite zur Steuerung des Marktrisikos, in: Die Bank, 1/1998, S. 46.

88 Im folgenden bleibt der Erwartungswert unberücksichtigt, wenn dieser einen positiven Wert annimmt.

Börsentag	Börsenkurs DM/US-$	Ln Ein-Tages-Änd.	Ln Ein-Tages-Änd. x $\sqrt{10}$	Marktparameter
01. Aug. 97	1,8477	---	---	**Erwartungswert**
04. Aug. 97	1,8720	0,01307	0,04132	$\mu = \frac{1}{n-1}\sum_{i=1}^{n} x_i = -0{,}00294$
05. Aug. 97	1,8815	0,00506	0,01601	
06. Aug. 97	1,8873	0,00308	0,00973	**Varianz**
07. Aug. 97	1,8812	-0,00324	-0,01024	$\sigma^2 = \frac{1}{n-1}\sum_{i=1}^{n}(x_i - \mu)^2 = 0{,}00055$
08. Aug. 97	1,8655	-0,00838	-0,02650	
11. Aug. 97	1,8576	-0,00424	-0,01342	**Standardabweichung**
12. Aug. 97	1,8638	0,00333	0,01054	$\sigma = \sqrt{\frac{1}{n-1}\sum_{i=1}^{n}(x_i - \bar{x})^2} = 0{,}0234$
13. Aug. 97	1,8487	-0,00813	-0,02572	
14. Aug. 97	1,8340	-0,00798	-0,02525	

mit
n = Anzahl der Ausprägungen
x_i = Produkt aus den logarithmierten Ein-Tages-Änderungen des US-Dollarkurses und der $\sqrt{10}$
μ = Erwartungswert für x_i
σ^2 = Varianz für x_i
σ = Standardabweichung für x_i

Formel 5.7: Erwartungswert und Standardabweichung der Währungsrisikoposition

Rekurrierend auf einen US-Dollar weist das Value at Risk am 14. August 1998 einen Wert in Höhe von 0,1052 DM [(2,326 x 0,0234 – (–0,00294)) x 1,8340] auf, welcher mit einer Wahrscheinlichkeit von 99% nicht überschritten wird. Entsprechend birgt die gesamte Risikoposition einen potentiellen Verlustbetrag in Höhe von 105.213,65 DM [(2,326 x 0,0234 – (–0,00294)) x 1,8340 x 1.000.000,--]. Folglich wird die Währungsposition mit einer Wahrscheinlichkeit von 99% den Wert 1.728.786,35 DM [1.834.000,-- - 105.213,65] in den nächsten zehn Tagen nicht unterschreiten.

5.4.2.2 Zinspositionen

Während die Standardabweichung eines Aktien- oder Währungskurses die Intensität der Marktwertschwankung implizit abbildet, greift die Standardabweichung eines Zinstitels auf die jeweiligen Barwerte in Abhängigkeit der dazugehörigen Renditen zurück. Hierbei kann die Volatilität der Zinssätze die Volatilität der Vermögensbarwerte nicht ersetzen, da die Zinssätze lediglich Quotierungen darstellen.[89] Angesichts der zur Berechnung

[89] Vgl. Bode, M./Mohr, M. (1996), S. 472.

des Value at Risk zinsbezogener Risikopositionen sowie der darin enthaltenen Sensitivität der Finanzinstrumente benötigten Volatilität der Vermögensbarwerte, wird der zugrundeliegende Zinssatz um jeweils einen Basispunkt ausgelenkt und der daraus resultierende neue Barwert ermittelt. Die Differenz der Vermögensbarwerte bildet den sogenannten Price-Value-of-a-Basispoint (PVBP), welcher den absoluten Betrag angibt, um den der Barwert bei einem einprozentigen Renditeanstieg sinkt.[90] Demzufolge besitzt der Basispointvalue den gleichen Aussagegehalt wie die Modified Duration; letztgenannte quantitative Kennzahl stellt lediglich die prozentuale Veränderung des Kurswertes bei einer einprozentigen Renditeänderung dar.

Sofern die modifizierte Duration zur Berücksichtigung der Sensitivität des Vermögensbarwertes herangezogen wird, errechnet sich der potentielle Verlustbetrag für das zinsbezogene Finanzinstrument aus der Multiplikation des Marktwertes mit der zugehörigen Sensitivität, dem Wert der Modified Duration, sowie mit dem Produkt aus der Volatilität, der Marktrendite und dem 99. Quantil der Standardnormalverteilung.

$$VaR_{(Zinsrisikoposition)} = \text{Marktwert} \times \text{Sensitivität} \times (2{,}326\sigma \times \text{Marktrendite})$$

Formel 5.8: Value at Risk je Zinsrisikoposition[91]

Falls der Price Value of Basispoint zur Berechnung des Value at Risk herangezogen wird, erfolgt die Multiplikation ausschließlich mit der 2,326fachen Standardabweichung der marktwertbestimmenden Einflußgröße, da der PVBP bereits die Wirkung der Sensitivität auf den Absolutbetrag der Risikoposition einschließt.

---

90 Zur Methode des Price-Value-of-a-Basispoint siehe ausführlich Kopprasch, R. W., Understanding Duration and Volatility, in: Fabozzi, F. J./Pollack, I. M. (Hrsg.), The Handbook of Fixed Income Securities, 2. Aufl., Illinois, 1987, S. 101-102, Daube, C. H./Take, H. (1994), S. 222, sowie Eller, R., Risikomanagement festverzinslicher Wertpapiere, in: Eller, R. (Hrsg.), Modernes Bondmanagement, Wiesbaden, 1993, S. 52-53.

91 Zur Vereinfachung der Berechnung nimmt der Erwartungswert der Renditen den Wert Null an.

Exemplarisch wird die Quantifizierung des Value at Risk mit Hilfe einer Nullkuponanleihe durchgeführt. Der Zero Bond besitzt einen Nominalbetrag in Höhe von einer Mio. DM und eine Restlaufzeit von zwei Jahren. Der Kurs wird am 14. August 1997 mit 92,45% notiert. Der Wert der Duration entspricht der Restlaufzeit. Die Berechnung der Standardabweichung basiert auf den Marktrenditen vom 01. bis zum 14. August 1997. Die Marktrendite beträgt zu diesem Zeitpunkt 4,005%.

Börsentag	Marktrendite	Ln Ein-Tages-Änd.	Ln Ein-Tages-Änd. x √10	Marktparameter
01. Aug. 97	**4,000**	**---**	**---**	**Erwartungswert**
04. Aug. 97	**4,005**	**0,001249**	**0,003950**	$\mu = \frac{1}{n-1}\sum_{i=1}^{n} x_i = 0{,}000494$
05. Aug. 97	**4,005**	**0,000000**	**0,000000**	
06. Aug. 97	**4,010**	**0,001248**	**0,003947**	**Varianz**
07. Aug. 97	**4,005**	**-0,001248**	**-0,003947**	$\sigma^2 = \frac{1}{n-1}\sum_{i=1}^{n}(x_i - \bar{x})^2 = 0{,}00000953$
08. Aug. 97	**4,005**	**0,000000**	**0,000000**	
11. Aug. 97	**4,000**	**-0,001249**	**-0,003950**	**Standardabweichung**
12. Aug. 97	**4,000**	**0,000000**	**0,000000**	$\sigma = \sqrt{\frac{1}{n-1}\sum_{i=1}^{n}(x_i - \bar{x})^2} = 0{,}00309$
13. Aug. 97	**4,005**	**0,001249**	**0,003950**	
14. Aug. 97	**4,005**	**0,000000**	**0,000000**	

mit

n = Anzahl der Ausprägungen

x_i = Logarithmierte Ein-Tages-Änderungen x √10

μ = Erwartungswert für x_i

σ^2 = Varianz für x_i

σ = Standardabweichung für x_i

Formel 5.9: Erwartungswert und Standardabweichung der Zinsrisikoposition

Die Ermittlung der Volatilität der Marktrendite führt zu einem Wert von 0,00309. Daraus ergibt sich, daß mit einer Wahrscheinlichkeit von 99% die Marktrendite in den nächsten zehn Tagen um nicht mehr als 0,0288% [0,00309 x 2,326 x 4,005] nachgeben wird. Der potentielle Verlustbetrag für die Anleihe beläuft sich unter Berücksichtigung der Duration von 2 Jahren und einem Marktwert des Zero Bonds von 92,45% auf 51.174,48 DM.

$$\underbrace{1.000.000 \times 0{,}9245}_{\text{Marktwert des Zero Bonds}} \times \underbrace{\frac{2}{1{,}04005}}_{\text{Modified Duration}} \times \underbrace{4{,}005 \times 2{,}326 \times 0{,}00309}_{\substack{\text{Marktwertschwankung der Rendite,} \\ \text{die mit einer Wahrscheinlichkeit} \\ \text{von 99\% nicht überschritten wird}}} = \underline{\underline{51.174{,}48}}$$

Formel 5.10: Value at Risk eines Zero Bonds

Neben dem produktorientierten Sensitivitätsansatz kann auch das Cash-flow orientierte Verfahren, welches jeden einzelnen Zahlungsstrom separat betrachtet, zur Anwendung gelangen. Diese Vorgehensweise wird exemplarisch in der Abbildung 5.6 mittels einer Anleihe mit einer Restlaufzeit von drei Jahren und einem jährlichen Kupon dargestellt. Der originäre Cash-flow wird bei diesem Ansatz in drei Nullkuponanleihen aufgeteilt. Dieses Verfahren ermöglicht eine leichtere Bewertung der Marktparameter, da die Höhe der Modified Duration der Laufzeit des jeweiligen Zero Bonds entspricht.

Die Höhe des Value at Risk bestimmt sich aus der Summe des potentiellen Verlustbetrages der Einzel-Cash-flows. Bei der Einstellung der jeweiligen Zero Bonds in die synthetischen Laufzeitbänder bleibt zu berücksichtigen, daß die einzelnen Barwerte der Cash-flows dem Barwert der Ursprungs-zahlung entsprechen.[92] Diese Vorgehensweise zur Bestimmung des Value at Risk wird auch als Bucketing bezeichnet.

Anleihe	
Nominalbetrag in DM:	100.000,--
Restlaufzeit:	3 Jahre
Kupon:	6%
Marktrendite	5%
Duration:	2,836
Marktkurs:	**102,72%**

Zerobond:	**1**	**2**	**3**
Nominalbetrag in DM:	6.000	6.000	106.000
Restlaufzeit:	1 Jahr	2 Jahre	3 Jahre
Kupon:	---	---	---
Marktrendite:	5%	5%	5%
Duration:	1	2	3
Marktkurs:	**5,71%**	**5,44%**	**91,57%**

+ + → **102,72**

Abb. 5.6: Bucketing

92 Vgl. Groß, H./Knippschild, M., Risikocontrolling in der Deutsche Bank AG, in: Rolfes, B./Schierenbeck, H./Schüller, S. (Hrsg.), Risikomanagement in Kreditinstituten, Schriftenreihe des Zentrums für Ertragsorientiertes Bankmanagement, Bd. 5, Münster, 1995, S. 89.

5.4.2.3 Optionspositionen

Für Optionspositionen kann die Normalverteilungsannahme der Marktwertänderungen nicht aufrechterhalten werden, da die Gewinne und Verluste der bedingten Termingeschäfte bei einer Wertveränderung ihres Underlyings einen nichtlinearen Verlauf aufweisen.[93] Um dennoch das Optionsrisiko mit Hilfe der Varianz-Kovarianz-Methode quantifizieren zu können, werden die Wertänderungen der Optionen unter Einsatz des Deltaäquivalenzbetrages, welcher sich aus der Multiplikation des Marktwertes des Underlyings mit dem Optionsdelta errechnet, linear durch die Wertänderungen der jeweiligen Basisinstrumente approximiert.[94]

$$\text{Value at Risk}_{(\text{Optionsrisikoposition})} = \text{Deltaäquivalenzbetrag} \times (2{,}326\sigma - \mu)$$

Formel 5.11: Value at Risk je Optionsrisikoposition

Die Bestimmung des Value at Risk wird am Beispiel einer europäischen Call-Option demonstriert. Eine der einhundert im Bestand befindlichen europäischen Call-Optionen notiert zu einem Wert in Höhe von 8,02 DM. Die implizite Volatilität der Option beträgt 30%, die Restlaufzeit sechs Monate und der Marktzins 4%. Das zugrundeliegende Basisinstrument besitzt einen Kurs von 55,-- DM. Der Basispreis beläuft sich auf 50,-- DM. Das Delta der Option weist einen Wert von 0,742 auf. Die Rendite des Underlyings hat einen Erwartungswert von $\mu = 0$ und eine Standardabweichung von $\sigma = 2{,}5\%$. Folglich bemißt sich der Wert des Deltaäquivalenzbetrages auf 4.081,-- DM [100 x 55,-- x 0,742]. Damit beläuft sich der potentielle Risikobetrag, welcher mit einer Wahrscheinlichkeit von 99% nicht überschritten wird, gemäß der Formel 5.11 auf 237,31 DM [2,326 x 0,025 x 4.081,--].

Ferner muß bei der Anwendung der Deltaäquivalenzmethode berücksichtigt werden, daß die Änderung des Optionspreises bei einer größeren Wertänderung des Basisinstrumentes und einem hohen Optionsgamma von der Approximation erheblich abweicht,[95] so daß sich die Varianz-Kovarianz-Methode für Derivate

---

93 Vgl. Johanning, L. (1996), S. 292.
94 Vgl. Bühler, W./Korn, O./Schmidt, A. (1998), S. 67.
95 Vgl. Jendruschewitz, B. (1997), S. 43, sowie Bühler, W./Korn, O./Schmidt, A. (1998), S. 68.

mit nichtlinearen Veränderungswerten als eher ungeeignet erweist. Demzufolge sind für die bedingten Termingeschäfte die Simulationsverfahren zu präferieren.

5.4.2.4 Portfolioansatz

Auch für die Wertentwicklung eines Portfolios kann die Bedingung der normalverteilten Wertänderungen des Gesamtbestandes in den meisten Fällen nicht unterstellt werden, so daß für die Anwendung der Varianz-Kovarianz-Methode von der Annahme einer gemeinsamen Normalverteilung sämtlicher Wertänderungen der im Portfolio vorhandenen Assets ausgegangen wird.[96]

Zur Berechnung der Portfoliorendite werden die Erwartungswerte der Portfoliobestandteile additiv verknüpft. Dagegen werden bei der Ermittlung des Portfoliorisikos neben der anteiligen Addition der Standardabweichungen die Zusammenhänge der Marktwertänderungen einzelner Assets einbezogen.[97] Die Berücksichtigung der Abhängigkeiten der verschiedenen Portfoliobestandteile erfolgt bei der Formulierung der Standardabweichung über den Korrelationskoeffizienten (k). Dieser zusätzliche Parameter läßt sich durch die Standardisierung der Kovarianz (cov) herleiten.[98]

$$\text{Kovarianz} = \text{cov}_{x,y} = \frac{1}{n}\sum_{i=1}^{n}\left(x_i - \bar{x}\right)\left(y_i - \bar{y}\right)$$

$$\text{Korrelationskoeffizient} = k_{x,y} = \frac{\text{cov}_{x,y}}{\sigma_x \sigma_y}$$

mit

x_i, y_i	=	i-ter Wert des Asset x bzw. y
$\bar{x}, \bar{y}$	=	Erwartungswert von x bzw. y
n	=	Anzahl der Werte von x bzw. y
σ_x, σ_y	=	Standardabweichung von x bzw. y
$\text{cov}_{x,y}$	=	Kovarianz zwischen x und y
$k_{x,y}$	=	Korrelationskoeffizient zwischen x und y

Formel 5.12: Kovarianz und Korrelationskoeffizient

Der Korrelationskoeffizient nimmt einen Wert zwischen –1 und +1 an. Während der Wert +1 eine perfekt positive Korrelation und damit einen vollständigen Gleichlauf der Assets abbildet, dokumentiert der Wert –1 eine perfekt negative Korrelation, das gegenläufige Verhalten zweier Assets. Falls der

96 Vgl. Jendruschewitz, B. (1997), S. 30.

97 Zur Berechnung der Portfoliorendite bzw. des Portfoliorisikos in Anlehnung an das CAPM siehe ausführlich Gräfer, H./Beike, R./Scheld, G. (1997, S. 335-336.

98 Bei der Berücksichtigung der Abhängigkeit mehrerer zinsbezogener Kontrakte entspricht die Korrelation der Zinsen aufgrund des inversen Zusammenhangs von Zins und Kurs der Korrelation der Kurse. Vgl. Sievi, C. R., Convex3-Mapping, in: Die Bank, 5/1998, S. 311.

Korrelationskoeffizient exakt den Wert Null annimmt, kann von einer vollständigen Unabhängigkeit der Assets gesprochen werden.[99] Unterstellt die additive Berücksichtigung der Einzelkomponenten implizit eine Korrelation in Höhe von eins, so ermöglicht die Gesamtbetrachtung hingegen eine Kompensation bestehender Marktpreisrisiken in Abhängigkeit der individuellen Portfoliostruktur.

Da ein aus mehreren Positionswerten bestehendes Portfolio sich aus der Summe von Zufallszahlen zusammensetzt, kann ebenso der Wert des Gesamtportfolios, für den ein Erwartungswert und eine Standardabweichung besteht, als Zufallszahl bezeichnet werden. Das folgende Portfolio umfaßt eine Position über eine Mio. US-Dollar mit einem Bewertungskurs von 1,8340 DM/US-$. Der Barwert der US-$-Währungsposition ($B_{US-\$}$) beträgt entsprechend 1.834.000,-- DM. Zusätzlich besteht eine Währungsposition über eine Mio. Französische Francs (FF). Der Kurs für einhundert Französische Francs notiert am 14. August 1997 bei 29,663 DM/100FF, so daß sich der Barwert dieser Währungsposition (B_{FF}) auf 296.630,-- DM beläuft.[100]

Ausgehend von den logarithmierten Marktwertänderungen der Einzelpositionen werden zunächst die Parameter (Erwartungswert und Standardabweichung) unter Berücksichtigung der Wurzelregel (10 Tage Haltedauer) bestimmt. Die Abhängigkeiten werden durch die Varianz-Kovarianz-Matrix respektive durch die Korrelationsmatrix abgebildet.

---

99 Zur Bestimmung des Korrelationskoeffizienten siehe Bode, M./Mohr, M., VaR – Vielseitig anwendbare Rechenmodelle, in: Die Bank, 11/1997, S. 695-696, sowie Steiner, M./Bruns, C. (1996), S. 68-70.

100 Siehe Anhang 3.

Börsentag	DM/US-Dollar Ein-Tages-Änderung $\times \sqrt{10}$	DM/100 FF Ein-Tages-Änderung $\times \sqrt{10}$
01. Aug. 97	---	---
04. Aug. 97	0,04132	-0,00127
05. Aug. 97	0,01601	-0,00352
06. Aug. 97	0,00973	-0,00011
07. Aug. 97	-0,01024	0,00224
08. Aug. 97	-0,02650	0,00053
11. Aug. 97	-0,01342	0,00469
12. Aug. 97	0,01054	-0,00117
13. Aug. 97	-0,02572	-0,00320
14. Aug. 97	-0,02525	0,00128
Erwartungswert = μ	-0,00294	-0,000059
Varianz = σ^2	0,00055	0,0000068
Standardabweichung = σ	0,0234	0,0026
Kovarianz = $Cov_{US\text{-}\$, FF}$	-0,0000193	
Korrelationskoeffizient = k	-0,3555	
Varianz-Kovarianz-Matrix	$\begin{pmatrix} \sigma^2_{US\text{-}\$} & cov_{US\text{-}\$,FF} \\ cov_{US\text{-}\$,FF} & \sigma^2_{FF} \end{pmatrix} \begin{pmatrix} 0,00055 & -0,0000193 \\ -0,0000193 & 0,0000068 \end{pmatrix}$	
Korrelationsmatrix	$\begin{pmatrix} 1 & k_{FF,US\text{-}\$} \\ k_{US\text{-}\$,FF} & 1 \end{pmatrix} \begin{pmatrix} 1 & -0,3555 \\ -0,3555 & 1 \end{pmatrix}$	

Portfolio-Erwartungswert

$$\mu_{PF} = B_{US\text{-}\$} \times \mu_{US\text{-}\$} + B_{FF} \times \mu_{FF}$$

$$\mu_{PF} = 1.834.000,\text{--} \times (-0,00294) + 296.630,\text{--} \times (-0,000059)$$

$$\mu_{PF} = -5.409,46$$

Portfolio-Standardabweichung

$$\sigma_{PF} = \sqrt{B^2_{US\text{-}\$} \times \sigma^2_{US\text{-}\$} + B^2_{FF} \times \sigma^2_{FF} + 2 \times B_{US\text{-}\$} \times B_{FF} \times \sigma_{US\text{-}\$} \sigma_{FF} k_{US\text{-}\$,FF}}$$

$$\sigma_{PF} = \sqrt{(1.834.000)^2 \times 0,00055 + (296.630)^2 \times 0,0000068 + 2 \times 1.834.000 \times 296.630 \times 0,0234 \times 0,0026 \times -0,3555}$$

$$\sigma_{PF} = 42.743,67$$

Formel 5.13: Portfoliorendite und Portfoliorisiko

Das Verlustpotential des Gesamtportfolios läßt sich unter Berücksichtigung des Erwartungs-wertes sowie der Standardabweichung des Portfolios bestimmen. Da die Berechnung der vorgenannten Parameter bereits die Absolutbeträge der Währungspositionen einschließt, bestimmt sich das Value at Risk in Anlehnung an die Formel 5.6 aus dem 2,326fachen der Standardabweichung. Danach beläuft sich das potentielle Verlustrisiko auf 104.831,24 DM [2,326 x 42.743,67 + 5.409,46]. Mit anderen Worten wird das Währungsportfolio den Wert

2.025.798,76 DM [1.834.000,-- + 296.630,-- – 104.831,24] mit einer Wahrscheinlichkeit von 99% in den nächsten zehn Tagen nicht unterschreiten.

Damit liegt das Value at Risk des Währungsportfolios 4.658,56 DM [109.489,80 – 104.831,24] unter dem Value at Risk der US-Dollar-Währungsposition.[101] Folglich wird die anfangs getroffene Aussage bestätigt, daß das Value at Risk-Verfahren im Rahmen der portfolioorientierten Vorgehensweise die Möglichkeit enthält, die Eigenmittelanforderung durch die zusätzliche Aufnahme weiterer Positionen systematisch zu reduzieren. Die separate Ermittlung des Verlustpotentials der beiden Währungspositionen sowie die anschließende Addition hätte hingegen das Risiko der einzelnen Bestandteile korrekt abgebildet, dabei allerdings einen perfekt gleichläufigen Zusammenhang der beiden Währungen unterstellt. Die Ausnutzung vorhandener Diversifikationsmöglichkeiten setzt demzufolge die Berücksichtigung der Abhängigkeiten durch die exakte Berechnung der Korrelationen voraus.[102]

Die Anzahl der zu berücksichtigenden Korrelationen steigt mit der Zunahme der Assets in einem Portfolio überproportional an. Bei Kenntnis der jeweiligen Korrelationen läßt sich das Value at Risk für sämtliche Positionen innerhalb eines Portfolios über die Beziehung der VaR-Vektoren mit der Korrelationskoeffizientenmatrix bestimmen.[103] Die Anwendung der Formel 5.13 führt zur Berücksichtigung von Kompensationseffekten zwischen den Einzelrisiken und trägt bei entsprechenden Korrelationskoeffizienten zu einer Reduzierung der Eigenmittelanforderung bei.

$$\textbf{Value at Risk}_{\text{(Portfolio)}} = \sqrt{\vec{\mathbf{V}}^{T} \times \mathbf{K} \times \vec{\mathbf{V}}}$$

$\vec{V}^{T}$ = transponierter VaR der Einzelpositionen

K = Korrelationskoeffizientenmatrix

V = VaR der Einzelpositionen

Formel 5.14: Portfolio-Value at Risk

[101] Siehe Abschnitt 5.1.2.1.

[102] Die negative Korrelation zwischen dem Französischen Franc und dem US-$ basiert auf dem o. g. Stichprobenumfang von zehn Tagen. Der Jahresvergleich mit einem Korrelationskoeffizienten in Höhe von 0,2703 weist dagegen eher auf die Unabhängigkeit der beiden Währungen hin. Siehe Anhang 3.

[103] Vgl. Uhlir, H./Außenegg, W. (1996), S.833.

5.4.2.5 Mapping

Damit die aufwendige Berechnung der Abhängigkeiten nicht durch die Institute vorgenommen werden muß, offeriert J. P. Morgan in Anlehnung an das Konzept RiskMetrics™ zahlreiche Volatilitäten und Korrelationen, die über das Internet abrufbar sind.[104] Da J. P. Morgan die Abhängigkeiten nur für einige standardisierte Laufzeiten (Vertices oder Stützstellen) zur Verfügung stellt,[105] müssen die realen Cash-flows der Assets auf die jeweiligen Stützstellen, für welche die Volatilitäten und Korrelationen zur Verfügung stehen, aufgeteilt werden. Ohne die ursprüngliche Struktur der Cash-flows zu verändern,[106] ermittelt sich der potentielle Verlustbetrag für das gesamte Asset mittels Addition des pro Stützstelle ermittelten Value at Risk.[107]

$$\textbf{Value at Risk}_{(\text{gemapptesPortfolio})} = \sqrt{\left(\mathrm{VaR}_1, \mathrm{VaR}_{21} + \mathrm{VaR}_{22}, \mathrm{VaR}_3\right) \begin{pmatrix} 1 & k_{1,2} & k_{1,3} \\ k_{2,1} & 1 & k_{2,3} \\ k_{3,1} & k_{3,2} & 1 \end{pmatrix} \begin{pmatrix} \mathrm{VaR}_1 \\ \mathrm{VaR}_{21} + \mathrm{VaR}_{22} \\ \mathrm{VaR}_3 \end{pmatrix}}$$

Formel 5.15: Portfolio-Value at Risk (gemappt)[108]

Die Formel in der Abbildung 5.15 zeigt, daß zwei reale Cash-flows (21 und 22) auf eine Stützstelle „gemappt" wurden. Das gesamte potentielle Verlustrisiko errechnet sich aus dem Value at Risk der Cash-flows, welche mit den Korrelationskoeffizienten der synthetischen Cash-flows multipliziert werden. Da sich die realen Cash-flows derart auf die Stützstellen verteilen, daß die ursprüngliche Zahlungsstruktur bestehen bleibt, entspricht das auf diese Weise bestimmte Value at Risk dem auf Basis der realen Wertänderungen berechneten potentiellen Verlustbetrag.

---

104 Siehe URL's: http://www.jpmorgan.com, http://www.jpmorgan.com/RiskManagement/RiskMetrics/RiskMetrics.html, sowie http://www.jpmorgan.com/RiskManagement/RiskMetrics/download-data.html.

105 Siehe J. P. Morgan (1996), S. 107 ff.

106 Die Auswahl falscher Stützperioden führt gemeinhin zu einer Unter- bzw. Überbewertung des Risikos. Siehe dazu Bürger, P. (1995), S. 247.

107 Vgl. Wittrock, C./Jansen, S., Gesamtbanksteuerung auf Basis von Value at Risk-Ansätzen, in: ÖBA, 12/1996, S. 915.

108 Darstellung in Anlehnung an Bode, M./Mohr, M. (1996), S. 474.

5.4.3 Monte-Carlo-Simulation

Analog dem Varianz-Kovarianz-Modell verarbeitet auch die Monte-Carlo-Simulation die historischen Marktwertänderungen der Risikopositionen. Auf Basis dieser zurückliegenden Daten lassen sich zunächst detaillierte Kenntnisse über die Gestalt der Verteilung gewinnen.[109] In einem zweiten Schritt werden fiktive Preispfade mit einem Zufallsgenerator simuliert, der jedem Zustand eine Eintrittswahrscheinlichkeit beimißt, mit der auch in der Realität zu rechnen ist.[110]

Auf diese Weise entstehen innerhalb der angenommenen Verteilung zahlreiche Wertänderungen eines Assets oder eines Portfolios, welche in Abhängigkeit der unterstellten Haltedauer das Value at Risk bestimmen. Während die Näherungsverfahren bei den Optionspositionen über die Sensitivitätsparameter zu oftmals realitätsfernen Ergebnissen führen,[111] liefern die Simulationsmodelle wirklichkeitsnahe Risikowerte, da sämtliche Preisvariationen abgebildet werden können. Insbesondere Optionen und Verteilungen mit „fat tails“ (nicht normalverteilte Wertänderungen) lassen sich mit den simulierten Volatilitäten und Marktpreisen mühelos neu bewerten.[112] Der scheinbar große Rechenaufwand läßt sich in diesem Zusammenhang problemlos durch die computergestützte Generierung der Zufallszahlen bewältigen.[113]

5.4.3.1 Univariate Methode

Die Monte-Carlo-Simulation gibt die Verteilungsannahme der Simulation nicht kategorisch vor sondern trifft aus den vorliegenden historischen Daten zunächst die Annahme, daß die logarithmierten Wertänderungen einer Risikoposition einem Random-Walk entsprechen, so daß auch für diese Anwendung die Normalverteilung unterstellt werden kann. Unter Berücksichtigung des Erwartungswertes sowie der Streuungsbreite der realen Veränderungswerte läßt sich eine auf dem Zufallsprinzip beruhende, hinreichend große Ziehung

---

[109] Vgl. Pfennig, M./Schäfer, K. (1997), S. 1011.

[110] Zur allgemeinen Funktionsweise von Simulationen siehe Franke, G./Hax, H., Finanzwirtschaft des Unternehmens und Kapitalmarkt, 3. Aufl., Berlin, 1995, S. 257-259.

[111] Vgl. Uhlir, H./Außenegg, W. (1996), S. 834.

[112] Vgl. Klaus, M., Die Value-at-Risk-Berechnung für Optionen – praktische Probleme nichtlinearer Produkte, in: ZfgK, 8/1997, S. 379.

[113] Bankers Trust benötigt lediglich fünf Sekunden, um eine Kalkulation des aktuellen Risikoprofils zu erstellen. Vgl. Falloon, W., 2020 Visions, in: Risk, Vol. 8, 10/1995, S. 45.

möglicher Veränderungswerte erzeugen. Da sich eine Verringerung der Abweichung zwischen der tatsächlichen und der simulierten Verteilung nur durch eine erhöhte Anzahl von Simulationsläufen erzielen läßt, sollte zwischen der benötigten Genauigkeit und dem Aufwand des Verfahrens abgewogen werden. Vor diesem Hintergrund variiert die Zahl der durchgeführten Simulationen in praxi zwischen wenigen Hundert und einigen Zehntausend.[114]

Aus der Häufigkeitsverteilung der simulierten Marktwerte wird das Konfidenzintervall (99%) ermittelt, indem 1% der schlechtesten Fälle ausgezählt werden. In Anlehnung an die Varianz-Kovarianz-Matrix kann aufgrund der Verteilungsannahme ebenso die Berechnung der statistischen Parameter Erwartungswert und Standardabweichung vorgenommen werden. Diese Verfahrensweise schließt allerdings die Problematik ein, daß die mit Hilfe der simulierten Verteilung auftretenden Unregelmäßigkeiten, die sich durch stärkere Abweichungen vom Mittelwert hervorheben, bei der Bestimmung des potentiellen Verlustbetrages nicht hinreichend beachtet werden.[115]

Am Beispiel der Währungsposition in Höhe von einer Mio. US-Dollar und einem Beobachtungszeitraum vom 1. November 1996 bis zum 3. November 1997 (250 Tage) wird im folgenden die Bestimmung des Value at Risk mit Hilfe der Monte-Carlo-Simulation erläutert. Den Ausgangspunkt der Berechnung bilden die 250 Währungskurse, für die zunächst die logarithmierten Wertänderungen mit einer Haltedauer von zehn Tagen unter Anwendung der Wurzel-Regel ermittelt werden. Der aus diesen Veränderungswerten bestimmte Erwartungswert beträgt 0,00174 DM/US-$; die Standardabweichung beläuft sich auf 0,01916 DM/US-$. Danach nimmt die Normalverteilung der Wertänderungen des US-Dollar die in der Abbildung 5.7 dargestellte Gestalt an.

---

[114] Vgl. Bühler, W./Korn, O./Schmidt, A. (1998), S. 68.

[115] Vgl. Brammertz, W., Simulationstechniken für Finanzinstitute, in: Die Bank, 1/1997, S. 24.

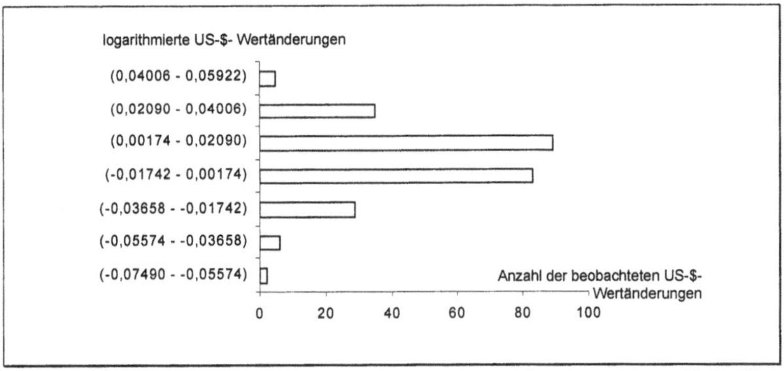

Abb. 5.7: Verteilung logarithmierter Kurswertänderungen des US-Dollar

Auf der Grundlage der empirischen Verteilung lassen sich nun Szenarien simulieren, die eine mögliche Wertänderung des US-Dollar in den nächsten zehn Tagen beschreiben. Zur Abbildung dieser Szenarien werden innerhalb des Intervalls von -0,07490 DM/US-$ bis 0,05922 DM/US-$ eintausend Zufallszahlen generiert. Die um eins erweiterte Multiplikation dieser Zahlenreihe mit dem US-Dollarkurs des Bewertungsstichtages (3. November 1997) in Höhe von 1,742 DM/US-$ führt zu den möglichen Ausprägungen des zukünftigen Währungskurses.[116] Die Differenzen der durch die Zufallszahlen generierten US-Dollarkurse und dem tatsächlichen US-Dollarkurs ergeben die potentiellen absoluten Dollarkursänderungen. Damit läßt diese Rechenoperation eine Aussage über den möglichen Gewinn- und Verlust der Währungsposition für die betrachtete Haltedauer von zehn Tagen zu. Die aufsteigende Sortierung dieser simulierten Veränderungswerte ist in der Abbildung 5.8 wiedergegeben.

[116] Siehe Anhang 4.

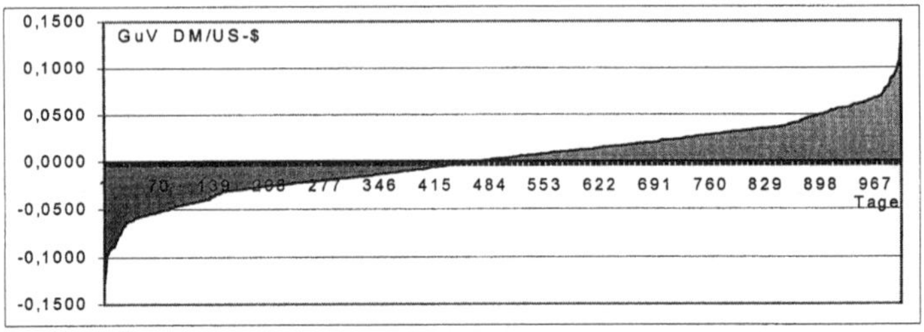

Verlustzone	
Nr.	Kursänderung DM/US-$
1	-0,1276
2	-0,1183
:	:
10	-0,0898
:	:

Gewinnzone	
Nr.	Kursänderung DM/US-$
1	0,1323
2	0,1174
3	0,1080
4	0,1068
:	:

Abb. 5.8: Monte-Carlo-Simulation der Kurswertänderungen des US-Dollar (sortiert)

Sofern das vom Bundesaufsichtsamt geforderte Konfidenzintervall in Höhe von 99% Anwendung findet, läßt sich der konkrete Wert, welcher mit einer Wahrscheinlichkeit von 99% nicht überschritten wird, durch Auszählen der neun höchsten negativen Abweichungen ermitteln. Anders formuliert wird bei einer Simulation mit 1000 Durchläufen das 99. Quantil durch den Veränderungswert repräsentiert, der den zehnthöchsten negativen Wert besitzt. Ausgehend von der höchsten negativen Wertänderung in Höhe von -0,1276 DM/US-$ beläuft sich dieser „kritische Wert" auf -0,0898 DM/US-$, so daß das Value at Risk für die 1.000.000,-- US-$ einen Wert von 156.431,60 DM [0,0898 x 1.000.000,-- US-$ x 1,7420 DM/US-$] annimmt. Ob die Anzahl der Simulationen eine ausreichend exakte Lösung herbeiführt, kann nicht abschließend beurteilt werden; doch läßt sich mit dem erweiterten Umfang der möglichen Wertänderungen ein Value at Risk erzielen, welches gegenüber der empirischen Datenbasis wesentlich robuster ist.[117]

Falls die Bestimmung des potentiellen Verlustbetrags analog der Varianz-Kovarianz-Methode über die Schätzung einer Verteilung erfolgt, so sind

[117] Vgl. Groß, H./Knippschild, M., Instrumente und Organisation der Risikosteuerung von Handelsgeschäften, in: Krumnow, J. (Hrsg.), Risikosteuerung von Derivaten, Wiesbaden, 1995, S 103, sowie Jendruschewitz, B. (1997), S. 81.

zunächst die beiden zentralen Momente bei einer unterstellten Normalverteilung auf der Grundlage der erzeugten Datenbasis zu berechnen. Der Erwartungswert mit einem Wert von 0,0026 DM/US-$ sowie die Standardabweichung in Höhe von 0,03665 DM/US-$ führen unter Bezugnahme der Formel 5.6 zu einem möglichen Verlustbetrag in Höhe von 148.501,84 DM (1.000.000,-- US-$ x 1,7420 DM/US-$ x 2,326 x 0,03665).[118] Dieser Value at Risk liegt unterhalb des potentiellen Verlustes, welcher durch das Auszählen der simulierten Verteilung der Monte-Carlo-Simulation generiert wurde, womit der Nachweis der eingangs erwähnten Glättung der außergewöhnlichen Abweichungen durch die Parameterschätzung erbracht ist.

5.4.3.2 Multivariate Methode

In praxi gilt es weniger, das finanzielle Risiko einzelner Assets sondern den möglichen Verlust einer Kombination verschiedener Risikopositionen zu quantifizieren. Zur Bestimmung des möglicherweise schlagend werdenden Risikopotentials eines gesamten Portfolios muß realiter angenommen werden, daß die einzelnen Marktrisikopositionen in einem bestimmten Abhängigkeitsverhältnis zueinander stehen. Um diese Interdependenzen hinreichend zu erfassen, greift die Monte-Carlo-Simulation auf die Kovarianz- bzw. Korrelationsmatrix zurück. Ähnlich dem portfoliobezogenen Ansatz der Varianz-Kovarianz-Methode wird für mehrere Marktparameter unterstellt, daß diese einer gemeinsamen Normalverteilung unterliegen.[119]

---

[118] Zur Berechnung des Value at Risk bei der angenommenen Verteilung bleibt der Erwartungswert aufgrund der positiven Ausrichtung unberücksichtigt.

[119] Sofern sich die Marktparameter nicht unabhängig voneinander entwickeln, sollte eine multivariate Verteilungsannahme getroffen werden. Vgl. dazu ausführlich Jendruschewitz, B. (1997), S. 77 ff.

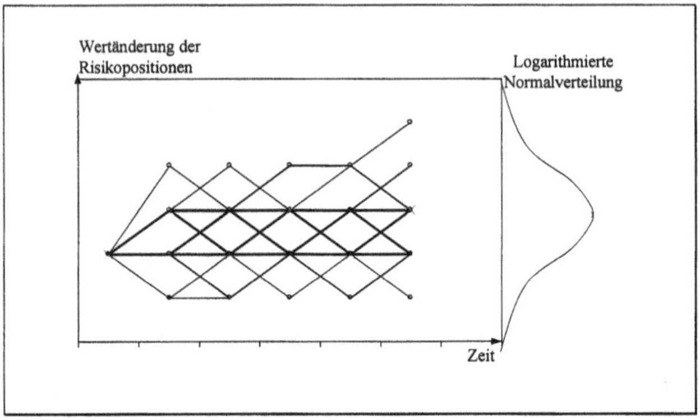

Abb. 5.9: Normalverteilungsannahme einer Risikokategorie[120]

Die Berechnung des Portfoliorisikos mit Hilfe der Monte-Carlo-Simulation setzt zuerst die Identifizierung der Risikofaktoren voraus. Daneben müssen für die portfoliobeeinflussenden Risikofaktoren die bestehenden Korrelationen (k) zur Verfügung stehen. Diese Abhängigkeiten lassen sich durch die symmetrische Kovarianzmatrix (COV) replizieren. Um die vorliegenden Korrelationen der Portfoliobestandteile zu berücksichtigen, werden die mit Hilfe der Simulation erzeugten unabhängigen Zufallsvariablen mit den entsprechenden Werten aus der „Wurzel" der Kovarianzmatrix multiplikativ verknüpft.[121] Die „Wurzel" läßt sich berechnen, indem die Kovarianzmatrix in die obere und in die untere Dreiecksmatrix zerlegt wird. Dieser Vorgang wird unter Anwendung der Cholesky-Zerlegung durchgeführt. Das Cholesky-Verfahren ermittelt aus der Kovarianzmatrix durch die iterative Lösung des Gleichungssystems der Formel 5.16 die symmetrische Dreicksmatrix A. In diesem Zusammenhang stellt die transponierte Dreiecksmatrix A^T einen weiteren Faktor der Kovarianzmatrix dar, welcher sich unter der Bedingung $A \times A^T = COV$ bestimmen läßt.[122]

---

120 Abbildung in Anlehnung an Horovitz, A., Vortrag zum Thema „Integriertes Risk Management im Handel", gehalten auf der Konferenz „Risikomanagement für die Gesamtbank" am 16.06.1997 in Frankfurt am Main.

121 Vgl. Eller, R./Deutsch, H.-P. (1998), S. 231.

122 Vgl. dazu ausführlich Eller, R./Deutsch, H.-P. (1998), S. 231-232, Jendruschewitz, B. (1997), S. 78-80, sowie Jorion, P. (1997), S. 242-243.

$$\mathrm{COV} = A \times A^T$$

$$\mathrm{COV} = \begin{pmatrix} c_{1,1} & c_{1,2} \\ c_{2,1} & c_{2,2} \end{pmatrix} \quad \text{mit}\, c_{i,j} = \underbrace{k}_{\substack{\text{Korrelation} \\ \text{von i mit j}}} \times \underbrace{\sigma_i}_{\substack{\text{Standardab} \\ \text{weichung von i}}} \times \underbrace{\sigma_j}_{\substack{\text{Standardab} \\ \text{weichung von j}}} \quad \text{für}\, i,j = 1,2 \quad \begin{pmatrix} \sigma_1^2 & k\sigma_1\sigma_2 \\ k\sigma_1\sigma_2 & \sigma_2^2 \end{pmatrix}$$

$$\begin{pmatrix} c_{1,1} & c_{1,2} \\ c_{2,1} & c_{2,2} \end{pmatrix} = \begin{pmatrix} a_{1,1} & 0 \\ a_{2,1} & a_{2,2} \end{pmatrix} \times \begin{pmatrix} a_{1,1} & a_{1,2} \\ 0 & a_{2,2} \end{pmatrix} = \begin{pmatrix} a_{1,1}^2 & a_{1,1}a_{1,2} \\ a_{1,1}a_{1,2} & a_{1,2}^2 a_{2,2}^2 \end{pmatrix}$$

$$a_{1,1}^2 = c_{1,1} \quad a_{1,1} = \sqrt{c_{1,1}} = \sigma_1$$

$$a_{1,1}a_{1,2} = c_{1,2} \quad a_{1,2} = \frac{c_{1,2}}{a_{1,1}} = \frac{c_{1,2}}{\sqrt{c_{1,1}}} = k\sigma_2$$

$$a_{1,2}^2 a_{2,2}^2 = c_{22} \quad a_{2,2} = \sqrt{c_{2,2} \quad \frac{c_{1,2}^2}{c_{1,1}}} = \sqrt{1 \quad k^2}\sigma_2$$

mit

- $c_{i,j}$ = Element der Kovarianzmatrix in der Zeile i und der Spalte j
- k = Korrelationskoeffizient
- σ_i = Standardabweichung von i
- $a_{i,j}$ = Element der Dreiecksmatrix in der Zeile i und der Spalte j

Formel 5.16: Cholesky-Zerlegung[123]

Die korrelierten Zufallszahlen resultieren aus der Multiplikation der ursprünglich erzeugten Zufallszahlen mit den Elementen der Dreiecksmatrix. Dabei zeigt die Formel 5.17, daß die erste Zufallszahl nur den Risikoparameter Standardabweichung berücksichtigt, während die zweite Zufallszahl den Korrelationskoeffizienten (k) und die erste Zufallszahl enthält. Aus der Verknüpfung der korrelierten Zufallszahlen mit den Werten des Portfolios können die potentiellen Wertänderungen der Portfoliobestandteile bestimmt werden.

$$\begin{pmatrix} X_1 \\ X_2 \end{pmatrix} = \begin{pmatrix} a_{1,1} & 0 \\ a_{2,1} & a_{2,2} \end{pmatrix} \times \begin{pmatrix} Z_1 \\ Z_2 \end{pmatrix} = \begin{pmatrix} \sigma_1 & 0 \\ k\sigma_2 & \sqrt{1-k^2}\sigma_2 \end{pmatrix} \times \begin{pmatrix} Z_1 \\ Z_2 \end{pmatrix}$$

$$X_1 = \sigma_1 Z_1$$

$$X_2 = k\sigma_2 Z_1 + \sqrt{1-k^2}\sigma_2 Z_2$$

mit

- X_i = korrelierte Zufallszahl i
- Z_i = erzeugte Zufallsvariable i
- k = Korrelationskoeffizient
- σ_i = Standardabweichung von i
- $a_{i,j}$ = Element der Dreiecksmatrix in der Zeile i und der Spalte j

Formel 5.17: Korrelierte Wertänderung

---

[123] Modifizierte Darstellung in Anlehnung an Eller, R./Deutsch, H.-P. (1998), S. 231-232.

Um die möglichen Gewinne und Verluste sämtlicher Portfoliopositionen zu bestimmen, wird der simulierte Portfoliowert dem tatsächlichen Wert des Portfolios gegenübergestellt. Die Differenz bildet die Chance respektive das Risiko des Portfolios. Eine hinreichend große Anzahl der Simulationsläufe führt dazu, daß eine Datenreihe produziert wird, welche sich in aufsteigender Reihenfolge der Wertänderungen – ähnlich der Abbildung 5.8 – darstellen läßt. Das Value at Risk bestimmt sich, indem die Fälle außerhalb des Konfidenzintervalls ausgezählt werden.

Die vielfältige Abbildung möglicher Preisveränderungen wird dadurch erkauft, daß die umfangreichen Rechenverfahren vorangestellt werden müssen und die Anforderungen an die Datenverarbeitung – insbesondere im Rahmen der Portfoliobetrachtung – recht komplex sind. Analog der Varianz-Kovarianz-Methode führt die Annahme einer bestimmten Verteilung dazu, daß die Konstanz der empirischen Verteilung auch für die Zukunft angenommen wird. Unbeantwortet bleibt bei der Monte-Carlo-Simulation die Frage, welche statistische Verteilung die richtige ist und nach welcher Vorgehensweise der potentielle Risikobetrag schließlich quantifiziert werden soll.[124] Falls die Monte-Carlo-Simulation die Abbildung der simulierten Werte unter Berücksichtigung der beiden zentralen Momente Erwartungswert und Standardabweichung vornimmt, so sollten außerdem realistische Simulationsläufe Anwendung finden, welche die erhöhten Marktwertschwankungen erfassen.

5.4.4 Historische Simulation

Die historische Simulation unterstellt, daß allein die zurückliegenden Marktwertänderungen innerhalb eines Beobachtungszeitraumes von 250 Tagen einen guten Indikator zur Ermittlung zukünftiger Gewinne und Verluste liefern.[125] Auf die Berechnung spezifischer, statistischer Kennzahlen, etwa Erwartungswert, Standardabweichung oder Korrelation, sowie auf eine analytische Verteilungsfunktion wird im Rahmen dieser Simulationsmethode vollständig verzichtet. Vielmehr werden die Abhängigkeiten zwischen den Risikofaktoren implizit durch die Simulation der zurückliegenden, realen Wertänderungen einer Risikoposition oder eines gesamten Portfolios abgebildet. Auf diese Weise lassen sich nichtlineare Beziehungen exakt berücksichtigen, so

[124] Vgl. Goebel, R., Vortrag zum Thema „Performance- und Risikosteuerung des Zinsbereichs in der Praxis", gehalten auf der Konferenz „Einsatz des Barwertkonzepts für die interne und externe Risikosteuerung" am 03. März 1998 in Bonn.

[125] Vgl. Süchting, J./Paul, S. (1998), S. 564.

daß sich die Anwendung des Simulationsverfahrens besonders für bedingte Termingeschäfte eignet.

Die Darstellung der historischen Wertänderungen geht mit einer umfangreichen Datenhaltung einher. Bei einem Beobachtungszeitraum von 250 Tagen und einer Haltedauer von zehn Tagen müssen 240 Veränderungswerte einer Risikoposition berücksichtigt werden. Umfaßt ein Portfolio zehn unterschiedliche Wertpapiere, so müssen bereits 2500 Schlußkurse erfaßt und entsprechend 2400 Wertänderungen bestimmt werden, um die potentielle Portfoliowertänderung zu berechnen. Dies kann zum einen durch eine vollständige Neubewertung aller Risikofaktoren des Portfolios aufgrund tatsächlicher Veränderungswerte (full valuation) oder zum anderen durch die lineare Näherung der Wertänderung auf Basis des Deltaäquivalentes (Delta valuation) erfolgen.[126]

Mit der Anwendung der historischen Simulation stehen zwei alternative Verfahrensweisen zur Verfügung, um das Verlustrisiko einzelner Positionen oder Portfolios zu bestimmen. Sofern die direkt beobachteten absoluten Marktwerte zur Bestimmung des Marktpreisrisikos herangezogen werden, lassen sich die Differenzen durch einfache Subtraktion des aktuellen und des vorangegangen Schlußkurses bestimmen. Zur Ermittlung der absoluten Wertänderung des US-Dollarkurses ($\Delta \mathbf{US\text{-}\$}_{t,\,t-1}$) wird der Umrechnungskurs zum Zeitpunkt t-1 von dem am darauffolgenden Handelstag notierten Umrechnungskurs in Abzug gebracht.

$$\Delta \mathbf{US\text{-}\$}_{t,\,t-1} = \mathbf{US\text{-}\$}_{t} - \mathbf{US\text{-}\$}_{t-1}$$

Formel 5.18: Absolute Kurswertänderung des US-Dollar

Ein Blick auf die US-Dollarkurse vom 1. November 1996 bis zum 3. November 1997 zeigt die unterschiedlich hohe Schwankungsintensität der Währung bei einer unterstellten Liquidationsperiode von einem Tag.[127]

---

[126] Vgl. Eller, R./Deutsch, H. P. (1998), S. 235.
[127] Siehe Anhang 5.

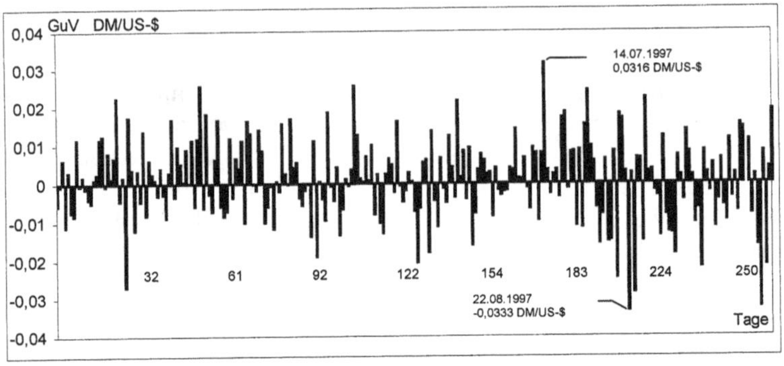

Abb. 5.10: Historische Simulation absoluter Kurswertänderungen des US-Dollar

Unter Beachtung der Probabilitätskomponente von 99% werden bei 249 beobachteten Wertänderungen 247 (0,99 x 249 = 246,51 ≈ 247) Daten in die Aussagewahrscheinlichkeit eingeschlossen.[128] Damit bleiben die zwei größten negativen Wertänderungen gänzlich unberücksichtigt. Um eine Aussage bezüglich des Value at Risk treffen zu können, muß die drittgrößte negative Wertänderung eruiert werden, welche gleichsam den Verlustbetrag repräsentiert, der mit einer Wahrscheinlichkeit von 99% nicht überschritten wird. Dieser kritische Wert läßt sich rasch ermitteln, wenn die Wertänderungen – beginnend mit der größten negativen Wertänderung – sortiert vorliegen.

[128] Die Aufrundung führt dazu, daß das Value at Risk höher bemessen wird als es im Rahmen des Konfidenzniveaus gefordert ist. Aus bankenaufsichtsrechtlicher Sicht scheint diese Vorgehensweise sachgerecht, da dies eine erhöhte Eigenmittelunterlegung zur Folge hat.

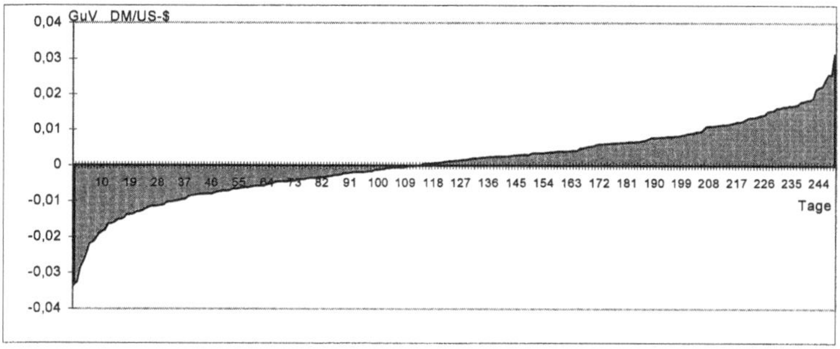

Verlustzone		
Nr.	Datum	Kursänderung
1	22.08.1997	-0,0333
2	28.10.1997	-0,0325
3	26.08.1997	-0,0286
4	06.12.1996	-0,0269
:	:	:

Gewinnzone		
Nr.	Datum	Kursänderung
1	14.07.1997	0,0316
2	20.01.1997	0,0257
3	07.04.1997	0,0257
4	04.08.1997	0,0243
:	:	:

Abb. 5.11: Historische Simulation absoluter Kurswertänderungen des US-Dollar (sortiert)

Beginnend mit der größten negativen Wertänderung in Höhe von –0,0333 DM/US-$ am 22. August 1997 bringt die Abbildung 5.11 sämtliche Wertänderungen der zurückliegenden 250 Börsentage bis zur größten positiven Wertänderung in Höhe von 0,0316 DM/US-$ am 14.07.1997 zum Ausdruck. Die drittgrößte negative Wertänderung mit –0,0286 DM/US-$ wurde am 26. August 1997 beobachtet. Damit beläuft sich bei einer Währungsposition in Höhe von einer Mio. US-$ und einer Kursnotierung am Bewertungsstichtag in Höhe von 1,742 DM/US-$ der potentielle Verlustbetrag, welcher mit einer Wahrscheinlichkeit von 99% bis zum nächsten Tag nicht überschritten wird, auf 49.821,20 DM [0,0286 x 1.000.000,-- x 1,742]. Um der geforderten Prämisse des Grundsatzes I gerecht zu werden, wird das auf Basis täglicher Wertänderungen ermittelte Value at Risk mit der Quadratwurzel des Wertes zehn multipliziert. Für eine Haltedauer von zehn Tagen beträgt die Höhe des potentiellen Ausfallrisikos 157.548,47 DM (49.821,20 x $\sqrt{10}$).

Alternativ zum Verfahren der absoluten Wertänderungen können im Rahmen der historischen Simulation auch die relativen Änderungen der zurückliegenden Marktwerte bestimmt werden. Dazu wird die absolute Differenz der Marktwerte zum Zeitpunkt t und dem Marktwert des Vortages (t-1) berechnet und ins

Verhältnis zum Marktwert des Vortages gesetzt. Dementsprechend bildet eine negative Relation eine Verringerung des Marktwertes ab et vice versa.

$$\Delta \mathbf{US\text{-}\$}_{t,\,t-1} = \frac{\mathbf{US\text{-}\$}_t - \mathbf{US\text{-}\$}_{t-1}}{\mathbf{US\text{-}\$}_{t-1}}$$

Formel 5.19: Relative Kurswertänderung des US-Dollar

Sofern das mit Hilfe der Formel 5.19 ermittelte Ergebnisse um den Wert eins ergänzt wird, ermöglicht das Produkt dieses Betrages und dem aktuell notierten Schlußkurs die direkte Abbildung der potentiellen Kurswerte. Die Kurswertdifferenz aus diesen möglichen Kursen und dem aktuellen Kurs stellt das Risiko bzw. die Chance je Währungseinheit dar.

Die Abbildung 5.12 zeigt, daß der Verlauf des auf relativen Marktänderungen basierenden Risiko-Chance-Profils nahezu dem Profil der absoluten Wertänderungen des US-Dollars entspricht. Es wird außerdem deutlich, daß der Übergang von den negativen zu den positiven Veränderungswerten ebenso nach 115 Tagen erfolgt und damit die Anzahl der negativen Wertänderungen geringer ist als die Anzahl der positiven Wertänderungen des US-Dollar.

Die beiden höchsten negativen Wertänderungen werden jeweils an denselben Tagen verzeichnet wie bei den absoluten Wertänderungen; allerdings belaufen sich diese Wertänderungen nun auf –0,03208 DM/US-\$ bzw. auf –0,03127 DM/US-\$. Der drittgrößte Veränderungswert, welcher das Value at Risk pro Währungseinheit repräsentiert, resultiert allerdings nicht vom 26. August 1997. Die an diesem Tag notierte relative negative Wertänderung in Höhe von –0,02731 DM/US-\$ wird an vierter Stelle aufgeführt und scheidet zur Berechnung des Value at Risk aus. Hingegen ist der relevante Veränderungswert, das Value at Risk, auf die Wertänderung am 6. Dezember 1996 in Höhe von –0,0302 DM/US-\$ zurückzuführen.

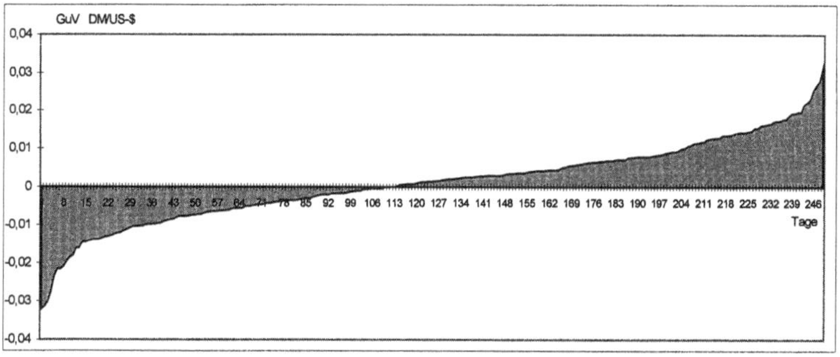

Verlustzone		
Nr.	Datum	Kursänderung
1	22.08.1997	-0,03208
2	28.10.1997	-0,03127
3	06.12.1996	-0,03002
4	26.08.1997	-0,02731
:	:	:

Gewinnzone		
Nr.	Datum	Kursänderung
1	14.07.1997	0,03126
2	20.01.1997	0,02792
3	07.04.1997	0,02672
4	03.12.1997	0,02532
:	:	:

Abb. 5.12: Historische Simulation relativer Kurswertänderungen des US-Dollar (sortiert)

Folglich besitzt die Währungsposition in Höhe von einer Mio. US-$ bei einem US-Dollarkurs von 1,742 DM/US-$ ein Value at Risk in Höhe von 52.608,40 DM [–0,0302 x 1.000.000,-- US-$ x 1,742 DM/US-$]. Unter Anwendung der Wurzelregel führt dies zu einem Verlustpotential in Höhe von 166.362,37 DM [52.608,40 x √10]. In diesem Fall liegt die Eigenmittelanforderung bei der Methode der relativen Marktwertänderungen 8.813,90 DM [166.362,37 – 157.548,47] über dem Verfahren, welches die absoluten Marktwertänderungen berücksichtigt.

Der Rückgriff auf die historischen Daten führt zu einer realitätsnahen Darstellung. Allerdings werden grundlegende Wirkungen der Vergangenheitsdaten, wie dies die Varianz-Kovarianz-Methode durch die Bestimmung der Parameter Erwartungswert und Standardabweichung gewährleistet, nicht hervorgehoben. Die Prämisse, daß sich die historischen Wertänderungen der Risikopositionen exakt auf die Zukunft übertragen lassen, wird häufig durch den Eintritt neuer Ereignisse nicht bestätigt.[129]

[129] Vgl. Brammertz, W. (1997), S. 25.

Die Bestimmung des Value at Risk für ein Portfolio erfolgt nach der gleichen Vorgehensweise. Der Bestand des Portfolios wird über den Zeitraum von 250 Tagen beobachtet und die Höhe der Wertänderungen in einem Histogramm abgetragen. Auf Basis der Aussagewahrscheinlichkeit von 99% verkörpert die dritthöchste negative Wertänderung das Value at Risk der gesamten Portfolioposition.

Die Quantifizierung von Portfoliorisiken bildet nur das gemeinsame Kursverhalten respektive die Veränderungswerte sämtlicher einbezogener Risikopositionen nach. Die Zusammenhänge spezifischer Portfoliobestandteile werden in diesem Zusammenhang nicht offensichtlich. Dies belegt die Abbildung 5.13, welche die absoluten Wertänderungen des aus einer Mio. US-Dollar sowie aus einer Mio. Französische Francs bestehenden Währungsportfolios wiedergibt. Auf der Grundlage der Kursnotierungen der Portfoliopositionen am Bewertungsstichtag und der Kursfestsetzungen am Vortag werden die Veränderungswerte der Kurse bestimmt. Die Multiplikation der Differenzbeträge der zurückliegenden 250 Börsentage mit den aktuellen Kursnotierungen führt zur Bestimmung möglicher Gewinn- und Verlustbeträge.

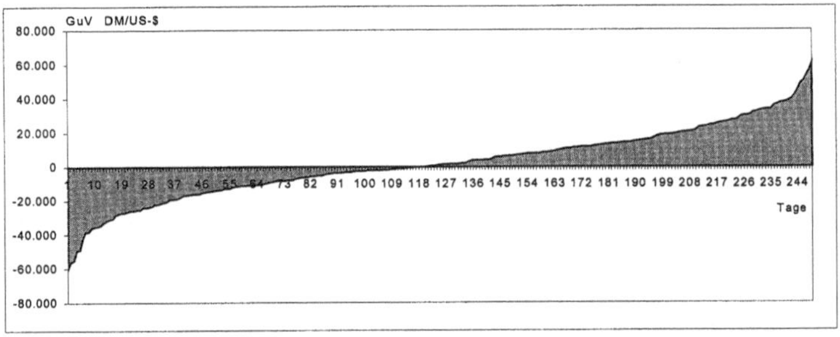

Verlustzone		
Nr.	Datum	Kursänderung
1	28.10.1997	-60.496,--
2	22.08.1997	-56.217,--
3	06.12.1996	-54.920,--
4	26.08.1997	-49.224,--
:	:	:

Gewinnzone		
Nr.	Datum	Kursänderung
1	03.12.1996	60.514,--
2	02.06.1997	56.434,--
3	14.07.1997	52.958,--
4	07.04.1997	49.844,--
:	:	:

Abb. 5.13: Historische Simulation absoluter Kurswertänderungen des Währungsportfolios (sortiert)

Am 3. November notiert der US-Dollar zu einem Kurs von 1,742 DM/US-$. An diesem Tag werden 100 Französische Francs zu einem Kurs von 29,852 DM gehandelt. Unter der Annahme einer Aussagewahrscheinlichkeit von 99% entspricht der drittgrößte negative Veränderungswert vom 6. Dezember 1997 in Höhe von 54.920,-- DM dem Value at Risk. Bei einer vom BAKred geforderten Haltedauer von zehn Tagen führt die Anwendung der Wurzelregel letztlich zu einem potentiellen Verlustbetrag in Höhe von 173.672,29 DM [54.920,-- x $\sqrt{10}$].

5.4.5 Aggregation des Value at Risk unterschiedlicher Risikokategorien

Sofern die Ermittlung des gesamten Value at Risk in einem Rechenvorgang vorgenommen wird, benötigt die Berechnung des potentiellen Verlustbetrages nur wenige Rechenvorgänge. Demgegenüber läßt sich aufgrund der umfangreichen Datenmenge keine Aussage über den Risikogehalt einzelner Risikokategorien treffen. Insbesondere die Möglichkeit einer verursachungsgerechten Zuweisung des Value at Risk auf einzelne Risikopositionen ist durch die portfoliobasierte Berechnung nicht gegeben. Vor diesem Hintergrund kann ein Institut die Gesamtrisikozahl auch durch die separate Berechnung des potentiellen Verlustbetrages der unterschiedlichen Risikokategorien sowie deren anschließende Addition bestimmen.

Da die Korrelationen zwischen Parametern aus verschiedenen Risikoklassen noch instabiler sind als die Wechselbeziehungen innerhalb einer Risikoklasse,[130] muß bei der Annahme, daß für alle Parameter über die bestehenden Risikoklassen hinweg eine gemeinsame Verteilung besteht, die Stabilität einer solchen Verteilung insgesamt in Frage gestellt werden.[131] Allerdings beinhaltet die gesonderte Berechnung der Risikokategorien den Vorzug, verschiedene Modelle der Risikomessung zugrunde zu legen. Dabei können sowohl das Varianz-Kovarianz-Modell als auch die Verfahren der historischen Simulation Anwendung finden.

Das Value at Risk für die Gesamtbank bestimmt sich durch die einfache Addition der Einzelrisiken.[132]

---

[130] Vgl. Chew, L., Shock treatment, in: Risk, Vol. 7, Nr. 9/1994, S. 69.
[131] Vgl. Jendruschewitz, B. (1997), S. 107.
[132] Vgl. Basler Ausschuß für Bankenaufsicht (1996a), B.7, Nr. e.

$$\mathbf{VaR_{gesamt} = VaR_{Wechselkurs} + VaR_{Zinsen} + VaR_{Aktien}}$$

Formel 5.20: Addition einzelner Value at Risk

Die Berechnung unterstellt eine perfekt positive Korrelation der separaten Risikopositionen. Da das Verhalten der Parameter jedoch eher als unabhängig voneinander betrachtet werden muß, ermittelt ein zweiter Ansatz das gesamte potentielle Verlustrisiko aus der Wurzel der Summe der quadrierten Value at Risk-Werte einzelner Risikokategorien.

$$\mathbf{VaR_{gesamt} = \sqrt{VaR^2_{Wechselkurs} + VaR^2_{Zinsen} + VaR^2_{Aktien}}}$$

Formel 5.21: Aggregation einzelner Value at Risk

Während die einfache Addition der VaR-Werte mehrerer Risikokategorien eine Korrelation von eins unterstellt und damit das Gesamtrisiko überschätzt, vernachlässigt der zweite Ansatz die Korrelation vollständig und geht von der Unabhängigkeit der unterschiedlichen Risikokategorien aus. Da die letztgenannte Vorgehensweise die Höhe des Gesamtbankrisikos tendenziell unterschätzt,[133] präferiert der Basler Ausschuß für Bankenaufsicht die Methode der einfachen Addition der Marktpreisrisikopositionen für das gesamte Institut.

5.4.6 Modellprüfung

Die Komplexität der statistischen Modelle trügt nicht darüber hinweg, daß bestimmte Risiken nicht oder nur ungenau erfaßt werden. Vielmehr verbleibt eine Restwahrscheinlichkeit, mit der die kalkulierten Verluste durch die tatsächlichen Verluste übertroffen werden.[134] Vor diesem Hintergrund unterliegen die eingesetzten Modelle einer Überprüfung hinsichtlich ihrer Zuverlässigkeit, um die Güte der Methoden zu bestätigen oder zu falsifizieren. Dazu wird der Aussagegehalt der prognostizierten Werte mit den tatsächlichen Ergebnissen verglichen. Zur Messung der Prognosequalität stehen zahlreiche Testverfahren zur Verfügung von denen sich die Backtesting-Methode und das

[133] Vgl. Allen, M., Building a Role Model, in: Risk, Vol. 7, 9/1994, S. 80.
[134] Vgl. Groß, H./Knippschild, M. (1995b), S. 103.

Crnkovic-Drachman-Verfahren in der bankbetrieblichen Praxis durchgesetzt haben.

5.4.6.1 Backtesting

Das Bundesaufsichtsamt für das Kreditwesen knüpft den Einsatz eines internen Modells an die gleichzeitige Durchführung des Backtesting-Verfahrens. Dieser Rückvergleich stellt die prognostizierten Wertänderungen der internen Modelle den effektiv realisierten Preisschwankungen gegenüber. Um die Güte der parametrischen Modelle und der Simulationsverfahren zu überprüfen, wird für jedes im Institut verwendete Risikomodell ein separates Backtesting gefordert.[135] Dabei wird die Annahme getroffen, daß das Portfolio oder die einzelne Marktrisikoposition über einen Tag unverändert bleibt. Die Bezugnahme des Backtesting auf eine eintägige Haltedauer hat zu Folge, daß das durch ein internes Modell bestimmte Value at Risk möglicherweise über die Wurzelregel angepaßt werden muß.

Zur Bestimmung des tatsächlichen Veränderungswertes wird zunächst der Wert des Portfolios zum Zeitpunkt der Value at Risk-Berechnung bestimmt sowie der Wert des positionsgleichen Portfolios am darauffolgenden Handelstag gemäß der Abbildung 5.14 ermittelt.[136] Die Veränderung der Portfoliozusammensetzung durch den Zu- oder Verkauf spezifischer Risikopositionen wird in diesem Zusammenhang erst mit der Bestimmung des Veränderungswertes für die nächste Haltedauer berücksichtigt. Das bedeutet, daß die Veränderung eines Portfoliowertes am nächsten Handelstag für die Risikobewertung des aktuellen Portfolios zunächst unbeachtet bleibt. Durch die Gegenüberstellung der realen und der prognostizierten Veränderungswerte der zurückliegenden 250 Handelstage lassen sich die Datenwerte extrahieren, welche die prognostizierten Wertänderungen überschreiten.[137]

---

[135] Vgl. Bundesaufsichtsamt für das Kreditwesen (1997b), S. 185.

[136] Die Vorgehensweise zur Bestimmung des Veränderungswertes im Rahmen des Backtesting erfolgt für einzelne Risikopositionen analog.

[137] Da der Zuschlagsfaktor aus dem Rückvergleich der prognostizierten mit den effektiven Wertänderungen bestimmt wird, kann de facto die Anwendung eines internen Modells erst mit Ablauf eines Handelsjahres erfolgen.

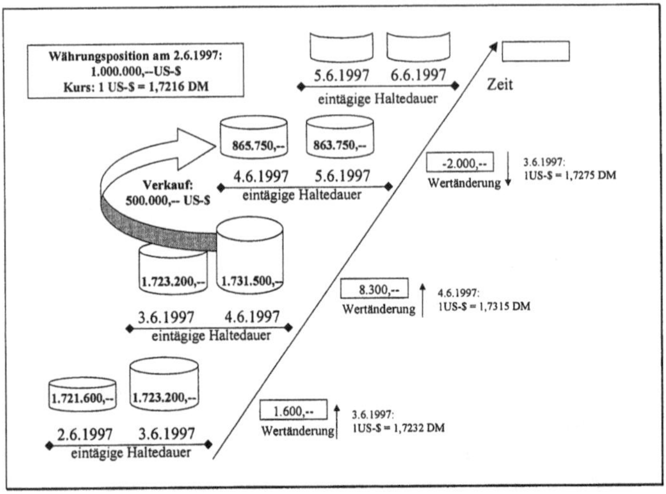

Abb. 5.14: Bestimmung tatsächlicher Wertänderung

Da der aktuelle Portfoliowert sowie der Wert zu Beginn der jeweiligen Haltedauer nur für die Liquidationsperiode von Bedeutung sind, begrenzen sich die Anforderungen an die langfristig zu speichernden Daten auf das Value at Risk und auf den effektiven Differenzbetrag der Kursnotierungen.[138]

Das Ziel des Backtesting ist es, die genauen von den ungenauen Modellen zu unterscheiden und auf diese Weise eine Bewertungsgrundlage für die Festsetzung individueller Zuschlag-sätze zu erhalten. Sofern das eingesetzte interne Modell exakte Ergebnisse liefert, dürften bei einer Datenbasis von 250 Veränderungswerten und einem Konfidenzniveau von 99% im Durchschnitt 2,5 [250-(250 x 0,99)] sogenannte Ausreißer oder Ausnahmen zu beobachten sein.[139] Die Abbildung 5.15 legt dar, daß das durch die Varianz-Kovarianz-Methode berechnete VaR für den US-Dollar auf Basis eines Beobachtungszeitraumes vom 30. Mai 1997 bis zum 8. August 1997 (51 Handelstage) bei einer eintägigen Haltedauer und einem Konfidenzniveau von 99% keine Ausnahmen aufweist.

---

[138] Zur Bestimmung der zu berücksichtigenden Daten vgl. Eller, R./Deutsch, H.-P. (1998), S. 238.

[139] Vgl. Johanning, L. (1996), S. 295.

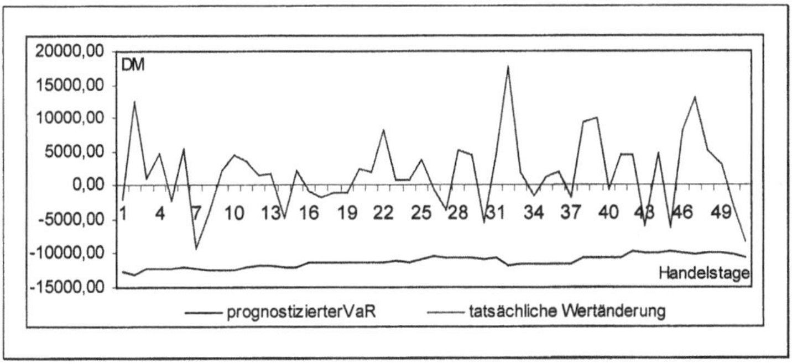

Abb. 5.15: Backtesting des Value at Risk

In Anlehnung an den Basler Ausschuß für Bankenaufsicht bemißt das Bundesaufsichtsamt für das Kreditwesen den Zuschlagssatz in Abhängigkeit dieser Ausreißer.[140] Ausgehend von der Berechnung des durchschnittlichen Value at Risk auf Basis der zurückliegenden 60 Handelstage und einem Multiplikator von 3 werden in dem Basler Ampeltest die Institute von einem Zuschlag befreit, sofern ein internes Modell lediglich bis zu vier Ausreißer innerhalb des vorgeschriebenen Beobachtungszeitraumes aufweist und sich somit in der grünen Zone befindet.

Dabei wäre eine Anzahl von vier Ausnahmen gleichbedeutend mit einem faktischem Konfidenzniveau von 98,4% [(250-4)/250].[141] Die gelbe Zone umfaßt fünf bis neun Überschreitungen der durch ein internes Modell prognostizierten Wertänderungen und hat in Abhängigkeit der konkreten Ausreißerzahl die in der Abbildung 5.16 aufgeführten Zuschlagsfaktoren zur Folge. Die rote Zone enthält den Zuschlagsatz, der bei einem Quantifizierungsverfahren Anwendung findet, welches zehn oder mehr Fehlklassifizierungen enthält. Der Zuschlagssatz dieser Zone beträgt stets eins.

---

140 Siehe Basler Ausschuß für Bankenaufsicht, Aufsichtliches Rahmenkonzept für Backtesting (Rückvergleiche) bei der Berechnung des Eigenkapitalbedarfs zur Unterlegung des Marktrisikos mit bankeigenen Modellen, Januar 1996.

141 Vgl. Becker, G. M. (1998b), S. 57-58.

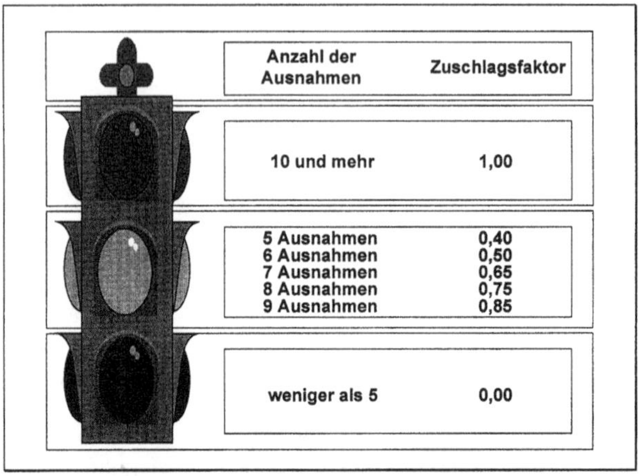

Abb. 5.16: Basler Ampeltest

Die Erhöhung der Eigenmittelunterlegung um die entsprechenden Zuschlagssätze soll dazu führen, daß das Konfidenzniveau von 99% nahezu wieder erreicht wird. Folglich entspricht ein internes Modell mit 5 Ausnahmen einem Konfidenzniveau von 98% [(250 – 5)/250]. Sofern das daraus resultierende Value at Risk mit dem Verhältnis der beiden Quantile[142] multipliziert wird [(2,326/2,054) x VaR], kann das geforderte Konfidenzniveau wiederhergestellt werden.[143] Darüber hinaus sollen die Zuschlagsfaktoren einen Anreiz darstellen, um das interne Modell zu überarbeiten und die durch den Zuschlag erhöhte Eigenmittelanforderung wieder abzubauen.

Der Ausweis von zehn und mehr Ausnahmen kann dazu führen, daß das Bundesaufsichtsamt die Akzeptanz des internen Modells ablehnt.[144] Falls ein Institut den Beweis erbringt, daß einzelne Ausreißer nicht auf die Unzulänglichkeit der Prognosegüte zurückzuführen sind, liegt es im Ermessen des Bundesaufsichtsamtes den Zuschlagsfaktor anderweitig festzulegen. Zur Einhaltung der genehmigten Modelle behält sich das BAKred außerdem vor, die

[142] Dem 98.Quantil der Standardnormalverteilung entspricht einer Standardabweichung von 2,054.

[143] Da die Relation der beiden Quantile ca. 1,14 beträgt, nimmt der Zuschlagssatz aufgrund des Multiplikators von 3 den in der Abbildung 5.16 angegebenen von Wert in Höhe von 0,4 an. Vgl. dazu Basler Ausschuß für Bankenaufsicht (1996c), S. 9.

[144] Zu den Kriterien, die zur Ablehnung eines Modells führen siehe Eller, R./Deutsch, H.-P. (1998), S. 240.

Mindesterfordernisse in Zusammenarbeit mit der Deutschen Bundesbank – gegebenenfalls im Rahmen der „Nachschauprüfungen" in den Geschäftsräumen der Institute – zu kontrollieren und eine erneute Eignungsbestätigung eines Modells vorzunehmen.[145]

Ein eklatanter Nachteil des Backtesting, welcher sich im Zusammenhang mit der Gegenüberstellung des bankinternen Prognosewertes und der tatsächlich eingetretenen Wertänderung ergibt, stellt die falsche Einschätzung des internen Modells dar. Zum einen kann ein genaues Risikomeßmodell als falsch deklariert werden (Fehler 1. Art) und zum anderen kann ein Modell als korrekt eingestuft werden, obwohl es falsch ist (Fehler 2. Art). Der Basler Ausschuß für Bankenaufsicht quantifiziert den Fehler 1. Art für ein genaues Meßmodell mit einem Konfidenzniveau von 99% und fünf Ausreißern mit 10,8%. Der Fehler 2. Art wird von der Basler Bankenaufsicht für ein ungenaues Modell, einem Konfidenzniveau von 98% und fünf Ausnahmen mit 43,9% angegeben.[146]

Des weiteren sagt die Festlegung eines Zuschlagfaktors in Abhängigkeit der Anzahl der tatsächlich über dem potentiellen Verlustrisiko registrierten Wertänderungen nichts über Höhe des Überschreitungsbetrages aus, so daß Marktsituationen mit extremen Wertschwankungen die Gefahr einer grundsätzlichen Unterbewertung potentieller Verluste durch das interne Modell in sich bergen. Trotz dieser qualitativen Mängel des Backtesting akzeptiert das Bundesaufsichtsamt für das Kreditwesen die einfach durchzuführende Methode und verweist darauf, daß eine von einem Institut nachgewiesene ungerechtfertigte Erhöhung des Zuschlagsatzes eine Ausnahmeregelung herbeiführen kann.[147]

5.4.6.2 Crnkovic-Drachman-Verfahren

Die ausschließliche Betrachtung der Ausreißeranzahl und die Vernachlässigung der tatsächlichen Höhe der Überschreitung haben zur Entwicklung wesentlich genauerer Meßmethoden geführt, deren Anwendungen sich allerdings weitaus komplexer gestalten. Eine Alternative zum Backtesting stellt das Modell von

---

[145] Vgl. Deutsche Bundesbank, (1998), S. 71.

[146] Vgl. Basler Ausschuß für Bankenaufsicht (1996c), S. 13.

[147] Zur Prüfung der internen Modelle hat das Bundesaufsichtsamt für das Kreditwesen in den zurückliegenden zwei Jahren entsprechende Mitarbeiterstäbe aufgebaut. Vgl. dazu Becker, G. M. (1998b), S. 57.

Crnkovic und Drachman (CD-Verfahren) dar.[148] Das CD-Verfahren ermittelt im Gegensatz zur bankenaufsichtsrechtlichen Backtesting-Methode nicht nur die Anzahl der Ausreißer und überprüft, ob die prognostizierten Verlustbeträge bei einem Konfidenzniveau von 99% auch wirklich 99% der Handelsergebnisse erfassen; das Verfahren analysiert darüber hinaus die Kongruenz sämtlicher vorhergesagter Gewinn- und Verlustschätzungen mit den tatsächlich eingetretenen Gewinnen und Verlusten für den gesamten Beobachtungszeitraum.[149] Insbesondere die Höhe der Überschreitung der mit Hilfe eines internen Modells prognostizierten Verluste durch die faktischen Wertänderungen läßt eine unzureichende institutseigene Risikomessung sichtbar werden.

Die Abbildung 5.16 reproduziert sowohl die prognostizierte als auch die realisierte Gewinn- und Verlustverteilung. Die Überlagerung der geschätzten Wahrscheinlichkeit führt bei der Betrachtung positiver Wertänderungen zu einem höheren Gewinn. Allerdings kommt ein Überschreiten der prognostizierten GuV-Verteilung in der Verlustzone besonders zum Tragen. Die im kritischen Bereich grau unterlegte Fläche in der Abbildung 5.17 deutet auf eine Unterbewertung der prognostizierten Gewinn- und Verlustwahrscheinlichkeit hin.

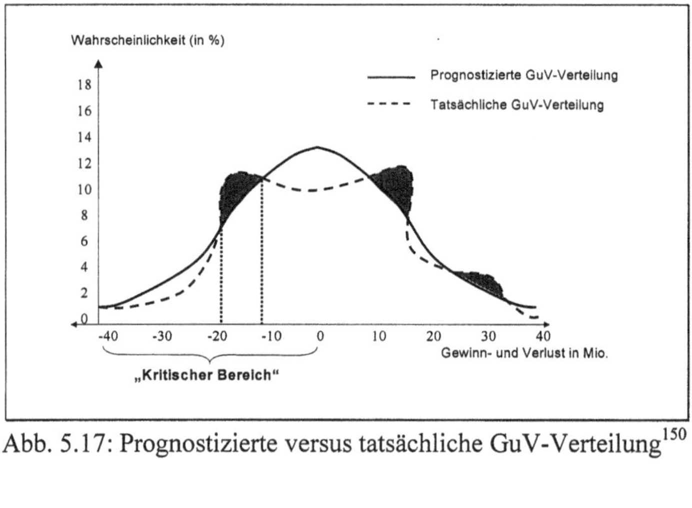

Abb. 5.17: Prognostizierte versus tatsächliche GuV-Verteilung[150]

[148] Siehe ausführlich Crnkovic, C./Drachman, J., Quality Control, in: Risk, Vol. 9, 9/1996, S. 138-143.

[149] Vgl. Schröder, F./Schulte-Mattler, H., CD-Verfahren als Alternative zum Basler Backtesting, in: Die Bank, 7/1997, S. 421.

[150] Modifizierte Graphik in Anlehnung an Becker, G. M. (1998b), S. 58.

In Anbetracht einer Überschreitung der prognostiziertenVerteilung im kritischen Bereich sollte dieser Verlusteintritt höher gewichtet werden. Vornehmlich den Abweichungen am linken Ende der Verteilung muß eine erhöhte Aufmerksamkeit zukommen, da das interne Modell den Eigenmittelbedarf bei unvorhergesehenen Verlustüberschreitungen erheblich zu gering bemißt.[151] Die für diesen Bereich höhere Anrechnung des Differenzbetrages zwischen realisierten und prognostizierten Verlusten wird durch die punktweise Messung des überschrittenen Kurvenabschnitts berücksichtigt.[152] Die Summe der gewichteten, punktuellen Überschreitungen findet Eingang in einem statistischen Signifikanztest.[153] In Abhängigkeit eines kritischen Wertes, der den Annahmebereich hinsichtlich der Höhe der prognostizierten von der tatsächlichen Abweichung der GuV-Verteilung begrenzt, wird das interne Modell akzeptiert oder verworfen.[154]

5.4 Integrative Komponenten eines modernen marktpreisorientierten Risikomanagements

Die Gegenüberstellung der potentiellen Verlustbeträge der unterschiedlichen Anwendungen bringt die divergierenden Ergebnisse zum Ausdruck. Während das Value at Risk für die US-Dollar-Währungsposition im Rahmen der historischen Simulation auf der Grundlage absoluter Wertänderungen 157.548,47 DM beträgt, nimmt der mögliche Verlustbetrag durch die Bestimmung relativer Wertänderungen einen Wert in Höhe von 166.362,37 DM an. Die Differenz aus der Anwendung unterschiedlicher Verfahren beläuft sich auf 8.813,90 DM. Auf Basis derselben Daten ermittelt die Monte-Carlo-Simulation ein Value at Risk von 156.431,60 DM und weicht damit nur geringfügig von dem Ergebnis der auf absoluten Wertänderungen beruhenden historischen Simulation ab. Einen weitaus geringeren potentiellen Verlustbetrag bestimmt sich unter Einsatz der Varianz-Kovarianz-Methode. Obwohl der US-Dollar 0,092 DM über dem Fixing liegt, welches für die Berechnung der Simulationsverfahren Berücksichtigung gefunden hat, besitzt die auf die Parameter Erwartungswert und Standardabweichung abstellende Varianz-

---

[151] Vgl. Schröder, F./Schulte-Mattler, H. (1997), S. 424.

[152] Vgl. Becker, G. M. (1998b), S. 58.

[153] Zum Signifikanztest siehe zum Beispiel Hartung, J./Elpelt, B./Klösener, K.-H., Statistik: Lehr- und Handbuch der angewandten Statistik, 10. Aufl., München, 1995, S. 133 ff., sowie Kraft, M./Landes, T./Braun, K., Statistische Methoden, Heidelberg, 1992, S. 114 ff.

[154] Zur Bestimmung des kritischen Wertes siehe ausführlich Schröder, F./Schulte-Mattler, H. (1997), S. 422-423.

Kovarianz-Methode mit einem Wert in Höhe von 105.213,65 DM den geringsten potentiellen Verlustausweis.

Die gleiche Tendenz weisen die portfoliobasierten Ergebnisse der Value-at-Risk-Berechnung auf. Obwohl der Varianz-Kovarianz-Methode ein höherer US-Dollarkurs zugrunde liegt, fällt der potentielle Risikobetrag mit 104.831,24 gegenüber dem Value at Risk der historischen Simulation in Höhe von 173.672.29 weitaus geringer aus. Sowohl in der positions- als auch in der portfoliobezogenen Betrachtung spiegelt sich in dem geringeren Ergebnis aus dem Korrelationsansatz die Orientierung des Value at Risk am Erwartungswert wieder. Folglich enthält die Varianz-Kovarianz-Methode den systemimmanenten Mangel, daß die fat tails nur unzureichend berücksichtigt werden und damit die Höhe des Value at Risk tendenziell unterschätzt wird. Vor allem bei Portfolios mit Optionskontrakten wird die nichtlineare Beziehung zwischen der Wertänderung des Underlyings und der des Optionskontraktes unzulänglich erfaßt, so daß in diesem Fall die Simulationsverfahren vorzuziehen sind.

Die Bestimmung des Diversifikationspotentials von verschiedenen Risikopositionen äußert sich in der Berechnung des Portfoliorisikos. Etwa nimmt das Value at Risk im Rahmen der Varianz-Kovarianz-Methode für das Portfolio einen geringeren Wert an als die Summe der beiden einzelnen Währungspositionen. Die Anwendung der historischen Simulation führt dazu, daß der Wert des Value at Risk im Verhältnis zur nominellen Zunahme der auf Französische Francs lautenden Währungsposition relativ geringer ansteigt. An den vorgenannten Währungspositionen wird deutlich, daß der Risikosteuerung eines Institutes hinsichtlich der Auswahl eines geeigneten Modells zur Minimierung der Eigenmittelanforderung unter dem Gesichtspunkt der Ertragsoptimierung ein enormer Stellenwert beizumessen ist.

Die Vergleichbarkeit der Zahlen unterschiedlicher Modelle kann über verschiedene Institute nicht vorgenommen werden, da die Verfahren spezifische Annahmen unterstellen, die von Haus zu Haus verschieden sind.[155] Hier kommt zum einen der Vorteil der internen Modelle zum Ausdruck, da für verschiedene Risikokategorien die für das Institut geeignete Lösung eingesetzt werden kann. Zum anderen offenbaren sich die Vielschichtigkeit der Methodik hauseigener Modelle und die Anforderungen an die EDV-Implementierung sowie an die Mitarbeiter eines Institutes. Es kommt zum Ausdruck, daß die Gefahr interner Modelle weniger in der Annahme über Korrelationen und Volatilitäten liegt.

---

[155] Vgl. Scharff, R., Value-at-risk und die Praxis, in: BZ vom 23.8.1997, Nr. 161, S. 17.

Vielmehr erfordert die Komplexität der stochastischen Verfahren gegenwärtig auch für die Geschäftsführung eines Institutes einen hohen Sachverstand, während sich die Interpretation der Standardverfahren aufgrund der pauschalierten Ansätze als wesentlich unkomplizierter herausstellt.[156]

Die mangelnde Illustration der internen Modelle zeigt sich ebenso im Rahmen der portfolioorientierten Bewertung des Risikopotentials, da die einzelnen Portfolioinstrumente nicht separat analysiert werden. Die mehrfache Aufführung einer Position in unterschiedlichen Risikokategorien, etwa eine auf Fremdwährung denominierte Zinsposition des Handelsbuches, erfolgt bei der Anwendung institutseigener Verfahren nicht. Dementsprechend wird die Wertänderung der Finanzinstrumente unabhängig von der Ursache betrachtet. Die sinnvolle Verteilung des aggregierten Risikos auf die Geschäftsbereiche wird danach nicht nachweislich unterstützt.[157] Indessen berücksichtigen die internen Modelle sämtliche wertbeeinflussenden Faktoren mit Hilfe der historischen Wertänderungen in einer Berechnung.

Die Inhouse-Modelle verlangen eine fortwährende Beobachtung und Erfassung der Markt- sowie die Aktualisierung und Pflege der Bestandsdaten. Im Hinblick auf die Durchführung des Backtesting kommt der Datenaufbereitung eine besondere Bedeutung zu, um den Rückvergleich der prognostizierten mit den tatsächlich eingetretenen Wertänderungen vornehmen zu können und Abweichungen, die auf methodische Unzulänglichkeiten zurückzuführen sind, systematisch zu beseitigen. Die Institute sind auf diese Weise gehalten, die internen Modelle kontinuierlich fortzuentwickeln. Dieser Prozeß setzt die eingehende Eruierung der bestehenden Risikosituation in einem Institut voraus. Das intensive Nachdenken über den aktuellen und zukünftigen Risikostatus mag dabei ebenso wichtig sein, wie die computergestützte Installation des institutsspezifischen Risikomodells selbst.[158]

Nicht zuletzt stellt der synergetische Einsatz interner Modelle für die bankenaufsichtsrechtliche Einhaltung der Eigenmittelnormen sowie für die internen Ansprüche an die Quantifizierung der Risikopositionen die kosteneffiziente Lösung dar.[159] Die Vorgaben des Bundesaufsichtsamtes für das Kreditwesen lassen sich mühelos an die institutsinternen Kriterien des

---

[156] Vgl. Wahrenburg, M., Risikomodelle ein Teufelszeug?, in: BZ vom 16.07.1996, Nr. 134, S. 19.

[157] Vgl. Bühler, W./Korn, O.,/Schmidt, A. (1998), S. 84.

[158] Vgl. Jorion, P. (1996), S. 56.

[159] Vgl. Kupiec, P./O'Brien, J., Internal affairs, in: Risk, Vol. 8, 5/1995, S. 47.

Risikomanagements assimilieren. Beispielsweise kann der Value at Risk-Ansatz gemäß dem bankenaufsichtsrechtlich geforderten Konfidenzniveaus von 99% bestimmt werden. Auf der Grundlage derselben Daten ermöglichen die internen Modelle zugleich die Quantifizierung nach den hausinternen Ansprüchen, etwa die Ermittlung des maximalen Verlustbetrages. Vor diesem Hintergrund scheinen die bisherigen umfangreichen Vorschriften der Standardverfahren ihre Bedeutung für die Bankenaufsicht langfristig zu verlieren.

6 Steuerung von Handelsgeschäften

In einem geschlossenen Risikomanagement-System schließt sich die Rendite-Risiko-Steuerung unmittelbar an die Risikoanalyse und -quantifizierung der Handelskontrakte eines Institutes an. Dabei werden die elementaren Vorzüge des ermittelten Value at Risk im Rahmen der institutsinternen Steuerung der Handelspositionen sichtbar. Die Bezugnahme auf den durch ein internes Modell bestimmten potentiellen Verlustbetrag läßt sich – im Gegensatz zu den Ergebnissen der Standardverfahren des Grundsatzes I – mit der Verarbeitung realitätsnaher Datenkonstellationen und der damit verbundenen exakteren Bestimmung der Risikopositionen begründen.

Als Bestandteil der Unternehmenssteuerung mit Entscheidungsbefugnis übt die Risikosteuerung wesentlichen Einfluß auf die Gestaltung des Risiko-Chancen-Kalküls eines Institutes aus. Die Fokussierung auf das durch die Geschäftsleitung zur Verfügung gestellte Risikokapital erfordert konkrete Maßnahmen, welche in der operativen Ausführung einen gewünschten Risikostatus herbeiführen.[1] Insbesondere die Steuerung von Marktpreisrisiken gestaltet sich aufgrund der Vielzahl unterschiedlicher Finanzinstrumente sowie der aufwendigen Anrechnungsverfahren bei der Ermittlung der Eigenmittelunterlegung als ein diffiziler Vorgang.

In Abhängigkeit der geschäftspolitischen Risikoeinstellung stehen einem Institut diverse Verfahren zur Steuerung des Ertrages und des vorhandenen Risikos zur Verfügung. Schulte unterscheidet in diesem Zusammenhang die aktiven und passiven Maßnahmen der Risikosteuerung.[2] Unter der aktiven Steuerung von Risikopositionen werden eine Vielzahl möglicher Handlungsalternativen subsumiert, die das gemeinsame Ziel der Risikobegrenzung verfolgen.[3] Die Möglichkeiten der Risikosteuerung sind in Verbindung mit den bestehenden Risikokategorien unterschiedlich ausgestaltet und lassen sich sowohl auf kontraktbezogener Ebene, etwa durch einen Mikro-Hedge, als auch auf

---

1 Vgl. Moser, H./Quast, W. (1994), S. 676.

2 Vgl. Schulte, M., Integration der Betriebskosten in das Risikomanagement von Kreditinstituten, Diss., Bochum, 1993, S. 57-60.

3 Zu den Maßnahmen und Instrumenten der Risikoabsicherung am Beispiel der Zinsänderungs- sowie der Wechselkursrisiken siehe Büschgen, H. E. (1990), S. 738-757, 767-776. Bisweilen werden die Maßnamen im Rahmen der aktiven Risikosteuerung als Risikomanagement bzw. Risk-Management im engeren Sinne bezeichnet.

geschäftsfeld- oder gesamtbankbezogener Ebene, etwa durch einen Makro-Hedge, realisieren.[4]

Die passive Risikosteuerung stellt auf die Einhaltung der gesetzlichen und ökonomischen Rahmenbedingungen ab, um die Übernahme bestehender bzw. potentieller Risikopositionen zu gewährleisten. Dies setzt voraus, daß eine ständige Abstimmung zwischen der Risikotragfähigkeit und des durch die laufende Geschäftstätigkeit variierenden Risikostatus erfolgt und gegebenenfalls Maßnahmen zur Reduzierung des Risikos respektive zur Erhöhung der Eigenmittel vorgenommen werden. Generell empfiehlt es sich, eine bestimmte Risikovorsorge bereits im Vorfeld der Risikoübernahme zu treffen.

Risikosteuerung	
aktiv	passiv
•**Risikovermeidung:** Ausschluß bestimmter risikobehafteter Geschäfte •**Risikoverminderung:** Verringerung des Verlustpotentials bzw. der Verlustwahrscheinlichkeit •**Risikodiversifikation:** Ausnutzung nicht perfekt positiv korrelierender Kontrakte durch Risikostreuung •**Risikoüberwälzung:** Risikoübertragung auf Dritte	•**Risikoübernahme aufgrund bestehender Risikodeckungspotentiale**

Abb. 6.1: Aktive und passive Risikosteuerung[5]

Da das Ziel eines ertragsorientierten Handelsgeschäftes nicht in der Vermeidung wirkungsbezogener Risiken besteht, erweist sich die passive Risikosteuerung als wichtiges organisatorisches Bindeglied zwischen der Geschäftsführung und dem Handel. Um einen kalkulierten Mindestertrag aus dem Eigengeschäft zu erzielen, ohne ein durch die Verantwortungsträger fixiertes, ökonomisch tragbares Risikopotential zu überschreiten, gilt es, die Zielvereinbarungen

---

4 Vgl. Baxmann, U. G./Weichsler, C., Finanz- und Risikomanagement unter besonderer Berücksichtigung von Finanzderivaten, in: WiSt, 1/1993, S. 13.

5 Abbildung in Anlehnung an Schulte, M.(1993), S. 57.

zwischen der Unternehmensführung und den Profit-Centern[6] optimal abzustimmen. In diesem Zusammenhang muß die Steuerungswirkung der Risikokapitalallokation in Verbindung mit den eingesetzten Meßverfahren zur Ermittlung möglicher Gewinn- und Verlustpotentiale aus dem Eigenhandelsgeschäft sachgerecht adjustiert werden.

Die Zulassung der internen Modelle zur Quantifizierung der Marktpreisrisiken ermöglicht es, die auf die Kurse der Finanzinstrumente wirkenden Faktoren zu erfassen und die Höhe der Eigenmittelunterlegung zu bestimmen. Dabei liefern die Ergebnisse der Risikomessung aufgrund ihrer ökonomisch genaueren Bewertung einen wertvollen Beitrag zur Optimierung der Risikopositionen. Ausgehend von der Unterlegung der Risikoaktiva des Anlagebuches und den verbleibenden freien Eigenmittelbestandteilen kann eine Entscheidung darüber getroffen werden, ob der Umfang vorhandener Risiken ausgebaut, aufrechterhalten oder reduziert werden soll. Aus Sicht der Institute erweist sich dabei die Dynamisierungseigenschaft[7] der anrechnungsfähigen Eigenmittel als überaus konstruktiv. De facto erfolgt die Einhaltung der bankenaufsichtsrechtlichen Anforderungen nicht allein durch die Steuerung der Risikopositionen; vielmehr kann mit der Variation der Eigenmittelkomponenten die Höhe der Eigenmittelanrechnung bedarfsorientiert an der Marktpreisrisikosituation ausgerichtet werden.[8]

---

[6] Das Profit-Center verkörpert eine selbständig am Markt agierende Geschäftseinheit mit eigenem Verantwortungsbereich und verursachungsgerecht zuweisbaren Kosten und Erträgen. Entsprechend zählen neben den Filialen auch zentrale Geschäftsbereiche, wie die Handelsabteilungen, zu den Profit-Centern. Vgl. Krewerth, B., Controlling in Kreditinstituten – Gewinnplanung und Budgetierung –, in: Scheidl, K. (Hrsg.), Gewinnplanung in Kreditinstituten, Frankfurt am Main, 1987, S. 6-7.

[7] Zu den dynamischen Eigenmittelbestandteilen, die zu einer unterjährigen Aktualisierung der Eigenmittel führen, siehe Abschnitt 2.2.1.

[8] Eine Aktualisierung der dynamischen Eigenmittelbestandteile ist jederzeit möglich; eine bedarfsorientierte Anpassung wird allerdings zumeist erst offensichtlich, wenn sich die Eigenmittelunterlegung für die gewichteten Risikoaktiva sowie für die Marktpreisrisiken immens erhöht.

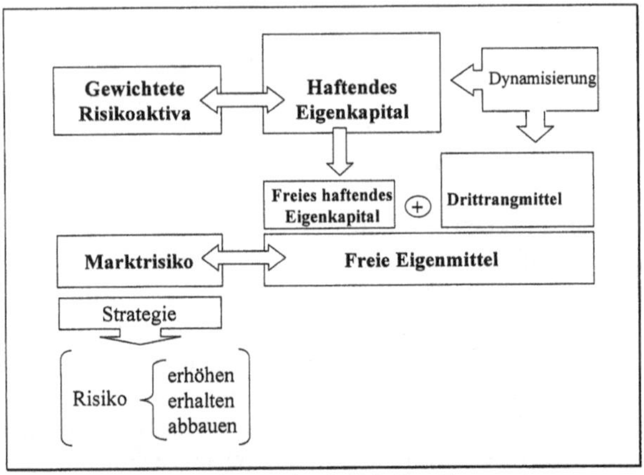

Abb. 6.2: Eigenmittel-/Risiko-Steuerung

Sofern der Solvabilitätskoeffizient in Höhe von 8% unterschritten wird, muß entweder eine Erhöhung der Eigenmittel oder eine Reduzierung der Risikopositionen erfolgen. Hingegen können sowohl die Eigenmittel als auch die Risikopositionen in beide Richtungen variieren, solange eine Überschreitung der Mindestsolvabilitätskennzahl vorliegt.[9] Jedoch muß dem Zusammenhang zwischen Ursache und Wirkung in adäquater Weise Rechnung getragen werden, weil eine Zunahme der Risikoaktivapositionen des Anlagebuches eine überproportionale Reduktion – konkret in Höhe des 2,5fachen – der Marktpreisrisikopositionen zur Folge haben kann.

Da eine Aufstockung der Eigenmittel ohne die gleichzeitige Erhöhung der Risikopositionen mit einer Erweiterung der freien Eigenmittelkomponenten verbunden ist und dies mit einer Verringerung der Eigenkapitalrentabilität einhergehen kann, wird die Wichtigkeit der Eigenmittelplanung sowie der Steuerung bestehender Risikopositionen im Spannungsfeld zwischen Sicherheit und Rendite evident.[10]

---

9 Vgl. Jakob, H.-R./Warg, M./Westphal, E. G., Risikomanagement in Banken – ein kaufmännischer Gedanke, in: Die Bank, 9/1995, S. 561, sowie Jakob, H.-R./Raschtuttis, K.-H./ Warg, M., Risikomanagement in Banken – ein kaufmännischer Gedanke II, in: Die Bank, 2/1996, S. 72.

10 Vgl. Jakob, H.-R./Warg, M./Ergenzinger, T., Vom Risikomanagement zur Portefeuillebewirtschaftung, in: Die Bank, 2/1997, S. 91.

Rekurrierend auf die Eigenhandelstätigkeit der Institute kann ein Händler, der das alleinige Ziel der kurzfristigen Gewinnerzielung verfolgt, eine ertragsorientierte Steuerung nicht durch die Bewirtschaftung der Eigenmittel sondern ausschließlich durch die Struktur des Eigenhandelsportfolios verwirklichen. Im Hinblick auf eine zielgerichtete Steuerung des Eigenhandels stehen zahlreiche Systeme zu Verfügung. Dabei zeigt sich, daß die traditionelle Budgetsteuerung durch die ökonomisch präzisere Value at Risk-Steuerung ergänzt, häufig gar substituiert wird.

Die Vorteile der Value at Risk-Systematik werden besonders bei der Steuerung der Handelsaktivitäten auf Basis der VaR-Limite sowie bei der Generierung von Risk-Return-Kennzahlen offensichtlich. Hinsichtlich einer zielorientierten Steuerung der Rendite und des Risikos stellt auch das individuelle Verhalten des Händlers einen nicht zu vernachlässigenden Faktor dar. Um einen Interessenkonflikt zwischen dem Gewinnstreben des Händlers und der Rendite-Risiko-Fokussierung des Gesamtinstitutes zu vermeiden, müssen die organisatorischen Maßnahmen abgestimmt werden, um die Verhaltensweise des Händlers zu einem gesamtwirtschaftlichen Optimum zu führen.

6.1 Budgetmanagementsystem

Das Budget wird allgemein als eine auf Vereinbarungen beruhende Volumens-, Ergebnis- oder Liquiditätsgröße bezeichnet, die für einen spezifischen Verantwortungsbereich innerhalb einer bestimmten Periode durch den Budgetverantwortlichen erzielt werden soll.[11] Die Operationalisierung der Gesamtheit aller Zielvereinbarungen einzelner Geschäftsbereiche mit den Vorgaben der Geschäftsführung erfolgt gemeinhin durch das Gegenstromverfahren.[12] Die Konformität der Ziele einzelner Profit-Center mit den strategischen Vorgaben der Gesamtbank, der Kombination aus „bottom-up-approach" und „top-down-approach", verwirklicht eine partizipative Budgetierung, da sowohl die lokalen Marktgegebenheiten der Verantwortungsbereiche als auch die Erfordernisse des gesamten Institutes Berücksichtigung finden. Darüber hinaus ermöglicht eine permanente Abweichungskontrolle der Ist-Werte von den

---

[11] Vgl. Süchting, J./Paul, S. (1998), S. 219, von Villiez, Chr., Budgetkontrolle und Abweichungsanalyse in Kreditinstituten, in: Schierenbeck, H. (Hrsg.), Schriftenreihe des Instituts für Kreditwesen der Westfälischen Wilhelms-Universität Münster, Bd. 39, Frankfurt am Main, 1989, S. 8, sowie Witt, M. (1994), S. 108.

[12] Zum Planungsprozeß im Rahmen des Gegenstromverfahrens siehe Hölscher, R., Die Steuerung von Risikokosten durch ein Budget-System, in: Die Bank, 6/1988, S. 320-321.

Soll-Vorgaben eine wirksame Überprüfung hinsichtlich der Ursache bestehender Divergenzen,[13] so daß sich hieraus frühzeitige Anpassungsmaßnahmen, zum Beispiel in Bezug auf die Führung oder auf die Zielsetzung, ableiten lassen.[14]

Die Implementierung eines Budgetmanagementsystems kann unterschiedliche Intentionen verfolgen. Alle Ansätze haben gemein, das ausschließlich pretiale Ziel durch die Feinsteuerung mittels einer, für einen bestimmten Planungshorizont festgelegten Zielgröße zu ersetzen. Die mit der Durchführung der Eigenhandelstätigkeit entstehenden, betriebsbedingten Kosten, rechtfertigen eine kostenorientierte Betrachtung und damit die Festlegung eines Kostenbudgets.[15] Allerdings lassen sich die Kosten durch die Eigenhandelsaktivitäten nur in einem verhältnismäßig geringen Umfang beeinflussen. Da die Kosten darüber hinaus in ihrem Wert weit unter den erzielten Erträgen liegen, sind die Kosten als Zielgröße nahezu zu vernachlässigen.[16] Hingegen bietet sich die Festlegung eines Volumenbudgets an, wenn die Beeinflussung der Margen oder der Kosten durch einen Verantwortungsbereich nicht möglich ist.[17] In diesem Fall lassen sich nominelle oder reale Volumina vorgeben.

Gerade die ertragsorientierte Ausrichtung des Eigenhandels läßt die geschäftsbezogenen Mindestmargen,[18] welche sowohl die Erträge als auch die Kosten beinhalten und eine Minimalforderung des Institutes darstellen, als sinnvolle Steuerungsgröße erscheinen. Als Vergleichsmaßstab für den Mindestertrag des Eigenhandelsgeschäftes können zum Beispiel für den Aktienbereich

---

[13] Zur Kontrolle bankbetrieblicher Teilpläne siehe ausführlich Krumnow, J., Die Budgetrechnung als Lenkungsinstrument der Geschäftsleitung einer Universalbank, in: Fischer , O./Feske, J. (Hrsg.), Schriftenreihe zur Bankbetriebslehre und Finanzierung, Bd. 3, Wiesbaden, 1974, S. 85 ff.

[14] Vgl. Witt, M. (1994), S. 108-109, sowie Krewerth, B., Die Erfolgskomponenten im System der Banksteuerung – Anforderungen an die Datenqualität –, in: Scheidl, K. (Hrsg.), Rentabilität und Risiko, Frankfurt am Main, 1984, S. 145.

[15] Zur Feinsteuerung der Risikokosten mittels eines Budgetmanagements siehe ausführlich Hölscher, R., Risikokosten-Management in Kreditinstituten, in: Schierenbeck, H. (Hrsg.), Schriftenreihe des Instituts für Kreditwesen der Westfälischen Wilhelms-Universität Münster, Bd. 36, Frankfurt am Main, 1987, S. 280-319.

[16] Vgl. Witt, M. (1994), S. 111.

[17] Vgl. Schierenbeck (1997a), S. 571.

[18] Zum Konzept der Mindestmargen siehe Schmidt, W., Möglichkeiten der Verbesserung des Zinsüberschusses durch ein Mindestmargenkonzept, in: Schierenbeck, H./Wielens, H. (Hrsg.), Bilanzstrukturmanagement in Kreditinstituten, Schriftenreihe des Instituts für Kreditwesen der Westfälischen Wilhelms-Universität Münster, Bd. 27, Frankfurt am Main, 1984, S. 31-35.

der Deutsche Aktienindex (DAX) und für den Rentenbereich der Deutsche Rentenindex (REX) herangezogen werden.[19]

Während sich die Erfolgsbudgetierung im Kundengeschäft lediglich auf die Zinsüberschüsse beschränkt, setzen sich die Ergebnisbeiträge im Eigenhandel aus dem Zinsstruktur- und aus dem Handelsstrukturbeitrag zusammen.[20] Der Zinsstrukturbeitrag resultiert aus den Fristentransformationswirkungen, sofern die erworbenen Handelsobjekte nicht schon während eines Handelstages wieder veräußert werden. Folglich erfordert die Bewertung des Erfolgsbeitrages – in Anlehnung an die Marktzinsmethode – die Bestimmung der Refinanzierungskosten, aus denen sich die Handelserfolge ableiten lassen. Falls die Handelserträge durch den Auf- und Abbau der Positionen innerhalb eines Handelstages – intraday – vereinnahmt werden, bleiben die Refinanzierungs-kosten und damit gleichsam der Zinsstrukturbeitrag unberücksichtigt. Darüber hinaus entsteht ein Handelsstrukturbeitrag, wenn eine positive Differenz zwischen dem günstiger erworbenen respektive teuerer veräußerten Handelsobjekt gegenüber strukturgleichen Finanzmitteln erzielt wird.[21]

Angesichts der starken Interdependenz der beiden Strukturbeiträge muß beachtet werden, daß eine einseitige Erfolgsbudgetierung mit der Gefahr einer Fehlsteuerung verbunden sein kann. Einerseits resultiert aus der Erhöhung des Fristentransformationsergebnisses die gleichzeitige Erhöhung des Zinsänderungsrisikos; andererseits schließt die Vorgabe eines bestimmten Handelsergebnisbeitrages durch den Aufbau weiterer offener Positionen das Risiko einer Fehlspekulation ein. Außerdem beinhaltet eine zu hoch angesetzte Mindestmargenbudgetierung weitere Fehlsteuerungspotentiale, da Händler auch in Zeiten nicht einschätzbarer Marktentwicklungen offene Positionen eingehen und die Risikobegrenzung weitgehend außer Acht lassen.[22]

---

19 Vgl. Witt, M. (1994), S. 112.

20 Vgl. Echterbeck, H. (1991), S. 219-220.

21 Vgl. Erdmann, U., Die Entlohnung von Führungskräften in Kreditinstituten, in: Schierenbeck, H. (Hrsg.), Schriftenreihe des Instituts für Kreditwesen der Westfälischen Wilhelms-Universität Münster, Frankfurt am Main, 1991, S. 135-136.

22 Vgl. Willner, B., Erfolgssteuerung von Handelsgeschäften, in: Eller, R. (hrsg.), Handbuch des Risikomanagements, Stuttgart, 1998, S. 28.

6.2 Risikodeckungskapital

Die präzise Abbildung des aus der Handelsaktivität resultierenden Risikos bildet eine wichtige Voraussetzung für ein funktionierendes Controllingsystem. Hinsichtlich der Übernahme eines Kontraktes respektive des Verkaufs bestehender Positionen unterstützt die Risikomessung die Entscheidungsträger bei der Abwägung des Risiko-Chancen-Kalküls. Gemeinhin werden durch den Eintritt unvorteilhafter Marktentwicklungen mehrere Risikokategorien gleichzeitig betroffen. Ein dabei entstehender kumulierter Verlust kann sich nicht nur negativ auf die Ertragsentwicklung sondern überdies auch auf die vorhandenen Kapitalbestandteile niederschlagen.

Zur Vermeidung einer Insolvenz durch den Aufbau eines zu hohen Risikopotentials aus dem operativen Geschäft, müssen die im Institut vorhanden möglichen Verlustbeträge mit den zur Verfügung stehenden Risikodeckungsmassen abgestimmt werden. Aufgrund der kollektiven Sicherungsfunktion kann die Risikotragfähigkeit eines Institutes nur unter Berücksichtigung des gesamtbankbezogenen Risikodeckungskapitals beurteilt werden.[23] Die Orientierung des gesamten Risikopotentials am bestehenden Deckungskapital gewährleistet eine jederzeitige Risikotragfähigkeit und sorgt dafür, daß die potentiellen und bereits eingetretenen Verlustfälle kompensiert werden können.

Im Rahmen der Geschäfts- und Risikopolitik eines Institutes kommt der Festlegung und der Verteilung des Risikokapitals eine hohe Bedeutung zu. Erheblichen Einfluß auf die Fixierung des Risikodeckungskapitals nehmen die Ertragserwartungen der Kapitalgeber, das Ertrags- und Risikoprofil möglicher Anlagealternativen und die Risikoneigung der Geschäftsleitung.[24] Insbesondere die Bereitschaft der Geschäftsführung, ein bestimmtes Maß an Risiko für einen festgelegten Zeitraum zu übernehmen, wirkt sich nachhaltig auf die Geschäftstätigkeit der Händler aus. Je weniger Risikokapital zur Verlustdeckung der Handelspositionen zur Verfügung gestellt wird, desto mehr Risikopuffer steht bei Eintritt stark ausgeprägter Verlustfälle zur Verfügung et vice versa. Dabei müssen die Entscheidungsträger bei der Definition eines maximalen Verlustrisikos nicht nur den „normalen“ Belastungsfall sondern auch extreme

[23] Vgl. Krumnow, J., Derivative Instrumente – Implikationen für Bankcontrolling und -organisation –, in: Schierenbeck, H./Moser, H. (Hrsg.), Handbuch Bankcontrolling, Wiesbaden, 1994, S. 753.

[24] Vgl. Flesch, J. R./Gerdsmeier, S./Lichtenberg, M., Das Barwertkonzept in der Unternehmenssteuerung, in: Schierenbeck, H./Moser, H. (Hrsg.), Handbuch Bankcontrolling, Wiesbaden, 1994, S. 279.

Verlustszenarien berücksichtigen. Um eine Vermögensminderung mittelfristig auszuschließen, wird die Geschäftsleitung die Höhe des Risikokapitals an der durchschnittlich erzielbaren Performance des Gesamtbankportfolios orientieren.[25]

Den Ausgangspunkt der Überlegung, den einzelnen Profit-Centern Risikokapital zur Verfügung zu stellen, bildet das vorhandene Risikodeckungskapital. Während Schierenbeck und Lister die Risikotragfähigkeit der Institute in fünf Stufen klassifizieren,[26] werden im folgenden lediglich drei unterschiedliche Kategorien von Risikodeckungsmassen aufgeführt. Diese Gliederung ermöglicht eine direkte Gegenüberstellung der Eigenmittelkomponenten zum Ausmaß möglicher Belastungsfälle.

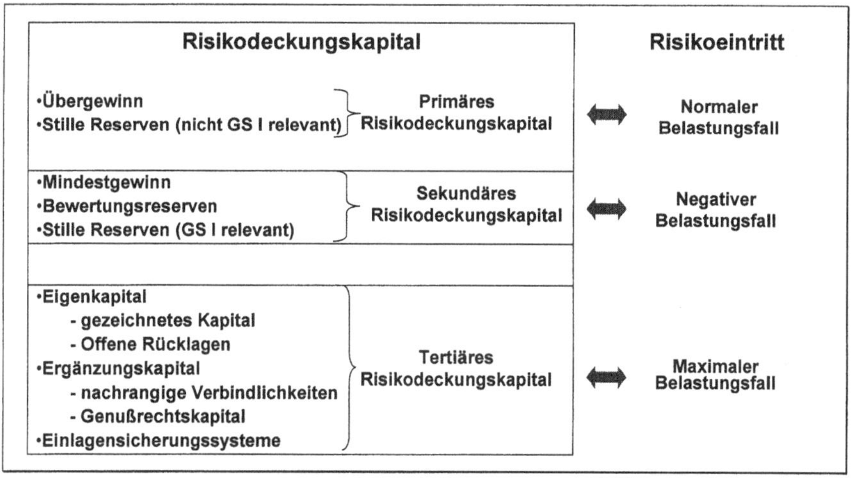

Abb. 6.3: Risikodeckungskapital[27]

Das primäre Risikodeckungskapital umfaßt den über dem geforderten Ergebnisbeitrag liegenden Periodenüberschuß, den Übergewinn, sowie die

25 Vgl. Flesch, J. R./Gerdsmeier, S./Lichtenberg, M. (1994), S. 280.

26 Mit dem Übergewinn, den stillen Reserven, dem Mindestgewinn, den offenen Reserven/ gezeichneten Eigenkapital sowie dem Ergänzungs-/Nachrangkapital unterscheiden Schierenbeck/Lister fünf unterschiedliche Risikodeckungsmassen. Vgl. Schierenbeck, H. (1997b), S. 39-40, sowie Schierenbeck, H./Lister, M., Risikoprofil genau definieren, in: Schweizer Bank, 9/1997, S. 59.

27 Modifizierte Abbildung in Anlehnung an Schulte, M. (1997), S. 28.

freiwillig, gemäß § 340f HGB bzw. 26a KWG (alte Fassung), gebildeten Kurswertreserven.[28] Sofern diese stillen Reserven bei der Anrechnung des Ergänzungskapitals Berücksichtigung finden, impliziert die vollständige Inanspruchnahme des primären Risikodeckungspotentials zum Verlustausgleich eine Reduzierung des haftenden Eigenkapitals. Vor diesem Hintergrund werden im folgenden ausschließlich die nicht für den Eigenmittelgrundsatz relevanten stillen Reserven in die primäre Risikodeckungsmasse einbezogen.[29]

Das sekundäre Risikodeckungskapital beinhaltet die zur Bestimmung des haftenden Eigenkapitals angerechneten stillen Reserven gemäß § 340f HGB und das Mindestergebnis, welches von der Geschäftsführung als Zielvorgabe definiert wurde. Weiterhin werden die zwangsweise gebildeten Kursreserven, die auf das Imparitätsprinzip zurückzuführen sind,[30] zu den Risikodeckungspotentialen zweiter Ordnung gezählt.

Als tertiäre Kapitalbestandteile dienen die bilanziellen Eigenkapitalgrößen, etwa das gezeichnete Kapital, die Sicherheitsrücklage sowie das bestehende Ergänzungskapital. Außerdem kommen die institutsspezifischen, als Fond ausgestalteten Einlagensicherungssysteme zur indirekten Sicherung in Betracht. Mit der Installation eines funktionierenden Einlagensicherungssystems soll einem Standingverlust des gesamten Bankgewerbes vor-gebeugt werden.[31] Gleichwohl geht mit dem Verzehr des tertiären Risikodeckungskapitals ein Vertrauens- und Imageverlust in das einzelne Institut einher.

Der Rückgriff auf die tertiären Kapitalkomponenten ist generell nur für den mit einer äußerst geringen Eintrittswahrscheinlichkeit verbundenen Maximalbelastungsfall vorgesehen. Hingegen kann ein negativer Belastungsfall durch das Mindestergebnis oder durch die Realisierung von Bewertungsgewinnen egalisiert werden. Welcher Bestandteil zunächst zur Verlustdeckung herangezogen wird, hängt von der strategischen Zielverfolgung der

---

[28] Die nach § 26a KWG (alte Fassung) und § 253 Abs. 4 HGB gebildeten Vorsorgereserven dürfen gemäß Artikel 31 Abs. 2 Satz 2 EGHGB beibehalten werden. Diese kommen zur Bestimmung der Obergrenze des § 340f Abs. 1 HGB nicht zur Anrechnung. Vgl. dazu Scharpf, P. (1993), S. 173-175.

[29] Da die nach § 26a KWG (alte Fassung) gebildeten stillen Reserven bei der Bestimmung des Ergänzungskapital keine Anrechnung finden, können diese in jedem Fall zum primären Risikodeckungskapital gezählt werden.

[30] Gemäß dem Imparitätsprinzip dürfen die nicht realisierten Gewinne im Gegensatz zu den nicht realisierten Verlusten nicht erfolgswirksam berücksichtigt werden. Vgl. Gräfer, H./Sorgenfrei, C., Bilanzierungstraining, Herne, 1998, S. 59.

[31] Vgl. Adrian, R./Heidorn, T. (1996), S. 630.

Geschäftsleitung ab. So kann für den Fall einer normalen Belastung durch die vorrangige Offenlegung stiller Reserven möglicherweise noch ein Übergewinn ausgewiesen werden. Sofern der Verlustausgleich mit einem vollständigen Verzehr des primären Deckungskapitals verbunden ist, wird immerhin noch der von der Geschäftsführung angestrebte Mindestgewinn erzielt.

Unter Berücksichtigung weiterer Risikoquellen des operativen Bereichs läßt sich mit Hilfe der Stufenbetrachtung das für ein Institut tragbare Risiko durch die Geschäftsleitung festlegen. Die Klassifizierung der Kapitalbestandteile in die vorstehenden Risikodeckungsklassen ermöglicht eine Aussage über die Inanspruchnahme einzelner Stufen in Abhängigkeit des übernommenen Risikos.[32]

6.2.1 Limitsysteme

Das Ziel der Unternehmenssteuerung ist es, die Geschäftsleitung bei der Formulierung und Umsetzung einer unter Ertrags- und Risikogesichtspunkten optimalen Geschäftsstrategie zu unterstützen.[33] Die Deckung eintretender Verluste durch die Festlegung und Verteilung des Risikokapitals auf die einzelnen organisatorischen Einheiten, welche über die Höhe der effektiven Inanspruchnahme frei entscheiden können, ist dabei von besonderer Bedeutung. Diesbezüglich muß die Allokation der Eigenmittel zur Risikolimitierung der jeweiligen Handelsbereiche die Chancen der Gewinnerzielung dieser Profit-Center bewahren und deren Geschäftstätigkeit in die Ziele der Gesamtbank integrieren.[34]

Die Fixierung der Limite zielt auf die Begrenzung vorhandener Verlustpotentiale der Währungs-, Rohwaren- und Handelsbuchpositionen durch unvorteilhafte Marktbewegungen ab.[35] Damit stellen die Risikolimite eine Toleranzgrenze dar, bis zu der – ohne Abstimmung mit der Geschäftsführung – auch verlusttragende Positionen nicht in jedem Fall geschlossen werden müssen.

---

[32] Vgl. Schulte, M.(1997), S. 31.

[33] Vgl. Krümmel, H. J., Unternehmenspolitische Vorgaben für die Risikosteuerung der Bank, in: Krümmel, H. J./Rudolph, B. (Hrsg.), Finanzintermediation und Risikomanagement, Frankfurt am Main, 1989, S. 47.

[34] Vgl. Krumnow, J., Risikoanalyse im Controlling einer Großbank, in: Kolbeck, R. (Hrsg.), Die Finanzmärkte der neunziger Jahre – Perspektiven und Strategien, Frankfurt am Main, 1990, S. 101.

[35] Vgl. Heidorn, T./Bruttel, H. (1993), S. 134.

Um die Verteilung des Risikokapitals auf die einzelnen Handelsbereiche vorzunehmen, erfolgt zunächst die exakte und transparente Darstellung der Risikoquellen sowie die wertmäßige Bestimmung der jeweiligen Risikoarten in den Verantwortungsbereichen. Einen Ansatzpunkt, die Einzelrisiken zu aggregieren und gleichzeitig eine Bemessungsgrundlage für die Festlegung der Limite zu erhalten, liefert die Risikomatrix:

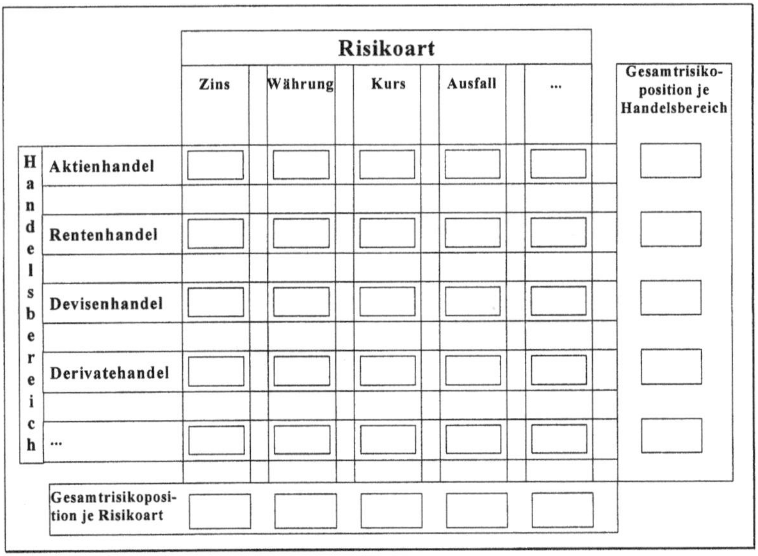

Abb. 6.4: Risikomatrix

Innerhalb der Risikomatrix lassen sich auf horizontaler Ebene die Portfolios der gehandelten Finanzinstrumente einzelner Handelsbereiche und auf vertikaler Ebene die Höhe des Risikos der jeweiligen Risikoart erfassen. Die Saldierung der Matrixfelder bildet auf diese Weise den Risikostatus der Gesamtbank für jede Risikoart respektive für jeden Handelsbereich adäquat ab. Aus den Erkenntnissen der Risikomatrix lassen sich die Risikokapitalbestandteile auf die untergeordneten Ebenen herunterbrechen und die Limitvorgaben sowohl für einzelne Positionen als auch für die Handelsbereiche bzw. Händler vorgeben. Die zweidimensionale Betrachtung trägt somit den spezifischen Risiken der Kontrakte als auch der individuellen Portfoliostruktur eines Händlers Rechnung.

Mit der Festsetzung von Positionslimiten signalisiert die Geschäftsleitung die Bereitschaft, bis zu einer gewissen Obergrenze z. B. Wechselkurs-, Aktien- oder

Rentenrisiken einzugehen.[36] Die Geschäfts- bzw. Handelslimitierung determiniert demgegenüber die Kompetenz für bestimmte Handelsbereiche und Händler. In diesem Zusammenhang stellen die Qualifikation, die produktspezifischen Handelserfahrungen des Personals sowie die EDV-technische Ausstattung wichtige Faktoren zur Fixierung der Limite dar.[37] Bei der Bemessung der Kapitalbereitstellung sollten mögliche Crash-Szenarien ins Kalkül gezogen werden, um die über dem Normalbelastungsfall liegenden Ausfälle kompensieren zu können. Ebenso muß dem strategischen und dem betriebsbedingten Risiko im Institut ein hinreichender Eigenmittelpuffer eingeräumt werden, um vor strukturellen oder wettbewerbspolitischen Veränderungen geschützt zu sein.

6.2.1.1 Limitabruf

Ein möglicher Ansatz zur Installation bestimmter Toleranzgrenzen besteht in der Bereitstellung eines Gesamtlimits für sämtliche Handelsbereiche. Die Zuweisung bestimmter Risikodeckungsmassen an die spezifischen Handelsabteilungen erfolgt nach der Methode „First Come, First Served". Mit anderen Worten wird die Zuteilung nach dem Zeitpunkt der Limitbeantragung vorgenommen. Das Ziel dieser Vorgehensweise liegt in der Vermeidung mehrfach unausgeschöpfter oder überschrittener Limite.[38] Darüber hinaus besteht bei dem System des Risikokapitalabrufs die jederzeitige Transparenz hinsichtlich der aktuellen Risikosituation über alle Bereiche.

---

[36] Vgl. Viermetz, K. F., Der Beitrag des Devisenmanagements zur Steuerung des Währungsrisikos in Kreditinstituten, in: Schierenbeck, H./Wielens, H. (Hrsg.), Bilanzstrukturmanagement in Kreditinstituten, Schriftenreihe des Instituts für Kreditwesen der Westfälischen Wilhelms-Universität Münster, Bd. 27, Frankfurt am Main, 1984, S. 87.

[37] Vgl. Scharpf, P./Luz, G. (1996), S. 121.

[38] Vgl. Scharpf, P./Luz, G. (1996), S. 118.

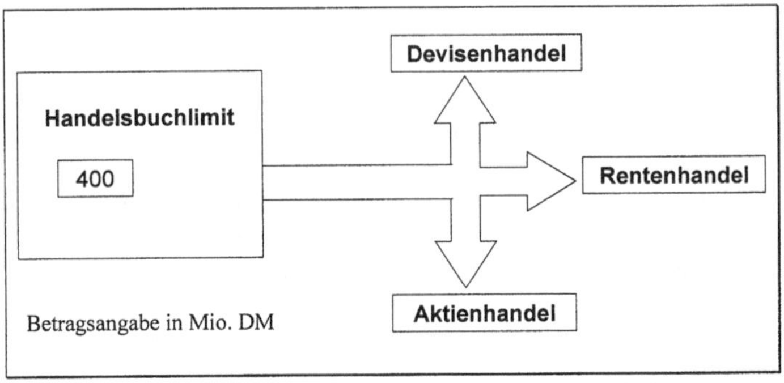

Abb. 6.5: Abrufbares Risikodeckungskapital

Das Konzept abrufbarer Limite birgt aufgrund der konkurrierenden Verhältnisse der Händler und Handelsbereiche zweifelsohne die Gefahr willkürlicher Geschäftsabschlüsse. Überdies bietet die Vorgehensweise keine Kalkulationsgrundlage für die Ausübung weiterer Geschäfte, da die Kapitalverfügbarkeit nicht ständig garantiert werden kann. Die Höhe der in der Vergangenheit erzielten Ergebnisbeiträge der unterschiedlichen Handelsbereiche geht ebensowenig in das Verfahren ein und vernachlässigt es, die Handelsabteilungen mit überproportionalen Ergebnisbeiträgen bevorzugt mit Risikodeckungskapital auszustatten. Insbesondere die mangelnde Ertragsorientierung führt dazu, daß dieser Ansatz in praxi von untergeordneter Bedeutung ist.

6.2.1.2 Limitzuteilung

Konträr zum Verfahren des Limitabrufs hat sich die klare Zuteilung der Limite an die Verantwortungsbereiche weitgehend etabliert. Ausgehend vom zur Verfügung stehenden Risikodeckungskapital der Gesamtbank legt die Geschäftsleitung das Kapitalvolumen fest, welches den einzelnen Handelsgruppen bis zu den Händlern als Einsatz zur Erzielung eines Handelserfolgs zur Verfügung gestellt wird.

Für die Gesamtbank gewährleistet die systematische Verteilung des Risikokapitals auf die Profit-Center, daß sich das Risiko permanent an der geplanten Tragfähigkeit der Gesamtbank orientiert. In Anlehnung an die Risikodeckungsmassen des Institutes wird im folgenden das maximale Risikopotential auf die Hälfte des sekundären Risikodeckungspotentials begrenzt, um auch bei Eintritt einer negativen Belastung – aufgrund der vorrangigen Auflösung stiller Reserven – mit ausreichender Sicherheit zumindest noch ein positives Jahresergebnis auszuweisen.[39] Sofern die Geschäftsleitung eine konservative Risikopolitik verfolgt, wird sie auf risikokompensierende Effekte aus bestehenden Korrelationsbeziehungen verzichten. In diesem Fall bleiben Abhängigkeitsverhältnisse komplett unberücksichtigt, so daß die von der Unternehmensführung bereitgestellte Risikodeckungsmasse der Summe des auf die einzelnen Handelsbereiche aufgeteilten Risikokapitals entspricht.

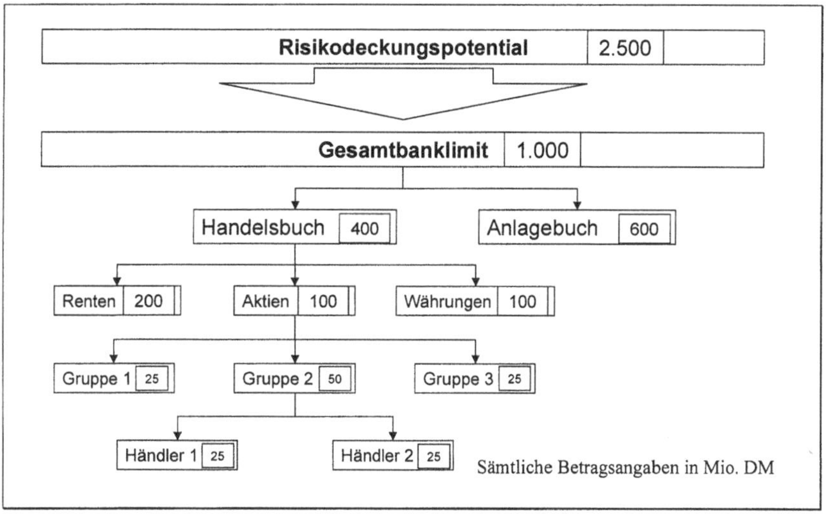

Abb. 6.6: Limitzuteilung

Die Vergabe der Risikolimite von der Gesamtbank bis hin zu den ausführenden Handelspersonen setzt ein funktionierendes EDV-System voraus, welches eine ständige Überwachung der Vorgaben ermöglicht. Sofern Überschreitungen der Limite zu beobachten sind, können diese durch die Verrechnung mit der übergeordneten Stufe aufgefangen werden. Eine weitere Möglichkeit, Limitüberziehungen zu akzeptieren, besteht mit der Einrichtung eines temporären Zusatzlimits, welches von der übergeordneten Stufe gewährt werden kann, um kurzzeitige Überschreitungen des Primärlimits abzudecken.[40] Dennoch

---

39 Zur konkreten Verlustlimitierung vgl. Schmieder, W./Herzog, W., Die praktische Steuerung des Marktpreisrisikos, in: B. Bl., 11/1996, S. 539.

40 Vgl. Buschmann, F., Risiko-Controlling, Anforderung an die Steuerung von derivativen Finanzinstrumenten, in: Die Wirtschaftsprüfung, 23/1992, S. 728.

erfordert die Gewährung eines Zusatzlimits eine zeitnahe Reduzierung dieser Risikopositionen, damit eine mögliche Verzerrung der bestehenden Limitstruktur langfristig verhindert sowie potentielle Zusatzverluste ausgeschlossen werden können. Die Entscheidung, welche Risikokontrakte zur Wiederherstellung des Primärlimit abzubauen sind, obliegt weiterhin dem Händler, so daß die Positionssteuerung und -verantwortung stets in der dezentralen Handelsabteilung verbleibt.[41]

Die Festsetzung der Limite kann für einen bestimmten Zeitraum vorgegeben oder je nach der operativen Ausrichtung des Institutes für jeden Handelsbereich neu adjustiert werden.[42] In Abstimmung mit der Kalkulation der Risikotragfähigkeit, die jeweils auf einem Geschäftsjahr beruht, orientiert sich die Definition der Verlustlimite ebenfalls an diesem Zeitraum.[43] Die auf Jahresbasis fixierten Risikolimite lassen sich durch einfache Rechenoperationen in Overnight- oder in Intraday-Limite transformieren. Die Intraday-Limite werden festgelegt, um eine Begrenzung des Risikos innerhalb eines Tages für bestimmte Positionen oder Portfoliobestände zu gewährleisten, die einer außerordentlich starken Marktwertschwankung ausgesetzt sind. Diese kurzfristig ausgerichteten Limite können auch durch die Simulation von Szenarien festlegt werden.[44]

Das Setzen bestimmter Stop-Loss-Limite bewirkt bei einer nachteiligen Marktentwicklung eine Verlustbegrenzung; ein Stop innerhalb der Gewinnzone stellt demgegenüber eine Realisation des positiven Ertrags sicher. Ferner können Limite auf eine bestimmte Zeitdauer bzw. auf einen bestimmten Zeitpunkt fixiert werden.[45]

---

41 Vgl. Hagen, P./Jakobs, W., Risikosteuerung im Eigenhandel, in: Die Bank, 11/1995, S. 666.

42 Vgl. Rudolph, B. (1993), S 127.

43 Vgl. Schmieder, W./Herzog, W. (1996), S. 539.

44 Die Deutsche Bank bestimmt z. B. das Overnight-Limit für Optionspositionen durch die Anwendung eines „What-if-Szenarios“. Dabei wird für Aktienkurs- und Volatilitätsänderungen eine Schwankung von ± 10% unterstellt. Zur Festlegung des „Overnight-loss“ wird die Kombination der Einflußfaktoren mit dem größten Risikoausweis gewählt. Vgl. Krumnow, J. (1990), S. 108.

45 Zu den unterschiedlichen Limitsystemen vgl. ausführlich Scharpf, P./Luz, G. (1996), S. 116 ff.

6.2.1.2.1 Volumenslimit

Die einfachste Form, einen potentiellen Ausfall zu begrenzen, besteht in der Festsetzung einer maximalen Obergrenze, welche sich an absoluten Nominalwerten orientiert. Die Normierung der Limite läßt sich aus den Ergebnissen der Risikomatrix für bestimmte Handelsabteilungen und Händler sowie für bestimmte Risikoarten ableiten.

Die einfache Implementierung eines volumenbasierten Limitsystems enthält allerdings den elementaren Nachteil, daß den unterschiedlichen Risikosensitivitäten der zahlreichen Marktpreisrisikopositionen nicht ausreichend Rechnung getragen wird. Insbesondere bei stark schwankenden Marktpreisen erweisen sich die Volumensbegrenzungen als weitgehend ungeeignet. So stellt die Volumenskontingentierung bei der Risikobewertung zinsbezogener Kontrakte kein angemessenes System zur Begrenzung virulenter Geschäfte dar, da die Höhe möglicher Abschreibungen neben dem Betrag im wesentlichen von der Restlaufzeit und der Zinszahlung bestimmt wird.[46] Ebenso schließen die Volumenslimite beim Handel mit Optionen die Gefahr von Fehlsteuerungen ein, da das den bedingten Termingeschäften zugrundeliegende asymmetrische Risikoprofil nicht ausreichend erfaßt wird.[47] Allenfalls lassen sich Volumenslimite zur Vermeidung von Positionsrisiken einsetzen, die mit einer begrenzten Liquidität des Marktes in Verbindung stehen.[48]

6.2.1.2.2 Sensitivitätslimit

Um die extern vorgegebenen Normen einzuhalten und gleichsam die geschäftspolitischen Zielsetzungen zu erreichen, stellen Moser/Quast die Forderung an ein aus der Gesamtbanksteuerung abgeleitetes Limitsystem, daß die unterschiedlichen Risikokategorien in jeweils gleichnamigen Größen definiert sind. Angesichts der ungleichen Risikosensitivität der verschiedenartigen Kontrakte ermöglicht erst deren einheitliche Risikoanalyse und Risikoquantifizierung eine Addition der Risikopotentiale über alle betroffenen

---

46 Vgl. Bangert, M. (1987), S. 228.

47 Vgl. Varnholt, B., Risikomanagement von Derivaten, in: Gehrig, B./Zimmermann, H. (Hrsg.), Fit for Finance, Zürich, 1996, S. 234.

48 Vgl. Schierenbeck, H./Wiedemann, A., Treasury-Management in Banken, Forschungsbericht des wirtschaftswissenschaftlichen Zentrums der Universität Basel, Basel, 1995, S. 24.

Geschäftsbereiche, um Steuerungsimpulse wirksam werden zu lassen.[49] Dieser Forderung kommt die Festsetzung volumensbezogener Limite nicht nach, da die Höhe des möglichen Verlustrisikos eines Kontraktes keine Berücksichtigung findet sondern nur Pauschalbeträge vorgegeben werden.

Die unzureichende Risikobegrenzung durch den Einsatz reiner Volumenslimite hat dazu geführt, die Limitsysteme am geschätzten Risikopotential auszurichten. Dieses verlustorientierte Limit basiert auf einer Analyse der Marktwertveränderung einer Transaktion bei einer Veränderung eines Marktfaktors um eine bestimmte Meßgröße. Auf diese Weise lassen sich die Positionsgrenzen für einzelne Händler, für Profit-Center bis hin zur Gesamtbank unter Verwendung historischer Daten mit Hilfe von Barwertveränderungsrechnungen einrichten.[50]

Die Quantifizierung einzelner zinsbezogener Risikopositionen erfolgt in diesem Zusammen-hang durch den Vergleich des aktuellen Marktwertes eines Kontraktes und des auf der Verschiebung der Zinsstrukturkurve basierenden hypothetischen Marktkurses des Papiers. Benke/Flesch/Piaskowski sprechen bei dieser Vorgehensweise von der Ermittlung des sogenannten Ergebnisrisikos, welches der Renditevolatilität Rechnung trägt und in die Kalkulation des verlustorientierten Limitverfahrens eingeht.[51] Die Höhe einer fiktiven Änderung eines Marktfaktors muß allerdings für sämtliche Finanzinstrumente konsistent beibehalten werden, um die unterschiedlichen Sensitivitäten der im Portfolio befindlichen Kontrakte korrekt abzubilden. Die Tatsache, daß Marktzinsbewegungen bei einem zehnjährigen Wertpapier etwa sieben mal stärker auf den Kurswert wirken als eine vergleichsweise Renditeänderung bei einem einjährigen Geldmarktpapier,[52] unterstützt diese Prämisse.

Obwohl die für jedes Marktrisikopapier aufwendige Durchführung der Rechenoperationen die Wirkung der Faktorvariationen auf den Marktwert und somit die Konzentration des Risikos der im Handelsbestand befindlichen Finanzinstrumente reproduziert, werden weder Wahrscheinlichkeiten für einen möglichen Verlusteintritt in die Berechnungen aufgenommen, noch besteht die Möglichkeit, die unterschiedlichen Risikoprofile unter Berücksichtigung bestehender Abhängigkeiten miteinander zu verknüpfen. Die Prämisse einer unterstellten Veränderung der Markteinflußparameter führt maßgeblich dazu,

---

49 Vgl. Moser, H./Quast, W. (1994), S. 681.

50 Vgl. Rudolph, B. (1993), S. 127.

51 Vgl. Benke, H./Flesch, H. R./Piaskowski, F., Steuerung des Zinsänderungsrisikos, in: Die Bank, 8/1989, S. 431-438.

52 Vgl. Akmann, M. (1993), S. 181.

daß das Risiko durch die angenommene Marktwertänderung unter- bzw. überschätzt wird. Infolgedessen eignet sich auch die Sensitivitätsanalyse aufgrund der bisweilen realitätsfernen Veränderung der Marktfaktoren nur bedingt zur Festlegung angemessener Risikolimite.

6.2.1.2.3 Value at Risk-Limit

Das Value at Risk-Konzept verwirklicht eine Verdichtung der zahlreichen Annahmen und Informationen über die Risikokennziffern zu einem Betrag, welcher die Höhe des für einen bestimmten Betrachtungszeitraum bestimmten Verlustpotentials beziffert.[53] Obgleich das Value at Risk für das jeweilige Geschäft bestimmt wird und damit das Limit anhand des potentiellen Verlustes für einzelne Positionen festgesetzt werden kann, ermöglicht doch ausschließlich die portfolioorientierte Betrachtung die Berücksichtigung bestehender Interdependenzen einzelner Kontrakte. Sofern die Geschäftsleitung eine konservative Risikohaltung einnimmt und entsprechend eine perfekt positive Korrelation der vorhanden Risikopositionen unterstellt, unterscheidet sich die Aufteilung der Risikolimite auf die heruntergebrochenen Profit-Center und Händler von der originären Risikokapitalallokation der Abbildung 6.6 nicht. Demgegenüber kann unter Einbeziehung der tatsächlichen Abhängigkeiten das Gesamtrisiko des Institutes erheblich verringert werden.

Für die Fixierung der Limite hat dies zur Konsequenz, daß ein übergeordnetes Kapitallimit einen höheren potentiellen Verlustbetrag decken kann. Die Abbildung 6.7 veranschaulicht die kompensierenden Effekte aufgrund der bestehenden Korrelationen zwischen einzelnen Risikopositionen. In diesem Fall liegt die Summe der Risikokapitanteile der untergeordneten Ebenen über dem Wert, des von der übergeordneten Ebene insgesamt zur Verfügung gestellten Risikokapitalbetrages.

---

[53] Vgl. Walther, W. F., Risikomanagement im derivativen Geschäft, in: Rudolph, B., Derivative Finanzinstrumente, Stuttgart, 1995, S. 296.

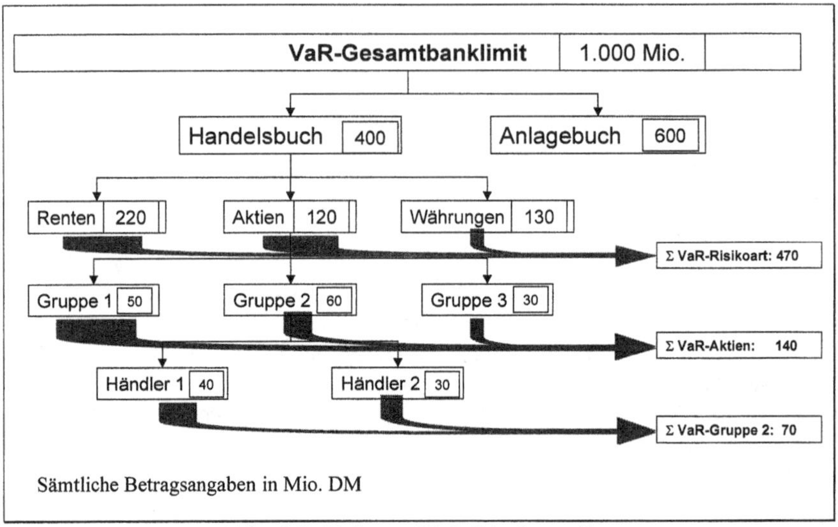

Abb. 6.7: Value at Risk-Limitzuteilung

Ausgehend vom zentral festgelegten Gesamtbanklimit stellt die Geschäftsleitung für die Handelsaktivitäten ein Deckungskapital in Höhe von 400 Mio. DM zur Verfügung. Die Gesamtsumme der Risikokategorien, Renten, Aktien und Währungen, weist allerdings einen Betrag in Höhe von 470 Mio. DM aus, so daß die Summe der Einzelrisiken gegenüber dem Kapitalbetrag um 70 Mio. DM überschritten wird. Dieser Wert liegt 17,5% [(470 – 400)/400] über dem zur Verfügung gestellten Kapitallimit. Innerhalb des Aktienhandels beträgt diese Relation für die drei Handelsgruppen 16,67% [(140 – 120)/120]; auf der Ebene der Händler beläuft sich der Wert ebenfalls auf 16,67% [(70 – 60)/60].

6.2.1.2.3.1 Overnight-Limit

Die Aufteilung der Deckungskapitalbestandteile in der Abbildung 6.7 basiert auf annualisierten Daten. Da die Kontrakte im Handelsbereich gemeinhin nur über eine kurze Zeit in den Büchern der Institute verbleiben, werden die Jahreslimite in die Overnight-Limite überführt. Dieses befristete Limit begrenzt den Eintritt betriebswirtschaftlicher Verluste, die sich aus realisierten und schwebenden Netto-Vermögenswertminderungen zusammensetzen, und hat die Vermeidung eines vollständigen Verzehrs des zugeteilten Risikolimits vor Ablauf des gesamten Betrachtungszeitraumes zum Ziel.

Zur Berechnung des Overnight-Limits wird auf die Wurzel-Regel zurückgegriffen. Im Gegensatz zur Anwendung der Formel 5.4 im Rahmen der Risikoquantifizierung wird in diesem Zusammenhang nicht das Risiko sondern die zur Verfügung gestellte Risikodeckungsmasse adjustiert.[54] Die Wurzelregel berücksichtigt die Gegebenheit, daß die Wahrscheinlichkeit eines eintretenden Ereignisses an einem bestimmten Handelstag nicht mit der Eintrittswahrscheinlichkeit des darauffolgenden Handelstages übereinstimmt. Vielmehr läßt sich eine unterproportionale Steigerung des Risikopotentials im Zeitablauf beobachten.[55] Als Bezugsgröße werden gemeinhin 250 Börsentage zugrunde gelegt, so daß das Wurzelgesetz zur Anpassung bestehender Risikodeckungspotentiale mit der Formel 6.1 beschrieben werden kann:

$$\text{Overnight - Risiko} = \frac{\text{Risiko p.a.}}{\sqrt{\frac{\text{Börsentage p. a.}}{\text{Anzahl der Tage}}}} = \frac{\text{Risiko p.a.}}{\sqrt{\frac{250}{1}}}$$

Formel 6.1: Overnight-Risiko nach der Wurzelregel

Unter Anwendung der Wurzelregel läßt sich das tägliche Risikolimit exemplarisch für den Aktienhändler der Gruppe 2 aus der Abbildung 6.7 mit einem jährlichen Risikolimit in Höhe von 40 Mio. DM auf ein Overnight-Limit von 2,5 Mio. DM (40/√250) umrechnen. Ebenso läßt die Formel eine exakte Limitvergabe hinsichtlich eines begrenzten Zeitraumes zu. So errechnet sich nach 125 Handelstagen ein Kapitalbetrag in Höhe von 28 Mio. DM (40/√(250/125)). An dieser Stelle wird der im Zeitablauf abnehmende Wertzuwachs evident, da der lineare Verlauf einen Anspruch in Höhe von nur 20 Mio. DM rechtfertigen würde. Den Verlauf der durch die Wurzelregel determinierten Limitverteilung reproduziert die Abbildung 6.8. Dabei kommt die unterproportionale Inanspruchnahme der Risikodeckungsmassen der zeitlich nachfolgenden Handelstage zum Ausdruck.

[54] Zur Anwendung der Wurzel-Regel im Rahmen der Risikobestimmung siehe Abschnitt 5.4.1.2.2.

[55] Vgl. Willner, B. (1998), S. 37.

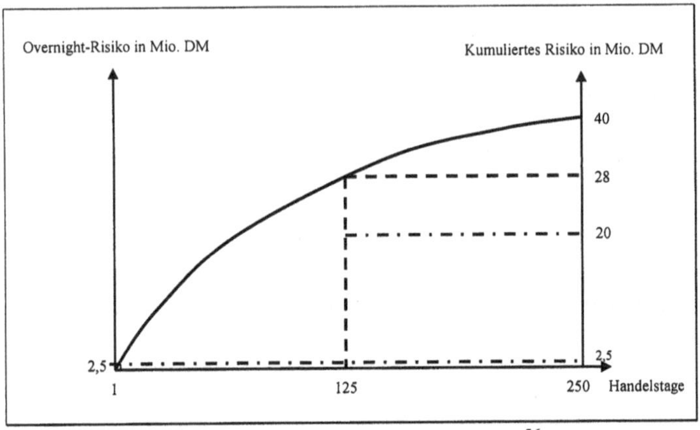

Abb. 6.8: Annualisierungsprozeß[56]

Außerdem erlaubt die Wurzelregel, eine Veränderung der Risikodeckungsmasse in einem bestehenden Limitsystem vorzunehmen. De facto kann eine Verlustrealisierung über 10 Mio. DM innerhalb der ersten 50 Tage des Betrachtungszeitraumes dazu führen, daß die Risikolimite um eben diesen Betrag abgebaut werden sollen. Folglich muß das auf 30 Mio. DM [40 – 10] ermäßigte Gesamtjahreslimit erneut der Overnight-Limit-Berechnung unterzogen werden. Das nunmehr festgestellte Overnight-Limit beläuft sich auf 1,9 Mio. DM [30/√250]. Damit wirkt sich der Abbau des Gesamtjahreslimits in Höhe von 10 Mio. DM auf das Overnight-Limit durch eine Verringerung in Höhe von 0,6 Mio. DM [2,5 – 1,9] aus.

In diesem Zusammenhang ist entscheidend, daß das reduzierte Verlustjahreslimit auf die gesamte Planungsperiode bezogen wird. Sofern lediglich die verbleibende Restlaufzeit als Bemessungsgrundlage Anwendung findet, würde dies aufgrund des verringerten Devisors unter Umständen zu einer Erhöhung des Overnight-Limits und mithin zu einer eklatanten Fehlsteuerung führen.[57]

---

[56] Abbildung in Anlehnung an Willner, B. (1998), S. 39.

[57] Vgl. Lister, M. (1997), S. 203.

6.2.1.2.3.2 Starres Limit

Ein starres Limit liegt vor, falls die Höhe des berechneten Overnight-Limits für jeden Arbeitstag neu zur Verfügung gestellt wird. So steht dem Aktienhändler 1 der Gruppe 2 an sämtlichen Arbeitstagen im Planungszeitraum ein Risikolimit in Höhe von 2,5 Mio. DM (40/√250) zur Auslastung zur Verfügung. Für den Abschluß neuer Geschäfte als auch für den Risikogehalt bestehender Positionen stellt dieser Limitbetrag für den Händler eine feststehende Kalkulationsgrundlage dar.

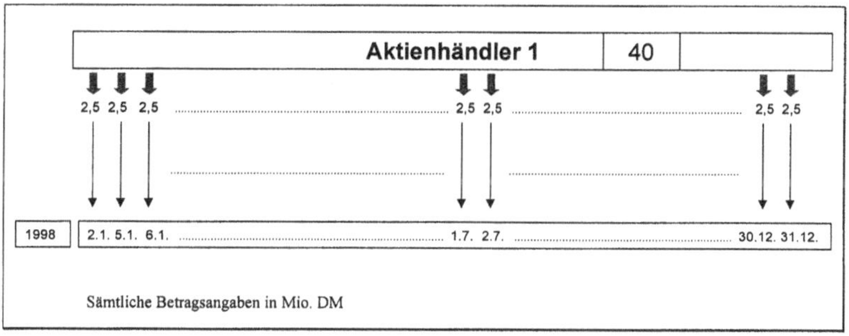

Abb. 6.9: Starres Limit

Die stetige Orientierung der potentiellen Marktwertänderungen gegenüber dem aktuellen Stichtag sorgt dafür, daß die Auslastung der auf Jahresbasis definierten Verlustgrenze als hinreichend unwahrscheinlich angesehen werden kann. Da sich die tägliche Dispositionsfreigrenze jeweils auf die verfügbaren 40 Mio. DM bezieht, liegt zudem ein statisches Limit vor.

6.2.1.2.3.3 Verlustbegrenzungslimit

Falls die Realisierung von Verlusten mit einer Reduzierung des Overnight-Limits für die nachfolgenden Tage verbunden ist, kann von einem Verlustbegrenzungslimit gesprochen werden. Dem risikoaversen Verhalten der Geschäftsführung wird dadurch Ausdruck verliehen, daß im Gegensatz zu einer Reduzierung der Risikolimite im Verlustfall, eine Erhöhung der Limite im Rahmen der Gewinnerzielung unterbleibt. Das Risikolimit bleibt somit auch bei der Erzielung positiver Erfolgsbeitrag bestehen, so daß dem Händler ein Ausbau ertragsstarker Risikopositionen verwehrt bleibt.[58] Allerdings besteht die Möglichkeit, die zeitlich vorher angefallenen Gewinne zum Ausgleich der später auftretenden Verluste heranzuziehen.[59]

6.2.1.2.3.4 Dynamisches Limit

Das dynamische Limit nimmt eine Adjustierung des zur Verfügung gestellten Limits sowohl für den Fall eines Gewinn- als auch eines Verlustausweises vor. Damit kommt das dynamische Limit dem selbstverzehrenden Limit gleich, welches die aufgelaufenen Handelsergebnisse automatisch zur Aktualisierung der tolerierbaren Verlustgrenze einbezieht.[60] Auf diese Weise wird dem Händler die Chance eingeräumt, in erfolgversprechende Kontrakte verstärkt zu investieren.

---

[58] Vgl. Spranger, S./Wahle, H.-G./Wisser, J. (1997), S. 1000.
[59] Vgl. Johannig, L. (1998), S. 47.
[60] Vgl. Schierenbeck, H./Wiedemann, A. (1996), S. 24.

6.2.2 Erfolgskennzahlen

Als traditionelles Verfahren zur ertragsorientierten Steuerung der Verantwortungsbereiche der Gesamtbank hat sich die Eigenkapitalrentabilität längst bewährt. Die Kennzahl stellt den erzielten Erfolgsbeitrag dem eingesetzten Kapital gegenüber und zeigt innerhalb des ROI-Schemas die sachlogischen Zusammenhänge zwischen dem erzielten Ergebnisbeitrag und den Verantwortungsbereichen auf. Neben der ROI-Rentabilitätskennzahl bieten sich mit den risikoadjustierten Methoden der Erfolgsmessung weitere Verfahren an, die nicht nur den ökonomischen Erfolg eines Geschäftsfeldes bewerten, sondern die darüber hinaus dem übernommenen Risiko der Geschäfte entscheidende Bedeutung beimessen, um eine Risiko-Rendite-Steuerung einzelner Profit-Center zur Erreichung des Gesamtbankzieles vorzunehmen.[61]

6.2.2.1 Eigenkapitalrentabilität

Das Rentabilitätsziel stellt den Mittelpunkt der geschäftspolitischen Entscheidungen dar und dominiert klar die Risiko- und Wachstumspolitik eines Institutes.[62] Mit dieser Zielsetzung wird sichergestellt, daß weitere Risiken nur eingegangen werden, wenn auch das notwendige Kapital vorhanden ist und die zusätzliche Bereitstellung des Risikokapitals mit einem entsprechenden Ergebnisbeitrag entlohnt wird.[63] Die Implementierung eines ertragsorientierten Eigenhandels setzt die exakte Darlegung der erzielte Erträge voraus. Um die Aktivitäten des Eigenhandels nicht nur zwischen den Polaritäten „gewinnbringend" und „nicht gewinnbringend" einordnen sondern korrekt bewerten zu können, bedarf es eines Profitabilitätsmaßes, welches einen Vergleich der Wirtschaftlichkeit einzelner Geschäftsfelder oder Profit-Center ermöglicht sowie die Ergebnisse der divisionalisierten Geschäftseinheiten zu einem Gesamtbankergebnis zusammenführt.

---

[61] Vgl. Zaik, E., et al., RAROC at Bank of America: From Theory to Practice, in: Journal of Applied Corporate Finance, Vol. 9, 2/1996, S. 84.

[62] Vgl. Schierenbeck, H., Konzeption eines integrierten Risikomanagements, in: Rolfes, B./Schierenbeck, H./Schüller, S. (Hrsg.), Risikomanagement in Kreditinstituten, Schriftenreihe des Zentrums für Ertragsorientiertes Bankmanagement, Bd. 5, Frankfurt am Main, 1995, S. 3-4.

[63] Vgl. Schierenbeck, H., Ertragsorientiertes Bankmanagement, Bd. 1: Grundlagen, Marktzinsmethode und Rentabilitäts-Controlling, 5. Aufl., Wiesbaden, 1997, S. 416.

Die strategische Entscheidung, spezifische Geschäftsfelder zu fördern oder abzubauen, erfordert umfassende Kenntnisse über die Kapital- und Risikostruktur der einzelnen Ergebnisbereiche. Insbesondere für die Eigenhandelsaktivitäten muß der Vielzahl der am Markt handelbaren Finanzinstrumente durch eine adäquate Bestimmung der Rentabilität Rechnung getragen werden. Ferner muß die Ertragskennzahl dem Anspruch gerecht werden, der Unternehmenssteuerung Aufschluß über die ertragsorientierten Handelsbereiche zu geben als auch auf die Allokation der Eigenmittel für das gesamte Institut einzuwirken.

Da den Handelsabteilungen zur Erreichung der Zielvorgaben bestimmte Kapitalkontingente zur Verfügung stehen, über deren Verwendung sie frei entscheiden können, läßt sich der erzielte Gewinn hinsichtlich des eingesetzten Kapitals beurteilen.[64] Die Relation der absoluten Ist-Größen zu dem Kapitaleinsatz ermöglicht einen Vergleich mit historischen Ergebnissen der Handelsabteilung oder mit zeitgleich arbeitenden Handelsausrichtungen, etwa nach Aktien, Zinsen oder Währungen. Der Return on Investment (ROI), die Verzinsung des eingesetzten Kapitals,[65] ist in der Lage sowohl die Gewinnsituation eines Geschäftsfeldes als auch die Ertragslage der Gesamtbank- respektive des Konzerns objektiv zu bewerten.[66] Die gesamtwirtschaftliche Erfolgsrechnung setzt zur Bestimmung der Eigenkapitalrentabilität (ROE = Return on Equity) den erzielten Reingewinn ins Verhältnis zum bestehenden Eigenkapital eines Institutes.

$$\textbf{Eigenkapitalrentabilität (ROE)} = \frac{\textbf{Reingewinn}}{\textbf{Eigenkapital}} = \frac{\textbf{Reingewinnspanne}}{\textbf{Eigenkapitalquote}}$$

mit

Reingewinnspanne = Reingewinn × Geschäftsvolumen

Eigenkapitalquote = Eigenkapital × Geschäftsvolumen

Formel 6.2: Eigenkapitalrentabilität

---

[64] Vgl. Willner, B.(1998), S. 30.

[65] Vgl. Botta, V., Kennzahlensysteme als Führungsinstrumente: Planung, Steuerung und Kontrolle der Rentabilität im Unternehmen, 5. Aufl., Berlin, 1997, S. 22-23.

[66] Vgl. Bundesverband deutscher Banken, Eigenkapitalrentabilität als Steuerungsinstrument im Bankbetrieb, in: Die Bank, 1/1991, S. 26.

Die Formel 6.2 bringt den inversen Zusammenhang zwischen der Eigenkapitalrentabilität und der Eigenkapitalquote zum Ausdruck. Unter der Annahme eines konstanten Reingewinns steigt die Eigenkapitalrentabilität, wenn die Eigenkapitalquote sinkt et vice versa. Vor dem Hintergrund, daß eine Verringerung der Eigenkapitalausstattung zu einem Anstieg der Eigenkapitalrentabilität führt, bleibt zu berücksichtigen, daß dies mit einer Verschlechterung der Risikoposition eines Institutes einhergeht.[67]

Neben der einzelgeschäfts- bzw. geschäftsfeldbezogenen Betrachtung wird mit Hilfe des ROI-Schemas die Eigenkapitalrentabilität für das Gesamtinstitut kalkuliert und zugleich die Entstehung des Erfolgsbeitrages aus den einzelnen Profit-Centern sachlogisch und transparent offengelegt. Dieses rentabilitätsorientierte ROI-Modell weist das Betriebsergebnis den beteiligten Geschäftsebenen verursachungsgerecht zu und berücksichtigt die auf jeder Ebene anfallenden „Spannen-Ergebnisse", welche die Verbindung zwischen dem Betriebsergebnis und der Eigenkapitalrentabilität herstellen.[68] Darüber hinaus läßt sich die ROI-Methode auch nach dem Betriebsergebnis aus dem Kundengeschäft, z. B. aus den Erträgen der segmentierten Kundengruppen, sowie nach den Erfolgsbeiträgen aus dem Nichtkundengeschäft, etwa dem Handelsergebnis und/oder dem Transformationsergebnis[69] schematisieren[70] und schließlich zu einer prägnanten Steuerungs- und Bezugsgröße, der Eigenkapitalrentabilität, verdichten.

---

[67] Vgl. Schierenbeck, H., Shareholder Value-Management im Konzept Ertragsorientierter Banksteuerung, in: Die Bank, 1/1998, S. 15.

[68] Vgl. Schierenbeck, H., Controlling, in: Kloten, N./von Stein J. H. (Hrsg.), Obst, G./Hintner, O.: Geld-, Bank und Börsenwesen, Stuttgart, 1993, S. 922.

[69] Zur Zurechnung der Teilergebnisse zum Transformations- bzw. zum Handelsbeitrag siehe Schierenbeck, H./von Villiez, C., Zur Systematisierung bankbetrieblicher Ergebnisbereiche, in: Die Bank, 6/1989, S. 312-313, sowie von Villiez, C., Die Abgrenzung von Handelserfolgen in der bankbetrieblichen Ergebnisrechnung, in: Die Bank, 11/1989, S. 624-627.

[70] Zur Darstellung des ROI-Analyseschemas unter Berücksichtigung des Eigenhandelsergebnisses siehe Echterbeck, H. (1991), S. 172.

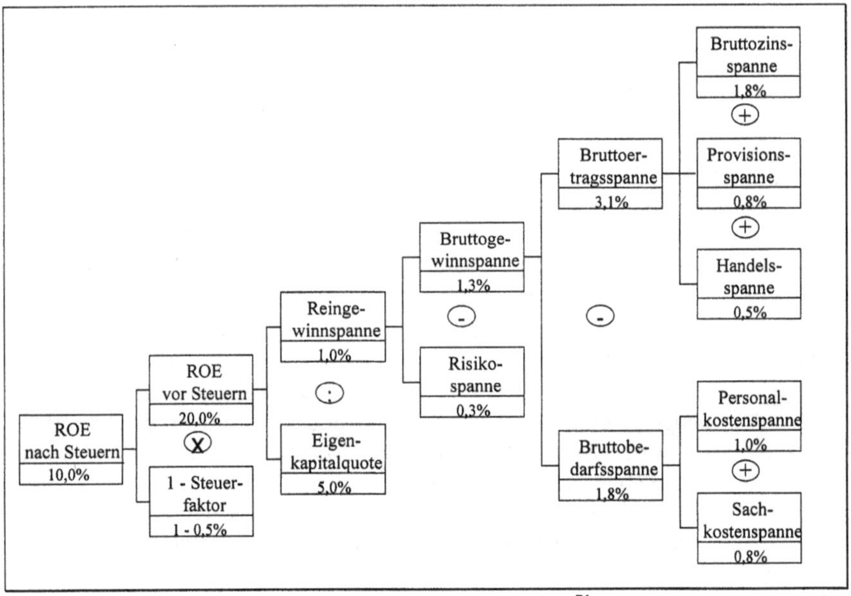

Abb. 6.10: ROI-Grundschema[71]

Das ROI-Modell präsentiert sich als ein zusammenhängendes, geschlossenes System, in dem eine Variation einer vorgelagerten Größen zwangsläufig mit einer Veränderung der Folgekennzahl verbunden ist.[72] Gleichwohl weist das ROI-Schema unter dem Gesichtspunkt der Rentabilitätssteuerung zahlreiche Kritikpunkte auf, die – bei einer oberflächlichen Betrachtung des Systems – zu Fehlinterpretationen führen können.[73] Faktisch resultiert aus der Substitution des Eigenkapitals durch Fremdkapital eine Erhöhung der Eigenkapitalrentabilität, welche sich mit dem Leverage-Effekt, der Erhöhung des Verschuldungsgrades, begründet.[74] Weiterhin birgt die ausschließliche Bewertung eines

[71] Modifizierte Abbildung in Anlehnung an Remaklus, H. M. ROI-Management auf der Grundlage von gesamtbankbezogenen Zahlen des finanziellen Rechnungswesens, in: Schierenbeck, H./ Moser, H. (Hrsg.), Handbuch Bankcontrolling, Wiesbaden, 1994, S. 640.

[72] Vgl. Schierenbeck, H. (1997a), S. 404.

[73] Vgl. Jacobson, R., The Validity of ROI as a Measure of Business Performance, in: The American Economic Review, Vol. 77, Nr. 3, June 1987, S. 476.

[74] Vgl. Rappaport, A., Shareholder Value: Wertsteigerung als Maßstab für die Unternehmensführung, Stuttgart, 1994, S. 44.

Verantwortungsbereichs durch die Ergebnisse der ROI-Analyse die Gefahr eines Konfliktes zwischen dem Gewinnziel der Gesamtbank und der Renditemaximierung des operativen Geschäftsfeldes in sich. Pfingsten belegt am Beispiel der Bruttozinsspanne, daß die Maximierung des ROI auf der Ebene des Profit-Centers mit einer Reduzierung des Gesamtbankerfolges verbunden sein kann.[75] Ebenso macht Plinke auf die mögliche Fehlsteuerungswirkung der ROI-Kennzahl aufmerksam. Die strikte Orientierung am ROI führt dazu, daß die Annahme von Passivgeschäften unterbleibt, die über der Durchschnittsrendite liegen, wenn die prozentuale Gewinnsteigerung nicht mindestens so hoch ist, wie der Zuwachs des Kapitals, da sonst der ROI des Profit-Centers sinken würde.[76]

Poensgen kritisiert die unhaltbaren Konsequenzen der Rentabilitätsberechnung noch drastischer, indem er die Folgegeschäfte ablehnt, welche unter dem aktuellen, durchschnittlichen ROI liegen.[77] Dieses Verhalten der Verantwortungsbereiche, welches auf die alleinige Renditemaximierung fokussiert, reduziert unwillkürlich den Gewinn der Gesamtbank. Umgekehrt kann ein unterdurchschnittlich rentables Eigengeschäft einen positiven Beitrag zum Gewinnanstieg der Gesamtbank liefern. Penzkofer/Täube weisen außerdem darauf hin, daß sich das eingesetzte Kapital als Bezugsgröße für die relativierte Erfolgsgröße nur bedingt einsetzen läßt, da sich die Investitionen nicht immer unabhängig von anderen Bereichen erfolgswirksam auswirken und somit eindeutig zuordnen lassen.[78]

Die vorgenannten Aspekte lassen erkennen, daß der Return on Investment als alleiniges Steuerungsinstrument nicht ausreicht. Vielmehr schließt die ROI-Kennzahl Fehlsteuerungsrisiken ein, die den Ertrag des gesamten Institutes beeinflussen können. Entsprechend bedarf es zur ertragsorientierten Steuerung des Eigengeschäftes in Abstimmung mit dem Gesamtbankziel weiterer Konzepte, die den bisherigen Rentabilitätsdarstellungen überlegen sind. In diesem Zusammenhang gilt es, eine Verknüpfung zwischen dem eingesetzten Kapital, dem Ertrage und dem damit verbundenen Risiko herzustellen.

---

[75] Siehe Pfingsten, A., Sparten gut, alles gut?, in: Die Bank, 3/1989, S. 139-141.

[76] Vgl. Plinke, W., Kapitalsteuerung in Filialbanken, in Besters, H., et al. (Hrsg.), Bochumer Beiträge zur Unternehmensführung und Unternehmensforschung, Bd. 17, Wiesbaden, 1975, S. 145.

[77] Vgl. Poensgen, O. H., Geschäftsbereichsorganisation, Opladen, 1973, S. 269.

[78] Vgl. Penzkofer, P./Täube, K., Profit Centers im Bankbetrieb – Zur Problematik der Divisionalisierung von Universalbanken – II. Teil, in: Bank-Betrieb, 3/1992, S. 111.

6.2.2.2 Risikoadjustierte Rentabilitätskennzahlen

Die Grundlage für einen ertragsorientierten Eigenhandel bildet nicht die weitgehende Vermeidung des Risikos sondern die Erzielung eines ausgewogenen Risiko-Chance-Verhältnisses.[79] Vor diesem Hintergrund erfordern die modernen Methoden der Rentabilitätsermittlung im Rahmen des Risikocontrollings neben der Erfassung des eingesetzten Kapitals die Berücksichtigung des kausalen Zusammenhangs zwischen Rendite und Risiko. Die Optimierung dieser Relation setzt sowohl für die geschäftsbezogene als auch für die gesamtbankbezogene Betrachtung voraus, daß die Risiken korrekt erfaßt, dem jeweiligen Verantwortungsbereich zugeordnet und individuell gesteuert werden können.[80] Folglich ermöglicht erst die präzise Quantifizierung des Marktpreisrisikos durch den Einsatz interner Berechnungsmodelle eine Aussage hinsichtlich der wirtschaftlichen Rentabilität, welche als Bemessungsgrundlage für eine optimale, geschäftspolitische Steuerung einzelner Geschäfte oder Portfolios herangezogen wird.

6.2.2.2.1 Grundlegender Zusammenhang zwischen Ertrag und Risiko

Der Einsatz eines risikoadjustierten Kennzahlensystems verfolgt das Ziel, den Ertrag unter Berücksichtigung des eingegangenen Risikos hinsichtlich einer Transaktion, eines Portfolios, einer strategischen Geschäftseinheit oder des gesamten Institutes zu bestimmen.[81] Die Abbildung dieser Rendite-Risiko-Relation basiert auf den Erkenntnissen der „Capital Asset Pricing Model–Theorie“ (CAPM), welche wiederum an die Anfang der fünfziger Jahre von Harry Markowitz hervorgerufene Portfoliotheorie (Portfolio Selection Theory) anknüpft.

---

79 Vgl. o. V., Gesamtbanksteuerung, in: Deutsche Sparkassenzeitung vom 16. Juni 1998, Nr. 45, S. 7.

80 Vgl. Wieandt, P., Risiko als Faktor für den Ressourcen-Einsatz, in: ZfgK, 13/1993, S. 604.

81 Vgl. Strutz, E., Wertmanagement von Banken, Diss., St. Gallen, 1993, S. 73.

6.2.2.2.1.1 Portfolio-Selection

Ausgehend von der Fragestellung, wie ein bestimmter Anlagebetrag vollständig am Wertpapiermarkt in mehrere risikoreiche Assets investiert werden kann,[82] legte Markowitz zunächst die Prämissen fest, daß

- die Investoren sich risikoavers verhalten,
- sämtliche handelbare Assets beliebig teilbar sind,
- der Betrachtungszeitraum sich auf eine Periode erstreckt (Zwei-Zeitpunkt-Modell) und
- Transaktionskosten und Steuern unberücksichtigt bleiben.[83]

Unter der Annahme, daß der gesamte Anlagebetrag auf sämtliche Assets aufgeteilt wird, lassen sich eine Vielzahl einzelner Risiko-Rendite-Relationen realisieren. Die Kombination aller am Markt handelbaren Assets erzeugt ein Portfolio, welches die bestehenden Korrelationen zwischen den Markttiteln berücksichtigt. Markowitz konnte in seiner Untersuchung nachweisen, daß die Kombination einzelner rentierlicher Wertpapiere zu einem Portfolio mit einer Reduktion des Gesamtrisikos verbunden ist,[84] falls die einzelnen Titel nicht perfekt positiv miteinander korreliert sind.[85] Infolgedessen entscheiden die Korrelationskoeffizienten der einzelnen Assets über den Verlauf der Rendite-Risiko-Kombinationen der realisierbaren Portfolios und sind somit für die Höhe des Diversifikationseffektes verantwortlich.[86] Während sich die Ermittlung dieser Portfoliolinie im „Zwei-Anlagen-Fall" relativ einfach durchführen läßt,[87]

---

[82] Zur analytischen Aufteilung des Investitionsbetrages auf die einzelnen Wertpapiere siehe Markowitz, H. M., Portfolio Selection, in: The journal of Finance, Bd. 7, 1952, S. 78.

[83] Vgl. dazu Gräfer, H./Beike, R./Scheld, G. (1997), S. 333.

[84] Die Abbildung der Rendite erfolgt im Rahmen der Portfoliotheorie durch den Erwartungswert (μ) sowie des Risikos durch die Varianz (σ^2) respektive deren Quadratwurzel, die Standardabweichung (σ). Zur Berechnung der Parameter siehe Abschnitt 5.1.

[85] Vgl. Markowitz, H., Portfolio Selection, Efficient Diversifications of Investments, 1991, S. 5.

[86] Theoretisch wäre auch eine perfekt negative Korrelation der Assets denkbar, die zu einer vollständigen Beseitigung des Risikos führen und die Portfoliolinie an der Ordinatenachse enden lassen würde. Im entgegengesetzten Extremfall, einer perfekt positiven Korrelation der Assets, wäre hingegen eine Risikoreduktion durch die Portfoliobildung gänzlich ausgeschlossen. Realiter lassen sich diese Extremfälle ausschließen und Korrelationen im Wertebereich zwischen -1 und +1 beobachten, so daß die Portfoliolinie einen in der Abbildung 6.11 skizzierten Verlauf aufweist.

[87] Siehe Elton, E. J./Gruber, M. J., Modern Portfolio Theory and Investment Analysis, New York, 1981, S. 43- 54.

beansprucht bereits die Berücksichtigung mehrerer Assets den Einsatz computergestützter Programme.[88]

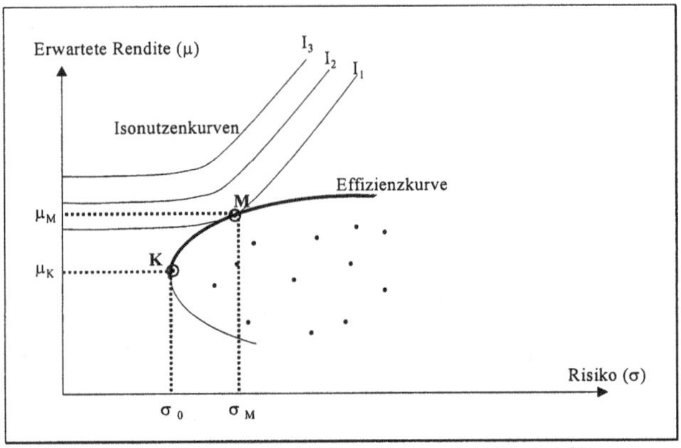

Abb. 6.11: Bestimmung des optimalen Portfolios

In der Abbildung 6.11 sind die Renditen der bestehenden Portfolios mit den entsprechenden Risiken dargestellt. Für den rational handelnden Anleger scheiden sämtliche μσ-Kombinationen aus, die nicht auf der fett markierten Effizienzkurve liegen, da diese suboptimalen Portfoliokombinationen zu jederzeit eine geringere Rendite aufweisen, als die mit dem gleichen Risiko ausgestatteten auf der Effizienzlinie liegenden Rendite-Risiko-Relationen. Die „Efficient frontier" dominiert somit sämtliche unterhalb der Kurve liegenden μσ-Kombinationen. In diesem Zusammenhang identifiziert Sharpe das effiziente Portfolio mit den Merkmalen: „An efficient portfolio has less risk than any other with comparable expected return and more return than any other with comparable risk."[89]

Die Wahl des optimalen Portfolios hängt von der Risikopräferenz des Anlegers ab.[90] Die Abbildung 6.11 legt anschaulich dar, daß das Portfolio K weniger Risiko birgt als das Portfolio M; damit erschließt es allerdings auch weniger

---

[88] Vgl. Levy, H./Sarnat, M., Devaluation risk and the portfolio analysis of international investment, in: Elton, E. J./Gruber, M. J. (Hrsg.), International Capital Markets, in: Roll, R./Scholes, M. (Hrsg.), Studies in Financial Economies, Vol. 1, Amsterdam, 1975, S. 182.

[89] Sharpe, W. F. (1985), S. 140.

[90] Vgl. Brammertz, W., Ganzheitliches Denken zur Risiko-Kontrolle, in: Schweizer Bank, 9/1992, S. 45.

Ertragspotentiale. In Abhängigkeit der Isonutzenkurven, welche die Kombinationen von Risiko und Ertrag abbilden, die für den Anleger den gleichen erwarteten Nutzen stiften,[91] läßt sich das optimale Portfolio für den Investor ermitteln. Die Existenz eines solchen Portfolios resultiert aus der Konvexität dieser Indifferenzkurven sowie aus der Konkavität der Effizienzlinie, die dazu führen, daß ein einziger Tangentialpunkt bestimmt werden kann.[92] Die Risikoscheu der Anleger wird durch den Verlauf der Indifferenzkurven offensichtlich, deren Kurve mit zunehmendem Risiko nahezu vertikal verläuft.

Ohne die praktische Tauglichkeit des Portfolio-Selection-Models zu kritisieren, hat Markowitz mit seinen Erkenntnissen erheblich dazu beigetragen, einzelne Assets hinsichtlich ihres Ertrags und ihres Risikos nicht separat sondern zusammenhängend zu beurteilen.[93]

6.2.2.2.1.2 Tobin-Seperation

Sofern der Anleger den Kapitalbetrag nicht nur in eine Kombination risikobehafteter Assets sondern zusätzlich in ein risikoloses Wertpapier mit einer festgelegten Verzinsung anlegen kann, wird der Investitionsspielraum der Rendite-Risiko-Kombinationen erweitert. Das Portfolio des Investors setzt sich daher aus der linearen Kombination des Marktportfolios und der risikolosen Anlage zusammen.[94] Hierbei kommt bereits zum Ausdruck, daß die Investoren nicht irgendeine individuelle Kombination risikobehafteter Anlagen auswählen sondern stets das Marktportfolio als Investition heranziehen.[95] Das Marktportfolio stellt die einzige effiziente Zusammenstellung der am Markt vorhandenen Anlagen dar und ist demzufolge optimal diversifiziert.

---

91 Vgl. Perridon, L./Steiner, M. (1995), S. 233.

92 Vgl. Schmidt, R. H., Grundzüge der Investitions- und Finanzierungstheorie, 2. Aufl., Wiesbaden, 1989, S. 159.

93 Zur Kritik an der pragmatischen Umsetzung der Portfoliotheorie siehe Perridon, L./Steiner, M. (1995), S. 234-235.

94 Vgl. Kotsch, H., External Effects on the Capital Market, in: Volkswirtschaftlichen Fakultät der Ludwig-Maximilians-Universität München (Hrsg.), Münchener wirtschaftswissenschaftliche Beiträge, Discussion Papers, Nr. 92-30, Dezember 1992, S. 2.

95 Vgl. Slade, M. E./Thille, H., Hotelling Confronts CAPM: A Test of the Theory of Exhaustible Resources, in: CES Working Paper Series, No. 73, München, 1994, S. 3.

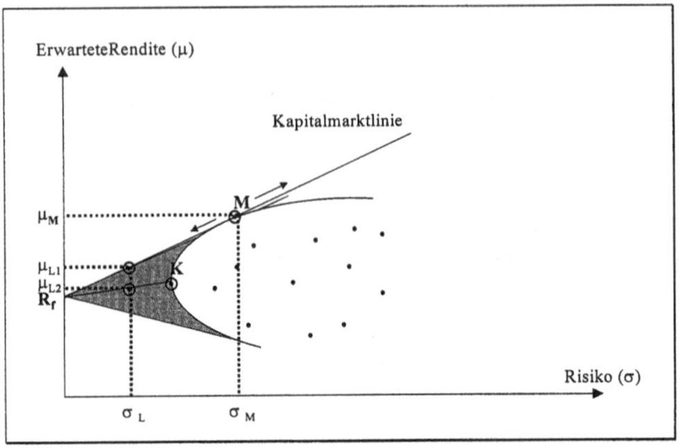

Abb. 6.12: Portfolioseparation

Ein Anleger, der seine Investition auf die risikolose Anlage R_f und auf das risikobehaftete Portfolio K aufteilt, erzielt eine Rendite von insgesamt μ_{L2} bei einem Risiko von σ_L. Ein Anleger, der nicht das Portfolio K sondern das Portfolio M wählt, erreicht bei gleich hohem Risiko (σ_L) hingegen eine Rendite von μ_{L1}. Die Kombination der risikolosen Anlage und des Marktportfolios dominiert nicht nur das Portfolio K, sondern sämtliche Mischportfolios, die innerhalb der grau markierten Fläche liegen. Daraus folgt der Schluß, daß sich sämtliche Kombinationen aus dem Marktportfolio (M) und der risikolosen Anlage (R_f) auf der Geraden zwischen R_f und M befinden. Diese Gerade wird als Kapitalmarktlinie (Capital Market Line) bezeichnet.

Vor dem Hintergrund, daß der Investor lediglich über die Kapitalaufteilung auf die risikolose und auf die risikobehaftete Anlage, nicht aber über die Zusammensetzung der Risikotitel entscheidet, kommt der Kapitalmarktlinie besondere Bedeutung zu. In Abhängigkeit von der individuellen Risikopräferenz des Investors können „durch das Wandern auf der Kapitalmarktlinie“[96] sämtliche Mischportfolios, die aus dem Marktportfolio und der risikolosen Anlage bestehen, dargestellt werden.

Investoren, die bereit sind, ein über dem Marktportfolio (M) liegendes Risiko einzugehen, können überdies durch eine Kreditaufnahme zum risikolosen

[96] Süchting, J., Finanzmanagement: Theorie und Politik der Unternehmensfinanzierung, 6. Aufl., Wiesbaden, 1995, S. 371.

Zinssatz (R_f) ihren Investitionsbetrag erweitern. In diesem Fall verlängert sich die Strecke auf der Kapitalmarktlinie über M hinaus und wird durch die Höhe des aufgenommenen Kreditbetrages begrenzt.[97]

Die – aus Sicht des Investors – optimale Aufteilung des Investitionsbetrags auf die risikolose Anlage sowie auf das Marktportfolio stellt die sogenannte Two-Fonds-Separation oder Tobin-Separation dar.[98] Entsprechend resultiert die zu erwartende Rendite des Mischportfolios aus dem risikolosen Zins und der Risikoprämie des Marktportfolios.

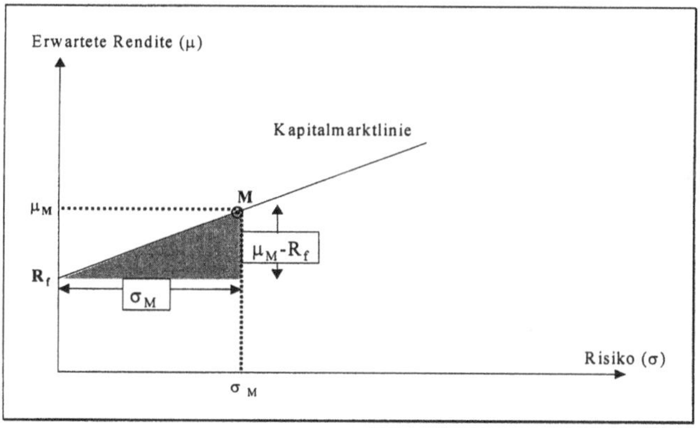

Abb. 6.13: Kapitalmarktlinie

Während die Rendite der risikolosen Anlage fixiert ist, erweist sich die Höhe des übernommenen Risikos als variabler Faktor, welcher die Rendite des Marktportfolios entscheidend determiniert. Die Steigung der Kapitalmarktlinie ermittelt sich aus dem Quotienten, der im Zähler die Differenz der Rendite des Marktportfolios (μ_M) und dem Zins der risikolosen Anlage ausweist und im Nenner das Risiko des Marktportfolios enthält. Damit errechnet sich die Gesamtrendite (μ_i) des Investors nach der Formel 6.3:

97 Vgl. Poschadel, B., Rentabilität und Risiko als Kriterien für die Bewertung der Managementleistung deutscher Investmentgesellschaften, in: Schriften zum Bank- und Börsenwesen, Bd. 5, Berlin, 1981, S. 56.

98 Siehe Tobin, J., Liquidity Preferences on Behaviour towards risk, in: The Review of Economic Studies, 2/1958, S. 65-86.

$$\mu_i = R_f + \frac{\mu_M - R_f}{\sigma_M}\sigma_i$$

mit
μ_i = Rendite des Mischportfolios i
R_f = Risikoloser Zins
μ_M = Rendite des Marktportfolios M
σ_M = Risiko des Marktportfolios M
σ_i = Risiko des Mischportfolios i

Formel 6.3: Funktionsvorschrift der Kapitalmarktlinie

6.2.2.2.1.3 Capital-Asset-Pricing-Modell

Aufbauend auf den fundamentalen Erkenntnissen der Portfoliotherorie von Markowitz (1952) und Tobin (1958) wurde die eingangs beschriebene Beziehung zwischen dem Risiko und der Rendite im Rahmen des Capital Asset Pricing Models weiterentwickelt. In diesem Zusammenhang finden die Beiträge von Sharpe[99] (1964), Lintner[100] (1965) und Mossin[101] (1966) Anerkennung, da diese zur interdisziplinären Anwendung der theoretischen Überlegungen des ex ante-Modells beitragen. Unter der Annahme eines informationseffizienten Marktes und einer einheitlichen Erwartungsbildung der Marktteilnehmer werden zunächst die charakteristischen Prämissen des Gleichgewichtsmarktes unterstellt:[102]

- Eine risikolose Kapitalanlage- und -verschuldungsmöglichkeit existiert zum Zinssatz R_f.
- Sämtliche, handelbare Titel sind beliebig teilbar.
- Das Marktportfolio umfaßt alle am Markt gehandelten Titel.
- Transaktionskosten und Steuern fallen nicht an.
- Der Planungshorizont ist auf eine Periode begrenzt.
- Die Anleger besitzen homogene Erwartungen.

99 Siehe Sharpe, W. F., Capital Asset Prices: A Theory of Market Equilibrium under Conditions of Risk, in: Journal of Finance, Vol. 19, Nr. 3, 1964, S. 425-442.

100 Siehe Lintner, J., The Valuation of Risk Assets and the Selection of risky Investments in Stock Portfolios and Capital Budgets, in: Review of Economics and Statistics, Vol. 47, Nr. 1, 1965, S. 13-37.

101 Siehe Mossin, J., Equilibrium in a Capital Asset Market, in: Econometrica, Vol. 34, Nr. 4, 1968, S. 768-783.

102 Vgl. dazu Sharpe, W. F. (1985), S. 148 ff., sowie Cornehl, E., Entwicklungen der Wertpapiermärkte und internationales Portfolio-Management, Diss., Göttingen, 1989, S. 60-61.

- Die Investitionsbeurteilung der Anleger ist risikoscheu.[103]

Ausgehend von der Bewertungsformel der Kapitalmarktlinie sowie den vorgenannten Annahmen gelingt es, die Rendite eines einzelnen risikobehafteten Titels zu bestimmen, welcher Bestandteil des Marktportfolios ist. Diesbezüglich erfährt die in der Formel 6.3 dargestellte Funktionsvorschrift eine Modifikation, indem die Standardabweichung der i-ten Anlagemöglichkeit durch das systematische Risiko substituiert wird. Dieser Vorgehensweise liegt die Überlegung zugrunde, daß das Marktportfolio sämtliche risikobehafteten Titel einschließt und damit umfassend gut diversifiziert ist. Aufgrund der Diversifikation wird das unsystematische Risiko modelltheoretisch vollständig eliminiert,[104] so daß für den Anleger ausschließlich das marktbezogene, systematische Risiko Berücksichtigung findet.

Als Repräsentant für das systematische Risiko dient gemeinhin das Beta (β), welches die Kovarianz zwischen der Rendite einer Anlage und der Rendite des Marktportfolios ($cov_{i,M}$) zur Varianz der Renditen des Marktportfolios (σ_M^2) ins Verhältnis setzt.[105] Die Formel 6.4 zeigt, daß zur Berechnung des systematischen Risikos eines einzelnen Titels die multiplikative Verknüpfung des Korrelationskoeffizienten aus dem jeweiligen Wertpapier und dem Marktportfolio mit der Relation der beiden Standardabweichungen zum gleichen Ergebnis führt.

$$\beta_i = \frac{\mathbf{cov}_{i,M}}{\sigma_M^2} = \mathbf{k}_{i,M} \frac{\sigma_i}{\sigma_M}$$

$$\text{mit } k_{i,M} = \frac{cov_{i,M}}{\sigma_i \sigma_M}$$

mit

$ß_i$	=	Systematisches Risiko
$cov_{i,M}$	=	Kovarianz zwischen der Rendite des Markt- und des Mischportfolios
$k_{i,M}$	=	Korrelationskoeffizient zwischen der Rendite des Markt- und des Mischportfolios
σ_M	=	Risiko des Marktportfolios M
σ_i	=	Risiko des Mischportfolios i

Formel 6.4: Systematisches Risiko

---

[103] Zur Kritik am CAPM-Modell aufgrund der unterstellten Prämissen siehe Kümmel, A. T., Bewertung von Kreditinstituten nach dem Shareholder Value Ansatz, 2. Aufl., in: von Stein, J. H. (Hrsg.), Studienreihe der Stiftung Kreditwirtschaft, Bd. 12, Sternenfels, 1995, S. 34-35.

[104] Zum Diversifikationseffekt einzelner Titel siehe z. B. Süchting, J. (1995), S. 360-362, sowie Beike, R./Schlütz, J. (1996), S 18-21.

[105] Zur analytischen Herleitung des systematischen Risikos siehe Sharpe, W. F., Portfolio Theory and Capital Markets, in: D'Ambrosio, C. A. (Hrsg.), McGraw-Hill Series in Finance, New York, 1970, S. 91-95.

Da das systematische Risiko des Marktportfolios (β_M) ex definitione sämtliche handelbaren Wertpapiere und damit deren systematischen Risiken umfaßt, besitzt das Marktportfolio stets einen β-Wert von eins. Die risikolose Anlage enthält kein Risiko; der β-Wert beträgt Null. Dementsprechend läßt sich durch die Verbindung dieser Punkte im μβ-Diagramm eine Gerade abtragen, welche für unterschiedliche β-Werte die zu erwartende Rendite einer einzelnen Investition angibt.[106] Während ein konservativer Titel gemeinhin unterproportional auf die Marktschwankungen reagiert und einen β-Wert von unter eins besitzt, läßt sich bei einem Wertpapier, welches mit überproportionalen Kursschwankungen auf das allgemeine Marktverhalten reagiert, ein β-Wert von über eins registrieren.[107]

Die in der Abbildung 6.14 reproduzierte Gerade wird als Wertpapierlinie bezeichnet und stellt die Quintessenz des Kapitalmarktmodells dar. Die Wertpapierlinie beschreibt alle effizienten Anlagemöglichkeiten der Investoren und gibt den positiven Zusammenhang zwischen dem Ertrag und dem Risiko an.[108] Dabei wird deutlich, daß Anlagen mit einem höheren marktbezogenen Risiko eine höhere Rendite versprechen.[109]

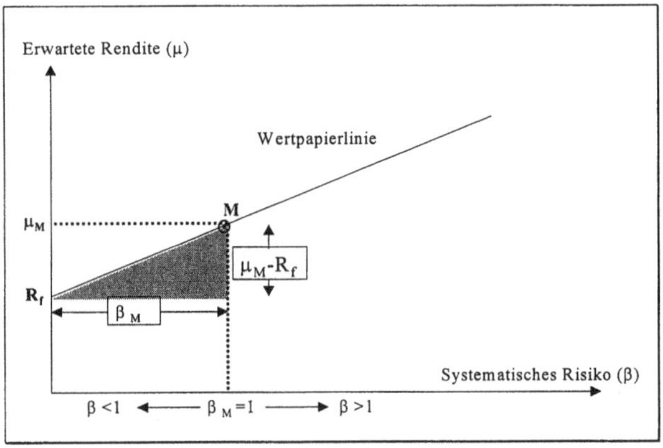

Abb. 6.14: Wertpapierlinie

[106] Vgl. Sharpe, W. F. (1985), S. 161, sowie Elton, E. J./Gruber, M. J. (1981), S 281.

[107] Vgl. Schmidt, R. H. (1989), S 255.

[108] Vgl. Keppler, M., »Beta«-Faktoren und CAPM – ein Nachruf, in: Die Bank, 5/1992, S. 268.

[109] Vgl. Kleeberg, J. M., Der Einsatz von fundamentalen betas im modernen Portfoliomanagement, in: Die Bank, 8/1992, S. 474.

Der funktionale Zusammenhang zwischen der Renditeerwartung und dem systematischen Risiko ergibt sich für die Wertpapierlinie aus der Steigung sowie aus dem Ordinatenabschnitt, der durch den risikolosen Zins bestimmt wird:

$$\mu_i = R_f + (\mu_M - R_f)\frac{cov_{i,M}}{\sigma_M^2} = \underbrace{R_f}_{\text{risikoloser Zins}} + \underbrace{(\mu_M - R_f)\,\beta_i}_{\text{Prämie für die Übernahme des systematischen Risikos}}$$

mit

μ_i	=	Rendite des einzelnen Assets i
R_f	=	Risikoloser Zins
μ_M	=	Rendite des Marktportfolios M
σ_M	=	Risiko des Marktportfolios M
β_i	=	Systematisches Risiko
$cov_{i,M}$	=	Kovarianz zwischen der Rendite des Marktportfolios und der Rendite des einzelnen Assets i

Formel 6.5: Bewertungsvorschrift des Capital Asset Pricing Models

Da jedes Wertpapier Bestandteil des Marktportfolios ist, ermöglicht die Bewertungsvorschrift der Wertpapierlinie, die Rendite eines einzelnen Assets, durch die Berechnung des β-Wertes sowie der Rendite des Marktportfolios und des risikolosen Zinses zu beurteilen.[110] Die Rendite eines Assets ergibt sich aus dem risikolosen Zinssatz zuzüglich der Entlohnung für die Übernahme des systematischen Risikos.

6.2.2.2.2 Risk Adjusted Profitability Measurement (RAPM)

Die Erkenntnisse aus der Portfoliotheorie sowie aus dem CAPM-Modell lassen sich ideal auf die Bewertung der Aktivitäten aus dem Eigenhandelsgeschäft übertragen. Die Erweiterung der eindimensionalen Renditebetrachtung um das damit verbundene Risiko zu einer zweidimensionalen Rendite-Risiko-Aussage[111] ermöglicht eine adäquate Messung des Erfolgsbeitrages. Zudem gewährleisten die Ergebnisse einen einwandfreien Vergleich des Handelserfolgs zwischen spezifischen Kontrakten respektive zwischen den verschiedenen

[110] Eine exemplarische Vorgehensweise zur Bestimmung der Rendite eines einzelnen Assets findet sich bei Gräfer, H./Beike, R./Scheld, G. (1997), S. 352-353.

[111] Vgl. Akmann, M., Risiko- und Ergebnissteuerung im Aktiv-/Passivmanagement, in: Eller, R. (Hrsg.), Handbuch des Risikomanagements, Stuttgart, 1998, S. 142.

Handelsabteilungen eines Institutes. Die Abbildung 6.15 illustriert, daß sich die Rangfolge hinsichtlich der Erfolgswirksamkeit der einbezogenen Verantwortungsbereiche von der auf den ursprünglichen Renditen beruhenden Rangordnung der Handelsgeschäfte erheblich unterscheiden kann.

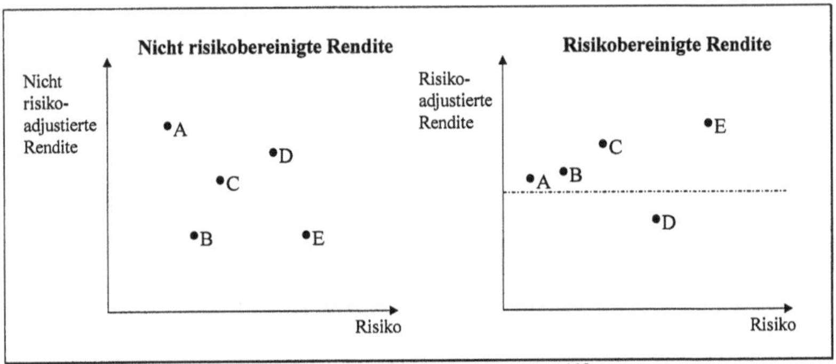

Abb. 6.15: Erfolgsbeurteilung[112]

Zur Implementierung dieser risikobereinigten Erfolgskennzahl, welche gleichsam eine Verbindung zwischen strategischer und operativer Wertsteuerung herstellt, hat sich im angelsächsischen Raum das Konzept des Risk Adjusted Profitability Measurement (RAPM) durchgesetzt.[113] „RAPM measurements provide more sophisticated and more meaningful performance measurement tools than traditional ratios.“[114] Gegenüber dem klassischen Kennzahlensystem versetzt das risikoadjustierte RAPM-Modell ein Institut in die Lage, die Allokation der Eigenmittel auf die Risikoträger vorzunehmen und mit einer Mindestrendite zu verknüpfen.[115] Außerdem wird mit der gleichzeitigen Erfassung bilanzwirksamer und bilanzunwirksamer Geschäfte deren Risikopotential hinsichtlich eines festgelegten Kapitalbestandes limitiert.[116]

---

[112] Abbildung in Anlehnung an Wilson, T., RAROC Remodelled, in: Risk, Vol 5, 8/1992, S. 112.

[113] Vgl. Hörter, S., Das Shareholder Value-Konzept, in: Schuster, L. (Hrsg.), Theorie und Politik der Banken im Wandel, München, 1996, S. 128.

[114] Reyniers, P., Risk Adjusted Profitability Measurement in Banks, Volume 1: Concepts and Applications, Price Waterhouse, London, 1991, S. 16.

[115] Vgl. Strutz, E. (1993), S. 80.

[116] Vgl. Cooke, P., Bank Capital Adequacy and Capital Convergence, Price Waterhouse, London, 1991, S. 131.

Rekurrierend auf die Bewertungsformel der Wertpapierlinie des Capital Asset Pricing Models läßt sich die Annahme eines sehr gut diversifizierten Portfolios, dem Marktportfolio, nicht aufrechterhalten. Demzufolge muß in die Profitabilitätsüberlegungen verschiedener Produkte oder Geschäftsfelder neben dem nicht eliminierbaren systematischen Risiko (β-Faktor) auch das unsystematische Risiko einbezogen werden. Zur Bestimmung der Rentabilität einzelner Kontrakte findet das Gesamtrisiko Berücksichtigung, welches durch die Standardabweichung der Renditen repräsentiert wird. Die aus der Funktionsvorschrift der Kapitalmarktlinie modifizierte Steigung, die in diesem Zusammenhang „Reward-to-Risk-Ratio“ oder Reward-to-Variability-Ratio bzw. in Anlehnung an den Gründer der CAPM-Theorie auch Sharpe-Ratio genannt wird, berechnet sich nach der Formel 6.6:

$$\textbf{Reward- to- Risk- Ratio} = \frac{\textbf{Rendite - risikofreier Zins}}{\textbf{Gesamtrisiko}}$$

Formel 6.6: Reward-to-Risk-Ratio

Infolgedessen entspricht die „Reward-to-Risk-Ratio“ der Risikoprämie, welche gemäß der CAPM-Beziehung den Preis oder die Entschädigung für jede eingegangene Einheit Risiko darstellt.[117] Demnach läßt sich die Schlußfolgerung ziehen, daß sich die Rendite abzüglich des risikolosen Zinssatzes sowie der Prämie für das übernommene Risiko (Risikoprämie x Gesamtrisiko) mindestens auf den Wert Null belaufen sollte. Hierbei kann der risikolose Zins sowohl als geforderter Mindestanspruch des Institutes für die Bereitstellung der Eigenmittel angesehen als auch als Refinanzierungskosten für die Eigenmittelfinanzierung interpretiert werden. Während die realisierte Risikoprämie als Richtgröße für die „Reward-to-Risk-Ratio“ angesehen wird, dient der Wert Null indes als eigentliche Richtgröße für den „Differential Return“ und damit für die Beurteilung des Geschäftserfolges.[118]

[117] Vgl. Alrecht, P./Maurer, R./Stephan, T. G., Shortfall-Performance rollierender Wertsicherungsstrategien, in: Finanzmarkt und Portfolio Management, 9. Jg., 2/1995, S. 197.

[118] Vgl. Grübel, O. J./Kärki, J. P./Reyes, C. G., Wirtschaftliche Rentabilitätsrechnung von Handelsaktivitäten, in: Schierenbeck, H./Moser, H. (Hrsg.), Handbuch Bankcontrolling, Wiesbaden, 1994, S. 618.

Rendite
- risikoloser Zins
- (Risikoprämie x Gesamtrisiko)
=Differential Return

Formel 6.7: Differential Return

Sofern die Prämisse des vollkommenen Marktes sowie der homogenen Erwartungen der Marktteilnehmer nicht aufrechterhalten werden kann, lassen sich Abweichungen von der erwarteten Richtgröße beobachten. Diese werden Über- oder Unterrenditen genannt. Insbesondere durch das Ausnutzen von Informationsvorteilen streben die Investoren einen positiven „Differential Return" an, welcher die bei einem bestimmten Risiko eigentlich zu erwartende Marktrendite um einen Mehrertrag korrigiert.[119]

Die Höhe der Überrendite ist gemäß der „Reward-to-Risk-Ratio" von der Höhe des eingegangenen Risikos abhängig. Je größer das Verhältnis der Risikoprämie (Rendite - risikoloser Zins) zum übernommenen Risiko ist, desto höher ist die Zusatzrendite. Da diese Relation die in der Abbildung 6.16 dargestellte Steigung der Reward-to-Risk-Ratio abbildet, verläuft die Steigung eines Portfolios mit einer Überrendite steiler als der erwartete „Differential Return", welcher den Marktpreis des Risikos repräsentiert. Hinwiederum liegt die Steigung eines Portfolios oder einzelnen Kontraktes mit einem negativen „Differential Return" unterhalb der erwarteten Zielgröße.

[119] Vgl. Groß, H./Knippschild, M. (1995a), S. 101.

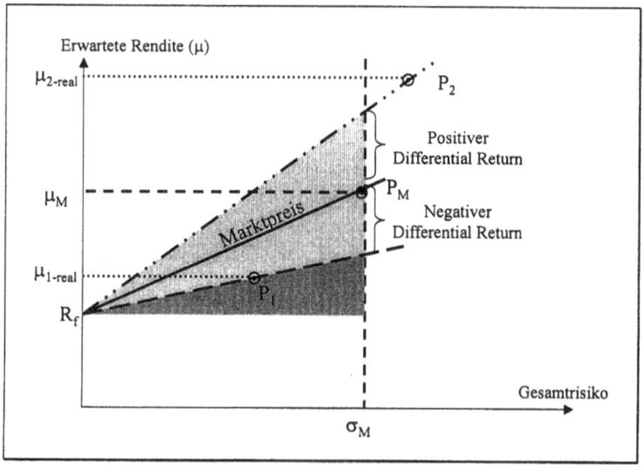

Abb. 6.16: Reward-to-Risk-Ratio und Differential-Return[120]

Die Abbildung 6.16 gibt den oben beschriebenen Sachverhalt wieder. Die Portfolios P_1 und P_2 weichen deutlich vom Marktportfolio P_M mit einer Standardabweichung von σ_M und einer Rendite von μ_M ab. Das Portfolios P_1 erzielt eine Risikoprämie, welche unter dem Wert des Marktportfolios liegt, so daß ein Investor den erwarteten Return zur Kompensation des zusätzlich übernommenen Risikos nicht erzielt. Der Differential Return nimmt einen negativen Wert an. Hingegen weist das Portfolio P_2 im Vergleich zur Benchmark, dem Marktportfolio, einen positiven Differential Return aus. Für die Übernahme eines höheren Risikos wird eine zusätzliche „Prämie“ gewährt.

Sofern die Ergebnisse der Steigung realisierter Rendite-Risiko-Relationen unterschiedlicher Transaktionen, Portfolios oder Handelsbereiche gegenübergestellt werden, geben die Reward-to-Risk-Ratios direkt Auskunft darüber, wie sich die einzelnen Bewertungseinheiten im Vergleich zum Markt entwickelt haben und lassen damit die Bildung einer Rangordnung der Handelseinheiten zu.[121] Die Ausführungen zu den vorgenannten Erfolgskennzahlen, „Reward-to-Risk-Ratio“ und „Differential Return“ demonstrieren, daß die Berücksichtigung des jeweiligen Risikos eine sinnvolle Abbildung der Rentabilität verschiedener

---

[120] Abbildung in Anlehnung an Modigliani, F./Modigliani, L., Risk Adjusted Performance, in: The Journal of Portfolio Management, Winter 1997, S. 49.

[121] Vgl. Roßbach, P., Methoden und Probleme der Performance-Messung von Aktienportfeuilles, in: Priewasser, E. (Hrsg.), Aus der Forschung für die kreditwirtschaftliche Praxis, Bd. 1, Frankfurt am Main, 1991, S. 59.

Portfolios oder Handelsbereiche herbeiführt und eine objektive Vergleichbarkeit herstellt. Um ein Optimum der Rendite-Risiko-Relation zu erzielen und die Steuerung der Profitabilität der Handelsaktivitäten zu gewährleisten, werden im folgenden die Kennzahlen RORAC (Return On Risk Adjusted Capital) und RAROC (Risk Adjusted Return On Capital) vorgestellt.

6.2.2.2.2.1 Return On Risk Adjusted Capital (RORAC)

Die ausführliche Bezeichnung der RORAC-Kennzahl, Return On Risk Adjusted Capital, bringt bereits zum Ausdruck, daß der vereinnahmte Erfolgsbeitrag mit dem zur Gewinnerzielung übernommenen Risikobetrag verknüpft wird. In Anlehnung an die „Reward-to-Risk-Ratio“ erfolgt die Berechnung der RORAC-Kennziffer durch die Relation des Nettoertrags einer Investition zum eingesetzten Risikokapital. Die Nettorendite ermittelt sich aus dem realisierten respektive kalkulatorischen Gewinn abzüglich der verursachungsgerecht zuweisbaren Betriebskosten.[122]

$$\mathbf{RORAC} = \frac{\mathbf{Nettoergebnis}}{\mathbf{Risikokapital}}$$

Formel 6.8: Return On Risk Adjusted Capital (RORAC)

In diesem Zusammenhang fällt auf, daß der risikolose Zinssatz völlig vernachlässigt wird. Dies läßt sich weniger auf die Tatsache zurückzuführen, daß faktisch kein risikoloser Zinssatz zu beobachten ist und selbst nicht kongruent refinanzierte Bundesanleihen einem Zinsänderungsrisiko ausgesetzt sind, sondern daß vielmehr die Berücksichtigung eines einheitlichen risikolosen Zinssatzes im modelltheoretischen Konzept die Rangfolge unterschiedlicher Geschäfte nicht beeinflussen würde.[123] Die Anwendung der RORAC-Formel setzt außerdem die Quantifizierung des Risikokapitals voraus, welches einem

---

[122] Vgl. Bürger, P. (1995), S. 250.

[123] Vgl. Schierenbeck, H. (1997b), S. 475. Goebel/Schumacher/Sievi berücksichtigen im Rahmen der RORAC-Berechnung den risikolosen Zins durch die Subtraktion vom Nettoergebnis sowie durch die Addition des möglichen, aber entgangenen „risikolos“ erzielbaren Return zum vorhandenen Risikokapital, um den Return auch mit einer risikolosen Anlage vergleichen zu können. Vgl. dazu Goebel, R./Schumacher, M./Sievi, C., Bilanzstrukturen mit Performance-Konzept steuern (II), in: B. Bl., 7/1998, S. 346.

Handelsbereich zur Verfügung steht . Sofern die bereitgestellten Eigenmittel exakt dem mit Hilfe eines internen Modells quantifizierten Anforderungsbetrag entsprechen, kann das Risikokapital durch die Bestimmung der aktuellen Eigenmittelunterlegung substituiert werden.

Angesichts der Anwendung institutseigener Bewertungsmodelle werden die Institute in die Lage versetzt, das benötigte Risikokapital dem ermittelten Risikopotential genau zuzuordnen. Dies ermöglicht einen effizienten Einsatz des zur Verfügung gestellten Risikokapitals, so daß überschüssige Kapitalbestandteile zurückgezahlt und zusätzliche Risiken eingegangen werden können,[124] um die Eigenkapitalrentabilität der Gesamtbank zu erhöhen.[125] Der Vergleich unterschiedlicher Handelsbereiche mittels der RORAC-Kennzahl bringt zum Ausdruck, daß ein Verantwortungsbereich oder ein individuelles Geschäft um so mehr zur Erzielung einer angemessenen Eigenkapitalrentabilität beiträgt, je höher die Kennziffer RORAC ausfällt.[126] Folglich sind als generelle Entscheidungsregel Geschäfte mit höheren Kennziffern denen mit geringeren RORAC-Werten vorzuziehen. Die Abbildung 6.17 vergleicht zwei Handelsbereiche hinsichtlich ihres Erfolges in Abhängigkeit des effektiv eingesetzten Risikokapitals.

---

[124] Bei der Barclays Bank wurde durch die effiziente Allokation des Risikokapitals evident, daß die vorhandenen Kapitalbestandteile in Höhe von rd. 13 Mrd. Pfund bei einem Risikopotential in Höhe von 6,5 Mrd. Pfund nahezu um die Hälfte reduziert bzw. das Risiko entsprechend erhöht werden konnte. Vgl. Parsley, M., The Rorac Revolution, in: Euromoney, October 1995, S. 36.

[125] Vgl. Brüning, J. B./Hoffjan, A., Gesamtbanksteuerung mit Risk-Return-Kennzahlen, in: Die Bank, 6/1997, S. 362.

[126] Vgl. Schierenbeck, H. (1997b), S. 476.

	Handelsabteilung 1:	Handelsabteilung 2:
Investiertes Kapital:	1.000.000,-- DM	1.000.000,-- DM
Kreditäquivalenzbetrag:	1.000.000,-- DM	1.000.000,-- DM
Rendite des Geschäftes:	4,005%	4,5%
Volatilität der Rendite (σ):	13,0%	19,5%
Signifikanzniveau:	99% ⇒ 2,326σ	99% ⇒ 2,326σ
Verfügbares Risikokapital:	500.000,-- DM	500.000,-- DM

Handelsabteilung 1:

$$\text{RORAC} = \frac{\text{Nettoergebnis}}{\text{Risikokapital}} = \frac{\text{Nettorendite} \times \text{Investiertes Kapital}}{2{,}326 \times 0{,}13 \times \text{Kreditaequivalenzbetrag}}$$

$$= \frac{40.050,\text{--}}{2{,}326 \times 0{,}13 \times 1.000.000,\text{--}} = \frac{40.050,\text{--}}{302.380,\text{--}} = \underline{\underline{13{,}25\%}}$$

Handelsabteilung 2:

$$\text{RORAC} = \frac{\text{Nettoergebnis}}{\text{Risikokapital}} = \frac{\text{Nettorendite} \times \text{Investiertes Kapital}}{2{,}326 \times 0{,}195 \times \text{Kreditaequivalenzbetrag}}$$

$$= \frac{45.000,\text{--}}{2{,}326 \times 0{,}195 \times 1.000.000,\text{--}} = \frac{45.000,\text{--}}{453.570,\text{--}} = \underline{\underline{9{,}92\%}}$$

Abb. 6.17: RORAC-Kennzahl

Obwohl die Handelsabteilung 2 einen absolut höheren Ertrag erzielt als die Handelsabteilung 1 zeigt die Berechnung der RORAC-Kennzahl, daß die Auslastung des Risikokapitals mit 90,714% (453.570,--/500.000,--) in der Handelsabteilung 2 weit über der Limitauslastung der Handelsabteilung 1 liegt, welche nur 60,476% (302.380,--/500.000,--) des verfügbaren Risikokapitals effektiv eingesetzt hat. Der Erfolg der Handelsabteilung 2 läßt sich auf die höhere Volatilität der Erträge zurückführen, die mit einer höheren Eigenmittelunterlegung verbunden ist. Da die Handelsabteilung 1 im Verlustfall weniger Risikokapital aufbringen muß, besitzt diese trotz der geringeren Rendite einen höheren RORAC-Wert.

Falls das erwartete Nettoergebnis mit der geforderten Mindestrendite übereinstimmt, kann die RORAC-Kennzahl auch direkt als Ziel-Risikoprämie definiert werden. Die Differenzierung der geforderten Risikoprämie mit Hilfe der Kennziffer Ziel-RORAC sowie der realisierten Erfolgsgröße gibt weiteren Aufschluß über den Erfolg einer Handelsaktivität.

6.2.2.2.2.2 Risk Adjusted Return On Capital (RAROC)

Die RAROC-Kennzahl unterscheidet sich von der RORAC-Kennziffer dadurch, daß die vom Institut geforderte Risikokapitalverzinsung, welche die multiplikative Verknüpfung zwischen dem Risikokapital und der geforderten Mindestrendite darstellt, vom Nettoertrag subtrahiert wird. RAROC mißt damit nicht den absoluten Erfolg einer Investition in Bezug auf das eingesetzte Risikokapital, sondern die Kennzahl stellt den über die Ertragsanforderungen des Institutes hinausgehenden Erfolg ins Verhältnis zum eingesetzten Risikokapital.

$$\text{RAROC} = \frac{\text{risikobereinigtes Nettoergebnis}}{\text{Risikokapital}} = \frac{\text{Nettoergebnis} \quad \text{Risikopraemie}}{\text{Risikokapital}}$$

Formel 6.9: Risk Adjusted Return On Capital (RAROC)

Die Formel 6.9 läßt die Gemeinsamkeit der RAROC-Kennzahl zur „Reward-to-Risk-Ratio“ erkennen. Daraus folgt, daß das Ergebnis der Rendite-Risiko-Relation, die RAROC-Kennzahl, einen über den erwarteten Erfolg eines Geschäftes hinausgehenden Ertrag und somit den „Differential Return“ abbildet.[127] Als nicht ganz unkompliziert erweist sich in diesem Kontext vielfach die Bestimmung der Ziel-Risikoprämie, die auch „Hurdle Rate“ genannt wird. Groß/Knippschild schlagen vor, die Forderung der Risikoprämie aus historischen Risk-Return-Kennzahlen des Gesamtmarktes, etwa durch Börsenindizes, abzuleiten oder die individuell erforderliche Eigenmittelrendite aus der mit den Marktverhältnissen relativierten Erfolgsbetrachtung des eigenen Unternehmens zu bestimmen.[128]

Die Vorgehensweise im Rahmen der RAROC-Berechnung zeigt, daß lediglich die Überrendite aus dem Verhältnis des absoluten „Differential Returns“ zum eingesetzten Risikokapital Berücksichtigung findet und den Erfolgsmaßstab darstellt. In Übereinstimmung mit der RORAC-Berechnung werden gleich hohe Renditen höher beurteilt, wenn diese eine geringere Volatilität besitzen. Dieser

---

[127] Da das Risikokapital bereits risikoadjustiert ist und nun zusätzlich das Nettoergebnis korrigiert wird, spricht Schierenbeck konsequenterweise vom Risk Adjusted Return On Risk Adjusted Capital (RARORAC). Vgl. Schierenbeck, H. (1997b), S. 476.

[128] Vgl. Groß. H./Knippschild M. (1995), S. 102-103.

Sachverhalt wird in der Berechnung der RAROC-Kennziffer in der Abbildung 6.18 belegt:

	Handelsabteilung 1:	Handelsabteilung 2:
Investiertes Kapital:	1.000.000,-- DM	1.000.000,-- DM
Kreditäquivalenzbetrag:	1.000.000,-- DM	1.000.000,-- DM
Rendite des Geschäfts:	4,005%	4,5%
Volatilität der Rendite (σ):	13,0%	19,5%
Signifikanzniveau:	99% ⇒ 2,326σ	99% ⇒ 2,326σ
Verfügbares Risikokapital:	500.000,-- DM	500.000,-- DM
Ziel-Risikoprämie (Ziel-RORAC):	10,0%	10,0%

Handelsabteilung 1:

$$\text{RAROC} = \frac{\text{Risikobereinigtes Nettoergebnis}}{\text{Risikokapital}} = \frac{(\text{Investiertes Kapital} \times \text{Nettorendite}) - (\text{Ziel - Risikoprämie})}{2{,}326\sigma \times 0{,}13 \times \text{Kreditaequivalenzbetrag}}$$

$$= \frac{40.050,\text{--} - (302.380,\text{--} \times 0{,}10)}{2{,}326 \times 0{,}13 \times 1.000.000,\text{--}} = \frac{9.812,\text{--}}{302.380,\text{--}} = 3{,}25\%$$

Handelsabteilung 2:

$$\text{RAROC} = \frac{\text{Risikobereinigtes Nettoergebnis}}{\text{Risikokapital}} = \frac{(\text{Investiertes Kapital} \times \text{Nettorendite}) - (\text{Ziel - Risikoprämie})}{2{,}326\sigma \times 0{,}195 \times \text{Kreditaequivalenzbetrag}}$$

$$= \frac{45.000,\text{--} - (453.570,\text{--} \times 0{,}10)}{2{,}326 \times 0{,}195 \times 1.000.000,\text{--}} = \frac{-357,\text{--}}{453.570,\text{--}} = -0{,}079\%$$

Abb. 6.18: RAROC-Kennzahl

Die Berücksichtigung der geforderten Risikoprämie auf das eingesetzte Kapital im Rahmen des RAROC-Konzepts verdeutlicht, daß die Handelsabteilung 2 die Zielvorgabe nicht erreicht. Der „Differential Return" liegt unter dem Wert der Ziel-Risikoprämie und weist damit ein negatives Vorzeichen aus. Dagegen besitzt die Handelsabteilung 1 einen positiven „Differential Return" auf das eingesetzte Kapital und übertrifft die Erwartungen in Höhe der Überrendite von 3,25%.

Da die Risikoprämie die zum Risikokapital relativierte Ziel- oder Mindestrendite ausdrückt und gemäß der Definition in Abschnitt 6.2.2.2.2.1 als Ziel-RORAC bezeichnet werden kann, läßt sich die RAROC-Kennziffer auch durch die Differenz des realisierten Handelserfolges (RORAC) abzüglich der geforderten Risikoprämie (Ziel-RORAC) berechnen.[129] Dabei wird der funktionale Zusammenhang zwischen RORAC und RAROC offenkundig. So wird die RAROC-Kennzahl kleiner, je größer die geforderte Prämie für das Risiko und je kleiner die realisierte RORAC-Kennzahl ausfällt.

RAROC = RORAC – Ziel-RORAC = 13,25 – 10,00 = 3,25

Formel 6.10: Interdependenz zwischen RORAC- und RAROC-Kennzahl

Die Erzielung eines positiven „Differential Returns" läßt einerseits den Schluß zu, daß zur Realisierung der Kennziffer Ziel-RORAC mehr Risikokapital als notwendig einem Handelsbereich zugewiesen wurde. Andererseits kann das bereitgestellte Risikokapital als limitierte Obergrenze betrachtet werden, welche mit einer geforderten Sollrendite verbunden ist. Sofern diese Sollrendite mit weniger als dem verfügbaren Risikokapitallimit erreicht wird, steht das verbleibende, freie Risikokapital zur Erschließung weiterer Ertragspotentiale zur Verfügung. Boettger spricht in diesem Zusammenhang vom „Spielkapital", das zur Erhöhung des Erfolgsbeitrages eingesetzt wird.[130] Da diese Erkenntnis nicht direkt aus der RORAC-Kennzahl gefolgert werden kann, sollten beide risikoadjustierten Erfolgskennzahlen gemeinsam eingesetzt werden.

Die Steuerungsimpulse der RORAC- und der RAROC-Kennziffer wirken identisch. Um jedoch die entscheidenden Einflußfaktoren auf die Rentabilität bestimmen zu können, wird im Rahmen der Ergebnisanalyse die RORAC-Kennzahl in das ROI-Schema integriert. Im Gegensatz zum originären ROI-Ansatz, welcher eine vollständige Eigenmittelanrechnung als Risikokapital unterstellt, ermöglicht die Verknüpfung der Profitabilitätskennzahl mit den internen Daten einzelner Geschäftsfelder bzw. mit den gesamtbankbezogenen Daten,[131] das Verhältnis zwischen dem tatsächlich vorhandenen Buchkapital und dem eingesetzten Risikokapital zu analysieren[132] sowie die Rentabilität der Gesamtbank zu steuern.

---

[129] Vgl. Lister, M., Risikoadjustierte Ergebnismessung und Risikokapitalallokation, Diss., Basel, 1997, S. 211.

[130] Vgl. Boettger, U., Cash-Management internationaler Konzerne: Strategien – Organisation – Umsetzung, Diss., St. Gallen, 1994, S. 287.

[131] Vgl. Schierenbeck, H. (1997b), S. 479.

[132] Vgl. Groß, H./Knippschild, M. (1995b), S. 108.

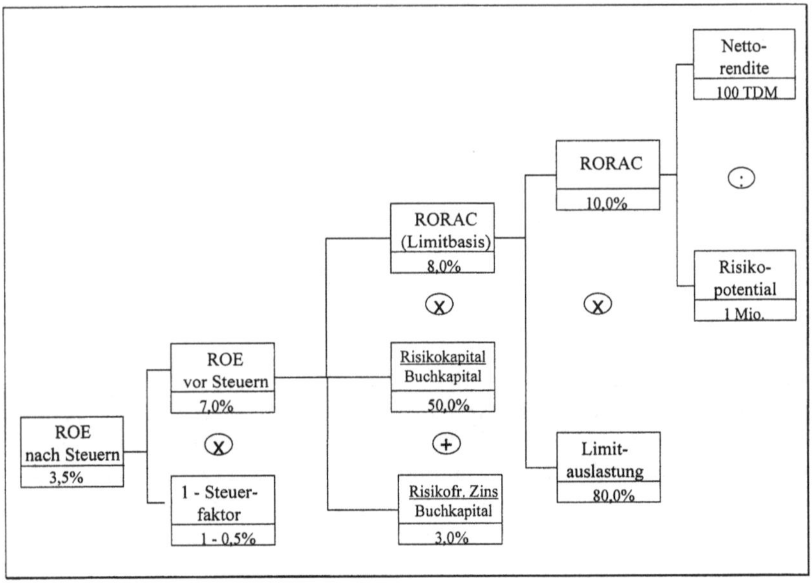

Abb. 6.19: Verknüpfung risikoadjustierter Erfolgskennzahlen mit dem ROI-Schema[133]

Durch die Aggregation der RORAC-Kennzahlen einzelner Handelsbereiche erfolgt die Ermittlung der RORAC-Kennzahl für das gesamte Institut.[134] Zur Darstellung des Zusammenhangs der gesamtbankbezogenen RORAC-Kennziffer und dem ROE-Schema muß zunächst eine einheitliche Bewertungsgrundlage gefunden werden. Da die Bestimmung des ROE auf dem bestehenden Eigenkapital beruht, die RORAC-Kennzahl allerdings aus der Relation der Rendite und dem effektiv eingesetzten Risikokapital berechnet wird, erfolgt zunächst eine Verknüpfung mit dem verfügbaren Risikokapital.[135] Auf diese Weise wird die Rendite auf Basis des bereitgestellten Kapitals abgebildet. Die Multiplikation der daraus resultierenden Rendite mit dem Quotienten aus dem für den Handel bereitgestellten und dem real existierenden Buchkapital führt

133 Abbildung in Anlehnung an Groß, H./Knippschild, M. (1995a), S. 105.

134 Vgl. Schierenbeck, H. (1997b), S. 481.

135 Zur Verknüpfung der gesamtbankbezogenen RORAC-Kennziffer in das ROE-Schema siehe ausführlich Lister, M. (1997), S. 214 ff., sowie Schierenbeck, H./Lister, M./Herzog, M., Risiko-Controlling auf Basis des Value at Risk-Ansatzes, Forschungsbericht des wirtschaftswissenschaftlichen Zentrums der Universität Basel, Basel, 1997, S. 89 ff.

dazu, daß letztlich das Eigenkapital als Bezugsgröße für die gesamtbankbezogene Rentabilitätsrechnung – analog der originären Systematik der ROE-Berechnung – Anwendung findet.

Der wesentliche Nutzen des RAPM-Kennzahlensystems liegt in der Offenlegung ökonomisch vorteilhafter Geschäftsfelder sowie in der Unterstützung der Geschäftsführung bei der Kapitalallokation auf die operativen Bereiche eines Institutes.[136] Die Kennzahlen RORAC und RAROC geben Aufschluß über die auszubauenden Geschäfte respektive über die ertragsschwachen, zu vernachlässigenden Transaktionen.[137] Dabei hängt die Höhe des letztlich bereitgestellten Risikodeckungskapitals von der Risikoneigung des Vorstandes ab, welcher allerdings zu beachten hat, daß nicht nur die „normalen" Marktwertschwankungen sondern darüber hinaus die Crash-Situationen durch die vorhandenen Eigenmittel gedeckt werden müssen.[138] Dies verlangt zugleich die kontinuierliche Bewertung bestehender Kontraktspezifikationen sowie eine kritische Auseinandersetzung mit bestehenden Prozessen und Organisationen.

6.3 Händlerdirektive

Einen nicht zu vernachlässigenden Faktor bei der Steuerung des Eigenhandels bildet letztlich das ausführende Organ, der Händler. Zwar tragen die gesetzlichen Regelungen, wie die Mindestanforderungen an das Betreiben von Handelsgeschäften,[139] erheblich dazu bei, daß die Aktivitäten des Händlers und die daraus resultierenden Chancen und Risiken transparent dargelegt werden; doch bedarf es eines weiteren steuerungsadäquaten Mechanismus, um die Ergebnisse aus der Handelstätigkeit in die geschäftspolitischen Ziele der Geschäftsleitung zu integrieren.

---

[136] Vgl. Wilson, T. (1992), S. 112.

[137] Bankers Trust erkannte auf der Grundlage der Risk-Return-Steuerung die unzulängliche Ertragslage des traditionellen Hypothekenbankgeschäftes und restrukturierte das Geschäftsfeld zugunsten einer höheren RAROC-Kennzahl. Vgl. Chew, L., When the Snoozing had to Stop, in: Risk, Vol. 6, 9/1993, S. 75.

[138] Vgl. Groß, H./Knippschild, M. (1995b), S. 108-109.

[139] Vgl. Bundesaufsichtsamt für das Kreditwesen (1995b).

6.3.1 Erfordernis leistungsorientierter Anreizsysteme

Die freie Disponibilität über das von der Geschäftsleitung bereitgestellte Kapital gibt dem Händler genügend Handlungsspielraum, um den Erfolg der Eigenhandelsaktivitäten nachhaltig zu beeinflussen. So besitzt die Risikoneigung des Händlers erheblichen Einfluß darauf, die vorgegebenen Risikolimite vollständig in Anspruch zu nehmen oder einen bestimmten Limitanteil ungenutzt zu lassen, um diesen bei nachteiligen Marktentwicklungen beanspruchen zu können.

Die unterschiedlichen Ausgestaltungen als Folge einer Limitüberschreitung tragen in diesem Zusammenhang erheblich zur Verhaltensnorm des Händler bei. Die Verrechnung von Überschreitungsbeträgen mit übergeordneten Hierarchiestufen ruft ebenso wie die Gewährung eines temporären Zusatzlimits neben dem Genehmigungsverfahren eine Rivalität mit anderen Verantwortungsbereichen und Händlern hervor. Dies begründet sich in dem konkurrierenden Verhalten der Händler um die Inanspruchnahme zusätzlicher Kapitaldeckungsmittel. Damit der Wettbewerb der Händler um zusätzliches Risikokapital unterbleibt, dürfen Sanktionen bei einer Limitüberschreitung nicht ausgeschlossen werden. Die Implementierung eines Steuerungssystems, welches bei einer Überschreitung bestimmter Verlustgrenzen die Höhe der risikobehafteten Geschäfte automatisch durch die Verringerung des Limits begrenzt, erscheint danach praktikabel.[140] Im Ausnahmefall wäre auch der Abbau sämtlicher Risikopositionen in Verbindung mit der Rücknahme der Handelskompetenz denkbar.

Die Arbeitsplatzbeschreibung und die damit verbundenen Arbeitsanforderungen und Leistungsmöglichkeiten sind maßgebliche Entscheidungskriterien, welche die Motivation der Händler wesentlich beeinflussen. Vor diesem Hintergrund muß eine sorgfältige Assimilierung der individuellen Leistungsanforderung eines Händlers an die Ziele der Unternehmensführung vorgenommen werden. Dies setzt zunächst voraus, daß die einzelnen Händlerplätze eindeutig und voneinander unabhängig definiert werden. Hierbei müssen die unterschiedlichen Arbeitsplatzprofile, wie die Erfahrung des Händlers, die EDV-Ausstattung, die Ertrags-möglichkeiten oder die Höhe der Limitzuteilung, Beachtung finden.

---

[140] Vgl. Hagen, P./Jakobs, W. (1995), S. 666.

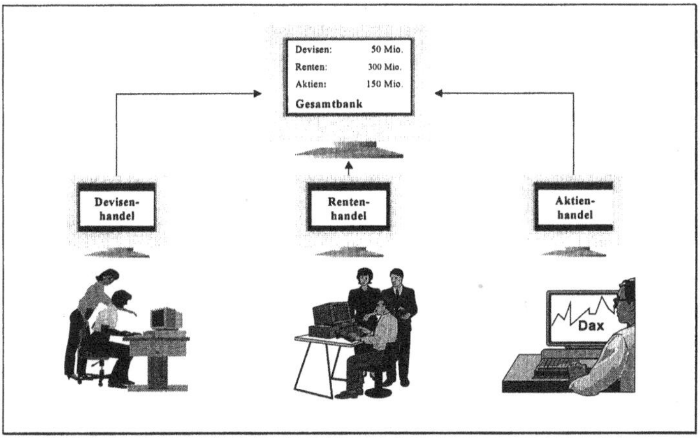

Abb. 6.20: Integration des Händlerprofils in das Gesamtbankziel

Bei der Ausgestaltung eines Händlerarbeitsplatzes gilt es, sowohl die pekuniären Ziele der Geschäftsführung als auch die Interessen der Händler zu berücksichtigen. Die Entwicklung eines konsensfähigen Instrumentes, welches neben der praktischen Umsetzung der Anforderungen auch die Leistungsmotivation des Mitarbeiter nachhaltig fördert, stellt damit eine grundlegende Notwendigkeit dar.[141]

Im Bereich der Vertriebsstruktur eines Institutes zeigen sich vielschichtige personalpolitische Handlungsalternativen. Die flexible Arbeitszeitregelung, die Überlassung der Betriebsausstattung zur privaten Nutzung sowie zahlreiche immaterielle Anreize stellen Gestaltungselemente dar,[142] um einen ökonomischen Personaleinsatz zu erwirken.[143] Die Öffentlichkeitswirkung nichtfinanzieller, materieller Anreize für einen Händler muß allerdings im Gegensatz zu denen eines Kundenberaters in Frage gestellt werden. Außerdem stehen die

[141] Vgl. Schierenbeck, H., Vergütungssysteme als Instrument ertragsorientierter Banksteuerung, in: Rolfes, B./Schierenbeck, H. (Hrsg.), Ertragsmanagement und Rationalisierung in Kreditinstituten, in: Schriftenreihe des Zentrums für Ertragsorientiertes Bankmanagement, Bd. 9, Frankfurt am Main, 1996, S. 178.

[142] Zur Anreizbildung im Vertriebssystem eines Institutes siehe Schiller, B., Leistungsbeeinflussung von Mitarbeitern im Bankaußendienst, in: Sparkasse, 4/1990, S. 171-176.

[143] Zu den Ansatzpunkten einer wirtschaftlichen Personalpolitik im Rahmen der Kundenorientierung siehe Süchting, J., Strukturwandel erfordert flexible Personalpolitik, in: Die Bank, 7/1988, S. 361-365.

Rahmenbedingungen und der Aktionsradius des Händlers weitgehend fest. Die Arbeitszeit orientiert sich an der Handelszeit, die Handelstätigkeit an den am Markt vorhandenen Wertpapieren und das Handelsvolumen an dem vorgegebenen Risikokapital. Infolgedessen verbleibt die Implementierung eines erfolgsorientierten Entlohnungssystems für die Mitarbeiter im Bereich der Handelsabteilung als einziges, rationelles Inzentiv.

An dieser Stelle sei darauf hingewiesen, daß Leistung und Erfolg nicht gleichbedeutend sind. Die Erbringung einer Leistung, gemessen zum Beispiel in Arbeitsstunden, ist nicht stets mit dem gewünschten Erfolg verbunden. Umgekehrt kann ein Erfolg, ausgedrückt in Ertrags- oder Umsatzzahlen, auch ohne eine besondere Anstrengung eintreten, etwa ein exorbitanter Anstieg der Aktienkurse aufgrund eines Börsenbooms.[144] Gleichwohl setzt der Erfolg allgemein die Leistung voraus, so daß im Rahmen der Anreizbildung durchaus gerechtfertigt von einer leistungsfördernden Komponente gesprochen werden kann, welche die Wahrscheinlichkeit des Eintritts eines angestrebten Erfolges erhöht.

6.3.2 Erfolgsorientiertes Vergütungssystem

Der Einsatz erfolgsorientierter Vergütungssysteme ist nicht neu.[145] Insbesondere im Bereich der Kundenakquisition und -betreuung läßt sich die Zahlung variabler Gehaltskomponenten durch eine verursachungsgerechte Leistungserbringung sowie Ergebniszuweisung bei einer klar abgegrenzten Kundenverantwortung in ein Vertriebskonzept mühelos realisieren. Zudem integriert die Bemessung einer ergebnisabhängigen Entlohnung aufgrund der Erfüllung bestimmter Zielerreichungsgrade[146] das individuelle Verhalten der Mitarbeiter in den strategischen Zielkorridor des Institutes.[147] Aus der Sicht der Geschäftsleitung wird mit der Verknüpfung einer zusätzlichen Vergütung an den individuellen Erfolg des Händlers ein unternehmerisches Risiko für das Institut

---

144 Vgl. Schuster, L., Erfolgsorientierte Vergütung von Bankmitarbeitern, in: ZfgK, 3/1993, S. 125.

145 Vgl. Gaugler, E., Profit-Sharing, in: Handbook of German Business Management, Stuttgart, 1990, S. 1976.

146 Der Zielerreichungsgrad stellt die prozentuale Relation des Ist-Wertes zu den Plan-Werten dar. Vgl. Siegel, B./Degener, R., Leistungs- und ertragsorientierte Entlohnungssysteme, in: ZfgK, 12/1988, S. 532.

147 Zur organisatorischen Implementierung von Zielvereinbarungen vgl. Svoboda, M., Führen durch Zielvereinbarung, in: Die Bank, 9/1997, S. 522-526.

ausgeschlossen, da bei einer entsprechenden Ausgestaltung eines Anreizsystems die Personalkosten tendenziell positiv mit der Höhe des Ertrages korrelieren.[148]

Sofern die Definition von Schuster für ein erfolgsorientiertes Vergütungssystem herangezogen wird, kommt rasch zum Ausdruck, daß das Konzept der anreizorientierten Vergütung im Rahmen des Vertriebskonzeptes nicht ohne weiteres auf die Handelsabteilung eines Institutes übertragen werden kann. So beschreibt Schuster ein erfolgsorientiertes Vergütungssystem allgemein als ein marktwirtschaftliches Modell, bei dem ein individueller Erfolg honoriert wird und ein Mißerfolg negative Konsequenzen nach sich zieht.[149] Besonders die Erzielung eines Mißerfolges, ausgedrückt in der Unterschreitung einer bestimmten Zielvorgabe, unterscheidet die Durchführung von Eigenhandelstransaktionen von den Geschäftstätigkeiten in den Kundensegmenten.

Im Bereich des Eigenhandels darf auf der einen Seite nicht nur die Möglichkeit des Eintritts eines geringeren als des geplanten Erfolgsbeitrages in Erwägung gezogen werden. Darüber hinaus muß auch die Gefahr eines auszuweisenden Verlustes Berücksichtigung finden. Auf der anderen Seite lassen sich durch günstige Marktentwicklungen zusätzliche Eigenhandelserträge verwirklichen. Demzufolge muß – im Vergleich zum Kundengeschäft – der grundverschiedenen Risiko-Chance-Situation bei der Einführung eines ertragsorientierten Vergütungssystems für den Eigenhandel in geeigneter Weise Rechnung getragen werden.

6.3.2.1 Anforderungen

Die Ausgestaltung der Bemessungsgrundlage eines erfolgsorientierten Entlohnungssystems im Hinblick auf die Kompatibilität mit der Gesamtbankzielsetzung stellt eine wichtige organisatorische Maßnahme dar.[150] Aufgrund des starken Markteinflusses auf den Eigenhandelserfolg, welcher mit massiven Gewinn- und Verlustzuweisungen einhergehen kann, erweist sich die Leistungskomponente eines Händlers offenbar als weniger bedeutsam. Vielmehr steht der

---

148 Vgl. Büschgen, H. E., Leistungsorientierte Anreizsysteme in der Vertriebssteuerung (von Banken), in: Schierenbeck, H./Moser, H. (Hrsg.), Handbuch Bankcontrolling, Wiesbaden, 1994, S. 520.

149 Vgl. Schuster, L. (1993), S. 124.

150 Vgl. Rinker, A., Anreizsysteme in Kreditinstituten, in: Rolfes, B./Schierenbeck, H. (Hrsg.), Schriftenreihe des Zentrums für Ertragsorientiertes Bankmanagement, Bd. 15, Frankfurt am Main, 1997, S. 242.

Erfolg des Händlers im Vordergrund. Dabei wird der Erfolg nicht nur durch das Erreichen oder Überschreiten eines kalkulierten, positiven Ergebnisses formuliert; auch der – im Vergleich zu einem Index oder zum Gesamtmarkt – niedrigere Verlusteintritt muß objektiv als Erfolg gewertet werden, womit sich die Berücksichtigung der Risikokomponente bei der Installation des Vergütungssystem als überaus wichtig herausstellt.

Die Verwendung der ROI-Kennziffer als Bemessungsgrundlage für eine erfolgsabhängige Vergütung stellt sich als weitgehend untauglich heraus, da das jeweilige Risiko gänzlich unberücksichtigt bleibt. Außerdem kann mit der ROI-Betrachtung ein Interessenkonflikt mit den Zielvorgaben der Geschäftsleitung verbunden sein, falls sich der Händler für die Durchführung eines Geschäftes nur dann entscheidet, wenn der Ertrag der Transaktion die vorhandenen Kapitalkosten oder den aktuell durchschnittlichen Wert der ROI-Kennzahl übersteigt.[151] Laux zeigt zudem auf, daß die Orientierung einer Prämie an der ROI-Kennzahl zu Fehlsteuerungen führen kann, wenn der Residualgewinn, die Differenz zwischen dem Gewinn und den kalkulatorischen Zinsen des vorhandenen Kapitals, als Bemessungsgrundlage dient.[152]

Die Ausrichtung des operativen Erfolges für den Handelsbereich an der durch die Geschäftsführung festgesetzten Risiko-/Rendite-Konstellation ermöglicht es hingegen, die Bemessungsgrundlage für ein Entlohnungssystem an dieser Rendite-Risiko-Struktur zu adjustieren. Aus der Abstimmung der angestrebten Rendite-Risiko-Relation der Gesamtbank mit der eines jeden Händlers läßt sich der individuelle Zielfokus für den Händler ableiten. Gleichwohl muß die jeweilige risikobereinigte Ertragsvorgabe als Beurteilungsmaßstab die verschiedenen Stellenprofile der Händler mit ihren differenzierten Anforderungen genauso berücksichtigen wie die unterschiedlichen Leistungsmöglichkeiten und Leistungsergebnisse.[153] Außerdem sind auch negative Handelsergebnisse, die durch außerordentliche Schwankungen des Marktes hervorgerufen werden, die der Händler weder vorhersehen noch beeinflussen kann, bei der händlerspezifischen Zielformulierung in Erwägung zu ziehen.

---

[151] Siehe Abschnitt 6.2.2.1.

[152] Die Differenz zwischen dem Gewinn und den kalkulatorischen Kapitalkosten nimmt für einen bestimmten Bereich des Kapitaleinsatzes mit zunehmender Investitionstätigkeit wieder ab, wenn die Gewinnkurve mit zunächst wachsender und dann fallender Zuwachsrate monoton steigt und die kalkulatorischen Zinsen linear ansteigenden. Vgl. dazu ausführlich Laux, H. Erfolgssteuerung und Organisation, Heidelberg, 1995, S. 271-274.

[153] Vgl. Pohl, H.-R., Mehr Individualität in der Leistungsvergütung, in: Personal, 5/1992, S. 202.

Zweifellos verwirklicht ein hohes ergebnisstarkes Handelsvolumen bei gleichzeitiger Minimierung der bestehenden Risikopotentiale die optimale Ausnutzung des auf jeden Händler zugeteilten Risikolimits. Dabei bleibt ebenso zu beachten, daß eine weniger konservative Verteilung der Risikolimite durch die Geschäftsleitung sowie deren vollständige Inanspruchnahme durch die Händler bei Eintritt nicht prognostizierbarer, nachteiliger Marktentwicklungen mit substanziellen Schwierigkeiten des Institutes verbunden sein kann. Vor diesem Hintergrund muß bei der Fixierung des jeweils optimalen Rendite-Risiko-Verhältnisses jede Handelsebene – unter Beachtung der zugeteilten Risikolimite – ausgehend von der Gesamtbank bis zu den Händlern hinsichtlich ihrer potentiellen Inanspruchnahme kritisch beleuchtet werden.

Die Festlegung bestimmter Rendite-Risiko-Relationen führt dazu, daß die Händler ein Mindestmaß an Risiko eingehen müssen und mithin ein vollkommen risikoaverses Verhalten ausgeschlossen wird. Das Eingehen überhöhter Risiken wird durch die Fixierung des Rendite-Risiko-Verhältnisses ausgeschaltet, da die Übernahme weiterer Risikopotentiale nur in der Erwartung zusätzlicher Erträge vertretbar erscheint. Darüber hinaus ermöglicht die Beziehung zwischen Rendite und Risiko die Gegenüberstellung verschiedener Händler und Handelsbereiche. Die erzielten Ertragszahlen lassen sich im Hinblick auf das damit verbundene Risiko interpersonell vergleichen.

6.3.2.2 Ausgestaltung

Die Verknüpfung der Bemessungsgrundlage für ein erfolgsorientiertes Vergütungssystem mit der Berechnungsmethodik des Value at Risk-Konzeptes liefert zahlreiche Ansatzpunkte, um den Händler am unternehmerischen Erfolg partizipieren zu lassen.[154] Aufbauend auf den Erkenntnissen vorhergehender Planungsperioden läßt die Übernahme bestimmter Risikopotentiale eine gewisse Ertragsspanne erwarten. Aus diesen Erfahrungen kann die Geschäftsleitung von jedem Händler die fortwährende Übernahme eines feststehenden Risikobetrages fordern.

Die Gewährung einer zusätzlichen Prämie bei Erreichen eines vorgegebenen Planergebnisses läßt sich aus dem funktionalen Zusammenhang zwischen dem erzielten Übergewinn und dem Prämiensatz herleiten. Sofern das Zielergebnis der Geschäftsführung für das Geschäftsjahr an dem zugeteilten Risikolimit

---

[154] Vgl. Leichtfuß, R./Bonacker, M., Erfolgsorientierte Anreizsysteme, in: Die Bank, 11/1992, S. 631.

ausgerichtet ist, ergibt sich die Prämie aus der Multiplikation der Höhe des überschrittenen Planwertes (Übergewinn) mit dem Prämiensatz.[155]

$$B = F + f \times G$$

mit:
B = Belohnung
F = Fixum
f = Prämiensatz
G = erzielter Übergewinn

Formel 6.11: Belohnungsfunktion

Die lineare Belohnungsfunktion reduziert sich auf den ausschließlich feststehenden Gehaltsbestandteil (Fixum), wenn der Händler das geforderten Sollergebnis nicht erreicht. Variable Vergütungsanteile lassen sich auch mit progressiven bzw. degressiven Funktionsverläufen vereinbaren.[156] Dabei bewirkt der Einsatz einer abnehmenden Prämienfunktion eine Begrenzung der Bonuszahlung, deren Grenzwert durch die Fixierung einer maximalen Zulage bestimmt wird.

Unter der Prämisse, daß eine Limitüberschreitung in anderen Handelsbereichen mit der Konsequenz einer zumindest temporären Limitreduzierung bei den Händlern mit unausgelasteten Risikolimiten verbunden ist, wird deutlich, daß die Vorgabe eines zu erzielenden Ertrages aufgrund des am Planungsanfang zugeteilten Risikokapitals zu global ausfällt. Ferner würden erratische Marktwertschwankungen, welche mit außergewöhnlichen Verlustzuweisungen einhergehen, die Geschäftsführung zu einer generellen Verringerung der Risikolimite zwingen, so daß die Orientierung an absoluten Größen eine Modifizierung der Kalkulation erfordert.

Vor diesem Hintergrund erscheint die Vorgabe relativierter Erfolgsgrößen angemessen. Mit der Angabe der RORAC- respektive der RAROC-Kennzahl wird das realisierte Ergebnis zum effektiv eingesetzten Kapital ins Verhältnis gesetzt.[157] Auf diese Weise wird nicht ein bestimmter Ertrag hinsichtlich des maximalen Value at Risk sondern der zu erzielende Erfolg aufgrund des im Durchschnitt tatsächlich übernommenen Risikos festgesetzt. Darüber hinaus

155 Vgl. Laux, H., Irrelevanz erfolgsorientierter Anreizsysteme bei bestimmten Kapitalmarktbedingungen, in: ZfB, 60. Jg., 12/1990, S. 1342.

156 Vgl. dazu Schiller, B. (1990), S.173, sowie Schuster, L., Vergütungssysteme im Finanzdienstleistungsvertrieb, in: Schuster, L. (Hrsg.), Theorie und Politik der Banken im Wandel, München, 1996, S. 146.

157 Vgl. Abschnitt 6.2.2.2.2.

ermöglichen die relativierten Ertragszahlen die Berücksichtigung der direkt mit dem Handel in Verbindung stehenden Kosten.[158]

Da es sich bei der Berücksichtigung des Value at Risk um ex post Werte handelt, die für eine zukunftsorientierte Steuerung Anwendung finden, können Abweichungen zwischen dem prognostizierten Risikopotential und dem realisierten Verlust auftreten. Die ständige Überprüfung der Validität der Risikomessung sowie die jeweilige Aktualisierung der Value at Risk-Berechnung aufgrund der Veränderung der Portfoliozusammensetzung sind deshalb unerläßlich.[159]

[158] Vgl. Willner, B. (1998), S. 45.
[159] Vgl. Basler Ausschuß für Bankenaufsicht (1996c), S. 3.

7 Resümee und Ausblick

Ausgehend von der Einführung des Gesetzes über das Kreditwesen zeigt die vorliegende Arbeit die Entwicklung der Bankenaufsicht auf. Ohne auf die genaue inhaltliche Ausgestaltung sämtlicher Novellen des Kreditwesengesetzes sowie des jeweiligen Grundsatzes I einzugehen, wird eine zunehmend dirigistischere Gestaltung der bankenaufsichtsrechtlichen Normen offensichtlich. Die in den letzten Jahren anwachsende Komplexität der Nomenklatur läßt sich ursächlich auf die europaweiten Harmonisierungsbestrebungen der Brüsseler EU-Kommission und des Basler Ausschuß für Bankenaufsicht zurückzuführen.

Mit der Umsetzung der Kapitaladäquanzrichtlinie, der Wertpapierdienstleistungsrichtlinie und der BCCI-Folgerichtinie in die 6. KWG-Novelle respektive in den Grundsatz I vom 29. Oktober 1997 wurde der vorläufige Status quo der aufsichtsrechtlichen Vorschriften erreicht. Neben der Ausweitung auf eine Vielzahl von Unternehmen, die bislang keiner Kontrolle unterlagen, werden Kreditinstitute und Wertpapierhäuser mithin einer gemeinsamen staatlichen Aufsicht unterstellt. Die damit für beide Institute geltende Zulassung der Niederlassungs- und Dienstleistungsfreiheit innerhalb des europäischen Binnenmarktes gewährleistet zugleich einen einheitlichen Wettbewerb.

Als wesentliche Neuerung enthält das Kreditwesengesetz die bankenaufsichtsrechtliche Klassifizierung der Institute in die Handelsbuch- und in die Nichthandelsbuchinstitute. Mit dieser Unterscheidung kommt der volumensabhängigen Ausübung der Eigenhandelstätigkeit der Institute eine besondere Relevanz zu. Entscheidende Divergenzen bezüglich der aufsichtsrechtlichen Behandlung zeigen sich bei der Einhaltung der Großkreditvorschriften sowie bei der Quantifizierung bestehender Marktpreisrisiken. Während die Anrechnung der Bilanzaktiva und der traditionellen bilanzunwirksamen Geschäfte weiterhin durch die Ermittlung von Kreditäquivalenzbeträgen vorgenommen wird, erfährt die Bestimmung der innovativen außerbilanziellen Risikoaktiva mit der Aufnahme der Nettingrichtlinie[1] eine bedeutsame Ergänzung. Damit besteht die Möglichkeit, Long- und Short-Positionen nicht nur bei Vorlage derselben Währung und desselben Erfüllungstages (Novationsnetting) sondern auch bei Eintritt eines genau festgelegten Ereignisses (Close-Out-Netting) gegenüber demselben Kontraktpartner aufzurechnen.

[1] Vgl. EG-Kommission (1996a).

In diesem Zusammenhang findet sich im Kreditwesengesetz – in enger Anlehnung an das Wertpapierhandelsgesetz – erstmals eine umfassende Definition der Finanzderivate.[2] Die Vorgabe, das Adressenrisiko weitgehend nach der Marktbewertungsmethode zu ermitteln, sieht eine Abkehr von den pauschalen Anrechnungssätzen zugunsten einer marktkonformen Bestimmung des Bonitätsrisikos vor. Die Anwendung der Laufzeitmethode wird lediglich für Nichthandelsbuchinstitute bei der Quantifizierung von zins-, währungskurs- und goldpreisbezogenen Kontrakten akzeptiert.

Rekurrierend auf die Kapitaladäquanzrichtlinie[3] sowie die Basler Eigenkapitalvereinbarungen[4] verlangt die Kreditwesengesetznovelle in Verbindung mit dem aktuellen Grundsatz I die Erfassung von Marktpreisrisiken und deren Unterlegung mit Eigenmitteln. Gleichzeitig werden der Grundsatz Ia und die damit verbundenen Limitregelungen bezüglich der Risikobegrenzung aufgehoben. Die weitreichende Erfassung der Marktpreisrisiken aus Währungs-, Rohwaren- und Handelsbuchpositionen sowie aus Optionskontrakten stellt auf das vorhandene Verlustrisiko eines Institutes bei Veränderung bestimmter Marktparameter ab. Die Unterlegung des ermittelten Risikopotentials mit den anrechnungspflichtigen Eigenmittelkomponenten verhindert die mehrfache Anrechnung von Eigenmitteln und beugt dem Aufbau von Risikopyramiden vor. Die Orientierung des Verlustrisikos an den Eigenmittelbestandteilen trägt einer Einlagensicherung der Anleger sowie der Solidität des gesamten Finanzsystems Rechnung.

Mit den Drittrangmitteln enthält die 6. KWG-Novelle neben dem bisherigen Kern- und Ergänzungskapital eine weitere Kapitalkomponente zur Einhaltung der Eigenmittelanforderungen. Sämtliche anrechenbaren Kapitalbestandteile werden unter dem Begriff der Eigenmittel subsumiert. Während das längerfristige haftende Eigenkapital zur Unterlegung der Adressenrisiken zur Verfügung steht, dienen die Drittrangmittel ausschließlich zur Deckung des Marktpreisrisikos. Außerdem finden die Drittrangmittel für Handelsbuchinstitute bei der Einhaltung der Großkreditvorschriften Anwendung, um eine kreditnehmerbezogene Konzentration der Risiken innerhalb des Anlage- und des Handelsbuches zu limitieren.

Die Orientierung der Höhe der Marktpreisrisiken an dem haftenden Eigenkapital und den anrechenbaren Drittrangmitteln rationiert die Institute,

---

[2] Siehe § 1 Abs. 11 Satz 4 KWG in Verbindung mit § 2 Abs. 2 WpHG.

[3] Siehe EG-Kommission (1993b).

[4] Siehe Basler Ausschuß für Bankenaufsicht (1996a) und Basler Ausschuß für Bankenaufsicht (1996b).

deren Eigenhandelstätigkeit über der anrechenbaren Bemessungsgrundlage liegt respektive fordert von diesen Instituten eine Erhöhung der anrechnungsfähigen Kapitalbestandteile. Um den Erfolgsbeitrag aus den Marktpositionen mit den vorhandenen Eigenmitteln zu festigen oder auszubauen, sind die Handelsbuchinstitute gleichsam gefordert, die Risiko-Chance-Relation einzelner Geschäftsfelder zu analysieren und die Aktivitäten in erfolgversprechende Handelsbereiche zu verlagern.

An dieser Stelle erweist sich die Frage nach der strategischen Positionierung für kleine und mittelgroße Institute in die Gruppe der Handelsbuch- oder Nichthandelsbuchinstitute von elementarer Bedeutung. Dabei stehen den Einsparungen der Nichthandelsbuchinstitute durch die verminderten technischen und organisatorischen Anforderungen des Bundesaufsichtsamtes für das Kreditwesen der Verzicht auf die Erschließung zusätzlicher Ertragspotentiale aus dem Eigenhandelsgeschäft und zugleich die geschäftspolitische Selbstbeschränkung gegenüber. Die Vorgehensweise für die Entscheidungsfindung hinsichtlich der aufsichtsrechtlichen Zuordnung eines Institutes geht von der Bemessung der Eigenkapitalanforderung für die Risikoaktiva aus. Unter Beachtung der aktuellen und der potentiellen Geschäftstätigkeit bestimmt sich die Höhe der möglichen Marktpreisrisikopositionen aus den freien Eigenkapitalbestandteilen zuzüglich der anrechenbaren Drittrangmittel. Hierbei muß besonders die überproportionale Wirkung einer Veränderung der gewichteten Risikoaktiva und damit des zu unterlegenden haftenden Eigenkapitals auf die Höhe der Drittrangmittelanrechnung beachtet werden.

Bei der genaueren Durchleuchtung der bankenaufsichtsrechtlichen Quantifizierung der Risikopositionen zeigt sich, daß die standardisierten Verfahren der Risikomessung gravierende Mängel hinsichtlich einer realitätsnahen Darstellung aufweisen. Obwohl einige dieser Modelle, etwa die Durationmethode zur Bestimmung zinsbezogener Risikopositionen oder das Verfahren des Deltaäquivalentes zur Ermittlung des Optionspreisrisikos, erstmalig im Grundsatz I kodifiziert und anzuwenden sind, können diese dem eigenen Anspruch der Institute im Rahmen eines internen Risikomanagements nicht gerecht werden. Vor diesem Hintergrund werden parallel interne Modelle der Risikomessung eingesetzt, so daß die mit der Implementierung einhergehenden Aufwendungen auch von den Nichthandelsbuchinstituten zu tragen sind.

Sofern die aufgrund der MaH's[5] geforderten Systeme des Risikomanagements und des Risikocontrollings keine detaillierten Auskünfte über die Handelstätigkeit geben, wie z. B. ein auf Nominalbeträgen basierendes Limitsystem, so

[5] Siehe Bundesaufsichtsamt für das Kreditwesen (1995b).

entsprechen diese Verfahren nicht einem marktgerechten Risikomanagement sondern erscheinen für die Steuerung der bisweilen komplex strukturierten Finanzinnovationen als obsolet. Vielmehr werden die Risiken durch die Festlegung bestimmter Prämissen determiniert, die bisweilen recht realitätsfern anmuten und für die ertragsorientierte Risikosteuerung eines Institutes weitgehend ungeeignet sind. Demzufolge sind ebenso Nichthandelsbuchinstitute angeraten, die Rahmenbedingungen eines wirkungsvollen, internen Risiko-managements zu überdenken.

Das Bundesaufsichtsamt für das Kreditwesen ist dieser Entwicklung gefolgt und hat die Anwendung institutsinterner Modelle auch für die bankenaufsichtsrechtliche Messung der Marktpreisrisikopositionen zugelassen. Die mit der Anwendung eines Inhouse-Modells verbundene Forderung der Aufsichtsbehörde, das eingesetzte Modell an das zur aktuellen Risikosteuerung verwendete Verfahren auszurichten, ermöglicht eine Konvergenz der internen Systeme des Risikomanagements an das bankenaufsichtsrechtliche Verfahren. Aufgrund der einheitlichen konzeptionellen Grundlage lassen sich Synergieeffekte und Einsparungspotentiale realisieren. Etwa kann auf eine Datenbank zugegriffen sowie eine deutlich gesteigerte Effizienz bei der Gewinnung und Verarbeitung von Informationen hergestellt werden.

Sowohl bei der Anwendung der Varianz-Kovarianz-Methode als auch bei dem Einsatz der Monte-Carlo-Simulation sowie der historischen Simulation führt die Einbeziehung empirischer Daten dazu, daß die Verantwortungsträger mit der tatsächlichen Risikosituation bei der Variation sämtlicher marktpreisbezogener Marktparameter konfrontiert werden. Darüber hinaus schließen die Verfahren die Möglichkeit des Stress-Testing ein, um auch bei außerordentlichen Marktkonstellationen eine substantielle Gefährdung des Institutes ausschließen zu können. Die Erkenntnisse institutseigener Worst-Case-Szenarien schärfen das Risikobewußtsein und lassen die Formulierung positions- oder portfoliobezogener Maßnahmen zu. Insgesamt wird mit der Akzeptanz interner Modelle der bankenaufsichtsrechtliche Schwerpunkt von der quantitativen zur qualitativen Aufsicht verlagert.[6]

Zur Gewährleistung der Validität und der Reagibilität der mit Hilfe der internen Modelle generierten Ergebnisse wird das Backtesting durchgeführt. Hierbei bildet eine zu hohe Anzahl von Fehlschätzungen das "K.o.-Kriterium" zur Ablehnung einer institutseigenen Anwendung. Aufgrund des ständigen Rückvergleichs der prognostizierten mit den realisierten Wertänderungen wird das interne Modell seitens des Institutes fortdauernd in Frage gestellt. Aufgrund

[6] Vgl. Boos, K.-H./Schulte-Mattler, H. (1997d), S. 687.

einer möglichen Erhöhung des Zuschlagssatzes besteht ein natürlicher und kontinuierlicher Anreiz zur Verbesserung des internen Systems.

Die Vorteilhaftigkeit des unter Einsatz eines internen Modells bestimmten Value at Risk äußert sich zum einen in der – im Gegensatz zu den Standardverfahren des Grundsatzes I – geringer bemessenen Eigenmittelunterlegung, welche sich auf die einkalkulierten Korrelationsbeziehungen zurückführen läßt. Überdies bieten die auf dem Value at Risk-Ansatz beruhenden Ergebnisse vielfältige Einsatzmöglichkeiten bei der Risikosteuerung. De facto läßt sich das Risiko-Chance-Kalkül an die von der Geschäftsführung vorgegebene Risikostrategie angleichen. Die Einrichtung eines Limitsystems, welches das von der Geschäftsleitung insgesamt zur Verfügung gestellte Risikokapital auf die untergeordneten, operativen Bereiche bis zu den Händlern aufteilt, stellt in diesem Zusammenhang eine notwendige Voraussetzung dar, um die Verlustobergrenze eines Institutes nicht zu überschreiten. Zudem lassen sich unter Beachtung des Risikodeckungspotentials und des möglichen Verlustrisikos Limitvorgaben zeitlich fixieren, so daß die Händler für einen bestimmten Planungshorizont eine feststehende Kalkulationsgrundlage besitzen.

Die Anwendung interner Modelle stellt die faktische Bestimmung der Wertänderungen sicher und berücksichtigt die nichtlinearen Veränderungen von Optionspositionen bei Variationen der Einflußparameter. Eine Limitüberschreitung infolge systemimmanenter Mängel kann somit auch bei dem Einsatz von Optionskontrakten weitgehend ausgeschlossen werden.

Ein weiterer Vorzug der Inhouse-Modelle liegt in der transparenten Darstellung des Erfolgsbeitrages in Anbetracht des vorhandenen Risikopotentials. Dazu geben die Kennzahlen RORAC und RAROC Aufschluß über den Ertrag einzelner Geschäfte oder Portfolios respektive über die Erreichung des vorgegebenen Mindestertrages in Abhängigkeit des übernommenen Risikos. Infolgedessen lassen sich die Resultate der Performance-Messung ideal zur Allokation des Risikokapitals einsetzen und die Kapitaldeckungsmassen dementsprechend in ertragsstarke Geschäftsfelder manövrieren.[7] Außerdem können die Renta-bilitätszahlen in das bestehende ROI-Schema eines Institutes integriert und ein geschlossenes System der Renditeberechnung – ausgehend von den Profit-Centern bis hin zur Gesamtbankebene – generiert werden.

Da die Rendite-Risiko-Relation aufgrund der Risikokapitalzuteilung und des tatsächlich in Anspruch genommenen Risikokapitals bis auf die Ebene des

---

[7] Vgl. Schierenbeck, H./Lister, M., Verfahren zur Risikoallokation, in: Schweizer Bank, 10/1997, S. 62.

Händlers analysiert werden kann, lassen sich die Entlohnungssysteme an dem Erfolgsbeitrag eines Händlers ausrichten. Auf diese Weise wird gewährleistet, daß ein zusätzliches Risiko nur dann eingegangen wird, wenn dieses einen entsprechenden Erfolg in Aussicht stellt.

Da sich aus den Value at Risk-Ansätzen eine Vielzahl strategischer Handlungsweisen ableiten lassen, wird der Einsatz interner Modelle langfristig an Bedeutung gewinnen. Die Überlegenheit der Value at Risk-Verfahren gegenüber der traditionellen Ertragssteuerung, etwa mit Hilfe des Budgetmanagements und der originären Eigenkapitalrentabilität, wird besonders im Hinblick auf eine gesamtbankbezogene Rendite-Risiko-Steuerung sichtbar. Gleichwohl setzen die hauseigenen Verfahren die korrekte Quantifizierung der Risikopositionen voraus. Dabei wird nachdrücklich betont, daß die Implementierung eines internen Modells nicht als einmalige Installation angesehen werden kann, sondern die Dynamik des Finanzmarktes eine ständige Marktbeobachtung erfordert, welche durch Rückkoppelungen mit den bankenaufsichtsrechtlichen Regelungen in Einklang zu bringen ist. Zugleich ist hervorzuheben, daß die Entscheidung der Geschäftsführung, ein Institut als Nichthandelsbuchinstitut zu führen, hinsichtlich der Modellanwendungen im Rahmen der Eigenmittelanforderung nur eine temporäre Typisierung darstellt; die akzelerierende Entwicklung der Bankenaufsicht fordert von den Instituten einen stetigen Prozeß der Anpassung und des Fortschritts.

In diesem Zusammenhang scheint es absehbar, daß die derzeitigen Anrechnungsverfahren für die Adressen- bzw. Kreditrisiken ein Auslaufmodell darstellen. So hat sich Boos bereits für einen neuen Basler Akkord ausgesprochen: “Die Einteilung der Kredite in die bisherigen Risikoklassen ist zu grob, in verschiedenen Fällen werden Risiken unter- oder überzeichnet.”[8] In praxi lassen sich neben den Marktpreisrisiken auch die Adressenrisiken über die Value at Risk-Ansätze quantifizieren, so daß das gesamte Risiko eines Institutes mit Hilfe interner Modelle dargestellt werden kann.[9] Folglich besteht eine zentrale Steuerungsmöglichkeit für sämtliche im Institut vorhandenen Risikopositionen. Es ist zu erwarten, daß mit der Umsetzung der Empfehlungen des Basler Ausschuß für Bankenaufsicht hinsichtlich der Steuerung des

---

[8] Vgl. o. V., Reform der Basler Kapitalstandards, in: Kreditpraxis, 4/1998, S. 3.

[9] Vgl. Schierenbeck, H./Lister, M., Effiziente Allokation von Risikokapital, in: Schweizer Bank, 8/1997, S. 37.

Zinsänderungsrisikos[10] eine entsprechende Anpassung im Rahmen einer weiteren KWG-Novelle vorgenommen wird.[11]

Die Installation interner Modelle zur Berechnung des potentiellen Verlustbetrages im Front- sowie im Back-Office hat dazu geführt, daß die Kreditinstitute und Wertpapierhäuser die strukturierten Methoden des Risikomanagements kritisch beleuchten.[12] Obgleich mit der Einführung der Europäischen Wirtschafts- und Währungsunion und des Euro zumindest das Währungsrisiko innerhalb der teilnehmenden Länder ausgeschaltet wird, gilt es, sämtliche Risiken eines Institutes – im Sinne einer modernen Bankpolitik – zu beherrschen. Diesbezüglich erscheint die Institutionalisierung eines Risikomanagements auch für kleine und mittelgroße Institute sinnvoll. Hierbei ist es wichtig, daß die Erkenntnisse über Schnittstellen an die betroffenen Bereiche sowie an die Geschäftsleitung weitervermittelt werden.

Es besteht kein Zweifel daran, daß auch die Funktionsfähigkeit der bestehenden Kreditrisikomodelle in Frage gestellt werden muß und daß der Einsatz finanzmathematischer Risikomeß- und Steuerungsverfahren zukünftig auf die Gesamtbank fokussiert. Vor diesem Hintergrund leiten die Überlegungen hinsichtlich der geeigneten Institutsform und die daraus resultierenden Anforderungen nur den Anfang einer verbesserten internen und externen Bankenaufsicht ein.

[10] Siehe Basler Ausschuß für Bankenaufsicht, Grundsätze für das Management des Zinsänderungsrisikos, September 1997

[11] Vgl. Grelck, M./Rode, M., Internationale Mindestanforderungen an eine effektive Bankenaufsicht, in: ZfgK, 19/1998, S. 1082.

[12] Vgl. Jorion, P. (1996), S. 56.

Anhang

Anhang 1: Terminverkauf von Wertpapieren

Laufzeitmethode:

Verkauf eigener Schuldverschreibungen in Höhe von nominal 5 Mio. DM zu einem Kurs von 97% an ein inländisches Institut auf Termin. Der Kassakurs am Abrechnungs-/Meldestichtag beträgt 95%.
Die Ursprungslaufzeit der Schuldverschreibungen beträgt 5 Jahre, die Restlaufzeit 3 Jahre.

Bemessungsgrundlage:	Buchwert = Nominalwert x Kassakurs	5.000 TDM x 0,95	= 4.750 TDM
Umrechnungsfaktor:	3 Jahre Restlaufzeit → 1% + 1% = 2%		
Kreditäquivalent:	Bemessungsgrundlage x Umrechnungsfaktor	4.750 TDM x 0,02	= 95 TDM

Berechnung der Eigenkapitalanforderung:

Anrechnungspflichtiger Betrag:	Kreditäquivalent x Adressengewichtung	95 TDM x 0,20	= 19,00 TDM
Eigenkapitalanforderung:	Anrechnungsbetrag x Solvabilitätskoeffiz.	19 TDM x 0,08	= 1,52 TDM

Die Anwendung der Laufzeitmethode schreibt für den Terminverkauf an ein inländisches Institut in Höhe von nominal 5 Mio. DM eine Eigenkapitalunterlegung in Höhe von 1.520,-- DM vor.

Marktbewertungsmethode:

Verkauf eigener Schuldverschreibungen in Höhe von nominal 5 Mio. DM zu einem Kurs von 97% an ein inländisches Institut auf Termin. Der Kassakurs am Abrechnungs-/Meldestichtag beträgt ebenso wie der Terminkurs 95%. Die Ursprungslaufzeit der Schuldverschreibungen beträgt 5 Jahre, die Restlaufzeit 3 Jahre.

Potentielle Wiederbeschaffungskosten in TDM:

Vertragskondition:	Nominalwert x Vertraglicher Terminkurs	5.000 TDM x 0,97	= 4.850 TDM
- Marktkondition:	Nominalwert x Terminkurs am Meldestichtag	5.000 TDM x 0,95	= 4.750 TDM
= positiver Wert des Geschäfts (potentieller Verlust)			100 TDM

Zuschlagswert (Add-on) in TDM:

Bemessungsgrundlage:	Buchwert = Nominalwert x Kassakurs	5.000 TDM x 0,95	= 4.750,00 TDM
Zuschlagswert:	Bemessungsgrundlage x Zuschlagssatz	4.750 TDM x 0,005	= 23,75 TDM

Kreditäquivalent: Wiederbeschaffungskosten + Zuschlagswert 100 TDM + 23,75 TDM = 123,75 TDM

Das Verlustrisiko aus dem Termingeschäft in Höhe von 5.000 TDM beläuft sich auf 123,75 TDM.

Berechnung der Eigenkapitalanforderung in TDM:

Anrechnungspflichtiger Betrag:	Kreditäquivalent x Adressengewichtung	123,75 TDM x 0,2	= 24,75 TDM
Eigenkapitalanforderung:	Anrechnungsbetrag x Solvabilitätskoeffiz.	24,75 TDM x 0,08	= 1,98 TDM

Die Anwendung der Laufzeitmethode schreibt für den Terminverkauf an ein inländisches Institut in Höhe von nominal 5.000 TDM eine Eigenkapitalunterlegung in Höhe von 1.980 DM vor.

Anhang 2: Allgemeines zinsbezogenes Kursrisiko eines Handelsportfolios

Portfoliobestand:

1. Bundesanleihe über 8 Mio. DM mit einer Restlaufzeit von 6 Jahren und einem Anleihekupon von 6,5 %.
2. Receiver-Swap (variable Zinszahlung des Institutes) über 10 Mio. DM mit einer Restlaufzeit von 4 Jahren und einem Monat. Als Referenzgröße dient der 6-Monats-DM-Libor, welcher zur Zeit mit 3,5% fixiert und in 27 Tagen neu bestimmt wird. Der vereinbarte Festzins beträgt 4,5%.
3. Leveraged-Floater über 5 Mio. DM mit einer Restlaufzeit von exakt 3 Jahren und einem Kupon von 2 x (12-Monats-DM-Libor) – 2,9%. Das Libor-Fixing wurde aktuell in Höhe von 3,8% bestimmt. Der nächste Zinstermin ist in 12 Monaten.
4. Payer-Swap (fixe Zinszahlung des Institutes) über 15 Mio. DM mit einer Restlaufzeit von 2 Jahren und einem Monat. Der Festzins beträgt 4%. Das variable Fixing notiert auf der Grundlage des 6-Monats-DM-Libor bei 3,6%. Der nächste Zinsfestsetzungstermin ist in 30 Tagen.

Zerlegung der Papiere in ihre einzelnen Komponenten/Stripping:

Nr.	Position	Instrument	Nominalwert (in Mio.)	Nominalzins (in %)
1	Long	Straight Bond	8	6,5
2a	Long	Straight Bond	10	4,5
2b	Short	Floater	10	6-Monats-DM-Libor: 3,5 Zinsfixierung: in 27 Tagen
3a	Long	Floater	2 x 5	12-Monats-DM-Libor: 3,8 Zinsfixierung: in einem Jahr
3b	Short	Straight Bond	5	2,9
3c	Long	Floor[1]	2 x 5	1,45
4a	Short	Straight Bond	15	4
4b	Long	Floater	15	6-Monats-DM-Libor: 3,6 Zinsfixierung: in 30 Tagen

[1] Der Floor stellt einen Zinsbegrenzungsvertrag dar und gewährleistet, daß die Zinszahlung an den Emittenten ausgeschlossen wird. Der Strike (Basiszins) orientiert sich am Nominalzins des Straight Bonds sowie am Nominalwert des Floaters. Da dieser mit dem Faktor zwei in die Cash-flow Berechnung eingeht und damit einen sogenannten Hebel in sich birgt, wird der Strike auf die Hälfte des Nominalzinses fixiert. Vgl. dazu Beike, R./Wiedemeier, I. (1997), S. 190. Auf die Berechnung des Floors wird aufgrund des niedrigen Strikes, welcher weit aus dem Geld liegt und zu nur geringen Anrechnungsbeträgen führt, verzichtet.

Preprocessing:
Der Floater aus dem Receiver-Swap (2b) und der Floater aus dem Payer-Swap (4b) erfüllen die Voraussetzungen des Preprocessings. Der Referenzzins ist jeweils der 6-Monats-DM-Libor, die Abweichung der variablen Zinszahlungen beträgt weniger als 15 Basispunkte und die restlichen Zinsbindungsfristen weichen um weniger als 30 Tage voneinander ab. Infolgedessen erfolgt eine Aufrechnung in Höhe des Nominalbetrages in Höhe von 10 Mio. DM, so daß nunmehr der Überhang der Floater-Long-Position (4b) in Höhe von 5 Mio. DM verbleibt. Die übrigen Geschäfte bleiben unverändert und gehen mit ihren „gestrippten" Komponenten in die Ermittlung des allgemeinen Kursrisikos des Handelsbestandes ein.

Zero Bond-Abzinsungsfaktoren (ZAF):
Um die Barwerte der Portfoliobestandteile zu ermitteln, wird eine Zinsstrukturkurve mit einem Geldmarktsatz für Laufzeiten unter einem Jahr von 3,2% unterstellt. Die Kapitalmarktsätze für die Laufzeiten ab einem Jahr lassen sich der nachfolgenden Tabelle entnehmen:

Laufzeit	Zinssatz p.a.	ZAF*
1	3,5	0,966
2	4,0	0,925
3	4,5	0,876
4	5,0	0,821
5	5,5	0,761
6	6,0	0,698

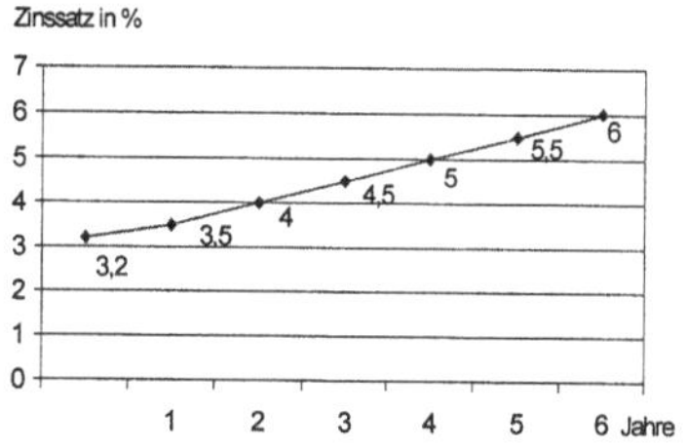

* Ungerundete Werte

Zur Bestimmung des Barwertes einer Anlage wird im folgenden nicht die einfache Division des jeweiligen Cash-flows mit dem für die Laufzeit gültigen, gleichbleibenden Zinssatz vorgenommen, sondern zunächst der Zero Bond-Abzinsungsfaktor (ZAF) für jedes Finanzinstrument gesondert ermittelt. Der Zero Bond-Abzinsungsfaktor (Diskontfaktor) berücksichtigt die in Abhängigkeit der Restlaufzeit unterschiedliche Struktur der Zinsen und bildet den rechnerischen Kurs eines Zinsinstrumentes wesentlich exakter ab, als dies die durchgängige Anwendung eines Divisors mit der impliziten Annahme einer flachen Zinsstrukturkurve vermag. In diesem Zusammenhang wird vorausgesetzt, daß die Zinssätze für die Geldaufnahme und die Geldanlage identisch sind. Die Berechnung des Zero Bond-Abzinsungsfaktors für die erste Zinsperiode erfolgt durch die Diskontierung des prozentualen Rückzahlungskurses mit dem Zinssatz für eine einjährige Anlage. Bei der Bestimmung der

Zero Bond-Abzinsungsfaktoren für die weiteren Jahre wird offensichtlich, daß mit der Geldanlage und der damit verbundenen periodischen Kuponzahlung eine gleichzeitige Kreditaufnahme erfolgt, deren Kapitaldienst (Zins- und Tilgungszahlung) durch die laufenden Cash-flows aus der Geldanlage vorgenommen wird. Der für die gesamte Anlagedauer bei einer aktuellen Zinsstrukturkurve gültige Zero Bond-Abzinsungsfaktor errechnet sich aus der Summe der periodisch ermittelten Barwerte der jeweiligen Geldaufnahmen abzüglich des auf Basis der Gesamtlaufzeit ermittelten einperiodischen Anlagebarwertes.[2]

ZAF für die Periode n:	t_0	t_1	t_2	....	t_{n-1}	t_n
Anlage (Z_{t_n}%)	$-\frac{1}{(1+Z_{t_n})}$	$\left(1-\frac{1}{(1+Z_{t_n})}\right)=\mathbf{K_{tn}}$	$\mathbf{K_{t_n}}$	....	$\mathbf{K_{t_n}}$	$\frac{1}{(1+Z_{t_n})}+\mathbf{K_{tn}}=\mathbf{1}$
	+	+	+		+	
Aufnahme ($Z_{t_{n-1}}$%)	$\frac{\mathbf{K_{tn}}}{(1+Z_{t_{n-1}})}=\mathbf{A_{tn-1}}$	$\mathbf{-I_{tn-1}}=-K_{t_n}+A_{t_{n-1}}$	$\mathbf{-I_{tn-1}}$	....	$\mathbf{-K_{t_n}}=-A_{t_{n-1}}-I_{t_{n-1}}$	
⋮	+	+	+			
Aufnahme (Z_{t_2}%)	$\frac{\mathbf{A_{t3}}}{(1+Z_{t_2})}=\mathbf{A_{t2}}$	$\mathbf{-I_{t_2}}=-A_{t_2}-A_{t_3}$	$\mathbf{-A_{t_3}}=-A_{t_2}-I_{t_2}$			
	+	+				
Aufnahme (Z_{t_1}%)	$\frac{\mathbf{A_{t2}}}{(1+Z_{t_1})}=\mathbf{A_{t1}}$	$\mathbf{-A_{t_2}}=-A_{t_1}-I_{t_1}$				
	=	=	=		=	=
ZAF für die Periode n:	ZAF	0	0	....	0	1

mit

K_{t_n} = Anleihekupon mit der Laufzeit t_n

$A_{t_{n-1}}$ = Kapitalaufnahme zum Kreditzins $Z_{t_{n-1}}$ für die Laufzeit t_{n-1}

$Z_{t_{n-1}}$ = Zins für die Kapitalanlage/-aufnahme

$-I_{t_{n-1}}$ = Periodische Zinszahlung (-I) für die Geldaufnahme $A_{t_{n-1}}$ mit der Laufzeit t_{n-1}

$-A_{t_{n-1}}$ = Kapitalrückzahlung $A_{t_{n-2}}$ zuzüglich der Zinszahlung $I_{t_{n-2}}$ für die Laufzeit t_{n-1}

$-K_{t_n}$ = Zinszahlung (-I) und Tilgungszahlung (-A) für die Geldaufnahme $A_{t_{n-1}}$ mit der Laufzeit t_{n-1}

2 Zur Bewertung der Zero Bond-Abzinsungsfaktoren vgl. Doerks, W., Die Berücksichtigung von Zinsstrukturkurven bei der Bewertung von Kuponanleihen, in: WiSt, 6/1991, S. 277 f.

Für die vorgenannte Zinsstruktur ergeben sich für die einzelnen Perioden folgende Zero Bond-Abzinsungsfaktoren:

ZAF für die Periode 1:

$$ZAF_1 = \frac{1}{1{,}035} = \underline{\underline{0{,}966}}$$

ZAF für die Periode 2:	t_0	t_1	t_2
Anlage (4,0%):	-0,962	0,038	1
Aufnahme (3,5%):	0,037	-0,038	
ZAF_1	-0,925	0	1

ZAF für die Periode 3:	t_0	t_1	t_2	t_3
Anlage (4,5%):	-0,957	0,043	0,043	1
Aufnahme (4,0%):	0,041	-0,002	-0,043	
Aufnahme (3,5%):	0,040	-0,041		
ZAF_1	-0,876	0	0	1

ZAF für die Periode 4:	t_0	t_1	t_2	t_3	t_4
Anlage (5,0%):	-0,952	0,048	0,048	0,048	1
Aufnahme (4,5%)	0,046	-0,002	-0,002	-0,048	
Aufnahme (4,0%):	0,044	-0,002	-0,046		
Aufnahme (3,5%):	0,042	-0,044			
ZAF_1	-0,821	0	0	0	1

ZAF für die Periode 5:	t_0	t_1	t_2	t_3	t_4	t_5
Anlage (5,5%):	-0,948	0,052	0,052	0,052	0,052	1
Aufnahme (5,0%)	0,050	-0,002	-0,002	-0,002	-0,052	
Aufnahme (4,5%)	0,048	-0,002	-0,002	-0,050		
Aufnahme (4,0%):	0,046	-0,002	-0,048			
Aufnahme (3,5%):	0,044	-0,046				
ZAF_1	-0,760	0	0	0	0	1

ZAF für die Periode 6:	t_0	t_1	t_2	t_3	t_4	t_5	t_6
Anlage (6,0%):	-0,943	0,057	0,057	0,057	0,057	0,057	1
Aufnahme (5,5%)	0,054	-0,003	-0,003	-0,003	-0,003	-0,057	
Aufnahme (5,0%)	0,051	-0,003	-0,003	-0,003	-0,054		
Aufnahme (4,5%)	0,049	-0,002	-0,002	-0,051			
Aufnahme (4,0%):	0,047	-0,002	-0,049				
Aufnahme (3,5%):	0,045	-0,047					
ZAF_1	-0,697	0	0	0	0	0	1

Barwert:

Die Barwertermittlung auf der Grundlage der vorgegebenen Zinsstrukturkurve läßt sich durch die Multiplikation der einzelnen Cash-flows mit dem für den Zeitraum gültigen Zero Bond-Abzinsungsfaktor vornehmen. Die Summe der Produkte stellt den Barwert eines Zinsinstrumentes dar.

Jahr	Cash-flow (in TDM)	ZAF*	Barwert (in TDM)
1	520	0,966	502,32
2	520	0,925	481,00
3	520	0,876	455,52
4	520	0,821	426,92
5	520	0,761	395,72
6	8.520	0,698	5.946,96
		Barwert:	**8.208,44**

* Ungerundete Werte

Endfälligkeitsrendite:

Ausgehend vom aktuellen Barwert der in der Position 1 aufgeführten Bundesanleihe in Höhe von 8.208,44 DM beläuft sich die Endfälligkeitsrendite (i_e) unter Berücksichtigung der jährlichen Cash-flows (CF) unter Anwendung der internen Zinsfußmethode sowie der linearen Interpolation gemäß der Formel

$$8.208{,}44 = \sum_{t=1}^{6} \frac{CF_t}{(1+i_e)^t}$$ auf 5,972%.

Jahr (t)	**Cash-flow (CF)** 6,5% Kapitalbetrag 8 Mio. DM	**Formel** $\frac{8.000.000 \times 0{,}065}{(1+i)^t}$	**Nominalzins (i = 5%)**	**Nominalzins (i = 6%)**	**Interpolation der Rendite**	
1	520	520/(1 + i)	495,23809	490,56603		
2	520	520/(1 + i)²	471,65532	462,79814	Barwert (i = 5%) **8609,08303**	Barwert aufgrund der bestehen- den Zinsstrukturkurve **8208,44**
3	520	520/(1 + i)³	449,19555	436,60202	Barwert (i = 6%) - **8196,69298**	Barwert (i = 6%) - **8196,69298**
4	520	520/(1 + i)⁴	427,80528	411,88870	**Differenz = 412,39005**	**Barwertdifferenz 11,74702**
5	520	520/(1 + i)⁵	407,43360	388,57425	Interpolierte Zwischenrendite = $\frac{412{,}39005 - 11{,}74702}{412{,}39005} \approx 0{,}972$	
6	8520	8520/(1 + i)⁶	6357,75518	6006,26384		
		Σ	**8609,08303**	**8196,69298**	**Interpolierte Endfälligkeitsrendite = 5 + 0,972 = 5,972**	

Die Endfälligkeitsrendite entspricht dem durchgehenden Abzinsungszinssatz der jeweiligen Cash-flows über die gesamte Restlaufzeit des Produktes. Die nachstehende Tabelle zeigt, daß die Berechnung des Barwertes sowohl durch die Abzinsung der Cash-flows mit der Endfälligkeitsrendite als auch durch die Verwendung der Zero Bond-Abzinsungsfaktoren zum identischen Ergebnis führt.

Jahr (t)	**ZAF**	**Barwert (in TDM)**	**Barwert x t (in TDM)**
1	$1/1{,}05972 = 0{,}944$	520 x 0,944 = 490,70	490,70 x 1 = 490,70
2	$1/1{,}05972^2 = 0{,}890$	520 x 0,890 = 463,05	463,05 x 2 = 926,01
3	$1/1{,}05972^3 = 0{,}840$	520 x 0,840 = 436,95	436,95 x 3 = 1.310,85
4	$1/1{,}05972^4 = 0{,}793$	520 x 0,793 = 412,33	412,33 x 4 = 1.649,32
5	$1/1{,}05972^5 = 0{,}748$	520 x 0,748 = 389,10	389,10 x 5 = 1.945,50
6	$1/1{,}05972^6 = 0{,}706$	8.520 x 0,706 = 6.015,96	6.015,96 x 6 = 36.095,76
Σ		**8.208,09**	**42.428,14**

Die Ermittlung der Endfälligkeitsrendite ist notwendigerweise anzustellen, um die Höhe der Modified Duration bestimmen zu können. Dieser Wert errechnet sich aus der Division der Duration mit der für die gesamte Laufzeit gültigen Rendite. Aus der Multiplikation der Modified Duration mit dem Barwert des Finanzinstrumentes sowie der unterstellten Renditeänderung resultiert die Sensitivität, wobei die Renditeänderung dem in Höhe des Durationswertes zugeordneten Laufzeitband zu entnehmen ist. Die Höhe der Eigenmittelanforderung wird daraufhin nach der Aufrechnung mit den Sensitivitäten identischer Laufzeitbänder sowie gleicher, benachbarter sowie nicht benachbarter Laufzeitzonen bestimmt.

$$\text{Duration (D)} = \frac{\sum_{t=1}^{n} t\,(CF_t\,(1+i)^{-t})}{\sum_{t=1}^{n} CF_t\,(1+i)^{-t}} = \frac{42.428{,}14}{8.208{,}09} = \underline{\underline{5{,}168}}$$

mit
CF = Cash-flow in DM
t = Zeitpunkt
n = Restlaufzeit in Jahren
i = Endfälligkeitsrendite
Δy = anzunehmende Renditeänderung (in Prozent)

$$\text{Modified Duration } (D_{mod}) = \frac{D}{(1+i)} = \frac{5{,}168}{1{,}05972} = \underline{\underline{4{,}877}}$$

$$\text{Sensitivität} = \Delta y \times \text{Barwert} \times D_{mod} = \frac{0{,}7 \times 8.208{,}09 \times 4{,}877}{100} = \underline{\underline{280{,}196}}$$

Für sämtliche Finanzinstrumente des Portfolios berechnen sich die nachfolgenden Barwerte sowie die Werte für die Duration, die modifizierte Duration und die Sensitivität analog. Allerdings läßt sich in Abhängigkeit von dem Einsatz der Jahresband- bzw. der Durationmethode eine unterschiedliche Höhe der Eigenmittelunterlegung für das gesamte Portfolio konstatieren.

Nettopositionen:

Nr.	Position	Restlaufzeit (in Jahren)	Nominalwert (in Mio.)	Nominalzins (in Prozent)	Barwert (in TDM)
1	Long	6	8	6,5	8.208,09
2a	Long	4,08	10	4,5	10.216,05
3a	Long	1	2 x 5	12M-DM-Libor: 3,8 Zinsfixierung: in einem Jahr	10.027,08
3b	Short	3	5	2,9	4.781,22
4a	Short	2,08	15	4	15.544,20
4b	Long	0,08333	5	6M-DM-Libor: 3,6 Zinsfixierung: in 30 Tagen	5.166,42

Duration, Modified Duration und Sensitivität:

Nr.	Position	Duration	Renditeänderung (in Prozent)	Modified Duration	Sensitivität* (in DM)
1	Long	5,17	0,7	4,88	280.196,--
2a	Long	3,66	0,75	3,49	267.078,--
3a	Long	1	1,0	0,97	96.857,--
3b	Short	2,91	0,75	2,79	99.990,--
4a	Short	1,97	0,8	1,89	235.027,--
4b	Long	0,08333	1,0	0,08	4.172,--

* Ungerundete Werte

Jahresbandmethode:

Zone	Laufzeitband A Kupon < 3%	Laufzeitband B Kupon > 3%	Gewichtungssatz (in %)	Portfoliowert	Gewichtete Position (in TDM) long	short
I.1	≤ 1 Monat	≤ 1 Monat	0,00	4b	0,00	
I.2	>1 – ≤ 3 Monate	> 1 – ≤ 3 Monate	0,20			
I.3	> 3 – ≤ 6 Monate	> 3 – ≤ 6 Monate	0,40			
I.4	> 6 – ≤ 12 Monate	> 6 – ≤ 12 Monate	0,70			
II.1	> 1 – ≤ 1,9 Jahre	> 1 – ≤2 Jahre	1,25	3a	125,338	
II.2	> 1,9 – ≤ 2,8 Jahre	> 2 – ≤ 3 Jahre	1,75	4a		272,024
II.3	> 2,8 – ≤ 3,6 Jahre	> 3 – ≤ 4 Jahre	2,25	3b		107,577
III.1	> 3,6 – ≤ 4,3 Jahre	> 4 – ≤ 5 Jahre	2,75	2a	280,941	
III.2	> 4,3 – ≤ 5,7 Jahre	> 5 – ≤ 7 Jahre	3,25	1	266,774	
III.3	> 5,7 – ≤ 7,3 Jahre	> 7 – ≤ 10 Jahre	3,75			
III.4	> 7,3 – ≤ 9,3 Jahre	> 10 – ≤ 15 Jahre	4,50			
III.5	> 9,3 – ≤ 10,6 Jahre	> 15 – ≤ 20 Jahre	5,25			
III.6	> 10,6 – ≤ 12 Jahre	> 20 Jahre	6,00			
III.7	> 12,0 – ≤ 20 Jahre		8,00			
III.8	> 20 Jahre		12,50			

Stufenweise Ermittlung der geschlossenen Positionen:

1. Vertikales Hedging:

   Keine Long- und Short-Positionen innerhalb gleicher Laufzeitbandsegmente vorhanden!

2. Horizontales Hedging:

   a) Aufrechnung der Long- und Short-Positionen innerhalb gleicher Laufzeitzonen (in TDM)

   - Kurzfristige Laufzeitzone: **geschlossen: ---** **offen: ---**
   - Mittelfristige Laufzeitzone: **geschlossen: 125,338** **offen: 254,263 short**
   - Langfristige Laufzeitzone: **geschlossen: ---** **offen: 547,715 long**

   ⇒ **Gewichtung der geschlossenen Position mit 40%: 50.135,20 DM**

   b) Aufrechnung der Long- und Short-Positionen benachbarter Laufzeitzonen (in TDM)

   - Laufzeitzone II und III: **geschlossen: 254,263** **offen: 293,452 long**

   ⇒ **Gewichtung der geschlossenen Position mit 40%: 101.705,20 DM**

   c) **Keine Aufrechnungsmöglichkeit gegenläufiger Positionen nicht benachbarter Zonen!**

   d) **Vollständige Anrechnung der verbleibenden offenen Position: 293.452,-- DM**

Gesamtanrechnungsbetrag für das allgemeine Zinsrisiko (Jahresbandmethode):	(in TDM)
1. Geschlossene Position der mittleren Laufzeitzone:	50.135,20
2. Geschlossene Position durch Aufrechnung der Zonen II und III:	+ 101.705,20
3. Zuletzt verbleibende offene Position:	+ 293.452,00
	445.292,40

Durationmethode:

Zone	Zeitspanne	Anzunehmende Renditeänderung (in %)	Portfoliowert	Gewichtete Position (in TDM) long	short
I.1	≤ 1 Monat	1,00	4b	4,172	
I.2	>1 – ≤ 3 Monate	1,00			
I.3	> 3 – ≤ 6 Monate	1,00			
I.4	> 6 – ≤ 12 Monate	1,00	3a	96,857	
II.1	> 1 – ≤ 1,9 Jahre	0,90			
II.2	> 1,9 – ≤ 2,8 Jahre	0,80	4a		235,027
II.3	> 2,8 – ≤ 3,6 Jahre	0,75	3b		99,990
III.1	> 3,6 – ≤ 4,3 Jahre	0,75	2a	267,078	
III.2	> 4,3 – ≤ 5,7 Jahre	0,70	1	280,196	
III.3	> 5,7 – ≤ 7,3 Jahre	0,65			
III.4	> 7,3 – ≤ 9,3 Jahre	0,60			
III.5	> 9,3 – ≤ 10,6 Jahre	0,60			
III.6	> 10,6 – ≤ 12 Jahre	0,60			
III.7	> 12,0 – ≤ 20 Jahre	0,60			
III.8	> 20 Jahre	0,60			

Stufenweise Ermittlung der geschlossenen Positionen:

1. Vertikales Hedging:
   Keine Long- und Short-Positionen innerhalb gleicher Laufzeitbandsegmente vorhanden!

2. Horizontales Hedging:
   a) Aufrechnung der Long- und Short-Positionen innerhalb gleicher Laufzeitzonen (in TDM)
   - Kurzfristige Laufzeitzone: **geschlossen: ---** **offen: 101,029 long**
   - Mittelfristige Laufzeitzone: **geschlossen: ---** **offen: 335,017 short**
   - Langfristige Laufzeitzone: **geschlossen: ---** **offen: 547,274 long**

   ⇒ **Keine Anrechnungsmöglichkeit geschlossener Positionen aus den einzelnen Zonen!**

   b) Aufrechnung der Long- und Short-Positionen benachbarter Laufzeitzonen (in TDM)
   - Laufzeitzone I und II: **geschlossen: 101,029** **offen: 233,988 short**

   ⇒ **Gewichtung der geschlossenen Position mit 40%: 40.411,60 DM**

   - Laufzeitzone II und III: **geschlossen: 233,988** **offen: 313,286 long**

   ⇒ **Gewichtung der geschlossenen Position mit 40%: 93.595,20 DM**

   c) **Keine Aufrechnungsmöglichkeit gegenläufiger Positionen nicht benachbarter Zonen!**

   d) **Vollständige Anrechnung der verbleibenden offenen Position: 313.286,-- DM**

Gesamtanrechnungsbetrag für das allgemeine Zinsrisiko (Durationmethode):	(in TDM)
1. Geschlossene Position durch Aufrechnung der Zonen I und II:	**40.411,60**
2. Geschlossene Position durch Aufrechnung der Zonen II und III:	**+ 93.595,20**
3. Zuletzt verbleibende offene Position:	**+ 313.286,00**
	447.292,80

Anhang 3: Logarithmierte 1-Tages-/10-Tages-Währungskursänderungen

Anhang 3a: Kursänderungen des US-Dollar (US-$) vom 1.11.1996 – 3.11.1997

Datum	$\frac{DM}{US\text{-}\$}$	$Ln\left(\frac{\left(\frac{DM}{US-\$}\right)_t}{\left(\frac{DM}{US-\$}\right)_{t-1}}\right)$	$Ln\left(\frac{\left(\frac{DM}{US-\$}\right)_t}{\left(\frac{DM}{US-\$}\right)_{t-1}}\right) \times \sqrt{10}$	Datum	$\frac{DM}{US\text{-}\$}$	$Ln\left(\frac{\left(\frac{DM}{US-\$}\right)_t}{\left(\frac{DM}{US-\$}\right)_{t-1}}\right)$	$Ln\left(\frac{\left(\frac{DM}{US-\$}\right)_t}{\left(\frac{DM}{US-\$}\right)_{t-1}}\right) \times \sqrt{10}$
1.Nov.96	1,5187	---	---	07. Mai	1,7219	-0,00411	-0,01301
04. Nov.	1,5133	-0,00356	-0,01126	09. Mai	1,7013	-0,01204	-0,03806
05. Nov.	1,5128	-0,00033	-0,00105	12. Mai	1,695	-0,00371	-0,01173
06. Nov.	1,5189	0,00402	0,01273	13. Mai	1,7005	0,00324	0,01024
07. Nov.	1,5078	-0,00733	-0,02319	14. Mai	1,7067	0,00364	0,01151
08. Nov.	1,5108	0,00199	0,00629	15. Mai	1,6887	-0,0106	-0,03353
11. Nov.	1,5035	-0,00484	-0,01532	16. Mai	1,7022	0,00796	0,02518
12. Nov.	1,4953	-0,00547	-0,01729	20. Mai	1,6978	-0,00259	-0,00818
13. Nov.	1,5068	0,00766	0,02423	21. Mai	1,6866	-0,00662	-0,02093
14. Nov.	1,5064	-0,00027	-0,00084	22. Mai	1,6931	0,00385	0,01216
15. Nov.	1,5082	0,00119	0,00378	23. Mai	1,6919	-0,00071	-0,00224
18. Nov.	1,5071	-0,00073	-0,00231	26. Mai	1,687	-0,0029	-0,00917
19. Nov.	1,5033	-0,00252	-0,00798	27. Mai	1,6993	0,00726	0,02297
20. Nov.	1,4985	-0,0032	-0,01011	28. Mai	1,7035	0,00247	0,00781
21. Nov.	1,4996	0,00073	0,00232	30. Mai	1,7	-0,00206	-0,0065
22. Nov.	1,502	0,0016	0,00506	02. Juni	1,7216	0,01263	0,03993
25. Nov.	1,5135	0,00763	0,02412	03. Juni	1,7232	0,00093	0,00294
26. Nov.	1,5258	0,00809	0,0256	04. Juni	1,7315	0,00481	0,01519
27. Nov.	1,5252	-0,00039	-0,00124	05. Juni	1,7275	-0,00231	-0,00731
28. Nov.	1,5331	0,00517	0,01634	06. Juni	1,7367	0,00531	0,0168
29. Nov.	1,5344	0,00085	0,00268	09. Juni	1,7206	-0,00931	-0,02945
02. Dez.	1,5411	0,00436	0,01378	10. Juni	1,713	-0,00443	-0,014
03. Dez.	1,5635	0,01443	0,04563	11. Juni	1,7165	0,00204	0,00645
04. Dez.	1,5591	-0,00282	-0,00891	12. Juni	1,724	0,00436	0,01379
05. Dez.	1,5607	0,00103	0,00324	13. Juni	1,73	0,00347	0,01099
06. Dez.	1,5338	-0,01739	-0,05498	16. Juni	1,7325	0,00144	0,00457
09. Dez.	1,551	0,01115	0,03526	17. Juni	1,7354	0,00167	0,00529
10. Dez.	1,5547	0,00238	0,00753	18. Juni	1,727	-0,00485	-0,01534
11. Dez.	1,5427	-0,00775	-0,0245	19. Juni	1,7309	0,00226	0,00713
12. Dez.	1,546	0,00214	0,00676	20. Juni	1,7293	-0,00092	-0,00292
13. Dez.	1,5415	-0,00291	-0,00922	23. Juni	1,7263	-0,00174	-0,00549
16. Dez.	1,555	0,00872	0,02757	24. Juni	1,7243	-0,00116	-0,00367
17. Dez.	1,547	-0,00516	-0,01631	25. Juni	1,7225	-0,00104	-0,0033
18. Dez.	1,553	0,00387	0,01224	26. Juni	1,7265	0,00232	0,00733
19. Dez.	1,5555	0,00161	0,00509	27. Juni	1,73	0,00203	0,0064
20. Dez.	1,5565	0,00064	0,00203	30. Juni	1,7441	0,00812	0,02567
23. Dez.	1,5535	-0,00193	-0,0061	01. Juli	1,7455	0,0008	0,00254
27. Dez.	1,5575	0,00257	0,00813	02. Juli	1,7467	0,00069	0,00217
30. Dez.	1,5548	-0,00174	-0,00549	03. Juli	1,7532	0,00371	0,01175
02. Jan.	1,5461	-0,00561	-0,01774	04. Juli	1,7521	-0,00063	-0,00198
03. Jan.	1,5489	0,00181	0,00572	07. Juli	1,7456	-0,00372	-0,01175
06. Jan.	1,5655	0,01066	0,03371	08. Juli	1,7547	0,0052	0,01644
07. Jan.	1,5622	-0,00211	-0,00667	09. Juli	1,7625	0,00444	0,01403
08. Jan.	1,5717	0,00606	0,01917	10. Juli	1,753	-0,0054	-0,01709
09. Jan.	1,5769	0,0033	0,01045	11. Juli	1,7608	0,00444	0,01404
10. Jan.	1,5774	0,00032	0,001	14. Juli	1,7924	0,01779	0,05625
13. Jan.	1,5863	0,00563	0,01779	15. Juli	1,7958	0,0019	0,00599
14. Jan.	1,5865	0,00013	0,0004	16. Juli	1,7932	-0,00145	-0,00458
15. Jan.	1,5977	0,00703	0,02225	17. Juli	1,7955	0,00128	0,00405
16. Jan.	1,592	-0,00357	-0,0113	18. Juli	1,799	0,00195	0,00616
17. Jan.	1,6036	0,00726	0,02296	21. Juli	1,7956	-0,00189	-0,00598
20. Jan.	1,6293	0,0159	0,05028	22. Juli	1,8126	0,00942	0,0298
21. Jan.	1,6232	-0,00375	-0,01186	23. Juli	1,831	0,0101	0,03194
22. Jan.	1,6414	0,01115	0,03526	24. Juli	1,8298	-0,00066	-0,00207

Datum	$\frac{DM}{US\text{-}\$}$	$Ln\left(\frac{\left(\frac{DM}{US-\$}\right)_t}{\left(\frac{DM}{US-\$}\right)_{t-1}}\right)$	$Ln\left(\frac{\left(\frac{DM}{US-\$}\right)_t}{\left(\frac{DM}{US-\$}\right)_{t-1}}\right)\times\sqrt{10}$	Datum	$\frac{DM}{US\text{-}\$}$	$Ln\left(\frac{\left(\frac{DM}{US-\$}\right)_t}{\left(\frac{DM}{US-\$}\right)_{t-1}}\right)$	$Ln\left(\frac{\left(\frac{DM}{US-\$}\right)_t}{\left(\frac{DM}{US-\$}\right)_{t-1}}\right)\times\sqrt{10}$
23. Jan.	1,6388	-0,00159	-0,00501	25. Juli	1,8379	0,00442	0,01397
24. Jan.	1,6317	-0,00434	-0,01373	28. Juli	1,8461	0,00445	0,01408
27. Jan.	1,638	0,00385	0,01219	29. Juli	1,8352	-0,00592	-0,01873
28. Jan.	1,6545	0,01002	0,0317	30. Juli	1,8438	0,00468	0,01478
29. Jan.	1,6488	-0,00345	-0,01091	31. Juli	1,8325	-0,00615	-0,01944
30. Jan.	1,6405	-0,00505	-0,01596	01. Aug.	1,8477	0,00826	0,02612
31. Jan.	1,2088	-0,00783	-0,02476	04. Aug.	1,3565	0,01261	0,03988
03. Feb.	1,6453	0,00714	0,02257	05. Aug.	1,8815	0,00506	0,01601
04. Feb.	1,6418	-0,00213	-0,00673	06. Aug.	1,8873	0,00308	0,00973
05. Feb.	1,6484	0,00401	0,01269	07. Aug.	1,8812	-0,00324	-0,01024
06. Feb.	1,6524	0,00242	0,00766	08. Aug.	1,8655	-0,00838	-0,0265
07. Feb.	1,6635	0,0067	0,02117	11. Aug.	1,8576	-0,00424	-0,01342
10. Feb.	1,6536	-0,00597	-0,01888	12. Aug.	1,8638	0,00333	0,01054
11. Feb.	1,6698	0,00975	0,03083	13. Aug.	1,8487	-0,00813	-0,02572
12. Feb.	1,6828	0,00776	0,02452	14. Aug.	1,834	-0,00798	-0,02525
13. Feb.	1,6826	-0,00012	-0,00038	15. Aug.	1,8422	0,00446	0,01411
14. Feb.	1,681	-0,00095	-0,00301	18. Aug.	1,8175	-0,0135	-0,04269
17. Feb.	1,6949	0,00823	0,02604	19. Aug.	1,8355	0,00985	0,03116
18. Feb.	1,7034	0,005	0,01582	20. Aug.	1,8523	0,00911	0,02881
19. Feb.	1,6934	-0,00589	-0,01862	21. Aug.	1,8553	0,00162	0,00512
20. Feb.	1,6875	-0,00349	-0,01104	22. Aug.	1,822	-0,01811	-0,05727
21. Feb.	1,687	-0,0003	-0,00094	25. Aug.	1,8246	0,00143	0,00451
24. Feb.	1,6754	-0,0069	-0,02182	26. Aug.	1,796	-0,0158	-0,04996
25. Feb.	1,6759	0,0003	0,00094	27. Aug.	1,8026	0,00367	0,0116
26. Feb.	1,674	-0,00113	-0,00359	28. Aug.	1,809	0,00354	0,01121
27. Feb.	1,6895	0,00922	0,02915	29. Aug.	1,794	-0,00833	-0,02633
28. Feb.	1,6921	0,00154	0,00486	01. Sep.	1,8162	0,0123	0,03889
03. Mrz.	1,6919	-0,00012	-0,00037	02. Sep.	1,8192	0,00165	0,00522
04. Mrz.	1,7087	0,00988	0,03125	03. Sep.	1,8228	0,00198	0,00625
05. Mrz.	1,713	0,00251	0,00795	04. Sep.	1,821	-0,00099	-0,00312
06. Mrz.	1,7184	0,00315	0,00995	05. Sep.	1,8178	-0,00176	-0,00556
07. Mrz.	1,7149	-0,00204	-0,00645	08. Sep.	1,8042	-0,00751	-0,02375
10. Mrz.	1,7095	-0,00315	-0,00997	09. Sep.	1,8162	0,00663	0,02096
11. Mrz.	1,7078	-0,00099	-0,00315	10. Sep.	1,8082	-0,00441	-0,01396
12. Mrz.	1,7077	-5,9E-05	-0,00019	11. Sep.	1,7957	-0,00694	-0,02194
13. Mrz.	1,6941	-0,008	-0,02528	12. Sep.	1,7829	-0,00715	-0,02262
14. Mrz.	1,7052	0,00653	0,02065	15. Sep.	1,7645	-0,01037	-0,03281
17. Mrz.	1,6862	-0,0112	-0,03543	16. Sep.	1,7716	0,00402	0,0127
18. Mrz.	1,6868	0,00036	0,00113	17. Sep.	1,7737	0,00118	0,00375
19. Mrz.	1,683	-0,00226	-0,00713	18. Sep.	1,7694	-0,00243	-0,00768
20. Mrz.	1,6736	-0,0056	-0,01771	19. Sep.	1,783	0,00766	0,02421
21. Mrz.	1,6921	0,01099	0,03476	22. Sep.	1,791	0,00448	0,01416
24. Mrz.	1,6914	-0,00041	-0,00131	23. Sep.	1,793	0,00112	0,00353
25. Mrz.	1,687	-0,0026	-0,00824	24. Sep.	1,7828	-0,00571	-0,01804
26. Mrz.	1,6912	0,00249	0,00786	25. Sep.	1,7764	-0,0036	-0,01137
27. Mrz.	1,6778	-0,00795	-0,02516	26. Sep.	1,7545	-0,0124	-0,03923
01. Apr.	1,6713	-0,00388	-0,01227	29. Sep.	1,7628	0,00472	0,01492
02. Apr.	1,6725	0,00072	0,00227	30. Sep.	1,7655	0,00153	0,00484
03. Apr.	1,672	-0,0003	-0,00095	01. Okt.	1,7634	-0,00119	-0,00376
04. Apr.	1,6757	0,00221	0,00699	02. Okt.	1,7684	0,00283	0,00895
07. Apr.	1,7014	0,01522	0,04813	06. Okt.	1,7571	-0,00641	-0,02027
08. Apr.	1,7139	0,00732	0,02315	07. Okt.	1,7528	-0,00245	-0,00775
09. Apr.	1,7152	0,00076	0,0024	08. Okt.	1,7591	0,00359	0,01135
10. Apr.	1,7158	0,00035	0,00111	09. Okt.	1,7534	-0,00325	-0,01026
11. Apr.	1,7227	0,00401	0,01269	10. Okt.	1,7437	-0,00555	-0,01754
14. Apr.	1,7235	0,00046	0,00147	13. Okt.	1,755	0,00646	0,02043
15. Apr.	1,7334	0,00573	0,01811	14. Okt.	1,7514	-0,00205	-0,00649
16. Apr.	1,7255	-0,00457	-0,01445	15. Okt.	1,7538	0,00137	0,00433
17. Apr.	1,7278	0,00133	0,00421	16. Okt.	1,7466	-0,00411	-0,01301

Datum	$\frac{DM}{US\text{-}\$}$	$Ln\left(\frac{\left(\frac{DM}{US-\$}\right)_t}{\left(\frac{DM}{US-\$}\right)_{t-1}}\right)$	$Ln\left(\frac{\left(\frac{DM}{US-\$}\right)_t}{\left(\frac{DM}{US-\$}\right)_{t-1}}\right) \times \sqrt{10}$	Datum	$\frac{DM}{US\text{-}\$}$	$Ln\left(\frac{\left(\frac{DM}{US-\$}\right)_t}{\left(\frac{DM}{US-\$}\right)_{t-1}}\right)$	$Ln\left(\frac{\left(\frac{DM}{US-\$}\right)_t}{\left(\frac{DM}{US-\$}\right)_{t-1}}\right) \times \sqrt{10}$
18. Apr.	1,7177	-0,00586	-0,01854	17. Okt.	1,7619	0,00872	0,02758
21. Apr.	1,7048	-0,00754	-0,02384	20. Okt.	1,7762	0,00808	0,02556
22. Apr.	1,7073	0,00147	0,00463	21. Okt.	1,7762	0	0
23. Apr.	1,7137	0,00374	0,01183	22. Okt.	1,7872	0,00617	0,01952
24. Apr.	1,7186	0,00286	0,00903	23. Okt.	1,7793	-0,00443	-0,01401
25. Apr.	1,7164	-0,00128	-0,00405	24. Okt.	1,7813	0,00112	0,00355
28. Apr.	1,7325	0,00934	0,02952	27. Okt.	1,765	-0,00919	-0,02907
29. Apr.	1,732	-0,00029	-0,00091	28. Okt.	1,7325	-0,01859	-0,05877
30. Apr.	1,7274	-0,00266	-0,00841	29. Okt.	1,7405	0,00461	0,01457
02. Mai	1,7256	-0,00104	-0,0033	30. Okt.	1,719	-0,01243	-0,03931
05. Mai	1,7284	0,00162	0,00513	31. Okt.	1,723	0,00232	0,00735
06. Mai	1,729	0,00035	0,0011	03. Nov.	1,742	0,01097	0,03468

Anhang 3b: Kursänderungen des Französischen Franc (FF) vom 1.11.1996 – 3.11.1997

Datum	$\frac{DM}{100FF}$	$Ln\left(\frac{\left(\frac{DM}{100FF}\right)_t}{\left(\frac{DM}{100FF}\right)_{t-1}}\right)$	$Ln\left(\frac{\left(\frac{DM}{100FF}\right)_t}{\left(\frac{DM}{100FF}\right)_{t-1}}\right) \times \sqrt{10}$	Datum	$\frac{DM}{100FF}$	$Ln\left(\frac{\left(\frac{DM}{100FF}\right)_t}{\left(\frac{DM}{100FF}\right)_{t-1}}\right)$	$Ln\left(\frac{\left(\frac{DM}{100FF}\right)_t}{\left(\frac{DM}{100FF}\right)_{t-1}}\right) \times \sqrt{10}$
1.Nov. 96	29,615			07. Mai	29,641	0,00017	0,00053
04. Nov.	29,569	-0,00155	-0,00492	09. Mai	29,634	-0,00024	-0,00075
05. Nov.	29,564	-0,00017	-0,00053	12. Mai	29,66	0,00088	0,00277
06. Nov.	29,597	0,00112	0,00353	13. Mai	29,671	0,00037	0,00117
07. Nov.	29,572	-0,00085	-0,00267	14. Mai	29,694	0,00077	0,00245
08. Nov.	29,58	0,00027	0,00086	15. Mai	29,689	-0,00017	-0,00053
11. Nov.	29,559	-0,00071	-0,00225	16. Mai	29,697	0,00027	0,00085
12. Nov.	29,554	-0,00017	-0,00053	20. Mai	29,687	-0,00034	-0,00107
13. Nov.	29,576	0,00074	0,00235	21. Mai	29,688	0,00003	0,00011
14. Nov.	29,593	0,00057	0,00182	22. Mai	29,689	0,00003	0,00011
15. Nov.	29,587	-0,00020	-0,00064	23. Mai	29,685	-0,00013	-0,00043
18. Nov.	29,586	-0,00003	-0,00011	26. Mai	29,633	-0,00175	-0,00554
19. Nov.	29,565	-0,00071	-0,00225	27. Mai	29,624	-0,00030	-0,00096
20. Nov.	29,556	-0,00030	-0,00096	28. Mai	29,605	-0,00064	-0,00203
21. Nov.	29,549	-0,00024	-0,00075	30. Mai	29,587	-0,00061	-0,00192
22. Nov.	29,507	-0,00142	-0,00450	02. Juni	29,65	0,00213	0,00673
25. Nov.	29,56	0,00179	0,00567	03. Juni	29,664	0,00047	0,00149
26. Nov.	29,479	-0,00274	-0,00868	04. Juni	29,65	-0,00047	-0,00149
27. Nov.	29,508	0,00098	0,00311	05. Juni	29,647	-0,00010	-0,00032
28. Nov.	29,454	-0,00183	-0,00579	06. Juni	29,635	-0,00040	-0,00128
29. Nov.	29,419	-0,00119	-0,00376	09. Juni	29,566	-0,00233	-0,00737
02. Dez.	29,48	0,00207	0,00655	10. Juni	29,56	-0,00020	-0,00064
03. Dez.	29,552	0,00244	0,00771	11. Juni	29,567	0,00024	0,00075
04. Dez.	29,596	0,00149	0,00470	12. Juni	29,6	0,00112	0,00353
05. Dez.	29,599	0,00010	0,00032	13. Juni	29,645	0,00152	0,00480
06. Dez.	29,572	-0,00091	-0,00289	16. Juni	29,625	-0,00067	-0,00213
09. Dez.	29,597	0,00085	0,00267	17. Juni	29,647	0,00074	0,00235
10. Dez.	29,574	-0,00078	-0,00246	18. Juni	29,622	-0,00084	-0,00267
11. Dez.	29,542	-0,00108	-0,00342	19. Juni	29,637	0,00051	0,00160
12. Dez.	29,594	0,00176	0,00556	20. Juni	29,623	-0,00047	-0,00149
13. Dez.	29,593	-0,00003	-0,00011	23. Juni	29,637	0,00047	0,00149
16. Dez.	29,636	0,00145	0,00459	24. Juni	29,63	-0,00024	-0,00075
17. Dez.	29,619	-0,00057	-0,00181	25. Juni	29,628	-0,00007	-0,00021

Datum	$\frac{DM}{100FF}$	$Ln\left(\frac{\left(\frac{DM}{100\,FF}\right)_t}{\left(\frac{DM}{100\,FF}\right)_{t-1}}\right)$	$Ln\left(\frac{\left(\frac{DM}{100\,FF}\right)_t}{\left(\frac{DM}{100\,FF}\right)_{t-1}}\right) \times \sqrt{10}$	Datum	$\frac{DM}{100FF}$	$Ln\left(\frac{\left(\frac{DM}{100\,FF}\right)_t}{\left(\frac{DM}{100\,FF}\right)_{t-1}}\right)$	$Ln\left(\frac{\left(\frac{DM}{100\,FF}\right)_t}{\left(\frac{DM}{100\,FF}\right)_{t-1}}\right) \times \sqrt{10}$
18. Dez.	29,596	-0,00078	-0,00246	26. Juni	29,634	0,00020	0,00064
19. Dez.	29,587	-0,00030	-0,00096	27. Juni	29,627	-0,00024	-0,00075
20. Dez.	29,6	0,00044	0,00139	30. Juni	29,658	0,00105	0,00331
23. Dez.	29,631	0,00105	0,00331	01. Juli	29,671	0,00044	0,00139
27. Dez.	29,635	0,00013	0,00043	02. Juli	29,665	-0,00020	-0,00064
30. Dez.	29,638	0,00010	0,00032	03. Juli	29,679	0,00047	0,00149
02. Jan.	29,662	0,00081	0,00256	04. Juli	29,678	-0,00003	-0,00011
03. Jan.	29,619	-0,00145	-0,00459	07. Juli	29,666	-0,00040	-0,00128
06. Jan.	29,608	-0,00037	-0,00117	08. Juli	29,652	-0,00047	-0,00149
07. Jan.	29,589	-0,00064	-0,00203	09. Juli	29,644	-0,00027	-0,00085
08. Jan.	29,602	0,00044	0,00139	10. Juli	29,579	-0,00220	-0,00694
09. Jan.	29,604	0,00007	0,00021	11. Juli	29,585	0,00020	0,00064
10. Jan.	29,642	0,00128	0,00406	14. Juli	29,578	-0,00024	-0,00075
13. Jan.	29,635	-0,00024	-0,00075	15. Juli	29,607	0,00098	0,00310
14. Jan.	29,615	-0,00068	-0,00213	16. Juli	29,605	-0,00007	-0,00021
15. Jan.	29,614	-0,00003	-0,00011	17. Juli	29,61	0,00017	0,00053
16. Jan.	29,62	0,00020	0,00064	18. Juli	29,602	-0,00027	-0,00085
17. Jan.	29,646	0,00088	0,00277	21. Juli	29,592	-0,00034	-0,00107
20. Jan.	29,645	-0,00003	-0,00011	22. Juli	29,654	0,00209	0,00662
21. Jan.	29,648	0,00010	0,00032	23. Juli	29,673	0,00064	0,00203
22. Jan.	29,653	0,00017	0,00053	24. Juli	29,675	0,00007	0,00021
23. Jan.	29,648	-0,00017	-0,00053	25. Juli	29,678	0,00010	0,00032
24. Jan.	29,647	-0,00003	-0,00011	28. Juli	29,666	-0,00040	-0,00128
27. Jan.	29,656	0,00030	0,00096	29. Juli	29,65	-0,00054	-0,00171
28. Jan.	29,651	-0,00017	-0,00053	30. Juli	29,663	0,00044	0,00139
29. Jan.	29,625	-0,00088	-0,00277	31. Juli	29,649	-0,00047	-0,00149
30. Jan.	29,627	0,00007	0,00021	01. Aug.	29,668	0,00064	0,00203
31. Jan.	29,619	-0,00027	-0,00085	04. Aug.	29,656	-0,00040	-0,00128
03. Feb.	29,613	-0,00020	-0,00064	05. Aug.	29,623	-0,00111	-0,00352
04. Feb.	29,578	-0,00118	-0,00374	06. Aug.	29,622	-0,00003	-0,00011
05. Feb.	29,578	0,00000	0,00000	07. Aug.	29,643	0,00071	0,00224
06. Feb.	29,633	0,00186	0,00587	08. Aug.	29,648	0,00017	0,00053
07. Feb.	29,635	0,00007	0,00021	11. Aug.	29,692	0,00148	0,00469
10. Feb.	29,624	-0,00037	-0,00117	12. Aug.	29,681	-0,00037	-0,00117
11. Feb.	29,628	0,00014	0,00043	13. Aug.	29,651	-0,00101	-0,00320
12. Feb.	29,622	-0,00020	-0,00064	14. Aug.	29,663	0,00040	0,00128
13. Feb.	29,621	-0,00003	-0,00011	15. Aug.	29,66	-0,00010	-0,00032
14. Feb.	29,636	0,00051	0,00160	18. Aug.	29,677	0,00057	0,00181
17. Feb.	29,637	0,00003	0,00011	19. Aug.	29,682	0,00017	0,00053
18. Feb.	29,631	-0,00020	-0,00064	20. Aug	29,686	0,00013	0,00043
19. Feb.	29,601	-0,00101	-0,00320	21. Aug.	29,681	-0,00017	-0,00053
20. Feb.	29,596	-0,00017	-0,00053	22. Aug.	29,687	0,00020	0,00064
21. Feb.	29,6	0,00014	0,00043	25. Aug.	29,677	-0,00034	-0,00107
24. Feb.	29,619	0,00064	0,00203	26. Aug.	29,679	0,00007	0,00021
25. Feb.	29,642	0,00078	0,00245	27. Aug.	29,685	0,00020	0,00064
26. Feb.	29,633	-0,00030	-0,00096	28. Aug.	29,704	0,00064	0,00202
27. Feb.	29,655	0,00074	0,00235	29. Aug.	29,705	0,00003	0,00011
28. Feb.	29,622	-0,00111	-0,00352	01. Sep.	29,708	0,00010	0,00032
03. Mrz.	29,611	-0,00037	-0,00117	02. Sep.	29,711	0,00010	0,00032
04. Mrz.	29,639	0,00095	0,00299	03. Sep.	29,71	-0,00003	-0,00011
05. Mrz.	29,644	0,00017	0,00053	04. Sep.	29,72	0,00034	0,00106
06. Mrz.	29,648	0,00013	0,00043	05. Sep.	29,721	0,00003	0,00011
07. Mrz.	29,659	0,00037	0,00117	08. Sep.	29,728	0,00024	0,00074
10. Mrz.	29,653	-0,00020	-0,00064	09. Sep.	29,736	0,00027	0,00085
11. Mrz.	29,654	0,00003	0,00011	10. Sep.	29,74	0,00013	0,00043
12. Mrz.	29,651	-0,00010	-0,00032	11. Sep.	29,743	0,00010	0,00032
13. Mrz.	29,636	-0,00051	-0,00160	12. Sep.	29,733	-0,00034	-0,00106
14. Mrz.	29,637	0,00003	0,00011	15. Sep.	29,748	0,00050	0,00159
17. Mrz.	29,631	-0,00020	-0,00064	16. Sep.	29,769	0,00071	0,00223

Datum	$\frac{DM}{100F}$	$Ln\left(\frac{\left(\frac{DM}{100FF}\right)_t}{\left(\frac{DM}{100FF}\right)_{t-1}}\right)$	$Ln\left(\frac{\left(\frac{DM}{100FF}\right)_t}{\left(\frac{DM}{100FF}\right)_{t-1}}\right)\times\sqrt{10}$	Datum	$\frac{DM}{100FF}$	$Ln\left(\frac{\left(\frac{DM}{100FF}\right)_t}{\left(\frac{DM}{100FF}\right)_{t-1}}\right)$	$Ln\left(\frac{\left(\frac{DM}{100FF}\right)_t}{\left(\frac{DM}{100FF}\right)_{t-1}}\right)\times\sqrt{10}$
18. Mrz.	29,628	-0,00010	-0,00032	17. Sep.	29,763	-0,00020	-0,00064
19. Mrz.	29,637	0,00030	0,00096	18. Sep.	29,767	0,00013	0,00042
20. Mrz.	29,637	0,00000	0,00000	19. Sep.	29,772	0,00017	0,00053
21. Mrz.	29,642	0,00017	0,00053	22. Sep.	29,773	0,00003	0,00011
24. Mrz.	29,639	-0,00010	-0,00032	23. Sep.	29,754	-0,00064	-0,00202
25. Mrz.	29,651	0,00040	0,00128	24. Sep.	29,76	0,00020	0,00064
26. Mrz.	29,655	0,00013	0,00043	25. Sep.	29,761	0,00003	0,00011
27. Mrz.	29,671	0,00054	0,00171	26. Sep.	29,773	0,00040	0,00127
01. Apr.	29,675	0,00013	0,00043	29. Sep.	29,778	0,00017	0,00053
02. Apr.	29,689	0,00047	0,00149	30. Sep.	29,767	-0,00037	-0,00117
03. Apr.	29,688	-0,00003	-0,00011	01. Okt.	29,768	0,00003	0,00011
04. Apr.	29,692	0,00013	0,00043	02. Okt.	29,763	-0,00017	-0,00053
07. Apr.	29,709	0,00057	0,00181	06. Okt.	29,744	-0,00064	-0,00202
08. Apr.	29,718	0,00030	0,00096	07. Okt.	29,747	0,00010	0,00032
09. Apr.	29,719	0,00003	0,00011	08. Okt.	29,758	0,00037	0,00117
10. Apr.	29,719	0,00000	0,00000	09. Okt.	29,756	-0,00007	-0,00021
11. Apr.	29,726	0,00024	0,00074	10. Okt.	29,759	0,00010	0,00032
14. Apr.	29,732	0,00020	0,00064	13. Okt.	29,793	0,00114	0,00361
15. Apr.	29,728	-0,00013	-0,00043	14. Okt.	29,804	0,00037	0,00117
16. Apr.	29,738	0,00034	0,00106	15. Okt.	29,83	0,00087	0,00276
17. Apr.	29,729	-0,00030	-0,00096	16. Okt.	29,826	-0,00013	-0,00042
18. Apr.	29,682	-0,00158	-0,00500	17. Okt.	29,828	0,00007	0,00021
21. Apr.	29,654	-0,00094	-0,00298	20. Okt.	29,832	0,00013	0,00042
22. Apr.	29,633	-0,00071	-0,00224	21. Okt.	29,835	0,00010	0,00032
23. Apr.	29,646	0,00044	0,00139	22. Okt.	29,84	0,00017	0,00053
24. Apr.	29,664	0,00061	0,00192	23. Okt.	29,84	0,00000	0,00000
25. Apr.	29,621	-0,00145	-0,00459	24. Okt.	29,85	0,00034	0,00106
28. Apr.	29,667	0,00155	0,00491	27. Okt.	29,855	0,00017	0,00053
29. Apr.	29,663	-0,00013	-0,00043	28. Okt.	29,842	-0,00044	-0,00138
30. Apr.	29,659	-0,00013	-0,00043	29. Okt.	29,857	0,00050	0,00159
02. Mai	29,66	0,00003	0,00011	30. Okt.	29,842	-0,00050	-0,00159
05. Mai	29,641	-0,00064	-0,00203	31. Okt.	29,856	0,00047	0,00148
06. Mai	29,636	-0,00017	-0,00053	03. Nov.	29,852	-0,00013	-0,00042

US-Dollar		FF	
1.11.1996 – 3.11.1997 (250 Börsentage)	$Ln\left(\frac{\left(DM/US\text{-}\$\right)_t}{\left(DM/US\text{-}\$\right)_{t-1}}\right)\times\sqrt{10}$	**1.11.1996 – 3.11.1997 (250 Börsentage)**	$Ln\left(\frac{\left(DM/100FF\right)_t}{\left(DM/100FF\right)_{t-1}}\right)\times\sqrt{10}$
Mittelwert:	**0,00174216**	**Mittelwert:**	**0,00010123**
Varianz:	**0,00036726**	**Varianz:**	**0,00000510**
Standardabweichung:	**0,01916402**	**Standardabweichung:**	**0,00225752**

Kovarianz:	**0,00001169**
Korrelationskoeffizient:	**0,27029161**

Anhang 4: Zufallszahlen und Prognose potentieller Dollarkursänderungen Basis: US-Dollarkurs vom 3.11.1997 in Höhe von 1,742 DM/US-$)

Zufallszahl	Zufallszahl x 1,742	Zufallszahl	Zufallszahl x 1,742	Zufallszahl	Zufallszahl x 1,742	Zufallszahl	Zufallszahl x 1,742
-0,073263706	-0,1276	0,00787414	0,0137	0,016606978	0,0289	-0,00494576	-0,0086
-0,067937407	-0,1183	0,016721338	0,0291	0,020741126	0,0361	-0,003362753	-0,0059
-0,065385059	-0,1139	0,004817716	0,0084	-0,010317123	-0,0180	-0,011607186	-0,0202
-0,056887885	-0,0991	0,01013308	0,0177	0,015178047	0,0264	-0,012895843	-0,0225
-0,055315433	-0,0964	0,011603499	0,0202	0,004613951	0,0080	-0,014327363	-0,0250
-0,053683265	-0,0935	0,016080209	0,0280	0,018880553	0,0329	-0,012276852	-0,0214
-0,053153052	-0,0926	0,013331761	0,0232	0,015627261	0,0272	-0,005304941	-0,0092
-0,052586416	-0,0916	0,008657868	0,0151	0,012963719	0,0226	-0,003021151	-0,0053
-0,052138242	-0,0908	0,009627916	0,0168	0,018367033	0,0320	-0,014365262	-0,0250
-0,051540829	-0,0898	0,008679098	0,0151	0,019748027	0,0344	-0,01327399	-0,0231
-0,051430353	-0,0896	0,01891652	0,0330	0,011699573	0,0204	-0,014979676	-0,0261
-0,051090882	-0,0890	0,011750501	0,0205	0,006956796	0,0121	-0,016112705	-0,0281
-0,05098754	-0,0888	0,008954802	0,0156	0,006097829	0,0106	-0,011625753	-0,0203
-0,049072526	-0,0855	0,00723424	0,0126	0,014164631	0,0247	-0,004183925	-0,0073
-0,048188352	-0,0839	0,009130683	0,0159	0,018363682	0,0320	-0,017349864	-0,0302
-0,047133473	-0,0821	0,01498528	0,0261	0,003399239	0,0059	-0,008270699	-0,0144
-0,046530825	-0,0811	0,014569288	0,0254	0,010454331	0,0182	-0,004323359	-0,0075
-0,044948928	-0,0783	0,008530101	0,0149	0,015599821	0,0272	-0,007520103	-0,0131
-0,043954217	-0,0766	0,00255173	0,0044	0,015824555	0,0276	-0,010409404	-0,0181
-0,043585962	-0,0759	0,006068192	0,0106	0,020671124	0,0360	-0,012337738	-0,0215
-0,042906884	-0,0747	0,004813092	0,0084	0,006454707	0,0112	-0,003078877	-0,0054
-0,041750091	-0,0727	0,010439927	0,0182	0,015178949	0,0264	0,000671716	0,0012
-0,039830326	-0,0694	0,007905204	0,0138	0,006772157	0,0118	-0,013669275	-0,0238
-0,039743053	-0,0692	0,002249683	0,0039	0,008186407	0,0143	-0,009184022	-0,0160
-0,038893106	-0,0678	0,010488211	0,0183	0,001953649	0,0034	-0,015308507	-0,0267
-0,038515962	-0,0671	0,010626926	0,0185	0,011314732	0,0197	-0,002187402	-0,0038
-0,036539681	-0,0637	0,018315085	0,0319	0,005726062	0,0100	-0,011931612	-0,0208
-0,036468644	-0,0635	0,006523525	0,0114	0,012818496	0,0223	-0,016551721	-0,0288
-0,036194946	-0,0631	0,019666442	0,0343	0,007803194	0,0136	-0,0046653	-0,0081
-0,036151789	-0,0630	0,031593778	0,0550	0,011183305	0,0195	-0,015187663	-0,0265
-0,035914183	-0,0626	0,017317919	0,0302	0,020429865	0,0356	-0,001464779	-0,0026
-0,035734881	-0,0623	0,013361759	0,0233	0,018255425	0,0318	0,000536341	0,0009
-0,035725476	-0,0622	0,007686304	0,0134	0,010400047	0,0181	0,001513911	0,0026
-0,035443425	-0,0617	0,013105814	0,0228	0,011107078	0,0193	-0,003111659	-0,0054
-0,035273349	-0,0614	0,005988509	0,0104	0,010197124	0,0178	-0,00597396	-0,0104
-0,034981673	-0,0609	0,013389947	0,0233	0,003395758	0,0059	-0,011279834	-0,0196
-0,034835521	-0,0607	0,028766905	0,0501	0,014294442	0,0249	-0,003206664	-0,0056
-0,034015595	-0,0593	0,028509409	0,0497	0,005470729	0,0095	0,001314122	0,0023
-0,033731667	-0,0588	0,009752034	0,0170	0,016940963	0,0295	-0,005559218	-0,0097
-0,03371345	-0,0587	0,004646856	0,0081	0,016003322	0,0279	-0,007977203	-0,0139
-0,033472121	-0,0583	0,013878104	0,0242	0,004655947	0,0081	-0,011198522	-0,0195
-0,033373054	-0,0581	0,0346059	0,0603	0,005901865	0,0103	-0,014084109	-0,0245
-0,033090869	-0,0576	0,007093836	0,0124	0,020112446	0,0350	-0,006658965	-0,0116
-0,033070207	-0,0576	0,035500011	0,0618	0,004206823	0,0073	-0,003279308	-0,0057
-0,033036499	-0,0575	0,030271307	0,0527	0,01284421	0,0224	1,63319E-05	0,0000
-0,03288363	-0,0573	0,011801179	0,0206	0,003044935	0,0053	-0,011782001	-0,0205
-0,032654136	-0,0569	0,001853581	0,0032	0,01888967	0,0329	-0,002268656	-0,0040
-0,032627069	-0,0568	0,012665922	0,0221	0,017001551	0,0296	-0,007220981	-0,0126

Zufallszahl	Zufallszahl x 1,742	Zufallszahl	Zufallszahl x 1,742	Zufallszahl	Zufallszahl x 1,742	Zufallszahl	Zufallszahl x 1,742
-0,032457382	-0,0565	0,025565449	0,0445	0,010735864	0,0187	-0,008914179	-0,0155
-0,032328952	-0,0563	0,004760727	0,0083	0,004866518	0,0085	-0,011227149	-0,0196
-0,032293059	-0,0563	0,020596024	0,0359	0,016370772	0,0285	-0,008827624	-0,0154
-0,032155779	-0,0560	0,035973747	0,0627	0,018488429	0,0322	0,001722363	0,0030
-0,032090145	-0,0559	0,038879436	0,0677	0,00644476	0,0112	-0,006300365	-0,0110
-0,031929376	-0,0556	0,019750369	0,0344	0,018266461	0,0318	-0,013478252	-0,0235
-0,031689815	-0,0552	0,037372156	0,0651	0,01422007	0,0248	-0,009313045	-0,0162
-0,031384946	-0,0547	0,020729093	0,0361	0,014270525	0,0249	-0,000885727	-0,0015
-0,031364865	-0,0546	0,034941696	0,0609	0,011352491	0,0198	-0,006666639	-0,0116
-0,031336734	-0,0546	0,003718206	0,0065	0,006859783	0,0119	-0,005577904	-0,0097
-0,031302522	-0,0545	0,00640811	0,0112	0,020089846	0,0350	-0,013793918	-0,0240
-0,031255317	-0,0544	0,037651623	0,0656	0,009288101	0,0162	-0,01733691	-0,0302
-0,031025878	-0,0540	0,032925843	0,0574	0,009707531	0,0169	0,001655655	0,0029
-0,031024684	-0,0540	0,008178393	0,0142	0,006348441	0,0111	-0,001848955	-0,0032
-0,0310202	-0,0540	0,004464257	0,0078	0,017214028	0,0300	-0,012203771	-0,0213
-0,030796935	-0,0536	0,032840924	0,0572	0,009690316	0,0169	0,000308086	0,0005
-0,030794214	-0,0536	0,00892468	0,0155	0,006165782	0,0107	-0,007424852	-0,0129
-0,030688695	-0,0535	0,031390159	0,0547	0,017962928	0,0313	-0,007469052	-0,0130
-0,030383208	-0,0529	0,022683464	0,0395	0,020210586	0,0352	-0,008788439	-0,0153
-0,030215181	-0,0526	0,020574049	0,0358	0,01983012	0,0345	-0,000902278	-0,0016
-0,030130349	-0,0525	0,005785084	0,0101	0,007352686	0,0128	2,53612E-05	0,0000
-0,030024774	-0,0523	0,023195577	0,0404	0,011389614	0,0198	-0,013836561	-0,0241
-0,029920754	-0,0521	0,012536086	0,0218	0,012479461	0,0217	0,000551271	0,0010
-0,029383626	-0,0512	0,032759447	0,0571	0,007412622	0,0129	-0,015304452	-0,0267
-0,029370761	-0,0512	0,033923168	0,0591	0,008739653	0,0152	-0,014534992	-0,0253
-0,029246441	-0,0509	0,031409082	0,0547	0,016174935	0,0282	-0,00206943	-0,0036
-0,029160282	-0,0508	0,009614461	0,0167	0,01114988	0,0194	-0,012679307	-0,0221
-0,029081982	-0,0507	0,005066748	0,0088	0,003192847	0,0056	-0,015725972	-0,0274
-0,029041725	-0,0506	0,032706009	0,0570	0,008361439	0,0146	-0,004799561	-0,0084
-0,028959579	-0,0504	0,011112016	0,0194	0,01154349	0,0201	-0,013825609	-0,0241
-0,028952892	-0,0504	0,013267744	0,0231	0,019956802	0,0348	-0,017285235	-0,0301
-0,028895204	-0,0503	0,006964138	0,0121	0,01437308	0,0250	-0,012789192	-0,0223
-0,028807873	-0,0502	0,01710273	0,0298	0,013427511	0,0234	-0,014377301	-0,0250
-0,028581273	-0,0498	0,036191865	0,0630	0,012843413	0,0224	-0,016341728	-0,0285
-0,027670196	-0,0482	0,032869978	0,0573	0,019021101	0,0331	-0,000512287	-0,0009
-0,027596958	-0,0481	0,028224802	0,0492	0,019828123	0,0345	-0,00381114	-0,0066
-0,0275668	-0,0480	0,007446578	0,0130	0,003684576	0,0064	0,001637285	0,0029
-0,027402001	-0,0477	0,015555267	0,0271	0,019308443	0,0336	-0,007320514	-0,0128
-0,027294311	-0,0475	0,037565589	0,0654	0,008843423	0,0154	-0,012762884	-0,0222
-0,027098557	-0,0472	0,003935399	0,0069	0,006150754	0,0107	-0,007630114	-0,0133
-0,026980754	-0,0470	0,022810189	0,0397	0,001812152	0,0032	-0,015121568	-0,0263
-0,026795294	-0,0467	0,032486785	0,0566	0,003298464	0,0057	-0,017351781	-0,0302
-0,026535896	-0,0462	0,009988495	0,0174	0,016295324	0,0284	-0,008580746	-0,0149
-0,026457605	-0,0461	0,034881488	0,0608	0,005649485	0,0098	-0,002065833	-0,0036
-0,026376504	-0,0459	0,00997711	0,0174	0,019155915	0,0334	-0,007200468	-0,0125
-0,026365565	-0,0459	0,035073809	0,0611	0,020678291	0,0360	-0,004075323	-0,0071
-0,026178906	-0,0456	0,005626635	0,0098	0,00711379	0,0124	-0,010064508	-0,0175
-0,025999172	-0,0453	0,003794547	0,0066	0,018415944	0,0321	-0,016297617	-0,0284
-0,025999156	-0,0453	0,028106366	0,0490	0,017696276	0,0308	-0,006647354	-0,0116
-0,025977203	-0,0453	0,033120721	0,0577	0,018360928	0,0320	-0,011443966	-0,0199
-0,02580225	-0,0449	0,026640954	0,0464	0,016501854	0,0287	-0,00029769	-0,0005

Zufallszahl	Zufallszahl x 1,742	Zufallszahl	Zufallszahl x 1,742	Zufallszahl	Zufallszahl x 1,742	Zufallszahl	Zufallszahl x 1,742
-0,025531676	-0,0445	0,027279335	0,0475	0,005472683	0,0095	-0,010952743	-0,0191
-0,02545987	-0,0444	0,013260595	0,0231	0,017621636	0,0307	-0,006626707	-0,0115
-0,02545697	-0,0443	0,014336719	0,0250	0,00278889	0,0049	0,000662174	0,0012
-0,025439733	-0,0443	0,01929456	0,0336	0,003136646	0,0055	0,001614718	0,0028
-0,025399685	-0,0442	0,016186059	0,0282	0,002884589	0,0050	-0,010408549	-0,0181
-0,02534449	-0,0442	0,009709758	0,0169	0,015144839	0,0264	-0,008284612	-0,0144
-0,025152733	-0,0438	0,002714271	0,0047	0,002230886	0,0039	-0,000280468	-0,0005
-0,025105425	-0,0437	0,024256878	0,0423	0,019869937	0,0346	-0,009701868	-0,0169
-0,02506188	-0,0437	0,005774389	0,0101	0,020028978	0,0349	-0,017019512	-0,0296
-0,025002338	-0,0436	0,009403999	0,0164	0,013762611	0,0240	-0,008285013	-0,0144
-0,024920215	-0,0434	0,007070425	0,0123	0,009544043	0,0166	-0,006199686	-0,0108
-0,024828188	-0,0433	0,022425467	0,0391	0,016474211	0,0287	-0,00027075	-0,0005
-0,024622468	-0,0429	0,036849441	0,0642	0,00403339	0,0070	-0,009872685	-0,0172
-0,024587342	-0,0428	0,011118469	0,0194	0,011370294	0,0198	-0,000521048	-0,0009
-0,024417147	-0,0425	0,002050739	0,0036	0,018015155	0,0314	-0,003217934	-0,0056
-0,024334995	-0,0424	0,027528133	0,0480	0,002619476	0,0046	-0,013992935	-0,0244
-0,024089182	-0,0420	0,038134259	0,0664	0,017401749	0,0303	-0,003320337	-0,0058
-0,024044609	-0,0419	0,013567356	0,0236	0,009672141	0,0168	0,001517073	0,0026
-0,023973546	-0,0418	0,019169607	0,0334	0,006850179	0,0119	-0,010201914	-0,0178
-0,023858337	-0,0416	0,010773512	0,0188	0,011859971	0,0207	-0,015809445	-0,0275
-0,023751763	-0,0414	0,013447128	0,0234	0,015928928	0,0277	-0,005780749	-0,0101
-0,023744711	-0,0414	0,032953597	0,0574	0,011356489	0,0198	0,000124079	0,0002
-0,02356178	-0,0410	0,00434255	0,0076	0,017336115	0,0302	-0,001384623	-0,0024
-0,023418732	-0,0408	0,002333007	0,0041	0,004568572	0,0080	-0,012849231	-0,0224
-0,02314051	-0,0403	0,003319571	0,0058	0,016077316	0,0280	-0,011885089	-0,0207
-0,023113984	-0,0403	0,032585949	0,0568	0,014082963	0,0245	-0,008624872	-0,0150
-0,022901404	-0,0399	0,008016287	0,0140	0,019714931	0,0343	-0,007447509	-0,0130
-0,02289184	-0,0399	0,035546374	0,0619	0,011345734	0,0198	-0,009037532	-0,0157
-0,022745451	-0,0396	0,021627476	0,0377	0,002740418	0,0048	-0,016733454	-0,0291
-0,022720252	-0,0396	0,035189694	0,0613	0,01688182	0,0294	-0,001760256	-0,0031
-0,022572618	-0,0393	0,036583847	0,0637	0,004200978	0,0073	-0,009295328	-0,0162
-0,022528482	-0,0392	0,023170001	0,0404	0,003348125	0,0058	-0,009900707	-0,0172
-0,022494958	-0,0392	0,033323428	0,0580	0,001958509	0,0034	-0,001123296	-0,0020
-0,022295108	-0,0388	0,009249096	0,0161	0,009370213	0,0163	-0,006095488	-0,0106
-0,02194151	-0,0382	0,010777727	0,0188	0,009293672	0,0162	-0,007828968	-0,0136
-0,021351432	-0,0372	0,003289225	0,0057	0,012700746	0,0221	-0,010594161	-0,0185
-0,021330823	-0,0372	0,005505409	0,0096	0,011338916	0,0198	-0,013349648	-0,0233
-0,020984208	-0,0366	0,010156338	0,0177	0,017208362	0,0300	-0,003316832	-0,0058
-0,020983831	-0,0366	0,030114536	0,0525	0,006037359	0,0105	-0,00476535	-0,0083
-0,020689737	-0,0360	0,037650675	0,0656	0,006020825	0,0105	-0,010558155	-0,0184
-0,020222078	-0,0352	0,032979859	0,0575	0,006942172	0,0121	-0,010751416	-0,0187
-0,01975718	-0,0344	0,00633983	0,0110	0,009021916	0,0157	-0,008987655	-0,0157
-0,019729226	-0,0344	0,019411244	0,0338	0,016511712	0,0288	-0,007698856	-0,0134
-0,019524173	-0,0340	0,008503256	0,0148	0,003519348	0,0061	-0,014986878	-0,0261
-0,019370734	-0,0337	0,024558634	0,0428	0,005845978	0,0102	-0,00691954	-0,0121
-0,019166037	-0,0334	0,028529226	0,0497	0,012625484	0,0220	-0,009702569	-0,0169
-0,019017686	-0,0331	0,022933878	0,0400	0,018487277	0,0322	-0,006012279	-0,0105
-0,018821907	-0,0328	0,022522427	0,0392	0,015761094	0,0275	-0,010091983	-0,0176
-0,018665627	-0,0325	0,023444573	0,0408	0,014157756	0,0247	-0,006982117	-0,0122
-0,018075244	-0,0315	0,010939282	0,0191	0,012825817	0,0223	-0,005736464	-0,0100
-0,01806899	-0,0315	0,025481596	0,0444	0,015764504	0,0275	-0,001108149	-0,0019

Zufallszahl	Zufallszahl x 1,742	Zufallszahl	Zufallszahl x 1,742	Zufallszahl	Zufallszahl x 1,742	Zufallszahl	Zufallszahl x 1,742
-0,017971892	-0,0313	0,034062637	0,0593	0,003509003	0,0061	-0,014141985	-0,0246
-0,017950272	-0,0313	0,019071188	0,0332	0,004600829	0,0080	-0,013528014	-0,0236
-0,017901724	-0,0312	0,026414116	0,0460	0,01588458	0,0277	-0,009823533	-0,0171
-0,017461448	-0,0304	0,019889947	0,0346	0,019037586	0,0332	-0,014949356	-0,0260
-0,017086061	-0,0298	0,026800963	0,0467	0,011319839	0,0197	-0,009147231	-0,0159
-0,016880809	-0,0294	0,021068877	0,0367	0,006785221	0,0118	-0,000606258	-0,0011
-0,016852408	-0,0294	0,03499919	0,0610	0,003224426	0,0056	-0,009848318	-0,0172
-0,016844382	-0,0293	0,054455589	0,0949	0,020311501	0,0354	0,001285116	0,0022
-0,016797983	-0,0293	0,046532759	0,0811	0,020404583	0,0355	-0,014623087	-0,0255
-0,016616846	-0,0289	0,061306585	0,1068	0,017902984	0,0312	-0,000721883	-0,0013
-0,016615726	-0,0289	0,042596071	0,0742	0,008047363	0,0140	-0,016185432	-0,0282
-0,016582727	-0,0289	0,040195883	0,0700	0,006937224	0,0121	-0,001167279	-0,0020
-0,016121746	-0,0281	0,04743004	0,0826	0,006658342	0,0116	-0,004580655	-0,0080
-0,015987861	-0,0279	0,020981521	0,0365	0,006096086	0,0106	-0,013165767	-0,0229
-0,015935061	-0,0278	0,027511238	0,0479	0,003776129	0,0066	-0,001499079	-0,0026
-0,015393448	-0,0268	0,035152107	0,0612	0,001787586	0,0031	-0,013528302	-0,0236
-0,015317958	-0,0267	0,034299651	0,0597	0,012815533	0,0223	-0,012532578	-0,0218
-0,015077292	-0,0263	0,044114262	0,0768	0,018527217	0,0323	-0,012763278	-0,0222
-0,014613286	-0,0255	0,023769514	0,0414	0,003580542	0,0062	-0,011846449	-0,0206
-0,014343134	-0,0250	0,029743514	0,0518	0,011102932	0,0193	-0,00305814	-0,0053
-0,014263298	-0,0248	0,021123583	0,0368	0,017560392	0,0306	-0,006342229	-0,0110
-0,014143445	-0,0246	0,031114491	0,0542	0,001855517	0,0032	-0,016041609	-0,0279
-0,014122327	-0,0246	0,021599202	0,0376	0,009079345	0,0158	-0,00268388	-0,0047
-0,013508413	-0,0235	0,028953361	0,0504	0,017574413	0,0306	-0,005682939	-0,0099
-0,013471787	-0,0235	0,024525046	0,0427	0,012996405	0,0226	-0,010257491	-0,0179
-0,013430632	-0,0234	0,029653381	0,0517	0,011104454	0,0193	-0,002916829	-0,0051
-0,013342136	-0,0232	0,039100447	0,0681	0,017504551	0,0305	-0,0115696	-0,0202
-0,013337343	-0,0232	0,032509589	0,0566	0,013127339	0,0229	-0,010587078	-0,0184
-0,013000819	-0,0226	0,032985531	0,0575	0,004537408	0,0079	-0,002008376	-0,0035
-0,012609201	-0,0220	0,045362605	0,0790	0,015038778	0,0262	-0,013919985	-0,0242
-0,012547193	-0,0219	0,02761297	0,0481	0,015618499	0,0272	-0,001241061	-0,0022
-0,012427205	-0,0216	0,041545374	0,0724	0,012456348	0,0217	-0,01650416	-0,0288
-0,012350998	-0,0215	0,031346841	0,0546	0,005820715	0,0101	-0,004612286	-0,0080
-0,012313646	-0,0215	0,026603569	0,0463	0,008656016	0,0151	-0,011084871	-0,0193
-0,012284003	-0,0214	0,036516644	0,0636	0,009421082	0,0164	-0,009065234	-0,0158
-0,011996222	-0,0209	0,044368487	0,0773	0,003340993	0,0058	-0,010808218	-0,0188
-0,011947996	-0,0208	0,041958093	0,0731	0,01211328	0,0211	-0,001180816	-0,0021
-0,011876268	-0,0207	0,02117936	0,0369	0,012858662	0,0224	0,000255922	0,0004
-0,011769138	-0,0205	0,040010405	0,0697	0,002629739	0,0046	-0,001351833	-0,0024
-0,011398317	-0,0199	0,029661314	0,0517	0,018107252	0,0315	-0,015004501	-0,0261
-0,011244095	-0,0196	0,052476308	0,0914	0,017938786	0,0312	-0,012297817	-0,0214
-0,011198109	-0,0195	0,027397909	0,0477	0,003201567	0,0056	-0,011680597	-0,0203
-0,011014107	-0,0192	0,032562985	0,0567	0,004121423	0,0072	-0,00678965	-0,0118
-0,010791804	-0,0188	0,024818209	0,0432	0,01030241	0,0179	-0,002302714	-0,0040
-0,010540611	-0,0184	0,039833731	0,0694	0,018731468	0,0326	0,000389406	0,0007
-0,010156147	-0,0177	0,056571592	0,0985	0,005484506	0,0096	-0,017362091	-0,0302
-0,010114005	-0,0176	0,038465185	0,0670	0,013784582	0,0240	-0,004906806	-0,0085
-0,01000066	-0,0174	0,023165428	0,0404	0,015506902	0,0270	-0,013733926	-0,0239
-0,009992738	-0,0174	0,039912381	0,0695	0,003690925	0,0064	-0,000652889	-0,0011
-0,009566659	-0,0167	0,051210013	0,0892	0,005164158	0,0090	-0,004947677	-0,0086
-0,00942239	-0,0164	0,038109824	0,0664	0,008997677	0,0157	-0,015411009	-0,0268

Zufallszahl	Zufallszahl x 1,742	Zufallszahl	Zufallszahl x 1,742	Zufallszahl	Zufallszahl x 1,742	Zufallszahl	Zufallszahl x 1,742
-0,009070946	-0,0158	0,0278978	0,0486	0,01664418	0,0290	0,001726804	0,0030
-0,009052495	-0,0158	0,025318327	0,0441	0,014558747	0,0254	0,000327716	0,0006
-0,008520227	-0,0148	0,062023274	0,1080	0,006121052	0,0107	-0,016961222	-0,0295
-0,008386361	-0,0146	0,021574101	0,0376	0,018934378	0,0330	-0,014208905	-0,0248
-0,008339761	-0,0145	0,02609908	0,0455	0,015065129	0,0262	-0,001396998	-0,0024
-0,0077498	-0,0135	0,053377166	0,0930	0,012543728	0,0219	-0,000287396	-0,0005
-0,0077318	-0,0135	0,038746689	0,0675	0,020646715	0,0360	-0,009492318	-0,0165
-0,007328906	-0,0128	0,051696421	0,0901	0,005573058	0,0097	-0,005418434	-0,0094
-0,007269203	-0,0127	0,023262182	0,0405	0,015646888	0,0273	-0,002915462	-0,0051
-0,007190607	-0,0125	0,026904178	0,0469	0,019500316	0,0340	-0,015649165	-0,0273
-0,006978929	-0,0122	0,023709588	0,0413	0,009081113	0,0158	-0,012549291	-0,0219
-0,0067736	-0,0118	0,021425047	0,0373	0,004623199	0,0081	0,001361693	0,0024
-0,006650773	-0,0116	0,045087551	0,0785	0,018591811	0,0324	-0,009616053	-0,0168
-0,006377863	-0,0111	0,036664073	0,0639	0,016371511	0,0285	-0,000121451	-0,0002
-0,006140265	-0,0107	0,03573134	0,0622	0,007141593	0,0124	-0,006489107	-0,0113
-0,005687249	-0,0099	0,032273483	0,0562	0,008237767	0,0144	0,001293955	0,0023
-0,005587859	-0,0097	0,035015869	0,0610	0,005779123	0,0101	-0,008588093	-0,0150
-0,005254479	-0,0092	0,038510266	0,0671	0,016719734	0,0291	-0,016362482	-0,0285
-0,004942974	-0,0086	0,025767097	0,0449	0,006861892	0,0120	-0,011744446	-0,0205
-0,00479886	-0,0084	0,035091202	0,0611	0,014695515	0,0256	-0,014571887	-0,0254
-0,004709062	-0,0082	0,048989467	0,0853	0,008645615	0,0151	-0,012571578	-0,0219
-0,004695982	-0,0082	0,039669984	0,0691	0,012891759	0,0225	-0,010193554	-0,0178
-0,004616025	-0,0080	0,057955931	0,1010	0,006464123	0,0113	-0,010119708	-0,0176
-0,004533337	-0,0079	0,032045044	0,0558	0,007277828	0,0127	-0,009798054	-0,0171
-0,004382917	-0,0076	0,032401489	0,0564	0,003981143	0,0069	-0,017340723	-0,0302
-0,004259437	-0,0074	0,055163137	0,0961	0,02001576	0,0349	0,00084797	0,0015
-0,003968849	-0,0069	0,038866222	0,0677	0,009843441	0,0171	-0,003150794	-0,0055
-0,003611034	-0,0063	0,036037018	0,0628	0,006951901	0,0121	-0,009665124	-0,0168
-0,003437708	-0,0060	0,03055788	0,0532	0,007169287	0,0125	-0,00892258	-0,0155
-0,003371772	-0,0059	0,028642812	0,0499	0,01854729	0,0323	-0,015545816	-0,0271
-0,003298609	-0,0057	0,032868732	0,0573	0,020370353	0,0355	-0,001193121	-0,0021
-0,00294798	-0,0051	0,023424764	0,0408	0,016501673	0,0287	-0,008846416	-0,0154
-0,002177447	-0,0038	0,022258611	0,0388	0,015334768	0,0267	-0,010831455	-0,0189
-0,00193858	-0,0034	0,028658898	0,0499	0,009329194	0,0163	-0,007745215	-0,0135
-0,001868692	-0,0033	0,039371442	0,0686	0,008777918	0,0153	-0,004331999	-0,0075
-0,001337249	-0,0023	0,029136896	0,0508	0,011231285	0,0196	-0,00529361	-0,0092
-0,001210309	-0,0021	0,050433889	0,0879	0,008584062	0,0150	-0,003409341	-0,0059
-0,000716588	-0,0012	0,0220883	0,0385	0,013875295	0,0242	-0,015644231	-0,0273
-0,000551661	-0,0010	0,025983743	0,0453	0,006301136	0,0110	0,000502665	0,0009
-0,000354002	-0,0006	0,067372341	0,1174	0,001856956	0,0032	0,075952642	0,1323
-0,000312724	-0,0005	0,021564337	0,0376	0,003928673	0,0068	-0,005565842	-0,0097
-4,90011E-05	-0,0001	0,023465941	0,0409	0,002282897	0,0040	-0,013889719	-0,0242
0,000700304	0,0012	0,045834509	0,0798	0,020286104	0,0353	-0,017182697	-0,0299
0,00072329	0,0013	0,052356996	0,0912	0,008041565	0,0140	-0,00265258	-0,0046
0,000943925	0,0016	0,029215316	0,0509	0,019952393	0,0348	-0,014547193	-0,0253
0,001315924	0,0023	0,031088138	0,0542	0,013293911	0,0232	-0,017204576	-0,0300
0,001342252	0,0023	0,026775	0,0466	0,018201706	0,0317	-0,011736296	-0,0204
0,00135039	0,0024	0,027249703	0,0475	0,020899562	0,0364	-0,006728555	-0,0117
0,00161144	0,0028	0,037214085	0,0648	0,011273457	0,0196	-0,012209255	-0,0213

Anhang 5: Absolute und relative Kursänderungen des US-Dollar vom 1.11.1996–3.11.1997

Datum	$\frac{DM}{US-\$}$	$\left(\frac{DM}{US-\$}\right)_t - \left(\frac{DM}{US-\$}\right)_{t-1}$	$\frac{\left(\frac{DM}{US-\$}\right)_t}{\left(\frac{DM}{US-\$}\right)_{t-1}}$	Datum	$\frac{DM}{US-\$}$	$\left(\frac{DM}{US-\$}\right)_t - \left(\frac{DM}{US-\$}\right)_{t-1}$	$\frac{\left(\frac{DM}{US-\$}\right)_t}{\left(\frac{DM}{US-\$}\right)_{t-1}}$
1.Nov. 96	1,5187	---	---	04. Nov.	1,5133	-0,0054	0,99644
05. Nov.	1,5128	-0,0005	0,99967	06. Nov.	1,5189	0,0061	1,00403
07. Nov.	1,5078	-0,0111	0,99269	08. Nov.	1,5108	0,003	1,00199
11. Nov.	1,5035	-0,0073	0,99517	12. Nov.	1,4953	-0,0082	0,99455
13. Nov.	1,5068	0,0115	1,00769	14. Nov.	1,5064	-0,0004	0,99973
15. Nov.	1,5082	0,0018	1,00119	18. Nov.	1,5071	-0,0011	0,99927
19. Nov.	1,5033	-0,0038	0,99748	20. Nov.	1,4985	-0,0048	0,99681
21. Nov.	1,4996	0,0011	1,00073	22. Nov.	1,5020	0,0024	1,0016
25. Nov.	1,5135	0,0115	1,00766	26. Nov.	1,5258	0,0123	1,00813
27. Nov.	1,5252	-0,0006	0,99961	28. Nov.	1,5331	0,0079	1,00518
29. Nov.	1,5344	0,0013	1,00085	02. Dez.	1,5411	0,0067	1,00437
03. Dez.	1,5635	0,0224	1,01454	04. Dez.	1,5591	-0,0044	0,99719
05. Dez.	1,5607	0,0016	1,00103	06. Dez.	1,5338	-0,0269	0,98276
09. Dez.	1,5510	0,0172	1,01121	10. Dez.	1,5547	0,0037	1,00239
11. Dez.	1,5427	-0,012	0,99228	12. Dez.	1,5460	0,0033	1,00214
13. Dez.	1,5415	-0,0045	0,99709	16. Dez.	1,5550	0,0135	1,00876
17. Dez.	1,5470	-0,0080	0,99486	18. Dez.	1,5530	0,006	1,00388
19. Dez.	1,5555	0,0025	1,00161	20. Dez.	1,5565	0,001	1,00064
23. Dez.	1,5535	-0,0030	0,99807	27. Dez.	1,5575	0,004	1,00257
30. Dez.	1,5548	-0,0027	0,99827	02. Jan. 97	1,5461	-0,0087	0,9944
03. Jan.	1,5489	0,0028	1,00181	06. Jan.	1,5655	0,0166	1,01072
07. Jan.	1,5622	-0,0033	0,99789	08. Jan.	1,5717	0,0095	1,00608
09. Jan.	1,5769	0,0052	1,00331	10. Jan.	1,5774	0,0005	1,00032
13. Jan.	1,5863	0,0089	1,00564	14. Jan.	1,5865	0,0002	1,00013
15. Jan.	1,5977	0,0112	1,00706	16. Jan.	1,5920	-0,0057	0,99643
17. Jan.	1,6036	0,0116	1,00729	20. Jan.	1,6293	0,0257	1,01603
21. Jan.	1,6232	-0,0061	0,99626	22. Jan.	1,6414	0,0182	1,01121
23. Jan.	1,6388	-0,0026	0,99842	24. Jan.	1,6317	-0,0071	0,99567
27. Jan.	1,6380	0,0063	1,00386	28. Jan.	1,6545	0,0165	1,01007
29. Jan.	1,6488	-0,0057	0,99655	30. Jan.	1,6405	-0,0083	0,99497
31. Jan.	1,6336	-0,0069	0,99579	03. Feb.	1,6453	0,0117	1,00716
04. Feb.	1,6418	-0,0035	0,99787	05. Feb.	1,6484	0,0066	1,00402
06. Feb.	1,6524	0,004	1,00243	07. Feb.	1,6635	0,0111	1,00672
10. Feb.	1,6536	-0,0099	0,99405	11. Feb.	1,6698	0,0162	1,0098
12. Feb.	1,6828	0,013	1,00779	13. Feb.	1,6826	-0,0002	0,99988
14. Feb.	1,6810	-0,0016	0,99905	17. Feb.	1,6949	0,0139	1,00827
18. Feb.	1,7034	0,0085	1,00502	19. Feb.	1,6934	-0,010	0,99413
20. Feb.	1,6875	-0,0059	0,99652	21. Feb.	1,6870	-0,0005	0,9997
24. Feb.	1,6754	-0,0116	0,99312	25. Feb.	1,6759	0,0005	1,0003
26. Feb.	1,6740	-0,0019	0,99887	27. Feb.	1,6895	0,0155	1,00926
28. Feb.	1,6921	0,0026	1,00154	03. Mrz.	1,6919	-0,0002	0,99988
04. Mrz.	1,7087	0,0168	1,00993	05. Mrz.	1,7130	0,0043	1,00252
06. Mrz.	1,7184	0,0054	1,00315	07. Mrz.	1,7149	-0,0035	0,99796
10. Mrz.	1,7095	-0,0054	0,99685	11. Mrz.	1,7078	-0,0017	0,99901
12. Mrz.	1,7077	-1E-04	0,99994	13. Mrz.	1,6941	-0,0136	0,99204
14. Mrz.	1,7052	0,0111	1,00655	17. Mrz.	1,6862	-0,019	0,98886
18. Mrz.	1,6868	0,0006	1,00036	19. Mrz.	1,6830	-0,0038	0,99775
20. Mrz.	1,6736	-0,0094	0,99441	21. Mrz.	1,6921	0,0185	1,01105
24. Mrz.	1,6914	-0,0007	0,99959	25. Mrz.	1,6870	-0,0044	0,9974
26. Mrz.	1,6912	0,0042	1,00249	27. Mrz.	1,6778	-0,0134	0,99208
01. Apr.	1,6713	-0,0065	0,99613	02. Apr.	1,6725	0,0012	1,00072
03. Apr.	1,6720	-0,0005	0,9997	04. Apr.	1,6757	0,0037	1,00221
07. Apr.	1,7014	0,0257	1,01534	08. Apr.	1,7139	0,0125	1,00735
09. Apr.	1,7152	0,0013	1,00076	10. Apr.	1,7158	0,0006	1,00035
11. Apr.	1,7227	0,0069	1,00402	14. Apr.	1,7235	0,0008	1,00046
15. Apr.	1,7334	0,0099	1,00574	16. Apr.	1,7255	-0,0079	0,99544
17. Apr.	1,7278	0,0023	1,00133	18. Apr.	1,7177	-0,0101	0,99415

Datum	$\frac{DM}{US-\$}$	$\left(\frac{DM}{US-\$}\right)_t - \left(\frac{DM}{US-\$}\right)_{t-1}$	$\frac{\left(\frac{DM}{US-\$}\right)_t}{\left(\frac{DM}{US-\$}\right)_{t-1}}$	Datum	$\frac{DM}{US-\$}$	$\left(\frac{DM}{US-\$}\right)_t - \left(\frac{DM}{US-\$}\right)_{t-1}$	$\frac{\left(\frac{DM}{US-\$}\right)_t}{\left(\frac{DM}{US-\$}\right)_{t-1}}$
21. Apr.	1,7048	-0,0129	0,99249	22. Apr.	1,7073	0,0025	1,00147
23. Apr.	1,7137	0,0064	1,00375	24. Apr.	1,7186	0,0049	1,00286
25. Apr.	1,7164	-0,0022	0,99872	28. Apr.	1,7325	0,0161	1,00938
29. Apr.	1,7320	-0,0005	0,99971	30. Apr.	1,7274	-0,0046	0,99734
02. Mai	1,7256	-0,0018	0,99896	05. Mai	1,7284	0,0028	1,00162
06. Mai	1,7290	0,0006	1,00035	07. Mai	1,7219	-0,0071	0,99589
09. Mai	1,7013	-0,0206	0,98804	12. Mai	1,6950	-0,0063	0,9963
13. Mai	1,7005	0,0055	1,00324	14. Mai	1,7067	0,0062	1,00365
15. Mai	1,6887	-0,018	0,98945	16. Mai	1,7022	0,0135	1,00799
20. Mai	1,6978	-0,0044	0,99742	21. Mai	1,6866	-0,0112	0,9934
22. Mai	1,6931	0,0065	1,00385	23. Mai	1,6919	-0,0012	0,99929
26. Mai	1,6870	-0,0049	0,9971	27. Mai	1,6993	0,0123	1,00729
28. Mai	1,7035	0,0042	1,00247	30. Mai	1,7000	-0,0035	0,99795
02. Juni	1,7216	0,0216	1,01271	03. Juni	1,7232	0,0016	1,00093
04. Juni	1,7315	0,0083	1,00482	05. Juni	1,7275	-0,004	0,99769
06. Juni	1,7367	0,0092	1,00533	09. Juni	1,7206	-0,0161	0,99073
10. Juni	1,7130	-0,0076	0,99558	11. Juni	1,7165	0,0035	1,00204
12. Juni	1,7240	0,0075	1,00437	13. Juni	1,7300	0,006	1,00348
16. Juni	1,7325	0,0025	1,00145	17. Juni	1,7354	0,0029	1,00167
18. Juni	1,7270	-0,0084	0,99516	19. Juni	1,7309	0,0039	1,00226
20. Juni	1,7293	-0,0016	0,99908	23. Juni	1,7263	-0,003	0,99827
24. Juni	1,7243	-0,002	0,99884	25. Juni	1,7225	-0,0018	0,99896
26. Juni	1,7265	0,004	1,00232	27. Juni	1,7300	0,0035	1,00203
30. Juni	1,7441	0,0141	1,00815	01. Juli	1,7455	0,0014	1,0008
02. Juli	1,7467	0,0012	1,00069	03. Juli	1,7532	0,0065	1,00372
04. Juli	1,7521	-0,0011	0,99937	07. Juli	1,7456	-0,0065	0,99629
08. Juli	1,7547	0,0091	1,00521	09. Juli	1,7625	0,0078	1,00445
10. Juli	1,7530	-0,0095	0,99461	11. Juli	1,7608	0,0078	1,00445
14. Juli	1,7924	0,0316	1,01795	15. Juli	1,7958	0,0034	1,0019
16. Juli	1,7932	-0,0026	0,99855	17. Juli	1,7955	0,0023	1,00128
18. Juli	1,7990	0,0035	1,00195	21. Juli	1,7956	-0,0034	0,99811
22. Juli	1,8126	0,017	1,00947	23. Juli	1,8310	0,0184	1,01015
24. Juli	1,8298	-0,0012	0,99934	25. Juli	1,8379	0,0081	1,00443
28. Juli	1,8461	0,0082	1,00446	29. Juli	1,8352	-0,0109	0,9941
30. Juli	1,8438	0,0086	1,00469	31. Juli	1,8325	-0,0113	0,99387
01. Aug.	1,8477	0,0152	1,00829	04. Aug.	1,8720	0,0243	1,01315
05. Aug.	1,8815	0,0095	1,00507	06. Aug.	1,8873	0,0058	1,00308
07. Aug.	1,8812	-0,0061	0,99677	08. Aug.	1,8655	-0,0157	0,99165
11. Aug.	1,8576	-0,0079	0,99577	12. Aug.	1,8638	0,0062	1,00334
13. Aug.	1,8487	-0,0151	0,9919	14. Aug.	1,8340	-0,0147	0,99205
15. Aug.	1,8422	0,0082	1,00447	18. Aug.	1,8175	-0,0247	0,98659
19. Aug.	1,8355	0,018	1,0099	20. Aug.	1,8523	0,0168	1,00915
21. Aug.	1,8553	0,003	1,00162	22. Aug.	1,8220	-0,0333	0,98205
25. Aug.	1,8246	0,0026	1,00143	26. Aug.	1,7960	-0,0286	0,98433
27. Aug.	1,8026	0,0066	1,00367	28. Aug.	1,8090	0,0064	1,00355
29. Aug.	1,7940	-0,015	0,99171	01. Sep.	1,8162	0,0222	1,01237
02. Sep.	1,8192	0,003	1,00165	03. Sep.	1,8228	0,0036	1,00198
04. Sep.	1,8210	-0,0018	0,99901	05. Sep.	1,8178	-0,0032	0,99824
08. Sep.	1,8042	-0,0136	0,99252	09. Sep.	1,8162	0,012	1,00665
10. Sep.	1,8082	-0,008	0,9956	11. Sep.	1,7957	-0,0125	0,99309
12. Sep.	1,7829	-0,0128	0,99287	15. Sep.	1,7645	-0,0184	0,98968
16. Sep.	1,7716	0,0071	1,00402	17. Sep.	1,7737	0,0021	1,00119
18. Sep.	1,7694	-0,0043	0,99758	19. Sep.	1,7830	0,0136	1,00769
22. Sep.	1,7910	0,008	1,00449	23. Sep.	1,7930	0,002	1,00112
24. Sep.	1,7828	-0,0102	0,99431	25. Sep.	1,7764	-0,0064	0,99641
26. Sep.	1,7545	-0,0219	0,98767	29. Sep.	1,7628	0,0083	1,00473
30. Sep.	1,7655	0,0027	1,00153	01. Okt.	1,7634	-0,0021	0,99881
02. Okt.	1,7684	0,005	1,00284	06. Okt.	1,7571	-0,0113	0,99361
07. Okt.	1,7528	-0,0043	0,99755	08. Okt.	1,7591	0,0063	1,00359
09. Okt.	1,7534	-0,0057	0,99676	10. Okt.	1,7437	-0,0097	0,99447

Datum	$\frac{DM}{US-\$}$	$\left(\frac{DM}{US-\$}\right)_t - \left(\frac{DM}{US-\$}\right)_{t-1}$	$\frac{\left(\frac{DM}{US-\$}\right)_t}{\left(\frac{DM}{US-\$}\right)_{t-1}}$	**Datum**	$\frac{DM}{US-\$}$	$\left(\frac{DM}{US-\$}\right)_t - \left(\frac{DM}{US-\$}\right)_{t-1}$	$\frac{\left(\frac{DM}{US-\$}\right)_t}{\left(\frac{DM}{US-\$}\right)_{t-1}}$
13. Okt.	1,7550	0,0113	1,00648	14. Okt.	1,7514	-0,0036	0,99795
15. Okt.	1,7538	0,0024	1,00137	16. Okt.	1,7466	-0,0072	0,99589
17. Okt.	1,7619	0,0153	1,00876	20. Okt.	1,7762	0,0143	1,00812
21. Okt.	1,7762	0	1	22. Okt.	1,7872	0,011	1,00619
23. Okt.	1,7793	-0,0079	0,99558	24. Okt.	1,7813	0,002	1,00112
27. Okt.	1,7650	-0,0163	0,99085	28. Okt.	1,7325	-0,0325	0,98159
29. Okt.	1,7405	0,008	1,00462	30. Okt.	1,7190	-0,0215	0,98765
31. Okt.	1,7230	0,004	1,00233	03. Nov.	1,7420	0,019	1,01103

Literaturverzeichnis

Adrian, R./Heidorn, T. (1996)
Der Bankbetrieb, 14. Aufl., Wiesbaden

Aeberli, W. (1989)
Risikopolitische Analyse der Ausserbilanzgeschäfte unter besonderer Berücksichtigung der Eigenmittelunterlegung, Diss., Zürich

Akmann, M. (1998)
Risiko- und Ergebnissteuerung im Aktiv-/Passivmanagement, in: Eller, R. (Hrsg.), Handbuch des Risikomanagements, Stuttgart

Akmann, M. (1993)
Ergebnissteuerung in Kreditinstituten, Diss., Hannover

Akmann, M. (1990)
Die EG-Eigenmittelrichtlinie, in: ZfgK, Nr. 4, S. 186-194

Allen, M. (1994)
Building a Role Model, in: Risk, Vol. 7, Nr. 9, S. 73-80

Alrecht, P./Maurer, R./Stephan, T. G. (1995)
Shortfall-Performance rollierender Wertsicherungsstrategien, in: Finanzmarkt und Portfolio Management, 9. Jg., Nr. 2, S. 197-209

Alsheimer, C. (1997)
Die Entwicklung des Kreditwesengesetzes, in: Die Bank, 1/1997, S. 27-31

Andres, M. (1989)
Zins- und Währungsswaps als innovative Finanzinstrumente, Diss., Wien

Arnold, W./Schulte-Mattler, H. (1992)
Die Eigenkapitalgrundsätze I und Ia: Bankaufsichtliche Normen für Kredit- und Marktrisiken (I), in: WISU, Nr. 10, S. 764-772

Arnold, W. (1993)
Die Eigenkapitalausstattung europäischer Kreditinstitute und die Auswirkungen auf ihre Wettbewerbsfähigkeit, in: Brunner, L./Vollath, J. (Hrsg.), Handbuch Finanzdienstleistungen, Stuttgart, S. 9-19

Arnold, W./Boos, K.-H. (1993)
Die neuen Bestimmungen des Kreditwesengesetzes, in: Die Bank, Nr. 5, S. 273-278

Artopoeus, W. (1994)
„Soviel unternehmerische Freiheit wie möglich“, in: ZfgK, Nr. 22, S. 1085-1091

Artopoeus, W. (1995)
Neue Aufgaben im Wandel des Marktes, in: B. Bl., Nr. 11, S. 528-533

Artopoeus, W. (1996a)
Innovative Handelsgeschäfte und Bankenaufsicht, in: Sparkasse, 113. Jg., Nr. 4, S. 149-155
Artopoeus, W. (1996b)
Die Natur der Risiken hat sich verändert, in: BZ vom 27.04.1996, Nr. 82, S. 15
Bähre, I. L./Schneider, M. (1976)
KWG-Kommentar, 2. Aufl., München
Bähre, I. L. (1985)
Probleme der Bankenaufsicht internationaler Finanzmärkte, in: Krümmel, H.-J. (Hrsg.), Beihefte zu Kredit und Kapital, Heft 8, S. 63-75
Bamberg, G./Baur, F. (1993)
Statistik, 8. Aufl., München
Bangert, M. (1987)
Zinsrisiko-Management bei Banken, in: Süchting (Hrsg.), Schriftenreihe des Instituts für Kredit- und Finanzwirtschaft, Bd. 13, Wiesbaden
Bank für Internationalen Zahlungsausgleich (1997)
67. Jahresbericht, Basel
Basler Ausschuß für Bankenaufsicht (1988)
International Covergence of Capital Measurement and Capital Standards, Juli 1988
Basler Ausschuß für Bankenaufsicht (1994a)
Richtlinien für das Risikomanagement im Derivativgeschäft, Juli 1994
Basler Ausschuß für Bankenaufsicht (1994b)
Baseler Eigenkapitalvereinbarungen: Behandlung des Kreditrisikos aus bestimmten nicht bilanzwirksamen Positionen, Netting – Änderungen, Zuschlagsfaktoren – Vorschläge, Juli 1994
Basler Ausschuß für Bankenaufsicht (1995)
Baseler Eigenkapitalvereinbarung: Behandlung des potentiellen Engagements aus nichtbilanzwirksamen Positionen, April 1995
Basler Ausschuß für Bankenaufsicht (1996a)
Änderung der Eigenkapitalvereinbarung zur Einbeziehung der Marktrisiken, Januar 1996
Basler Ausschuß für Bankenaufsicht (1996b)
Überblick über die Änderung der Eigenkapitalvereinbarung zur Einbeziehung der Marktrisiken, Januar 1996
Basler Ausschuß für Bankenaufsicht (1996c)
Aufsichtliches Rahmenkonzept für Backtesting (Rückvergleiche) bei der Berechnung des Eigenkapitalbedarfs zur Unterlegung des Marktrisikos mit bankeigenen Modellen, Januar 1996

Basler Ausschuß für Bankenaufsicht (1997)
Grundsätze für das Management des Zinsänderungsrisikos, September 1997
Bauer, J. (1983)
Die Anforderungen der Bankenaufsicht an das haftende Eigenkapital der Kreditinstitute, in: Kosiol, E., et al. (Hrsg.), Betriebswirtschaftliche Forschungsergebnisse, Bd. 86, Berlin
Baxmann, U. G. (1989)
Zur Liquiditäts- und Rentabilitätswirksamkeit von Kreditrisiken, in: WiSt, Nr. 4, S. 199-202
Baxmann, U. G./Weichsler, C. (1993)
Finanz- und Risikomanagement unter besonderer Berücksichtigung von Finanzderivaten, in: WiSt, Nr. 1, S. 9-14
Beber, H. (1988)
Wirkungen des bankaufsichtsrechtlichen Instrumentariums auf den Wettbewerb im Kreditgewerbe, Diss., Marburg
Becker, G. M. (1997)
Integriertes Risikocontrolling als Wettbewerbsfaktor, in: Bank Magazin, Nr. 6, S. 53-56
Becker, G. M. (1998a)
Value at Risk-Modelle für das Finanzrisiko-Management, in: WiSu, Nr. 4, S. 392-396
Becker, G. M. (1998b)
Bankinterne Modelle für den Eigenmittelbedarf, in: Bank Magazin, Nr. 5, S. 56-60
Beder, T. S. (1995)
VAR: Deductive but Dangerous, in: Financial Analyst Journal, Nr. 9-10, S. 12-24
Beer, A./Goj, W. (1996)
Zinsrisikomanagement mit Ablaufbilanz und Barwertmethode, Stuttgart
Beike, R./Schlütz, J. (1996)
Finanznachrichten lesen - verstehen - nutzen, Stuttgart
Beike, R./Köhler, A. (1997)
Risk-Management mit Finanzderivaten, in: Eilenberger, G. (Hrsg.), Lehr- und Handbücher zu Geld, Börse, Bank und Versicherung, München
Beike, R./Wiedemeier I. (1997)
Bonds mit atypischem Kursverhalten, in: Sparkasse, Nr. 4, S. 188-191
Benke, H./Flesch, H. R./Piaskowski, F. (1989)
Steuerung des Zinsänderungsrisikos, in: Die Bank, Nr. 8, S. 431-438
Berg, O. E. (1994)
Eigenmittelbindung in Kreditgenossenschaften, Diss., Münster

Berner, M. (1996)
Vertragliches Netting zur Reduzierung von Eigenkapitalkosten, in: Die Bank, Nr. 12, S. 753-757

Bester, D. (1986)
Aufsichtsrechtliche Kontrolle internationaler Bankkonzerne, Bergisch Gladbach

Betge, P. (1996)
Bankbetriebslehre, Berlin

Beyer, H., et al. (1993)
Das Kreditgeschäft, Wiesbaden

Bieg, H. (1983)
Bankbilanzen und Bankenaufsicht, in: Wiedemann, H. (Hrsg.), Schriften des Instituts für Arbeits- und Wirtschaftsrecht der Universität zu Köln, Bd. 47, München

Biermann, B. (1998)
Modernes Risikomanagement in Banken, in: Eller, R. (Hrsg.), Handbuch des Risikomanagements, Stuttgart, S. 3-25

Bierwag, G. O. (1987)
Duration analysis, Cambridge-Massachusetts

Black, F./Scholes, M. (1973)
The Pricing of Options and Corporate Liabilities, in: Journal of Political Economy, Vol. 81, S. 637-653

Bleymüller, J./Gehlert, G. (1982)
Statistische Formeln und Tabellen, 2. Aufl., München

Bleymüller, J./Gehlert, G./Gülicher, H. (1992)
Statistik für Wirtschaftswissenschaftler, 8. Aufl., München

Bode, M./Mohr, M. (1996)
Value-at-Risk – ein riskanter Wert? in: Die Bank, Nr. 8, S. 470-476

Bode, M./Mohr, M. (1997)
VaR – Vielseitig anwendbare Rechenmodelle, in: Die Bank, Nr. 11, S. 695-700

Bösl, K. (1993)
Integrative Risikobegrenzung: eine Konzeption für Banken und Bankaufsicht, Diss., München

Boettger, U. (1994)
Cash-Management internationaler Konzerne: Strategien – Organisation – Umsetzung, Diss., St. Gallen

Bookstaber, R. (1987)
The Valuation and Exposure Management of Bonds with Imbedded Options, in: Fabozzi, F. J./Pollack, I. M. (Hrsg.), The Handbook of Fixed Income Securities, 2. Aufl., Illinois, S. 856-890

Boos, K.-H. (1997)
Entwurf einer Sechsten KWG-Novelle, in: Die Bank, Nr. 2, S. 119-125
Boos, K.-H./Klein, U. (1994)
Die neuen Bestimmungen des KWG, in: Die Bank, Nr. 9, S. 529-535
Boos, K.-H./Klein, U. (1995)
Die neuen Konsolidierungsbestimmungen, in: Die Bank, Nr. 12, S. 729-733
Boos, K.-H./Höfer, B. (1995)
Die Kapitaladäquanzrichtlinie I, in: Die Bank, Nr. 5, S. 285-291
Boos, K.-H./Schulte-Mattler, H. (1993)
Neuregelungen des Eigenkapitalgrundsatzes I, in: Die Bank, Nr. 6, S. 358-363
Boos, K.-H./Schulte-Mattler, H. (1997a)
Der neue Grundsatz I: Kreditrisiken, in: Die Bank, Nr. 8, S. 474-479
Boos, K.-H./Schulte-Mattler, H. (1997b)
Der neue Grundsatz I: Fremdwährungs- und Rohwarenrisiken, in: Die Bank, Nr. 9, S. 556-562
Boos, K.-H./Schulte-Mattler, H. (1997c)
Der neue Grundsatz I: Aktienkurs- und Zinsänderungsrisiken, in: Die Bank, Nr. 10, S. 610-615
Boos, K.-H./Schulte-Mattler, H. (1997d)
Der neue Grundsatz I: Interne Risikomodelle, in: Die Bank, Nr. 11, S. 684-687
Boos, K.-H./Ramloch, D.
Die neue Groß- und Millionenkreditverordnung, in: Die Bank, 3/1998, S. 186-191
Bopp, R. (1982)
Europäische Aufsicht über Kreditinstitute, in: Hess, S. M. (Hrsg.), Reihe „OIKOS“, Bd. 10, Frankfurt am Main
Botta, V. (1997)
Kennzahlensysteme als Führungsinstrumente: Planung, Steuerung und Kontrolle der Rentabilität im Unternehmen, 5. Aufl., Berlin
Braes, S./Mann, T. (1996)
Risikomanagement in Banken und Sparkassen, in: Sparkasse, Nr. 6, S. 253-258
Brakensiek, T. (1991)
Die Kalkulation und Steuerung von Ausfallrisiken im Kreditgeschäft der Banken, in: Schierenbeck, H. (Hrsg.), Schriftenreihe des Instituts für Kreditwesen der Westfälischen Wilhelms-Universität Münster, Bd. 44, Frankfurt am Main

Brammertz, W. (1992)
Ganzheitliches Denken zur Risiko-Kontrolle, in: Schweizer Bank, Nr. 9, S. 45-49
Brammertz, W. (1997)
Simulationstechniken für Finanzinstitute, in: Die Bank, Nr. 1, S. 22-26
Brüning, J. B./Hoffjan, A. (1997)
Gesamtbanksteuerung mit Risk-Return-Kennzahlen, in: Die Bank, Nr. 6, S. 362-369
Bruns, C./Meyer-Bullerdiek, F. (1996)
Professionelles Portfoliomanagement, Stuttgart
Bühler, W./Korn, O.,/Schmidt, A. (1998)
Ermittlung von Eigenkapitalanforderungen mit »Internen Modellen«, in: DBW, Nr. 1, S. 64-85
Büning, H./Trenkler, G. (1978)
Nichtparametrische statistische Methoden, Berlin
Bürger, P. (1995)
Risikocontrolling – Optimaler Einsatz von Handelslimiten im derivativen OTC-Geschäft, in: Rudolph, B. (Hrsg.), Derivate Finanzinstrumente, Stuttgart, S. 241-259
Büschgen, H. E. (1990)
Bankbetriebslehre, 1. Aufl., Berlin
Büschgen, H. E. (1993)
Internationales Finanzmanagement, 2. Aufl., Frankfurt am Main
Büschgen, H. E. (1994)
Leistungsorientierte Anreizsysteme in der Vertriebssteuerung (von Banken), in: Schierenbeck, H./Moser, H. (Hrsg.), Handbuch Bankcontrolling, Wiesbaden, S. 517-542
Büsselmann, E. (1993)
Bankenaufsicht und marktbezogenes Eigenkapital, Diss., Frankfurt am Main
Bundesaufsichtsamt für das Kreditwesen (1974)
Schreiben – I 1 – 1269 – 1/74 – vom 24. Oktober 1974; Betreiben von Warentermingeschäften
Bundesaufsichtsamt für das Kreditwesen (1990)
Bekanntmachung über die Änderung und Ergänzung der Grundsätze über das Eigenkapital und die Liquidität der Kreditinstitute vom 15. Mai 1990
Bundesaufsichtsamt für das Kreditwesen (1993a)
Schreiben – I 7 – A 211 – 12/93 – vom 30. Juni 1993; Anrechnung von Investmentanteilen im Grundsatz I

Bundesaufsichtsamt für das Kreditwesen (1994)
Schreiben – I 7 – A 211 – 10/94 – vom 27. Oktober 1994; Anrechnung von Finanz-Swaps, Finanztermingeschäften, und erworbenen Optionsrechten nach der Laufzeitmethode oder der Marktbewertungsmethode

Bundesaufsichtsamt für das Kreditwesen (1995a)
Schreiben – I 7 – H 111 – 3/93 – vom 10. April 1995

Bundesaufsichtsamt für das Kreditwesen (1995b)
Schreiben – I 4 – 42 – 3/86 – vom 23. Oktober 1995; Verlautbarungen über Mindestanforderungen an das Betreiben von Handelsgeschäften der Kreditinstitute

Bundesaufsichtsamt für das Kreditwesen (1995c)
Schreiben – I 7 – A 211 – 30/93 – vom 23. Oktober 1995; Grundsatz I gemäß §§ 10 Abs. 1 KWG; Anrechnungsermäßigung von Risikoaktiva aufgrund vorhandener Sicherheiten in Form von im Ausland aufbewahrten Wertpapieren

Bundesaufsichtsamt für das Kreditwesen (1997a)
Schreiben – I 7 – A 223 – 2/93 – vom 29. Oktober 1997; Bekanntmachung über die Änderung und Ergänzung der Grundsätze über das Eigenkapital und die Liquidität der Kreditinstitute

Bundesaufsichtsamt für das Kreditwesen (1997b)
Schreiben – I 7 – A 223 – 2/93 – vom 29. Oktober 1997; Erläuterungen zur Bekanntmachung über die Änderung und Ergänzung der Grundsätze über das Eigenkapital und die Liquidität der Kreditinstitute

Bundesaufsichtsamt für das Kreditwesen (1997c)
Vorbemerkungen zu den Regelungen der Kreditbestimmungsverordnung, in: Verordnung nach § 22 des Gesetzes über das Kreditwesen – Erläuterungen – Entwurf vom 9. 7. 1997

Bundesverband deutscher Banken (1991)
Eigenkapitalrentabilität als Steuerungsinstrument im Bankbetrieb, in: Die Bank, Nr. 1, S. 26-28

Burghof, H.-P./Rudolph, B. (1996)
Bankenaufsicht: Theorie und Praxis der Regulierung, Wiesbaden

Buschmann, F. (1992)
Risiko-Controlling, Anforderung an die Steuerung von derivativen Finanzinstrumenten, in: Die Wirtschaftsprüfung, Nr. 23, S. 720-729

Cavalla, N. M. (1989)
GNI Handbook of Traded Options, London

Chew, L. (1993)
When the Snoozing hat to Stop, in: Risk, Vol. 6, Nr. 9, S. 72-80

Chew, L. (1994)
Shock treatment, in: Risk, Vol. 7, Nr. 9, S. 63-70

Chorafas, D. N. (1992)
Globales Risikomanagement in Finanzinstitutionen, Wiesbaden

Chorafas, D. N. (1995)
Financial Models and Simulation, London

Christians, C.-J. (1991)
Finanzinnovationen und bankaufsichtsrechtliche Information, Diss., Saarbrücken

Cooke, P. (1991)
Bank Capital Adequacy and Capital Convergence, Price Waterhouse, London

Copeland, T. E./Weston, J. F. (1988)
Financial Theory and Corporate Policy, 3. Aufl., Reading - Massachusetts

Cordero, R. (1989)
Risiko-Management mit Optionen, in: Bankwirtschaftliche Forschungen, Bd. 109, Bern

Cornehl, E. (1989)
Entwicklungen der Wertpapiermärkte und internationales Portfolio-Management, Diss., Göttingen

Crnkovic, C./Drachman, J. (1996)
Quality Control, in: Risk, Vol. 9, Nr. 9, S. 138-143

Daigler, R. T. (1994)
Advanced Options Trading, Chicago

Damm, U. (1993)
Derivate zwischen Nutzen und Risiko, in: Die Bank, Nr. 9, S. 506-510

Daube, C. H./Take, H. (1994)
Risikomanagement für Zinstitel, in: Sparkasse, Nr. 5, S. 220-225

Daube, C. H. (1996)
Risikomanagement für Aktienoptionen, in: Eller, R. (Hrsg.), Handbuch derivativer Instrumente, Stuttgart, S. 155-186

Deutsch, H.-P. (1998)
Monte-Carlo Simulationen in der Finanzwelt, in: Eller, R. (Hrsg.), Handbuch des Risikomanagements, Stuttgart, S. 259-313

Deutsche Bundesbank (1990)
Die neuen Grundsätze I und Ia über das Eigenkapital der Kreditinstitute, in: Monatsberichte der Deutschen Bundesbank, 42. Jg., Nr. 8, S. 39-46

Deutsche Bundesbank (1991)
Die neuen Grundsätze I und Ia über das Eigenkapital der Kreditinstitute, Sonderdruck der Deutschen Bundesbank Nr. 2a, 2. Aufl., Frankfurt am Main

Deutsche Bundesbank (1993-1997)
Geschäftsberichte

Deutsche Bundesbank (1994-1998)
Monatsberichte der Deutschen Bundesbank, 10/1994, 10/1995, 8/1996, 8/1997, 8/1998
Deutsche Bundesbank (1993)
Die vierte Novelle des Kreditwesengesetzes – ein weiterer Schritt zum europäischen Bankenmarkt, in: Monatsberichte der Deutschen Bundesbank, 45. Jg., Nr. 1, S. 35-42
Deutsche Bundesbank (1994)
Die fünfte Novelle des Kreditwesengesetzes, in: Monatsberichte der Deutschen Bundesbank, 46. Jg., Nr. 11, S. 59-67
Deutsche Bundesbank (1996a)
Erläuterungen zu den Meldungen der Kreditinstitute zum Grundsatz I, Schreiben B 10-1/B 10-2 vom April 1996
Deutsche Bundesbank (1996b)
Deutsche Bundesbank - Gesetz über das Kreditwesen, Bankrechtliche Regelungen 2, Frankfurt am Main
Deutsche Bundesbank (1998)
Die Sechste Novelle des Kreditwesengesetzes, in: Monatsberichte der Deutschen Bundesbank, 50. Jg., Nr. 1, S. 61-71
Dietrich, G. (1968)
Die Sicherheit der Einlagen bei deutschen Kreditinstituten, Diss., Marburg
Döll, H. (1984)
Dokumenten-Akkreditive: Richtlinien revidiert, in: Die Bank, Nr. 9, S. 431-437
Doerks, W. (1991)
Die Berücksichtigung von Zinsstrukturkurven bei der Bewertung von Kuponanleihen, in: WiSt, Nr. 6, S. 275-280
Douglas, L. G. (1990)
Bond risk analysis: a guide to duration and convexity, New York
Dürselen, K. E. (1993)
Wesentliche Änderungen des Kreditwesengesetzes im Rahmen der Vierten KWG-Novelle, in: ZBB, Nr. 4, S. 266-275
Dürselen, K. E. (1994)
Novellierung der Bankaufsichtsnorm Grundsatz I zur Erfassung und Begrenzung von Ausfallrisiken eines Kreditinstituts, in: ZBB, Nr. 1, S. 100-115
Dürselen, K. E. (1997)
Die Konsolidierung von Kreditinstituts- und Finanzholding-Gruppen im Rahmen des § 10a KWG, in: ZBB, Nr. 4, S. 345-364
Eades, S. (1992)
Options, Hedging & Arbitrage, London

Echterbeck, H. (1991)
Marktzinsorientierte Ergebnisspaltung des Eigenhandels von Kreditinstituten, in: Schierenbeck, H. (Hrsg.), Schriftenreihe des Instituts für Kreditwesen der Westfälischen Wilhelms-Universität Münster, Bd. 42, Frankfurt am Main

Edelmann, E. (1993)
Wertpapierleihe am deutschen Kapitalmarkt, in: Eller, R. (Hrsg.), Modernes Bondmanagement, Wiesbaden, S. 119-143

Edelmann, E./Eller, R. (1996)
Wertpapierdarlehen und Wertpapierpensionsgeschäfte: Finanzinnovationen für Wertpapierhandel und Portfoliomanagement, Reihe: Wirtschaft-Finanzen-Innovationen, Bd. 9, Bonn

EG-Kommission (1977)
Richtlinie 77/780/EWG des Rates vom 12. Dezember 1977 zur Koordinierung der Rechts- und Verwaltungsvorschriften über die Aufnahme und Ausübung der Tätigkeit der Kreditinstitute, in: Abl. EG, Nr. L 322, 17. Dezember 1977, S 30-37

EG-Kommission (1983)
Richtlinie 83/850/EWG des Rates vom 13. Juni 1983 über die Beaufsichtigung der Kreditinstitute auf konsolidierter Basis, in: Amtsblatt der Europäischen Gemeinschaften, Nr. L 193, 18. Juli 1983, S 18-20

EG-Kommission (1989a)
Richtlinie 89/299/EWG des Rates vom 17. April 1989 über die Eigenmittel von Kreditinstituten (Eigenmittelrichtlinie, EMRL), in: Amtsblatt der Europäischen Gemeinschaften, Nr. L 124, 5. Mai 1989, S 16-20

EG-Kommission (1989b)
2. Richtlinie 89/646/EWG des Rates vom 15. Dezember 1989 zur Koordinierung der Rechts- und Verwaltungsvorschriften über die Aufnahme und Ausübung der Tätigkeit der Kreditinstitute und zur Änderung der Richtlinie 77/780/EWG (Bankrechtskoordinierungsrichtlinie, BKRL), in: Amtsblatt der Europäischen Gemeinschaften, Nr. L 386, 30. Dezember 1989, S 1-13

EG-Kommission (1989c)
Richtlinie 89/647/EWG des Rates vom 18. Dezember 1989 über einen Solvabilitätskoeffizienten für Kreditinstitute (Solvabilitätsrichtlinie, SolvRL), in: Amtsblatt der Europäischen Gemeinschaften, Nr. L 386, 30. Dezember 1989, S 14-22

EG-Kommission (1990)
Berichtigung der 2. Richtlinie 89/646/EWG des Rates vom 15. Dezember 1989 zur Koordinierung der Rechts- und Verwaltungsvorschriften über die Aufnahme und Ausübung der Tätigkeit der Kreditinstitute und zur Änderung der Richtlinie 77/780/EWG, in: Amtsblatt der Europäischen Gemeinschaften, Nr. L 158, 23. Juni 1990, S 87

EG-Kommission (1992)
Richtlinie 92/30/EWG des Rates vom 6. April 1992 über die Beaufsichtigung von Kreditinstituten auf konsolidierter Basis (2. Konsolidierungsrichtlinie, 2. KonsRL), in: Amtsblatt der Europäischen Gemeinschaften, Nr. L 110, 28. April 1992, S 52-58

EG-Kommission (1993a)
Richtlinie 92/121/EWG des Rates vom 21. Dezember 1992 über die Überwachung und Kontrolle der Großkredite von Kreditinstituten, in: Amtsblatt der Europäischen Gemeinschaften, Nr. L 29, 5. Februar 1993, S 1-8

EG-Kommission (1993b)
Richtlinie 93/6/EWG des Rates vom 15. März 1993 über die angemessene Kapitalausstattung von Wertpapierfirmen und Kreditinstituten, in: Amtsblatt der Europäischen Gemeinschaften, Nr. L 141, 11. Juni 1993, S 1-26

EG-Kommission (1993c)
Richtlinie 93/22/EWG des Rates vom 10. Mai 1993 über Wertpapierdienstleistungen, in: Amtsblatt der Europäischen Gemeinschaften, Nr. L 141, 11. Juni 1993, S 27-46

EG-Kommission (1995)
Richtlinie 95/26/EG des Europäischen Parlaments und des Rates vom 29. Juni 1995 zur Änderung der Richtlinien 77/780 EWG und 92/49/EWG betreffend Kreditinstitute, der Richtlinien 73/239/EWG und 92/49/EWG betreffend Schadenversicherungen, der Richtlinien 79/267/EWG und 92/96/EWG betreffend Lebensversicherungen, der Richtlinie 93/22/EWG betreffend Wertpapierfirmen sowie der Richtlinie 85/611/EWG betreffend bestimmte Organismen für die gemeinsame Anlagen in Wertpapieren (OGAW) zwecks verstärkter Beaufsichtigung dieser Finanzunternehmen, in: Amtsblatt der Europäischen Gemeinschaften, Nr. L 168, 18. Juli 1995, S 7-13

EG-Kommission (1996a)
Richtlinie des Europäischen Parlaments und des Rates zur Änderung der Richtlinie 89/647/EWG des Rates im Hinblick auf die aufsichtliche Anerkennung von Schuldumwandlungsverträgen und Aufrechnungsvereinbarungen („vertragliches Netting") – 96/10/EG – vom 21. März 1996, in: Abl. EG, Nr. L 85/17 vom 3. April 1996, S 17-21

EG-Kommission (1996b)
Vorschlag zur Richtlinie des Europäischen Parlaments und des Rates zur Änderung des Artikels 12 der Richtlinie 77/780/EWG zur Koordinierung der Rechts- und Verwaltungsvorschriften über die Aufnahme und Ausübung der Tätigkeit der Kreditinstitute, der Artikel 2, 6, 7, 8 und der Anhänge II und III zur Richtlinie 89/647/EWG über einen Solvabilitätskoeffizienten für Kreditinstitute und des Artikels 2 und des Anhangs II zur Richtlinie 93/6/EWG über die angemessene Eigenkapitalausstattung von Wertpapierfirmen und Kreditinstituten (96/C208/06) vom 30. April 1996, in: Abl. EG, Nr. C 208, 19. Juli 1996, S. 8-14.

Eilenberger, G. (1993)
Bankbetriebswirtschaftslehre, 5. Aufl., München

Eilenberger, G. (1997)
Bankbetriebswirtschaftslehre, 7. Aufl., München

Eller, R. (1991)
Modified Duration und Convexity – Analyse des Zinsrisikos, in: Die Bank, Nr. 6, S. 322-326

Eller, R. (1993)
Risikomanagement festverzinslicher Wertpapiere, in: Eller, R. (Hrsg.), Modernes Bondmanagement, Wiesbaden, S. 41-66

Eller, R. (1998)
Phasenkonzept als Controlling-Baustein, in: B. Bl., 47. Jg., Nr. 1, S. 30-34

Eller, R./Kempfle, W. (1989)
Die Finanzkennzahl „Duration" in der Anlageberatung, in: Die Bank, Nr. 12, S. 675-679

Eller, R./Spindler, C. (1994)
Zins- und Währungsrisiken optimal managen, Wiesbaden

Eller, R./Deutsch, H.-P. (1998)
Derivate und Interne Modelle, Stuttgart

Elton, E. J./Gruber, M. J. (1981)
Modern Portfolio Theory and Investment Analysis, New York

Endres, M. (1995)
Neue Finanzinstrumente als Organisationsaufgabe, in: von Stein, J. H./Terrahe, J. (Hrsg.), Handbuch Bankorganisation, 2. Aufl., Wiesbaden, S. 539-554

Engelhard, H./Priehs, D. (1998)
Kunden- und Eigengeschäft getrennt steuern, in: B. Bl., Nr. 9, S. 441-446

Ensthaler, J. (1997)
Gemeinschaftskommentar zum Handelsgesetzbuch, 5. Aufl., Neuwied

Erdland, A. (1981)
Eigenkapital und Einlegerschutz bei Kreditinstituten, in: Voigt, F. (Hrsg.), Untersuchungen über das Spar-, Giro- und Kreditwesen, Abteilung A: Wirtschaftswissenschaft, Bd. 108, Berlin

Erdmann, U. (1991)
Die Entlohnung von Führungskräften in Kreditinstituten, in: Schierenbeck, H. (Hrsg.), Schriftenreihe des Instituts für Kreditwesen der Westfälischen Wilhelms-Universität Münster, Frankfurt am Main

Everling, O. (1991)
Credit Rating durch internationale Agenturen, Wiesbaden

Fabritius, H. G. (1995)
Ordungspolitischer Handlungsbedarf bei Derivaten, in: Rudolph, B. (Hrsg.), Derivative Instrumente, Stuttgart, S. 277-286

Fahlung, E. J. (1997)
Risikomanagement in der Konzern-Treasury, in: Treasury – Trends und Perspektiven: Vorträge des 1. Treasury Symposiums der Deutschen Bank, Frankfurt am Main, S. 41-53

Falter, M. (1994)
Die Praxis des Kreditgeschäfts, Stuttgart

Feuerstein, W. (1984)
Risikomessung, Risikobegrenzung und Risikodeckung bei Kreditinstituten, Bad Homburg v. d. H.

Fiebach, G./Dachtler, C./v. Bothmer, H.-C. (1997)
Basiskonzept zur Durchführung von Krisentests, in: ZfgK, Nr. 20, S. 1001-1008

Fischer, R. (1985)
Der öffentliche Auftrag der Sparkassen heute, in: Gesellschaft zur Förderung der wissenschaftlichen Forschung über das Spar- und Girowesen e. V., Bonn (Hrsg.), Der öffentliche Auftrag der Sparkassen in der historischen Entwicklung, Abteilung 1: Dokumentation, Bd. 1, Stuttgart, S. 64-70

Fischer, T. (1994)
Risikomanagement im Investment-Banking, in: Die Bank, Nr. 11, S. 636-642

Flesch, J. R./Gerdsmeier, S./Lichtenberg, M. (1994)
Das Barwertkonzept in der Unternehmenssteuerung, in: Schierenbeck, H./ Moser, H. (Hrsg.), Handbuch Bankcontrolling, Wiesbaden, 1994, S. 268-283

Flesch, J. R./Gerdsmeier, S. (1998)
Entwicklungslinien im Bank-Controlling, in: Die Bank, Nr. 5, S. 294-301

Franke, G./Hax, H. (1995)
Finanzwirtschaft des Unternehmens und Kapitalmarkt, 3. Aufl., Berlin

Frey, D. (1988)
Die Finanzverfassung der Bundesrepublik Deutschland, in: Arnold, V./ Geske, O.-E. (Hrsg.), Öffentliche Finanzwirtschaft, München

Friederich, H. (1976)
Grundsätze ordnungsmäßiger Bilanzierung für schwebende Geschäfte, in: Beiträge zu den Grundsätzen ordnungsmäßiger Bilanzierung – Schriften der Schmalenbach-Gesellschaft, Bd. 4, 2. Aufl., Düsseldorf

Froot, K. A./Scharfstein, D. S./Stein, J. C., (1994)
A Framework for Risk Management, in: Journal of Applied Corporate Finance, Vol. 7, Nr. 3, Fall 1994, S. 22-32

Gaddum, J. W. (1989)
Bankenaufsicht im Dienst der Währung, in: Gaddum, J. W./Smeets, H.-D., Währungspolitik und staatliche Regulierung, Walter Eucken-Institut, Vorträge und Aufsätze Nr. 125, Tübingen, S. 1-19

Garman, M. B./Kohlhagen, St. W. (1983)
Foreign currency option values, in: Journal of International Money and Finance No. 2, S. 231-237

Gaugler, E. (1990)
Profit-Sharing, in: Handbook of German Business Management, Stuttgart, S. 1976-1985

Gaumert, U. (1997a)
Eigenkapital-Management in deutschen Kreditinstituten, Diss., Berlin

Gaumert, U. (1997b)
Die Messung des spezifischen Marktrisikos durch Value-at-Risk-Modelle, in: ZfgK, Nr. 20, S. 993-997

Glüder, D. (1995)
Die Sechste KWG-Novelle kommt (I), in: Bank Magazin, Nr. 11, S. 58-61

Glüder, D. (1996a)
Die Sechste KWG-Novelle kommt (III), in: Bank Magazin, Nr. 1, S. 26-28

Glüder, D. (1996b)
Die Sechste KWG-Novelle kommt (IV), in: Bank Magazin, Nr. 2, S. 58-61

Glüder, D. (1998)
Groß-/Millionenkredit: Sind Sie fit für die Umsetzung ab 1. Oktober 1998?, in: Kreditpraxis, Nr. 5, S. 14-19

Goebel, R. (1995)
Nutzen und Risiken der Derivate aus betriebswirtschaftlicher Sicht, in: Wissenschaftsförderung der Sparkassenorganisation e. V. (Hrsg.), Derivative Finanzinstrumente: Nutzen und Risiken, Wissenschaft für die Praxis: Abt. 3, Analysen; Bd. 9, Stuttgart, S. 33-78

Goebel, R./Schumacher, M./Sievi, C. (1998)
Bilanzstrukturen mit Performance-Konzept steuern (II), in: B. Bl., Nr. 7, S. 340-347

Golub, B. W./Tilman, L. M. (1997)
Measuring Yield Curve Risk Using Principal Components Analysis, Value at Risk, and Key Rate Durations, in: The Journal of Portfolio Management, Summer 1997, S. 72-84

Gräfer, H./Beike, R./Scheld, G. A. (1997)
Finanzierung, 3. Aufl., Hamburg

Gräfer, H./Sorgenfrei, C. (1998)
Bilanzierungstraining, Herne

Gramlich, D./Walz, H. (1991)
Duration und Zinselastizität als Instrument des Zinsrisiko-Managements, in: WiSt, Nr. 7, S. 327-332

Gramlich, D. (1995)
Neufassung er Bankenaufsicht über Währungsrisiken, in: ZfgK, 18/1995, S. 924-928

Grebe, U. (1993)
Finanzwirtschaftliches Risikomanagement in Nichtbanken, Diss., Gießen

Grelck, M./Rode, M. (1998)
Internationale Mindestanforderungen an eine effektive Bankenaufsicht, in: ZfgK, Nr. 19, S. 1079-1084

Gröschel, U. (1993)
Von der 4. Zur 7. KWG-Novelle, in: Sparkasse, Nr. 5, S. 225-230

Grommes, H.-J./Schnitzler, R. (1998)
Rangliste der deutschen Sparkassen 1997, in: B. Bl., Nr. 6, S. 298-303

Gronau, V. (1993)
Volatilitätsmanagement, in: Eller, R. (Hrsg.), Modernes Bondmanagement, Wiesbaden, S. 199-217

Groß, H./Knippschild, M. (1994)
Aufsichtsrechtliche Risikonormen für Preisrisiken, in: Schierenbeck, H./ Moser, H. (Hrsg.), Handbuch Bankcontrolling, Wiesbaden, S. 805-835

Groß, H./Knippschild, M. (1995a)
Risikocontrolling in der Deutsche Bank AG, in: Rolfes, B./Schierenbeck, H./Schüller, S. (Hrsg.), Risikomanagement in Kreditinstituten, Schriftenreihe des Zentrums für Ertragsorientiertes Bankmanagement, Bd. 5, Münster, S. 69-109

Groß, H./Knippschild, M. (1995b)
Instrumente und Organisation der Risikosteuerung von Handelsgeschäften, in: Krumnow, J. (Hrsg.), Risikosteuerung von Derivaten, Wiesbaden, S. 87-111

Gruber, W. (1998)
Aufbau und Interpolation von Diskontkurven, in: Eller, R. (Hrsg.), Handbuch des Risikomanagements, Stuttgart, S. 167-187

Grübel, O. J./Kärki, J. P./Reyes, C. G. (1994)
Wirtschaftliche Rentabilitätsrechnung von Handelsaktivitäten, in: Schierenbeck, H./Moser, H. (Hrsg.), Handbuch Bankcontrolling, Wiesbaden, S. 611-636

Grüger, W. (1993)
EG-Binnenmarkt und Bankrechtsharmonisierung: Herausforderungen für die Genossenschaftsbanken, in: Brunner, W. L./Vollath, J. (Hrsg.), Handbuch Finanzdienstleistungen, Stuttgart, S. 22-34

Grützemacher, T. (1989)
Bewertung und bilanzielle Erfassung der Preisrisiken ausgewählter Finanzinnovationen, Diss., München

Guthardt, H. (1988)
Kreditinstitute als Träger der Unternehmensfinanzierung, in: Christians, F. W. (Hrsg.), Finanzierungshandbuch, 2. Aufl., Wiesbaden, S. 33-59

Haas, C. (1994)
Ertragsorientiertes Asset-Liability Management zur Kontrolle von Zinsänderungsrisiken unter Berücksichtigung neuer Finanzierungsinstrumente, Diss., Trier

Hackhausen, H. (1993)
Edelmetallanlagen: Gold, Silber, Platin, von: Gassen, F. (Begr.), in: Deutscher Sparkassen- und Giroverband e. V. (Hrsg.), Sparkassenheft 92, 2. Aufl., Stuttgart

Hagen, P./Jakobs, W. (1995)
Risikosteuerung im Eigenhandel, in: Die Bank, Nr. 11, S. 664-671

Hagenmüller, K. F. (1970)
Der Bankbetrieb, Bd. I, 3. Aufl., Wiesbaden

Hahn, O. (1980)
Die Unternehmensphilosophie einer Genossenschaftsbank, in: Schriften zur Kooperationsforschung: B, Vorträge, Bd. 11, Tübingen

Hammer, U. (1992)
Ganzheitliches Bankcontrolling, Diss., Paderborn

Hartschuh, T. (1996)
Portfolio-orientiertes Management von Preisrisiken in Kreditinstituten, in: Priewasser, E. (Hrsg.), Aus der Forschung für kreditwirtschaftliche Praxis, Frankfurt am Main

Hartung, J./Elpelt, B./Klösener, K.-H. (1995)
Statistik: Lehr- und Handbuch der angewandten Statistik, 10. Aufl., München

Hasenkamp, K. P. (1982)
Zinsrisiken in Bankbilanzen – Probleme der Information, Steuerung und Ergebnisbeeinflussung im Jahresabschluß, in: Becker, W.-D./Falk, R. (Hrsg.), Materialien zum Zinsrisiko, Göttingen, S. 84-120

Hauck, W. (1991)
Optionspreise: Märkte, Preisfaktoren, Kennzahlen, Wiesbaden

Heemann, M./Nägele, P. (1996)
Die Reduzierung des Ausfallrisikos bei Finanz-Derivaten durch Netting, in: ZfgK, Nr. 17, S. 841-844

Heidorn, T./Bruttel, H. (1993)
Treasury Management, Wiesbaden

Hellmann, N. (1997)
12 Gebote zum Zinsrisiko, in: BZ vom 21.01.1997, Nr. 13, S. 1

Herzog, W. (1990)
Zinsänderungsrisiken in Kreditinstituten, Wiesbaden

Hintze, S./Warg, M. (1998)
Management von Marktrisikopositionen in der Hypothekenbank, in: Die Bank, Nr. 9, S. 530-535

Höfer, B./Jütten, H. (1995)
Mindestanforderungen an das Betreiben von Handelsgeschäften, in: Die Bank, Nr. 12, S. 752-755

Höfer, B. (1997)
Netting- und Ausfallrisiko – Neuregelungen für OTC-Finanzderivate, in: Die Bank, Nr. 1, S. 50

Hölscher, R. (1987)
Risikokosten-Management in Kreditinstituten, in: Schierenbeck, H. (Hrsg.), Schriftenreihe des Instituts für Kreditwesen der Westfälischen Wilhelms-Universität Münster, Bd. 36, Frankfurt am Main

Hölscher, R. (1988)
Die Steuerung von Risikokosten durch ein Budget-System, in: Die Bank, Nr. 6, S. 317-323

Hölscher, R. (1998)
Eigenmittelunterlegung von Marktpreisrisiken im Grundsatz I, in: ZfgK, Nr. 13, S. 747-752

Hörter, S. (1996)
Das Shareholder Value-Konzept, in: Schuster, L. (Hrsg.), Theorie und Politik der Banken im Wandel, München, S. 118-133

Holdijk, R. (1979)
Die Eigenkapitalprobleme der deutschen Sparkassen, in: Mülhaupt, L. (Hrsg.), Schriftenreihe des Instituts für Kreditwesen der Westfälischen Wilhelms-Universität Münster, Bd. 22, Wiesbaden

Holterhus, G. (1985)
Früherkennung von Bankrisiken bei der Abschlußprüfung, in: Schierenbeck, H. (Hrsg.), Schriftenreihe des Instituts für Kreditwesen der Westfälischen Wilhelms-Universität Münster, Bd. 30, Frankfurt am Main

Horn, N. (1997)
Bürgschaften und Garantien, 7. Aufl., Köln

Horsch, A./Paul, S. (1998)
Risikoklassen in der Finanzaufsicht, in: ZfgK, Nr. 7, S. 328-334

Hossfeld, C. (1997a)
Die neue Definition der Eigenmittel (Teil I), in: Bank Magazin, Nr. 4, S. 53-55

Hossfeld, C. (1997b)
Die neue Definition der Eigenmittel (Teil II), in: Bank Magazin, Nr. 5, S. 63-65

Hubbes, H. (1989)
Arbitragestrategien auf internationalen Finanzmärkten, in: Krümmel, H. J./Rudolph, B. (Hrsg.), Finanzintermediation und Risikomanagement, Frankfurt am Main, S. 109-130

Hübner, J./Sattig, C. (1997)
Risikocontrolling und Risikomanagementsystem im Praxiseinsatz der Kreditgenossenschaften, in: ZfgK, Nr. 20, S. 989-992

Jakob, H.-R./Warg, M./Westphal, E. G. (1995)
Risikomanagement in Banken – ein kaufmännischer Gedanke, in: Die Bank, Nr. 9, S. 559-561

Jakob, H.-R./Raschtuttis, K.-H./Warg, M. (1996)
Risikomanagement in Banken – ein kaufmännischer Gedanke II, in: Die Bank, Nr. 2, S. 68-72

Jakob, H.-R./Warg, M./Ergenzinger, T. (1997)
Vom Risikomanagement zur Portefeuillebewirtschaftung, in: Die Bank, Nr. 2, S. 91-93

Jakob, K.-D. (1995)
Die neuen Mindestanforderungen an das Betreiben von Handelsgeschäften der Kreditinstitute, in: Sparkasse, Nr. 10, S. 479-481

Jakob, K. (1998)
Bankenaufsichtliche Mindestanforderungen an das Betreiben von Handelsgeschäften der Kreditinstitute, in: Eller, R. (Hrsg.), Handbuch des Risikomanagements, Stuttgart, S. 147-165

Jacobson, R. (1987)
The Validity of ROI as a Measure of Business Performance, in: The American Economic Review, Vol. 77, Nr. 3, June 1997, S. 471-477

Jarrow, R./Turnball, S. (1995)
Derivative Securities, Cincinnati-Ohio

Jendruschewitz, B. (1997)
Value at Risk: Ein Ansatz zum Management von Marktrisiken in Banken, in: Heidorn, T./Cremers, H./Moormann, J. (Hrsg.), Diskussionsbeiträge zur Bankbetriebslehre, Bd. 7, Frankfurt am Main

Johanning, L. (1996)
Value-at-risk-Modelle zur Ermittlung der bankaufsichtlichen Eigenkapitalunterlegung beim Marktrisiko im Handelsbereich, in: ZBB, Nr. 4, S. 287-303

Johanning, L. (1998)
VaR-Limite zur Steuerung des Marktrisikos, in: Die Bank, Nr. 1, S. 46-50

Jorion, P. (1996)
Risk: Measuring thr Risk in Value at Risk, in: Financial Analyst Journal, November/December 1996, S. 47-56

Jorion, P. (1997)
Value at Risk: The New Benchmark for Controlling Market Risk, Chicago

J. P. Morgan (1996)
RiskMetrics™ - Technical Document, 4. Aufl., New York

Karg, M. (1997)
Bedeutsame Abgrenzung des Handelsbuches, in: B. Bl., 46. Jg., Nr. 8, S. 391-395

Karg, M./Lindemann, J. H. (1997a)
Regierungsentwurf der 6. KWG-Novelle, in: Sparkasse, 114 Jg., Nr. 3, S. 123-132

Karg, M./Lindemann, J. H. (1997b)
Der Finanzausschuß berät Entwurf der 6. KWG-Novelle, in: Deutsche Sparkassenzeitung vom 24.03.1997, 60. Jg., Nr. 22, S. 2

Kariger, J. C. (1991)
Die Ausgestaltung der internationalen Kreditaufsicht und Möglichkeiten der Weiterentwicklung, Diss., Mannheim

Karl, D. B. (1997)
Integriertes Modell der Risikosteuerung, in: B. Bl., Nr. 11, S. 548-550

Keine, F.-M. (1985)
Die Risikopositionen eines Kreditinstituts: Konzeption einer umfassenden bankaufsichtsrechtlichen Verhaltensnorm, Diss., Bochum

Keppler, M. (1992)
»Beta«-Faktoren und CAPM – ein Nachruf, in: Die Bank, Nr. 5, S. 268-269

Kesting, H./Schulte-Mattler, H. (1992)
Herleitung der Black-Scholes-Formel aus dem binomialen Optionspreismodell, in: WiSt, Nr. 4, S. 167-171

Ketzel, E. (1982)
Das Kreditwesengesetz in der Bundesrepublik Deutschland, Köln

Klaus, M. (1997)
Die Value-at-Risk-Berechnung für Optionen – praktische Probleme nichtlinearer Produkte, in: ZfgK, Nr. 8, S. 375-379

Kleeberg, J. M. (1992)
Der Einsatz von fundamentalen betas im modernen Portfoliomanagement, in: Die Bank, Nr. 8, S. 474-478

Kloten, N./Bofinger, P. (1988)
Bilanzunwirksame Finanzierungsinstrumente und ihre Folgen für die Geldpolitik, in: Christians, F. W. (Hrsg.), Finanzierungshandbuch, 2. Aufl., Wiesbaden, S. 111-144

Klügel, K. (1995)
Bankenaufsichtsrecht und Skalenerträge: Vergleich US-amerikanischer commercial banks und deutscher Geschäftsbanken, Diss., Augsburg

Klump, R. (1985)
Wiener Prozesse und das Itô-Theorem, in: WiSt, Nr. 4, S. 183-185

Knippschild, M. (1991)
Controlling von Zins- und Währungsswaps in Kreditinstituten, in: Schierenbeck, H. (Hrsg.), Schriftenreihe des Instituts für Kreditwesen der Westfälischen Wilhelms-Universität Münster, Bd. 41, Frankfurt am Main

Köllhofer, D./Sprißler, W. (1993)
Informationswesen und Kontrolle im Bankbetrieb, in: Kloten, N./von Stein, J. H. (Hrsg.), Obst, G./Hintner, O: Geld-, Bank- und Börsenwesen, 39. Aufl., Stuttgart, S. 782-910

Köllhofer, D. (1995)
Die neue Bankpublizität, Konsequenzen für das Risikomanagement, in: Rolfes, B./Schierenbeck, H./Schüller, S. (Hrsg.), Risikomanagement in Kreditinstituten, Schriftenreihe des Zentrums für Ertragsorientiertes Bankmanagement, Bd. 5, Frankfurt am Main, S. 53-68

Konjetzky, H./Kratz, K. (1998)
Quantitative Zinsstrukturanalyse und Konsequenzen für das Fixed Income Trading, in: Eller, R. (Hrsg.), Handbuch des Risikomanagements, Stuttgart, S. 211-235

Kopp, U. (1992)
Quantitatives Risikomanagement in Banken, Diss., St. Gallen

Kopprasch, R. W. (1987)
Understanding Duration and Volatility, in: Fabozzi, F. J./Pollack, I. M. (Hrsg.), The Handbook of Fixed Income Securities, 2. Aufl., Illinois, S. 86-120

Kotsch, H. (1992)
External Effects on the Capital Markte, in: Volkswirtschaftlichen Fakultät der Ludwig-Maximilians-Universität München (Hrsg.), Münchener wirtschaftswissenschaftliche Beiträge, Discussion Papers, Nr. 92-30, Dezember 1992

Kraft, M./Landes, T./Braun, K. (1992)
Statistische Methoden, Heidelberg

Krewerth, B. (1984)
Die Erfolgskomponenten im System der Banksteuerung – Anforderungen an die Datenqualität –, in: Scheidl, K. (Hrsg.), Rentabilität und Risiko, Frankfurt am Main, S. 121-146

Krewerth, B., (1987)
Controlling in Kreditinstituten – Gewinnplanung und Budgetierung -, in: Scheidl, K. (Hrsg.), Gewinnplanung in Kreditinstituten, Frankfurt am Main, 1987, S. 1-25

Kroll, M. (1993)
Festverzinsliche optimal managen: Rendite, Risiko, Steuern, Wiesbaden

Krümmel, H.-J. (1983)
Bankaufsichtsziele und Eigenkapitalbegriff, Frankfurt am Main

Krümmel, H. J. (1989)
Unternehmenspolitische Vorgaben für die Risikosteuerung der Bank, in: Krümmel, H. J./Rudolph, B. (Hrsg.), Finanzintermediation und Risikomanagement, Frankfurt am Main, S. 32-56

Krumnow, J. (1974)
Die Budgetrechnung als Lenkungsinstrument der Geschäftsleitung einer Universalbank, in: Fischer , O./Feske, J. (Hrsg.), Schriftenreihe zur Bankbetriebslehre und Finanzierung, Bd. 3, Wiesbaden

Krumnow, J. (1989)
Controlling im Off-Balance-Sheet-Geschäft, in: Krümmel, H./Rudolph, B. (Hrs.), Finanzintermediation und Risikomanagement, Frankfurt am Main, S. 135-157

Krumnow, J. (1990)
Risikoanalyse im Controlling einer Großbank, in: Kolbeck, R. (Hrsg.), Die Finanzmärkte der neunziger Jahre – Perspektiven und Strategien, Frankfurt am Main, S. 93-119

Krumnow, J., et al. (1994a)
Rechnungslegung der Kreditinstitute: Kommentar zum Bankbilanzrichtlinie-Gesetz und zur RechKredV, Stuttgart

Krumnow, J. (1994b)
Derivative Instrumente – Implikationen für Bankcontrolling und -organisation –, in: Schierenbeck, H./Moser, H. (Hrsg.), Handbuch Bankcontrolling, Wiesbaden, S. 735-755

Krumnow, J. (1995)
Der Übergang zur qualitativen Bankenaufsicht, in: BZ vom 03.08.1995, Nr. 147, S. 7

Kruschwitz, L./Schöbel, R. (1986)
Duration – Grundlagen und Anwendungen eines einfachen Risikomaßes zur Beurteilung festverzinslicher Wertpapiere (I), in: WISU, Nr. 11, S. 550-554

Kruschwitz, L./Schöbel, R. (1986)
Duration – Grundlagen und Anwendungen eines einfachen Risikomaßes zur Beurteilung festverzinslicher Wertpapiere (II), in: WISU, Nr. 12, S. 603-608

Kümmel, A. T. (1995)
Bewertung von Kreditinstituten nach dem Shareholder Value Ansatz, 2. Aufl., in: von Stein, J. H. (Hrsg.), Studienreihe der Stiftung Kreditwirtschaft, Bd. 12, Sternenfels

Kümpel, S. (1995)
Bank- und Kapitalmarktrecht, Köln

Kugler, A. (1985)
Konzeptionelle Ansätze zur Analyse und Gestaltung von Zinsänderungsrisiken in Kreditinstituten, in: Europäische Hochschulschriften: Reihe 5, Volks- und Betriebswirtschaft, Bd. 595, Frankfurt am Main

Kuntze, W. (1986)
Zur Entwicklung des Kreditwesengesetzes aus der Sicht der Bankenaufsicht, in: Rudolph, B. (Hrsg.), Bankpolitik nach der KWG-Novelle, Frankfurt am Main

Kupiec, P./O'Brien, J. (1995)
Internal affairs, in: Risk, Vol. 8, Nr. 5, S. 43-47

Lagger, A. (1995)
Risikomanagement bei Banken, in: Swiss Banking School (Hrsg.), Publikationen der Swiss Banking School, Nr.112, Bern

Lamche, W. (1996)
Anmerkungen zur Umsetzung der Kapitaladäquanzrichtlinie und der Mindestanforderungen an Handelsgeschäfte, in: ZfgK, Nr. 17, S. 831-835

Lange, G./Quast, W. (1995)
Quantitative Entwicklung des Derivategeschäfts, in: Wissenschaftsförderung der Sparkassenorganisation e. V. (Hrsg.), Derivative Finanzinstrumente: Nutzen und Risiken, Wissenschaft für die Praxis: Abt. 3, Analysen, Bd. 9, Stuttgart, S. 19-31

Laux, H. (1990)
Irrelevanz erfolgsorientierter Anreizsysteme bei bestimmten Kapitalmarktbedingungen, in: ZfB, 60. Jg., 12/1990, S. 1341-1357

Laux, H. (1995)
Erfolgssteuerung und Organisation, Heidelberg

Lehrbass, F. B. (1994)
Eine Einführung in die arbitragefreie Bewertung von Derivaten in stetiger Zeit am Beispiel europäischer Devisenoptionen, in: KuK, Nr. 4, S.591-627

Leichtfuß, R./Bonacker, M. (1992)
Erfolgsorientierte Anreizsysteme, in: Die Bank, Nr. 11, S. 624-631

Leithner, S. (1992)
Valuation and risk management of interest rate derivative securities, Diss., St. Gallen

Levy, H./Sarnat, M. (1975)
Devaluation risk and the portfolio analysis of international investment, in: Elton, E. J./Gruber, M. J. (Hrsg.), International Capital Markets, in: Roll, R./Scholes, M. (Hrsg.), Studies in Financial Economies, Vol. 1, Amsterdam, S. 177-206

Lingner, U. (1991)
Optionen: Anlagestrategien für die nationalen und internationalen Options- und Futures-Märkte, 2. Aufl., Wiesbaden

Lintner, J. (1965)
The Valuation of Risk Assets and the Selection of risky Investments in Stock Portfolios and Capital Budgets, in: Review of Economics and Statistics, Vol. 47, Nr. 1, S. 13-37

Lister, M. (1997)
Risikoadjustierte Ergebnismessung und Risikokapitalallokation, Diss., Basel

Loistl, O. (1994)
Kapitalmarkttheorie, 3. Aufl., München

Loistl, O. (1992)
Computergestütztes Wertpapiermanagement, 4. Aufl., München

Macaulay, F. R. (1938)
The movements of interest rates bond yields and stock proces in the united states since 1856, in: Publications of the national bureau of economic research, number 33, New York

Markowitz, H. M. (1952)
Portfolio Selection, in: The journal of Finance, Bd. 7, S. 78-91

Markowitz, H. M. (1991)
Portfolio Selection, 2. Aufl., Cornwall

Mast, H. J. (1989)
Die Eigenmittelvorschriften des Cook-Komitees und die Finanzmärkte, in: ZfgK, Nr. 9, S. 410-412

Meinz, T. (1987)
Die Bedeutung rentenmarktbezogener Finanzinnovationen für das Asset-Liability-Management von Kreditinstituten, in: Rudolph, B. (Hrsg.), Kapital-marktanalyse, Frankfurt am Main, S. 113-129
Meister, E.,/Oechler, E. (1996)
Bankenaufsichtliche Limitierung von Risiken aus Derivaten, in: Krumnow, J. (Hrsg.), Risikosteuerung von Derivaten, Wiesbaden
Modigliani, F./Modigliani, L. (1997)
Risk Adjusted Performance, in: The Journal of Portfolio Management, Winter 1997, S. 45-54
Möller, K. (1993)
Eigenkapitaldeckung bei Sparkassen und Landesbanken, Stuttgart
Möschel, W. (1972)
Das Wirtschaftsrecht der Banken, Frankfurt am Main
Moser, R. (1981)
Währungs- und Wechselkursproblematik in der betrieblichen Finanzpolitik, in: Rühli, E./Thommen, J.-P. (Hrsg.), Unternehmungsführung aus finanz- und bankwirtschaftlicher Sicht, Stuttgart, S. 121-133
Moser, H./Quast, W. (1994)
Organisation des Risikomanagements in einem Bankkonzern, in: Schierenbeck, H./Moser, H. (Hrsg.), Handbuch Bankcontrolling, Wiesbaden, S. 663-686
Mossin, J. (1968)
Equilibrium in a Capital Asset Market, in: Econometrica, Vol. 34, Nr. 4, S. 768-783
Mülhaupt, L. (1977)
Einführung in die Betriebswirtschaftslehre der Banken, Wiesbaden
Müller-Möhl, E. (1995)
Optionen und Futures, 3. Aufl., Stuttgart
Münzer, C. (1992)
Bankenaufsicht im Spannungsfeld von statistischen Kontrollinteressen und innovativer Dynamik der Finanzmärkte, Diss., Freiburg
Nirk, R. (1992)
Das Kreditwesengesetz, in: Büschgen, H. E./Kopper, H. (Hrsg.), Taschenbücher für Geld – Bank – Börse, Bd. 6, 9. Aufl., Frankfurt am Main
o. V., (1995)
Value at Risk models, in: Bank of England Quarterly Bulletin, May 1995, S. 180
o. V. (1997)
Regierungsentwurf zur Sechsten KWG-Novelle, in: ZBB, Nr. 1, S. 81-108

o. V. (1998)
Gesamtbanksteuerung, in: Deutsche Sparkassenzeitung vom 16. Juni 1998, Nr. 45, S. 7
o. V. (1998)
Reform der Basler Kapitalstandards, in: Kreditpraxis, Nr. 4, S. 3
Parsley, M. (1995)
The Rorac Revolution, in: Euromoney, October 1995, S. 36-42
Penzkofer, P./Täube, K. (1992)
Profit Centers im Bankbetrieb – Zur Problematik der Divisionalisierung von Universalbanken – II. Teil, in: Bank-Betrieb, Nr. 3, S. 109-113
Perridon, L./Steiner, M. (1995)
Finanzwirtschaft der Unternehmung, 8. Aufl., München
Peters, J. (1990)
Swap-Finanzierung, in: Hagenmüller, K. F./Engels, W./Kolbeck, R. (Hrsg.), Schriftenreihe für Kreditwirtschaft und Finanzierung, Bd. 7, Wiesbaden
Pfennig, M./Schäfer, K. (1997)
Verfahren zur Quantifizierung von (Preis-)Risiken, in: ZfgK, Nr. 20, S. 1009-1014
Pfingsten, A. (1989)
Sparten gut, alles gut?, in: Die Bank, Nr.3, S. 139-141
Plinke, W. (1975)
Kapitalsteuerung in Filialbanken, in Besters, H., et al. (Hrsg.), Bochumer Beiträge zur Unternehmensführung und Unternehmensforschung, Bd. 17, Wiesbaden
Ploemacher, H./Hamm, S. (1996)
Die Ermittlung von Worst-Case-Szenarien im Eigenhandel, in: Sparkasse, 113. Jg., Nr. 6, S. 259-262
Poensgen, O. H. (1973)
Geschäftsbereichsorganisation, Opladen
Pohl, H.-R. (1992)
Mehr Individualität in der Leistungsvergütung, in: Personal, Nr. 5, S. 198-202
Pohle, K. (1988)
Management von Währungsrisiken, in: Christians, F. W. (Hrsg.), Finanzierungshandbuch, 2. Aufl., Wiesbaden, S. 769-781
Popper, K. R. (1995)
Auf der Suche nach einer besseren Welt – Vorträge und Aufsätze aus dreißig Jahren, 8. Aufl., München

Poschadel, B. (1981)
Rentabilität und Risiko als Kriterien für die Bewertung der Managementleistung deutscher Investmentgesellschaften, in: Schriften zum Bank- und Börsenwesen, Bd. 5, Berlin

Preuß, M./Theyssen, G. (1993)
Internationaler Zahlungsverkehr, in: Kloten,N./von Stein, J. H. (Hrsg.), Obst, G./ Hintner, O.: Geld-, Bank- und Börsenwesen, 39. Aufl., Stuttgart, S. 640-672

Priewasser, E. (1992)
Bankbetriebslehre, 3. Aufl., München

Priewasser, E. (1994)
Die Priewasser-Prognose, Bankstrategien und Bankmanagement 2009, Frankfurt am Main

Preyer, H.-P./Reinhardt, L. (1995)
Die Identifizierung und das Management von Zinsrisiken im Finanzbereich, in: Rudolph, B. (Hrsg.), Derivate Finanzinstrumente, Stuttgart, S. 193-210

Professoren-Arbeitsgruppe (1987)
Bankaufsichtsrechtliche Begrenzung des Risikopotentials von Kreditinstituten, in: DBW, Nr. 3, S. 285-302

Püttner, G. (1983)
Zur Eigenkapitalausstattung der Sparkassen, in: Hadding, W./Schneider, U. H. (Hrsg.), Untersuchungen über das Spar-, Giro- und Kreditwesen, Abteilung B: Rechtswissenschaft, Band 40, Berlin

Raab, G. (1987)
Bonitätsprüfung unter veränderten ökonomischen Vorzeichen, in: Bühler, W./Schmoll, A. (Hrsg.), Kreditmanagement, Wien, S. 41-65

Rappaport, A. (1994)
Shareholder Value: Wertsteigerung als Maßstab für die Unternehmensführung, Stuttgart

Reinelt, I. (1990)
Der Beitrag der Sparkassen zum kommunalen Gemeinwohl, Diss., Mannheim

Remaklus, H. M. (1994)
ROI-Management auf der Grundlage von gesamtbankbezogenen Zahlen des finanziellen Rechnungswesens, in: Schierenbeck, H./Moser, H. (Hrsg.), Handbuch Bankcontrolling, Wiesbaden, S. 637-661

Reyniers, P. (1991)
Risk Adjusted Profitability Measurement in Banks, Volume 1: Concepts and Applications, Price Waterhouse, London

Riebell, C./Barthelmes, L. (1997)
Kreditanzeigen nach dem KWG, 4. Aufl., Stuttgart

Rinker, A. (1997)
Anreizsysteme in Kreditinstituten, in: Rolfes, B./Schierenbeck, H. (Hrsg.), Schriftenreihe des Zentrums für Ertragsorientiertes Bankmanagement, Bd. 15, Frankfurt am Main

Röller, W. (1989)
Risikomanagement als Führungsaufgabe, in: Krümmel, H. J./Rudolph, B. (Hrsg.), Finanzintermediation und Risikomanagement, Frankfurt am Main, S. 19-31

Rolfes, B. (1988)
Das Zinsänderungsrisiko bei Banken, in: WISU, Nr. 7, S. 400-407

Roßbach, P. (1991)
Methoden und Probleme der Performance-Messung von Aktienportfeuilles, in: Priewasser, E. (Hrsg.), Aus der Forschung für die kreditwirtschaftliche Praxis, Bd. 1, Frankfurt am Main

Rudolph, B. (1979)
Zinsänderungsrisiken und die Strategie der durchschnittlichen Selbstliquidationsperiode, in: KuK, Nr. 12, S181-206

Rudolph, B. (1989)
Die Eigenkapitaldefinition in Europa, in: ZfgK, Nr. 9, S. 404-408

Rudolph, B. (1993)
Risikomanagement in Kreditinstituten – Betriebswirtschaftliche Konzepte und Lösungen, in: ZIR, Nr. 3, S. 117-134

Rudolph, B. (1994)
Kapitaladäquanzrichtlinie: Zielsetzungen und Konsequenzen der bankaufsichtlichen Regulierung im Wertpapierbereich, in: ZBB, Nr. 2, S. 117-130.

Sättele, H.-P. (1996)
Innovative Handelsgeschäfte und Anforderungen an die Bankenaufsicht, in: Sparkasse, Nr. 4, S. 156-159

Sarrazin, J. (1998)
„Über Geld spricht man nicht" – Banken und Öffentlichkeit, in: Süchting, J./Heitmüller, H.-M. (Hrsg.), Handbuch des Bankmarketing, 3. Aufl., Wiesbaden, S. 413-429

Saxinger, R. (1998)
Traditionelle und neuere Risikomaße im Asset-Management, in: Eller, R. (Hrsg.), Handbuch des Risikomanagements, Stuttgart, S. 335-351

Schäfer, S. M. (1990)
The Regulation of Banks and Securities Firms, in: European Economic Review, S. 587-597

Schaefer, S. M. (1992)
Financial Regulation: The Contribution of the Theory of Finance, in: Fingleton, J./Schoenmaker, D. (Hrsg.), The Internationalisation of Capital Markets and the Regulatory Response, London, S. 149-177

Scharff, R. (1997)
Value-at-risk und die Praxis, in: BZ vom 23.8.1997, Nr. 161, S. 17.

Scharpf, P./Sohler, A. (1992)
Jahresabschluß nach dem Bankbilanzrichtlinien-Gesetz, in: Schitag, Ernst & Young (Hrsg.), Düsseldorf

Scharpf, P. (1993)
Der neue Solvabilitätskoeffizient der Kreditinstitute, in: Schitag, Ernst & Young (Hrsg.), Düsseldorf

Scharpf, P./Luz, G. (1996)
Risikomanagement, Bilanzierung und Aufsicht von Finanzderivaten, Stuttgart

Scheidl, K. (1994)
Eigenkapitalorientierte Solvenznormen, in: Schierenbeck, H./Moser, H. (Hrsg.), Handbuch Bankcontrolling, Wiesbaden

Schierenbeck, H. (1984a)
Kreditpyramiden und Bankenbeteiligungen, in: WiSt, Nr. 1, S. 13-19

Schierenbeck, H. (1984b)
Bilanzstrukturmanagement in Kreditinstituten, in: Schierenbeck, H./ Wielens, H. (Hrsg.), Bilanzstrukturmanagement in Kreditinstituten, Schriftenreihe des Instituts für Kreditwesen der Westfälischen Wilhelms-Universität Münster, Bd. 27, Frankfurt am Main, S. 9-28

Schierenbeck, H. (1988)
Ein Ansatz zur integrativen Quantifizierung bankbetrieblicher Ausfall- und Zinsänderungsrisiken, in: Gerke, W. (Hrsg.), Bankrisiken und Bankrecht, Wiesbaden, S. 43-61

Schierenbeck, H. (1993)
Controlling, in: Kloten, N./von Stein J. H. (Hrsg.), Obst, G./Hintner, O.: Geld-, Bank und Börsenwesen, Stuttgart, S. 911-939

Schierenbeck, H. (1995)
Konzeption eines integrierten Risikomanagements, in: Rolfes, B./ Schierenbeck, H./Schüller, S. (Hrsg.), Risikomanagement in Kreditinstituten, Schriftenreihe des Zentrums für Ertragsorientiertes Bankmanagement, Bd. 5, Frankfurt am Main, S. 1-51

Schierenbeck, H. (1996)
Vergütungssysteme als Instrument ertragsorientierter Banksteuerung, in: Rolfes, B./Schierenbeck, H. (Hrsg.), Ertragsmanagement und Rationalisierung in Kreditinstituten, in: Schriftenreihe des Zentrums für Ertragsorientiertes Bankmanagement, Bd. 9, Frankfurt am Main, S. 177-237

Schierenbeck, H. (1997a)
Ertragsorientiertes Bankmanagement, Bd. 1: Grundlagen, Marktzinsmethode und Rentabilitäts-Controlling, 5. Aufl., Wiesbaden
Schierenbeck, H. (1997b)
Ertragsorientiertes Bankmanagement, Bd. 2: Risiko-Controlling und Bilanzstruktur-Management, 5. Aufl., Wiesbaden
Schierenbeck, H. (1998)
Shareholder Value-Management im Konzept Ertragsorientierter Banksteuerung, in: Die Bank, Nr. 1, S. 13-17
Schierenbeck, H./Rolfes, B. (1984)
Der strukturelle Gewinnbedarf als Existenzgrundlage von Sparkassen, in B. Bl., Nr. 12, S. 483-490
Schierenbeck, H./von Villiez, C. (1989)
Zur Systematisierung bankbetrieblicher Ergebnisbereiche, in: Die Bank, Nr. 6, S. 310-313
Schierenbeck, H./Wiedemann, A. (1995)
Treasury-Management in Banken, Forschungsbericht des wirtschaftswissenschaftlichen Zentrums der Universität Basel, Basel
Schierenbeck, H./Wiedemann, A. (1996)
Marktwertrechnungen im Finanzcontrolling, Stuttgart
Schierenbeck, H./Lister, M. (1997a)
Effiziente Allokation von Risikokapital, in: Schweizer Bank, Nr. 8, S. 36-38
Schierenbeck, H./Lister, M. (1997b)
Risikoprofil genau definieren, in: Schweizer Bank, Nr. 9, S. 59-64
Schierenbeck, H./Lister, M. (1997c)
Verfahren zur Risikoallokation, in: Schweizer Bank, Nr. 10, S. 61-62
Schierenbeck, H./Lister, M./Herzog, M. (1997d)
Risiko-Controlling auf Basis des Value at Risk-Ansatzes, Forschungsbericht des wirtschaftswissenschaftlichen Zentrums der Universität Basel, Basel
Schierenbeck, H./Hölscher, R. (1998)
BankAssurance, 4. Aufl., Stuttgart
Schiller, B. (1990)
Leistungsbeeinflussung von Mitarbeitern im Bankaußendienst, in: Sparkasse, Nr. 4, S. 171-176
Schiller, B. (1994)
Kreditvergabe auf den „neuen" östlichen Märkten – Ansätze zur Risikobewältigung, in: Gerke, W. (Hrsg.), Planwirtschaft am Ende – Marktwirtschaft in der Krise?, Stuttgart, S. 319-337
Schiller, B./Wiedemeier, I. (1998)
Chronologie der Bankenaufsicht, in: ZfgK, Nr. 13, S. 757-758

Schlenger, C. (1997)
Value-Added at Risk, in: Die Bank, Nr. 12, S. 726-729

Schmidt, W. (1984)
Möglichkeiten der Verbesserung des Zinsüberschusses durch ein Mindestmargenkonzept, in: Schierenbeck, H./Wielens, H. (Hrsg.), Bilanzstrukturmanagement in Kreditinstituten, Schriftenreihe des Instituts für Kreditwesen der Westfälischen Wilhelms-Universität Münster, Bd. 27, Frankfurt am Main, S. 29-46

Schmidt, R. H. (1989)
Grundzüge der Investitions- und Finanzierungstheorie, 2. Aufl., Wiesbaden

Schmid-Burgk, K. (1989)
Bankenaufsicht und Auslandstöchter, Diss., Freiburg

Schmidt, D./Warg, M. (1996)
Eigenkapitalunterlegung von Optionen: Praxis und Theorie, in: ZfgK, Nr. 17, S. 827-830

Schmieder, W./Herzog, W. (1996)
Die praktische Steuerung des Marktpreisrisikos, in: B. Bl., Nr. 11, S. 538-542

Schoppmann, H. (1995)
Internationale Harmonisierung der Aufsichtsregeln, in: Wissenschaftsförderung der Sparkassenorganisation e. V. (Hrsg.), Derivative Finanzinstrumente: Nutzen und Risiken, Wissenschaft für die Praxis: Abt. 3, Analysen, Bd. 9, Stuttgart, S. 119-133

Schork, L. (1995)
Gesetz über das Kreditwesen mit Begründung, Durchführungsvorschriften und Anmerkungen, 19. Aufl., Stuttgart

Schröder, C. (1994)
Bankbilanzpolitik nach der Neuordnung des Bankaufsichtsrechts, in: Hess, S. M. (Hrsg.), OIKOS-Studien zur Ökonomie, Bd. 34, Wiesbaden

Schröder, F./Schulte-Mattler, H. (1997)
CD-Verfahren als Alternative zum Baseler Backtesting, in: Die Bank, Nr. 7, S. 420-425

Schulte, M. (1993)
Integration der Betriebskosten in das Risikomanagement von Kreditinstituten, Diss., Bochum

Schulte, M. (1997)
Bank-Controlling II: Risikopolitik in Kreditinstituten, 2. Aufl., Frankfurt am Main

Schulte, R. (1995)
Kursänderungsrisiken festverzinslicher Wertpapiere, Diss., Hagen

Schulte-Mattler, H. (1994a)
Bankaufsichtliche Eigenkapitalnormen für Marktrisiken im Vergleich, in: Die Bank, Nr. 2, S. 93-98
Schulte-Mattler, H. (1994b)
Ausfallrisiko und bilaterales Netting von OTC-Finanzderivaten, in: Die Bank, Nr. 5, S. 302-307
Schulte-Mattler, H. (1994c)
Entwicklungstendenzen in der europäischen und internationalen Bankenaufsicht, in: ZBB, Nr. 4, S. 333-339
Schulte-Mattler, H. (1994d)
Eigenkapitalgrundsatz I: Bankaufsichtliche Norm für Kreditrisiken (II), in: WISU, Nr. 8-9, S. 703-708
Schulte-Mattler, H. (1996a)
Konsolidierung von Marktpreisrisiken, in: Die Bank, Nr. 3, S. 145-149
Schulte-Mattler, H. (1996b)
Delta-plus-Ansatz bei Optionen, in: Die Bank, Nr. 8, S. 500-505
Schulte-Mattler, H. (1996c)
Szenario-Matrix-Verfahren bei Optionen, in: Die Bank, Nr. 12, S. 758-763
Schulte-Mattler, H. (1998a)
Zwei verschiedene Aufsichtssysteme für das Handelsgeschäft, in: Bank Magazin, Nr. 3, S. 28-30
Schulte-Mattler, H. (1998b)
Großkredite können nicht beliebig vergeben werden, in: Bank Magazin, Nr. 4, S. 25-27
Schulte-Mattler, H./Traber, U. (1997)
Marktrisiko und Eigenkapital, 2.Aufl., Wiesbaden
Schuster, L. (1993)
Erfolgsorientierte Vergütung von Bankmitarbeitern, in: ZfgK, Nr. 3, S. 124-127
Schuster, L. (1996)
Vergütungssysteme im Finanzdienstleistungsvertrieb, in: Schuster, L. (Hrsg.), Theorie und Politik der Banken im Wandel, München, S. 134-156
Seidel, D. (1974)
Quantitative und qualitative demoskopische Marktanalysen, in: Deutscher Sparkassen- und Giroverband e. V. (Hrsg.), Handbuch der Marktforschung, Stuttgart
Sharpe, W. F. (1964)
Capital Asset Prices: A Theory of Market Equilibrium under Conditions of Risk, in: Journal of Finance, Vol. 19, Nr. 3, S. 425-442

Sharpe, W. F. (1970)
Portfolio Theory and Capital Markets, in: D'Ambrosio, C. A. (Hrsg.), McGraw-Hill Series in Finance, New York

Sharpe, W. F. (1985)
Investments, 3. Aufl., New Jersey

Siegel, B./Degener, R., (1988)
Leistungs- und ertragsorientierte Entlohnungssysteme, in: ZfgK, Nr. 12, S. 532-536

Siegwart, H./Mahari, J. (1996)
Strategisches Management von Finanzinnovationen, Stuttgart

Sievi, C. R. (1998)
Convex3-Mapping, in: Die Bank, Nr. 5, S. 308-313

Slade, M. E./Thille, H. (1994)
Hotelling Confronts CAPM: A Test of the Theory of Exhaustible Resources, in: CES Working Paper Series, No. 73, München

Sonnentag, H. (1982)
Eigenkapital und Wachstum der Geschäftsbanken, in: Hagenmüller, K. F./Engels, W./ Kolbeck, R. (Hrsg.), Schriftenreihe für Kreditwirtschaft und Finanzierung, Bd. 3, Wiesbaden

Stobbe, S. (1992)
Die deutsche Kreditwirtschaft im europäischen Bankenrecht, Diss., Hannover

Stocker, K. (1997)
Internationales Finanzrisikomanagement, Wiesbaden

Spranger, S./Wahle, H.-G./Wisser, J. (1997)
Gesamtkonzept für die Steuerung von Handelsaktivitäten, in: ZfgK, Nr. 20, S. 998-1000

Spremann, K. (1996)
Wirtschaft, Investition und Finanzierung, 5. Aufl., München,

Steinberg, R./Tegeder, P. (1996)
Integriertes Risikomanagement in Sparkassen, in: B. Bl., Nr. 11, S. 532-537

Steiner, M./Bruns, C. (1996)
Wertpapiermanagement, 5. Aufl., Stuttgart

Steppeler, W. (1993)
Die neuen AGB der Sparkassen, Stuttgart

Stober, R. (1996)
Wirtschaftsverwaltungsrecht, 10. Aufl., Stuttgart

Strutz, E. (1993)
Wertmanagement von Banken, Diss., St. Gallen

Süchting, J. (1988)
Strukturwandel erfordert flexible Personalpolitik, in: Die Bank, Nr. 7, S. 358-365
Süchting, J. (1995)
Finanzmanagement: Theorie und Politik der Unternehmensfinanzierung, 6. Aufl., Wiesbaden
Süchting, J./Paul, S. (1998)
Bankmanagement, 4. Aufl., Stuttgart
Svoboda, M. (1997)
Führen durch Zielvereinbarung, in: Die Bank, Nr. 9, S. 522-526
Szagunn, V./Wohlschieß, K. (1993)
Die Bankenaufsicht, in: Kloten, N./von Stein J. H. (Hrsg.), Obst, G./Hintner, O.: Geld-, Bank und Börsenwesen, Stuttgart, S. 259-285
Szagunn, V./Neumann, W./Wohlschieß, K. (1976)
Gesetz über das Kreditwesen i. d. Fassung v. 3. Mai 1976, 3. Aufl., Stuttgart
Tobin, J. (1958)
Liquidity Preferences on Behaviour towards risk, in: The Review of Economic Studies, Nr. 2, S. 65-86
Trouet, P. (1996)
Divergenzen zwischen Basler Eigenkapitalvereinbarung und der EG-Kapitaladäquanzrichtlinie, in: ZfgK, Nr. 17, S. 836-840
Trouet, P. (1998)
Staatliche Aufsicht der Finanzderivate nach der 6. Kreditwesengesetz-novelle, in: ZfgK, Nr. 13, S. 760-769
Uhlir, H./Steiner, P. (1994)
Wertpapieranalyse, 3. Aufl., Heidelberg
Uhlir, H./Außenegg, W. (1996)
Value-at-Risk (VaR), in: ÖBA, Nr. 11, S. 831-836
Uszczapowski, I. (1995)
Optionen und Futures verstehen, 3. Aufl., München
van Echelpoel, A. (1998)
Risikocontrolling von Fonds, in: Die Bank, Nr. 1, S. 41-45
Varnholt, B. (1996)
Risikomanagement von Derivaten, in: Gehrig, B./Zimmermann, H. (Hrsg.), Fit for Finance, Zürich, S. 223-243
Viermetz, K. F. (1984)
Der Beitrag des Devisenmanagements zur Steuerung des Währungsrisikos in Kreditinstituten, in: Schierenbeck, H./Wielens, H. (Hrsg.), Bilanzstrukturmanagement in Kreditinstituten, Schriftenreihe des Instituts für Kreditwesen der Westfälischen Wilhelms-Universität Münster, Bd. 27, Frankfurt am Main, S. 85-91

von Brandenstein-Zeppelin, C. (1989)
Bankaufsichtliche Konsolidierung in der EG, in: Wissenschaftliche Schriften: Reihe 2, Betriebswirtschaftliche Beiträge, Bd. 121, Idstein

von Villiez, Chr. (1989a)
Budgetkontrolle und Abweichungsanalyse in Kreditinstituten, in: Schierenbeck, H. (Hrsg.), Schriftenreihe des Instituts für Kreditwesen der Westfälischen Wilhelms-Universität Münster, Bd. 39, Frankfurt am Main

von Villiez, C. (1989b)
Die Abgrenzung von Handelserfolgen in der bankbetrieblichen Ergebnisrechnung, in: Die Bank, Nr. 11, S. 624-627

Wahrenburg, M.(1996)
Risikomodelle ein Teufelszeug?, in: BZ vom 16.07.1996, Nr. 134, S. 19

Walther, W. F. (1995)
Risikomanagement im derivativen Geschäft, in: Rudolph, B., Derivative Finanzinstrumente, Stuttgart, S. 287-300

Weber, C./Nägele, P. (1998)
„Babylonische Begriffsverwirrung“: 6. KWG-Novelle in Kraft, in: ZfgK, Nr. 13, S. 753-756

Welcker, J. (1978)
Neuordnung der Bankenaufsicht, Frankfurt am Main

Wieandt, P. (1993)
Risiko als Faktor für den Ressourcen-Einsatz, in: ZfgK, Nr. 13, S. 603-610

Wiedemeier, I., (1998)
Management von Straight Bonds mit komplexen Floatern, in: Bank Magazin, Nr. 2, S. 34-37

Wilkens, M. (1996)
Wertpapiermanagement, in: Benner, W. (Hrsg.), IFBG-Skripten, 3. Aufl. Göttingen

Wilson, T. (1992)
RAROC Remodelled, in: Risk, Vol 5, Nr. 8, S. 112-119

Willner, B. (1998)
Erfolgssteuerung von Handelsgeschäften, in: Eller, R. (Hrsg.), Handbuch des Risikomanagements, Stuttgart, S. 27-49

Willnow, J. (1996)
Derivative Finanzinstrumente, Wiesbaden

Witt, M. (1994)
Der Eigenhandel von Universalbanken, Diss., Passau

Wittmann, F. (1998)
Aktiv-Passiv-Steuerung bei Sparkassen, in: Eller, R. (Hrsg.), Handbuch des Risikomanagements, Stuttgart, S. 75-97

Wittrock, C./Jansen, S. (1996)
Gesamtbanksteuerung auf Basis von Value at Risk-Ansätzen, in: ÖBA, Nr.12, S. 909-918
Wöhe, G./Bilstein, J. (1991)
Grundzüge der Unternehmensfinanzierung, 6. Aufl., München
Woeste, C. (1989)
Rahmenbedingungen für die Bildung von Eigenkapital bei den öffentlich-rechtlichen Sparkassen, in: Bundschuh, K. D./Hadding, W./Schneider, U. H. (Hrsg.), Schriften zum deutschen und ausländischen Geld-, Bank- und Börsenwesen, Bd. 17, Frankfurt am Main
Wolf-Wacker, E. (1987)
Zur Begründung und Ausgestaltung von Bankenaufsicht, Krefeld
Wolter, L. (1979)
Das Kreditgeschäft der Banken und Sparkassen, Frankfurt am Main
Zaik, E., et al. (1996)
RAROC at Bank of America: From Theory to Practice, in: Journal of Applied Corporate Finance, Vol. 9, Nr. 2, S. 84
Zeitler, I. (1984)
Internationales Bankgeschäft als Problem der Bankenaufsicht, in Aschoff, C./Müller-Bader, P. (Hrsg.), Betriebswirtschaftliche Forschungsbeiträge, Bd. 12, München
Zobl. D. (1995)
Entwicklung im Recht der derivativen Instrumente, in: Weber, R. H./ Hirszowicz, C. (Hrsg.), Derivative Finanzinstrumente und Eigenmittelvorschriften, in: Zobl, D./Giovanoli, M./Hertig, G. (Hrsg.), Schweizer Schriften zum Bankrecht, Bd. 34, Zürich, S. 15-38
Zuberbühler, D. (1995)
Eigenmittelvorschriften der Banken, in: Weber, R. H./Hirszowicz, C. (Hrsg.), Derivative Finanzinstrumente und Eigenmittelvorschriften, in: Zobl, D./Giovanoli, M./Hertig, G. (Hrsg.), Schweizer Schriften zum Bankrecht, Bd. 34, Zürich, S. 113-145

Vortragsverzeichnis

Goebel, R. (1998)
Vortrag zum Thema „Performance- und Risikosteuerung des Zinsbereichs in der Praxis“, gehalten auf der Konferenz „Einsatz des Barwertkonzepts für die interne und externe Risikosteuerung“ am 03. März 1998 in Bonn

Horovitz, A. (1997)
Vortrag zum Thema „Integriertes Risk Management im Handel“, gehalten auf der Konferenz „Risikomanagement für die Gesamtbank“ am 16.06.1997 in Frankfurt am Main

Nienhaus, T. (1998)
Vortrag zum Thema „Die 6. KWG-Novelle“, gehalten in der Sparkassenakademie des Westfälisch-Lippischen Sparkassen- und Giroverbandes am 28. Januar 1998 in Münster

Roggemann, G. (1998)
Vortrag zum Thema „Geschäftspolitische Einsatzmöglichkeiten von derivativen Finanzinstrumenten“, gehalten auf der 7. Sommerschule der Deutschen Sparkassenakademie in der Rheinischen Friedrich-Wilhelms-Universität am 06. Juli 1998 in Bonn

FSC
www.fsc.org
MIX
Papier | Fördert
gute Waldnutzung
FSC® C083411

Kolibri 360 GmbH
Ferdinand-Jühlke-Straße 7
99095 Erfurt, Deutschland
produktsicherheit@kolibri360.de

Druck:
CPI Druckdienstleistungen GmbH
im Auftrag der
Kolibri 360 GmbH
Ferdinand-Jühlke-Str. 7
99095 Erfurt